E. Field Horine • Auflehnung – Treue

E. Field Horine

Auflehnung – Treue

Odyssee eines amerikanischen
Querdenkers

FOUQUÉ LITERATURVERLAG

Egelsbach • Frankfurt a. M. • München • New York

Die Deutsche Bibliothek – CIP-Einheitsaufnahme
Horine, E. Field: Auflehnung – Treue : Odyssee eines
amerikanischen Querdenkers / E. Field Horine.–
Egelsbach ; Frankfurt a.M. ; München ; New York : Fouqué, 1999
ISBN 3-8267-4360-1

Autor und Verlag unterstützen das Albert-Schweitzer-Kinderdorf in Hessen e.V.,
das verlassenen Kindern und Jugendlichen ein Zuhause gibt.
Wenn Sie sich als Leser an dieser Förderung beteiligen möchten, überweisen Sie bitte
einen – auch gern geringen – Betrag an die Sparkasse Hanau, Kto. 19380, BLZ 506 500 23,
mit dem Stichwort »Literatur verbindet«, Autor und Verlag danken Ihnen dafür!

©1999 Fouqué Literaturverlag
Imprint der Verlagsgruppe Dr. Hänsel-Hohenhausen®
Egelsbach • Frankfurt a.M. • München • New York
Boschring 21-23 • D-63329 Egelsbach • Fax 06103-44944 • Tel. 06103-44940

ISBN 3-8267-4360-1
1999

Satz und Lektorat: Gabriele Krämer
Titelbild: Alfred Quirig
Autorenfoto auf der letzten Textseite: Gerhold Schmidt
Übersetzung: Karin Schulz, E. Field Horine

Dieses Werk und alle seine Teile sind urheberrechtlich geschützt.
Nachdruck, Vervielfältigung in jeder Form, Speicherung,
Sendung und Übertragung des Werks ganz oder
teilweise auf Papier, Film, Daten- oder Ton-
träger usw. sind ohne Zustimmung
des Verlags unzulässig und
strafbar.

Printed in Germany

„To love another human being must be learned. All love is a task and must be accomplished again every day – a task to be undertaken daily anew. One must always be mindful of this: All love, transcending the beloved, points towards goals beyond us as mere human beings."

„Einen anderen Menschen zu lieben, muß erlernt werden. Alle Liebe ist eine Aufgabe, die man täglich von neuem auf sich nehmen muß. Man muß immer dessen eingedenk sein: Alles Lieben weist über den geliebten Menschen hinaus auf Ziele jenseits von uns als bloß menschlichen Wesen."

Jean Gebser (aus einem unveröffentlichten Manuskript)

Time past and time future
Are both perhaps present in time future
And time future contained in time past.
If all time is eternally present
All time is unredeemable ...

Old men ought to be explorers
Here or there does not matter
We must be still and still moving
Into another intensity
For a deeper union, a further communion ...
In my end is my beginning.

Jetzige Zeit und vergangene Zeit
Sind vielleicht gegenwärtig in künftiger Zeit
Und die künftige Zeit enthalten in der vergangenen.
Ist alle Zeit auf ewig gegenwärtig
Wird alle Zeit unerlösbar ...

Alte Männer müssen stets Kundschafter sein
Hier und jetzt sind einerlei.
Wir müssen still sein und dennoch vorangehen
Hinein in eine andere Inständigkeit
Zu neuer Vermählung, tieferer Vereinigung ...
In meinem Ende ist mein Anfang.

T. S. Eliot, Four Quartets
(Deutsche Übersetzung: Suhrkamp Verlag, 1988)

Vorwort 17

TEIL EINS
Kriegswolken entladen sich 21
Und nun: Fünfzig Jahre später 25
Doch türmen sich neue Wolken 26
Gibt es denn kein Licht am Horizont? 33
Doch jetzt: Zurück zu anderen Anfängen 37
„Schulzeit! Liebe, alte, Goldene-Regel-Zeit!" 45
Zurück zu Wurzeln, aber nicht zu „Quadratwurzeln!" 49
„Barfußjunge mit braungebräuntem Gesicht" 53
Glühwürmchen – Güterzüge –
Baumgefangener mit abgefederter Landung – Baumgeburten 60
„Die Farm" 63
Heute – morgen – und danach? 70
„Weihnachten kommt nur einmal im Jahr" 74
Nicht alle in unserer Familie waren „W.A.S.P." 81
Unterricht in der hohen Kunst „vollkommenster Wäsche" 84
Zusätzliche Gründe für respektvolle Bewunderung
afro-amerikanischer Freunde 86
Neu gewonnene Mobilität: Anzeichen, Symptome und
Gefahren des „Erwachsenwerdens" eines jungen Mannes 91
Eros: Ein mächtiger Gott! 96
Die ersten Jahre fernab von meinem
„OLD KENTUCKY HOME" 103
„Was Eltern nicht wissen, verursacht ihnen kein Gewissen!" 112
Den Blick auf Höheres gerichtet 117
Beginn des Abenteuers und Studiums in der großen, weiten Welt .. 120
Der „Student Prince" 126
Der „Student Prince" nimmt sein Studium auf –
ohne es zu übertreiben! 133
Ein denkwürdiges Weihnachtsfest in Westfalen 134
Im Frühling erwachen die Sinne 136
Wie man gewiß kein Bergsteiger wird! 139
Vom Studentenprinz zum „Bettelstudent" 144

„Schnellkurs in Hochdeutsch" – höchste Qualität und gratis! 147
Die braune Hydra bedroht alle und hebt ihr Haupt höher 149
„Es ist bestimmt in Gottes Rath ..." 152
Neue Schwierigkeiten, keine annehmbare Lösung in Sicht 155
„Kleiner Mann, was nun?" „Quo Vadis?" 162
Eine letzte Fahrradtour in Deutschland:
Ein Erlebnis ohnegleichen 167
Nochmals – eine Zeitlang – Student sein 169
Musik berührt die Seele 173
Zufall? Schicksal? Glück? Ungewisser Anfang meiner Laufbahn 177
Beginn einer siebenjährigen Zusammenarbeit mit dem
Columbia Broadcasting System während Hochzeitspläne
geschmiedet werden 181
Drum prüfe wer sich ewig bindet, ob sich das
Herz zum Herzen findet 183
„Drôle de guerre?" 186
Im Kampf gegen eine mächtige Opposition mobilisiert Roosevelt
unsere Bevölkerung 192
Zum drittenmal Präsidentschaftskandidat:
„THE THIRD-TERM CANDIDATE" 195
Der Krieg breitet sich aus:
„Ein Tag, der als Schandtat in die Geschichte eingeht" 198
Zuvor gute Nachrichten von der „Heimfront" 201
Was macht aus einer Mutter eine gute Mutter? 203
Launen und Vorurteile 204
Sind junge Eltern nur deshalb stolz auf ihr Kind, weil es ihr
eigenes ist? 206
„Time ... marches on!" 208
Seltsame Ereignisse nehmen ihren Verlauf: Das OSS 211
Listig und schlau wie ein Fuchs: Ausgeklügelter Plan
zur Rettung von Amerikanern 213
Kriegsziele eine Zeitlang im Blickfeld 214
Mit dem Flugboot über den Atlantik –
Danach Paris und ins besetzte Deutschland 219

„Entnazifizierung?" „Demokratisierung?" „Umerziehung?"
Launen der Militärregierung: Erste Phase 222
Neue Herausforderungen – Neue Schwierigkeiten –
Neue Gefahren 225
Harte Arbeit en masse in einer Umgebung voller Leid 228
Das Erlernen des „Wer ist Wer" im besetzten Deutschland:
Wem konnte man vertrauen? Was ging eigentlich vor sich? 230
Kritisch – Kritisiert – Krisenstimmung 232
Ein „Sommernachtstraum" 237
Apokalypse über Japan 240
Vorboten des „Kalten Krieges"? – Oder war er bereits im Gange? ... 241
Warum ausgerechnet Atombomben? Weshalb ihr Gebrauch? 242
„Der Sturm" 246
Männer müssen sich wegen schändlicher Verbrechen gegen die
Menschheit verantworten 248
Ein herausragendes Beispiel für journalistische Enthüllungsarbeit ... 251
Radio München: „Brutstätte des Kommunismus?" 254
Wieder stellte sich die Frage: „Kleiner Mann, was nun?" 258
Fortschritt bei Radio München, doch immer mehr Fragen,
Zweifel und Bedenken 262
„Offizier widerspricht Militärgouverneur der
US-Besatzungszone!" 265
Stuttgart, September 1946 – Eine Rede, die den Verlauf der
Geschichte veränderte? 266
Fragen: in Byrnes Ansprache nicht beantwortet, doch für das
Verständnis des „Kalten Krieges" relevant: Hintergründe von
Beginn und Fortdauer des „Kalten Krieges" 268
Weitere Hintergrundinformationen; einige psychologische
Erwägungen 271
Gehen oder bleiben? Das war nunmehr die Frage. 275
Krisen verschmelzen: Die Innere mit der Äußeren 276
Innere Krise spitzt sich zu: Herausforderung und Antwort des
Kollektiven Unbewußten 284
Wahnsinn oder Wendepunkt? 287

Gipfel der inneren Krise – Heilung der Wunden 290
Schlüsselbegegnung mit einem Buch von C. G. Jung 294
Erkenntnis? Die gesamte Schöpfung als Einheit? 296
Naturwissenschaften und Einheitswirklichkeit 299

Teil Zwei

Fortdauer der inneren Krise –
Beginn eines neuen Lebensabschnitts 305
Nach kurzem Ausflug in kaufmännische Gefilde: Ein Traum,
lange gehegt, wird Wirklichkeit 309
Heimkehr des verlorenen Sohns 314
Nicht ohne innere und äußere Mühsal:
Eine Ehe auf dem Prüfstand 319
Des Dilemmas einvernehmliche Lösung und vielversprechende
Perspektiven für einen der Betroffenen 324
Scheidung in Mexico – Wiedersehen in Paris nach Beginn eines
neuen Lebensabschnitts 327
Die neue Arbeit gewinnt Konturen 332
In nie zuvor gekanntem Ausmaß Aussichten auf globale
Zusammenarbeit im Bereich der Gesundheitsvorsorge 336
Erster Besuch in Asien und erste unvergeßliche Eindrücke 339
Schon wieder: „Die Zeit schreitet voran!" 346
Internationaler Beamter vor neuen Aufgaben 349
Wieder neue Aufgaben: Redaktionell und lehrreich 354
Zwischenkommentar: Vorboten eines allmählichen
Bewußtseinswandels? Oder bloß Strohfeuer von Protest? 356
Erweiterte Perspektiven für die Weltgesundheitsorganisation –
Neue Überraschung im persönlichen Bereich 358
Hochzeitspläne überstürzt geschmiedet – Bald wieder eine
neue Prüfung 362
Ausflug nach Wien – Eine überraschende und erfreuliche
Wiederbegegnung 367
Vor und nach dem Wiener Vortrag – Häufige Kurzbesuche am
Pariser Boulevard Arago 372

Wiederholte Reinigungen eines Augiasstalls in Genf – daraus entstehende Folgen 374
Ein bedeutsames Ereignis, bisher außer acht gelassen, auch jetzt unzulänglich geschildert – zu viert bald auf dem Wege nach Indien 378
Nach dem Mittelmeer: Suezkanal – Rotes Meer – an Mecca vorbei – Arabisches Meer – Indischer Ozean Geburtstagsfeier auf dem Weg nach Bombay 384
Empfang in Bombay mit Blumengirlanden – Allein unterwegs nach Delhi – Nicht ungefährliche Wüstenabenteuer in Rajasthan 385
Durch die Wüste von Rajasthan – nicht ohne Hindernisse 390
Unter günstigeren Sternen: Die Reise schreitet voran 394
Erneute Begrüßung – neue Kollegen – neue Aufgaben 396
Frauen, Männer, Kinder: Verarmt, doch fleißig, mutig, kreativ und gastfreundlich – Vorbild für viele im Westen 402
Revolution in Bandlaguda 408
Beulenpest in Birma – Heldenrolle eines jungen Schauspielers in einem für unser Regionalbüro produzierten Film 414
Monsun in Indien – Um meinem ersten zu entkommen: Ferien in Mussourie 417
Mit der königlichen afghanischen Post in Richtung Kabul 422
Nach einem kurzen Stopp an der Grenze zu Pakistan: Auf, nach Kabul! 427
Die McCarthy-Inquisition und die Vereinten Nationen 431
Mirabile dictu in Rom! Der Gipfel der neuen Inquisition: „Untersuchungsausschuß zur Loyalitätsprüfung" rehabilitiert Dissidenten 435
Beunruhigende Nachrichten aus Paris: Ein weiterer, unvorhergesehener Flug mit Air India nach Europa 438
Noch einmal: Birma – danach: Thailand 443

Im alten Königreich von „Sukhothai", heute „Prades-Thai";
im Westen Thailand genannt 446
„Wo das Morgengrauen wie Donner hervorbricht":
Bangsaen und ein Seminar über Erwachsenenbildung in Asien 452
Noch nicht Abschied von Asien – Taj Mahal –
Abenteuer im Himalaya – grandiose Aussichten 455
Im Regionalbüro sind andere Aufgaben zu erledigen
Anschließend viel zu kurzer Besuch in Indonesien und Ceylon 459
Das heutige Sri Lanka, damals noch Ceylon 463
Verblüffende Neuigkeiten aus Washington Erwarten einen
US-amerikanischen Weltenbummler –
Die letzten Monate in Südostasien 466
Abschied für immer: „Lebwohl, Asien!" 470

TEIL DREI
Wieder Fluggast bei Air India, diesmal auf dem Weg nach
New York – Neue Begegnung mit Verwandten und
alten Bekannten – Studium in renommierten Hallen
und Hörsälen 475
Studium an der Yale-Universität: Neun kurze Monate,
die weit mehr wert sind 478
Haiti, einst „Perle der Antillen" – aber jetzt? 485
Verschiedene Versuche, gegen die Geißel Malaria anzukämpfen 488
Neue Tragödie: Diesmal unter Kollegen 493
Nach einem ungewöhnlichen Zufall eine rundum glückliche
Zeit in Haiti mit Marcel Maillard 497
„Gewogen und als zu leicht befunden: Abruptes Ende des
Projekts zur Bekämpfung von Malaria in Haiti und einige
der Folgen" 499
Lange Reisen – viele davon waren aber viel zu kurz! 502
Castros Kuba und die „República Dominicana": Zwei
Diktaturgewalten mit unterschiedlicher Zielsetzung 505

„Ciudad Trujillo:" Die Hauptstadt der Dominikanischen
Republik ist 1960 zwar ordentlich und sauber,
aber in Ordnung ist längst nicht alles 509
Drei weitere Jahre in Mexiko: Freunde – Monumente alter
Kulturen – Machismo 511
Meine fünfzehnjährige Tätigkeit bei der WHO naht ihrem Ende 517
Von Mexico City nach Rom – von Rom oft in Länder, in denen
die Menschheit sich von unseren nächsten Verwandten schied 521
Neubeginn voller Hoffnung gefolgt von Ernüchterung 524
Gewisse Entschädigung für viele Enttäuschungen – meistens
durch Erfolg in der Feldforschung 530
Entschädigung ganz anderer Art, die nichts mit einer unsäglich
frustrierenden Arbeit zu tun hatte 531
Migräne und andere Dinge, die einem Kopfschmerzen bereiten 533
Psychotherapie für zwei, die sich in eine Ehekrise verstrickt haben
Anfangsphase der psychoanalytischen Schulung für mich 537

TEIL VIER
Nochmals in neue Lehrstätten – Größere Bereicherung,
geistig und seelisch, als Yale – Vorboten eines neuen Wagnisses
im ehelichen Zusammenleben 547
Schmerzliche Scheidung – Neue Vermählung –
Privatpraxis erblüht – noch mit gelegentlicher Supervision
Einweihung in klinische Psychotherapie 555
Voreheliche Probleme völlig anderer Art als die Probleme eines
jungen belgischen Ehepaars 561
Einweihung in klinische Psychotherapie: Zwei Beispiele aus einer
außergewöhnlichen psychiatrischen Klinik 565
„Was man gerne tut, ist keine Arbeit!" Aber: „Nach getaner
Arbeit ist gut ruhn." 573
„Sanatorium Bellevue, Dr. Binswanger" 577
„Patienten?" Nein! „Fälle?" Nein! Menschen sind Menschen!
Menschen brauchen Menschen! 583

Wieder: Behausung an einem Hügel und anstrengende Arbeit
für beide Bewohner 589
Ein Zuhause am Hügel: In Phantasien weniger ideal als in der
Wirklichkeit – Zwei Therapieformen: Verwandt aber methodisch
verschieden 597
Wieder im Sanatorium Bellevue: Ein seltsamer Traum mit
seltsamen Folgen 609
„Geh, Geh, Geh, sprach der Vogel:
Die Menschen ertragen nicht sehr viel Wirklichkeit" 618
Ein Urlaub, dringend nötig; andere, weniger dringende neue
Aufgaben fallen uns zu 628
Doppelbeschäftigung: Psychotherapie plus Friedensbewegung
für den einen, Kombination von Diplom mit Demos
für den anderen 637

TEIL FÜNF
In neuer Umgebung – Weiterhin Doppelbeschäftigung –
Eine Chinesische Mauer in Europa und ähnliche
Merkwürdigkeiten 649
Vorsicht! Gefahr durch Landminen! 659
„Ruhestand:" Keineswegs! Vielmehr: Neue Chancen und
Möglichkeiten – Neue Freunde und Bekannte –
Entdeckung neuer und Ausweitung alter Interessen 664
„Altersruhesitz?" „Schicksal?" Wer weiß? 670
Kurze Jahre werden noch kürzer 678
„Alles nur vergebliche Liebesmüh?" 684

ANHANG
Revolution in Bandlaguda 687

Vorwort

Dies ist der Versuch, Bericht zu erstatten über ein langes Leben als US-amerikanischer Querdenker. Aus freien Stücken wanderte ich aus dem Land aus, in dem ich geboren und aufgewachsen bin. In meiner Heimat wurden mir hohe Ideale eingepflanzt, und früh schlugen sie tiefe Wurzeln. Diese Ideale gründen sich, so glaube ich, auf selbstverständliche Wahrheiten, die jedoch überall ihrer Erfüllung harren – dies heute dringender denn je zuvor. Ungezählte Frauen und Männer – die meisten, jedoch lange nicht alle, waren Landsleute von mir – trugen entscheidend zu dem bei, an das ich glaube. Die Überzeugungen, für die ich mich wegen ihrer Vorbilder begeisterte, habe ich ohne bedeutenden Erfolg in meinem eigenen Leben und in meiner Arbeit wirksam werden zu lassen versucht.

Unter jenen, die hervorragende Landsleute von mir waren, befinden sich fünf, denen vor allem ich meine Auffassungen verdanke: Thomas Jefferson, Henry David Thoreau, Thomas Paine, Abraham Lincoln und Franklin Delano Roosevelt. Andere Menschen, die einen maßgeblichen und nachhaltigen Einfluß auf mich hatten, stammten jedoch nicht aus meinem Land: Carl Gustav Jung, Leo Tolstoi, Mahatma Gandhi, Sophie und Hans Scholl, Jean Gebser und Swâmi Râmdâs – der einzige von diesen sieben, den ich je gesehen habe. Dies war leider während kaum mehr als einer Stunde in Bombay.

Viele Jahre lang habe ich in Deutschland gelebt und ich verdanke diesem Land mehr, als ich es in wenigen Worten schildern könnte. Zunächst kam ich hierher als Student während der frühen Jahre der in Deutschlands ruhelos bewegter Geschichte größten Tragödie – der Perversion seines edelsten Erbes unter der Gewaltherrschaft eines verbrecherischen Größenwahnsinnigen. Später, als Offizier der US-Militärregierung von Mai 1945 bis März 1947 und unmittelbar danach als Journalist, verbrachte ich über zwei Jahre hier. Dann, fast drei Jahrzehnte später, durfte ich mich sowohl in der Schweiz als auch in Deutschland zu den wenigen tausend Frauen und Männern zählen, die sich als Psychotherapeuten der Linderung emotionalen und geistigen Leidens widmeten.

Dank all diesen Einflüssen und aufgrund von Erfahrungen, die ich – großenteils bei zwei Spezialorganisationen der UNO – in zweiundzwanzig Ländern auf vier Kontinenten sammelte, kam ich vor Jahren zu der festen Überzeugung, daß es, wenn unsere Gattung überleben und die Schöpfung auf dem allein von uns geplünderten Planeten fortdauern soll: (1) keine Alternative gibt zu einem prinzipiellen, erfinderischen und aktiven, aber zugleich gewaltfreien Widerstand gegen Tyrannei und Krieg; und (2) keine wie immer geartete Alternative zu einer allumfassenden Wandlung des Bewußtseins im Sinne Jean Gebsers gibt. Nur so, glaube ich, kann der erbarmungslosen Ausbeutung menschlicher und natürlicher Ressourcen rund um den Globus Einhalt geboten werden. Solche Ziele können nach meiner Überzeugung nur erreicht werden im Rahmen eines echt demokratischen, basisorientierten und partizipatorischen Sozialismus, der sich gründlich unterscheiden würde von dem, was sieben Jahrzehnte lang fälschlicherweise „Sozialismus" genannt wurde, bis sein endgültiger Zusammenbruch ihn fast über Nacht ereilte.

Im Hinblick auf dies alles und in der Hoffnung, wenigstens etwas – wenn auch kaum Bedeutsames – zur Verwirklichung solcher Zielsetzungen beizusteuern, habe ich geschrieben, was hier folgt. Es ist dem Gedenken derer gewidmet, die vorausgegangen sind und die auf die von ihnen jeweils als notwendig und richtig erachtete Weise *auch* danach strebten, ihren Teil der Aufgaben zu lösen, denen wir Heutigen erst recht gegenüberstehen. Um möglichst dafür Sorge zu tragen, daß die nach uns kommenden Generationen erhalten und vor dem Schlimmsten bewahrt werden, obliegt es uns – einem jeden von uns – alles zu tun, was wir als Einzelne oder gemeinsam tun können. Dies *müssen* wir tun, auch wenn es den Anschein hat, als könnten unsere Bemühungen kaum oder gar keine spürbaren Veränderungen bewirken. Denn heute gibt es in rasch zunehmendem Maße wissenschaftlich fundierte Gründe für die zuversichtliche Annahme, daß nichts, was auch nur einer von uns tut oder zu tun unterläßt, im Endeffekt ohne Wirkung bleibt.

Oldenburg, im Herbst 1997

TEIL EINS

Aus unschuldiger Kindheit
durch eine gefährliche Jugend
zum ungewissen Leben eines Erwachsenen

1915 – 1947

Kriegswolken entladen sich

Heute schreiben wir den 1. September 1989. Heute beginne ich mit der Niederschrift einiger Erinnerungen an die Windungen und Verzweigungen entlang den unterschiedlichen Routen, die mich von der Kindheit über die Jugend, dann zu drei konstrastierenden Arten von Leben und Arbeit in zweiundzwanzig Ländern auf vier Kontinenten führten. Meine Kinder und deren Kinder werden hier Antworten finden auf die meisten ihrer Fragen sowie auf viele unausgesprochene Fragen über einen Vater und Großvater, der zu oft abwesend war – einige haben ihn jahrelang entbehrt – und der seinen Verpflichtungen ihnen gegenüber in gewiß ungenügender Weise nachgekommen ist.
Schwer zu glauben! Ein halbes Jahrhundert ist wie im Flug vergangen seit September 1939. Einige dieser Jahre scheinen fast unbemerkt vorbeigeschlichen zu sein, die meisten allerdings nicht. Vor fünfzig Jahren begann der Zweite Weltkrieg. An diesem Tag, im Jahr 1939, brachen deutsche Streitkräfte mit ihrem Überfall auf Polen den Krieg vom Zaun. Von der See her bombardierten Schiffe der deutschen Kriegsmarine die Westerplatte, nahe Danzig, während Bodentruppen die polnische Grenze überquerten. Im „Deutschlandfunk" hatte Adolf Hitler – hysterisch, wie fast immer – geschrien: „Seit 4.45 Uhr heute morgen wird zurückgeschossen!" obwohl bis dahin von polnischer Seite kein einziger Schuß abgegeben worden war. Hitler hatte, wie er es je nach seinem Zweck gewohnt war, schlichtweg gelogen.
Zu diesem Zeitpunkt, im September 1939, hatte ich seit gerade einem Jahr beim Columbia Broadcasting System in New York als Leiter der deutschsprachigen Kurzwellenabteilung gearbeitet. Zuammen mit vier Kollegen – Emigranten, die kurz zuvor aus Deutschland geflohen waren – hatte ich hauptsächlich die Aufgabe, Nachrichten und Feature-Programme zu verfassen bzw. zu gestalten, die mit Richtstrahl Europa gesendet wurden. Sie sollten (heute erkenne ich, wie eigentlich naiv die Vorstellung war) dem entgegenwirken, was wir allen Grund hatten, für größtenteils verlogene und irreführende Propa-

ganda zu halten, mit der das deutsche Volk von Josef Goebbels und den Nazi-Medien überzogen wurde.

An jenen Morgen des 1. September erinnere ich mich so deutlich, als wäre es gestern oder vorgestern gewesen. In einem leuchtenden, wolkenlos heißen Sommerhimmel ging die Sonne über New York gerade auf. Ich verließ in Eile unsere Wohnung am oberen Riverside Drive. Sie war Janes und mein erstes gemeinsames Zuhause, winzig und dunkel in einem renovierten Altbau, den wir im vorausgegangenen Frühjahr entdeckt hatten. Jetzt rannte ich den ganzen Weg zur U-Bahn-Haltestelle, an der ich regelmäßig Schnellzüge in das Stadtinnere nahm und dann einen kurzen Weg zu Fuß zum CBS-Gebäude an der Ecke 53rd Street und Madison Avenue zu laufen hatte.

Die Gefühle und schlimmen Ahnungen, die mich an jenem sonst so schönen Frühmorgen in Atem hielten, nachdem ich im Radio die Nachricht vom Beginn eines neuen Massenschlachtens von Menschen durch Menschen gehört hatte, steigen alle, während ich dies schreibe, wieder bedrängend in mir auf. Ich entsinne mich deutlich, daß mir, während ich zur „Subway Station" hinunterraste, Gedanken wie diese durch den Kopf gingen: Warum können wir Menschen nicht einsehen, daß dies Irrsinn ist, blanker Irrsinn? (Psychohistoriker haben inzwischen längst nachgewiesen, daß Krieg tatsächlich eine Art Wahn ist, eine kollektive geistig-emotionale Entgleisung.) Gibt es oder gab es denn keine Mittel, Hitler in Schach zu halten? Warum, warum ist es den europäischen Demokratien nicht gelungen, ihm Einhalt zu gebieten? Hatten vielleicht einige ihrer führenden Politiker, aus noch nicht einsehbaren Gründen, ihm nicht einmal entgegenwirken wollen?

Wird die Welt nach diesem Krieg je wieder annähernd so aussehen, wie sie war oder jedenfalls bis jetzt zu sein schien? Wie viele Millionen Kinder, Frauen und Männer werden entweder ihr Leben verlieren oder lebenslang verstümmelt sein, unter emotionalen und geistigen Störungen leiden oder materielle Verarmung und vielerlei Entbehrungen hinnehmen müssen? Wo, wie, wann wird der geistigen Umnachtung dieses Mal ein Ende gesetzt werden? Als ob der letzte große Krieg, "ein Krieg, um allen Kriegen den Garaus zu machen", in

den Worten unseres idealistischen Präsidenten Woodrow Wilson – nicht schlimm genug gewesen wäre, als im November 1918 der Waffenstillstand unterzeichnet wurde, der Krieg jedoch keines der Probleme wirklich gelöst hatte, die er hätte lösen sollen und, wiederum in den Worten Wilsons, gewiß nicht „die Welt sicher für die Demokratie" gemacht hatte.
Klar! Die Entfesselung dieses neuen Kriegs war nicht völlig überraschend gekommen. Kaum irgendjemand war sich der Gefahren eines neuen bewaffneten Konfliktes nicht bewußt, als die deutsche Wehrmacht 1936 das Rheinland wieder besetzte. Die längst in Angriff genommene und eifrigst vorangetriebene Aufrüstung Deutschlands war ein offenes Geheimnis. Und Jahrzehnte vorher hatte Hitler seine Ziele und seine Vision von einem „Großdeutschland" unmißverständlich dargelegt und deutlich gemacht, was er meinte, wann immer er behauptete, die Deutschen seien „ein Volk ohne Raum", eine Nation mit zu kleinem „Lebensraum".
Die meisten Menschen waren nicht bereit ernst zu nehmen, was Hitler in den frühen 20er in seinem Buch *Mein Kampf* schamlos offenbart hatte. Nur wenige hatten sich überhaupt der Mühe unterzogen, dieses umfangreichen und tendenziösen Traktat vom Anfang bis zum Ende durchzulesen. Hätten sie ihn auch nur halbwegs aufmerksam gelesen; hätten sie ihn ernstgenommen, so wäre ihnen kein Zweifel geblieben, daß er – größenwahnsinnig, wie er war – genau das meinte, was er dort geschrieben hatte. Dies alles, einschließlich seiner widerlichen, ruchlosen antisemitischen Tiraden, war in der Tat das Programm Hitlers und der NSDAP. Er hatte ohne jeden Zweifel die Absicht, dieses Programm Wirklichkeit werden zu lassen, sobald ihm die Zeit dafür reif erschien.
Meinerseits muß ich oder kann ich sagen, auch wenn es unbescheiden oder überheblich anmutet, daß ich nicht überrascht war, als Hitler den Krieg auslöste. In den Jahren 1935 und 1937 war ich drei Semester als Student (obwohl zeitweise kein sehr ernsthaft studierender) an den Universitäten Heidelberg und Bonn gewesen. Fast jeder konnte im Grunde förmlich riechen, was gekocht wurde. Andererseits hatte auch ich, entgegen aller Rationalität, wie Millionen anderer überall, einen Funken Hoffnung bewahrt, daß irgendetwas von

den verantwortlichen Politikern in irgendeinem der potentiell bedrohten Länder unternommen würde, um das zu verhindern, was leicht vorhersehbar war und eine unbeschreibliche Katastrophe bedeuten mußte.

Gleich Millionen hatte auch ich trotz allem weiter halbwegs gehofft, daß Hitler es vielleicht doch ehrlich meinte, wenn er wiederholt versprach, er werde nur den Frieden anstreben, sobald die eklatanten Ungerechtigkeiten behoben sein würden, die Deutschland am Ende des Ersten Weltkriegs durch den Versailler Vertrag auferlegt worden wären. Geschichtswissenschaftler haben ja längst den Nachweis erbracht, daß dem Deutschland Kaiser Wilhelms nicht *ausschließlich* die Schuld an jenem bis dahin verheerendsten aller Kriege angelastet werden kann.

Sehr deutlich erinnere ich mich an meine Rückkehr nach Deutschland, als ich 1936 nach einem abenteuerlichen Skiurlaub in den Tiroler Alpen, unweit Innsbruck, die österreichisch-deutsche Grenze im Zug überquerte. Während dieser Bahnfahrt hatte ich in einer am selben Tag erschienenen Zeitung (es wird wohl Anfang März jenes Jahres gewesen sein) einen Bericht gelesen, in dem es hieß, Hitler habe proklamiert, der Rhein werde fortan wieder „Deutschlands Strom, nicht Deutschlands Grenze!" sein. In der Zeitung waren Fotos von deutschen Kavallerieeinheiten, die offenbar unbehelligt in die Vororte von Köln vorrückten. Wohin man sah, gab es ähnliche Anzeichen wachsender Gefahr. Mir selber und anderen, die besser unterrichtet waren, als ich es sein konnte, erschien es, daß allein als Folge dieser riskanten Entscheidung, die Wiederbesetzung des Rheinlands, die Wahrscheinlichkeit eines neuen Kriegs enorm gestiegen war. Es war nahezu offensichtlich, daß Hitler von nun an alles wagen würde, wenn er nicht sogar im Begriff war, Europa vorsätzlich in einen neuen bewaffneten Konflikt zu stürzen mit unkalkulierbaren Konsequenzen, die aller Wahrscheinlichkeit nach weiter reichen würden als die des Ersten Weltkriegs.

Und nun: Fünfzig Jahre später

Jetzt, am 1. September 1989 – ein halbes Jahrhundert später – verfolgte ich im Fernsehen eine fast drei Stunden dauernde Sondersitzung des westdeutschen Bundestags. Sie wurde in Gedenken des Jahrestags vom Beginn des Zweiten Weltkriegs abgehalten. Eine bewegende Rede von Helmut Kohl war für die Sitzung charakteristisch. Ich hatte den Eindruck, daß diese Rede in vollem Umfang ernst gemeint und dem Anlaß gemäß war. Aber einen noch größeren Eindruck hinterließ bei mir die Rede von Willy Brandt. Er schilderte Einzelheiten aus *seinen* Erinnerungen. Als Polen überfallen wurde, war er in Norwegen. Dort arbeitete er als Journalist, nachdem er während der Anfänge des Nazi-Regimes in Stockholm Zuflucht gefunden hatte. Lebhaft beschrieb er seine Reaktion auf diesen Tag im Jahr 1939 und umriß einige der bei ihm schlimmste Angst erregenden Perspektiven, von denen er schon damals sicher war, daß sie drohten. Brandts Sozialdemokratische Partei und die Grünen, deren Mitbegründerin Petra Kelly ist, hatten eine gemeinsame Erklärung des Bundestags beantragt. Sie wollten erreichen, daß die Abgeordneten einer Resolution mehrheitlich zustimmten, mit der dem polnischen Volk in aller Form versichert worden wäre, die westdeutsche Regierung hege keine Absicht, in den Gebieten, die bei Kriegsende an Polen abgetreten worden waren, territoriale Revisionen anzustreben. Doch die CDU, zusammen mit ihrer bayerischen Schwesterpartei, verweigerte die Annahme einer solchen Resolution. Offensichtlich befürchteten sie, wenn sie dies täten, bei den nächsten Wahlen Stimmen an die extrem rechten „Republikaner" zu verlieren.
Nach dem Schluß der Bundestagssitzung schaltete ich auf ein anderes TV-Programm um. Eine an der Westerplatte veranstaltete Gedenkfeier wurde aus Danzig live übertragen. Mit einem unprovozierten Bombardement an jenem Septembermorgen im Jahr 1939, von deutschen Kriegsschiffen aus, hatten ja die Feindseligkeiten begonnen. Das, was heute aus Danzig gesendet wurde, empfand ich als sehr eindrucksvoll. Es war zutiefst bewegend – um so mehr, als dies das erste Mal gewesen ist, daß der gewählte kommunistische Präsident Polens, General Jaruselski, zusammen mit dem Ministerpräsidenten

Masowietski und prominenten Mitgliedern der *Solidarnosc*, Polens unabhängiger Gewerkschaft, (die bei der Entwicklung des Landes zu größerer Freiheit eine entscheidende Rolle gespielt hat), auf derselben Plattform erschienen sind. Dieses gemeinsame Auftreten kann, vielleicht zu Recht, als ein günstiges Omen aufgefaßt werden, was den weitreichenden Wandlungsprozeß betrifft, der sich immer deutlicher abzeichnet in allen Ländern Osteuropas, einschließlich der UdSSR, seit Gorbatschows Aufstieg zur Macht als *spiritus rector* eines Wandels zu globaler Zusammenarbeit anstatt der kostspieligen und äußerst gefährlichen nuklearen Konfrontation, die die Beziehungen USA-UdSSR seit 1947 gekennzeichnet hat.
Symbolisierten diese beiden Veranstaltungen – die eine in Bonn, die andere in Danzig – eine solide Grundlage für einen Neubeginn in Europa, vielleicht in der ganzen Welt? Es ist freilich noch viel zu früh, als daß man dies als sicher annehmen könnte. Ich selber zweifle daran. Aber es scheint offensichtlich zu sein, daß es diese Eventualität gibt. Würde sie Realität werden, bliebe sie nicht bloß eine andauernde, wenn auch entfernte, Möglichkeit in einer Welt optimistischer Illusionen, so könnte man daraus schließen, daß der Anti-Hitler-Pakt, unter Winston Churchill, Franklin Roosevelt und „Onkel Jo" Stalin zusammengeschweißt, etwas Positiveres und Konstruktiveres erreicht hätte als der notwendige Sieg über das NS-Terrorregime und die unverbesserlichen Militaristen in Japan, die ja die Verbündeten Hitlers und Mussolinis in der sogenannten „Berlin-Rom-Tokio-Achse" waren.

Doch türmen sich neue Wolken

13. Januar 1991: Alles, was ich bisher geschrieben hatte, wurde vor fast fünfzehn Monaten entworfen. Zu *jenem* Zeitpunkt schien es mehr oder weniger plausible Gründe für einen vorsichtigen Optimismus zu geben. Heute hingegen ist selbst dieses Fünklein Hoffnung von einer neuen Weltkrise überschattet. Kaum irgendjemand, der eines Tages dies lesen mag, wird von den mittelbaren oder unmittelbaren Auswirkungen oder deren langfristig unvorhersehbaren Konse-

quenzen völlig verschont geblieben sein, auch wenn ein Zusammenhang mit der neuen Krise nicht erkannt werden sollte. Selbst dann, wenn die bereits erkennbare Gefahr umfangreicher ökologischer Schäden abgewendet werden sollte, so ist offensichtlich, daß ein neuer bewaffneter Konflikt auf zumindest einen großen Teil des Mittelostens zukommt; daß dieser neue Krieg eventuell sogar ein größeres Ausmaß an menschlichem Leid auslösen könnte als viele andere bewaffnete Auseinandersetzungen, die wir in den vergangenen Jahrzehnten schon kannten. Möglich ist jetzt, leider, nahezu *alles*.
Während ich schreibe, verbleiben nur noch zwei Tage bis zum Ablauf eines Ultimatums, das vom Sicherheitsrat der Vereinten Nationen – vor allem dank dem Druck der USA – gegenüber dem Irak vereinbart worden ist. Mit dem Ultimatum wird der Irak aufgefordert, seine Truppen bedingungslos aus Kuwait abzuziehen. Im Bemühen, einem Desaster vorzubeugen, hat der UNO-Generalsekretär Pérez de Cuéllar bei einer kurzen Unterredung in Bagdad mit dem irakischen Diktator Saddam Hussein gehofft, irgendeinen Ausweg aus der Sackgasse zu entdecken. Seine Anstrengungen sind allem Anschein nach ergebnislos geblieben. Unmittelbar anschließend an sein Gespräch mit Saddam Hussein, ordnete er auf dem Rückflug nach New York eine Zwischenlandung in Paris an und soll dort gesagt haben: „Gott allein weiß, ob es in der Golfregion jetzt Frieden oder Krieg geben wird". (Unser Präsident George Bush ist alles andere als ein Gott, aber mein Eindruck ist, daß *er* auf Krieg setzt.)
Laut Zeitungsberichten stehen sich auf beiden Seiten der Grenze, zwischen Saudi-Arabien und dem besetzten Kuwait, rund eine Million Truppen gegenüber, ohne Dutzende von mit Atomraketen bestückten US-Kriegsschiffen (darunter fünf oder sechs Flugzeugträger) zu erwähnen, nebst einer unbekannten Anzahl von Kriegsschiffen aus einem halben Dutzend anderer Länder, die am Persischen Golf kreuzen. Hinzu kommen, wie es heißt, rund zehntausend Panzerkampfwagen und ungezählte Flugzeuge auf beiden Seiten. Außer es geschähe ein Wunder, was jetzt eigentlich nicht vorstellbar ist, scheint es sicher zu sein, daß entweder Bush oder Saddam Hussein binnen Stunden oder höchstens ein paar Tagen den Befehl geben wird, all dieses

Teufelszeug in Gang zu setzen. Kaum läßt sich daran zweifeln: Zu einer verheerenden Feuersbrunst wird es bald kommen.

14. Januar 21.30 Uhr. Die Nachrichten sämtlicher Rundfunk- und Fernsehsender sind heute Abend alles andere als gut. Bis zum Ablauf des Ultimatums verbleiben nur noch vierundzwanzig Stunden. Alle Anzeichen sprechen für die hohe Wahrscheinlichkeit, daß George Bush, im Einvernehmen mit dem US-Kongreß, sich längst für einen Krieg gegen den Irak entschieden hat. Und wenn der Anschein nicht trügt, werden die Hauptgründe für die offenbar herannahende Tragödie darin liegen, daß das vorrangige Ziel der Außenpolitik unseres derzeitigen Präsidenten keineswegs seine angebliche Sorge um die Wahrung internationalen Rechts oder irgendwelcher demokratischen Prinzipien sein dürfte, sondern vielmehr sein Bestreben, die bisherige Großmachtdominanz – vor allem die Vorherrschaft und den Ausbau des US-Einflusses – in den erdölreichen Gebieten um den Persischen Golf zu sichern.

Auch nach meiner Überzeugung dürfen weder die irakische Okkupation von Kuwait noch das selbstherrliche Verhalten Saddam Husseins toleriert werden. Die Annexion Kuwaits kann in keiner Weise als im Einklang mit dem Völkerrecht angesehen werden. Hinzu kommen Saddam Husseins diabolischer Einsatz von Giftgas gegen die Kurden und sein acht Jahre dauernder Krieg gegen den Iran, der mehr als eine Million Menschen das Leben kostete. Mit alledem nicht genug! Der irakische Diktator hat eines der raffiniertesten Systeme erbarmungsloser Unterdrückung geschaffen, die es in einer Welt gibt, wo es an solchen Verbrechen gegen die Menschlichkeit gewiß nicht mangelt. Andererseits trifft es auch zu, daß der schon lange bestehende Anspruch des Irak auf Kuwait – ähnlich dem Beharren Israels, aus historischen Gründen, auf seine Rechte in Palästina – nicht ohne Begründung in geschichtlichen Tatsachen ist. Ab 1889 war Kuwait ein „Protektorat" (welch Zynismus steckt in diesem Begriff!) Großbritanniens, aber die Gebiete, die heute Kuwait heißen, waren bis dahin noch ein Teil des Osmanischen Reiches gewesen. Erst 1961, gegen den lautstarken, aber ohnmächtigen Protest des Irak wurde Kuwait ein „unabhängiges" Land. Dies geschah lediglich deshalb, weil

die multinationale Machtelite der Erdölscheiche, ob arabisch oder US-amerikanisch, es so haben wollte.
Und überhaupt: Die US-Seite des Gesamtbildes ist alles andere als blütenweiß. Nach einem vor kurzem veröffentlichten Interview mit einem früheren Botschafter der USA in Saudi-Arabien ist unsere Regierung entschlossen, die Kontrolle über diese Hauptquellen von Erdöl auf Dauer sicherzustellen. Spekulationen sind im Umlauf, denen zufolge im unerbittlichen Wirtschaftskampf um die Vorherrschaft auf den Exportmärkten der Welt die USA möglicherweise vorhaben, dies als Hebel zur Erpressung Japans einzusetzen, das zum größten Teil (70%) von Ölimporten aus diesen Gebieten abhängt. Dies bedeutet, daß der neue Krieg, der wohl innerhalb von Stunden begonnen werden und das Leben von vielen Tausenden fordern wird, nicht etwa *nur* oder gar vorwiegend deshalb geführt werden soll, um die Iraker aus Kuwait zu vertreiben, sondern vielmehr dazu, um US-amerikanische Wirtschaftsinteressen zu wahren. Seit der Anwendung der nach Präsident Ronald Reagan so benannten „Reaganomics" scheint die derzeitige Entwicklung der USA sich auf eine eventuelle Finanzkrise zuzubewegen auch ohne die enorme finanzielle Belastung unserer Steuerzahler durch immer neue militärische Abenteuer. Oder sind die Entscheidungsträger und die Lobbyisten des militärisch-industriellen Komplexes der USA vor allem darauf erpicht, mit neuen Verträgen zur Herstellung neuer und immer „schlauerer" Waffen noch größere Gewinne einzufahren, nachdem viele dieser todbringenden „Spielzeuge" der Militärs verbraucht sein würden? Vieles, sehr vieles scheint dafür zu sprechen, daß dem so sein dürfte. Schon Präsident Dwight Eisenhower fand es nötig, nachdrücklich davor zu warnen, als er aus dem Weißen Haus auszog.
Betrachtet man die Sachlage vom Standpunkt Saddam Husseins und von dem eines Großteils der anderen muslimischen Länder, wird dies ein Krieg sein, der nach dem Willen Allahs geführt wird, um den Islam vor den Ungläubigen zu retten. In den Augen vieler der anscheinend treuen, aber bewußt irregeführten Anhänger Saddam Husseins scheint das, wovon wir Zeugen sind, die nahende Gelegenheit zu sein, eine Neuauflage der zahlreichen Kreuzzüge des Mittelalters sozusagen „mit umgekehrtem Vorzeichen" zu inszenieren. Man

erinnere sich: Damals mobilisierten die sogenannten christlichen Länder Europas Zehntausende, unter ihnen oft Unmengen kleiner Kinder, und zwangen sie, Haus und Hof zu verlassen, um „die islamische Gefahr zu bannen" und „die heiligen Stätten Jerusalems zu befreien".

14. Januar 22.30 Uhr. Wenn der Ölmillionär Bush schon beschlossen hat, den Irak anzugreifen (was man für höchstwahrscheinlich halten muß), so sind die entweder tatsächlichen oder vorgegaukelten messianischen Visionen Saddam Husseins für alle klar erkennbar geworden. Während einer Sondersitzung dessen, was dort in beschönigender Weise als das irakische Parlament bezeichnet wird, ist Saddam Hussein zum Führer in einem Heiligen Krieg proklamiert worden, der den Islam verteidigen und Palästina aus Feindes Hand erlösen soll. Zu wiederholten Malen hat er mit der Vernichtung Israels gedroht. Und es wird behauptet (was ich zu bezweifeln wage), daß er über das dafür notwendige Potential verfüge. Die allesamt stehenden Abgeordneten in Saddam Husseins Parlament spendeten ihm tosenden Beifall, als er seine Rede beendet hatte. Unwillkürlich dachte ich mir, als ich dies im Fernsehen sah: „Toter Adolf läßt grüßen!"

15. Januar. Ein in letzter Minute unternommener, vermutlich unfruchtbarer und vielleicht nicht einmal ehrlicher Versuch, diesen Krieg doch noch abzuwenden, ist Frankreichs umstrittenem sozialistischem Präsidenten zu verdanken. Ob ernsthaft gemeint oder nicht, François Mitterand legte der UNO einen Sechs-Punkte-Plan vor, in dem er eine sofortige internationale Mittelost-Konferenz vorschlägt. Dafür, laut französischen Quellen, gibt es weitreichende Unterstützung auch vonseiten der UdSSR und Saudi-Arabiens. Jedoch scheint es nicht die geringste Chance zu geben, daß der UN-Sicherheitsrat einem solchen Vorschlag zustimmen könnte. Denn die USA stehen ihm unnachgiebig gegenüber. Ist dies ein zusätzlicher Grund für die Vermutung, daß Bush seine Entscheidung *für* diesen Krieg längst getroffen hat, anstatt daß er die möglichen Auswirkungen der gegen den Irak verhängten Wirtschaftssanktionen abgewartet hätte? Man kann sich dieses Eindrucks kaum erwehren.

16. Januar 22 Uhr. Noch acht Stunden! Dann wird das von der US-Regierung veranlaßte Ultimatum abgelaufen sein. Alle Fernseh- und

Radionachrichten lassen kaum noch Zweifel daran, daß ein monströses Verbrechen, ein von Menschenhand gezündetes neues Höllenfeuer, unmittelbar bevorsteht. Wie viele Tausende völlig unschuldiger Menschen werden in diesem Krieg verbluten oder verstümmelt werden, all ihr Hab und Gut verlieren oder Hungers sterben? Und dies bloß deshalb, weil eine Handvoll „Staatsmänner" genannter, aber ihrer Menschlichkeit offenbar verlustig gegangener „Hardliners" stocktaub sind gegen die noch stillen, aber unüberhörbaren Schreie geborener und noch ungeborener Generationen; weil diese Männer aus lauter Profitgier offensichtlich aller Vernunft abhold sind; weil sie sich anmaßen, über Tod oder Leben Abertausender Menschen ihrer eigenen und anderer Länder zu entscheiden.
17. Januar 6 Uhr. Und so war es! Ein neuer Krieg hat begonnen. Flugzeuge der britischen und der US-Luftwaffe flogen bereits massive Bombardierungen irakischer Ziele. Was von heute an sich ereignen wird, ist unvorhersehbar und, wie in jedem Krieg, unkalkulierbar. Mir fehlen Worte, um das auszudrücken, was alle entweder befürchten oder, unvergleichlich realitätsferner, sogar *hoffen*.
18.-22 Januar. Auf Bagdad, Basra und andere Städte im Irak fielen nahezu ununterbrochen während der ganzen letzten Tage und Nächte Bomben. Ungünstige Wetterbedingungen brachten lediglich einige kurze Pausen. Inzwischen reichten irakische Raketen bis Tel Aviv, Haifa und verschiedene Orte in Saudi-Arabien. Es wird berichtet, daß die Regierung Israels auf ihrem Recht bestehe, „Gleiches mit Gleichem" zu vergelten, was zwar verständlich, aber nicht unbedingt sinnvoll und in meinen Augen ethisch nicht vertretbar wäre. Offenbar ist Israel dem Druck der USA gewichen und sieht davon ab, da befürchtet wird, daß die ohnehin wackelige Anti-Hussein-Koalition auseinanderbröckeln könnte, sollte Israel in den Konflikt aktiv eingreifen. Selbstverständlich kann niemand sagen, welche Auswirkungen auch militärischer Art, um einmal abzusehen vom Tode oder lebenslanger Verkrüppelung vieler Tausender von Zivilpersonen und Soldaten des Irak, dieser ganze Irrsinn schon jetzt gehabt hat. Eine strenge Zensur ist sowohl vom Irak verhängt worden als auch von den Befehlshabern der gegen Saddam Hussein verbündeten Länder. Die Folge ist, daß beinahe nichts bekannt wird, es sei denn, daß den

unzähligen aus aller Welt eingeflogenen Journalisten bruchstückhafte Nachrichten zur Veröffentlichung freigegeben werden. Viele der „Nachrichten", die auf beiden Seiten herausgegeben werden, enthalten zweifelsohne kaum Information, sondern sie sind, wie in jedem Krieg, vorsätzlich irreführende Desinformation. „Das erste Opfer in jedem Krieg", sagte zutreffend irgendjemand, „ist die Wahrheit". Ich frage mich: Würde allein diese Tatsache nicht ausreichen, um wahrheitsliebende Menschen zu entschiedenen Kriegsgegnern werden zu lassen?
Ein britischer Korrespondent, der diese Woche aus Bagdad nach Amman im benachbarten Jordanien gekommen ist, berichtete vom Ausmaß der Zerstörungen. Sie seien sehr umfangreich. Es habe wahrscheinlich bis zu zehntausend Tote gegeben. Manfred Opel, Bundestagsmitglied und ehemaliger General bei der westdeutschen Luftwaffe, lieferte eine alarmierende Schätzung der irakischen Verluste. Die Quelle seiner Information, sagte er, seien vertrauliche Berichte von soeben aus der Golfregion zurückgekehrten US-Offizieren. Möglicherweise habe es schon bis zu 300.000 militärische und zivile Opfer gegeben.
„Wir", sagt George Bush, „führen diesen Krieg nur zur Befreiung Kuwaits". Abgesehen von allem Anderen bleibt jedoch die Tatsache bestehen, daß selbst *vor* der irakischen Besetzung Kuwaits es dort äußerst wenig Freiheit gegeben hatte. Dem allergrößten Teil der Bevölkerung waren auch kaum irgendwelche bürgerlichen Rechte zuerkannt. Sie lebte unter einem offenkundig arroganten, selbstherrlichen und unermeßlich reich gewordenen feudalen Regime, das sich in Händen einer Herrscherfamilie von erdölgetränkten Scheichs befindet. Ebenso offensichtlich ist, daß die gegen den Irak verhängten Wirtschaftssanktionen noch nicht lange genug in Kraft gewesen sind, um ihre möglichen Wirkungen zu erbringen.
Ist es also verwunderlich, daß fast überall zahllose Menschen sich weigern, den Zynismus und die Verlogenheit zu billigen, die diesen neuen Massenmord kennzeichnen? Ausschließlich, um Kuwaits Unabhängigkeit wiederherzustellen und das Völkerrecht zu wahren? Nein! Darum geht es nun wirklich nicht. Wo, muß man sich fragen, waren diese so noblen Prinzipien, als US-Truppen beispielsweise – erst

im vergangenen Jahr – Panama überrannten und eine den Wünschen Washingtons gefügigere Regierung einsetzten als das von General Noriega geführte Regime? Wo waren diese Prinzipien, als auf Befehl des US-Oberkommandierenden – unseres Hollywood-Schauspiel-Präsidenten Ronald Reagan – die Karibikinsel Grenada überfallen wurde? Und, um nur noch ein einziges weiteres Beispiel zu nennen: Wo waren diese selben Prinzipien, denen solch glühende Lippenbekenntnisse gezollt werden, als unsere Regierung sich weigerte, ein Urteil des Internationalen Gerichtshofs anzuerkennen, mit dem die Verminung mehrerer Häfen Nicaraguas durch die USA zu einem eklatanten Verstoß gegen das Völkerrecht erklärt worden war? Beispiele über Beispiele könnten aufgezählt werden. Sie würden, alle miteinander, noch deutlicher zeigen: Wann immer es der Regierung unseres Landes oder irgendeiner anderen Regierung paßt, ist jedes noch so hehre Prinzip weniger wert als das Hochglanzpapier, auf dem es gedruckt ist.

Gibt es denn kein Licht am Horizont?

23.-24. Januar: In einer solchen Situation hält man Ausschau – mehr oder weniger verzweifelt – nach dem kleinsten Hoffnungsschimmer. Nach dieser Woche, die abgrundtief dunkel und hoffnungslos zu sein schien, stelle ich solches Suchen bei mir selber fest. Gibt es Anzeichen dafür, daß dieses Mal die öffentliche Meinung sich von dem unterscheidet, was in der Vergangenheit charakteristisch war, als Kriege begannen? Für meinen Teil gewinne ich den Eindruck, daß es solche Anzeichen gibt; daß darin eventuelle Vorboten einer langsam sich verändernden Einstellung zu Krieg – einer Ächtung des Kriegs – als unmenschlich-menschlicher Institution zu erkennen sind.
Geistliche – sowohl in den USA als auch in Deutschland – scheinen viel weniger bereit, als sie es früher waren, Gottes Segen und göttliche Hilfe zur Niederschlagung neuer oder alter Feinde zu erbitten. Heute stimmen sie fast einhellig überein in ihren Aufrufen zu Gebeten um Frieden. In Berlin fand diese Woche eine Konferenz von Würdenträger der evangelischen Kirchen Deutschlands statt. Daran

anschließend wurde ein Rundschreiben veröffentlicht, in dem es heißt, daß dieser Krieg in keiner Weise gerechtfertigt werden könne. Zu diesem Brief sagte der Konferenzvorsitzende, Bischof Demke: „Übel läßt sich niemals durch einfaches Bestehen auf dem Übel eines Gegners rechtfertigen". Mit anderen Worten: Einige der Kirchen beginnen – endlich – die jahrhundertealte theologische Lehrmeinung zu hinterfragen, daß unterschieden werden könne oder müsse zwischen „gerechten" und „ungerechten" Kriegen; daß deshalb gewisse Kriege akzeptabel seien. Sie scheinen zur späten Erkenntnis gelangt zu sein, daß jeder Krieg verbrecherisch ist und nichts weniger als einem Massenmorden gleichkommt – abgesehen von der Frage, ob *irgendein* Krieg die Probleme gelöst hat, deren Lösung er angeblich oder tatsächlich hätte bewirken sollen. Davon bin ich überzeugt – obwohl ein Laie in diesem Bereich – seit jungen Jahren. Ausschlaggebend dafür war meine Lektüre einiger Schriften Mahatma Gandhis über seine Praxis von satiyagraha (die Macht der Wahrheit) und ahimsa (gewaltfreiem Widerstand). An der Gültigkeit institutionalisierter Religion zweifle ich zwar seit einer aufmüpfigen Pubertät, aber als unumstößlich zutreffend erscheint mir dieses biblische Wort: „Alle, die zum Schwerte greifen, werden durch das Schwert umkommen." Wenn nicht im physischen Sinn – buchstäblich – so doch geistig und seelisch; wenn nicht gleich, dann später! Daran ist nicht zu rütteln: Was wir säen, das ernten wir auch. Gewalt kann – früher oder später – *nur* Gegengewalt zur Folge haben und zu einer Eskalation von Gewalt führen, sei dies unverhohlen offen oder verschleiert. Dies ist ein Teufelskreis, aus dem allein die mit Bedacht wohl überlegte Umkehr zu gewaltfreien Formen des Widerstands zu befreien vermag! Wer gewaltfrei Widerstand leistet, wird den Gegner nicht besiegen wollen, sondern stets darum bemüht sein, den Kontrahenten – weniger mit Worten als mit Taten – zu überzeugen, auch wenn dies bedeutet, daß er sein eigenes Leben gefährdet oder seine materielle Sicherheit aufs Spiel setzt. Habe ich jemals ein Glaubensbekenntnis gehabt, so umfaßt es diese Überzeugungen und beruht vollends darauf ...
Selbst Papst Johannes Paul II., dem fortschrittliche Ansichten sonst nicht nachgesagt werden, telegraphierte an Bush – leider nur wenige

Stunden vor Beginn des Waffengangs – und warnte, daß ein Beschluß, Gewalt anzuwenden, größere Ungerechtigkeit zur Folge haben würde als die, der die Welt wegen der Politik des Saddam Hussein gegenüberstehe. Am 17. Januar – dem ersten Tag, nachdem Bomben im Irak einzuschlagen begannen – nannte der Papst diesen neuen Krieg „eine fürchterliche Niederlage für das Völkerrecht". Er fügte hinzu, daß Krieg keinesfalls als legitimes Mittel zur Lösung von Konflikten zwischen den Nationen angesehen werden könne. „Es war niemals so und niemals kann es so sein." In der vielfach unrühmlichen Geschichte der Römisch-Katholischen Kirche hatte sich bis jetzt – wenn ich nicht irre – noch kein Papst einen solchen Standpunkt zu eigen gemacht.

In Deutschland ist die Friedensbewegung, dem Phönix gleich, aus ihrer Asche auferstanden zu neuer Größe und neuer Entschiedenheit. Kleinere und große Gruppen haben sich fast überall, ob in Großstädten oder vielerorts in ländlichen Gebieten, spontan gebildet. Sowohl in Deutschland als auch in anderen Ländern Europas finden eindrucksvolle Anti-Kriegs-Demonstrationen statt, an denen nicht selten mehr als hunderttausend Menschen teilnehmen. Mit einigen wenigen Ausnahmen kann ihnen nicht unterstellt werden, sie brächten Saddam Hussein Sympathie entgegen. Andererseits sind sie nicht bereit, die fadenscheinige Behauptung von George Bush zu akzeptieren, er habe seine Entscheidung für die Anwendung von Gewalt ausschließlich deshalb gefällt, weil sie „dem Willen der Weltgemeinschaft" entspreche. Zwei Stunden nach Beginn des Bombenhagels über dem Irak und dem besetzten Kuwait sagte der Präsident in einer vom Weißen Haus übertragenen TV-Sendung: „Die Welt konnte nicht länger zuwarten." War es denn wirklich „die Welt", die nicht mehr warten konnte? „Die Welt?" Sehr wahrscheinlich war es eher der millionenschwere Ölbaron aus Texas, der nicht warten konnte.

Obwohl gewisse Kreise in den USA, in Israel und in Deutschland die, die an den Demonstrationen der vergangenen Tage teilgenommen haben, des „Antiamerikanismus" bezichtigen, gilt dies – zu Recht – nur für eine Minderheit. Die überwältigende Mehrheit vertritt einen prinzipiellen Pazifismus, auch wenn nicht immer ein solch radikaler Pazifismus gemeint ist wie der eines Gandhi oder eines Martin Luther

King. Und die Menschen dieser Mehrheit sind zutiefst besorgt nicht allein wegen der unmittelbaren Folgen des neuen Kriegs und wegen der auf beiden Seiten zu erwartenden Toten, Verwundeten oder Verstümmelten. Kaum weniger in Sorge sind sie wegen der offensichtlichen Wahrscheinlichkeit langfristiger ökologischer Schäden, wenn Ölquellen in Kuwait, im Irak oder in Saudi-Arabien entzündet würden. Oder im Fall, daß chemische, biologische oder gar atomare Massenvernichtungsmittel eingesetzt würden. Jedes dieser Desaster – oder sie alle – sind möglich, einige sogar wahrscheinlich, selbst wenn man unterstellt, sie würden nicht vorsätzlich ausgelöst werden. (Nachträglich vermerkt: Viele Ölfelder brannten de facto wochenlang.)

Wäre es zu viel, würde man hoffen, die Wiederbelebung eines überzeugten Einsatzes für den Frieden und die wachsende Sorge von Millionen wegen der galoppierenden Zerstörung unserer natürlichen Lebensgrundlagen seien erste Anzeichen einer globalen Veränderung der öffentlichen Haltung – einer allmählichen „Bewußtseinsmutation"? Dies hatte der Kulturphilosoph Jean Gebser im Sinn, als er während des Ersten Weltkriegs sein monumentales Hauptwerk *Ursprung und Gegenwart* verfaßte. Er schrieb: „Entweder wir überwinden die Krise oder sie überwindet uns." Dazu sowie zu anderen neuen und in höchstem Maße interessanten Entwicklungen – vor allem in den Bereichen Physik, Physiologie, Biologie und Psychologie – werde ich später einiges mehr zu berichten haben. Mir scheinen rezente Forschungsergebnisse auf diesen Gebieten verlässliche Quellen von Hoffnung zu sein, daß die Schöpfung vielleicht fortdauern könnte trotz all unserer Schwächen, all unserer Selbstherrlichkeit, unserer Egozentrik und der unzähligen Irrwege, die wir Menschen eingeschlagen haben seit jenen Epochen, die in vorgeschichtliches Dunkel zurückreichen.

Das, was ich 1989 zu schreiben mir vornahm, sollte weder eine Abhandlung zum Thema Krieg im allgemeinen noch eine detaillierte Schilderung eigener Erinnerungen an den Beginn des Zweiten Weltkriegs sein. Ebenso wenig war es meine Absicht, eine Chronik des Kriegs am Persischen Golf aufzuzeichnen. Andererseits überstürzten sich die Ereignisse im Mittleren Osten, während ich zu schreiben

anfing. Ich konnte mich dem nicht entziehen, was mir als wichtig erscheint für das Verständnis dieser sehr persönlichen Memoiren und einiger der für mich bedeutsamsten Grundsätze, die mir während des größten Teils meines Lebens als Leitfaden gedient haben ...
Kaum hatte der Golfkrieg große Teile des Irak verwüstet und dort eine noch nicht bekannte Anzahl Opfer gefordert, schon war er zu Ende. Aber die Auswirkungen dieser im Grunde – wie so oft zuvor – willkürlich heraufbeschworenen Katastrophe finden auch heute, fast ein Jahrzehnt später, noch lange kein Ende. Vor allem sind es irakische Säuglinge, Kleinkinder, stillende Mütter und alte Menschen, die wegen der Wirtschaftssanktionen unter allerlei Mängeln zu leiden haben. Nach übereinstimmenden Berichten ist die Sterblichkeitsrate bei Säuglingen im Irak extrem hoch. Und Saddam Hussein sitzt nach wie vor auf seinem Thron, der jedoch heute nicht selten spürbar wackelt.

Doch jetzt: Zurück zu anderen Anfängen

Einige meiner frühesten Erinnerungen betreffen – wenn auch nur indirekt – den Ersten Weltkrieg, als mein Vater im Rang eines Majors oder Oberstleutnants seinen Dienst bei der US-Armee absolvierte. Da er Arzt war, war er dem Sanitätskorps zugeteilt und arbeitete in einem Militärkrankenhaus. Er und die übrigen Mitglieder unserer damals noch kleinen Familie, die außer ihm auch (an zweiter Stelle!) meine Mutter, eine um nicht ganz zwei Jahre jüngere Schwester und mich einschloß, lebten bei Camp Hancock unweit der verschlafenen Kleinstadt Augusta im Bundesstaat Georgia. Wir waren also vorübergehend Einwohner des „Deep South". Dort, was mir allerdings erst viel später aufgefallen ist, nannten die Weißen ihre weitestgehend entrechteten afro-amerikanischen Mitbürger überheblich und herablassend „Niggers".
Im Herbst oder zu Beginn der Wintermonate 1918 war das Wetter in Georgia – außergewöhnlich – schon bitterkalt. Meine Schwester Ruth, noch (wie die Schwaben sagen) ein „Fohle", lernte gerade laufen. Sie beherrschte noch keineswegs diese Kunst. Anfang August

1917 geboren, wird sie kaum mehr als ein Jahr alt gewesen sein. Ich entsinne mich eines grauenerregenden Vorfalls, der sich eines Abends im kleinen Haus zutrug, das meine Eltern gemietet hatten. Die Familie – abgesehen von meinem Vater, der noch im Krankenhaus gewesen sein muß – war im Wohnzimmer zusammen. Im offenen Kamin flackerte ein Gasfeuer. Blaue und gelbe Flammen zischten und züngelten hinter einem davor aufgestellten, nicht befestigten Gitter. Die Szene steigt in mir noch heute kaum weniger deutlich wieder auf, als sie es damals war. Meine Schwester tollte in wilden Kreisen umher, während unsere Mutter strickte, Strümpfe stopfte oder sich irgendeiner anderen „Mutterarbeit" hingab. Plötzlich schrie sie: „RUTH, PASS AUF!" In dem Augenblick stolperte die kleine Göre und stürzte gegen das Gitter. Es kippte zur Seite. Ruth taumelte Hals über Kopf ins Feuer. Unsere Mutter sprang von ihrem Schaukelstuhl auf, rannte zum Kamin und zerrte die Kleine aus den Flammen. Sie war, wie durch ein Wunder, völlig unversehrt. An meine Gefühle bei diesem Anblick erinnere ich mich allzu deutlich. Sie waren gewiß nicht so, daß man sie als liebevoll oder brüderlich hätte bezeichnen können. Für mich war es eine schwere Enttäuschung, als klar wurde, daß Ruth nichts – überhaupt nichts! – passiert war. Wenngleich ich mir eine mit ein paar Monaten über drei Jahren eine gewisse Reife zudichtete, werde ich über die Maßen eifersüchtig gewesen sein. Ist doch nicht anormal. Oder?
Unsere Bleibe zu jener Zeit lag in einem der Vororte von Augusta. (Noch heute zählt das Städtchen weniger als 50.000 Einwohner.) Wir hatten ein zweistöckiges Holzhaus, wie man sie in den USA fast überall sehen kann, aber dieses Haus unterschied sich dadurch, daß es sozusagen auf Stelzen gebaut war. Es hatte nämlich weder Fundament noch Keller, sondern stand auf etwa zwanzig aus Backstein geformten Türmchen, auf denen die oft quietschenden Bodenbalken ruhten. Wißbegierig war ich schon damals. An warmen Tagen, die im Herbst die Regel waren, zählte zu meinen beliebtesten Abenteuern etwas, das ich wochenlang hatte geheimhalten können. Es galt all dem in der knochentrockenen roten Erde unter dem Haus emsigen Ungeziefer – den Ameisen, Kakerlaken, anderen schwarzen oder dunkelbraunen Käfern, Läusen, verirrten Rädertierchen und Wür-

mern. Um dieses unsäglich faszinierende Gewimmel beobachten zu können, kroch ich – vorausgesetzt, Mutter war im Hause beschäftigt – bäuchlings so weit als möglich unter die Balken und genoß das bunte Treiben oft eine Stunde lang oder länger. Doch an einem Spätherbstmittag hatte ich Pech. Meine Mutter kam zur Haustür heraus und rief mich zum Essen. Da mir solche naturkundliche Explorationstätigkeit strengstens verboten worden war, hüllte ich mich zunächst in Schweigen. Mutter rief ein paar Mal um so lauter, dann schöpfte sie Verdacht und entdeckte mich da unten. Händeringend beschwor sie mich noch gebieterischer als je zuvor, dies *niemals* wieder zu riskieren. Ob ich ihrer eindringlichen Ermahnung Folge geleistet habe, weiß ich – ehrlich gesagt – nicht mehr. Wahrscheinlich nicht ...
Im großen Ganzen war ich als Junge wohl mäßig gehorsam. Doch aus irgendwelchen Gründen – schon damals wie auch späterhin – waren von der „Norm" abweichende, gesellschaftlich nicht voll konsensfähige Verhaltensweisen mir seltsam vergnüglich. Zwar wird mir dies meistens nicht gerade hoch angerechnet. Ich selber empfinde es als eine nicht unbedingt löbliche Eigenschaft. Aber sie scheint erhalten geblieben zu sein und hat gelegentlich – öfter, als einzugestehen mir angenehm ist – zu Problemen geführt, die sowohl für mich als erst recht für andere Menschen oft schmerzlich waren. Gewisse Situationen, in denen sich diese Neigung offenbarte, bedauere ich. Denn, obwohl relativ selten, habe sogar ich empfunden, daß sie meiner Ideale unwürdig seien.
Einige meiner sehr frühen und deutlichsten Erinnerungen, wie schon gesagt, sind mit dem Ersten Weltkrieg eng verknüpft. Was mir dazu bisher einfiel, ist allerdings noch lange nicht vollständig. Dennoch wird ein weiteres Beispiel vielleicht nicht zu viel sein. Meine Mutter pflegte ihren ein- oder zweimal wöchentlichen Haushaltseinkauf in der Ausgabestelle zu tätigen, die von der Militärbehörde für die Verpflegung der Soldaten und ihrer Familien betrieben wurde. Um dorthin zu kommen, mußten wir einen, wie mir schien, sehr langen aber für mich in gewisser Weise auch sehr lohnenden Treck bewältigen. Auf dem Weg zu diesem „Commissary" genannten Laden gab es Eisenbahngleise, auf denen immer wieder wundersam interessante Züge fuhren. Oft mußten wir vor der Schranke lange warten, was *mir* na-

türlich nur recht war. Es gab auch mehrere Abstellgleise, auf denen immer wieder große Plattformwaggons standen.

Eines Tages hatten wir uns nicht anders als sonst zum Einkauf auf den Weg gemacht. Das leidige Schwesterlein in seinem zweirädrigen Wägelchen schob meine Mutter vor sich her, während ich neben ihnen hintrudelte. Als wir uns den Bahngleisen näherten, fiel mein Blick – neugierig wie immer – auf eine lange Reihe offener Waggons. Dort standen viele, sehr viele schwarze Kästen in hohen Stapeln. Ich bat Mutter, mir zu erklären, wofür und weshalb diese Kästen da waren. Die Frage schien sie zunächst nicht gehört zu haben. Also hakte ich einmal nach. Ihre lakonische Antwort war: „Särge." Mehr als dieses eine Wort wollte sie mir offenbar nicht sagen. Erst einige Jahre später erfuhr ich, was ein Sarg überhaupt ist. Und noch sehr viel später wurde mir klar, daß in jenen vielen Särgen die Leichen von Soldaten und Zivilpersonen (wohl am darauf folgenden Tag) abtransportiert werden sollten. Sie waren in der weltweiten Influenza-Pandemie in oder nahe bei Augusta gestorben, die zwischen 1918 und 1919 zwanzig Millionen Opfer forderte – mehr als sämtliche Kampfhandlungen. Bis zum Zweiten Weltkrieg ...

An das Haus in Louisville, wo ich geboren wurde, erinnere ich mich noch deutlicher als an das Holzhaus in Augusta. Meine Großmutter väterlicherseits und die Schwester meines Vaters, mit ihren drei Kindern, wohnten dort noch jahrelang, nachdem wir weggezogen waren. Hauptsächlich wegen meiner drei Vettern, die ich – alle älter als ich – sehr bewunderte, besuchte ich sie oft. Aber es gab auch anderes, weshalb ich hin und wieder gern dort übernachtete. Meine Oma, seit 1903 verwitwet, war mit Freuden stets bereit, für sich und für mich die wenigen Klavierstücke, die sie gelernt hatte, an ihrem uralten Klimperkasten zum Besten zu geben. Mein Lieblingsstück war „Listen to the Mocking Bird"[1]. Oft genug konnte sie für mich dies nicht spielen, da die alte Dame einen steifen Finger hatte, der jedes Mal Noten übersprang und das Klavier arg verstimmt war. Mich störte das alles nicht im Geringsten. Übernacht-Besuche bei diesen Verwandten

---

[1] „Mocking Bird" = „Spottdrossel".

waren für mich auch deshalb schön, weil die Großmutter einen Kanarienvogel besaß und eine große Wanduhr mit Glockenspiel. Vom fröhlichen Gesang des Vogels frühmorgens geweckt zu werden oder nachts sowie tagsüber den Klängen jener Uhr zu lauschen, war für mich reinste Wonne.
Das große Haus aus rotem Backstein, mit hohen weißen Säulen auf der offenen Veranda, stand noch unverändert da, als ich vor sechsundzwanzig Jahren einige Tage in Kentucky verbrachte. Es war möglicherweise das letzte Mal. „*Mors certa, hora incerta!*" Eine Urne mit den eingeäscherten Resten dessen, was mein leibliches Haus auf Erden ist, wird eines Tages – wie längst vereinbart – zum baumumsäumten Familienfriedhof unweit Louisville gebracht werden. Auf einem kleinen roh behauenen Findling wird eingemeißelt sein: „Odyssee eines amerikanischen Querdenkers zu Ende. Verlorener Sohn, heimgekehrt, zu neuen Abenteuern aufgebrochen an unbekannten Ufern."
Wir verließen das Haus, in dem ich zur Welt kam (1036 Bardstown Road, eine der vielen für mich unvergeßlichen Adressen) und bewohnten während der nächsten rund zehn Jahre einen neu erbauten anderthalbstöckigen Bungalow in den – wie auch mein Geburtshaus – „Highlands" von Louisville. Ein umfangreiches Wohnviertel sind die „Highlands". Die Bezeichnung läßt sich anhand der Tatsache erklären, daß dieser Stadtteil genügend hoch liegt, um von den seinerzeit ungebändigten Fluten des breiten Ohio-Flusses verschont zu bleiben. Alle tiefer gelegenen Teile der Großstadt wurden in selten vorhersehbaren, unregelmäßigen Abständen überschwemmt. In den Highlands lautete unsere Anschrift: „1522 Edgewood Court." Nicht ganz ohne Grund wird dies erwähnt. Doch davon wird später die Rede sein. Die vier Ziffern sollten sich als bedeutungsträchtig erweisen. Und der Name „Edgewood" sagt mir heute noch viel ...
Sehr bald – einen Tag oder zwei – nach unserem Einzug dort entdeckte ich, daß im Nachbarhaus unmittelbar neben dem unsrigen eine Familie namens Dick wohnte. Mr. und Mrs. Albert J. Dick hatten zwei Kinder. Das ältere, gleich alt wie ich, wurde von den Erwachsenen „Little Albert" genannt, was ihm nicht sonderlich paßte, aber zur Unterscheidung von Mr. Dick mehr oder weniger sinnvoll

gewesen sein könnte. Auf Anhieb waren „Little Albert Dick" und ich dicke Freunde, auch wenn er in mancher Hinsicht mir überlegen zu sein schien. Blicke ich heute auf unsere jahrelange enge Freundschaft zurück, ist mir verständlich, wieso ich diesen Eindruck hatte. Sehr viel später, als ich mich mit der Analytischen Psychologie von C. G. Jung vertraut machte, habe ich den Hauptgrund dafür verstanden. Albert war ausgesprochen „extravertiert". Extraversion ist der in den USA vorherrschende Persönlichkeitstyp. Andererseits und im Gegensatz dazu bin ich zeit meines Lebens das, was – bei uns meist abwertend – als „introvertiert" bezeichnet wird. Und, ob schlecht oder recht, daran hat sich bis heute kaum etwas geändert.

Im Grunde – obwohl die Anforderungen späterer Lebenslagen mich oft so zu tun nötigten, als wäre dem nicht so – empfinde ich mich nach wie vor als einen „introvertierten Außenseiter". Wohl bemerkt, dies ist beileibe nicht immer und nicht überall ein Handicap. Aber es führte dazu, daß ein gewisses unbequemes Gefühl, „fehl am Platze" zu sein, relativ selten von mir wich. Daher hatte ich oft den Eindruck, ich sei zu wenig sozial angepaßt. Das Empfinden, ganz und gar wohl in meiner Haut zu sein und der Eindruck voller Zugehörigkeit, waren also bei mir lange Zeit sozusagen Mangelware. Bei Albert hingegen war dies nie der Fall ... Doch jetzt merke ich, daß ich abgeschweift bin. Was ich mich darzulegen anschickte, waren die vielen guten Gründe, weshalb Albert und ich „Bestfreunde" wurden und es blieben, bis wir beide elf oder zwölf Jahre alt waren.

Wir hatten viele gemeinsame Abenteuer verschiedenster Art. Im großen Ganzen kamen die Ideen dazu von Albert, aber ich war in fast allem ein bereitwilliger Komplize. Uns war z.B. sowohl von seinem Vater als auch von meinen Eltern das Besteigen von Dicks Garagendach strengstens untersagt worden. Doch gerade deshalb war die Versuchung, es zu wagen, stärker als unser beider Versprechen, daß wir *dies* nicht tun würden. Ein zerbrechliches Spalier, an dem Efeu oder irgendeine andere Kletterpflanze wuchs, mißbrauchten wir als Leiter. Schon damals dämmerte mir, daß eine solche Konstruktion keineswegs als Stütze für ungehorsame, risikofreudige kleine Kletterjungs gedacht war. Als erster wagte Albert den Aufstieg und erreichte triumphierend das schräge Dach. Nach einigen Minuten Glücksge-

fühl wegen der schönen Aussicht von hoch oben gelang es ihm, auf den viel sichereren Betonboden hinabzusteigen. Ihm folgend – in der Hoffnung seinen Erfolg nachzuahmen – stieg ich mit größter Vorsicht. Die Dachrinne erreichte ich. Aber ein Bein baumelte wacklig in der Luft, fand an dem jetzt stark beschädigten Spalier keinen Halt. Diese Hängepartie, die wohl keine zwei Minuten dauerte, war meine Nemesis, deren Konsequenzen mich bis heute begleiten. „Nemesis" ist hier im altgriechischen Sinn von ausgleichender, strafender Gerechtigkeit zu verstehen. Denn plötzlich stürzte alles ab – Spalier, Kletterpflanze und ich. Im Nu, aus dem Mund Blut strömend, lag ich auf dem Zement. Drei oder vier Zähne waren einer gewaltsamen Extraktion zum Opfer gefallen. Sie lagen neben mir. Halb nahm ich davon Kenntnis. (Der Vorfall bzw. mein „Fall" war der Grund, weshalb mir zahllose Zahnärzte und Orthodentisten in der Innenstadt von Louisville aus nächster Nähe bekannt wurden. All ihren Bemühungen zum Trotz folgte den verunglückten Milchzähnen kein natürlicher Nachwuchs, sondern von meinem Vater teuer bezahlte Drittzähne waren und blieben der Ersatz.)
Dicht neben der Garagenwand lag ich also da. Albert stand regungslos dabei. Ging er vielleicht hilfesuchend ins Haus? Jedenfalls entsinne ich mich – obwohl ziemlich verschreckt –, daß ich sehr bald entdeckte, nicht ganz so tot zu sein, wie ich zunächst vermutet hatte. Ich entdeckte auch, daß ich laut schreien konnte. Ich schrie. Worauf Susie, die kugelrunde, stets muntere und hilfsbereite schwarze Köchin der Familie Dick, aus der nahen Küche herausrannte, mich in ihre Arme nahm und zu meiner Mutter ins Haus nebenan trug. Ohne ein Wort des Tadels nahm sie mich sanft entgegen und stillte das noch sprudelnde Blut unter kaltem Wasser in der Badewanne. Danach, in ihrem alten Schaukelstuhl, hielt sie mich liegend auf ihrem Schoß. Schwesterchen Ruth kam hinzu und betrachtete, zunächst wortlos staunend, mich und die klaffende Lücke in meinem Oberkiefer. Dann erlaubte sie sich die höhnische Bemerkung: „*Jetzt* kann er mich nicht gut beißen!" Heute glaube ich sie verstehen zu können. Wahrscheinlich war dies die süße Rache eingedenk dessen, was sie zwar nicht wissentlich aber unbewußt gespürt haben muß, als ihre

Rettung aus den Flammen für mich eine Enttäuschung gewesen war ...

Jetzt, spätere Entwicklungen vorwegnehmend, folgendes: Jahrelang war Ruths und mein Umgang miteinander nicht ganz problemlos, was ja nichts Außergewöhnliches zwischen einem weitaus reiferen Bruder und seiner kleinen Schwester ist, die er zumeist als einen lästigen Balg empfand. Die Probleme blieben ungelöst, bis wir einen gewissen Grad ungewisser Pubertät erreichten. Dann – von einem Tag auf den nächsten – erkannte ich, daß sie nicht so unmöglich war, wie ich es bis dahin als feststehende Tatsache gewußt hatte. Ganz im Gegenteil! Dieses selbige gehässige kleine Mädchen hatte sich in ein verführerisch attraktives Weiblein verwandelt! Wenig später, zu meinem Verdruß und unendlicher, mühsam kaschierter Verlegenheit, entdeckte ich, daß ich irrsinnig verzweifelt und hoffnungslos in sie verliebt war. Dies bereitete mir natürlich während einiger Wochen große Sorge. Ich fühlte mich extrem sündig.

In diesem Zusammenhang sei ergänzend vermerkt, daß wir drei – d.h. bis auf meinen Vater die ganze Familie – sonntags regelmäßig dem Gottesdienst der „Highland Presbyterian Church" uns beizuwohnen befleißigten. Pastor war seit Jahren Hochwürdiger Dr. Peter Pleune. In meinen Augen war Hochwürdiger Dr. Pleune ein ganz und gar uninteressanter Mann. Doch hinzufügen muß ich: Sein devotes Händeschütteln nach Beendigung seiner Amtshandlung am Kirchenportal galt nicht nur allen Erwachsenen, sondern immer auch mir. Was mein Seelenheil betrifft, so glaube ich *heute* sagen zu können, daß trotz meiner inzestuösen Phantasien das qualvolle Erleben von Höllenfeuer und Schwefel mir mutmaßlich erspart bleiben wird. Doch eventuell *nur* deshalb, weil eine Reihe anderer reizvoller junger Damen sich Ruths Platz in meinem Herzen recht bald aneigneten. Außerdem muß – gerechtigkeitshalber – auf den Umstand hingewiesen werden, daß sie und ich nach meinem Sündenfall gute Freunde wurden und es heute noch sind, obwohl wir uns während des größten Teils unseres Erwachsenenlebens selten gesehen haben. Vor wenigen Monaten kam sie zu einer Stippvisite nach Oldenburg – das erste Mal, daß wir uns in Deutschland wiedergesehen hatten seit 1936 nebst zweimal in Texas um 1960, danach erst 1973 in New York ...

„Schulzeit! Liebe, alte, Goldene-Regel-Zeit!"

Albert Dick und ich wurden durch unseren mehr oder weniger feierlichen „Eintritt in die Welt" getrennt, wenn auch nur während ein paar Stunden am Tag. Er mußte irgendeine Privatschule besuchen (seine Eltern fand ich mehr als ein bißchen eingebildet), während mein Los mich für den Kindergarten der „Henry Wadsworth Longfellow School" bestimmt hatte – eine Schule, die von der öffentlichen Hand der Stadt Louisville finanziert wurde. Einige Jahre lang war sie für mich eine sehr eindrucksvolle Institution, zumal sie ihren Namen einem (nicht ganz zu Recht) berühmt gewordenen Poeten des 19. Jahrhunderts verdankte. Er war der Verfasser eines episch-romantischen und, wie mir längst klar ist, kitschigen Gedichts mit dem Titel „Hiawatha". Teile davon mußten wir in der vierten oder fünften Klasse auswendig lernen. So weit war ich aber noch nicht gekommen. Der Kindergarten war in einem barackenähnlichen Nebengebäude untergebracht. Beides, Schule und Kindergarten, befanden sich von unserem Haus am Edgewood Court in einer Entfernung, die man zu Fuß bewältigen konnte. Bei gutem Wetter durfte ich – unbegleitet! – den Weg zum Kindergarten laufen. Auf diese keineswegs alltägliche Freiheit war ich mächtig stolz, obwohl es dafür keinen ausreichenden Grund gab. Stolz darauf war ich dennoch. Derartige sonst den Erwachsenen vorbehaltene Privilegien waren kaum *einem* meiner Altersgenossen vergönnt. Viel anderes, worauf ich stolz hätte sein können, hatte ich nicht vorzuweisen.

Für mich waren die Tage im Kindergarten bisweilen zermürbend, d.h. dort zu sein war nie eine Quelle ungetrübten Vergnügens. Mit meinem Freund Albert spielte ich liebend gerne und war zu fast allem, was entweder er allein oder wir beide zusammen ausheckten, immer bereit. Aber in größeren Gruppen empfand ich mich – damals wie auch späterhin – oft als „fünftes Rad am Wagen". Selbst heute, wie schon angedeutet, überkommen mich hin und wieder Empfindungen, die mit denen entfernt vergleichbar sind, an die ich mich allzu deutlich aus meinem zweijährigen Verbleib im Kindergarten erinnere.

In diesem Zusammenhang muß ich gestehen, daß ich beim Erlernen der für mich schwierigen und scheinbar esoterischen Kunst dessen, was

„Hüpfen" genannt wurde, außergewöhnlich langsame Fortschritte machte. Noch heute entsinne ich mich meiner nagenden Gefühle jämmerlicher Unzulänglichkeit dabei. Deshalb war es ein wenig peinlich, aber zugleich köstlich amüsant, als ich vor Jahren beim Sortieren alter von meinen Eltern aufbewahrter Unterlagen ein von unserer Lehrerin ausgestelltes Zeugnis entdeckte. Datiert vom Oktober 1921, mit einem goldenen Ehrenstern verziert, trägt die vergilbte Karte den Vermerk: „Ist zum ersten Mal gehüpft." Dieses vielsagende Dokument, von meinem Vater gegengezeichnet, scheint entweder ihm oder meiner Mutter deshalb erhaltenswert gewesen zu sein, weil es die Etappe markierte, in der ich in die erste Schulklasse befördert wurde. Also verließ ich den mit Schindeln verkleideten kleinen Holzbau. Fortan durfte ich am Unterricht straff organisierter Klassen teilnehmen in einem großen Zimmer, das sich im Erdgeschoß des imposanten Hauptgebäudes der „Longfellow School" befand. Und jetzt ahne ich, daß ich vielleicht eines Tages ein Erwachsener werden könnte wie meine Eltern oder wie Mr. und Mrs. Albert J. Dick.

Jeden Morgen, vor Beginn des Unterrichts, versammelten sich alle Schülerinnen und Schüler in einer Art Foyer. Dieser regelmäßige gemeinsame „Auftritt" galt dem Treuegelöbnis und der Ehrung des Sternenbanners. Wir Erstklässler stellten uns in Reih und Glied am Fuß der breiten Doppeltreppe auf, die in das obere Stockwerk führte. Mein stolzer Platz war direkt neben einer überdimensionalen Büste von keinem Geringeren als Henry Wadsworth Longfellow selbst. Die älteren unter uns – von der zweiten Klasse an – standen höher als wir und zu beiden Seiten der Treppe. Wenn das allgemeine Kichern und Schnattern aufgehört hatte, wendeten wir uns der Fahne zu, die vor unseren hingebungsvoll eingeschüchterten Blicken entrollt wurde. Danach wurden im Chor folgende Worte andächtig rezitiert: „Ich schwöre Treue zur Fahne der Vereinigten Staaten von Amerika und zur Republik, deren Sinnbild sie ist – *einem* Volk unter Gott, unteilbar, mit Freiheit und Gerechtigkeit für alle!" Sobald dieses tägliche Ritual raunend vollendet war, folgte eines der vielen uns allen vertrauten patriotischen Lieder wie z.B. „My Country, 'tis of Thee", „America, the Beautiful" oder die aufdringlich militaristische und nahezu unsingbare Nationalhymne unseres Landes.

Während unserer ganzen Kindheit waren meine Altersgenossen und ich dieser Art Beeinflussung ausgesetzt. Ob in allen Grundschulen in den USA solche chauvinistischen Zeremonien immer noch gepflegt werden, weiß ich nicht. Aber ich hege den Verdacht, daß seit dem Krieg am Persischen Golf und dank einer ultrakonservativen Mehrheit im Kongreß die obligatorische Indoktrinierung verformbarer kleiner Köpfe eher intensiviert worden ist im Vergleich zu den zwanziger Jahren. Wahrscheinlich ist der großen Mehrheit der heute heranwachsenden Generation nicht einmal bekannt, daß während jener Zeit Wogen fanatisch fremdenfeindlicher Propaganda und patriotischen Eifers unser Land überschwemmten, oder daß Ähnliches bereits vor der Kriegserklärung unserer Regierung an Kaiser Wilhelms „Reich des Bösen" üblich war.

Der „wirkliche" Schultag, wie wir ihn nannten, begann erst nach dem Glockenläuten, das im Anschluß an jene rührselige Zurschaustellung von Patriotismus auf den Treppen ertönte. Dann wandte man sich ernsthaftem Lernen zu. Dies hatte dreierlei zum Inhalt: Lesen, Schreiben und Rechnen. Lesen und Schreiben fielen mir leicht. Bald war ich der Schüler, der den ersten Platz belegte bei sogenannten „spelling bees"[1]. Musik mochte ich auch, einschließlich patriotischer Musik, obwohl ich kaum je einen richtigen Ton traf. (Heute ist dies anders: Gesangunterricht, den ich schon länger nehme, macht mir nicht nur Spaß, sondern man bescheinigt mir sogar eine leidlich akzeptable Baßstimme.) In der „Longfellow Public School" gab es ein Liedchen, das wir in der ersten Klasse lernten:

„Schulzeit, Schulzeit!
Liebe alte Goldene-Regel-Zeit:
Lesen und Schreiben und 'Rithmetik,
Mit dem Takt des Stöckchens beigebracht."

Die hierin enthaltene Anspielung auf den Zweig eines Walnußbaums, so wurde uns beruhigend erklärt, beziehe sich auf vergangene Zeiten, als Lehrer den Stock noch häufig einsetzten zwecks Disziplinierung

---

[1] „Spelling bee": „Wettbewerb im Buchstabieren schwieriger Wörter."

ungehorsamer oder fauler Schüler. Zu der Zeit, als meine Mitschüler und ich antraten, war diese sadistische Praxis in Kentucky – jedenfalls in Louisville – streng verboten. Die Stadt ist als fortschrittlich liberal bekannt. Sie genießt noch heute diesen guten Ruf – eine Tatsache, die ich gerne erwähne. Während der Anfänge meiner Einweihung in die „wirkliche" Schule hatten unsere Lehrerinnen (kein einziges Mannsbild zählte zu den Lehrkräften) ausreichende disziplinarische Möglichkeiten, auch wenn der Stock *de rigeur* fehlte. Eine junge Frau namens Speed, abgemagert und sehr streng, war meine erste post-Kindergarten-Lehrerin. Die Methode ihrer Wahl bestand darin, Störenfriede in die Kleiderablage des Klassenzimmers zu verbannen. Dort, das Gesicht zur Wand gekehrt, belief sich ihre Leidenszeit auf eine Viertelstunde oder länger. Waren delinquente Schülerinnen oder Schüler der Schreibkunst bereits kundig, wurden sie an die Tafel beordert, wo sie bis zu hundert Mal schriftlich bekunden mußten: „Ich werde während des Unterrichts nicht reden, außer die Lehrerin ruft mich auf." Eher reserviert als gesprächig, wurde ich wegen meines Benehmens nur selten zu solch drakonischer Strafe verurteilt. Mich gebrüstet habe ich schon ob der Leichtigkeit, mit der ich Lesen und Schreiben lernte. Sprachen, einschließlich Latein und Alt-Griechisch, büffelte ich – freilich erst in späteren Jahren – mit wahrem Vergnügen. Alles jedoch, was den Umgang mit Zahlen betrifft, war mir in meiner Laufbahn als Lernender von Anfang an ein Greuel. Dies änderte sich während der gesamten Schulzeit und bis lange nach dem ersten Studienabschluß kaum oder gar nicht – also in der Grundschule, in der Oberschule, in der High School[1] und am College[2]. Erst fünfundzwanzig Jahre später hörte die Quälerei auf, als ich ein Zusatzstudium an der Universität Yale absolvierte. Bis dahin – 1958 unter Umständen, auf die ich zurückkommen werde – hatten außer Adressen und Telefonnummern fast alle Zahlen eine verheerende Wirkung auf mich. Mir wurde rabenschwarz vor den Augen. Ein Schwächegefühl, das vermutlich einer Epilepsie-Aura ähnelte, übermannte mich. Nur dank der Hilfe wohlwollender Freunde, Ver-

---

[1] Entspricht in etwa dem Gymnasium.
[2] Erste zwei Semester eines Universitätsstudiums.

wandter und dem „Kommissar Zufall" gelang es mir, einen Pfad durch diese dunklen Täler zu bahnen. Daß in der Grundschule mein Zeugnis ein einziges Mal die Bewertung „VG"[1] in Mathematik enthielt, dürfte auf einem Irrtum der Lehrerin beruht haben.

Zurück zu Wurzeln, aber *nicht* zu „Quadratwurzeln!"

12. Februar 1994: Heute vor einhundertfünfundachtzig Jahren wurde Abraham Lincoln geboren. An das Datum seines Geburtstages habe ich mich immer leicht erinnert. Vermutlich ist es bei den meisten Kindern in dieser Hinsicht so, daß sie sich die Daten ohne Mühe merken können, an denen sie schulfrei haben. Lincolns Geburtstag wurde und wird in den USA als wichtiger öffentlicher Feiertag begangen, aber für mich hatte dieser Tag eine zusätzliche Bedeutung. Wer immer gelesen hat, was zuvor über die chauvinistische Atmosphäre gesagt wurde, die das fromme Ritual der allmorgendlichen Versammlung um das Treppenhaus unserer Schule kennzeichnete, könnte meinen, ich sei „unpatriotisch", ein „vaterlandsloser Geselle". Weit gefehlt! In der Grundschule war ich bestimmt kaum weniger patriotisch als die Mehrheit meiner Altersgenossen. Damals stand ich solchen Sachen weniger kritisch gegenüber als späterhin beim Hineinwachsen in (wie *ich* meine) etwas größere geistige Reife.

Für mich als Kind gab es – und es gibt heute noch – zwei Gründe, weshalb Lincolns Geburtstag größere Bedeutung zukommt als allen ähnlichen Anlässen für Feiertage in den USA. Beide haben mit meiner querdenkerischen Art von Patriotismus zu tun. Einer dieser Gründe ist ein bloßer Zufall. In einem seinerzeit noch kaum erschlossenen Waldgebiet von Kentucky kam Lincoln zur Welt, am 12. Februar 1809, in einer Blockhütte, die aus einem einzigen Zimmer bestand. Den Tatsachen vielleicht entsprechende Legenden um diese Geburt besagen, sie habe unweit einer kleinen Pioniersiedlung stattgefunden, die heute Hodgenville heißt. Und Hodgenville ist nicht weit – etwa 100 oder 125 Meilen – von Louisville entfernt. Allein

---

[1] „Very Good."

dies wäre für mich als Schuljunge Grund genug gewesen, den Eindruck einer gewissen, zumindest geographischen Verwandtschaft mit Abraham Lincoln zu erwecken. Hinzu kommt, daß eine angeblich getreue Nachbildung der Hütte, in der er geboren wurde, bei Hodgenville als Museum errichtet wurde. Nostalgisch ehrfurchterregend erinnert es an die vermeintlich edle Einfachheit des Lebens der frühen Besiedler der Wildnis in dem Gebiet, das heute der Bundesstaat Kentucky ist.

Mich faszinierte nicht nur die geographische Nähe zur Geburtsstätte Lincolns. In meiner Jugend schien auch ein weiterer, fast persönlicher Rapport zwischen dem großen Mann und mir zu bestehen. Dies verlangt, denke ich, eine Erläuterung. Sein Leben und sein Wirken, objektiv betrachtet, trugen Wesentliches zu meinen Überzeugungen bei. Eine kurze Rede – als die „Gettysburg Address" bekannt – die er im November 1863 als Präsident auf einem der blutigsten Schlachtfelder unseres Bürgerkriegs[1] hielt, umreißt einige der wichtigsten Grundsätze echter Demokratie, an die sich Lincoln weitgehend gehalten hat. Zu diesen Prinzipien zählte, nach seinen Worten bei Gettysburg, vor allem: „Regierung des Volkes, durch das Volk und für das Volk." Als Schuljunge glaubte ich fest daran. Dies hat sich bis heute nicht geändert. Daß Lincoln – eineinhalb Jahre später ermordet – dementsprechend zu handeln versuchte, scheint gewiß zu sein, auch wenn einige Historiker es in Frage stellen. Was auf jeden Fall feststeht, ist dies: die Wirklichkeit des täglichen Lebens einer Mehrheit der Bevölkerung – nicht zuletzt das der afro-amerikanischen Minderheit unseres Landes – hat diese hohen Ideale niemals widergespiegelt. Das, was Lincoln vertrat, in die Tat umzusetzen bleibt also eine fromme Hoffnung, ein schöner Wunschtraum. Als ich heranwuchs, mußte jedes Schulkind zumindest die Anfangsworte von Lincolns „Gettysburg Address" auswendig lernen und rezitieren können. Sinngemäß übersetzt heißt es dort:

---

[1] „War of Secession" (1861-65); Abschaffung der Sklaverei.

„Vor viermal zwanzig und sieben Jahren gründeten unsere Väter auf diesem Kontinent eine neue Nation, die – in Freiheit hervorgebracht – sich dem Grundsatz verpflichtet weiß, daß alle Menschen gleichberechtigt sind."[1]

Vierunddreißig Jahre vor der „Gettysburg Address" war einer meiner Vorfahren, George Horine, zum Rang eines Hauptmanns im 326. Regiment der Kentucky-Staatsmiliz befördert worden. Der Verleihung seines Offizierspatents, datiert vom 27. Januar 1829, folgte zwei Jahre später ein pathetisches Schreiben von einem gewissen General Humphrey Marshall. Darin wurde Captain Horine im Namen des Gouverneurs von Kentucky aufgefordert, sich anderen „mit dem Kampf in den Wäldern vertrauten" Freiwilligen anzuschließen, die von Kentucky aus nach Louisiana zu reiten bereit seien. Dort würden sie, so hieß es, „ihr Land, ihr Heim, ihr Volk" verteidigen. Sie seien aufgerufen und verpflichtet, „die Frauen und Kinder an unserer Südwestgrenze vor den Indianern und den Mexikanern zu erretten". Das vergilbte Stück Papier, auf dem dieser Appell zu fragwürdigem Heldentum heute gerade noch entzifferbar ist, fand ich unter Dokumenten, in denen ich nach dem Tod meines Vaters im Februar 1964 Ordnung zu schaffen versuchte.

Ob Captain Horine dem Aufruf folgte, sich an den Kämpfen in Louisiana (erst fünfzehn Jahre zuvor von Napoleon an die USA verkauft) zu beteiligen, läßt sich – so weit mir bekannt – nicht feststellen. Auf jeden Fall war er wenige Jahre später in Kentucky. Urkundlich belegt ist, daß er sich 1837 „nahe dem Oberlauf des Knob-Bachs im Bullitt County[2] niederließ". Da auch bekannt ist, daß er 1790 geboren wurde und 1877 starb, hat er (ob es bei ihm zu einem Kampfeinsatz gegen die Indianer und Mexikaner kam oder nicht) unter den aus vielen Gründen gefahrvollen Verhältnissen, denen alle frühen Siedler ausgesetzt waren, ein erstaunlich hohes Alter erreicht.

---

[1] „Four score and seven years ago our fathers brought forth upon this continent a new nation, conceived in liberty and dedicated to the proposition that all men are created equal ...".

[2] In den USA entspricht „County" mehr oder weniger dem „Landkreis" in Deutschland.

George hieß auch mein Großvater väterlicherseits. Wie nach ihm mein Vater war er ebenfalls Arzt. Er starb zwölf Jahre vor meiner Geburt. In der kleinen Stadt Americus, Georgia, hatte er seinen Beruf viele Jahre ausgeübt und, da mein Vater dort aufgewachsen war, hatte er einige der typischen rassistischen Vorurteile der Südstaatler sozusagen in die Wiege gelegt bekommen. (Auf Probleme in unserer Familie, die wir diesem Umstand zu verdanken hatten, werde ich später zurückkommen.) Von diesem Großvater weiß ich äußerst wenig, zumal mein Vater aus Gründen, die mir nie zu Ohren kamen, kaum je ein Wort über ihn oder über seine eigene Kindheit im „Deep South"[1] sagte. Warum ich und meine Schwestern – nachher gesellten sich zu Ruth zwei weitere Störenfriede – ihn dazu nicht bedrängten, ist mir heute noch ein Rätsel. *Eine* weitere Tatsache ist mir bekannt, die meinen Arzt-Großvater betrifft. Irgendwo und irgendwie dürfte er ein paar Brocken Deutsch gelernt haben. Denn eine deutschsprachige Bibel, auf deren Einband sein Name in goldenen Lettern geprägt ist, lag verstaubt in der Bibliothek meines Vaters nach seinem Tod. Da niemand anderer sich dafür interessierte, habe ich sie genommen. Sie hat in meiner Bibliothek einen Ehrenplatz. Der Hintergrund von noch etwas anderem in diesem Zusammenhang ist für mich ein bis heute nicht gelüftetes Geheimnis. Ich erwähne dies, weil es einen nicht unerheblichen Einfluß auf die kurvenreichen Bahnen hatte, in die ab 1935 mein Leben gelenkt wurde. Allem Anschein nach hat es in fast jeder Generation unserer Vorfahren irgendjemanden gegeben, der die deutsche Sprache zwar nicht beherrschte aber wenigstens zu radebrechen vermochte. Das, was als Ahnenforschung bekannt ist, hat mich nie sonderlich interessiert. Mein Vater war es, der dies eifrig betrieb, während entfernte Verwandte herausfanden, daß ein Tobias Hohrein 1530 in Leipzig das Licht der Welt erblickte und dessen Sohn Leipzigs Bürgermeister wurde. Unser Stammbaum, so mein Vater, reiche bis in die Mitte des 18. Jahrhunderts zurück. Einer namens Frederick soll unter Friedrich dem Großen als Soldat gedient haben. Zwei Söhne habe er gezeugt, die zwischen 1750 und 1760 geboren

---

[1] „Deep South" = die südlichsten Teile der Bundesstaaten Alabama, Georgia, Louisiana und Mississippi.

wurden. Diese beiden seien einige zwanzig Jahre später vom Rheinland aus in die damaligen Kolonien Großbritanniens in Nordamerika ausgewandert.
Das, was *mir* bei alledem in Erinnerung bleibt, ist die vielleicht legendäre Angabe, einer dieser beiden Brüder sei bloß Trommler in der „Continental Army" unter dem Oberkommando George Washingtons gewesen, der nach der Kapitulation des britischen Generals Lord Cornwallis unser erster Präsident wurde. (Von ihm pflegt man zu sagen, er sei „Erster im Krieg, Erster im Frieden und Erster in den Herzen seiner Landsleute" gewesen.) Als gesicherte Tatsache gilt, daß einer dieser beiden Brüder, Jakob, mit Frau und Kindern um 1790 von Pennsylvania in die Wildnis von Kentucky übersiedelte – ein Gebiet, auf das einige Indianerstämme Anspruch erhoben als ihr Jagdrevier. Doch genug der rückblickenden Nostalgie! Jetzt muß es vorwärts gehen ...

„Barfußjunge mit braungebräuntem Gesicht"

Nun, nicht *immer* war ich ein solcher Junge, wie ihn unser Volkspoet Henry W. Longfellow in einem seiner bekanntesten Gedichte romantisierend apostrophierte – ein kräftiger und kerngesunder „good allround American boy". Auch bot sich mir nie eine Gelegenheit, wie die des in jener reimenden Lobeserhebung besungenen Jünglings, einen Platz zu nehmen „unter dem breiten Kastanienbaum, wo des Dorfes Schmiede stand". Und dennoch gab es nicht wenige Aspekte meiner jungen Jahre, die diesem idyllischen Bild ähnelten. Wie schon gesagt, kam unserer neuen Adresse -1522 Edgewood Court – für mich besondere Bedeutung zu.
Der Name „Edgewood Court" war durchaus passend gewählt. Dieser „Court" ist kein Hof, wie man meinen könnte, sondern eine Doppelreihe von sich gegenüberstehenden einzelnen Bungalows mit der typischen Art offener Veranda, die in jeder US-amerikanischen Stadt zu sehen ist. Etwa sechzehn Einfamilienhäuser, die Anfang des Jahrhunderts dort gebaut wurden, befanden sich – oder, wenn nicht inzwischen abgerissen, sind sie noch heute – kaum mehr als einen

Steinwurf von einem der herrlich großen öffentlichen Naturparks entfernt, derer sich Louisville rühmt. Selbst damals, als Louisville wohl 200.000 Einwohner zählte (heute, mit den Außenbezirken, sind es sicher über eine Million) gab es fünf oder sechs solche Gebiete innerhalb der damaligen Stadtgrenzen.

Weite Grünflächen mit wellenförmigen, bewaldeten Hügeln; felsenumsäumte gurgelnde Bäche, in denen Flußkrebse spielten; alle Arten verknoteter, schwingender Kletterpflanzen, die dunkle Klüfte überspannten; unzählige große uralte Bäume und, außerdem, Dutzende von Picknick- und Tennisplätzen oder anderen Freizeitangeboten. Die Mehrheit dieser Parks trägt Namen von Indianerstämmen – z.B. Cherokee und Iroquois – die ganz Kentucky als Jagdgründe genossen hatten vor dem durch die Kolonisten an ihnen verübten Genozid. Wie viele Hektar Land die Parks von Louisville umfassen, ist mir nicht bekannt. Aber sie sind sehr umfangreich. Weitab vom Lärm der Stadt kann man stundenlang dort wandern und, da man von Edgewood Court binnen zehn Minuten am Spring Drive entlang in den Cherokee-Park gelangt, war dies im Sommer meine größte Freude. Der Park war, gleichsam „die elysischen Gefilde" in Kentucky, *mein* Paradies.

Natürlich war ich, wie fast alle anderen Kinder auch, immer zum Jubeln glücklich, wenn die Sommerferien uns von der Routine unseres Alltags befreiten zwischen Mitte Juni und Anfang September, als der „Labor Day"[1] genannte Nationalfeiertag unseren viel zu kurzen schulfreien Monaten ein jähes Ende setzte. Einer der Hauptgründe, weshalb ich diesen zweieinhalb Monaten jedes Jahr entgegenfieberte, soll dargelegt werden, obwohl alle Worte hinken, stolpern oder ins Rutschen geraten, wann immer ich es versuche. Glückseligkeit, wie sie mich damals im Sommer oft überrollte, war mir während der sieben seither verflossenen Jahrzehnte erst wieder vergönnt, als ich zu lernen begann, was Jean Gebser mit dem an den Anfang dieser Lebenserinnerungen gestellten Wort zur „Liebe" meinte. Man glaube ja nicht, dies sei bloß romantische Schwärmerei im Rückblick auf verklärte Jugendjahre! Doch jetzt zur Sache ...

---

[1] „Labor Day" entspricht – obwohl nur ungefähr – dem „1. Mai" in Europa.

Jedes Mal, wenn ich – was damals alle paar Tage vorkam und noch heute nicht selten geschieht – an einem feuchtwarmen Morgen im Juli oder August vor Sonnenaufgang aus dem Bett rollte, konnte ich mich mäuschenstill aus unserem Hause stehlen, den kurzen Weg an der Bonnycastle Avenue und am sanft neigenden Spring Drive entlang hinunterlaufen. Unter den alten Bäumen des Cherokee-Parks fing dann eine Wanderung an, die zu den allerschönsten zählt, welche sich ein bloßer Mensch vorstellen – oder, darob umso ärmer, nicht vorstellen – kann. Auf den langen Wegen dort erfüllte mich beim Rauschen der Bäche und dem Zwitschern unzähliger Vögel immer wieder ein wundersames Wissen um das Einssein der Schöpfung – darum, daß irgendwie alles mit allem Anderen auf der Erde und im Himmel zusammengehört, miteinander zusammenhängt.
Eines Morgens war ich noch früher als sonst aufgewacht. Es hatte kaum zu dämmern begonnen. Die ersten erwachenden Vögel stimmten gerade ihre noch schläfrigen Gesänge an. Außer ihnen war in der tiefen Frühmorgenruhe allein das Summen der schon fleißigen Honigbienen zu hören. Über den riesigen Eichen, die an beiden Enden von Edgewood Court und entlang der Bonnycastle Avenue in windstiller Halbdunkelheit regungslos da standen, hing noch der Dunst, der bei uns wegen des nahen Ohio-Stroms im Sommer fast täglich aufkam. Die Tür unseres Bungalows öffnete ich geräuschlos, ging auf die Veranda hinaus. So voller Frieden war alles, daß ich minutenlang fast atemlos dort stehenblieb. Während dessen nahm ich zum ersten Mal die Hausnummer bewußt wahr: 1522. Doch warum sie mir jetzt auffiel, wollte mir zunächst nicht einleuchten. Den vier Ziffern, so schien es mir, haftete etwas fast Spukhaftes an. Zwei, drei Minuten lang dachte ich darüber nach. Plötzlich enthüllte sich mir das Geheimnis. „Wenn wir im Jahr 1522 lebten, wäre das vor vierhundert Jahren gewesen – eine unheimlich lange Zeit! Aber es ist nicht 1522, sondern es ist 1922 und wir leben jetzt – heute – im Jahr 1922!"
Vorhin sagte ich, Zahlen seien für mich immer ein Greuel gewesen. Dieser eine Augenblick der „Erleuchtung" war eine seltene Ausnahme. Weder damals noch seither hat irgendeine Nummer mich so besitzergreifend fasziniert wie die unseres Hauses, als ich an jenem

Sommermorgen den geliebten Weg in Richtung Cherokee-Park antrat. Das Erlebnis ist für mich, nebenbei vermerkt, der sicherste Beweis dafür, daß wenige Wochen später mein siebter Geburtstag gefeiert werden sollte. Ich hatte mir auch längst zu überlegen begonnen, was dieser Geburtstag mir bescheren würde – abgesehen von einigen bekundeten Wünschen, mit deren Erfüllung ich zuversichtlich rechnete. Geburtstagsfeiern, außer der eigenen, waren nie übermäßig nach meinem Geschmack. Zum einen kam jedes Jahr der Geburtstag meiner Schwester Ruth Anfang August vor dem meinen, Ende September, was in meinen Augen ziemlich ungerecht war. Hinzu kam, daß es in unserer Familie jetzt ein zweites Mädchen gab.

Elisabeth (von uns allen „Libby" genannt) war eines Tages aufgetaucht und störte das, was eventuell sonst sich zu einer erträglichen Situation entwickelt hätte. Aber zum Glück kam ihr Geburtstag Ende Oktober. In dieser Hinsicht hatte ich also, was Libby betrifft, keine Probleme. Sie war sowieso zu klein, als daß sie die Art Nervensäge hätte sein können, die Ruth es schon immer gewesen war. Andererseits, als Libby in unserer Welt eintrat, war ich gezwungen worden, meinen Platz im Kinderschlaf- und Spielzimmer zu räumen, das ich bis dahin mit Ruth geteilt hatte. Mich versetzte man nach oben.

Das Zimmer, jetzt wenigstens mein eigenes, war unter den schrägen Dachbalken. Dort konnte ich jeden Tropfen Regen, der auf das Dach fiel, deutlich hören. Oft, wenn ich nachts wach lag oder frühmorgens aufwachte und es noch regnete, war das sanfte Prasseln der Tropfen auf das Dach über meinem Bett ein gewisser Trost in diesem Bereich erzwungener Verbannung. Ein Zimmer zu haben, das nur *mir* gehörte, war natürlich ganz so schlimm nicht. Es bot sogar einige Vorteile.

Ich konnte zum Beispiel im Bett liegend, mit meiner Taschenlampe unter der Decke, all das lesen, was *ich* lesen wollte, ohne befürchten zu müssen, jemand würde mich dabei erwischen. Im großen Ganzen fand ich es allerdings – vor allem nachts – oft ein bißchen einsam. Doch eines Tages entdeckte ich etwas, das alles aufwog und eine Zeitlang mein Geheimnis blieb. Tagsüber war mein Vater nie zu Hause. In seiner Abwesenheit fand ich heraus, daß hinter den Zimmerwänden – unter den Holzbalken des Hausdachs – es einen niedrigen, dunklen Durchgang gab. Dank dieser aufregenden Entdeckung

war es mir auf einmal möglich geworden, ungesehen und unverdächtigt, in die sakrosankten Räumlichkeiten zu gelangen, die – als „Daddy's Den"[1] bekannt – andere in der Familie kaum je betreten hatten.
Kurz – obwohl es nicht leicht ist, mich hier kurz zu fassen – will ich zu schildern versuchen, was es für eine Bewandtnis hatte, wenn in der Familie Horine während der frühen zwanziger Jahre diese zwei Wörter, „Daddy's Den", entweder geflüstert oder ein klein wenig lauter gesprochen wurden. Die Räume galten, wie gesagt, als absolut unantastbar sakral. „Zutritt verboten!" Zwar gab es in unserem Hause kein solches Schild und nirgends hieß es schriftlich „out of bounds". Aber so etwas wäre in den Umständen gar nicht nötig gewesen. Alle wußten, daß niemand dort hineingehen durfte, außer sie oder er wäre von Dr. Horine höchst persönlich begleitet und überwacht. Die einzige Tür, durch die im ursprünglichen Grundriß des Hauses Zugang dorthin vorgesehen war, hielt mein Vater immer geschlossen. Nur er hatte einen Schlüssel, mit dem die Tür geöffnet werden konnte. Das Märchen „Blaubart" hatte ich gelesen. Es schien mir möglicherweise bedeutsam zu sein, bis wenige Monate vor meiner Entdeckung mir zum ersten Mal – selbstverständlich unter Aufsicht – etwa zehn Minuten lang Einlaß gewährt worden war. Jetzt konnte ich unbeaufsichtigt, mit äußerster Vorsicht, in gespannter Ruhe alles erkunden, was mein Vater dort untergebracht oder versteckt hatte. Atemberaubend war das Abenteuer! Tagsüber wiederholte ich es immer wieder.
Im Einzelnen zu beschreiben, was ich dort vorfand, würde mich hoffnungslos überfordern. Auf dem ganzen Fußboden verstreut lagen meterhohe Stapel von Büchern – einige neu, nicht wenige drei- bis vierhundert Jahre alt. Diese Berge versperrten fast völlig enge Pfade, die sonst einen gewundenen Schlendergang zwischen ihnen gestattet hätten. Immer drohten sie umzukippen, wenn man sie mit Arm oder Ellbogen versehentlich berührte. Vergilbte Zeitschriften und Zeitungen türmten sich auf, darunter ganze Jahrgänge des *Journal of the American Medical Association* und des *National Geographic Magazine*; auch zehn bis fünfzehn Jahre alte Schriften anderer Art. Wo

---

[1] „Den" = „Höhle".

immer keine solchen Drucksachen standen, gab es vollgestopfte Bücherschränke mit oder ohne Glastüren. Schaute man in diesem Dickicht genauer hin, konnte man zwei oder drei alte Rollpulte erkennen. Darauf standen wiederum wackelige Stapel von Karteikarten, antiquierte in Leder gebundene Leselupen, längst nicht mehr brauchbare Stethoskope oder sonstige aus der ärztlichen Mottenkiste übriggebliebene diagnostische Geräte und dergleichen. Die paar Schreibtische waren als solche – im Halbdunkel – kaum erkennbar. Dokumente und kleinere Gegenstände verschiedenster Art und Herkunft bedeckten sie oder quollen, chaotisch ungeordnet, aus nie geschlossenen Schubladen. Überall und auf allem lag Staub. Gewischt worden war niemals. Und da, wo wenig Staub lag, war er von diesem oder jenem Buch bloß weggeblasen worden, weil mein Vater etwas darin hatte nachschauen wollen, als er einen der vielen medizinisch-geschichtlichen Aufsätze verfaßte, die ihm (viele Jahre später) zur Ernennung als Professor für Geschichte der Medizin an der Universität Louisville verhalfen.

Was soeben – wenn auch unvollständig – geschildert wurde, waren also die verbotenen Früchte. Als ich sie für mich entdeckt hatte, ließ ich sie mir jeden zweiten oder dritten Nachmittag, wenn ich von der Schule nach Hause kam, schmecken. Einmal hatte ich mich ausgiebig umgeschaut und versucht, spannende Sachen zu verstehen, die ich vermutlich nicht hätte lesen dürfen – zum Beispiel eine bebilderte Erläuterung der weiblichen Anatomie. Mit weniger Unbehagen hatte ich mich an den wunderbaren Farbfotos in einem ganzen Jahrgang des *National Geographic* ergötzt. Dann war alles mit allergrößter Sorgfalt wieder so zurückgelegt, wie ich es vorgefunden hatte. Jedenfalls meinte ich dies gewissenhaft getan zu haben. Nichts war umgekippt. Dessen war ich absolut sicher. Nicht der geringste Zweifel daran war möglich. Als ich alles noch einmal nachgeprüft hatte, schlich ich mich durch den geheimen Gang zu meinem Zimmer zurück. Kurz blieb ich da, bevor ich die Treppen ins Erdgeschoß hinunterlief. Die anderen – bis auf meinen Vater – waren schon beim Abendessen. Bemüht, einen Eindruck lässiger Unschuld zu erwecken, setzte ich mich wie sonst an den Tisch. Als mein Vater vom Krankenhaus und seinen allabendlichen Hausbesuchen gegen acht Uhr

nach Hause kam – wir hatten längst fertig gegessen – war ich wieder in meinem Zimmer, um mich unerledigten Aufgaben für den kommenden Schultag zuzuwenden.
Ungefähr eine halbe Stunde verging, bis ich meinen Vater, der jetzt auch gegessen hatte, die Treppe heraufkommen hörte. Daran war nichts Besonderes. Fast jeden Abend vergrub er sich in Börsenberichte oder medizinische Zeitschriften. Aber kaum war er jetzt oben angekommen, schon vernahm ich von nebenan – mein Zimmer grenzte an die „Den" – einen strengen Befehl. Sofort solle ich zu ihm kommen. Mir sackte das Herz in die Hosentasche ab. Ich ging, stand stocksteif vor ihm ohne ein Wort. Natürlich hatte ich gleich gewußt, weshalb er mich zu sich beorderte. Offensichtlich verärgert, war er trotzdem auch perplex. Er schimpfte nicht, wie ich es erwartet hatte, sondern verlangte zu wissen, auf welche Weise es mir (kein anderer kam in Frage) überhaupt gelungen sei, dort hereinzukommen. Ob ich denn meinte, mir stünde es zu, hier herumzustöbern und seine Ordnung zu stören? Mir blieb keine Wahl. Ich legte ein volles Geständnis ab – *fast* voll. Die Sache mit der Anatomie erwähnte ich nicht. Meine Strafe fiel dieses Mal überraschend mild aus im Vergleich zu der nach manch anderem Delikt, das mir eher unbedeutend erschienen war. Worin sie bestand, weiß ich nicht mehr. Hatte der Alte ein wenig Bewunderung für mich empfunden wegen meiner Entdeckung eines Zugangs zur „Den", von der er selber bis dahin nichts wußte? Wie dem auch immer gewesen sein mag, es ändert nichts an der Tatsache, daß unser pater familiae zu Hause ein (vermutlich) gut meinender Tyrann war. Seine Patienten himmelten ihn an.

Glühwürmchen – Güterzüge – Baumgefangener mit abgefederter Landung – Baumgeburten

Albert Dick und ich waren, wie schon gesagt, durch das Schuljahr hindurch nur während der wenigen Stunden getrennt, in denen wir entweder in unseren jeweiligen Klassenzimmern ausharrten oder schliefen. Ab Anfang der zu kurzen Sommermonate verging kaum ein einziger Tag – ob die Sonne schien oder es in Strömen regnete – an dem wir nicht ganztägig irgendetwas gemeinsam unternahmen. Manchmal durften wir sogar abends bis nach Einbruch der Dunkelheit draußen spielen. Wenn unsere Eltern uns diese Ausnahmegenehmigung erteilten, war es eine echt große Gaudi.
Grausam – wie Kinder nun einmal sein können nebst allem Mitgefühl, dessen sie auch fähig sind – pflegten wir z.B. so viele Glühwürmchen als möglich zu fangen und stopften sie in schließbare Gläser, um sie als Laternen zu mißbrauchen. Wir trugen sie vor uns und leuchteten damit dunkle Wege hinter den Häusern von Edgewood Court. Oder wir koppelten vier bis fünf eigene oder geliehene vierrädrige kleine Karren zusammen und spannten ein Dreirad davor. Diese Kombination, bei der abwechselnd der eine oder der andere auf dem Dreirad als stolzer Lokführer fest in die Pedale trat, war in unserer Phantasie ein Güterzug. Der „Court" eignete sich vortrefflich für solche Spiele, da zwei verkehrsfreie Gehwege an je einer Reihe der kleinen Häuser vorbeiführten.
Oft verbrachten wir einen ganzen Tag mit allem, was wir für unser Baumhaus ausdenken konnten. Diese wackelige Hütte hatten wir, vor allem Albert, aus den unterschiedlichsten alten Brettern gezimmert. Sie waren irgendwo in der Gegend – zum Teil bei Neubauten, von denen es damals in den Highlands viele gab – „geliehen" worden und leisteten uns beiden einstweilen gute Dienste. Wir hatten sie, mit ebenfalls geliehenen Nägeln, an den kräftigsten Ästen einer großen Eiche befestigt im Hinterhof von Dicks Haus neben ihrer Garage unseliger Erinnerung. Wenn wir nicht im Baumhaus spielten, kletterten wir auf noch viel höhere Bäume in Parson's Place, einem parkähnlichen Wohngebiet, das an Edgewood Court angrenzte. Eines heißen Tages folgte ich Albert in einen riesigen Baum hinauf und

schob oder hob mich ziemlich weit hinaus auf einem Ast bis nach einer Krümmung. Dort wollte ich nicht weiter, konnte mich aber auch nicht rückwärts über das gekrümmte Ästchen hieven, das jetzt hinter meinem Rücken war. Nach zehn Minuten oder einer Viertelstunde vergeblicher Mühen – den Rückzug schaffte ich nicht – gab ich mich als gescheiterter Baumsteiger noch nicht völlig geschlagen. Stattdessen rief ich lauthals nach meiner Mutter. Ihren Rat wollte ich einholen. Albert stand, wie schon einmal nach dem Garagendesaster, einfach da. Ihm fiel offenbar nichts ein, was mir nicht ohnehin klar genug war. Zum Glück war Mutter in der Küche – an der Rückseite unseres Bungalows, gegenüber Parson's Place – mit der Zubereitung des Mittagessens beschäftigt. Sie eilte herbei, sah sich die mißliche Lage an und erkannte sofort die Eigenart des Dilemmas, in das ich geraten war. Dann sagte sie: „Bleib du nur sitzen, wo du bist! Ich komme gleich wieder." Worauf sie ins Haus zurückging. Dieses Mal befolgte ich eine elterliche Anweisung genau, harrte bewegungslos dort aus, wo ich war – was mir im übrigen unter den Umständen nicht schwer fiel. Mir erschien es eine kleine Ewigkeit zu sein, aber endlich sah ich sie aus dem Haus kommen. Bis in Kopfhöhe hatte sie die Arme voller Bettkissen. Sie stellte sich unter den Ast, stapelte die Kissen direkt unter mir auf den Boden und befahl: „Jetzt, spring!" Ich sprang. Meine Landung war so weich wie die Kissenfedern, in die ich hinabflog. Nach jenem „Vorfall" sah ich eine Zeitlang davon ab, es den Affen (oder den erst viele Jahre später in Südindien von mir bewunderten „Toddy-Tappers"[1]) gleichmachen zu wollen.

Aber, wenn von großen Bäumen die Rede ist, darf etwas Mythologisches, das sich ungefähr zwei Jahre vor der Episode in Parson's Place – dieses Mal an unserem Ende von Edgewood Court – zugetragen hatte, nicht stillschweigend übergangen werden. Dem fiel ich zum Opfer. Ein um drei oder vier Jahre älterer Bekannter von Albert und mir, der in einem der vornehmen Wohnblocks von Parson's Place zu Hause war, ließ sich gelegentlich herab, um nach uns unzertrennli-

---

[1] „Toddy-Tappers". Kleine Männer, die in rasender Geschwindigkeit an Weinpalmen hochklettern, um den zur Herstellung alkoholischer Getränke in Töpfen aufgefangenen Saft zu holen.

chen Spielkameraden zu schauen. Natürlich waren wir beide viel zu klein, als daß wir für ihn als Freunde in Frage gekommen wären. Aber andere hatte er, so viel wir wußten, kaum oder gar nicht. Wohl deshalb war er hin und wieder einmal in oder um unseren Court zu sehen. Eines Tages, als Albert und ich unter der hohen alten Eiche ein bißchen gelangweilt mit Murmeln spielten, weil uns nichts Aufregenderes eingefallen war, tauchte Billy Eagles – so hieß er – plötzlich auf, guckte unser Spiel einige Minuten wohlwollend mitleidsvoll an. Er sagte kein Wort. Wir spielten weiter so, als hätten wir sein Kommen nicht einmal bemerkt. Dann lenkte er unsere Aufmerksamkeit auf sich, indem er mit einem nostalgischen Blick zur Höhe der Baumkrone hinaufschaute und uns knapp mitteilte: „Dort oben, seht ihr, bin ich geboren." Uns war diese Neuigkeit in höchstem Maße verblüffend. Weder Albert noch ich hatten je gehört, daß jemand in einem Baum geboren worden wäre. Billy tat uns den Gefallen und klärte uns auf. „Ihr beide wißt ja, daß ich Eagles[1] heiße. Eagles werden ja immer in Bäumen geboren." Dann kehrte er uns, staunend, den Rücken und ging ohne ein weiteres Wort weg.
Jahre vergingen, bis ich die Wahrheit seiner Aussage offen anzuzweifeln wagte. Mir war sie plausibel erschienen; Albert offenbar auch, obwohl ich für mein Teil nicht *ganz* sicher gewesen war, daß so etwas tatsächlich passieren könnte. Mehr als vier Jahrzehnte nachher erfuhr ich in Zürich, am C. G.-Jung-Institut, daß meine anfängliche Leichtgläubigkeit auf die weitreichende archetypische Bedeutung des mythologischen Motivs der „Baumgeburt" zurückzuführen gewesen sein muß. Dies schlummert im kollektiven Unbewußten aller Menschen noch heute. Bei kleinen Kindern, die dem Unbewußten ja noch kaum entwachsen sind, kann es leicht geweckt werden. Und sowohl in den sogenannten Naturreligionen als auch in der Folklore der ganzen Welt symbolisieren Bäume seit unvordenklichen Epochen die *magna mater*, die „Große Mutter". Wen kann es also wundern, daß das, was Billy Eagles – wahrscheinlich selber davon überzeugt – uns phantasiebegabten Jüngeren hatte aufschwatzen wollen, mit halbkaschiertem und zögerndem Glauben zur Kenntnis genommen worden war?

---

[1] „Eagles" = „Adler".

„Die Farm"

Genau wann es war, weiß ich nicht. Wahrscheinlich wird es 1918 oder 1919 gewesen sein, als mein Vater den ersten kleinen Trakt Land kaufte, das von jenem bereits erwähnten „Oberlauf des Knob-Bachs im Bullitt County, Kentucky" nicht weit entfernt ist. Rückblickend vermuteten wir alle, daß mein Vater immer schon davon geträumt hatte, eines Tages möglichst viel des ganzen Gebiets zu besitzen, das sich in diesem Teil von Kentucky befindet und einigen seiner Vorfahren väterlicherseits gehört hatte. Und wir haben den Eindruck, daß vor seinem Tod Anfang 1964 ihm die Erfüllung seines Traums, Großgrundbesitzer zu sein, nahezu vollkommen gelungen war. Wie viele dieser Ländereien er tatsächlich erstanden hatte, ist mir ebenso wenig bekannt wie das Jahr, in dem er mit der Verwirklichung seines Lieblingsprojekts begann. Feststeht auf jeden Fall, daß der ursprüngliche Trakt von bis zu sechs Acres[1] – ständig erweitert – viele Jahre vor seinem Tod etwa achthundert Acres umfaßte.

Warum denn solche Details? Welche Bedeutung kommt ihnen zu? Nicht wenig, insofern als z.B. das gesamte größtenteils bewaldete Areal nach 1964, als Naturschutzgebiet ausgewiesen, ein Vierteljahrhundert lang den „Boy Scouts of America"[2] als Ausbildungs- und Freizeitlager gedient hat. Heute ist es ein Teil des viel größeren Nationalparks, der als der „Jefferson County Memorial Forest"[3], zunehmend bekannt, jährlich von vielen Tausenden aufgesucht wird, für die der Schutz der Natur insgesamt und besonders der Waldbestände ein wichtiges Anliegen ist. Bäume, zum Teil bis zu dreihundert Jahre alt; unzählige Arten wildwachsender Blumen und anderer Pflanzen; eine große Vielfalt von Vogelarten und zahlreichen anderen Tieren; klare Bäche oder sprudelnde Quellen reinsten Wassers und stille Sumpfniederungen: Dies alles ist das Ergebnis der lebenslangen Be-

---

[1] Ein Acre = 1000qm.
[2] „Boy Scouts" = „Pfadfinder".
[3] „Memorial Forest" = wörtlich: „Gedenkwald". Dieses umfangreiche Gebiet wird heute „Memorial Forest" genannt zum Gedenken an die zahlreichen Menschen, die mit Geldspenden die Erhaltung des naturbelassenen Waldes als Park möglich machten.

mühungen eines ehrgeizigen Pioniers im Bereich des Umwelt- und Naturschutzes. Obwohl mein Vater ein im Grunde extrem egozentrischer Sonderling war – ohne eine einzige echte Freundschaft je gekannt zu haben – und dazu noch ein Familiendespot, so erkennen wir seine Verdienste auf diesem und anderen Gebieten doch voller Bewunderung an.

Was wir – ab 1919 – als „Die Farm" kannten, bestand während zehn Jahre oder mehr aus den ursprünglichen nur wenigen Acres. Auf dem höchsten Punkt einer Hügelkette gelegen sind sie rund achtzehn Kilometer von der damaligen südwestlichen Grenze der Stadt Louisville entfernt. Von diesem Hügel aus hat man bei klarem Himmel einen herrlich weiten Blick über das Tal des Ohio und, jenseits des breiten Stroms, bis hin zu den Ufern des südlichsten Teils des Nachbarstaates Indiana. Trotz ihrer Schönheit gab die Farm von Anfang an nicht selten Anlaß zu erheblichen Spannungen in unserer Familie. Einige der frühesten davon waren eine Folge bzw. eine Begleiterscheinung unserer häufigen Fahrten dorthin. Um die Farm zu erreichen, mußte man eine nicht ungefährlich kurvenreiche, unausgebaute Straße – eher einen holprigen und steilen Feldweg als eine Straße – in Kauf nehmen.

Das erste Mal, daß ich diesen Aufstieg erlebte, wird Mitte des Sommers 1919 gewesen sein. Der Tag, für das Ohio-Tal jahreszeitlich typisch, war schwülwarm. Zwischen meinem Vater und einem anderen mir fremden Mann saß ich auf dem hohen Ledersitz eines alten „Buggy" genannten einspännigen Wagens. Ganze Schwärme von Pferdebremsen nötigten unseren Gaul, seinen Schwanz ununterbrochen hin und her zu peitschen. Dabei entledigte er sich immer wieder dampfender Unmengen Exkremente, die den bißchen Platz zwischen seinem dunkelbraunen, schwitzenden Hintern und unseren Schuhen nur knapp verfehlten. Ich entsinne mich jener sowohl im Hinblick auf das Benehmen des Pferdes als auch in anderer Weise risikoreichen Fahrt als aufregend abenteuerlich, als geradezu wundervoll.

Ungefähr ein Jahr später konnte der Weg zur Farm hinauf, obwohl die Straße lange Zeit schwierig blieb, im Auto zurückgelegt werden. Allerdings bei schlechtem Wetter, als diese „Straße" oft in einen schlüpfrigen Morast verwandelt war, mußten wir – vom Tal bis zur

Farm hinauf – zu Fuß uns unseren steilen Weg durch ein wegen Unterholz und Gestrüpp beschwerliches Stück Wald bahnen.
Etwas besser war es mit unserem neuen „Model-T"-Ford. Aber den Ford, Jahrgang 1917 (Kaufpreis neu: $ 450), zeichnete gewisse ziemlich problematische Eigenschaften aus. Und sie, wiederum, waren ein Hauptgrund dafür, daß bei Fahrten zur Farm es in der Familie schon damals nicht selten „dicke Luft" gab, auch wenn wir während Schönwetterperioden den Ausflug machten. Obwohl der Ford in meinen Augen eine sehr eindrucksvolle pferdelose Kutsche war, so schien er den Aufgaben nie ganz gewachsen zu sein, die wir ihm auf der „Holsdaw Hill Road" zumuteten. Andererseits war er für mich insofern segensreich, als neben der Handbremse ein Bodenloch klaffte, das nützlich war, wann immer ich meinen Vater bei Haus- oder Krankenhausbesuchen begleitete und im Auto eine Stunde oder länger auf ihn warten mußte. Bald hatte ich nämlich entdeckt, daß dieses Loch vorzügliche Dienste bei einer zum Bersten vollen Blase leisten konnte. Wer diesen Vorteil jenes Vehikels bedenkt, wird – wie ich – es schade finden, daß technisch raffiniertere Automobile, wie wir sie seit etwa 1924 kennen, keinen solchen Comfort für in ähnliche Not geratende kleine Buben bieten.
Das Problem, was gemeinsame Autofahrten zur Farm betrifft, war nicht nur der Ford. Auch meine Mutter, zu ihrem Leidwesen, war ein Teil des Problems. Jedes Mal, wenn wir eine der mehreren Haarnadelkurven an der Holsdaw Hill Road erreicht hatten, zeigten sich die ohnehin nicht eindrucksvollen Pferdestärken (ist „PS" die dafür noch übliche Bezeichnung?) des Motors als ungenügend für die Belastung, der er durch eine fünfköpfige Familie ausgesetzt war. Unser „Model-T" keuchte ein- oder zweimal kläglich, saufte ab. Da er sich erst einmal abkühlen mußte und da wir sonst an der Kurve sitzengeblieben wären, sah sich mein Vater ebenfalls eine Pause einzulegen gezwungen. Indessen, oft irritiert und allenfalls nicht übermäßig höflich, pflegte er seine Gattin zum Aussteigen aufzufordern. Woraufsie, betreten schweigend, seiner Weisung regelmäßig Folge leistete u.a. wegen ihrer vermeintlich gesicherten Erkenntnis, daß sie – wie man ihr eingebläut hatte – übergewichtig und deshalb für die Überforderung des Fords mit verantwortlich sei. Sie umrundete die Kurve also zu

Fuß. Dann maß sich mein Vater mit der Handkurbel, der kleine Motor sprang an. Zu fünft stiegen wir mühsam bis zur nächsten Kurve. Dort wiederholte sich die gleiche betrübliche Szene. Dabei tauchte in mir hin und wieder der Gedanke auf, daß es doch *viel* schöner gewesen war, als auf dieser Straße ein Pferd *seine* Stärke unter Beweis gestellt hatte. Solche ketzerischen Vorstellungen äußerte ich allerdings nicht.

Zu unser aller Bedauern gab es auch andere Gründe für die Spannungen, die in der Familie nicht selten aufkamen. Keiner von uns, darunter auch meine Mutter, konnte die begeisterte, an Fanatismus grenzende Hingabe je ganz akzeptieren, mit der mein Vater jeden Sonntag von früh an und normalerweise auch jeden Mittwochnachmittag sich der Farm widmete. Aber nicht allein dies, daß er seinen „Zur-Farm-Fahrplan" peinlich genau einhielt, war für uns eine harte Nuß. Wäre dabei nur sein eigenes Wochenprogramm bezüglich der Farm das Problem gewesen, hätten wir wohl alle ein gewisses Maß an Nachsicht üben können. Hinzu kam jedoch, daß es ihm in subtiler Weise gelang, uns anderen ein schlechtes Gewissen einzujagen, wenn wir offen sagten oder nur andeuteten, wir spürten kein unwiderstehliches Verlangen zur Farm mitzufahren oder wir seien aus diesem oder jenem gewichtigen Grund dazu nicht in der Lage. In der Hoffnung, er würde vielleicht deshalb eher als sonst mich in meinem andersgearteten Sosein bejahen können, begleitete ich ihn ab und zu. Oder ich tat es, um eigene halbbewußte Schuldgefühle ihm gegenüber zu lindern ...

In scheinbar sehr kurzer Zeit waren die ursprünglichen sechs Acres verwildernden, unbebauten Landes völlig verwandelt. Am Rande des dicht bewaldeten Teils dieses Areals hatte mein Vater fünfundsiebzig bis hundert Walnußschößlinge gesetzt, während in ihrer Nähe zwanzig Bienenstöcke glänzten. Entlang dem engen Pfad – vom zerfurchten engen Feldweg aus (wo einmal täglich, außer sonntags, der Postbote in seinem pferdegezogenen Buggy vorbeifuhr) in Richtung auf den Wald – gediehen jetzt verschiedene Arten von Blütenpflanzen, einheimisches oder exotisches Gebüsch und, zu allem anderen, sogar ein alleinstehender japanischer Ginkgobaum. In dessen Nähe, so hatte mein Vater bei der Lektüre des Katalogs irgendeiner Samen-

handlung sich vorgestellt, würde er im folgenden Frühjahr hochgelehrterweise stolz auf eine Blüte verweisen können, die ihm unter dem lateinischen Namen *symphoricarpis vulgaris* aufgefallen war. Der Frühling kam. Aber zum unsäglichen Verdruß des Sachverständigen mußte er feststellen, daß es sich dabei um nichts anderes handelte als Buchsunkraut, dessen Wildwuchs er von Anbeginn seiner Hobby-Gärtnerei mit allen ihm verfügbaren Mitteln ergebnislos bekämpft hatte. Die Sache mit der *symphoricarpis vulgaris* war das erste und meines Wissen vorletzte Mal, daß mein Vater über sich selber lachen konnte. (Vom zweiten Mal soll später berichtet werden.)
Irrtümer oder Fehlleistungen seiner Frau bzw. irgendeines seiner Kinder zu belachen war hingegen nie jenseits seines engbegrenzten Sinns für Humor. Im Gegenteil! Zwar wäre es ihm gegenüber ungerecht, würde man diese Eigenschaft als eine Tendenz zum Sadismus bezeichnen. Aber seinem offensichtlichen Vergnügen, wenn er uns bei Dummheiten ertappte, konnte ich damals nicht ganz nachvollziehen. Heute erscheint es mir verständlich vor dem Hintergrund der Beziehung zu seiner Mutter. Sie verehrte ihn abgöttisch und hatte ihn als Kind maßlos verwöhnt unter grober Benachteiligung seiner um zwei Jahre jüngeren Schwester. „Gott weiß alles, aber mein heißgeliebter Sohn weiß alles besser." Entsprach dies nicht in vollem Maße ihrem Glauben und ihrer Haltung, so hatte sie ihm in seiner Selbsteinschätzung doch etwas sehr Ähnliches eingeflößt.
Während mehrerer Jahre war die Farm Schauplatz einer Vielzahl von Aktivitäten. Sie schlossen – abgesehen von immer neuen Bepflanzungen und den Bienenstöcken – die Bohrung eines neunzig Fuß tiefen Brunnens ein. Dies gelang durch den Einsatz komplizierter Geräte, die dank der Verwendung irgendwelcher Wundertechniken zur Spitze des Holsdaw Hill transportiert worden waren. Danach kam der besonders arbeitsaufwendige Aushub des Fundaments für ein Haus. Diese Aufgabe wurde nur mit Schaufeln und handgezogenen Schubkarren bewältigt ohne die Hilfe von Maultieren, deren Auf- und Abschleppen der Erde bei Aushubarbeiten in der Stadt ich oft fasziniert beobachtet hatte. Der Brunnen, über dem mein Vater eigenhändig – fast ohne Hilfe – ein zweistöckiges Holzhaus baute, hatte eine Ader köstlich sprudelnden, reinen Wassers angezapft. Daran

erinnere ich mich deutlichst, da ich selber nachher sehr oft dieses Wasser heraufpumpte, um große volle Eimer davon ins Haus über dem Keller zu schaffen. Ein solch gutes Wasser habe ich in meinem Leben seither nirgends wieder getrunken.

Als es fast fertig war, errichtete mein Vater als nächstes ungefähr dreißig Meter vom Haus entfernt einen Schuppen, den er die „Kraftstation" nannte. Mit nur ein bißchen Hilfe, der ihm ein aus der Stadt bestellter Elektriker leistete, wurde im Schuppen ein mit Benzin getriebener Dynamo installiert. Wann immer er mit einer Handkurbel angeworfen wurde, lieferte er Strom für die Beleuchtung des Hauses und sonstige Zwecke. Alles in allem wird es also offensichtlich sein, daß hier auf „High Acres" (so hieß die Farm von nun an) ein ehrgeiziges und recht großzügig angelegtes Entwicklungsprogramm in die Wege geleitet worden war. Mein Beitrag dazu, außer regelmäßigem Wasserpumpen und gelegentlichem Hochhalten von Zimmerabdeckplatten während deren Befestigung, war minimal. Ein einziges zusätzliches Beispiel meiner Arbeit beim Großprojekt soll jetzt – dieses Kapitel abschließend – geschildert werden.

Kaum mehr als acht Jahre alt werde ich gewesen sein, als an einem besonders heißen Sommertag mein Vater mir den Auftrag erteilte, unsere Bienenstöcke[1] anzustreichen. Bereit, die Aufgabe so gewissenhaft als möglich zu lösen, erhielt ich zur Vorbereitung fast ausschließlich verbale Anweisungen. Ihnen folgten bloß einige wenige Pinselstriche, die mein Vater vorführte, bevor er mich mit einem Kübel weißer Farbe und einem großen Pinsel allein ließ, den ich in meinen Händen gerade noch halten konnte. Vermutlich hatte der Alte gemeint, ich solle mich im „learning by doing" üben und ich würde irgendwie schon zurecht kommen. Jedenfalls entfernte er sich, um ihm wichtigeren anderen Arbeiten nachzugehen. Nun hockte ich da auf dem offenen Feld – umgeben von Unkraut und Gräsern, die höher waren als ich – in der glühend heißen Sonne und vor mir ein Stapel von vielleicht acht großen Bienenkästen.

---

[1] In den USA, anders als in Europa, werden Bienenvölker in quadratischen Kästen behaust.

Ich fühlte mich erbärmlich verlassen. Meine Arbeit war frustrierend. Nach einer Dreiviertelstunde oder mehr kam mein Vater zu der einsamen Stelle zurück, um die Fortschritte zu begutachten, die ich – so nahm er offenbar an – inzwischen erzielt haben müßte. Was fand er vor? Zwei oder drei der Kästen, die mit ein paar weißen Flecken beschmiert waren und einen Sohn, der größere Mengen Farbe an Händen und seinen Kleidern hatte, als die Bienenkästen abbekommen hatten. Dies war meine erste ernsthafte Lektion in den Künsten handwerklicher Tätigkeit. Die Anfänge meines Eindrucks, daß ich sozusagen „zwei linke Hände" hätte, lagen schon in meiner Bewunderung von Albert Dicks Fertigkeiten. Erniedrigungen, die meinem Versagen beim Anstreichen der Bienenkästen ähnelten, wurden von meinem Vater späterhin aus mancherlei Anlaß wiederholt. Sie waren im Endeffekt mehr als genug, um mir ein Gefühl totaler Unzulänglichkeit in allen sogenannt praktischen Bereichen einzuimpfen.

Dafür bietet die analytische Psychologie Carl Gustav Jungs eine einleuchtende Erklärung. Tief demütigende Erlebnisse führen auf die Dauer zu „affektgeladenen Komplexen", was ohne jeden Zweifel in meiner Kindheit geschah. „Komplexe", welcher Art sie auch immer sein mögen, entstehen als eine Folge oft wiederholter Erfahrungen. Keinesfalls sind sie notwendigerweise auf angeborene Mängel an Begabung zurückzuführen. Wird ein Komplex als solcher verstanden und so auch akzeptiert, ist er selten eine große Behinderung. In meinem Fall, dank einer Lehranalyse als Teil einer vierjährigen Ausbildung am Jung-Institut, kann ich heute trotz des Komplexes Nägel einhämmern, meistens sogar ohne einen Finger mit zu treffen. Auch Schraubenzieher kann ich sachgerecht benutzen, Löcher für Bücherregale in Wände bohren oder vorfabriziertes Mobiliar zwar mühsam aber letztendlich fast fachmännisch montieren. Dies alles bewältige ich seit längerem. Andererseits, da unsere Komplexe weitestgehend unbewußt sind und im Normalfall ein Leben lang unbewußt bleiben, überfallen sie uns nicht selten. Sie können dabei Schlimmes bewirken. Und selbst dann, wenn wir sie und ihre Wurzeln vermeintlich oder tatsächlich erkannt haben und dem Glauben frönen, damit in Frieden zu leben, können sie situationsbedingt urplötzlich als ernsthafter Störfaktor auftreten und z.B. sonst gegenseitig bereichernde

zwischenmenschliche Beziehungen zerstören. Davon werde ich im Verlauf dieser *confessiones* ein traurig Lied zu singen haben ...
„High Acres", wie jetzt klar zu erkennen sein dürfte, hat im Leben unserer wachsenden Familie eine große aber nicht immer und nicht in jeder Weise glückliche Rolle gespielt. Von dieser Rolle und von der Geschichte der Farm ist aber genug gesagt worden. Also Schluß damit!

Heute – morgen – und danach?

4. Juli 1994: Nach einer längeren Schreibpause nehme ich heute den Versuch wieder auf, eigene Erlebnisse während acht Jahrzehnte dieses Jahrhunderts zu schildern. Seit dem Tag vor fast fünf Jahren, als die Niederschrift meiner teils überdeutlichen, teils nebulösen Erinnerungen in Angriff genommen wurde, haben umwälzende neue Geschehnisse die Welt in einem Ausmaß erschüttert, das dem nahekommt, was sich vorher seit meiner Kindheit alles zugetragen hatte. Von den Ereignissen zwischen jenem Tag, dem 1. September 1989, und heute – dem 218. Jahrestag der feierlichen Erklärung unserer Unabhängigkeit von Großbritannien – werden Schülerinnen und Schüler (unter ihnen auch meine Enkelkinder) im Geschichtsunterricht einiges gelesen oder gehört haben. Studentinnen und Studenten an den Universitäten wird, wenn sie im Fachbereich Geschichte arbeiten, vieles eingetrichtert worden sein – wie den Schulkindern der USA ebenfalls – was bewußten oder unbewußten aber dennoch groben Entstellungen anhaftet, die dem vermeintlichen Interesse der „nationalen Sicherheit" dienen. Anderes werden sie lernen oder gelernt haben, das auf Vorurteile, auf persönliche Präferenzen oder auf schlechthin mangelnde Sachkenntnisse bei sich gelehrt dünkenden Geschichtsschreibern zurückgeführt werden muß. Jede Wahrheit hat mehrere Gesichter. Und diese Gesichter sind je nach dem Augenmerk oder der Merkfähigkeit der Betrachtenden verschieden.
Was werden die wirklichen, die tieferliegenden Ursachen für den Zusammenbruch und die Auflösung der UdSSR gewesen sein? Lagen die Gründe dafür in den verkrusteten, monolithischen Strukturen der

Planwirtschaft, in der bekanntlich weitverbreiteten Korruption bei der Vergabe von Aufträgen, in der aufgeblasenen Allmacht der *Nomenklatura* oder in einer Kombination dieser mit anderen Faktoren? Oder ging die Rechnung der US-Regierung auf, indem sie jahrzehntelang darum bemüht war, die Sowjetunion „totzurüsten"? Oder aber war das, was Gorbatschow anstrebte und vielleicht übereilt in die Tat umzusetzen versuchte, hauptverantwortlich für den so erstaunlich schnellen Niedergang des fälschlicherweise kommunistisch[1] genannten Imperiums? Was alles mag dazu beigetragen haben, daß Westdeutsche – ähnlich den „Carpet-Baggers"[2] nach dem Sieg der Nordstaaten in unserem Bürgerkrieg – nach dem jähen Ende der DDR sich erdreisteten, in den neuen Bundesländern einen wirtschaftspolitisch ausbeuterischen Kolonisierungskurs einzuschlagen? Was hat den Ausschlag dafür gegeben, daß in einer unendlich erscheinenden Reihe von Gerichtsprozessen nach dem Fall der Berliner Mauer nicht selten Menschen angeklagt waren, denen Verstöße zu Last gelegt wurden gegen in der alten BRD angeblich bzw. teilweise tatsächlich geltende Rechtsnormen, obwohl die Angeklagten im Einklang mit in der DDR geltendem Recht gehandelt hatten? Blieb dabei der uralte Grundsatz *sine lege, nulla poena*[3] nicht auf der Strecke? Warum wurden viele derjenigen aus der DDR, die im Interesse der Wahrung des Weltfriedens – wie sie selber aufrichtig glaubten – für den Ostblock spionierten, zu langjährigen Haftstrafen verurteilt, während Spione, die für den Westen das Gleiche getan hatten oder noch tun, nicht belangt werden? Etwa deshalb, weil letztere keineswegs „Spione" sind oder waren, sondern für den BND bloße „Nachrichten" sammeln, wie bei uns in den USA die Beamten der CIA (Central Intelligence Agency) lediglich der Anhäufung von „Intelligenz" dienen?

---

[1] Was sich „Marxismus-Leninismus" zu nennen beliebte, sollte nach der von Moskau verkündeten reinen Lehre eine Etappe auf dem Weg zum Kommunismus sein.
[2] Spekulanten aus den Nordstaaten, die beim Ende des Bürgerkriegs (1865) vom Wiederaufbau des Südens nach dem Muster der Nordstaaten oft in skrupelloser Weise profitierten.
[3] Sinngemäß: „Wo entsprechende Gesetze fehlen, dürfen Strafen nicht verhängt werden".

War die alte BRD oder ist die gegenwärtige Bundesrepublik Deutschland eine lupenreine Demokratie, in der hochrangige ehemalige Nazis nie und nirgends hohe Regierungsposten bekleideten? Ist der Umstand, daß nach 1945 eine gründliche „Vergangenheitsbewältigung" in Westdeutschland ausblieb, mit ein Grund für die andauernde umso gründlichere Bewältigung der (freilich nicht ganz zu Unrecht) als Unrechtsstaat bezeichneten DDR? Scheiterte der „real existierende Sozialismus" deshalb, weil er kein wirklicher Sozialismus war? Scheitert der globalisierte Kapitalismus deshalb, weil er dies ist und weil er unseren geschundenen Planeten erbarmungslos zu plündern fortfährt? Können die natürlichen Lebensgrundlagen unserer Gattung auf dem so fehlgesteuerten Raumschiff Erde für zukünftige Generationen bewahrt werden ohne fundamentale Veränderungen in den wirtschaftlichen und sozialen Strukturen der ganzen Welt? Ohne eine gründliche Reform der UNO, mittels derer in den Bereichen Friedenssicherung und Umweltschutz ihr wesentlich größere Kompetenzen eingeräumt werden, als sie sie heute hat?
Viele, sehr viele überlebenswichtige Fragen! Sie bleiben größtenteils ohne vernünftige Antworten. Die drängenden Probleme, denen die gesamte Menschheit gegenübersteht, werden buchstäblich von Monat zu Monat immer bedrohlicher. Alarmglocken läuten allenthalben immer lauter. Wer achtet darauf? Wer sie hört, stellt sich oft taub. An warnenden Stimmen prominenter Sachkundiger fehlt es seit Jahrzehnten wahrhaftig nicht. Doch Politiker an den Schalthebeln der Macht, ob jenseits oder diesseits des Atlantik, bieten ebenso wenig plausible, langfristig wirkungsvolle Lösungen an wie die bereits steinreichen Wirtschaftsbosse, die sich vor allem (und koste es noch so viele Arbeitsplätze) um die ständig steigende Maximierung ihrer Profite kümmern. Untaugliche Altformeln aus der Blütezeit des Laissez-faire-Kapitalismus werden feilgeboten auf dem Sankt-Nimmerleins-Markt der scheinbaren Möglichkeiten. „Kleiner Mann, was nun?" Die Armen werden immer ärmer, die Reichen immer reicher. Wo bleibt denn der Aufstand der Massen? Wird der einst prophezeite, heute sich unverkennbar abzeichnende Untergang des Abendlandes das Morgenland etwa *nicht* mit in den Abgrund reißen? Oder umgekehrt? Wo bleiben die Millionen der heimatlos Hungers sterbenden

Volkscharen Afrikas? Wohl dort, wo sie sind – um noch zahlreicher als jetzt Vertreibung und Hungertod zu erleiden. „Die Welt *ist* aus den Fugen geraten ..."

Der Krieg am Persischen Golf ging vor einigen Jahren zu Ende sowohl unverhofft schnell als auch mehr oder weniger schmerzfrei, wollte man es aufgrund der öffentlichen Reaktionen in den USA beurteilen. Unter den Streitkräften, die gegen die Panzerdivisionen des Saddam Hussein aufgeboten wurden, gab es wenige Hunderte von Toten und einige tausend Verletzte. Welch beschämende Siegesfeiern fanden in meinem Heimatland statt! Tausende von Sternenbannern flatterten an Straßenkreuzern, wehten ausgehängt an den Fenstern von Manhattans Wolkenkratzern und Millionen jubelnder Menschen strömten entlang des Broadway bis hin zur Wall Street. Von Rüstungskonzernen gespendete schmutzige Dollars trugen zur Finanzierung der Siegesparaden sowohl in New York als auch in zahlreichen anderen Städten bei. Die Handelsherren des Todes im militärisch-industriellen Komplex reiben sich die Hände und füllen ihre Auftragsbücher mit Bestellungen des Pentagon für neues Teufelszeug. Die Waffen, die im Golfkrieg eingesetzt wurden, waren weitaus weniger „intelligent", als die durch die strenge Militärzensur gefilterten Bilder des „TV-Kriegs" die Zuschauer glauben machen wollten. Mit solchen und ähnlichen todbringenden Mitteln werden Piloten der US-Air-Force eines Tages ohne jeden Zweifel das wiederholen, was sie damals zynisch als „Fische abknallen in einem Faß"[1] bezeichneten. Zeugt dies doch von Menschenverachtung sondergleichen! Ist es also unwahrscheinlich, daß bei einer eventuellen Intervention im ehemaligen Jugoslawien der gleiche Zynismus sich erneut zeigen wird, selbst *wenn* die NATO um die Wiederherstellung von Frieden vielleicht ernsthaft bemüht sein sollte?[2]

Einstweilen fährt Saddam Hussein, wie gehabt, mit der Ermordung von Kurden und Schiiten fort, während das feudale Herrscherhaus

---

[1] „Shootin' fish in a barrel."
[2] Fast fünf Jahre vor dem NATO-Angriff auf Serbien wegen des Konflikts um den Kosovo geschrieben. War er völkerrechtswidrig? Ein Verstoß gegen das Grundsetz der BRD? Mit vielen anderen teile ich die Auffassung, daß dem tatsächlich so war.

von Kuwait zu seinen gewohnten mittelalterlichen Bräuchen zurückkehrte. Tausende von dort als „Gastarbeiter" aufgenommene Palästinenser, die der Zusammenarbeit mit der kurzlebigen irakischen Besatzung bezichtigt wurden, fielen grausamen Folterungen zum Opfer oder wurden ermordet. Aus zuverlässiger Quelle stammende Schätzungen beziffern die Zahl der Toten unter der Zivilbevölkerung des Irak – allein als Folge der alliierten Bombenangriffe – auf 150.000 bis 200.000. Die weitreichende Zerstörung der Infrastruktur des Landes, der Zusammenbruch von Strom- und Wasserversorgungsanlagen sowie der Mangel an geeigneten Lebensmitteln und Medikamenten haben bei Säuglingen zu einer Sterblichkeitsrate von bis zu 80% geführt. Fünfhundert Ölquellen brannten während vieler Wochen. Die langfristigen Auswirkungen davon sind nicht abzusehen, obwohl dies alles und noch mehr zu einer Zeit geschah, die schon lange her zu sein scheint.

Wurde dieser ganze Wahnsinn verübt, um dafür Sorge zu tragen, daß im Namen von Freiheit und Demokratie das Völkerrecht obsiegen würde? Für meinen Teil kann ich nicht umhin, es zu bezweifeln. Wie lange wird wohl der Weg sein, auf dem wir Jahr um Jahr weitergehen – einem Weg, der sowohl unsere eigene als auch zahllose andere Gattungen von Lebewesen dem Schicksal der Saurier immer näher bringt? Quo vadis, homo sapiens?

„Weihnachten kommt nur einmal im Jahr"

Eifersucht oder Neid ist, glaube ich, kein ausgeprägtes Charakteristikum meines Gefühlslebens. Aber im Zusammenhang mit Weihnachten war ich als Kind unsäglich neidisch. Gleichzeitig empfand ich Mitleid. Dieser größte Tag[1] des Jahres war der Geburtstag meines Großvaters mütterlicherseits. Er hieß Reuben Ruthenburg und war Richter am Jefferson County Court.[2] Auf ihn war ich neidisch. Warum? Deshalb, weil dem Umstand, daß er am 25. Dezember gebo-

---

[1] Den „zweiten Weihnachtstag" kennt man in den USA nicht.
[2] Entspricht in etwa dem Verwaltungsgericht eines Landkreises.

ren wurde, in der ganzen Welt sehr große Bedetung zukam. Für mich bestand die Welt aus meiner Familie und der Schule, Albert Dick und seinem Haus neben dem unsrigen, aus Edgewood Court, Cherokee Park, Parson's Place und – mit gewissen Vorbehalten – auch der Farm. Diese Menschen und diese Orte waren die Grenzen und der Umfang meiner Welt. Erst einige Jahre später dämmerte es mir, daß vielleicht nicht für *alle* Menschen auf der Erde Weihnachten der schönste Tag des ganzen Jahres ist. Oder daß es möglicherweise Leute gab, die von Weihnachten nie etwas gehört hatten. Im Hinblick auf die Wichtigkeit von Weihnachten schien es mir selbstverständlich, daß jeder, wie mein Großvater, am 25. Dezember geborene Mensch ungemein wichtig sein müßte. In meinen Augen war er außerordentlich wichtig. Dies war einer der Gründe weshalb ich, unwichtig im Vergleich zu den Erwachsenen, neidisch war. Andererseits hatte ich Mitleid mit meinem Großvater. Denn die Geschenke, die *er* zu Weihnachten bekam, waren immer auch Geburtstagsgeschenke. Also hatte er statt zwei Tage in jedem langen Jahr nur einen einzigen, an dem er sich der Aufregung erfreuen konnte, die man beim Herannahen eines solchen Tages verspürte. Ob er unter diesem grauenhaften Schicksal litt, weiß ich nicht. Jedenfalls litt ich *für* ihn.

Er und die Großmutter kamen für das Weihnachtsessen oft zu uns nach Edgewood Court. Meistens war es meine Mutter, die zur Mittagszeit das Festmahl zubereitete. Traditionsgemäß setzte es sich zusammen aus einer im Ofen gebratenen dicken Pute mit einer köstlichen Füllung, sahnigem Kartoffelbrei und zarten grünen Erbsen. Dies alles war mit Preiselbeersoße geedelt. Als Dessert – die Krönung des Ganzen – gab es Kürbistorte[1] mit einer Haube hausgemachter Schlagsahne. Auf den köstlichen Schmaus mußte man leider immer bis nach dem langweiligen Gottesdienst des Hochwürdigen Dr. Pleune in der ollen Highland Presbyterian Church warten. Zu Weihnachten wohnte sogar mein Vater dem Gottesdienst bei, auch wenn es aufgrund eines subtilen Drucks geschah, dem er, wie ich heute ver-

---

[1] Europäer, die die Küche der US-Südstaaten nicht kennen, sollten diese Torte einmal probieren. Ebenso zu empfehlen sind echtes „Kentucky Fried Chicken" und „Kentucky Räucherschinken".

mute, von meiner Mutter wohlweislich nur zu Weihnachten ausgesetzt wurde. Denn Pietät war bei ihm etwas, das sonst der Farm vorbehalten war. Einmal wagte ich ihn zu fragen, ob er an Gott glaubte. Er sagte, „Meine Religion ist die Natur!" Die Antwort erschien mir seltsam. Was er damit meinte, verstehe ich heute besser, als ich es ihm damals hätte nachempfinden können ...
Als der Gottesdienst mit einem Segen von Dr. Pleune beendet worden war, kehrten wir – zu langsam – nach Edgewood Court zurück. Alle versammelten sich um den runden Ausziehtisch im überfüllten kleinen Eßzimmer. Nachdem wir unsere vorbestimmten Plätze eingenommen hatten, sprach die Oma das Tischgebet. Worte, die sie besonders gern hatte, um Dank für Gottes Gaben zu bekunden, waren folgende: „Die einen haben genug und können nicht essen. Andere haben nichts zum Essen. Doch *wir* haben genug und *wir* können essen. Dem lieben Gott sei also gedankt." Für meine Begriffe war dies einfach, verständlich, ernst gemeint und – mit verstohlenen Blicken auf die Pute – relativ kurz. Bis das Gebet zu Ende war, saß jeder mit geneigtem Kopf, nicht selten auch mit hörbarem Magenknurren. Dann kam das lange erwartete Signal. Meine Mutter nickte. Es konnte gegessen werden.
Der Rest bedarf keiner Erläuterung. Unsere Weihnachtsessen werde ich nicht noch detaillierter zu schildern versuchen. Zwölf oder fünfzehn Jahre später fiel mir eines Tages auf, daß etwas stets gefehlt hatte. Eine Mahlzeit bei uns konnte noch so festlich sein, weder begleitete sie noch folgte Wein oder irgendein anderes moralisch dubioses Getränk. Daß solche zusätzlichen Tafelfreuden ein Mangel gewesen waren, wurde mir erst bewußt, als ich erste vorsichtige Ausflüge in diese exotischen Gefilde eigenmächtig, aber nicht ohne Selbstzweifel unternahm. Eine frühe Prägung im streng puritanischen Sinn meiner Großmutter bewirkte zunächst Gefühle von Sündhaftigkeit. Kartenspiele, Tanz und Alkohol hielt sie für kaum weniger verwerflich als sonstige fleischliche Genüsse, um von Sexualität gar nicht zu reden. Paradoxerweise gönnte sie sich, offenbar ohne Reue, den Verzehr von Putenfleisch und Kürbistorte nach Mutters Rezept oder vom zu wenig bekannten Kentucky-Räucherschinken, den sie selber oft servierte, wenn wir bei ihr eingeladen waren.

Während der langen, schläfrigen Nachmittage nach dem Weihnachtsessen wartete ich ungeduldig darauf, die ungeteilte Aufmerksamkeit meines Großvaters nach seinem üblichen Nickerchen für mich zu haben. Als ich noch ganz klein war, machte es mir besonders viel Spaß, dem leisen Ticken seiner riesigen Taschenuhr zu lauschen, die er dicht an mein Ohr hielt. Dabei paffte er in regelmäßigen Abständen dicke, verführerisch duftende Rauchringe von seiner Pfeife oder einer Havanna-Zigarre, die zu seinen sensuellen Lastern zählte. Später, als ich älter war, hielt er mich stundenlang in Atem mit einer unendlichen Vielfalt faszinierender Geschichten. Dieser Großvater war ein Mensch, der kaum irgendetwas, das er in den unzähligen Büchern, die er gelesen hatte, je vergaß. Obwohl ich als Kind es freilich nicht erkannte, war sein Gedächtnis gleichsam „fotografisch". An jenen wundervollen Weihnachtsnachmittagen erzählte er mir, wie gesagt, viele Geschichten, aber auch viel Geschichte – so z.B. von Francisco Pizarro und der Eroberung Perus oder davon, wie Hernán Cortés, einer der Anführer der spanischen *Conquistadores* (das seltsame Wort erklärte er mir), dank den Musketen seiner Soldaten und mit teuflischer List im Namen Jesu Christi die Azteken in Mexiko besiegte.

Dies und noch viel mehr aus der weiten Welt, worüber mein Großvater spannend berichtete, ließ mich in Tagträumen schwelgen, wie ich jene fremden Länder und Völker eines Tages als Erwachsener kennenlernen würde. Aus meinem späteren Leben gibt es wenig, das ich bereue, obwohl ich viele meiner Fehler bedauere. Doch für meine Kinder und Enkelkinder wäre ich gerne als Inspiration das gewesen, was dieser Großvater für mich bedeutete. Er war nie außerhalb der USA gewesen, aber mir schien sein Wissen um andere Kulturen und andere Völker durchaus vergleichbar mit dem eines Marco Polo. Jahrzehnte vergingen, bis es dazu kam, daß das, was er erzählte, mich kaum noch interessierte. Als Monolog bei Tisch wiederholte er im Greisenalter immer das Gleiche. Die anderen hörten nicht zu. Sie redeten, während er – fast völlig taub geworden – sprach. Ich saß ihm zur Linken und tat so, als folgte ich aufmerksam seinen auf puren Illusionen basierenden Ausführungen im Zusammenhang mit einem Prozeß, den er als Rechtsanwalt gewonnen zu haben glaubte ...

Aber jetzt kommt endlich ein Versuch das zu schildern, was schon Stunden vor unserem gemeinsamen Kirchgang unter der einschläfernden Anleitung von Dr. Pleune geschehen war; auch einige Stunden, bevor wir uns der kulinarischen Wonne des sehnsuchtsvoll erwarteten Weihnachtsmahls hingaben. Auf Ersteres hätten wir Kinder verzichten können, während Letzteres kein bißchen irrelevant war. Das Wesentliche, was uns betraf, hatte stattgefunden längst vor unserer obligaten Berieselung mit Religion und vor der erheblich weniger mühsamen Akzeptanz des Festessens. Während einiger Jahre, obwohl ich als das älteste von drei Kindern mich überlegen und aufgeklärt wußte, muß ich gestehen, daß bis zu einem gewissen Grad sogar *ich* immer noch an den Weihnachtsmann glaubte. Ob man an ihn glaubte oder nicht, schien allerdings belanglos zu sein. Die Sache wendete sich im großen Ganzen zugunsten der Ungläubigen wie der Gläubigen. Andererseits war dies im voraus nie ganz und gar sicher. Daher war man gut beraten, wenn man in den paar Wochen kurz vor Weihnachten dem eigenen Benehmen größere Aufmerksamkeit schenkte als sonst erforderlich.

Die vorweihnachtliche Spannung erreichte ihren Höhepunkt einige wenige Wochen und erst recht ein paar *Tage* vor dem frühen Morgen des 25. Dezember, als die Bescherung (so es würde eine solche geben) vonstatten gehen sollte. Dann bestand das Hauptproblem darin, daß man am Vorabend einschlafen mußte. Zum Glück löste sich dieses Problem von selber nach einer oder zwei Stunden trotz der unzumutbaren Last der Aufregung, die wir Kinder – nolens, volens – auf uns zu nehmen gezwungen waren. Als wir gegen oder vor sechs Uhr am Weihnachtsmorgen aufwachten, „regte sich kein Leben im ganzen Haus, nicht 'mal eine Maus". Die Eltern pflegten an diesem Tag, was wir ihnen ziemlich übel nahmen, länger als sonst zu schlafen. Endlich aufgewacht kam zumindest die Mutter aus ihrem Schlafzimmer. Wir erbaten uns große Zulangelöffel, um unser Frühstück so schnell als möglich runterschlucken zu können und drängten uns dann an die geschlossenen Schiebetüren, die das Eßzimmer vom Wohnzimmer trennten. Preßte man die Nase an den kleinen Spalt zwischen ihnen, konnte man immer noch nicht ganz sicher sein, daß der „Alte Nick" uns besucht hatte. Sicher konnte man nur sein, daß da ein großer

Tannenbaum stand – denn dessen Duft wehte uns entgegen – aber welche Geschenke darunter lagen und ob es diejenigen waren, die man auf seinem Wunschzettel vermerkt hatte, ließ sich nicht ausmachen. Antworten auf diese Fragen waren erst dann möglich, wenn eine Minute nach dem meist nur halbgegessenen Frühstück die Türen aufgemacht wurden und wir der Länge nach ins Wohnzimmer taumelten.

Ganz leicht zufriedenzustellen war ich wohl nicht. Oft hatte ich den Eindruck, daß meinen Wünschen oder Phantasien nicht voll entsprochen worden war. Bobby Blaney (wir nannten ihn „Rotz-Nase-Blaney") und Albert Dick hatten in den Kellerräumen ihrer Elternhäuser Modelleisenbahnen mit Gleisübergängen, Bahnhöfen, Weichen, Signaltürmen, Personen- und Güterwagen dazu. Man hatte mir suggeriert, daß ich – es dürfte 1924 gewesen sein – zu Weihnachten mit Vergleichbarem gesegnet würde. Als ich nach einer hastig verschlungenen Portion Cornflakes und einem Glas Milch ins Wohnzimmer stürzte, gewahrte ich lediglich eine altmodische Lokomotive auf einem winzigen Schienenkreis. Keine Personen- oder Güterwagen, kein Signalturm – bloß die unscheinbare Lok und ein stinklangweiliges bißchen Gleis! Ich schaute in der rasch dahin schwindenden Hoffnung, etwas Zubehör zu entdecken, um den Baum überall herum. Keines! Aus Rücksicht auf unsere Eltern, die ihre eng begrenzten finanziellen Mittel oft betonten, versuchte ich mir meine Enttäuschung nicht anmerken zu lassen. Ich wollte nicht als undankbar erscheinen, aber es gelang mir nicht ganz, meine Gefühle zu verbergen, worauf mein Vater versicherte, daß dies heute eine erste Teillieferung sei und in den nachfolgenden Jahren – akzeptables Benehmen vorausgesetzt – mehr Gleis, Personen- und Güterwagen folgen würden. Jahr um Jahr verging. Nichts dergleichen geschah. Ich ließ alle Hoffnung fahren.

Als ich elf oder zwölf Jahre alt war, hatte man mir indirekt bedeutet, ich dürfe zu Weihnachten ein Fahrrad erwarten – eine Prestigefrage unter meinen Altersgenossen. Ohne Ausnahme waren sie stolze Besitzer von mit den neuesten Apparaten ausgestatteten Drahteseln – z.B. gerundeten Lenkstangen, elektrischen Scheinwerfern und Schlußlichtern, sogar einige mit Tachometern. Das Fahrrad, das man mir bescherte, war offensichtlich in irgendeinem Laden für Gebrauchträder erstanden worden. Dunkelrot, schien es zwar stabil zu sein. Aber sein Aussehen ließ sich mit meiner Würde nicht vereinbaren. Noch, dachte ich mir, war es passend für jemanden, der die Kunst des Fahrradfahrens längst beherrschte dank Leihrädern von Kameraden, die sich hatten bestechen lassen mit den angebotenen Agaten oder einer Packung Kaugummi. Rücksicht auf meiner Eltern finanziellen Notstand als eine Art Sohnespflicht trug dazu bei, daß ich das Fahrrad ab und zu überhaupt benutzte. Während einiger Jahre überwand ich nie ganz ein mulmiges Gefühl, so als wäre ich ein Bürger zweiter Klasse. Erst 1949 löste sich dieses Unbehagen schlagartig auf, als ich mit einem neuen Peugeot-Sportrad die Höhenroute bewältigte, entlang der zerklüfteten Côte d'Azur von Nizza aus bis Menton und über die Grenze bis nach Imperia in Italien ...

Trotz oder gerade wegen gelegentlicher Enttäuschungen, was Weihnachten betrifft, hatte ich sehr früh eine einfache, aber schlaue Methode entdeckt, mit der die Spannung beim Aufmachen der mir zugedachten Geschenke um einige Tage verlängert werden konnte. Es war etwas, was die Schwestern und meine Freunde hätten machen können. Aber dafür waren sie zu ungeduldig. Alle Geschenke, die sie bekamen, machten sie gleich frühmorgens am Weihnachtstag auf. Ich hingegen öffnete nur drei oder vier der Geschenke – je nach Größe, Verpackung und vermutetem Inhalt –, die Zettel mit meinem Namen trugen. Die anderen rettete ich aus dem Chaos um den Baum, versteckte sie außerhalb der Reichweite neugieriger Schwestern unter meinem Bett. Diese aufgehobenen Geschenke rationierte ich, machte täglich nur ein oder höchstens zwei davon auf. So konnte ich noch eine ganze Woche lang Weihnachten genießen, nachdem es für die anderen in unserer Familie und für meine Kameraden an einem einzigen Tag zu Ende gegangen war. In ihren Augen war dies teuflisch klug, aber keiner machte es mir nach. Ziemlich viel Geduld hatte ich schon damals. In späteren Jahren war sie oft dringend geboten.

Alles in allem wäre es übertrieben, wenn ich behaupten würde, wie ein Waisen- oder Findelkind behandelt worden zu sein. Oder daß man mich diskriminierte, als wäre ich das Adoptivkind in irgendeinem Märchen gewesen. Dennoch tauchte in mir hin und wieder der

Verdacht auf, daß meine Eltern mich vielleicht in einem Waisenhaus gefunden und adoptiert haben *könnten*. Solche Phantasien lassen sich übrigens als ein in Märchen der ganzen Welt häufig wiederkehrendes Motiv verstehen, wenn man die analytische Psychologie von C. G. Jung zu Hilfe nimmt.

Nicht *alle* in unserer Familie waren „W.A.S.P."

„Weiß. Angel-Sächsisch. Protestantisch." Solche, so erfuhr ich später, sind die Mehrheit in der Bevölkerung unseres Landes. Im „Deep South" sind WASPs[1], mit seltenen Ausnahmen, vorurteilsbeladen und in grenzenloser Arroganz überzeugt, daß „niggers" („Negroes", wenn Aufgeklärtheit sowie Nachsicht zur Schau getragen werden sollen) übelriechend, vertrauensunwürdig, geistig defekt oder sogar ihrem Wesen nach verbrecherisch seien. Meinungen dieser Machart, wenn auch selten offen bekundet oder eingestanden, teilten im großen Ganzen einige Mitglieder unserer Familie. Selbst mein geliebter Großvater, fürchte ich, hegte solche Vorurteile, was im Greisenalter – vermutlich als unbewußtes Korrektiv – sich hinter Illusionen verbarg, die er zugunsten eines ehemaligen afro-amerikanischen Mandanten an den Tag legte.
Und mein Vater, der ja im Deep-South-Staat Georgia aufgewachsen war, überwand nie rassistische Vorurteile, die sowohl sein Elternhaus als auch sein Umgang mit ähnlich Gesinnten während der Kindheit und Jugend ihm eingepflanzt hatten. Gegen Ende seines Lebens wandte er viel Kraft und Zeit für Nachforschungen in den Büchern pseudowissenschaftlicher Anthropologen auf, deren Anliegen es war, „Beweise" zu erbringen für die angeborene Überlegenheit der weißen im Vergleich zur schwarzen Rasse. Vier oder fünf Jahre lang vor seinem Tod führte er einen umfangreichen Briefwechsel mit zwei meiner Schwestern und mir, in dem er uns von der Gültigkeit dieser Hypothese zu überzeugen versuchte. Keine noch so umfassenden wissenschaftlich fundierten Gegenbeweise, die wir ihm zur Verfügung stell-

---

[1] Deutsch: „Wespen".

ten, waren genug, um ihn umzustimmen. Wir schämten uns wegen seiner Sturheit. Aber wir hätten wissen sollen, daß rationale Argumente nie ausreichen, um scheinrationale Standpunkte zu überwinden. Es handelte sich bei ihm um rein Emotionales, um einen unbewußten Mechanismus, dessen er sich bediente als Rechtfertigung für tief eingewurzelte Überzeugungen und seine Haltung. „Ein Atom zu spalten ist leichter als ein Vorurteil aus der Welt zu schaffen." Diese Worte Albert Einsteins waren uns dreien damals nicht bekannt. Sie hätten uns verdeutlichen können, weshalb unsere Bemühungen ins Leere gingen.
Gleich Millionen anderer Familien in den USA, damals wie heute, war in dieser Sache auch die unsrige gespalten. Nicht selten war dies der Anlaß für erregte Diskussionen und kaum verborgene Bitterkeit zwischen unseren Eltern. Die Mutter und ihre jüngste Schwester, meine Lieblingstante Grace, setzten sich ihr Leben lang für Gleichberechtigung ein. Aus Überzeugung verfochten beide energisch den Standpunkt, daß die Annahme, genetische Faktoren seien für tatsächliche oder den Afro-Amerikanern unterstellte Minderwertigkeit maßgeblich, unhaltbar ist. In vollem Umfang ernstzunehmende wissenschaftliche Forschungsergebnisse bezeugen das Gegenteil. Die wahren Wurzeln unterschiedlicher Persönlichkeitsmerkmale liegen vielmehr in den ungeheuren Ungleichheiten zwischen Weiß und Schwarz, was den Zugang zu sozialem, bildungsmäßigem und wirtschaftlichem Aufstieg betrifft. Diese Faktoren machen einen Hohn aus der oft betonten Auffassung, die USA seien „ein Land mit Freiheit und Gerechtigkeit für alle". Nur zum Teil war es auf den Einfluß meiner Mutter und ihrer Schwester zurückzuführen, daß ich schon selber während meiner Kindheit überzeugt war – um die Worte Lincolns noch einmal zu zitieren – daß „alle Menschen gleichberechtigt geschaffen sind". Wobei heute feststeht, daß es zwischen einzelnen *Individuen* und *Familien*, ob sie nun weiß oder schwarz sind, tatsächlich genetisch bedingte Unterschiede gibt.
Auf die Kontroverse unter den Erwachsenen in meiner Familie gehe ich nicht weiter ein. (Sie ist ja etwas, das das Zusammenleben verschiedener Bevölkerungsgruppen nicht nur in den USA, sondern auch in Südafrika und anderen Teilen der Welt erschwert.) Ich ziehe

jetzt vor, über einige Kindheitserelebnisse zu berichten, die in meinen Augen mehr als ausreichten als Beweis dafür, daß die Hautfarbe eines Menschen belanglos ist. Meine frühesten Erinnerungen an ausschlaggebende Gründe für diese feste Überzeugung datieren aus meinem, wenn ich nicht irre, fünften Lebensjahr. Und sie gab es bald nach unserem Umzug von Bardstown Road zum Edgewood Court. Susie, die schwarze Köchin der Familie Dick, habe ich im Zusammenhang mit einem verhängnisvollen Absturz vom Dach einer gewissen Garage erwähnt – wie diese wundervoll liebesfähige, kugelrunde schwarze Frau mich sanft in ihre Arme nahm und zu meiner Mutter trug.

An Susie denke ich allerdings nicht nur wegen ihrer spontanen Hilfsbereitschaft an jenem Katastrophentag. Ein weiterer Grund für meine anerkennende Zuneigung zu Susie hatte mit einem häufig auftauchenden Gefühl von Gaucherie zu tun, das ich gegenüber der Familie Dick empfand und das sich lange Jahre in Situationen manifestierte, die mit meinem Verhalten in „gehobener" Gesellschaft zu tun hatte. Alle paar Wochen wurde mir eine Übernachtung bei Albert gestattet. Oder seine Eltern gaben ihm die Erlaubnis, eine Nacht in unserem Haus zu verbringen. Eines Morgens, nachdem ich bei Albert übernachtet hatte, gab es zum Frühstück weichgekochte Eier in der Schale als Vorspiel zu dicken Buchweizen-Pfannkuchen à la américaine mit Butter und kanadischem Ahornsyrup, begleitet von Mager-Bacon-Streifen. Letztere waren heißbegehrte Gaumenfreuden ganz und gar nach dem Geschmack eines jeden US-amerikanischen Jungen. In der Familie Horine waren Pfannkuchen mit Bacon und Ahornsyrup zwar auch keine Seltenheit, aber weichgekochte Eier, die man stückchenweise aus der Pelle schält, waren eine unbekannte Größe, der ich aus Mangel an Erfahrung keineswegs gewachsen war. Wieder einmal hatte Susie meine heikle Lage bemerkt. Sie eilte mir zu Hilfe. Diskret, im Flüsterton, und so, daß die anderen am Frühstückstisch es kaum wahrnahmen, beugte sie sich über mich und führte mir vor, wie man das Ei mit dem Rücken eines Teelöffels knackt, die Schale dann vorsichtig entfernt, usw. Allein wegen dieser liebevollen Einweihung in eine für mich bis dahin esoterische Kunst, wäre ich damals schon überzeugt gewesen: „Black is Beautiful."

Unterricht in der hohen Kunst „vollkommenster Wäsche"

Außer Susies Lektion in gediegenen Tischmanieren gab es andere Gründe, weshalb ich gegen jeden „WASPismus" immun war. Während vieler Jahre straften meine Erfahrungen allem Rassismus Lüge, dem ich – in einem der Südstaaten, obwohl nicht im „Deep South" geboren – wahrscheinlich verfallen wäre. Schon ab etwa 1920 war mein, wie ich meinte, unbemerktes Beobachten der Arbeit von Jane Mack eine nie versiegende Quelle von Interesse, Bewunderung und Vergnügen. Fünfzehn Jahre lang kam sie regelmäßig zweimal wöchentlich zu uns, um sowohl die Wäsche als auch das Bügeln für die ganze Familie zu machen.
Oft war es mein Privileg, in tiefer Versunkenheit zuzuschauen, wie sie diese Aufgaben erledigte. Sie arbeitete im Keller unseres Hauses, über zwei riesige Bottiche gebeugt. Diese Gefäße füllte sie mit Wasser, das sie in großen Kesseln über den blau-gelben Flammen eines offenen Gasherdes erhitzte. Hölzerne Waschbretter waren die Mittel – nicht der Wahl, sondern der Notwendigkeit – für jeden in jenen Tagen, bevor irgendjemand, sogar in den USA, von Waschmaschinen gehört hatte. Alles, was Jane Mack wusch, wurde mit einem riesigen Stück gelb-brauner Seife im ersten Bottich geschrubbt – 'rauf und 'runter, immer und immer wieder. Dies war Knochenarbeit für ihren Rücken, aber beschwert hat sie sich nie. Im zweiten Bottich wurde jedes Stück wiederholt gespült, hoch und 'runter, wieder und immer wieder. Kleider, Bettlaken, Handtücher, Kopfkissenbezüge oder was immer in unserer fünfköpfigen Familie schmutzig geworden war, hing sie dann fleckenlos sauber draußen in Wind und Sonne auf, so es die Wetterverhältnisse erlaubten. Wenn nicht, wurde alles im Keller aufgehängt. (An den leicht modrigen Geruch erinnere ich mich noch heute.)
Danach kam für Jane Mack die Bügelarbeit. Und jetzt ereignete sich im Zuge der Kunst „vollkommenster Wäsche" ein noch eindrucksvolleres Schauspiel. In den Sommermonaten saß ich oft während dieser zweiten Phase der Vorgänge auf den Holzstufen, die in den Keller führten. Von dort aus konnte ich unbeobachtet, voller Bewunderung, sorgfältigst alles mit verfolgen, was an Arbeiten anfiel. Jane Mack standen vier uralte, schwere Bügeleisen zur Verfügung. Diese erhitzte

sie über derselben Gasflamme wie das Wasser. Zuerst alle miteinander, nachher – je nach Bedarf – eines nach dem anderen. Sobald eines der Eisen für den weiteren Einsatz zu sehr abgekühlt war, setzte sie es wieder auf das Feuer, umwickelte ihre rechte Hand mit einem Bündel dicken Baumwollstoffs, hob ein anderes Eisen auf und feuchtete zwei Finger mit Spucke an, um an dem Zischen oder dessen Fehlen feststellen zu können, ob dieses neue Eisen heiß genug war ...
Man wird sich wahrscheinlich wundern, weshalb ich in allen Einzelheiten etwas derartig scheinbar Banales geschildert habe. Die Gründe dafür sind rein persönlich und betreffen ein Phänomen, das mich fast 75 Jahre später völlig überraschte. Jeder, der durch diese Memoiren bisher gewatet ist, wird später lesen können, daß die ersten Anfänge eines Junggesellenlebens mich relativ sehr spät ereilten. Echt vollflügge als Junggeselle mußte ich erst werden, als ich mich aus meiner psychotherapeutischen Tätigkeit zurückgezogen und mich in Oldenburg eingenistet hatte. Zu Beginn dieses ungewohnten Zustands fand ich recht bald heraus, daß schon meine ersten Versuche, Hemden oder Schlafanzüge zu bügeln, über meine sehnlichsten Wünsche und alles Zögern hinaus ohne Weiteres von überraschenden Erfolgen gekrönt wurden. Seltsam, wie durch ein Wunder, entdeckte ich, daß ich längst gewußt hatte, wie und in welcher Reihenfolge man dabei vorzugehen hat. Die Einhaltung bestimmter Regelmäßigkeiten waren offenbar die Voraussetzung für das Gelingen solcher Unterfangen. Zuerst, so war mir gleich klar, mußte ich bei Hemden den Kragen bügeln, danach Manschetten und die beiden Ärmel. Dann kamen Hemdrücken und Vorderseite daran. Nachdem ich dies alles ein paar Mal in vollauf fachfraulicher Art fertiggebracht hatte, fragte ich mich, wieso es mir von vornherein klar gewesen war. Dann dämmerte es mir! Unbewußt – ohne es je gemerkt zu haben – hatte ich mir die notwendige Technik sozusagen mittels Augendiebstahl angeeignet, während ich da auf unserer Kellertreppe hockte und Janie Mack intensivst zuschaute. Die Tatsache (offenkundig, wie sie im Grunde ist), daß man einmal Gelerntes nie vergißt, erlebte ich als verblüffende, unerwartete und erleichternde Überraschung. Größtenteils deshalb zählt heute das Bügeln von Hemden und Pyjamas zu den wenigen Aspekten von Hausmannsarbeiten, die mir ausgesprochen und echt

Vergnügen bereiten. Vorwegnehmend noch dies: Aus gewissen Gründen, von denen später zu berichten sein wird, habe ich seitdem einiges dazu gelernt und kann jetzt *auch* Damenblusen – sogar mit Rüschen – tadellos perfekt bügeln.

Zusätzliche Gründe für respektvolle Bewunderung afro-amerikanischer Freunde

Da gab es außerdem Jane Cox. „Janie" nannten wir auch sie. Für uns zu arbeiten fing sie ungefähr ab dem Zeitpunkt an, als meine jüngste Schwester Dorothy im Juni 1923 geboren wurde. Die beiden, Jane Mack und Jane Cox, verstanden einander anscheinend vom ersten Tag ihrer Arbeit in unserem Haus am Edgewood Court. Jane Mack kam, wie gesagt, zweimal wöchentlich, um die gesamte Wäsche unserer Familie zu machen, aber Jane Cox war Woche für Woche jeden Tag da – bis auf einen einzigen Tag, den sie regelmäßig frei hatte. Sie kochte, putzte und erledigte fast alle sonst anfallenden Haushaltsarbeiten. Ihre Kochkünste waren superb. Unübertreffliche frische Brötchen – anders und m.E. cremig-schmackhafter, als die, die man in den meisten Ländern Europas kennt; ihre aus Maismehl gebackenen „Muffins"; ihr nach eigenem Geheimrezept gezaubertes und für uns Kinder fast sündhaft leckeres Weißbrot; ihr „Kentucky Fried Chicken", so ganz anders als das in weiten Teilen Europas hochgelobte, aber unechte Imitat; Kentucky-Räucherschinken mit Gewürznelken; Pfirsich-Eiscreme, je nach Jahreszeit; „Apple Brown Betty", eine Spezialität als Dessert, um das man uns beneiden mußte; Janies ganz besonderer, wunderbarer „Ananas-Umgekehrt-Kuchen" und dergleichen noch viel mehr hätten in jedem Guide Michelin, in den Gourmet-Gaststätten und bekannten Restaurants in Frankreich aufgelistet werden können und mindestens vier Sterne verdient. An dies alles und noch einiges mehr nur zu denken, was auf unseren Tisch kam, läßt bei mir noch heute das Wasser im Munde zusammenlaufen. Es war alles herausragend gute (in Europa *viel* zu wenig bekannte) US-Südstaaten-Küche.

Hinzu kam, daß Janie Cox für uns – besonders für Dorothy – kaum weniger eine Mutter war als die eigene Mutter. Dies war zunehmend der Fall, als unsere Mutter sich verschiedenen Arten von Kirchenarbeit widmete, einschließlich vieler Essays und Artikel, die sie zu Themen wie der weitverbreiteten Diskriminierung von Minoritäten schrieb. (Ich besitze immer noch viele dieser Texte und finde sie im Ganzen sehr gut.) Wegen ihrer Beschäftigung auf diesem Gebiet war sie oft fast den ganzen Tag außer Hauses, unterwegs zu Versammlungen oder Konferenzen, die die Kirchen veranstalteten. Aber Jane war für uns immer da. Stets sanft, geduldig, freundlich und zudem sehr tüchtig in allem, war sie eine tragende Säule unserer Familie. Als sie ihre Stellung bei uns nach rund sechzehn oder siebzehn Jahren verließ und nur noch bei sich für die eigene Familie arbeitete, konnte sie dies tun, weil ihr Mann (von dem noch mehr zu sagen sein wird) im Hauptpostamt von Louisville einen festen Posten als Fahrstuhlbetreiber bekam, was ihm sehr gefiel als eine besondere Art von Spiel. Wann immer ich es in den nachfolgenden Jahren konnte, besuchte ich ihn bei der Arbeit und durfte sogar an der Liftbetätigung mitspielen.

Nur in einer einzigen Hinsicht hatten wir Jane Cox schwierig gefunden. Der Linoleumboden unserer Küche wurde jede Woche drei Mal geschrubbt. Um noch häufigere Bodenreinigung zu vermeiden, hatte sie sich eine Methode ausgedacht, die zwar für sie arbeitssparend gewesen sein mag, aber für andere nicht ohne Probleme. Sie verteilte nämlich alte Zeitungspapiere über den ganzen Fußboden. Obwohl sie normalerweise nichts aus der Ruhe bringen konnte, regte sie sich doch auf, wenn ihre fein säuberlich ausgebreiteten Zeitungen durcheinandergebracht wurden. Dies war unvermeidlich, wenn eines von uns Kindern es wagte, mit nassen oder schmutzigen Schuhen ihre Küche zu betreten, und ihre Zeitungen versehentlich zerknüllte oder sonst irgendwie Unordnung in das ordentliche Muster brachte. Janie pflegte uns dann milde zu schimpfen: „Wagt es bloß nicht noch einmal, in meine Küche zu kommen und meine Zeitungen so durcheinanderzubringen!"

Janie arbeitete in Edgewood Court für uns und danach auch in den Highlands, als wir in ein größeres Haus umzogen. Insgesamt waren es fünfundzwanzig Jahre, und es gab viele segensreiche Dinge, die uns durch Janie zuteil wurden. Außerdem war sie der freundlichste, liebenswerteste und geduldigste Mensch, den ich je traf, bis ich in Indien Mary Ayah kennenlernte, der eines meiner Kinder anvertraut wurde. Über sie wird auch noch viel zu sagen sein.

In unserem neuen Haus an der Rosewood Avenue lernte ich Orville Cox kennen. Er war ein lustiger, kräftiger, stämmiger Bursche, der immer zu einem Spaß aufgelegt und für die unmöglichsten Sachen oder einen Streich an einem seines Erachtens erlauchten Kandidaten zu haben war. Orville Cox war Janies Ehemann. Er brachte Janie jeden Morgen zur Arbeit, nachdem die beiden 1929 oder 1930 einen Gebrauchtwagen erstanden hatten.

Orville und ich wurden schon bald dicke Freunde. Oft hing er den ganzen Tag in Janies Küche herum und brachte viel Zeit mit, oder er erledigte um das Haus herum anfallende Gelegenheitsarbeiten. Er mähte den Rasen und entfernte die Asche aus dem Kohlenofen im Keller. Mein Vater bezeichnete ihn als „faulen Nichtsnutz". Ich kannte Orville jedoch besser. Er war keiner von denen, die man heute als „Workaholics" bezeichnen würde und er war auch nicht arbeitssüchtig. Er konnte aber kräftig Hand anlegen und, wie die Erwachsenen zu sagen pflegten, „sein Tagewerk vollbringen". Oft half ich ihm und legte Hand mit an. Es war meiner Meinung nach noch wichtiger, daß er es verstand zu leben. Orville wußte das Leben zu genießen.

In dem großen Hof hinter dem Haus in Rosewood Avenue, zwischen der Veranda und unserer Doppelgarage, spielten Orville und ich zusammen Baseball. Er war ein ausgezeichneter Spieler und Werfer. Mit einem gefütterten Fanghandschuh gelang es mir – manchmal – den Ball im Flug zu erhaschen. Orvilles Wurf war hart und kräftig. Durch viel Übung wurde ich ein ganz guter Fänger. Ich war jedoch in Baseball, wie auch in anderen Sportarten, nie herausragend. Somit war ich kein „richtiger amerikanischer Junge" und erhielt, da meine sportlichen Leistungen zu wünschen übrig ließen, den Nimbus eines „Schwächlings", wie meine Freunde mich damals nannten. Ein gebrauchtes Fahrrad und eine antiquierte Modelleisenbahn waren weitere Gründe, weshalb ich vermutlich von den anderen Jungs nicht allzu ernst genommen wurde. Jedesmal, wenn man mich direkt oder hinter meinem Rücken als „Schwächling" bezeichnete, wurde mein Selbstbewußtsein noch mehr geschmälert. Darauf ist es teilweise zurückzuführen, daß ich mich lieber dem Lesen hingab und damals längst beschlossen hatte, in anderen, mehr meinem Geschmack entsprechenden Bereichen hervorragende Leistungen zu erzielen. Während meiner gesamten Schulzeit und auch im College hatte ich den Ehrgeiz, in allen Fächern möglichst zu den Klassenbesten zu gehören – außer in den Fächern, die mit Zahlen zu tun hatten.

Um noch einmal auf Orville zurückzukommen: Seine Geduld war für mich der Beweis, daß ich es im Baseball zum professionellen Fänger bei den Zweitligisten hätte bringen können. Meine Freundschaft mit Orville polierte mein Selbstvertrauen in vielerlei Hinsicht auf. Mein Vater stellte ihn einige Jahre lang ein, damit er alle möglichen, gerade anfallenden Arbeiten auf der „Farm" erledigte. Schon vor 1930 hatte sich unser Grundbesitz beträchtlich vergrößert. Damit Orville kommen und die ihm aufgetragene Arbeit erledigen konnte, brauchte er ein geeignetes Transportmittel. Mein Vater kaufte dann einen Vierteltonner mit offenem Ladeteil, damit Orville dreimal pro Woche auf Holsclaw Hill hinausfahren konnte. Das fand ich natürlich klasse!

Während der Sommerferien durfte ich Orville gewöhnlich begleiten, wenn er zur „Farm" fuhr. Manchmal legte ich den ganzen Tag lang kräftig Hand an, wenn auch stets mit vielen Pausen dazwischen. Wenn ich Orville half, war dies nicht deshalb wertvoll, weil ich Löcher für Pfähle gegraben oder andere Aufgaben erledigt hätte, mit denen er betraut worden war und die er erfüllte, zumindest zu seiner eigenen Zufriedenheit. Er hatte Gefallen an meiner Gesellschaft als Helfer, und ich war auch gerne mit ihm zusammen. Unsere Freundschaft basierte auf der bedingungslosen, gegenseitigen Annahme des einen wie des anderen.

Ein weiterer, außerordentlich wichtiger Punkt war, daß Orvilles Freundschaft mir half, wie gesagt, mehr Selbstvertrauen zu gewinnen. Schon bald begleitete ich Orville nicht mehr der Arbeit wegen. Die Motive waren ein Geheimnis zwischen ihm und mir. Ohne meinen ahnungslosen Vater auch nur andeutungsweise einzuweihen, schlossen Orville und ich einen Bund. Wenn man von Hühnern absieht, die auf der Suche nach Würmern gelegentlich eine Straße überquerten, gab es damals auf den Landstraßen kaum Verkehr. Meine ersten Fahrstunden erhielt ich auf der Strecke von Fairdale nach Holsclaw Hill.

Orville war pädagogisch sehr begabt. Ich lernte in kürzester Zeit, gut Auto zu fahren. Damals war ich noch nicht einmal vierzehn. Im Alter von sechzehn Jahren, als es mir gesetzlich erlaubt war, Autofahren zu lernen, bekam ich die ersten Fahrstunden unter der Aufsicht meines pedantischen Vaters. Er konnte es einfach nicht fassen! Die Leichtigkeit und das Geschick verblüfften ihn, die ich bei *dieser* praktischen Übung an den Tag legte. Orville und ich wahrten unser Geheimnis. Mein Vater erfuhr nichts davon. Er schöpfte nicht einmal Verdacht. Bis zu seinem Tod war er davon überzeugt, daß *er* es war, der mir das Autofahren beibrachte. Ich hatte den Eindruck, daß er auf meine neu erworbene Fähigkeit geradezu stolz war, auch wenn er es mir nie eingestand.

Als ich siebzehn oder achtzehn Jahre alt war, vermachte er mir seine zweitürige, geschlossene Limousine, einen Studebaker, Baujahr 1924, mit aufgewölbten Kutschenlampen auf beiden Seiten vorn über der Motorhaube. Der Wagen hatte eine hohe Windschutzscheibe, einen Scheibenwischer, den man von Hand mit einer Kurbel betätigte, und Räder mit Holzspeichen. Mein Vater gab mir, so vermute ich, diesen Wagen weniger als Anerkennung für meine schnelle Auffassungsgabe als Fahrschüler, sondern eher, weil er meinte, daß eine Limousine der Marke Buick, Baujahr 1933, sein zunehmend großes Prestige als Kardiologe besser widerspiegeln würde.

Ich war nun wunderbar unabhängig und durfte meinen Studebaker dreihundert Meilen weit von Louisville nach Chicago fahren, der Aufsicht und Sicherheit wegen in Begleitung von Tante Grace. Zusammen mit ihr und meiner Schwester Ruth fuhr ich 1933 zur Weltausstellung nach Chicago an den Ufern des Lake Michigan. Das war vielleicht ein Abenteuer! Mein Vater hatte keine Ahnung, daß die Bremsen nur gut funktionierten, wenn gleichzeitig die Handbremse fest angezogen war. Das war nicht ganz ungefährlich. Ich schaffte es, mich so weit im voraus auf den Verkehr und die Ampeln zu konzentrieren, daß es gelang, Zusammenstöße mit anderen Autos oder die

Übertretung von Verkehrsregeln zu vermeiden, weil ich etwa übersehen hätte, wie eine Ampel von Grün auf Rot schaltete.

Das Abenteuer in der großen, neuen Welt jenseits der Grenzen von Louisville hatte endlich begonnen, jenseits der Landstriche des Ohio-Valley, die bei klarer Wetterlage oben von Holsclaw Hill und von „High Acres" aus, wie das Anwesen meines Vaters nunmehr genannt wurde, zu sehen waren.

Neu gewonnene Mobilität:
Anzeichen, Symptome und Gefahren des „Erwachsenwerdens" eines jungen Mannes

Größere Freiheit und zusätzliche Mobilität waren mir bereits durch ein gebrauchtes Fahrrad, das ich geschenkt bekommen hatte, zuteil geworden. Meine Ausflüge in den Cherokee Park waren auf zwei Rädern ausgedehnter als zu Fuß. Als ich dann einen vierrädrigen fahrbaren Untersatz hatte, konnte ich auch Louisville und die zahlreichen städtischen Naturparks erforschen. Bis dahin waren mir diese nur von den außerordentlich seltenen Anlässen bekannt, als wir in einem der Automobile, die mein Vater seit 1912 besaß, einen Familienausflug machten.

Einem an eine Lokomotive erinnernden Stanley Steamer folgten bis 1924 ein zugiges Oldsmobile und zwei Model-T-Ford. Danach erwarb mein Vater den Studebaker. Ich erinnere mich noch wie ich, als ich noch nicht einmal zehn Jahre alt war, ein illustriertes Hochglanzprospekt mit Abbildungen der Topausstattung des neuen Modells studierte.

Inzwischen schöpfte ich voller Freude und Genuß die neuen Möglichkeiten, die sich mir boten, ganz aus. John D. Allen wurde mein neuer und ständiger Begleiter und ersetzte Albert Dick, als die Familie 1929 von Edgewood Court wegzog. Doch John D. – alle nannten ihn John D., – besaß nur ein Vehikel der Marke Model-A-Ford, das er etwa zu der gleichen Zeit erstanden hatte wie ich meinen Studebaker. Tom Sweeney, ein anderer Freund, hatte zwar keinen Wagen, durfte jedoch gelegentlich den Chevrolet seines Vaters ausleihen. Folglich wichen meine Minderwertigkeitsgefühle dem Empfinden, doch nicht gänzlich unbedeutend zu sein, wenn auch nur aufgrund des persönlichen Machtersatzes, den das Automobil symbolisierte. Ungehöriger, übermäßiger Besitzerstolz überwältigte mich. Ich will im folgenden etwas weiter ausholen.

Nach sechs Jahren an der Longfellow School besuchte ich zwei Jahre lang die Highland Junior High School, die in einem Neubau untergebracht war. Mit leidenschaftlichem Eifer fing ich an Latein zu lernen. Der Highland Junior High School folgte ein Jahr an der Eastern Departmental School in der Nähe der Innenstadt von Louisville und nur wenige Minuten zu Fuß von dem Cavehill-Friedhof entfernt. Es wäre irrelevant auf die Nähe der Schule zu einem Friedhof hinzuweisen, wenn mir mein Besuch von Cavehill in der Mittagspause nicht als Ruhepause von der Eintönigkeit der Schule gedient hätte. Nachdem ich mein Jahr an der „Eastern D." überstanden hatte, konnte ich an die „L.M.H.S." – Louisville Male High School – in der Innenstadt übersiedeln. Die Bezeichnung „Male"[1] im Namen der Schule verlangt nach einer Erklärung. Die gemeinsame Schulausbildung von Jungen und Mädchen war tabu, selbst in fortschrittlichen Städten wie Louisville. Mädchen im Pubertätsalter besuchten die Atherton Girls High School.

Die stolzen Farben der L.M.H.S. waren Lila und Gold. Die Football-Mannschaft der Schule zählte zu den besten in Kentucky. Eine kurze Zeitlang lag ich hinter meinen Mitschülern in der Cross-Country-Laufdisziplin. Als es mir nicht gelang, auf den Stand zu kommen, den die meisten erreicht hatten, machte ich einen Rückzieher. Wieder gewann meine Tendenz die Oberhand, Versäumnisse in einem Bereich durch überragende Leistungen in anderen Bereichen wettzumachen. In der High School war das Hauptgebiet meines intellektuellen Bestrebens die sichere Beherrschung von Sprachen und Literaturkenntnissen. Unter der Anleitung meines ersten Deutschlehrers, Herrn Klotzbuecher, der seinen Namen später – verständlicherweise – in Cramer umändern ließ, war ich von Anfang an ein Musterschüler.

---

[1] Wörtlich: männlich, für Jungen.

Die Beherrschung der deutschen Sprache war für mich lange Gegenstand ehrgeizigen Strebens gewesen. Dies lag in gewisser Hinsicht im Kindheitsstolz auf unsere teilweise deutsche Abstammung begründet. Darauf bin ich bereits eingegangen. Sollte dies seltsam anmuten, so bedenke man, daß Deutschland während der Zwanziger Jahre ein wissenschaftliches und kulturelles Mekka war. Daran änderte auch die Tatsache nichts, daß Exporte aus der Weimarer Republik in die USA hauptsächlich aus billigem Weihnachtsbaumschmuck, Schwarzwald-Kuckucksuhren und Mundharmonikas bestanden. Eine solche Mundharmonika erhielt ich als Geschenk zu meinem siebten Geburtstag. Ich habe sie heute noch und verwahre sie in dem Originalkarton, auf dem paradoxerweise die farbige Abbildung eines US-amerikanischen Kampfflugzeuges aus dem Ersten Weltkrieg zu sehen ist. Die kleine Mundharmonika trägt die Aufschrift „American Ace". Manchmal, so auch heute, spiele ich ein paar Lieder darauf, die ich auswendig kenne.

Meine Motivation, Deutsch fehlerfrei lesen und sprechen zu lernen, hatte neben den genealogischen, kulturellen und wissenschaftlichen noch weitere Wurzeln. Meine Eltern konnten beide ein paar Brocken Deutsch und einige Sprüche mit schlechter Aussprache auswendig. Einige davon hatte mein Vater im St. Anthonys-Krankenhaus in Louisville aufgeschnappt, wo er zuerst als Assistenzarzt, später als Anästhesist tätig war. Das Krankenhaus unterstand der Leitung eines katholischen Ordens deutscher Nonnen. Meine Mutter hatte einen Deutschkurs an der Depauw-Universität in Greencastle, Indiana, besucht. In der aufregenden Zeit vor Weihnachten gewannen meine Eltern ungemeine Freude daran, Verstecke für Geschenke geheimzuhalten, die wir vielleicht erhalten würden, und geheimnisvolle Andeutungen in gebrochenem Deutsch auf mögliche Belohnungen zu machen, die bei anhaltend akzeptablem Benehmen ausstünden. In einem denkwürdigen Augenblick versicherte ich ihnen, daß sie mich eines Tages nicht mehr verstehen könnten, weil ich so perfekt Deutsch beherrschen würde. Dieser Tag ereignete sich tatsächlich. In späteren Jahren erwies sich meine frühere prophetische Äußerung als wichtige Antriebskraft und übt bis heute einen bedeutenden Einfluß auf mich aus. Rückblickend kann ich erkennen, daß sie sogar eine der ausschlaggebenden Einflüsse auf den Verlauf meines weiteren Lebens war.

Mittlerweile dürfte klar geworden sein, weshalb mein Entschluß, die deutsche Sprache zu beherrschen, gleich vom ersten Augenblick an Wirkung erzielte. Ausschlaggebender Augenblick war jener Tag, an dem ich in die L.M.H.S. eintrat und herausfand, daß ich Deutsch als Wahlfach belegen konnte. Die meisten Fächer waren Pflicht: Geschichte, englische Literatur, Geographie, Mathe, Chemie, Physik, eine Fremdsprache. Die meisten meiner Mitschüler entschieden sich für Spanisch oder Französisch, da diese angeblich leichter sein sollten als Deutsch. Spanisch hätte mich auch interessiert, wenn auch aus anderen Beweggründen als Deutsch. Mein Entschluß für Spanisch wäre in John Glenn, dem Spanischlehrer, begründet gewesen. Er wurde von Generationen von Schülern an der L.M.H.S. liebevoll als „Pop Glenn"[1] bezeichnet und war so beliebt und angesehen wie kein anderer. Wie an späterer Stelle erklärt werden wird, sollte „Pop" Glenn später mein erster Schwiegervater werden.

Die High-School machte mir im großen und ganzen Spaß. Mit Hilfe von John D. gelang es mir, in Physik, Chemie und sogar Mathe mich durchzuwinden. Mit meiner Hilfe schaffte John D. Latein, Geschichte, Geographie und Literatur. Wir waren 1932 mit der L.M.H.S. fertig. *Valedictorian*[2] bei der Schulabgangsfeier war John D., weil er die besten Noten erzielt hatte. Ich lag als Zweitbester knapp hinter ihm und war der *Salutatorian*[3]. Bei der Abschlußfeier hielt John D. eine Rede über „Ursprung und Entwicklung des Faschismus in Italien". Alle fanden die Rede gut. Doch dann gab es eine Überraschung: Er erhielt die Silbermedaille.

Ich erhielt für meine Ansprache die Goldmedaille, was mich und fast alle anderen sehr verblüffte. Als Thema hatte ich eine Fragestellung ausgesucht, die bei vielen als subversiv galt: Ich sprach mich gegen die militärische Ausbildung von Jugendlichen aus. Und dies, obwohl ich aus den Reihen des Militärs gekommen und zum „Colonel and

---

[1] Etwa: „Papa Glenn".
[2] Abschiedsredner (bei einer Schulentlassungsfeier).
[3] Begrüßungsredner (bei einer Schulentlassungsfeier).

Regimental Commander in the Reserve Officers Training Corps"[1] ernannt worden war! Unsere Anweisungen hatten aus bewaffneten Drillübungen und gelegentlichen Schießübungen bestanden. Wir hatten in jenen vier Jahren nicht viel von „Militärwissenschaft" erlernt. Darüber hinaus schien mir die Militärausbildung zunehmend schädlich zu sein, und das obwohl mir die Ehre und der Ruhm zuteil geworden waren, Regimentsparaden anzuführen – mit ausgestrecktem Arm zur Begrüßung des Berufsoberst einen blanken Säbel haltend.

Soldaten töten natürlich nicht immer. Ihre Ausbildung ist jedoch darauf ausgerichtet, ihnen die Bereitwilligkeit einzuschärfen, zur Verteidigung angeblicher oder vorgeblicher nationaler Interessen im Namen ihres Volkes Leben zu zerstören. Die Miltärausbildung an der L.M.H.S. hatte mir zu der Schlußfolgerung verholfen, daß es weder eine Vernunft- noch vernünftige Alternative zu radikalem Pazifismus gäbe, wenn die Menschheit nicht von der Erde verschwinden sollte. Dieser Auffassung bin ich immer noch, heute noch mehr als ich es mir damals je hätte vorstellen können. „Du sollst nicht töten!" Lautet so nicht das fünfte Gebot? Ist seine Gültigkeit Einschränkungen oder Bedingungen unterworfen? *Alle* Soldaten sind potentielle Mörder und machen sich des Völkermords schuldig, wenn die Regierungen bzw. andere hohe Stellen ihnen Anweisung zum Morden erteilen. Hat ein Mensch das Recht, seinen Mitmenschen zu töten? Heutzutage bin ich der Überzeugung, daß die Todesstrafe selbst für Verbrechen aller Art eine kriminelle Handlung ist und abgeschafft werden sollte.

Ich hatte damals Tolstoi, Gandhi, Thoreau und ein Buch mit dem Titel *Merchants of Death*[2] gelesen. Das Buch erschien kurz nach dem Ersten Weltkrieg und handelte von den gemeinsamen Rüstungsvorhaben Deutschlands und Frankreichs, während Millionen auf den Schlachtfeldern in Flandern niedergemetzelt wurden. Angewidert und schockiert war ich bereits überzeugt, daß jeder Krieg Wahnsinn ist, eine Art von Geistesgestörtheit. Bei der Abschlußfeier an der

---

[1] Etwa: Oberst und Oberbefehlshaber im Übungskorps der Reserveoffiziere.
[2] Wörtlich: Todeshändler.

L.M.H.S. gab ich einige dieser extremistischen Ansichten zum Ausdruck und erhielt die höchste Auszeichnung für die Handhabung dieses Themas. Ich frage mich, ob so etwas möglich oder gar denkbar gewesen wäre in der während des Golfkrieges vorherrschenden chauvinistisch-hurrapatriotischen Atmosphäre. Während der 60iger Jahre wurde die Wirtschaft der einzelnen Länder zunehmend mit dem militärisch-industriellen Komplex der führenden Industrienationen verquickt. Dadurch werden bewaffnete Auseinandersetzungen und Adventurismus begünstigt und unterstützt.

Eros: Ein mächtiger Gott!

Meine Leser wundern sich wahrscheinlich, weshalb das andere Geschlecht bisher kaum erwähnt worden ist, wenn man von der Nennung verschiedener Frauen in meiner unmittelbaren Umgebung und ein paar flüchtigen Anspielungen auf die steigende Zahl an Schwestern absieht, mit denen ich mich auseinanderzusetzen hatte. Es ist nun an der Zeit, einige dieser Lücken aufzufüllen. Es gibt davon recht viele. Von meiner ältesten Schwester Ruth habe ich bereits im Zusammenhang mit meinen frühen Kindheitserinnerungen geschrieben. Ruth war knapp einem Unglück entkommen, als sie ins Feuer fiel, was für sie jedoch Gott sei dank keine schlimmen Folgen hatte. Ich hatte allerdings ein schlechtes Gewissen, weil ich mir etwas Dramatischeres gewünscht hatte. Auch über die Veränderung meines brüderlichen Pflichtgefühls, als sie und ich in die Pubertät kamen, ist berichtet worden. Ansonsten muß es scheinen, als hätte es andere Begegnungen mit Mädchen nicht gegeben. Dieser Eindruck wäre aber fälschlich und irreführend.
Da war beispielsweise Mary Baskett. Sie war – im Freudschen Sinne des Wortes – Objekt der ersten libidinösen Phantasien des in mir erwachenden Lebens. Mary wohnte in der Alta Avenue, zwei Blöcke von Edgewood Court entfernt. Sie war damals sechs Jahre alt und ich auch. Zu meiner Überraschung lud sie mich zu ihrem siebten Geburtstag ein. Es war Hochsommer. Schon Tage vorher freute ich mich auf die Geburtstagsfeier, auch wenn ich dabei nicht ganz unbefangen

war. Schon immer mochte ich Eiskrem und Geburtstagstorten mit Kerzen obendrauf. Außerdem hatte ich ja vielleicht Gelegenheit, Mary meine Zuneigung zu bezeugen, vorausgesetzt, daß das Glück auf meiner Seite bliebe, – ihre Mutter sich im Hintergrund hielte und sich nicht zu viele Rivalen um Mary scharen und mich von ihr fernhalten würden.

An jenem Nachmittag machte ich mich auf, um den zehnminütigen Weg zu Fuß zurückzulegen, der Mary sonst von mir trennte. Was ich als Geschenk dabei hatte, habe ich vergessen. Ich wußte aber damals, daß es Mary gefallen würde. Ich weiß heute noch, daß das Geschenk in dünnes, weißes Kreppapier gewickelt und mit einer Schleife aus rosafarbenem Band umschnürt war. Als ich mich auf den Weg machte, hatte ich bereits weiche Knie. Dieser Zustand wurde noch akuter und hatte sich gewaltig verschlimmert, als ich die Türglocke an Marys Haus läutete. Mary selbst öffnete mir. Ich konnte nichts mehr herausbringen als ein nahezu unverständliches, gewürztes „Happy Birthday". Ich drückte ihr mein Geschenk in die Hand und türmte Hals über Kopf in Richtung Heimat. Das war das tragische Ende meiner ersten Liebesbeziehung! Ich erinnere mich nicht, ob ich „Little Miss Mary" noch einmal begegnet bin. Wenn dem so war, dann habe ich mir sicher gewünscht, daß sie mich nicht gesehen haben möge.

Auf den demütigenden Ausgang meiner ersten Liebschaft folgte eine Periode der Keuschheit und Abstinenz. Diese wurde ab und zu, wenn auch sehr selten, von sublimierten Alternativen unterbrochen. Eine Ersatzlösung bestand darin, daß ich mit meinen zwei älteren Schwestern gelegentlich Arzt spielte. Dieses Spiel wurde von allen Beteiligten als legitimes Vergnügen empfunden, mehr über die Anatomie des anderen Geschlechts zu erfahren, als man üblicherweise in der Schule lernte oder von den Eltern beigebracht bekam.

Außerdem kam es manchmal zu einem Stelldichein in den zu beiden Seiten von Edgewood Court gelegenen Hintergäßchen. Hier konnte man sich relativ sicher fühlen, daß neugierige oder argwöhnische Mütter nicht mitbekamen, was vor sich ging oder daß sittenstrenge Jungfern, von denen einige in unserer Nachbarschaft lauerten, nicht auf der Straße nach Gelegenheiten Ausschau hielten, um die bösen

Sünden ansonsten unschuldiger kleiner Jungs und Mädchen zu verbreiten.
Worin mochte unsere Sündhaftigkeit bestehen? – In folgendem: Albert Dick und ich oder andere Kumpel aus der Nachbarschaft lockten die Mädchen unter einem Vorwand in eine Hintergasse. Gewöhnlich waren Kaugummis oder Lakritze schon ausreichendes Lockmittel, weil vermutlich auf beiden Seiten Interesse und Neugier bestanden. Wenn wir die Mädchen dort hatten, wo wir sie hinbekommen wollten, wurden sie aufgefordert, ihre Höschen fallen zu lassen. Gekicher und vorgebliche Gegenwehr gingen diesem Akt voraus. Es war nie sicher, wer von den Jungs oder Mädchen sich getrauen würde. Die meisten Mädchen ließen sich durch Schmeicheleien und gutes Zureden dazu bewegen. Dann kam der Augenblick, in dem die Gegenleistung erbracht werden mußte. Wir Jungs waren vorbereitet und es war Ehrensache, unsere kleinen Pimmel zu zeigen. Dadurch wurde auf keiner der beiden Seiten großer Schaden angerichtet. Dinge, die man nicht ohnehin schon vermutet hatte, wurden kaum offenbar. Die geheime Begegnung der Teilnehmer ließ die Vorstöße auf verbotenes Terrain zur vergnüglichen Abwechslung für uns Jungs werden. Ich glaube nicht, daß die Mädchen sich verraten oder über das Maß der Dinge verführt vorkamen.
Ob unsere Eltern eine Ahnung hatten, was sich in den Hintergassen abspielte, werden wir nie erfahren. Zumindest wurden wir nie von einer herumschnüffelnden Jungfer verpetzt. Weder die Mädchen noch die Jungs unter uns hatten das Bedürfnis, Bekenntnis abzulegen über das, was sich ereignet hatte. Soweit ich informiert bin, waren damals keine Katholiken unter uns. Wie sie sich im Beichtstuhl einer der wenigen katholischen Kirchen, die es in den Highlands gab, geäußert hätten, wäre uns ohnehin nicht zu Ohren gekommen. Ich fühlte mich wahrscheinlich mehr oder minder schuldig, wenn ich in diesem Zusammenhang an meine Großmutter dachte. Sünde hin, Sünde her, diese Last schien mir auch ohne Schuldbekenntnis erträglich.

Wenige Jahre später, als ich zwölf oder dreizehn Jahre alt war, wurde die ganze Sache schon ernster. Meine erste bedeutsame Begegnung mit Eros hatte ich in einer Zeit, als ich lateinische Verben und Substantive paukte. Ich lag damals mit Scharlach krank im Bett. Eine mehrwöchige Quarantäne war Vorschrift. Für mich war ausschlaggebend, daß ich dadurch auch mehrere Wochen nicht zur Schule gegen konnte. Was den Schulunterricht anging, waren meine Gefühle gemischt. Ich hatte zu jenem Zeitpunkt schon Unterricht in Fächern wie Latein, in denen ich hartnäckig entschlossen war, hervorragend abzuschneiden. Es ist wohl kaum verwunderlich, daß unter diesen Umständen, während der Tage, als das Fieber am höchsten und ich schon fast im Delirium war, ich die Konjugation lateinischer Verben zwanghaft aufsagte: „sum, es, est; sumus, estis, sunt"; „amo, amas, amat; amamus, amatis, amant." Diese Konjugationen und die Deklinationen bestimmter Substantive gingen mir immer und immer wieder durch den Kopf, bis ich mir selbst wie das Präsens oder Imperfekt, das Gerundium oder Partizip eines Verbs oder die Fälle eines Substantivs vorkam! Die Grammatikformen schienen vergegenständlicht geworden zu sein und in Menschengestalt mir innezuwohnen. Langsam sank das Fieber. Ich fand Gefallen daran, krank zu sein. Meine Mutter war immer in der Nähe. Ich fühlte mich auf eine Art und Weise unbesorgt, wie seit meiner frühen Kindheit nicht mehr.

Mit jedem Tag schien die Frühlingssonne mit größerer Kraft durch die Fenster des Gästezimmers, wo ich während meiner Krankheit einquartiert worden war. Jeden Morgen bei Sonnenaufgang verkündete eine Schar Vögel mit einem Lied den Beginn ihrer Paarungszeit. Eines Morgens entdeckte ich, daß auch ich in gewisser Hinsicht davon betroffen war. An jenem Tag bemerkte ich beim Aufwachen, wie etwas Feuchtes an meinem Bein durch meinen sauberen Pyjama auf das Bettzeug tröpfelte. Zuerst war ich verwirrt. Dann kam mir die Erleuchtung: „Ich bin jetzt ein Mann!" Ich erinnere mich noch ganz genau daran, was in mir vorging, als ich jene bedeutsame Entdeckung machte.

Jahre später erfuhr ich, daß dieses Phänomen in der Sexualwissenschaft als „Pollution"[1] bezeichnet wird. Meiner Ansicht nach hat der Ausdruck etwas erdrückend Moralisierendes an sich. Er scheint ungerechtfertigt und irreführend – eine durch jahrhundertelange Schmach und Scham entstandene Fehlbezeichnung. Dadurch ist etwas so Natürliches und Normales wie die Sexualität, von Priestern, Predigern, Theologen sowie Millionen von Menschen als schändlich verbannt worden. So kommt die bedeutsame, mögliche Quelle der Erkenntnis abhanden, daß die *coniunctio oppositorum*, der *unio mystica*, zu einem größeren Bewußtsein dessen führen kann, was oft als göttliche Allgegenwart bezeichnet wird. Nicht jeder wird mir in diesem Punkt zustimmen, doch scheint er mir von ausschlaggebender Bedeutung zu sein.

Daß ich trotz der Vorbehalte meiner Großmutter gegenüber allem, was in ihren Augen als sinnlich und daher als sündig galt, in diesem Bereich keine pervertierten Empfindungen hatte, kann ich guten Gewissens behaupten. An jenem Morgen während meiner Konvaleszenz war ich stolz darauf, an den Anfang meiner Mannesjahre gekommen zu sein. Dieses neue Bewußtsein behielt ich zunächst für mich. Von jenem Zeitpunkt an waren zwei oder drei Jahre lang einziger Beweis seiner Existenz nur die berauschenden Intermezzos, die mich beim bloßen Anblick eines attraktiven jungen Exemplars des anderen Geschlechts für kurze Zeit in Taumel versetzten. Erst später kam es zur hautnahen Fühlungnahme.

Zwischenzeitlich war ich fünfzehn Jahre alt geworden. Der sechzehnte Geburtstag rückte in immer greifbarere Nähe. Wie das bei Jungen so ist, entdeckte ich etwa in dieser Zeit einen seltsam flaumigen Bewuchs über meiner Oberlippe. Eines Tages wagte ich im geheimen, den Rasierapparat meines Vaters auszuprobieren. Ich rasierte mich zum erstenmal.

---

[1] Medizinisch lateinischer Fachbegriff für: nächtlicher Samenguß, ursprünglich im Lateinischen – wie im englischen Sprachgebrauch – das Wort für Verschmutzung, Besudelung.

Da sowohl mein Freund John D. als auch ich ein Auto hatten, war für uns auch der Zeitpunkt gekommen, neue Welten zu erobern. Am Wochenende fuhren wir in seinem Ford oder meinem Studebaker oft in einen *country club* namens Sleepy Hollow. Die Eltern von John D. waren dort Clubmitglieder. Es gab einen künstlichen See, der durch das Stauen eines langsamen, breiten Bachlaufes entstanden war. Auf dem See trieb, mit einigem Abstand zum Ufer, ein großes Floß. Von dort aus gingen wir schwimmen. Vom Floß aus unternahmen wir auch Expeditionen, die ohne Frage selbst für waghalsige Jugendliche unseren Alters tollkühn und äußerst gefährlich waren. Wir banden schwere Steine an unsere Füße und Beine und stülpten Eimer fest über den Kopf, in die wir Löcher geschnitten und diese auf Augenhöhe mit durchsichtigem Plastik beklebt hatten. Einer von uns ließ sich so auf den Grund des Sees sinken. Ein anderer saß auf dem Floß und pumpte mit einer Autoreifenpumpe durch einen Gartenschlauch Luft in ein Loch im Boden des Eimers zur Sauerstoffversorgung des Tauchers. Es ist ein Wunder, daß weder John D. noch ich jemals dem Ertrinken nahekamen. Wenn wir die Steine von unseren Beinen losgebunden hatten, gelang es uns jedesmal, sicher zum Floß wieder aufzusteigen und dabei ein ausrangiertes, in den Sleepy Hollow Lake geworfenes Objekt an die Oberfläche zu befördern.

Am See gab es auch Indianerkanus und Ruderboote, die nicht schwer zu bedienen waren. Oft paddelten wir zu zweit in einem Kanu auf dem See herum. Manchmal nahm jeder sein eigenes Boot und wir veranstalteten dann an warmen Sommerabenden Wettrennen. Das Bootfahren wurde für uns noch interessanter und aufregender, als wir anfingen mit Mädchen auszugehen, die von ihren Eltern die Erlaubnis erhalten hatten, uns zu Sleepy Hollow zu begleiten. Die Freundin von John D. – das heißt seine erste – hieß Helen Anderson. Meine Freundin – ebenfalls meine erste – hieß Eleanor und war Helens Zwillingsschwester. Wir waren alle vier sechzehn Jahre alt bzw. gingen auf die siebzehn zu.

Ob sich für John D. das gleiche ereignete wie für mich an einem schwülen, mondbeschienen Sommerabend, habe ich nie herausgefunden. Wie mir geschah, weiß ich noch überaus gut. Wir hatten an jenem Tag beschlossen, abends Bootfahren zu gehen. John D. und

Helen entschieden sich für ein Kanu. Eleanor und ich gingen auf Nummer sicher und nahmen ein Ruderboot. Nach einer Weile wurden sie und ich – aus unerklärlichen Gründen – des Ruderns müde. Wir legten die Ruder beiseite. Bedächtig, als folgten wir einem unhörbaren, zwingenden inneren Befehl legten wir uns zusammen auf den Holzboden des Ruderbootes und fragten uns im Stillen, auch wenn wir es schon ahnten, was als Nächstes passieren würde. Was dann geschah, kann man sich nur unschwer vorstellen. Es war, gelinde ausgedrückt, überwältigend und verlockend. Es war exquisit. Und auch ganz schön erschreckend. Zärtliche und zögernde, verblüffende und unbeschreiblich wundersame erste Umarmungen, unvergeßliche, immer leidenschaftlicher werdende, nie endend wollende, atemberaubende erste Küsse waren Verzückung und unsägliche Wonne. Doch mußten sie aufhören, als wir erkannten, daß es zwei Uhr in der Früh war. Unsere Eltern, die ja nicht wissen konnten, daß wir im Himmel auf Erden waren, würden sich fragen, wo wir bloß steckten. Wir hatten keine andere Wahl, als wieder zum Ruder zu greifen und zum Ufer zurückzufahren. John D. und Helen blieben noch länger draußen als wir. Erst nachdem wir mehrmals gerufen hatten, um sie zu warnen, daß es bereits nach zwei Uhr war, kamen auch sie endlich zurück.

Dieses gemeinsame Erlebnis war sowohl für mich als auch für Eleanor etwas Neues. Keiner von uns beiden hatte auch nur im entferntesten etwas Vergleichbares mit einem Mitmenschen erlebt, das gleichzeitig so völlig anders und doch so ungeheuer wunderbar war. Es war gänzlich verzaubernd, gänzlich erstaunlich. Beständig verlangte es nach Wiederholung und wurde in den folgenden Monaten oft wiederholt. „Honor"[1], wie sie von ihrer Familie und Freunden genannt wurde, und ich liebten uns über ein Jahr lang. Nachdem ich im September 1933 ins College ging, schickte sie mir einmal als Sonderzustellung ein Paket mit köstlichen, von ihr selbstgebackenen Plätzchen. Eines Tages löste sich dann für mich alles in Luft auf. Meine Gefühle für sie waren über Nacht verschwunden. Jahrelang fühlte ich mich gegenüber Honor schuldig, als wären ihr guter Name und seine Bedeutung

---

[1] Wörtlich: Ehre.

durch eine Wankelmütigkeit beschmutzt worden, als hätte ich etwas unaussprechlich Wertvolles betrogen. Diese Empfindungen sind bei Sechzehnjährigen ja bekanntlich nichts Außergewöhnliches. Dennoch ereigneten sich solche Erfahrungen später in meinem Leben noch häufiger als mir lieb ist einzugestehen, wenn ich mich nicht entschieden hätte, ehrlich, offen und selbstkritisch zu schreiben.

Die ersten Jahre fernab von meinem „OLD KENTUCKY HOME"

Nun zu meiner Zeit im College: Meine Mutter sowie auch Aunt Grace und ihr älterer Bruder machten ihren Abschluß an der Depauw-Universität. Depauw hatte einen guten Ruf, und es war für alle selbstverständlich, daß auch ich dort studieren würde. Um mir den Laden einmal anzusehen, wie man es salopp ausdrücken könnte, verbrachte ich bald nach meinem Abschluß an der L.M.H.S. ein paar Tage auf dem Campus von Depauw. Ich will erklären, was mich dazu bewog, in diesem Punkt mit der Familientradition zu brechen, und welche Alternative sich stattdessen auftat.

Man kann nicht davon ausgehen, daß die Menschen in Europa ohne persönliche Erfahrungen mit Hochschulen der USA viel über die sogenannten sororities[1] und fraternities[2] wissen. Ich will auch gar nicht im Detail darauf eingehen. Diese studentischen Verbindungen sind eine an US-amerikanischen Hochschulen eigentümliche Erscheinung und leider bezeichnend für das Studentenleben in den USA. Der Hinweis soll genügen, daß sororities und fraternities regelrechte Geheimklubs sind, deren Bezeichnung auf imposante griechische Buchstaben lauten, wie zum Beispiel „Delta Phi Ypsilon" und ähnliche, mit den Buchstaben des griechischen Alphabets mögliche Kombinationen.

Wenn neue oder zukünftige Studierende an einem College oder einer Universität ankommen, werden sie gewöhnlich, auch heute noch,

---

[1] Verbindungen von Studentinnen.
[2] Verbindungen von Studenten.

durch das *rushing*-Verfahren[1] gekeilt, wenn ihr gesellschaftlicher Status als angemessen gilt für den Genuß der mit der Mitgliedschaft verbundenen Privilegien. Das *rushing* (auch: *being rushed)* umfaßt unglaubliche Formen der meist gleichzeitigen Befragung durch mehrere Mitglieder der *fraternities* oder *sororities*. Alle Arten der Druckausübung werden angewandt, einschließlich subtiler Anspielungen und Anzüglichkeiten und weniger subtiler Bestechungsmethoden. Damit sollen ahnungslose Neulinge davon überzeugt werden, daß die Mitgliedschaft in der speziellen Geheimverbindung unschätzbares Ansehen und Vorzüge mit sich bringe, vorausgesetzt die Bewerber können die erforderliche Auszeichnung zur Aufnahme in den auserwählten Klüngelklub der Mitglieder aufweisen.

Während meines kurzen Aufenthalts an der Depauw-Universität wurde ich von einer Studentenverbindung gekeilt, deren Name ich vergessen habe und deren Befragungsmethoden mich anwiderten. Ich merkte, daß ich kein Verlangen mehr verspürte, einer solchen Verbindung anzugehören. Auch hegte ich nicht länger die geringste Absicht, an der Depauw-Universität zu studieren.

John D. hatte sich unterdessen entschieden, an welchem College er studieren wollte. Seine Wahl fiel, aus Gründen, an die ich mich nicht mehr erinnern kann, auf das Davidson College, ein kleines, aber reputierliches presbyterianisches College, zwanzig Meilen nördlich von Charlotte in North Carolina. Es war zwar strikt konservativ, doch für sein hohes akademisches Niveau bekannt. Laut einem farbenreichen Prospekt dieser altehrwürdigen Institution ist das Davidson College „an einem der bestgeteerten Highways von North Carolina gelegen und gut auf dem Land-, Luft- und Schienenweg erreichbar". Dies schien ein Pluspunkt zu sein.

John D. und mich verband seit 1929 stets eine warmherzige und enge Freundschaft – was ein Grund war, weshalb auch ich das Davidson College in Betracht zog. Von nicht geringerem Interesse für mich war die Tochter eines Geistlichen aus Louisville. Ihr Name: Patty Virginia Pratt. In meinem Herzen hatte sie Eleanor Anderson abgelöst und war „Objekt" starker libidinöser Phantasien meinerseits. Patty

---

[1] Rush in diesem Zusammenhang: (ugs.) keilen, als Mitglied werben.

Virginia wollte ein nicht allzu weit von Davidson entfernt gelegenes, auf der anderen Grenzseite befindliches Mädchen-College in South Carolina besuchen. Unter Berücksichtigung dieser für mich nicht unwesentlichen Faktoren bewarb ich mich am Davidson College und wurde angenommen.
Mitte September 1933 fuhr ich auf der mittlerweile längst stillgelegten Southern Railway-Bahnlinie von Louisville in Richtung Süden. Es war das erstemal, daß ich alleine mit dem Zug reiste. Die alte Dampflok stieß riesige Wolken beißenden, rußigen Rauchs aus, als sie sich mit uralten Waggons im Schlepptau auf der gewundenen Bahnstrecke keuchend und schnaufend ihren Weg durch unzählige, in die hohen Gebirgszüge der Appalachen gemeißelten Tunnel bahnte. Circa achtzehn bis zwanzig Stunden später machte der Zug laut ächzend halt und legte einen Stopp ein an dem winzigen Bedarfshaltepunkt am Rande eines klein wirkenden Städtchens mit dem gleichen Namen wie das College. Mit einem schweren Koffer in jeder Hand stieg ich aus dem Zug und fragte nach dem Weg zum Campus und dem Wohngebäude, in dem ich untergebracht werden sollte, wie mir das College mitgeteilt hatte. Ich fand das Gebäude und mein Zimmer ohne große Mühe. – Davidson war tatsächlich eine Kleinstadt. Ich sollte ein Doppelzimmer mit einem anderen Studenten teilen. Obwohl wir dann zwei Semester lang auf engem Raum zusammenwohnten, lernten wir einander nie wirklich kennen. Ob dies an seiner extremen Schweigsamkeit lag oder mit mir zu tun hatte, vermochte ich nicht zu sagen. Wahrscheinlich lag der Grund in Problemen, die wir beide hatten, aber derer wir uns nicht bewußt waren. Ich erinnere mich nicht, ob ich Fred Renfrow nach dieser neunmonatigen nicht stattgefundenen Begegnung jemals wiedersah.
Es begann für mich also die turbulente Studentenzeit in den USA, die von zahlreichen Stelldicheins hier und dort sowie insgesamt drei Semestern an der Heidelberger und Bonner Universität unterbrochen wurden. Bis ich schließlich 1937 meinen „Bachelor of Arts"-Abschluß am Davidson College erhielt, sollte noch viel geschehen, was aus einem halbwegs typischen, gebürtigen jungen Amerikaner einen freiwillig expatriierten US-amerikanischen Staatsbürger auf Lebenszeit werden ließ. Diesen Schritt habe ich nie bereut. Im Laufe der Jahre

habe ich mir jedoch manches Mal gewünscht, die Vorteile *beider* Welten genießen zu können.

Die ersten beiden Jahre am Davidson-College – als *freshman* und *sophomore* – waren für mich ereignislos. Wie schon an der L.M.H.S. konzentrierte ich mich auf Sprachen und Literatur und nahm die Hilfe von John D. in den Naturwissenschaften an. Zu beiderseitigem Vorteil wiederholte sich das Muster von früher: ich half ihm in den Fächern, die für ihn schwer waren, und umgekehrt. Obwohl John D. vom Körperbau her schmächtiger war als ich, erbrachte er gute sportliche Leistungen. Ich versuchte wie immer meine Gefühle der Unzulänglichkeit auszugleichen und schloß mich, wie schon in der High School, wieder dem Cross-Country-Team an. In der Sporthalle, wo Akrobatiken wie Seilklettern und Bocksprünge geübt wurden, war ich nicht einmal schlecht. Dies war für uns „Training in der Halle". Gelegentlich rang ich auch mit Hunter McClung, einem weiteren guten Freund von mir. Er war ein stämmiger Bursche aus einer kleinen Stadt in den Hügeln von North Carolina und mir weit überlegen. Ich hatte nicht die geringste Chance, ihn niederzustrecken, doch machten unsere Ringkämpfe Spaß. Er war nie darauf aus, mich zu demütigen; manchmal ließ er mich sogar in dem Glauben, daß ich ihn fast bezwungen hätte. Dennoch blieben die Fächer, denen ich mich ernsthaft zuwandte, nach wie vor Sprachen, Literatur sowie alle angebotenen Psychologiekurse.

Im Deutschunterricht war es folgendermaßen: meine Mitstudenten bezeichneten mich oft als „stud"[1], aber nicht um mir ein Kompliment zu machen, und behaupteten, daß Deutsch „nur ein Kinderspiel" für mich zu sein schien. Keiner meiner Kommilitonen, der sich in dieser Richtung äußerte, hatte eine Ahnung, mit welch gewaltiger Motivation und brennendem Ehrgeiz ich entschlossen war, Deutsch so perfekt zu erlernen, wie es einem Nicht-Muttersprachler nur irgend möglich war. Ich konnte Kurzgeschichten, Märchen, leichtere Romane und sogar einige Gedichte auf Deutsch lesen und arbeitete unermüdlich an der Grammatik. Die Klassiker, wie Lessing, Schiller oder Goethe, waren für mich zu schwer. Dennoch wühlte ich mich

---

[1] Ugs., eher abfällige Kurzform von Student/in.

durch einen Teil ihrer Werke, auch wenn ich höchstens die Hälfte davon verstand, und auch durch Auszüge aus den Werken der späteren Romantiker. Zum Spaß, einfach um mich daran zu versuchen, übersetzte ich einige Kapitel aus Arthur Schnitzlers psychologischem Roman *Flucht in die Finsternis*. Schon bald nachdem ich mich dem *German Club* anschloß, wurde ich in das Amt des Vorsitzenden gewählt.

In Englisch belegte ich einen *Honors Course*[1]. Mein Dozent war so inspirierend, daß ich von ihm angesteckt wurde. Ich versuchte mich in der Lektüre mittelenglischer Schriftsteller, wie John Wycliffe und Geoffrey Chaucer. Zunehmend interessierte ich mich für Psychologie. Ich erfuhr einiges über die frühen Experimente im Bereich der Parapsychologie, die an der nahegelegenen Duke Universität in Durham, North Carolina ausgeführt wurden, und hörte mir mehrere Vorlesungen von Professor James Rhine an, einem der Vorreiter in der Forschung auf diesem faszinierenden Gebiet.

Schon immer fand ich Gefallen an Diskussionen über umstrittene Themen. So wurde ich Mitglied in der *Davidson Debating Society*. Am Ende meines zweiten Studienjahres gewann ich einen Buchpreis für herausragende Leistungen in Griechisch, das ich am Davidson-College zu studieren begann. Davor hatte ich bereits in einem der jährlich stattfindenden Lateinwettbewerbe in Kentucky eine Goldmedaille gewonnen, die ich heute noch besitze. Mit dem Französischstudium begann ich ebenfalls am Davidson-College und machte gute Fortschritte. Mein damaliges französisches Lehrbuch habe ich aufbewahrt, um die Feinheiten der französischen Grammatik nachschlagen zu können, wenn es vorkommt, daß ich mir unsicher bin.

Obwohl John D. und ich in einem Vorbereitungskurs für medizinische Studien mit Schwerpunkt auf den Naturwissenschaften eingeschrieben waren, entfernte ich mich immer mehr vor der Vorstellung, der inbrünstigen Hoffnung meines Vaters stattgeben zu wollen und in seine Fußstapfen zu treten. Nach dem Tod meiner Eltern vor über zwanzig Jahren stieß ich auf einen langen — und ach so gelehrten

---

[1] Spezialkurs, der für einen zusätzlichen Abschluß, dem Honors Degree, benötigt wird.

und sorgfältig ausformulierten – Brief, den ich ihnen im Herbst 1934 geschrieben hatte. Darin hatte ich versucht, die Abtrünnigkeit meiner Tendenzen von der Familientradition zu erklären. Mit Worten, die ich in jener Zeit als überzeugend ansah, suchte ich das Verständnis meiner Eltern zu gewinnen und ihnen zu erklären, weshalb ich zu dem Schluß gelangt war, mich bei meinem Studium auf Sprachen und Literatur sowie Psychologie und Parapsychologie zu konzentrieren, anstatt auf *materia medica*. Eine Zeitlang schien mein Vater sich tolerant zeigen zu wollen, obwohl es ihm niemals leicht fiel, Toleranz zu üben. Im übrigen war seine Geduld von kurzer Dauer, was mir aber erst später klar wurde. Er besann sich offensichtlich eines anderen, nachdem er sich genau überlegt hatte, was mich zu der kurzsichtigen Perspektive in dem an meine Eltern gerichteten, wortgewandten Gesuch um Verständnis bewogen haben könnte. Ich möchte nun näher darauf eingehen, was ich meine, wenn ich sage, daß mein Vater sich eines anderen besann.
Eineinhalb Jahre später, nachdem ich zwei Semester in Heidelberg studiert hatte, tauchte mein Vater unangekündigt auf, um mich bei meiner Ankunft mit dem Hamburg-Amerika-Liniendampfer „S.S. New York" im Juli 1936 am New Yorker Hafen anzutreffen. Mit soviel väterlicher Zuneigung, wie ich noch nie zuvor von ihm empfangen hatte, begrüßte er mich und schob mich direkt von der Anlegestelle in den nächsten Zug nach Boston. Während der Bahnfahrt teilte er mir nach längeren einleitenden Bemerkungen und ohne viel Umschweife mit, daß er aufgrund persönlicher Kontakte in der Lage war, mir einen Platz an der medizinischen Fakultät der Harvard-Universität zu beschaffen. Wie soll ich meine Reaktion beschreiben, als mein Vater mich vor vollendete Tatsachen stellte? Es ist mir unmöglich, meine Empfindungen in Worte zu kleiden. Ich erinnere mich nicht mehr, ob wir während unseres kurzen Aufenthalts in Boston das Gelände der Harvard-Universität überhaupt besuchten. Wahrscheinlich nicht. Erinnerungen an Ereignisse verblassen, wenn sie als unangenehm erfahren wurden.
Ich bezweifle keinen Augenblick, daß mein Vater seiner Ansicht nach in meinem Interesse handelte. Er hatte gehofft, durch die Konfrontation mit einem *fait accompli* mich von meiner ausgemachten Torheit

zu erlösen und meine Karrieremöglichkeiten auf dem Gebiet zu retten, auf dem ich als sein Sohn und Nachfolger zweifellos hervorragende Aussichten gehabt hätte. Er konnte mich nicht verstehen und er verstand auch nicht, daß ich weder damals noch später den Wunsch verspürte, mir einen guten Ruf zu sichern und mich als Sohn eines bekannten Kardiologen auf dessen Lorbeeren auszuruhen. Ich war nicht geneigt, ihm in seinem Fahrwasser zu folgen. Ich wollte ich selbst sein, auch wenn ich damals noch überhaupt keine klare Vorstellung davon hatte, wer ich war oder eines Tages sein wollte.

Mein Vater gab jegliche Hoffnung auf, in irgendeiner Weise direkten Einfluß auf mein Leben zu nehmen, nachdem, so empfand ich, sein Angriff auf mein Recht fehlgeschlagen war, die Richtung für mein Leben unabhängig zu bestimmen, auch wenn meine selbstgewählten Lebenswege ins Verderben geführt hätten. Einundzwanzig Jahre später fand diesbezüglich ein gewisses Maß an Versöhnung statt, als mir durch ein großzügiges Stipendium der Regierung ermöglicht wurde, an der Yale-Universität einen Abschluß in Gesundheitswesen zu erwerben. Darauf werde ich an späterer Stelle nochmals eingehen.
Vor diesem kleinen Exkurs in mein späteres Leben rühmte ich mich meiner Verdienste am Davidson College, doch waren diese weder herausragend noch so ernst zu nehmen, wie man annehmen könnte. Beim Lesen dieses Kapitels könnte womöglich der Eindruck vermittelt werden, daß ich mich auf den Weg einer akademischen bzw. geisteswissenschaftlichen Karriere begeben hätte. Dies wäre jedoch irreführend. Es gab Themen, die mich einfach faszinierten. In manchen, wie beispielsweise Deutsch, war ich in einem mir heute als lächerlich anmutenden Maße gelehrig und geradezu pedantisch. Ich muß gestehen, daß mein Hang zur Pedanterie mich auch im weiteren Verlauf meines Lebens ab und zu belastet und geärgert hat.
Andererseits muß auch gesagt werden, daß das Studentenleben am College für mich nicht nur darin bestand, über Bücher gebeugt zu büffeln und in der Bibliothek herumzuwühlen, ab und zu in der Sporthalle zu trainieren oder mit Hunter McClung zu ringen. John D. hatte nämlich allen Hochschulbestimmungen zum Trotz seinen Ford nach Davidson „geschmuggelt". – Es war uns nämlich nicht gestattet,

dort ein Auto zu halten. Als sicheres Versteck hatte John D. einen Schuppen, das heißt eine baufällige Garage jenseits der Eisenbahnschienen entdeckt, in einem Stadtteil wo nur der *poor white trash*[1] und die *niggers* [2] lebten. Von diesem geheimen Zufluchtsort aus brachen wir oft zu Ausflügen aus, von denen wir erst am nächsten Tag zurückkamen.

Oft führten solche Spritztouren am Wochenende zu einem der Mädchencolleges, wo sich die Gelegenheit für ein Stelldichein und zu privaten Tanzparties bot, von denen wir erfahren hatten und bei denen wir einfach unangemeldet aufkreuzten. Zwei- oder dreimal überquerten wir die Grenze nach South Carolina und fuhren nach Greensboro, wo Patty Virginia Pratt an einem Mädchencollege studierte. Manchmal besuchten wir noch Durham. Ab und zu gelang es uns, auch wenn wir keine spezielle Einladung erhalten hatten, den Abend eines Galaballs zu besuchen, der auf dem Campus der Duke-Universität von einer der *fraternities* organisiert worden war. Am Davidson-College waren nur zwei Galabälle pro Jahr offiziell erlaubt. Für diese Anlässe ließen sich sogar berühmte Bands herab, wie die von Wayne King oder Duke Ellington, für einen ansehnlichen Preis den romantischen musikalischen Rahmen zu bieten, in welchem wir und unsere eingeschleusten Freundinnen schwelgen konnten.

Das weitaus gewagteste Unterfangen mit dem Ford von John D. war unsere 1200 Meilen-Spritztour von Davidson nach West Point und zurück. Unser Football-Team hatte den Heldenmut und die Kühnheit besessen, die Herausforderung anzunehmen, sich auf ein Spiel mit einem der bekanntesten und erfolgreichsten Teams der USA einzulassen. Die gegnerische Mannschaft war das „West Point eleven"-Team, die Football-Zaren der US-amerikanischen Militärakademie. John D. und ich machten uns spät am Abend von Davidson aus auf den Weg. Die ganze Nacht hindurch fuhren wir in der Dunkelheit auf

---

[1] Wörtlich: armer weißer Abfall; abfälliger Ausdruck, von den wohlhabenderen Weißen damals häufig gebräuchliche Bezeichnung für die sozial schwache weiße Bevölkerung in den USA.
[2] Eher abfällige, doch damals von vielen Weißen gebräuchliche Bezeichnung für die schwarze Bevölkerung.

Highway Nr. 1 durch unbeleuchtete Städte an der Ostküste in Richtung Norden.
Wir kamen erschöpft, aber gerade rechtzeitig in West Point an, um unser Team aus vollem Halse anzufeuern, auch wenn es im Verlauf des Spiels vernichtend geschlagen wurde. Unerschrocken besiegelte die Davidson-Mannschaft ihren Abstieg und steckte eine peinliche Niederlage ein. Der Endstand lautete nicht weniger als „48 Punkte" für West Point und „0 Punkte" für Davidson! Wir waren zwar enttäuscht, aber nicht in erster Linie deshalb, weil unser Team verloren hatte. Keiner hatte sich Illusionen gemacht, daß Davidson gegen West Point eine Chance hätte. Allerdings hatten wir doch gehofft, daß unsere Mannschaft mindestens einmal den Ball im gegnerischen Malfeld niederlegen können würde. Damit hätten wir wenigstens sechs Punkte als Trost erhalten. John D. und ich sahen unsere Marathontour nach West Point und nach North Carolina binnen vier Tagen zurück als Meisterleistung an, deren wir uns rühmen konnten, auch wenn unser Team verloren hatte.
Durch die bisherigen Schilderungen dürfte es mir gelungen sein, ein paar Eindrücke von den ersten beiden College-Jahren zu vermitteln, auch wenn es noch viel mehr zu berichten gäbe. Allen, die vielleicht den Verdacht hegen, daß ich damals als Student nur intellektuelle Ambitionen hatte, muß ich zu meiner Rechtfertigung sagen, daß ich nicht nur Student, sondern einen Teil meiner Zeit auch ein verhältnismäßig unschuldiger Nestflüchtling war, der in den Genuß seines ersten berauschenden Fluges jenseits des Blickfelds der elterlichen Adleraugen gekommen war. Obwohl die Aufsicht durch die Eltern sich bei mir in Grenzen hielt, war sie halt doch da, wie das bei Eltern eben so ist. Über die Entfernung hinweg, die North Carolina von Kentucky trennte, war jedoch jegliche Kontrolle unmöglich geworden, trotz des überspitzten Anspruchs von Davidson, angeblich auf dem Land- Luft- und Schienenweg leicht erreichbar zu sein.
Selbst während der regulären Ferienzeiten an Weihnachten, Ostern und im Sommer von Mitte Juni bis Anfang September, wenn wir nach Louisville zurückkehrten, konnten unsere Eltern selten ein zusammenhängendes Bild dessen entwerfen, wie wir unsere Tage und fast jede zweite Nacht zubrachten. Um die Erinnerungen an meine

Collegezeit abzurunden, möchte ich von arglosen, meist harmlosen Episoden berichten, welche die seltenen Collegeferien kennzeichneten, während derer ich mich in Louisville und Umgebung aufhielt. Es ergab sich, daß ich meistens von Davidson nach Louisville und zurück nach Davidson per Anhalter fuhr. Damals war es in Amerika und Europa noch weitaus weniger gefährlich als heute, sich von einem Fremden in einem fremden Automobil mitnehmen lassen.

„Was Eltern nicht wissen, verursacht ihnen kein Gewissen!"

So oder ähnlich denken wahrscheinlich auch heute noch die meisten jungen Leute, wenn sie in das Alter kommen, wo sie keine Kinder mehr sind, aber auch noch nicht so erwachsen, wie sie es sich sehnlichst wünschen, vor sich selbst und vor allem vor der älteren Generation zu gelten. Jedenfalls war es bei mir so, als ich siebzehn oder achtzehn Jahre alt war. Selbst im Alter von sechzehn waren die Verzückungen einer herrlichen Sommernacht in einem Ruderboot auf dem Sleepy Hollow-See bereits die Sorte von Information, die man den Eltern nicht unbedingt mitzuteilen brauchte. Diese stellten möglicherweise Vermutungen an oder hegten Verdacht, wenn ich mich nachts um drei Uhr morgens ins Haus stahl. Gesagt haben sie allerdings nie etwas. Ich wiederum war davon überzeugt, daß es sie nichts anginge, was ich so trieb. So folgte ich dem *consensus qentium iuvenorum* und sagte nichts. Heute bin ich in fortgeschrittenerem Alter und selbst schon längst Vater, Großvater und sogar schon Urgroßvater. Meine Einstellung zu diesen Dingen ist aber im wesentlichen die gleiche wie damals, als ich erst sechzehn oder siebzehn Jahre alt war.

Als ich in meinem ersten Collegejahr am Davidson nach Louisville zurückkehrte, um dort die Sommerferien zu verbringen, ging ich auf die achtzehn zu. Auch meinen alten Studebaker hatte ich noch. Von einer Sache, die sich im Juni oder Juli der betreffenden Ferien ereigneten, erfuhren meine Eltern nie etwas. Die Tatsache, daß ich an dieser Stelle darüber berichte, heißt nicht, daß ich inzwischen das

Bedürfnis hätte, diesbezüglich ein Geständnis abzulegen. Was sich damals ereignete, war für mich so immens unangenehm und peinlich, aber gleichzeitig so überaus komisch, daß ich es unfair fände, es zu unterschlagen.
John D. und ich hatten uns mit Patty Virginia, der Tochter des Geistlichen, in South Carolina getroffen, wenn wir einen Abstecher nach Greensboro machten. Unsere Zusammentreffen dort waren, gelinde ausgedrückt, stets ergebnislos. Für mich war dies entmutigend. Patty Virginia war dabei immer sehr schön, reizend und attraktiv, aber nie gekünstelt. Doch auf mich wirkte sie distanziert und sogar kühl. Die Ferien schienen nun Gelegenheit zu bieten, mit ihr warm werden zu können. Vielleicht würde es ja möglich sein, sie aus der Reserve zu locken, wenn ich entschlossener als zuvor auftrat und als Mann die Initiative ergriff!
An einem heißen Nachmittag fuhr ich unangemeldet bei ihr vor, in der Hoffnung, sie zu Hause anzutreffen. Als ich läutete, öffnete Patty Virginia die Tür. Sie schien sich zu freuen, mich zu sehen, und bat mich freundlich herein. Ich dachte schon, daß diesmal alles vielversprechender aussähe, als bei der letzten Begegnung in Greensboro, und nahm die Einladung erwartungsvoll an. Als wir ins Wohnzimmer kamen, stellte mich Patty Virginia einem anderen jungen Mann vor. Medizinstudent, erklärte sie. Nach seinem Aussehen zu urteilen, schätzte ich ihn mindestens vier Jahre älter als mich. Seine Anwesenheit versetzte mir sogleich einen Dämpfer. Patty Virginia bot an, zusammen Eistee zu trinken. Wir stimmten zu. Sie schenkte uns Eistee aus einem Kristallkrug ein, der auf einem Tisch neben dem Sofa stand.
Wir setzten uns. Patty Virginia und der andere junge Mann saßen dicht nebeneinander auf dem bequemen Sofa. Mir blieb keine andere Wahl, als mich auf den geraden Stuhl gegenüber vom Sofa zu setzten. Eine knisternde Stille machte sich breit. Eine Stille so tief, daß sie für sich sprach. Die Atmosphäre war mindestens so kühl wie der Eistee. Niemand sprach auch nur ein Wort. Niemand wußte, was als nächstes zu tun oder sagen angebracht wäre. Ich erinnerte mich daran, daß ich ja Initiative zeigen wollte und schloß, daß es mir obliege, die Situation zu mildern und ein Gespräch in die Wege zu leiten.

Was ich mich entschloß zu sagen, war gewiß nicht gerade einfallsreich. Ich wollte nicht einmal etwas sagen, da ich mir ohnehin nicht sicher war, noch im Vollbesitz meiner geistigen Kräfte zu sein. Ich begann die Unterhaltung also mit einer jener hohlen Phrasen, die man auch als Eisbrecher bezeichnet. Dadurch entspannte sich die Situation tatsächlich, allerdings auf unerwartete Weise – mit einem Freudschen Versprecher. Eigentlich hätte es ein ganz banaler Ausspruch sein sollen. Ich wollte sagen: „Well, here we sit, not doing a thing."[1] Unglücklicherweise sagte ich nicht „here we sit", sondern „here we shit"[2], was eine Woge der Erheiterung auslöste, die Patty und ihren Freund erfaßte. – Woraufhin ich Patty Virginia eilig bat, mich zu entschuldigen, und ihren anderen Gast dabei völlig übersah.

Als Achtzehnjähriger verließ ich an jenem heißen Nachmittag das Haus von Patty Virginia fast genauso überstürzt wie das von Mary Baskett als Sechsjähriger, da ich Hals über Kopf die Flucht nach Hause antrat. So endete ein weiteres kurzes Liebesintermezzo auf äußerst peinliche Weise. Kurze Zeit später hörte ich, daß Patty Virginia und Will Ed Oldham sich verlobt hätten und bald heiraten wollten.

Mit Mary Thurber kam eine Phase, die mir zeitweilig mehr Glück zu bescheren schien. Ich kann mich nicht mehr daran erinnern, wo oder wie wir uns zum erstenmal begegneten. Diese Mary war ganz anders als alle Mädchen, die ich bis dahin kennengelernt hatte. Sie war das Gegenteil von Patty, einer kleinen Brünetten mit glattem, kurzgeschnittenem Haar. Mary Thurber war groß und hatte blondes, natürlich gewelltes, wunderschön gelocktes Haar. Mit achtzehn war sie auch draller als Patty, doch für meinen Geschmack ganz annehmbar. Sie war zu jenem Zeitpunkt auch nicht verlobt und, soweit ich in Erfahrung bringen konnte, nicht einmal verliebt. Sie war auch nicht prüde, wie das bei Pastorentöchtern manchmal der Fall ist. Sie hatte viele charmante Züge und war außerdem eine unterhaltsame Gesprächspartnerin. Alles in allem, schien sie eine junge Frau zu sein, die von Männern als „gute Partie" bezeichnet wird.

---

[1] „Hier sitzen wir also untätig herum."
[2] Scheißen.

Etwa eine Woche nach dem Debakel im Wohnzimmer bei Patty Virginia zuhause, fing ich an, regelmäßig mit Mary auszugehen. Ich möchte hinzufügen, daß ich nicht zu der Sorte Männer gehöre, die sich immer zwei oder drei Frauen gleichzeitig angeln oder ein paar auf Reserve in der Warteschlange stehen haben wollen. Ich hielt mich immer ganz streng an einen entschiedenen Hang zur Monogamie, – ungeachtet der Länge bzw. Kürze meiner monogamen Phasen. Die Beziehung zu Mary hielt den ganzen restlichen Sommer über. Anfangs saßen wir oft beisammen, saßen einfach ein paar Stunden lang nebeneinander in der Hängebank auf der Veranda vor dem Haus ihrer Eltern, wenn die abendlich aktiven Stechmücken ihre Tätigkeit weitgehend eingestellt hatten und dies erträglich war. Ab und zu nahmen wir mein Auto und sahen uns einen Film in einem Drive-in-Kino an. Man konnte dabei Cola oder Cheeseburger bestellen, die auf einem Tablett zum Auto gebracht wurden. Manchmal hielten wir uns an den Händen, wenn wir auf der Veranda vor Marys Haus saßen, oder ich legte vorsichtig einen Arm um ihre Schulter. Sobald aber die argwöhnische Stimme ihres Vaters im direkt hinter der Veranda gelegenen Wohnzimmer zu hören war, nahm ich davon aber sofort wieder Abstand.

Unsere Beziehung bestand nur aus dieser Art gegenseitigen Austausch von Zärtlichkeiten und knospender Zuneigung, bis mir an einem Augustabend der Gedanke kam, daß Mary ja vielleicht Gefallen an einer Stippvisite auf der „Farm" haben könnte. Es war ein ruhiger, klarer, feuchtwarmer Abend – typisch für Sommerabende im Tal des Ohio River. Außerdem ging der Vollmond über dem Horizont auf, als wir uns in meinem, nicht immer ganz so zuverlässigen Studebaker auf den Weg machten. Es muß so gegen halb acht oder neun Uhr abends gewesen sein. Ich fuhr langsam genug, um Marys linke Hand in meiner rechten halten zu können, ohne dabei Gefahr zu laufen, die Kontrolle über das schwere, hölzerne Lenkrad zu verlieren, zu dessen Steuerung man normalerweise beide Hände benötigte. Es dauerte eine dreiviertel Stunde, bis wir am Fuße von Holsclaw Hill ankamen. Mit einem Studebaker, Baujahr 1924, im Gegensatz zu einem uralten Ford, den Hügel zu erklimmen, bereitete keine Schwierigkeiten. Außerdem saß ja meine Mutter nicht auf dem Beifahrersitz,

und an der Straße waren etliche Ausbesserungsarbeiten vorgenommen worden, seit unsere „Tin Lizzie" einst die erste Nadelkurve angegangen und dabei zu abrupten Stillstand gekommen war.
Ein Sommerabend in der geräuschvollen Stille von Scharen von Laubheuschrecken, beim kehligen Krächzen Hunderter von Ochsenfröschen in den Teichen und Tümpeln und dem im nahegelegenen Wald widerhallenden Rufs des Kuckucks – die Schönheit der Natur auf unserer Farm war noch weitaus größer, als ich es je gedacht hätte.
Der Mond war voll und stand hoch im Himmel. Er schien heller, als ich ihn je gesehen hatte. Als wir oben auf dem Hügel ankamen, hielten wir an. Mary und ich stiegen aus dem Wagen. Wir ließen ihn in der Nähe des Tores stehen, das mein Vater konstruiert hatte, dort wo auch der Postkasten stand.
Ohne ein Wort zu wechseln, schritten Mary und ich Hand in Hand durch den dicken Staub und die Fahrrillen auf dem unausgebauten Schotterweg. Alles war so überwältigend schön, daß es nicht übertrieben wäre zu behaupten, wir beide waren wie betört. Ich war noch nie zuvor spät nachts auf diesem Weg entlang gegangen. Ich hatte nicht die geringste Ahnung von dem wuselnden Leben der Nachttiere unserer Gegend gehabt.
Als wir plötzlich den Kuckuck rufen hörten, blieben Mary und ich unvermittelt stehen, fielen einander in die Arme und küßten uns zum erstenmal lange und leidenschaftlich. Als ich Mary nach Louisville gebracht und vor ihrer Haustür abgeladen hatte und wir uns zum Abschied noch einmal umarmt hatten, war es bereits halb vier oder fünf Uhr morgens.
In all den Jahren, die seit jenem Abend und jener Nacht mit Mary verstrichen sind, habe ich nur selten ein vergleichbares, so tief erlebtes und allumfassendes Empfinden von Ehrfurcht und Staunen über die Herrlichkeit des Himmels und der Erde gehabt. Ich begann damals zu begreifen, daß Naturreligionen nicht nur bedeutender Ausdruck des beständigen Bedürfnisses der Menschheit sind, sich bewußt in kosmische Abläufe eingebettet zu sehen. Vielleicht können nur sie allein in uns ein unmittelbares Verständnis für eine tiefere Erkenntnis unserer Einheit mit der ganzen Schöpfung erzeugen. Ich könnte mich

irren, doch ich glaube, daß Mary die Wunder jener superben, langen Nacht ähnlich empfand wie ich. Aus irgendeinem Grund, an den ich mich nicht mehr erinnere, hatten Mary und ich seit jener Nacht keinen engeren Kontakt mehr, wenn man von zwei oder drei, von Stechmücken beeinträchtigten Gesprächen auf den Sitzkissen der Verandaschaukel vor Marys Haus und einigen Briefen absieht, die wir einander schrieben, als ich fünf Wochen später nach Davidson zurückkehrte. Dennoch werde ich Mary Thurber nie vergessen. Sie war ein Mensch, mit dem ich an einer der wundervollsten Empfindungen teilhatte, die ich mir vorstellen kann, an einem Bewußtsein, daß unser Wesen im Grunde eins ist mit der Natur und allen lebenden Kreaturen und dem Universum.

Den Blick auf Höheres gerichtet

Im September 1934 kehrte ich nach Davidson zurück. Mein zweites Collegejahr glich in vielerlei Hinsicht dem ersten, so daß weitere Ausführungen überflüssig sind. Wenn ich einen Roman schreiben wollte, könnten noch viele Einzelheiten erwähnt werden, die nun unter den Tisch fallen müssen. Mit dem Dokumentieren dieser Erinnerungen beabsichtige ich, gewissermaßen eine Bestandsaufnahme vorzunehmen, um dabei die Puzzleteile meines Lebens zu ordnen. Das Leben gleicht ja immer einem großen Puzzle, dessen Stücke es zu sortieren und zusammenzufügen gilt.
Oft wird mir folgende Frage gestellt: Wie kam es, daß ich nach einem recht erfolgreichen zweiten Jahr in Davidson nach Heidelberg ging? Aus den Wahlen, die damals in Deutschland zuletzt stattgefunden hatten, war die NSDAP unter Adolf Hitler zwar nicht mit einer Mehrheit hervorgegangen, war aber nun trotzdem stärkste politische Kraft im damaligen Vorkriegsdeutschland. Präsident Paul Hindenburg, der im Ersten Weltkrieg ein ranghoher General gewesen war, ernannte mit Unterstützung bzw. dem stillschweigenden Einverständnis des militärisch-industriellen Komplexes Hitler Anfang 1933 zum Kanzler. Informierte Kreise befürchteten, daß sich in Deutschland eine Katastrophe anbahnte.

Weshalb konnte jemand, mit den Ansichten und Überzeugungen, wie ich sie vertrat, und mit etwas Hintergrundwissen über Hitlers Werdegang und seine großkotzig verkündeten Ambitionen, sich wünschen, in Deutschland zu studieren? Mein Hintergrundwissen war damals minimal. An Politik zeigte ich wenig Interesse, außer während Roosevelts Wahlkampagne. Ich wußte nur wenig über den Faschismus und über die Dinge, die sich in Italien unter Mussolini zutrugen. Ich wußte wohl, daß der Faschismus keine Regierungsform war, unter der ich leben wollte. Ging ich von der Vermutung aus, daß Mussolinis Machenschaften in Italien mehr oder weniger denen des Hitlerregimes glichen und vielleicht doch nicht ganz so schlimm waren, wie von vielen befürchtet wurde? Dieser Illusion war ich erlegen. Abgesehen davon, daß ich viel zu wenig Ahnung von Politik hatte, war ich schlichtweg naiv. Ich hätte die Möglichkeit gehabt, am Davidson weiter zu studieren, wie der Rest meiner Klasse, und dann an eine angesehene Ivy League-Universität[1] an der Ostküste überzuwechseln, um dort einen höheren Abschluß zu machen. John D. war sich bereits ziemlich sicher, daß er nach seinem „Bachelor of Arts"-Abschluß am Davidson-College ab 1937 an der Harvard-Universität Medizin studieren wollte Ich hätte die Wahl gehabt, es an der Harvard- oder Yale-Universiät zu versuchen, doch im Hinblick auf ein völlig anderes Ziel als John D.

Wieder tauchte die Frage auf: Was konnte mich dazu bewegen, in Deutschland studieren zu wollen? Die Antwort auf diese Frage ist sehr komplex. Sicherlich spielte eine Rolle, daß ich Deutsch mit einem an Fanatismus grenzenden Ehrgeiz erlernen wollte. Rückblickend würde ich sagen, daß meine Beweggründe mehr emotionalen als rationalen Ursprungs waren. Die Erfahrungen meines Großvaters in der großen weiten Welt jenseits der Grenzen der Vereinigten Staaten von Amerika hatten in mir einen unersättlichen Hunger auf Erlebnisse und Abenteuer im Rest der Welt erweckt. Außerdem hatte ich mich in dem Rahmen, in welchem ich aufwuchs, schon seit meiner Kindheit als Außenseiter empfunden und hatte das Gefühl gehabt, daß dies in Europa weniger der Fall sein würde.

---

[1] Eliteuniversität in den USA.

Ich weiß nicht, ob es damals schon den Bereich der Kinder- und Jugendpsychologie gab. Wenn ja, bin ich nachträglich froh, damals nie einem Psychologen ausgesetzt worden zu sein. Die Diagnose hätte gewiß auf „Verhaltensstörung, Milieuschädigung und seelische Labilität" gelautet. Wenn ich heute aus der Sicht der analytischen Psychologie auf meine damalige Situation zurückblicke, halte ich es für schieres Glück, vor den Psychologen der damaligen Zeit bewahrt geblieben zu sein. Ich glaube an das Schicksal, was immer sich dahinter verbergen mag, und habe keine Problem, meines zu akzeptieren. Zwar habe ich viele Fehler gemacht, auch solche, die wirklich bedauerlich sind, doch würde ich mir kein Leben wünschen, das sehr anders als das meine verlaufen wäre. Wenn ich noch einmal zu leben hätte, würde ich wenig anders machen, vorausgesetzt es handle sich dabei um Dinge, die tatsächlich in meiner Entscheidungsgewalt stehen und nicht in Umständen jenseits meiner Kontrolle begründet liegen.

Weshalb ging ich nach Deutschland? Zufall! Lag dieser Schritt in der Hand des Schicksals? Der Zufall war ausschlaggebend. Als ich die Semesterferien im Sommer wieder in Louisville verbrachte, lernte ich eine Studentin namens Jane Davidson kennen. Sie lebte ganz in der Nähe von Rosewood Avenue. Wir verabredeten uns öfters. Als ich sie eines Abends zu Hause besuchte, gegenüber den Tennisplätzen, wo ich manchmal mit meiner mittleren Schwester Tennis gespielt hatte, lernte ich noch ein anderes Mädchen kennen. Das war Peggy Hodges, eine flüchtige Bekannte von Jane. Nachdem sie sich um ein Stipendium an der Heidelberger Uni beworben und positiven Bescheid erhalten hatte, wollte sie im September nach Deutschland. Ich erzählte ihr, daß ich seit meinem zwölften Lebensjahr Deutsch lernte und es ziemlich gut beherrschte. Daraufhin machte sie mir den Vorschlag, daß auch ich mich um ein Stipendium bewerben sollte, wie sie es getan hatte.

Es war bereits Mitte Juni. Ich glaubte nicht, zu jenem Zeitpunkt noch große Chancen zu haben. Dennoch beschloß ich nach dem Gespräch mit Peggy Hodges, einen Brief an die Universität zu verfassen. Vor einigen Jahren stieß ich wieder auf den ersten Entwurf jenes Schreibens. In meinem besten Hochdeutsch erkundigte ich mich, ob für

mich noch eine Möglichkeit auf Erhalt eines Stipendiums für das Wintersemester 1935/1936 bestünde. Als ich den Entwurf durchlas, mußte ich loslachen. Aus meiner heutigen Sicht, mit einem Abstand von über 50 Jahren zu dem Brief, und mit dem jetzigen Stand meiner Deutschkenntnisse war das Schreiben einfach lächerlich. Es war schwerfällig, gestelzt und steif formuliert, grammatisch zwar okay, doch noch weit von einem guten Prosastil entfernt
Im August erreichte mich ein Antwortbrief der Heidelberger Universität mit der verblüffenden Nachricht, daß meinem Gesuch stattgegeben worden war. Ich erinnere mich nicht mehr, wie meine Eltern reagierten, als ich ihnen davon erzählte und das Schreiben aus Heidelberg zeigte. Auch weiß ich nicht, was sie davon hielten und untereinander erörterten. Für mich war die Entscheidung, zum Studium nach Heidelberg zu gehen, wie eine Unabhängigkeitserklärung. Welche Bedenken meine Eltern auch gehabt haben mögen, waren sie doch umsichtig genug, nicht zu versuchen, mich von meinen Plänen und Absichten abzubringen. Ich schrieb an das für ausländische Studierende zuständige Amt der Heidelberger Uni, um mitzuteilen, daß ich zu gegebener Zeit dort vorsprechen würde.

Beginn des Abenteuers und Studiums in der großen, weiten Welt

Wenige Tage vor meinem zwanzigsten Geburtstag fuhr ich per Schiff mit der S.S. Deutschland von New York nach Hamburg. Schon früh morgens fand ich mich am Hafen ein und ging, sobald es gestattet wurde, an Bord. Von vielen neuen, ungewohnten Klängen und Anblicken überwältigt, stand ich an der Reling zum Hafen hin und sog alles mit einer bis dahin mir unbekannten Nervosität und Aufregung in mich auf. Die Schiffskapelle spielte zum Auftakt. Fahnen wehten in einer sanften Brise landeinwärts. Überall standen Paare, die sich zum Abschied umarmten. Berge von Reisegepäck wurden von Schiffsbediensteten an Bord getragen. Stewards geleiteten die Passagiere zu ihren Kabinen. Als ich nach meiner fragte, wurde mir höflichst der Weg dorthin gezeigt. Ich mußte sie mit drei anderen jungen

Männern teilen, da wir in der dritten Klasse untergebracht waren. Unsere Kabine befand sich unterhalb des Promenadendecks und hatte ein Bullauge statt einem Fenster. Bei hohem Seegang oder Sturm wäre sie unter dem Wasserpegel gewesen.
Schließlich, nach über zwei Stunden, riefen der leitende Steward und die Schiffsunteroffiziere abwechselnd aus: „All ashore that's goin' ashore!"[1] Männer, Frauen, Kinder, die nicht als Passagiere reisten, verabschiedeten sich eilig ein letztes Mal von ihren Freunden und Verwandten und drängten dann über die schmalen Landungsstege wieder an Land. Laute Anweisungen von der Brücke per Megaphon ließen die Seeleute aktiv werden, welche mit dem Losmachen der Taue von den Pollern beauftragt waren. Langsam, ganz, ganz langsam setzte sich das Schiff in Bewegung. Drei Schleppkähne wühlten das schmutzige Hafenwasser auf und manövrierten das große Schiff vorsichtig bis zur Stelle, an der seine beiden Schiffsschrauben in Bewegung gesetzt wurden und das Schiff auf offene See befördern konnten.
Währenddessen spielte die Schiffskapelle weiter: „Eine Seefahrt, die ist lustig, eine Seefahrt, die ist schön ...." Rumpapa, rumpapa, rumpapa! Alle Personen an Deck und auf dem in der Ferne langsam kleiner werdenden Hafensteg winkten und winkten. Taschentücher flatterten in der Luft. Tränen flossen reichlich über die Wangen vieler. Irgendwoher Glockengeläut. Die Schiffspropeller drehten sich schon bedeutend schneller. Der Hafenpilot verließ das Schiff über eine Leiter an der Bordseite. Die Schleppkähne stießen zurück.
Dann waren wir auf uns gestellt. Die Musik der Blaskapelle verstummte; die Musiker packten ihre Instrumente ein. Nach und nach legten sich Lärm und Aufregung. Als wir aus dem Hafen steuerten, immer schneller fuhren und die Freiheitsstatue hinter uns gelassen hatten, waren wir auf dem atlantischen Ozean angelangt. Für mich hatte der erste, zaghafte, unbeschreiblich aufregende Vorstoß in die große, weite Welt begonnen, die ich mir in Tagträumen und meiner Phantasie schon oft ausgemalt hatte, seit ich mich an den Geschichten meines Großvaters ergötzen konnte, wenn er von Abenteuern

---

[1] Etwa: „Alle an Land, die nicht mitfahren!"

und Entdeckungsreisen in weit entfernte, exotische Länder erzählte, die er selbst nie zu Gesicht bekommen hatte. An jenem Tag mußte ich oft an ihn denken. Seither habe ich im Laufe der Jahre immer wieder an ihn denken müssen, als ich selbst einige der wundersamen Dinge kennenlernte, von denen er mir erzählt hatte.

Mehr als ein halbes Jahrhundert ist inzwischen vergangen seit jenem Tag im Jahr 1935. Inzwischen habe ich Hunderttausende von Meilen auf dem Land-, Wasser- und Luftweg zurückgelegt. Doch in all den Jahren hatte ich niemals mehr Empfindungen und Gedanken, die vergleichbar gewesen wären mit denen, die mich bei jener Schiffsreise erfüllten. Rückblickend kann ich sagen, daß ich Menschen bedauere, die nie den Abschied an Bord eines Schiffes miterlebt haben. Auch wenn früher das Reisen nicht unbedingt komfortabel war und die Schiffe überfüllt waren, scheint mir, als wäre unsere Welt heutzutage ärmer, seit geruhsame Schiffsreisen auf regelmäßig verkehrenden Passagierschiffen nicht mehr üblich sind wie in den Zeiten, bevor das Düsenjet-Zeitalter mit Flugreisen in Überschallgeschwindigkeit begann.

Die Überfahrt nach Cuxhaven, wo wir von Bord gingen, dauerte siebeneinhalb Tage. Das Leben auf dem Schiff war entspannt. Das Essen war gut. Die Männer, mit denen ich die Kabine teilte, waren nicht vom Typ, mit dem ich mich angefreundet hätte. Es waren jedoch auch Studenten an Bord, die sich nach einem amerikanischen Universitätsstudium auf der Heimreise befanden oder wie ich nach Europa reisten, um dort zu studieren. Am dritten Tag nach unserer Abreise von New York, fanden die anderen Studenten und Studentinnen und ich in unseren jeweiligen Kabinen gedruckte Einladungskarten vor, um mit dem Schiffskapitän im „Overseas Grill" zu dinieren. Wir waren überrascht und fühlten uns geschmeichelt. Alle nahmen die Einladung an. Der Kapitän, ein großer, stattlicher Norddeutscher von ungefähr fünfundvierzig Jahren, war ein liebenswürdiger, interessierter Gastgeber, der neben Deutsch auch fließend Englisch beherrschte. Er fragte jeden von uns zwölf oder fünfzehn Studenten an Bord, welche Fächer wir studierten, wo wir herkamen, wie lange wir voraussichtlich in Europa sein würden.

Von drei oder vier picobello uniformierten Stewards, welche uns die ganze Zeit höflich zur Verfügung standen, wurde ein fürstliches Fünf-Gänge-Menü serviert. Ich erinnere mich nur noch an einen kulinarischen Punkt auf der Speisekarte: „Überbackener Blumenkohl". Ich habe guten Grund, mich gerade daran zu erinnern!
Beim Beantworten einer an mich gerichteten Frage des Gastgebers fiel mir ein winziges Stückchen Blumenkohl auf das einwandfrei weiße Leinentischtuch. Bevor ich es bemerkte, sprang ein Steward eifrig zu mir herüber, entfernte meinen Teller samt Besteck und Weinglas und legte ein neues Leinentischtuch über die Stelle, wo das „überbackene Stückchen" hingefallen war. Danach deckte er wieder genauso gewissenhaft auf, wie er davor feierlich-förmlich abgedeckt hatte.
Die anwesende Versammlung sah dem Vollzug dieses Zeremoniells stillschweigend zu. Bei diesem ganzen Unterfangen schienen „Abbruch, Umsiedlung und Wiederaufbau" mir gänzlich überflüssig, gelinde ausgedrückt, obwohl ich versuchte, nicht zu zeigen, wie peinlich mir die ganze Sache war. Wieder einmal mehr hatte sich bestätigt, daß ich mich für gesellschaftliche Anlässe als tolpatschig ansah. Ich fühlte mich im „Overseas Grill" auf der S.S. Deutschland genauso unbeholfen wie bei Albert Dick zu Hause, als es mir unmöglich war, ein weichgekochtes Frühstücksei würdevoll zu bewältigen. Ich habe jedoch gelernt, mit diesem induzierten gesellschaftlichen Minderwertigkeitskomplex umzugehen. Seine Hauptwurzel lag in versteckten, stets schrägen, implizierten oder zweideutigen Anspielungen meines Vaters, wenn er auf seine niedrige gesellschaftliche Stellung und die Entbehrungen während seiner Kindheit zu sprechen kam. Ich habe den Eindruck, daß dieses Verhaltensmuster schon in jungen Jahren sich bei mir im Unbewußten festsetzte, da jeder Junge dazu neigt, sich negativ oder positiv mit dem Selbstbild seines Vaters zu identifizieren. Abgesehen von diesem peinlichen Zwischenfall war die Schiffsreise im positiven Sinne ereignislos: außerordentlich schön, aufregend und interessant. Ich muß gestehen, daß ich sogar Mühe hatte, Deutsch sprechende Kinder zu verstehen, entgegen meiner Annahme, daß meine Deutschkenntnisse gut seien. Dieses Detail ist auch deshalb nennenswert, weil auf dem Schiff auch eine Studentin namens Liesel

Borgwardt war. Sie stammte aus Stralsund und hatte an einem Austauschprojekt mit einer Universität in den USA teilgenommen.
Liesel erwies sich als gute Gesprächspartnerin und große Hilfe beim Deutschlernen. Sie erzählte mir von ihren Eindrücken in Amerika. In vielerlei Hinsicht wurde ich durch die Gespräche mit ihr auf das vorbereitet, was mich in Heidelberg erwarten würde, welche großen Unterschiede zwischen dem Studentenleben in den USA und dem an deutschen Universitäten bestünden. Oft saßen wir tagsüber stundenlang auf Deck beisammen und unterhielten uns bis spät in die Nacht hinein. Manchmal standen wir an der Reling im Achterschiff und schauten zu, wie die Schiffspropeller eine breite Spur im mondhellen Wasser schaumig schlugen. In größerer Entfernung zum Schiff stellte sich der eigentliche Seegang wieder ein, und wir konnten sehen, wie das Wasser zu seinem eigenen Wellenrhythmus zurückfand.
Der Golfstrom brachte uns während der Überfahrt hervorragendes Wetter. Tagsüber war es mäßig warm und sonnig; abends kühl, aber nie kalt. Eine sanfte, salzige Brise lud beständig dazu ein, tief durchzuatmen und die Lungen mit der frischen Meeresluft aufzufüllen. Gelegentlich konnten wir Delphinschulen ausmachen, die hoch aus den sanften Wogen aufstiegen und dann wieder nach unten tauchten. Liesel hatte sich bereits an diesen Dingen bei ihrer Überfahrt in die USA zwei Jahre zuvor erfreuen können.
Früh am sechsten Tag tauchten zunächst Dutzende, dann Hunderte von Möwen überall auf. Sie folgten dem Schiff und stürzten sich auf Essensreste aus der Kombüse, die über Bord geworfen wurden. Wir ahnten, daß bald Land in Sicht kommen müßte. Um die Mittagszeit tauchten die grünen Wiesen Irlands im Blickfeld auf. Wir warfen den Anker vor Cobh im Südosten nahe Cork. Zeitungsjungen kletterten an Bord und riefen „Diley Mile! Diley Mile!" Das war die irische Aussprache für die Londoner Tageszeitung „Daily Mail". Ich kaufte mir eine. – Es war die erste europäische Tageszeitung, die ich sah und las.
Als ich zwölf Jahre später meine Kündigung bei der US-amerikanischen Militärregierung einreichte und vorübergehend im Münchner Presseklub wohnte, besaß ich eine offizielle Zulassung als Journalist beim Londoner „Daily Express". Dennoch beschlich mich beständig das vage Gefühl, daß es, meinen lebhaften Erinnerungen von jenem

Tag an der Küste bei Cobh zufolge, angemessener gewesen wäre, für die „Diley Mile" zu schreiben. Es mag vielleicht seltsam anmuten, daß die rein emotionale Reaktion auf ein unbedeutendes Erlebnis sich im Gedächtnis verankert hat. Es ist mir natürlich bekannt, daß dies grundsätzlich nichts Außergewöhnliches ist.
Am Mittag des nächsten Tages fuhren wir an den hohen Felsen von Helgoland vorbei. Als wir uns Cuxhaven näherten, verlangsamte das Schiff seine Geschwindigkeit. Cuxhaven, eine Zugstunde von Hamburg entfernt, war damals die größte Anlaufstelle für den transatlantischen Seeverkehr von und nach Nordamerika. Nachdem wir von Bord gegangen waren, begaben sich fast alle Passagiere, einschließlich Liesel und mir, zu dem Sonderzug, der am Hafen bereitstand.
In Hamburg wurde Liesel spätnachmittags am Hamburger Hauptbahnhof von ihren Eltern abgeholt. Ich erwähne dies lediglich, weil ich dabei zum zweitenmal eine freudige Überraschung in Form einer Einladung zum Abendessen erlebte. Diesmal ereignete sich nichts, was mich an den „überbackenen Blumenkohl" erinnerte. Die Familie Borgwardt fragte mich, ob ich nicht Lust hätte, den Abend mit ihnen zu verbringen, bevor sie am nächsten Tag nach Stralsund weiterreisten und ich nach Heidelberg fuhr. Ich sagte ja und erlebte einen Abend, den keiner so schnell vergißt, für den die alte Welt Europas so neu war wie für mich.
Die Borgwardts zeigten mir die Sehenswürdigkeiten, die Klänge und drängende Menschenmenge auf der Reeperbahn in St. Pauli, wie man sie auch heute noch beobachten kann. Nichts, was ich zuvor oder seither gesehen habe, ist vergleichbar. Wir aßen und tranken und tanzten bis spät in die Nacht hinein. Abgesehen davon, daß ich mit Liesel tanzen durfte, – die weitaus besser tanzen konnte als ich, auch wenn sie es mich nicht spüren ließ –, hatte ich ein paar „Fleetenkieker", die mir ganz schön zu Kopfe stiegen und meine Tanzkünste beträchtlich aufmöbelten.
Wie ich in jener Nacht in mein Hotel zurückfand, weiß ich nicht mehr. Wahrscheinlich nahmen die Borgwardts eine Droschke und setzten mich dort ab. Liesel und ich hatten uns beim Abschied versprochen, einander zu schreiben. In den folgenden Wochen tauschten wir auch drei oder vier Briefe aus. Gesehen habe ich Liesel aller-

dings nicht mehr. Wenn ich jemals Stralsund im nunmehr ja wiedervereinigten Deutschland besuchen würde, würde ich sicher versuchen herauszufinden, was aus Liesel Borgwardt nach unserer Begegnung vor über sechzig Jahren geworden ist. Ich hatte mich nicht in sie verliebt. Das war es nicht. Sie war einfach eine Begleiterin auf meiner ersten Überseereise und mir hilfreich als meine Lehrerin im „Einführungskurs: deutsches Studentenleben" Mitte der dreißiger Jahre.

Der „Student Prince"

Am nächsten Tag fuhr ich frühmorgens mit dem Zug nach Heidelberg, wo ich schließlich am späten Nachmittag ankam. Mir war mitgeteilt worden, daß ein Zimmer bei einer älteren Dame in der Ploeck für mich reserviert worden sei. Ich mußte mich zweimal nach dem Weg erkundigen – mein Deutsch wurde immer besser, nachdem ich während der Überfahrt auf dem Atlantik so viel Übung bekommen hatte –, bevor ich die Ploeck endlich fand. Sie war ganz in Bahnhofsnähe gelegen: Das Haus mit der mir von der Uni mitgeteilten Adresse befand sich direkt um die Ecke vom Hauptpostamt, gegenüber vom damaligen Bahnhof.
Als ich bei meiner zukünftigen Gastwirtin ankam, zog ich an einer Schnur, durch welche ein kleines Glöckchen über dem Eingang zum Läuten kam. Die Wirtin kam kurz darauf zur Tür. Ich stellte mich, so gut ich es konnte, vor. Die Dame hatte mich erwartet. Sie führte mich auf mein Zimmer und fragte, ob ich nach der langen Zugfahrt nicht hungrig wäre. Und ob ich das war! So nahm ich dankend an. Das Essen war so schlicht, wie ich erwartet hatte: Dicke Scheiben Schwarzbrot, das großzügig mit Wurstscheiben belegt war, und ein Humpen Bier. Wir nahmen die Mahlzeit gemeinsam in der Küche ein. Es war für uns beide nicht einfach, ein Gespräch zu führen. Ich schlug mich so durch. Die freundliche Wirtin auch. Doch nach Beendigung der Mahlzeit schlug sie – sichtlich bestürzt – ein Angebot ab, das ich ihr machte.

Noch einmal: Weshalb solch belanglose Details? Dies war mein zweiter Tag in Deutschland. Ich war ein Fremder in einem fremden Land. Ich erwähne den zweiten Abend deshalb, weil mein Pflichtgefühl mir Höflichkeit gebot, als wir mit dem Essen fertig waren. Als gut erzogener, anständiger amerikanischer Kavalier offerierte ich, beim Abwasch zu helfen. Wieder einmal schien ich ins Fettnäpfchen getreten zu sein.

Die alte Dame war verblüfft, sprachlos, entsetzt. Sie hatte mich mißverstanden, mutmaßte ich. Hatte sie etwa gedacht, ich hätte den Vorschlag gemacht, mit ihr zu schlafen? Doch ganz gewiß nicht. Ich wiederholte meinen Vorschlag und stellte dabei eine klare Aussprache sicher und bemühte mich um eine verständliche Ausdrucksweise. Als sie sich endlich wieder gefangen hatte, überwand sie ihre Verwirrung und klärte mich auf: Einen derartigen Vorschlag von einem Studenten zu hören, war für sie unglaublich, noch nie dagewesen. Studenten hatten schon oft das extra Zimmer in ihrem Haus bewohnt, wo ich nun untergebracht war. Keiner hätte auch nur davon geträumt, einen solchen Vorschlag zu machen. „Kein Student", betonte sie nachdrücklich, „sollte etwas, wie den Abwasch erledigen müssen! Um Gottes Willen! Nein!"

Nun erkannte ich, daß, nach ihrer Weltanschauung, Studenten sich in einer ihrer Stellung angemessenen Weise zu verhalten hatten. Ein Student in Heidelberg, so wurde ich belehrt, muß von sich selbst und anderen wie der „Studentenprinz" angesehen werden. Sie hatte zwar diesen Ausdruck nicht benutzt, doch die Operette mit dem gleichnamigen Titel fiel mir sogleich ein. Während meines achtwöchigen Aufenthalts in der Ploeck, wiederholte ich mein Angebot nicht, beim Abspülen zu helfen. Das hätte sowieso nicht weitergeholfen. Mit meiner Wirtin teilte ich nur gelegentlich eine gemeinsam eingenommene Mahlzeit.

Zweimal seit dem Krieg, das letzte Mal vor fünfzehn Jahren, bin ich nach Heidelberg zurückgekehrt. Das Haus in der Ploeck stand jedesmal noch unverändert da. Ansonsten war die Gegend, wie ich sie gekannt hatte, längst nicht mehr wiederzuerkennen. Der Bahnhof war abgerissen und durch einen größeren, weiter von der Stadtmitte entfernteren ersetzt worden. Der Straßenverkehr war unerträglich.

Die unzähligen Fahrräder, Mopeds und die wenigen alten Automobile, die damals umherfuhren, waren von der Bildfläche verschwunden. Mercedes, Opel und BMW verstopften nunmehr die Straßen. Keine Straßenbahn bimmelte sich, einen Block von meinem damaligen Quartier entfernt, ihren Weg lautstark durch die Hauptstraße. Die Hauptstraße, inzwischen eine Fußgängerzone, war zumindest stiller und noch reizvoll. Die alten Kirchen, Museen und die hoch über der Stadt gelegene Schloßruine waren unverändert, wie zu meiner Studentenzeit. Viele der traditionsreichen Restaurants und Bierhallen standen noch an der selben Stelle, auch wenn sie heutzutage mehr amerikanische und japanische Touristen als Studenten anziehen.

Das heutige Heidelberg ist nicht mehr die Stadt, wo ich einst viel erlebte und viel liebte und ich in nur zwei Semestern einiges lernte. Die Erfahrungen, die ich in jenen zehn Monaten sammelte, waren interessant und motivierend. Manchmal waren sie erheiternd, gelegentlich sogar berauschend. Ab und zu waren sie zutiefst beunruhigend und alarmierend. Alles in allem waren jene Monate in Heidelberg mit Abstechern in viele andere Städte und Dörfer von Anfang Herbst 1935 bis zum Juli 1936 an sich schon lehrreich, zusätzlich zu den Kursen, die ich an der Universität belegt hatte. Ich erlebte als Augenzeuge, was es für Menschen bedeutet unter einer unnachgiebigen Diktatur leben zu müssen, wenn sie keine andere Wahl haben, als sich anzupassen oder ins Gefängnis geworfen, gefoltert und getötet zu werden, es sei denn, es würde ihnen gelingen, irgendwohin in die Freiheit zu entkommen. Viel zu wenige haben es damals gekonnt ...

Wo soll ich beginnen, über meine Heidelberger Zeit zu berichten? Das ist sehr schwierig. Einzelheiten und Ereignisse, die mir wichtig scheinen, wären für Außenstehende uninteressant und genauso unbedeutend wie mein Abendessen in der Ploeck. Dennoch handelt es sich um Fakten und Geschehnisse, die zu schildern ich nicht widerstehen kann, und nicht nur, weil sie mich beeindruckten, sondern auch, weil ich glaube, daß sie für Menschen, die zum erstenmal nach Deutschland reisen, von Bedeutung sein könnten. Deutschland ist ein großartiges Land, das sich von fast allem sehr unterscheidet, was ich bis dahin in den USA gesehen hatte.

Überall stieß ich auf krasse Kontraste und Widersprüche. Obwohl die Wahlkampagne von 1932 von schamlosen Intrigen und Machenschaften gekennzeichnet war, hatten die Deutschen eine demokratisch gewählte Regierung gehabt. Diese Regierung war jetzt verderbt und stellte eine verlogene, brutale, ungeheuer intolerante und zu alledem noch stark zunehmende Bedrohung für die Nachbarländer Deutschlands dar. Dennoch hatte Deutschland ja viele der größten literarischen Genies, viele der großen Maler, Musiker und Komponisten, viele der hervorragendsten Philosophen und Wissenschaftler der abendländischen Kultur hervorgebracht. Dieses offensichtliche Paradox, diese Widersprüche waren für mich zugleich verblüffend und faszinierend. Ich wollte dieses Land unbedingt kennenlernen, von dem einige meiner Vorfahren, Generationen zuvor gekommen waren, die zurückreichten in Epochen, als vieles von dieser Geschichte gemacht wurde und viele dieser Frauen und Männer gelebt hatten.

Am Morgen, nachdem ich in gewisse Aspekte des angemessenen Benehmens eines Heidelberger Studenten eingeweiht worden war, hatte ich zuerst den impulsiven Wunsch, die Universität zu besichtigen. Im nächstbesten Buchladen kaufte ich mir eine mit Abbildungen und Beschreibungen versehene Straßenkarte. Um das Universitätsgelände zu erreichen, mußte ich lediglich ein paar Straßen weit die Hauptstraße entlang gehen. Innerhalb von zehn Minuten war ich dort. Rechts neben der Hauptstraße zog ein imposantes Gebäude auf einem freien Platz meine Aufmerksamkeit auf sich. Es war aus rotem Sandstein gebaut, der im Laufe der Jahre ziemlich verschlissen war. In dem Gebäude befand sich die reichlich verzierte „Aula Maxima" aus der Rokokozeit. Sie wurde, wie ich später erfuhr, außer für förmliche akademische Zeremonien nur selten geöffnet.

Gegenüber war ein modernes Gebäude. Studierende, viele davon in den braunen S.A.-Uniformen, der Sturmabteilung, die von Hitler 1920 aufgestellt worden war, gingen ein und aus, obwohl das Semester erst zwei Wochen später beginnen würde. Nichts an dieser modernen Konstruktion war eindrucksvoll. Ihre Räumlichkeiten wurden offensichtlich überwiegend für Vorlesungen und Seminare genutzt; die Architektur war rein funktional. Ich schlenderte hinein und sah mich im Erdgeschoß um. Überall waren Anzeigetafeln mit Ankündigungen für Seminare und andere Ereignisse, die stattfinden sollten. Unter fast allen stand „Heil Hitler!".

Auf der rechten Seite, etwa fünfzig Meter schräg gegenüber von dieser Konstruktion befand sich ein viel älteres Gebäude, das wie die Aula aus rotem Sandstein gebaut war. Nach der Inschrift über dem Hochportal zu urteilen und laut Anmerkung auf meiner Stadtkarte war darin die Hauptbibliothek der Universität untergebracht. Daneben, zur einen Seite des freien Platzes, gab es mehrere große Universitätsbuchhandlungen. Ansonsten war wenig zu sehen. Die Anordnung der Gebäude könnte von fast jeder weniger bekannten Universität in den USA übernommen worden sein, dachte ich bei mir.

Ich bin mir nicht ganz im klaren darüber, was zu sehen ich erwartet hatte. Von dem, was ich mir angesehen hatte, war ich ein wenig enttäuscht. Die Ruprecht-Karls-Universität, die seit 1386 bestand, wie ich aus einer Broschüre erfahren hatte, hätte weitaus imposanter sein sollen als alles, was ich bis dahin gesehen hatte. Später, als ich begann, von der Bibliothek Gebrauch zu machen, bekam ich einen besseren Eindruck. Das Ausleihen von Büchern war eine komplizierte Prozedur. Ich werde die Ausstellung von Schätzen nie vergessen, die dort untergebracht sind. Dazu gehörte auch die „Manessische Handschrift", eine der drei schönsten existierenden Sammlungen der Buchmalerei mit Lyrik von den Minnesängern des zwölften bis vierzehnten Jahrhunderts. Ich hatte einmal in einem Lehrbuch am Davidson-College eine Farbreproduktion einer dieser hervorragenden Abbildungen gesehen. Plötzlich das Originalmanuskript begutachten zu können, war überwältigend und aufregend.

An jenem ersten Nachmittag in Heidelberg meldete ich mich beim Amt, das für ausländische Studierenden und Empfänger von Stipendien aus anderen Ländern zuständig war. Ein detaillierter Orientierungskurs, der völlig informell gehalten wurde, ergänzte das, was ich bereits auf dem Schiff von Liesel Borgwardt gelernt hatte. Verantwortlich, uns herumzuführen, war ein freundlicher, hilfsbereiter Landsmann, der seit mehreren Jahren in Deutschland lebte. Er war klein gewachsen, buckelig und schätzungsweise zehn Jahre älter als ich. Er gab uns keine formelle Einführung. Doch erwies er sich als zuverlässige Anlaufstelle für alle Fragen und Bedürfnisse internatio-

naler Studierender. Andererseits mußte ich auch ziemlich schnell erkennen, daß er zumindest, so schien mir, mit den Nazis liebäugelte. Das war beunruhigend. Ich versuchte jedoch offen zu bleiben und mir gewahr zu werden, wie wenig ich wußte und wieviel ich noch über die Geschehnisse im Nazideutschland lernen mußte.
Dank dieses Mannes machte ich innerhalb einer halben Stunde die Bekanntschaft von mehreren anderen Studierenden. Eine davon, die mir vorgestellt wurde, war mir zuvor begegnet. Sie war Peggy Hodges, das Mädchen, auf dessen Empfehlung ich beschloß, mich um ein Stipendium zu bewerben. Peggy war mit einem anderen Schiff einige Tage zuvor in Deutschland eingetroffen. Ich vermutete, daß sie schon das vergangene Jahr in Heidelberg zugebracht hatte. Sie war in Begleitung eines jungen Mannes, mit dem sie offensichtlich sehr eng befreundet war. Er hieß Roland Warren, war blond, groß gewachsen und ebenfalls US-Amerikaner. In den darauffolgenden Wochen lernte ich Peggy und Roland besser kennen. Ich mag mich irren – und wenn das der Fall ist, möchte ich meine Aussage zurücknehmen –, doch schon bald, nachdem ich Peggy Hodges und Roland Warren näher kannte, konnte ich nicht umhin, bei ihnen, wie auch bei unserem buckligen Tutor eine positive Neigung zur vorherrschenden Ideologie festzustellen. Roland war überzeugt, ein hervorragender Wagnerscher Tenor zu sein, oder es in Kürze zu werden. Vor einigen Jahren sah ich einen Roland Warren im Programm irgendeiner Opernaufführung wieder. Ich bin mir ziemlich sicher, daß es der blonde Tenor von damals war, dem es gelungen war, sein ehrgeiziges Ziel zu erreichen.
Heute erscheint es mir kaum überraschend, daß die Mehrheit der Bevölkerung zu jenem Zeitpunkt an Hitler glaubte als ihren Retter von den katastrophalen Wirtschaftswirren der dreißiger Jahre und den ungerechten Bestimmungen, die Deutschland mit dem Versailler Vertrag aufgebürdet worden waren. Unter den vorherrschenden Umständen waren viele aus dem Ausland eine Zeitlang hinters Licht geführt worden. Ich kann nicht vorgeben, eine rühmliche Ausnahme gewesen zu sein, obwohl ich mir vor meiner Abreise aus den USA vorgenommen hatte, zu warten, bis ich mir selbst ein Bild machen konnte.

Langsam dämmerte mir, obwohl ich es eigentlich schneller hätte merken sollen, daß die recht großzügige Vergabe von Stipendien auf Regierungsbestimmungen beruhte und ausschließlich Propagandazwecken diente. Ein Großteil der Propaganda, der man direkt oder indirekt ausgesetzt war, war überaus subtil. Dies ahnte ich schon und sperrte Augen und Ohren so weit als möglich auf. Ich traf mich zwei- oder dreimal mit Peggy und Roland, um Ausflüge entlang des Neckars zu machen. Recht hin, Recht her: Meine frühen Eindrücke über die politischen Ansichten von Peggy und Roland schienen sich zu bestätigen. Unsere Bekanntschaft war und blieb oberflächlich. Bald erreichte sie den Punkt, an dem wir uns nur noch grüßten, wenn unsere Wege sich kreuzten. Dann verlor ich beide aus den Augen.

Bald schon hatte ich andere und bessere Freunde, in deren Gesellschaft ich mich wohl fühlte. Ich fand auch eine neue Unterkunft, die mehr nach meinem Geschmack war als mein Zimmer in der Ploeck. Ein Medizinstudent im zweiten Jahr, den ich Mitte Oktober kennenlernte, hatte ein gemütliches Zimmer. Er hieß Wilhelm Steinheider und lebte in dem dreistöckigen „Evangelischen Studentenwohnheim" in der von Bäumen gesäumten Bergstraße. Das Wohnheim befand sich in Handschuhsheim auf der anderen Seite der Innenstadt Heidelbergs, an den Ufern des Neckar. Wilhelm verhalf mir zu einem geräumigen Raum dort. Von dem Tag an, als wir uns kennenlernten, waren wir gute Freunde, was teilweise in der von mir gezeigten Erkenntlichkeit für seine spontane Hilfsbereitschaft begründet lag. Unsere Freundschaft überdauerte den neuen Weltkrieg. Ich werde noch mehr über Wilhelm Steinheider zu erzählen haben.

Der „Student Prince" nimmt sein Studium auf – ohne es zu übertreiben!

Das Wintersemester begann. Nachdem ich mit Wilhelm das Vorlesungsverzeichnis durchgeforstet hatte, schrieb ich mich für einen Psychologiekurs unter Professor Willy Hellpach ein. Er war zehn Jahre zuvor in der Weimarer Republik Präsidentschaftskandidat gewesen. Andere Kurse, die ich belegte, waren: „Einführung in die Philosophie", ein Kurs, der in einem gerammelt vollen Hörsaal stattfand, da er von dem Philosophen und Psychiater Karl Jaspers eigens abgehalten wurde. Jaspers war gebürtiger Oldenburger und wanderte später in die Schweiz aus, wo er einen Lehrstuhl in Basel bekam. Des weiteren belegte ich ein Seminar über „Goethes Bedeutung für die Romantik" und „Spanisch für Anfänger". Diese Kurse waren weit mehr, als ich in einem Semester bewältigen konnte.
Dennoch war „Spanisch für Anfänger" besonders wichtig. Auf die Gründe dafür komme ich noch zu sprechen. Die meisten der nun folgenden Schilderungen über meine Heidelberger Studentenzeit haben wenig mit der Welt der Wissenschaft zu tun Wie soll ich mich ausdrücken? Am besten mit den Worten des weltweit bekannten Liedes, das Studenten in nur wenigen Tagen lernen, wenn sie nach Heidelberg kommen: „Ich hab mein Herz in Heidelberg verloren!" – Das passierte mir auch!
Nochmals kurz zu den Kursen, die ich belegt hatte: Wochen vergingen, bevor ich auch nur ein Viertel dessen verstand, was in den Vorlesungen gesagt wurde; manchmal war es noch weniger. Das war entmutigend. Ich hatte geglaubt, daß meine Deutschkenntnisse besser waren, als dies offensichtlich der Fall war. Ich vermochte jedoch immer mehr, dem roten Faden einer Vorlesung zu folgen und schöpfte neue Hoffnung. Als die Weihnachtsferien näher rückten, war ich schon ganz gut, obwohl ich oft immer noch nicht alles in den Vorlesungen Gesagte verstehen konnte. Noch etwas anderes, etwas Andersartiges gefiel mir bei den Vorlesungen nicht. Bereits zu jenem Zeitpunkt, als Hitler erst zweieinhalb Jahre lang an der Regierung war, gab es Bestimmungen, die von den Dozenten forderten, daß sie ihren rechten Arm steif ausstreckten und „Heil Hitler!" riefen. Ein

leicht amüsanter Aspekt dieses Grußes ist es wert, erwähnt zu werden. Begeisterte oder fanatische Anhänger Hitlers waren an der Ausführung dieser Bestimmung leicht von den Lauen zu unterscheiden, die den Arm nur bis zur Hälfte hoben und dann ein schwaches „Heil Hitler" in den Bart murmelten. Alle, die in den Unterrichtsräumen eine SA-Uniform trugen, reckten ihren rechten Arm zwei oder drei Zentimeter weiter als normal und brachten das Dach mit einem donnernden „HEIL HITLER!" zum Wackeln. So lächerlich dies auch schien, so traurig war es und nicht im geringsten komisch.
Vom Tag an, als ich New York verließ, sprach ich bewußt kein Englisch. In Heidelberg mied ich meist Kontakte zu Amerikanern, die weniger versessen darauf waren als ich Deutsch zu erlernen. Wilhelm Steinheider war direkt beteiligt an meinen Fortschritten auf dieses Ziel hin. Von Anfang an galt in unserer Freundschaft ein *gentlemen's agreement*: Er mußte mich nötigenfalls mitten im Satz unterbrechen, wenn ich einen Fehler machte, um mich zu korrigieren. Wilhelm war geduldig. Meine Schnitzer waren ärgerliche Unterbrechungen, wenn wir uns unterhalten wollten. Trotz dieser wiederkehrenden Schwierigkeit hatten wir viele gemeinsame Interessen, über die wir diskutieren konnten. Wilhelms Einstellung zum Hitlerregime – wir konnten offen miteinander darüber reden – war distanziert. Im Laufe der nächsten Monate lernte ich noch mehrere kennen, die seine Ansichten teilten, aber zurückhaltender waren und sie nicht so schnell preisgaben.

Ein denkwürdiges Weihnachtsfest in Westfalen

Kurz vor Weihnachten lud mich Wilhelm ein, für die Ferien mit ihm nach Beckum in Westfalen zu fahren. Seine Familie war dort schon seit Generationen ansässig. Ich nahm die Einladung dankbar an. Wir fuhren mit dem Zug, verbrachten die Nacht bei einem Verwandten von Wilhelm in Düsseldorf und kamen am nächsten Tag in Beckum an mit Bummelbahn, von einer Lokomotive gezogen, die wie meine Spielzeuglok aussah, die ich in Louisville einmal zu Weihnachten

geschenkt bekommen hatte. Wilhelm hatte eine ältere Schwester und einen jüngeren Bruder. (Sein Bruder wurde im Zweiten Weltkrieg beim Rückzug der Wehrmacht aus Rußland im Kampf getötet. Wilhelm erzählte mir davon, als wir uns nach dem Krieg in Paris einmal trafen.)
Die Erfahrung meines ersten Weihnachten bei einer deutschen Familie war so, wie ich es mir nur wünschen konnte. Wilhelms Familie war ganz und gar nicht geneigt, Hitler als Deutschlands Retter anzuerkennen, geschweige denn, ihn als solchen zu feiern. Alles an jenem Fest war so, wie ich mir Weihnachten in einer traditionell deutschen Familie vorgestellt hatte. Ich erinnere mich noch lebhaft an viele Einzelheiten, auf die ich aber nicht eingehen werde. Es wäre aber zu schwer, eine Begebenheit in Beckum nur gekürzt wiederzugeben. Zwischen Weihnachten und Neujahr gingen Wilhelm und ich an einem Abend in eine Bierhalle der Stadt. Dort sollte auch getanzt werden. Wilhelm hatte mir zuvor schon von seiner Beziehung zu einer jungen Frau erzählt, die er später auch heiratete. An jenem ereignisreichen Abend tanzten wir beide jedoch mit jedem, aber auch jedem attraktiven oder gut aussehenden Mädchen. Im Verlauf des Abends gab es nämlich Damenwahl. So war es in Deutschland Sitte. Für mich war das neu. In Kentucky sowie North und South Carolina wurde erwartet, daß man sich zumindest flüchtig dem Mädchen vorstellte, das man zum Tanz aufforderte. Hier in Deutschland konnten sich die Mädchen frei aussuchen, ob sie mit einem jungen Mann gerne tanzen wollten, wenn sie ihn am Rand stehen sahen und ihn attraktiv oder potentiell interessant fanden.

Es sprach sich herum, daß unter den Gästen auch ein amerikanischer Student war. Einem Mädchen fiel dieser exotische Fremde angenehm ins Auge. Mein Verderben! Niemand von den Anwesenden hätte das Mädchen, das mich auserkoren hatte, als charmant angesehen. Ich versuchte höflich zu sein, tanzte einmal mit ihr. Das genügte nicht. Immer wieder kam sie zurück und wollte mehr. Schon vor dem fünften Tanz mit ihr, hatte ich das Gefühl, terrorisiert zu werden. Ich wußte gar nicht damit umzugehen. Zu allem Übel war die Musik auch noch ohrenbetäubend laut. Das meiste, was meine Tanzpartnerin beim Tanzen sagte, konnte ich nicht verstehen, obwohl ich den guten Willen dazu aufbrachte.

Sie lud sich selbst ein, mit Wilhelm und mir an einem Tisch zu sitzen. Meine Rettung war, daß Wilhelm sich endlich vermittelnd einschaltete. Sie war nicht an meiner tänzerischen Leistung interessiert. Tanzen zählte ohnehin nicht zu den Künsten, in denen ich mich besonders hervortat, wenn man von den seltenen Gelegenheiten wie den Abend mit Liesel Borgwardt absieht. Mit Hilfe eines „Fleetenkiekers" und Liesel in meinen Armen war ich mir, wenngleich nicht so sehr ihr, wie ein Profi vorgekommen. Meine Tanzpartnerin in Beckum eröffnete mir, zunächst durch die Blume, dann aber recht deutlich, daß ich sie heiraten sollte. Sie wollte schon immer nach Amerika auswandern. Ich schien ihr offensichtlich so gut wie jeder andere als Transportmittel zu taugen, um sie in das Land ihrer Träume und Phantasien zu befördern. Ich brachte den Rest des Abends damit zu, sie mit Wilhelms Hilfe davon zu überzeugen, daß ich keinen Verlobungsring in meinem Gepäck aus Heidelberg mitgebracht hatte. Unter diesen Umständen war ich dann auch ganz froh, als die Ferien zu Ende gingen.

Im Frühling erwachen die Sinne ...

Mitte Januar nahm ich meine Bemühungen erneut auf, den Vorlesungen in Deutsch zu folgen. Zu jenem Zeitpunkt war dies, dank der Übung, die ich bis dahin hatte, nicht mehr unmöglich. Doch weshalb hatte ich mir einen Kurs wie „Spanisch für Anfänger" ausgesucht? Ich weiß es eigentlich nicht, teilweise liegt es sicherlich daran, daß mir Sprachen leicht fallen. Es machte Spaß. Ich vermute, daß die tatsächlichen Beweggründe für diese Wahl unerforschlich, nicht ersichtlich sind. War es wieder Zufall? Warum auch immer ich mich für Spanisch entschied, eines morgens saß ich im Klassenzimmer neben einem interessanten und attraktiven Mädchen. Der Frühling stand vor der Tür. Bald schon glich der Januar mehr dem Juni, wie es in einer Broadway-Melodie heißt.

Es würde mir schwer fallen zu sagen, was an dem Mädchen anziehend war. Es hatte kurzes, braunes Haar, war klein und hatte von Natur aus keinen sinnlichen oder vollbusigen Körper. Doch ich fand sie vom ersten Augenblick an charmant. Nach der Spanischstunde verriet sie mir ihren Namen: Ute Wäntig. Ihre Gründe, diesen Kurs zu belegen, verstand ich genauso wenig wie meine eigenen. Von jener Unterrichtsstunde an lernten weder sie noch ich viel Spanisch. Vom Frühjahr an beschäftigten wir uns mehr oder weniger ernsthaft gemeinsam damit. Als ich fast dreißig Jahre später beruflich nach Mexico City versetzt wurde und gezwungenermaßen schnell Spanisch lernen mußte, entdeckte ich, daß der Kurs in Heidelberg doch nützlicher gewesen war, als ich dachte.

Von jenem Morgen im Spanischunterricht an waren Ute und ich jeden Tag unter der Woche und meistens auch am Wochenende beisammen. Ich hatte mich offensichtlich in sie verliebt. Die Beziehung, die entstand, überdauerte die Kriegsjahre, wenn auch in anderer Hinsicht als meine Freundschaft mit Wilhelm Steinheider. Noch heute fällt es mir schwer über alles zu schreiben, was sich in jenen Monaten von Januar bis Mitte Juli in Heidelberg zutrug, danach in London und auch nachdem ich in die USA zurückgekehrt war. Vorwegnehmend möchte ich an dieser Stelle nur sagen, daß meine Beziehung zu Ute Wäntig der Grund war, weshalb ich 1937 wieder nach Deutschland kam. Auch wenn es mir nicht einfach fällt, ist ein gewisses Maß an Selbstkritik und Ehrlichkeit nötig, um eine angemessene Erklärung für diese Entscheidung zu liefern. Ich habe jedoch gelobt, offen zu schreiben, und will versuchen, so fortzufahren.

Ute und ich waren fast gleich alt. Keiner von uns beiden hatte zuvor eine ernsthafte Beziehung mit dem anderen Geschlecht gehabt. Ich hatte noch nie mit einem Mädchen „geschlafen". Verglichen mit der Realität einer wahrhaften menschlichen Begegnung, scheint es mir unsinnig und hohl, wenn man um den heißen Brei redet und einen Ausdruck wie „mit jemand schlafen" gebraucht, aber gar nicht „schlafen" meint. Es vergingen Monate, bevor Ute und ich miteinander ins Bett gingen. Unsere Vorstöße beim Kennenlernen des anderen bestanden aus engen Umarmungen und gelegentlichen Küssen. Allmählich entwickelte sich eine zunehmend warme Beziehung.

Wir gingen Bootfahren. Wir radelten gemeinsam. Wir unternahmen lange Spaziergänge zu den malerischen Schloßruinen. In den bewaldeten Hügeln am Heidelberg gegenüber gelegenen Ufer des Neckar kletterten wir oft den Philosophenweg zur Thingstätte hinauf. Letzteres war ein Amphitheater aus rotem Sandstein, wie es in Vorzeiten für germanische Kulthandlungen gebaut worden war, doch nun zur Verkündigung der Naziideologie verwendet wurde. Mit anderen Studenten und Studentinnen wanderten wir an den großen Obstgärten der sich bis nach Darmstadt hinauf windenden Bergstraße entlang, die im Frühling und Sommer bei gutem Wetter in Sonnenschein getaucht ist. Am Spanisch Unterricht nahmen wir regelmäßig teil, wenn auch nur, um uns zu treffen, wie sonst bei jeder Gelegenheit.

Bald befreundeten wir uns mit Heidel McClochry und Harry Atcherly, einem anderen Pärchen, das genauso verliebt war wie wir. Heidel stammte aus der Grafschaft Cork in Irland; Harry war der Nachfahre einer wohlhabenden englischen Familie, die schon vor längerem nach Buenos Aires übergesiedelt war. Harrys Vater war Konzernmanager bei British Petroleum in Argentinien. Ute und ich mochten Harry und Heidel gut leiden. Sie uns auch. Oft waren wir zusammen und unternahmen zu viert Ausflüge, hörten uns Orgelkonzerte in den Heidelberger Kirchen an, besuchten das Staatstheater oder sahen einen Film im Kino. Gewöhnlich schloß auch Wilhelm sich uns an, wenn wir in der Mensa aßen. Die Mensa war in der Nähe des Neckarufers in einem aus dem fünfzehnten Jahrhundert stammenden, aus großen Steinen gemauerten Gebäude und hatte ein riesiges gewölbtes Dach. In früheren Zeiten waren die königlichen Ställe dort untergebracht. Das Essen in der Mensa schmeckte gut; die Preise waren erstaunlich niedrig. Nur wer einen Studentenausweis besaß, durfte dort essen. Es wurde eine vollständige Mahlzeit, einschließlich Getränken und Nachtisch angeboten. Man konnte sich sogar nachholen, wenn man noch nicht satt war – und das für einen Preis, für den man in Europa heute nur noch eine Tasse Kaffe bekommt.

Harry hatte eine Vierzimmer-Wohnung an einer Allee namens „Anlage". Sein Quartier befand sich gegenüber einem öffentlichen Spazierweg in einer parkähnlichen Anlage. Oft waren wir bis spät in die

Nacht bei Heidel und Harry und redeten über alle nur erdenklichen Themen, wie zum Beispiel über uns und unsere Lage sowie die Zukunft unserer Generation angesichts der zunehmend erschreckenden Entwicklungen in Deutschland.

Im Gästezimmer von Harrys Wohnung verbrachten Ute und ich unsere erste gemeinsame Nacht. Dies war eine Sache, die niemand etwas anging. Ich sage dazu nur soviel, daß weder sie noch ich damals oder später einen Grund sahen, weshalb wir unser Zusammensein in liebenden Umarmungen bedauert haben sollten, die keineswegs nur Ausdruck vorübergehender Verliebtheit oder unwiderstehlicher Leidenschaft war.

Das Wintersemester ging im März zu Ende. Ute hatte vor, während der Semesterferien ihre Familie in Radolfzell am Bodensee zu besuchen. Später habe ich einmal eine Zeitlang in einem Dorf in der Nähe von Radolfzell gewohnt, doch nicht wegen nostalgischer Erinnerungen, weil Ute dort aufgewachsen war. So etwas wie Nostalgie war aber trotzdem gegenwärtig. Als ich in dem zehn Minuten von Radolfzell entfernten Liggeringen wohnte, suchte ich einmal im örtlichen Telefonbuch nach dem Namen Wäntig, fand ihn aber nicht. Der Wunsch, etwas über den Verbleib von Utes Familie zu erfahren, wurde mir verwehrt. Jedenfalls verbrachte Ute die Semesterferien im Frühjahr 1936 bei ihren Eltern.

Wie man gewiß kein Bergsteiger wird!

Während Ute in Radolfzell war, blieb auch ich nicht in Heidelberg. Im November des Jahres davor lernte ich zusammen mit sechs anderen Studenten im Schwarzwald Skifahren. Jedenfalls hatte ich es gedacht! Nun versuchte ich mich in etwas Ambitiöserem und Gefährlicherem. Unklugerweise – wie ich bald erkennen mußte – hatte ich mit einer kleinen Gruppe anderer Studenten vereinbart, eine siebentägige Bergtour oberhalb von Innsbruck in den Tiroler Alpen zu unternehmen. Unsere Tour sollte im Ötztal stattfinden, das ja direkt unterhalb der Wildspitze liegt, einem riesigen Gletschergebiet

3500 Meter über Meeresspiegel. Des „Teufels Rückgrat" ist der zweithöchste Gipfel Österreichs und der höchste in den Tiroler Alpen.
Zwei Österreicher waren unsere Gruppenführer. Laut eigenen Angaben waren sie qualifizierte Bergführer. Die übrigen Teilnehmer erhielten von ihnen eine Liste mit der für die Tour benötigten Ausrüstung und Verpflegung. Erst vor kurzem, als ich alte Papiere und Dokumente sortierte, von denen schon die Rede war, fand ich mein Exemplar dieser mit der Schreibmaschine getippten Liste wieder. Neben geeigneter Kleidung, Stiefeln, einem Rucksack voller Brot, Wurst, Nüsse und Trockenobst, Skiern und Stöcken waren auf der langen Liste auch Lederhäute aufgeführt. Sie waren ebenso unerläßlich wie die Skier, Stöcke und Stiefel. Beim Klettern wurden sie um die Skier gebunden und waren wesentlicher Bestandteil unserer Ausrüstung.
In jenen Tagen waren Skilifte unbekannt. Wenn es damals schon welche gab, jedenfalls nicht im Ötztal. Das Skifahren unterschied sich gewaltig von der Sportart, wie Skifans sie heute kennen. Ich merkte schon bald, daß Skifahren nicht nur Sport war, sondern auch harte Arbeit.
Mit dem Zug kamen wir nach Innsbruck. Von dort aus fuhren wir mit dem Bus, soweit die Straße ins Ötztal geräumt worden war. Wir übernachteten in einem Dorfgasthof. Früh am Morgen begannen wir mit dem Aufstieg. Trotz des schweren Rucksacks schien mir dies während der ersten Stunde gar nicht so anstrengend zu sein. Mit auf die Lederhäute gebundenen Skiern, unter Zuhilfenahme der Stöcke bergauf zu klettern, war mühselig. Doch ich war nicht einmal ständig in Gefahr hinzufallen.
Unsere Bergführer gaben ein Tempo vor, bei dem der Rest von uns – wir waren insgesamt sieben – nicht mithalten konnte. Oft mußten sie anhalten und zehn Minuten warten, bis die Nachzügler, von denen ich einer war, eingetrudelt kamen. Während der ersten beiden Stunden war ich gar nicht so schlecht. Doch bald schon schien mir der Aufstieg unendlich vorzukommen. Nach drei Stunden machten wir Pause, dann stiegen wir weiter bergaufwärts. Als wir vier Stunden unterwegs waren, fragte ich mich, wie ich mich nur so übernehmen und annehmen hatte können, zu so etwas in der Lage zu sein.

Als wir den Gasthof verließen, war das Wetter gut. Dann wurde es kalt, und je höher wir kletterten, desto kälter wurde es. Die Sonne schien so grell auf die schneebedeckten glitzernden Hänge, daß Schneeblindheit die unausweichliche Folge gewesen wäre, wenn wir keine Sonnenschutzbrillen getragen hätten. Trotz der Kälte schwitzte ich enorm. Mein Rucksack war zwanzig bis fünfundzwanzig Kilo schwer. Die Sonnenkrem, die ich mir ins Gesicht geschmiert hatte, fing an, flüssig zu werden und mir die Wangen und den Hals hinunter in meinen Anorakkragen hineinzulaufen.
Bald schon zog sich der Himmel zu. Es fing zu schneien an, zuerst ein wenig, dann immer mehr und immer stärker. Der Erschöpfung nahe, fiel ich hin, rappelte mich wieder auf. Minuten später stolperte ich und fiel der Länge nach in den Schnee. Ich konnte die anderen vor mir erkennen, auch wenn dies durch den starken Schneefall erschwert war. Endlich hörte ich Rufen. Die anderen hatten die Hütte erreicht. Vom Kamin stieg der Rauch eines Holzfeuers spiralenförmig auf, von meiner Stelle aus jedoch kaum erkennbar. Immerhin war dies ein Zeichen, daß die Hütte beheizt war. Die Hütte war weniger als hundert Meter von der Stelle entfernt, wo ich gestolpert war. Ich fragte mich, ob die beiden Bergführer wohl nach mir suchen würden. Sie waren mit den anderen in die Hütte hineingegangen.
Wieder stolperte und fiel ich. Dann gelang es mir, mich hochzuziehen und mich mehr tot als lebendig zur Hütte zu schleppen. Der Rest des Weges, bis ich die Hütte erreichte, schien endlos lang zu sein. Ich ließ meinen Rucksack in den Schnee fallen. Die Schnallen um meine Stiefel zu lösen war eine Tortur. Skischuhe unterschieden sich damals nur durch Metallschnallen von anderen, schweren Schuhen. Ich schüttelte die Skier von den Füßen. Stolperte ins willkommene Warme hinein. Wortlos, die ungläubigen Blicke der übrigen Teilnehmer auf mich gerichtet, fiel ich vollständig bekleidet auf die nächstbeste Pritsche. Die Stiefel und den nassen Anorak hatte ich allerdings ausgezogen.
Ich zog zwei Decken auf dem Bett über mich und lag eine Dreiviertelstunde lang da, ohne einen Muskel bewegen zu können. Nach dieser Ruhepause nahm ich das bißchen Kraft, das ich noch hatte, und stand wieder auf, jedoch nur um mit den anderen zusammen eine

große Schale köstlicher Erbsensuppe zu essen. Einer der beiden Bergführer mußte dieses Essen herbeigezaubert oder der Hüttenbesitzer es vorbereitet haben. Zwei, drei Gläser Glühwein, mit kochendheißem Rotwein zubereitet, taten ebenfalls gut. Ich gelangte zu der Schlußfolgerung, daß ich möglicherweise doch nicht sterben würde. Alle, einschließlich eines französischen Studenten aus den Pyrenäen, fragten mich, warum ich so lange auf mich hatte warten lassen. Meine Antwort war einsilbig. Ich konnte mir nicht erklären, weshalb keiner nach mir Ausschau gehalten hatte. Dieser Mangel an Interesse war meiner Ansicht nach nicht nur unverantwortlich, sondern grenzte geradezu an Pflichtverletzung, wenn diese beiden Witzbolde tatsächlich Bergführer waren. Da jedoch alles weniger katastrophal aussah, als noch eine Stunde zuvor, beschwerte ich mich nicht.
Der Aufstieg war wenig einschüchternd, verglichen mit dem Marsch quer über den Gletscher. Für jemand mit so wenig Übung wie ich, war diese Strecke schon fast Selbstmord. Stundenlang ging es vorwärts, fast ohne Unterbrechung, während ich gelegentlich Wurst mit Roggenbrot in mich hineinstopfte. Um meinen Durst zu löschen, mußte ich mit meinen Fäustlingen Schnee schlürfen. Ich war zwar noch nie dem Umfallen aufgrund von Überanstrengung so nahe gekommen wie damals, doch ich schaffte es. Wäre die Hütte noch hundert Meter weiter weg von der Stelle gewesen, wo ich hinfiel, hätte ich meine letzte Ruhestätte vielleicht dort gefunden und wäre in einem Leichensack beigesetzt worden. – Das Wort „Leichensack" ist übrigens ein Neologismus, ein seit dem Golfkrieg gebräuchlicher Ausdruck.
Draußen herrschte tiefste Nacht. Der Wind heulte wütend. Ich kam mir vor wie Charlie Chaplin in „Goldrausch", dem ersten Film, den ich als Kind sah. Als jemand hereinkam, um meinen Rucksack zu bringen, wirbelte eine Wolke aus Schnee mit in den Raum hinein. „Sieht nach Schneesturm aus", bemerkte einer der Führer. „Warten wir, bis der Sturm sich legt." Dies schien mir nur vernünftig zu sein, auch wenn ich bis zu jenem Tage noch nie eine alpine Erfahrung zu meinen Gunsten verbuchen hatte können.
Die drei Tage, während derer wir warten mußten, bis der Schneesturm vorüber war, zählen zur besten Zeit, die ich je verlebte. Wir

aßen viel, tranken reichlich und erzählten unsere Lebensgeschichte bis ins kleinste Detail. Wir erzählten jeden Witz, den wir kannten. Der Hüttenbesitzer hatte ein Akkordeon. Einer von uns konnte darauf spielen. In Begleitung des Schifferklaviers sangen wir jedes uns bekannte Lied. Zur allgemeinen Belustigung übte unser Franzose sich in „'Eil Hitler" und „Heil 'Itler". Mehr als ein aspiriertes „h" pro Wort oder Ausdruck brachte er nie zustande. In jenen drei Tagen lernte ich mehr deutsche und österreichische Umgangssprache, als seither zusammengenommen. Als der Schneesturm vorüber war, packten wir unsere Rucksäcke, schnallten unsere Schier an und begannen den Abstieg. Es ging zwar nicht so schnell wie heutzutage bei den Slalom- oder Abfahrtsläufern, doch schnell genug für meinen Geschmack und den der anderen Gruppenteilnehmer, ausgenommen der zwei Österreicher.

Die Abfahrt war anstrengend, doch nichts verglichen mit dem Aufstieg. Das Überqueren des Gletschers war alles andere als einfach. Wir mußten auf Felsspalten achtgeben. Als der Gletscher hinter uns lag, wurde der Weg einfacher, war aber nicht unproblematisch. Ich war bzw. dachte, ich wäre ausgeruht. Der Franzose fiel und brach sich das rechte Bein. Er wurde mit einem Schlitten nach unten gebracht; die Heilung seines Knochenbruchs verlief ohne Komplikationen. Vom Dorf aus nahm ich einen Bus, dann den erstmöglichen Zug von Innsbruck nach Heidelberg. Am Tag zuvor hatte ich aus einer Zeitung, die ich mir gekauft hatte als der Zug an der Grenze zur Zollabfertigung anhielt, erfahren, daß die Wehrmacht unter Hitler das Rheinland besetzt hatte. Welch unheilvolle Nachricht! War sie nicht Warnung genug für die demokratischen Staaten Europas gewesen? Wohl nicht. Vielleicht wollten diese sie ja gar nicht hören?

Während der Zugfahrt hatte ich das Gefühl, Fieber zu bekommen. Als ich in Heidelberg und dem „Evangelischen Studentenwohnheim" ankam, war ich richtig krank und ging unverzüglich zu Bett. Zwei Wochen lang lag ich krank im Bett, während Wilhelm seine Fähigkeiten als zukünftiger Arzt demonstrieren konnte. Sein Erfolg an mir als seinem ersten Patienten verhinderte wahrscheinlich, daß sich aus einer schweren Grippe eine Lungenentzündung entwickelte.

Noch bevor ich mit dem Postbus in Innsbruck angekommen war, waren die ersten Anzeichen des Frühlings zu erkennen. Als ich über die Grippe hinweg war, war in der Natur überall neues Leben in voller Blüte hervorgebrochen. Außerdem war Ute aus Radolfzell zurück. Und im Frühling erwachen ja bekanntlich die Sinne ... Bei mir war es so. Den Frühling und Sommer 1936 werde ich jedenfalls nicht vergessen.

Vom Studentenprinz zum „Bettelstudent"

Meine finanzielle Lage war prekär trotz des günstigen Umtauschkurses für ausländische Studierende. Aus diesem und anderen Gründen sah ich mich nach einem neuen Quartier in Utes Nähe um — sie hatte ein Zimmer in der Innenstadt. Für ein Drittel der Miete, die ich in der Bergstraße bezahlt hatte, fand ich ein möbliertes Mansardenzimmer in einem trübselig ausschauenden vierstöckigen Haus an einem Hinterweg in Nähe des Neckarufers. Ich entschloß mich, das Zimmer zu mieten, packte meine Siebensachen – bestehend aus etwa einem Dutzend Bücher, zwei Koffern und meiner Violine – zusammen, lud alles auf einen geborgten Handkarren und trottete von Handschuhsheim über das Kopfsteinpflaster der alten gewölbten Neckarbrücke zu meiner neuen Unterkunft.
Ich habe vergessen, an früherer Stelle zu erwähnen, daß ich in Louisville mehrere Jahre Geigenunterricht hatte, den mein Vater für mich bei einem armen, hypochondrischen Musiker veranlaßt hatte. Er wurde, weil er mich unterrichtete, von meinem Arzt-Vater unentgeltlich medizinisch betreut. Als mein finanzieller Engpaß als Studentenprinz auf dem Niveau meines früheren Geigenlehrers angelangt war, gab ich meine Violine für zweihundert Reichsmark in ein Pfandhaus. Seither habe ich nie mehr Geige gespielt, wohl aber Klavierunterricht genommen und rühme mich gern der paar Stücke, die ich — manchmal – ganz passabel hinbekomme.
Mein neues Zimmer war weder geräumig, noch mit dem Status eines wohlhabenden Studenten vereinbar, einem Status, den zu erhalten es wichtig war, wie man mir in der Ploeck beizubringen versucht hatte.

Das Zimmer bot sich aber an, sodaß Ute und ich die Nächte gemeinsam verbringen konnten, sooft wir wollten. Wir lernten wieder gemeinsam ein paar der Fächer, an denen wir beide interessiert waren. Doch war dies nebensächlich. Andere Dinge waren oft wichtiger als wissenschaftliche Belange. Der Frühling war da, der Sommer würde bald folgen. Es gab immer mehr zu sehen und zu tun, als möglich war. Eines Tages gegen Ende April stiegen wir auf unsere Räder, um fünfzehn, zwanzig Kilometer das Neckartal aufwärts nach Hirschhorn zu gelangen, einem Juwel unter den aus dem Mittelalter stammenden Städten. Nahe bei den alten befestigten Mauern, Türmen und einem Dutzend Fachwerkhäuser, von denen jedes mindestens dreihundert Jahre alt ist, rühmt sich Hirschhorn eines Karmeliterklosters aus dem 15. Jahrhundert. Eine Pfarrkirche aus dem frühen 17. Jahrhundert steht versteckt an einer Stelle, wo ein schmaler Weg einen Bogen macht. Hoch darüber, mit Blick auf eine Flußbiegung des Neckar thront eine herrliche Burg. Ihre Ursprünge reichen bis ins 13. Jahrhundert zurück.

Die Burg war, wer weiß wie lange, eine Ruine. Sie wurde im 16. Jahrhundert wieder aufgebaut und vor einigen Jahren in ein modernes Hotel umgewandelt. Einmal, als ich Heidelberg nach dem Krieg wieder besuchte, blieb ich ein paar Tage in diesem Burg-Hotel. Das weite Panorama auf die darunterliegende Gegend, von den Hügeln aus, auf denen die Burg seit Jahrhunderten wacht, hat sich in den letzten vierzig oder fünfzig Jahren wenig verändert, seit ich mit Ute zum erstenmal in Hirschhorn war.

Die hohen, umliegenden Hügel zu beiden Seiten des Neckars sind immer noch dicht bewaldet. Lange, langsame Frachtkähne schiffeln immer noch gegen den Strom flußaufwärts. Solche, die schon entladen haben, treiben fast verträumt flußabwärts. Wer diese Beschreibung liest, kann sich sicher sein, daß man nicht ein junges Liebespärchen oder Student aus dem Ausland sein muß, um Hirschhorn, das viele Jahrhunderte mit wehmutsvollem Charme überstanden hat, so reizend zu finden, wie es romantisch ist.

Ein anderes Mal besuchten Ute und ich Schwetzingen, wo mitunter der beste Spargel in Deutschland angebaut wird, um das Rokokoschloß und die französischen Gartenanlagen zu besichtigen, wie sie unter Ludwig XIV typisch waren. (Nebenbei bemerkt heißt Ludwig im Englischen Louis, – und Louisville in Kentucky wurde nach Ludwig XIV benannt.) Jener Nachmittag in Schwetzingen hielt eine verblüffende Überraschung für uns parat. Nichtsahnend schlenderten Ute und ich durch einen imposanten Torbogen, der zu den Gartenanlagen führte. Dort fanden wir uns plötzlich in einer großen Menschenmenge von Männern, Frauen und Kindern wieder. – Als wären wir mit der Zeitmaschine ins 18. Jahrhundert zurückversetzt worden. Die Menschen in der Menge, ob jung oder alt, waren mit authentischen Kostümen aus dem 18. Jahrhundert bekleidet. Ute und ich dachten zuerst, daß wir Opfer einer Halluzination gewesen seien und uns womöglich allzu eingehend mit der Literatur der Romantik befaßt hatten. Als wir uns bei einem gepuderten *gentilhomme* mit weißer, perfekt sitzender Perücke erkundigten, was hier vor sich ginge, erfuhren wir, daß gerade ein Film gedreht wurde. Der Film basierte auf einem Roman aus den 60iger Jahren des 17. Jahrhunderts. Für manche Szenen wurden das Schwetzinger Schloß und die Gartenanlagen als Hintergrund benötigt. Für uns war alles täuschend echt gewesen. Ute und ich kehrten mit einer seltsamen Empfindung aus Schwetzingen zurück: Es war, als hätten wir in einer halben Stunde 175 Jahre umspannt.

Einige dieser Schilderungen könnten den Eindruck erwecken, daß ich nicht mit dem Ziel nach Deutschland gekommen wäre, ernsthaft zu studieren, sondern nur um Spaß zu haben und die neugewonnene Freiheit in Deutschland auszunutzen. An dieser Vermutung ist etwas Wahres dran. Ich war froh, die Freiheit zu besitzen, so leben zu können, wie es mir richtig erschien. In der Tat: Ich genoß meine Freiheit. Ich ging regelmäßig zu den Vorlesungen und las viel. Es war mir immer noch nicht klar, was ich aus meiner Zukunft machen wollte oder wie ich sie anpacken sollte. Ich wußte aber, daß ich keinen Wunsch verspürte, Medizin zu studieren. Der lange Brief, den ich von Davidson an meine Eltern geschrieben hatte, war eine Darlegung meiner Gründe für diese Entscheidung, so offen formuliert, wie es mir möglich war. Mit Bestimmtheit wußte ich, daß mich Sprachen faszinierten, so wie auch Psychologie, Parapsychologie und in geringerem Maße Philosophie. Außer den Kursen, die ich in meinem ersten

Semester in Heidelberg begonnen hatte, belegte ich nun zusätzlich „Mittel- und Althochdeutsch" sowie „Gotik". Diese Wahl schien logisch auf dem aufzubauen, was ich bereits am Davidson-College über die früheren Perioden in der Entwicklung der englischen Sprache und die frühe englische Literatur gelernt hatte. Ich wußte, daß ich diese Bereiche weiter vertiefen wollte, auch wenn mir noch nicht klar war, welchen Schwerpunkt ich dabei setzten könnte bzw. wollte.
Ich hatte damit angefangen, die deutsche Gegenwartssprache so gründlich wie möglich in Wort und Schrift zu erlernen. Seit meiner Atlantiküberquerung bewegte ich mich in großen Schritten auf dieses Ziel zu. Ute, die unendlich taktvoll und geduldig war, verhalf mir dazu, fließend sprechen zu lernen. Wilhelm hielt sich fest an unser *gentlemen's agreement*. Ich hatte jedoch noch einen starken amerikanischen Akzent. Der störte mich. Mein maßloser Ehrgeiz war Teil meiner intrapsychischen Realität geworden.

„Schnellkurs in Hochdeutsch" – höchste Qualität und gratis!

Bevor ich fortfahre zu erzählen, was es noch zu meinen zwei Semestern in Heidelberg zu sagen gibt, will ich erklären, wie es mir gelang, meinen Südstaatenakzent aus Kentucky loszuwerden. Meine Aussprache war scheinbar so unverständlich, daß Menschen, die mir begegneten, oft nicht annahmen, daß ich aus dem Ausland stammte, sondern vielmehr aus einer abgelegenen Ecke Deutschlands, wo ein ihnen nicht vertrauter Dialekt gesprochen wurde.
Eines Tages schlenderte ich durch eine ruhige, abgelegene Straße Heidelbergs. Eine bronzefarbene Tafel am Eingang eines älteren Patrizierhauses fiel mir in die Augen. Auf dem Schild stand, daß Frau von Campenhausen-Bassermann Privatunterricht in Deutsch erteilte. Es gab im Jahr 1936 in Deutschland wohl kaum genug Ausländer, die das Angebot privater Deutschstunden einträglich gemacht hätten. Außerdem schien mir, daß die meisten in Deutschland die Sprache bereits gut beherrschten. Ohne Umschweife läutete ich. Hinter einem jungen Bediensteten, der die Tür öffnete, erschien eine elegant

gekleidete, kultivierte, ältere Dame. Mit Worten, die ich für mein bestes Deutsch hielt, fragte ich, wer bei ihr Einzelunterricht erhalten könnte. Freundlich bat mich die Dame herein und sagte, sie freue sich, mir dies erläutern zu können.

Diese Begegnung war der Beginn mehrerer Wochen des intensivsten Sprachtrainings, das man sich vorstellen kann. Eines Tages erwähnte ich beiläufig die finanziellen Engpässe, die ich zu bewältigen hatte. Die alte Dame gab mir dann kostenlos Nachhilfe. Frau von Campenhausen-Bassermann unterwies gewöhnlich Theologiestudenten, die aus ländlichen Gebieten stammten und einen für die Kanzel unangemessenen Dialekt sprachen. Kurz formuliert, sie mußten Hochdeutsch lernen, wie es bei der Aufführung klassischer Bühnenstücke dargeboten wird. Die Dame war eine strenge Lehrerin. Von ihren Schülern verlangte sie ungeteilte Aufmerksamkeit, unermüdlichen Einsatz und Ausdauer. Sie arbeitete mit anatomischen Modellen des menschlichen Kiefers, Spiegeln, Diagrammen, Zeichnungen und Resonanzböden aus Holz. Übung war aber das A und O ihres Unterrichts. Üben, üben und nochmals üben! Übung war genau das, was ich brauchte. In meiner ersten Stunde lernte ich, wie unterschiedlich die Position der Zunge bei der Aussprache des deutschen „L" im Vergleich zum amerikanischen Pendant zu sein hat. Danach folgten Übungen mit weiteren Konsonanten, Vokalen und dem sogenannten Stimmritzenverschluß-, Kehlkopfverschlußlaut oder, etwas einfacher, auch Knacklaut genannt.

Ich werde nicht weiter auf Details von Frau Campenhausen-Bassermanns Unterricht eingehen. Sie wären für alle, außer für mich, belanglos und daher überflüssig. Innerhalb von sechs Wochen, in denen ich jeweils wöchentlich dreimal den Stimmübungen ausgesetzt wurde, war meine Aussprache „tipptopp". Ich bin jener Dame, die sich mit mir so viel Mühe gab, sehr dankbar. Sie hat mir beigebracht, *fast* so gut Deutsch zu sprechen, wie es von den Kanzeln des Landes und bei Aufführungen der Klassiker in den Theatern tatsächlich gesprochen wird. Oder bilde ich mir dies bloß ein?

Die braune Hydra bedroht alle
und hebt ihr Haupt höher

Trotz meiner Beschäftigung im Bereich der angewandten Sprachwissenschaft verstanden Ute und ich uns weiterhin ausgezeichnet mit Wilhelm sowie mit Heidel McClochry und Harry Atcherly. Wir waren nicht nur Freunde im gesellschaftlichen Sinne des Wortes. Wir tauschten auch unsere Ansichten über die politischen Entwicklungen in Deutschland aus. Darüber habe ich hier noch nicht viel gesagt, weil mancherlei anderes meine Aufmerksamkeit fesselte. Des weiteren war die nationalsozialistische Ideologie, auch wenn kein Weg mehr daran vorbeiführte, in der totalitären Gewaltherrschaft noch nicht ausgeartet, die sie wenig später kennzeichnete. Überall waren Männer in den braunen SA-Uniformen zu sehen und fast genauso häufig auch in den schwarzen Uniformen der SS. Auf allen erdenklichen Bändern, auf Fahnen, Bannern und allen anderen dafür benutzbaren Flächen war das Hakenkreuz aufgedruckt oder aufgemalt. Immer öfter hörte man „Heil Hitler!" als Gruß, selbst aus dem Munde einiger ausländischer Studierender. Nicht aber von mir! Auch meine Freunde konnten dies nicht über die Lippen bringen. Zwangsläufig, ob man wollte oder nicht, mußte man sich an den Anblick und die Geräusche gewöhnen der im Gleichschritt zu ‚vaterländisch-deutscher" Musik defilierenden SA-Trupps und in den Straßen laut singenden oder an einem vorbei marschierenden HJ-Mitglieder. Diese Geräusche und dieser Anblick waren so unvermeidlich wie allgegenwärtig. Sie verliehen allem eine Art hysterischen Anstrich, wohin man auch immer ging.

Dies alles fanden wir mehr als unangenehm. Manchmal alarmierend. Das Schockierendste und Störendste an der ganzen Sache waren für uns die Anzeichen wachsenden Antisemitismus in den Geschäften, öffentlichen Gebäuden, überall auf den Straßen in Städten und Dörfern. In welches Dorf man auch kam, gab es auf dem Dorfplatz und andernorts Schaukästen, die an der Vorderseite mit Maschendraht überzogen und mit Nägeln an alten Lindenbäumen befestigt worden waren. Die Dorfältesten trafen sich damals nach altem Brauch nachmittags und abends auf dem Dorfplatz, um lokale Neuigkeiten oder

Gerüchte auszutauschen. In den Schaukästen hing immer die neueste Nummer von „Der Stürmer". Dieses Schundblatt, das vorgab, eine Nachrichtenzeitung zu sein, war nichts anderes als offensichtliche, bigotte, schmutzige rassistische Propaganda – scheußliche, widerliche, ehrenrührige Verleumdung des Judentums und von allem, was jüdisch war. Einmal schaute ich mir eine Ausgabe an. Ich hätte mich am liebsten übergeben. Fast hätte ich es auch getan. In aller Fairneß muß andererseits auch angemerkt werden, daß Dorfbewohner sich in den Jahren 1935 und 1936 nur selten aus echtem oder vorgetäuschtem Interesse vor den Schaukästen aufhielten, um zu lesen, was „Der Stürmer" in abscheulicher Weise zu beschreiben und mit widerwärtigen Karikaturen darzustellen versuchte.

Nun genug von diesen unliebsamen Dingen! Ich möchte zu anderen politischen Fragen zurückkehren, mit denen man damals tagtäglich konfrontiert wurde, ob man wollte oder nicht. Eine Begebenheit möchte ich an dieser Stelle erzählen: Sie trug sich im Sommer 1936 zu. Heidel, Harry, Ute und ich saßen eines Nachmittags bei Kaffee und Kuchen in einem vornehmen Café beisammen — auf Einladung des wohlhabenden Harry, versteht sich. Als wir uns erhoben, um wieder zu gehen, bemerkten wir eine Menschenmenge, die sich vor einem Luxushotel auf der gegenüberliegenden Seite von unserem Café eingefunden hatte. Wenn ich mich recht erinnere, war das Hotel der „Europäische Hof". Als wir aus dem Café kamen, fing die Menge auf der Straße lautstark in Sprechchören an zu rufen: „Heil Hitler! Sieg! Heil! Heil Hitler! Sieg! Sieg! Heil!" Diese Szene und der Lärm, der sie begleitete, lassen sich am besten mit dem lateinischen Ausdruck *ad nauseam* zusammenfassen.

Was war der Grund für den Aufruhr an jenem Nachmittag? Eine übergroße, schwarze Mercedes-Limousine mit livriertem Chauffeur am Steuer fuhr vor dem Hoteleingang vor. Und wer trat da aus der Eingangshalle des Hotels? Kein Geringerer als Hitlers Propagandaminister, der Übeltäter und Bösewicht Josef Goebbels. Der Anblick war widerlich. Wir bahnten uns so schnell wir konnten einen Weg durch die Menge und nahmen in Harrys Wohnung Zuflucht. Allein sein Anblick hätte Goebbels für die unheilvolle Rolle qualifiziert, die er bis zu Hitlers Selbstmord mit Eva Braun zusammen in der letzten Phase des Zweiten Weltkriegs spielte.

Ich erwähne dieses Ereignis in Heidelberg vor allem deshalb, weil Goebbels der einzige der großen Nazi-Bonzen war den ich bis dahin gesehen habe. Genauer gesagt, habe ich von den anderen nie einen gesehen, bis etwa zehn Jahre später beim Internationalen Kriegsverbrechertribunal in Nürnberg. Überhören konnte man sie 1936 allerdings nicht, wenn ihre Ansprachen über öffentliche Verstärkeranlagen übertragen oder im Radio gesendet wurden.

Beim Internationalen Kriegsverbrechertribunal hatte ich, wie an späterer Stelle zu berichten sein wird, von Radio Münchens Sendekabine aus einen günstigen Aussichtspunkt. Die Militärregierung hatte Radio München mit der Live-Übertragung der Gerichtsverfahren in allen vier Besatzungszonen beauftragt. Unser provisorisches Studio war im alten Gerichtssaal über den Reihen eingerichtet, wo die Angeklagten auf Holzbänken mit gerader Rückenlehne saßen und überheblichen Stolz oder nervöse Anspannung verrieten. Hätte ich die dicke Glasscheibe unserer Sendekabine mit einem Backstein eingeworfen, wäre der Stein vielleicht auf das Haupt von Hermann Göring, Joachim von Ribbentrop, Julius Streicher, dem Begründer und Herausgeber von „Der Stürmer", oder andere, später zum Tode oder zu Haftstrafen verurteilte Angeklagte gefallen. Selbstverständlich schlug ich keine Scheiben ein und warf niemand einem Stein auf den Kopf, auch wenn die Versuchung groß war. Göring hat sich ja bekanntlich in seiner Haftzelle in Nürnberg mit Zyanid vergiftet. Wie Goebbels und Hitler vor ihm, entging er dem Galgen, indem er seinem Leben selbst ein Ende setzte.

Es soll nun genug der Dinge sein, über die ich ohnehin lieber nicht sprechen würde. Sie waren einfach unaussprechlich erschreckend. Man wird meine Zurückhaltung wohl verstehen. Sie hat ähnliche Ursachen wie die Ereignisse in Deutschland nach dem Krieg, die ich an späterer Stelle noch erwähnen muß und werde. Was Millionen von Menschen damals erlebten, war traumatisch und hinterließ solche tiefe Verletzungen, daß es schwer ist, darüber zu berichten, selbst wenn die Erinnerungen nicht ausgelöscht oder unterdrückt worden sind.

Ich habe während meiner neun Monate in Heidelberg noch mehr Erfahrungen gemacht und Abenteuer ganz anderer Art erlebt, die vielleicht von Interesse sein könnten. Die kurze Zeit in Heidelberg ging zu Ende. Mein zweites Semester sollte Mitte Juli enden. Ute und ich wußten, daß es für uns nicht einfach werden würde.

„Es ist bestimmt in Gottes Rath ..."

So der erste Vers eines alten deutschen Volksliedes aus dem neunzehnten Jahrhundert. Weiter wird klagend bekundet: „Daß man vom Liebsten, was man hat, muß scheiden, ... ja scheiden." Es liegt auf der Hand, weshalb ich dieses Lied an dieser Stelle zitiere.
Meiner zuvor bereits mehrere Male erwähnten finanziellen Krise lag keine unmittelbare Geldnot zur Bestreitung meines Lebensunterhalts zugrunde. Ich hatte nur zu viel für Ausrüstung und Vorräte in eine Bergtour investiert und die Miete im Wohnheim in der Bergstraße war auch höher als gerechtfertigt gewesen, auch wenn ich ein Stipendium hatte und der Umtauschkurs künstlich niedergehalten wurde. Das alles war nur ein kleiner Teil meines Problems. Der Grund – der einzige und eigentliche Grund –, weshalb ich so knapp bei Kasse war, lag in meiner Sparsamkeit begründet: Ich sparte bzw. versuchte, Geld zur Seite zu legen. Ute und ich hatten gehofft, ein paar gemeinsame Tage in London verbringen zu können, bevor ich in die USA zurückkehren würde. Der Juli stand allzu schnell vor der Tür. Als unmittelbar bevorstand, was „bestimmt in Gottes Rath" war, setzten wir uns zusammen und rechneten aus, wieviel wir gemeinsam zur Verfügung hatten. Wir kamen zu dem willkommenen Schluß, daß wir genug hätten, um maximal eine kurze Woche in London verbringen zu können.
Ich kürze diese lange Geschichte ab, denn es ist nicht einfach über die Dinge zu schreiben, welche die nächsten sechs Monate bringen sollten. Wenn ich jetzt mit meinem Computer auf den Knien so dasitze, fällt es mir schwer zurückzuhalten, was in mir aufwallt. Der Computer findet keine geeigneten Worte, sie zu verarbeiten. Ein Lied von Harry Belafonte, das ich oft höre, saugt sie alle auf: „Come back,

Lisa! Come back, Lisa! Water comes to the eye."[1] Sollte ich nicht versuchen, meine Tränen zurückzuhalten? Ist diese Frage zu sentimental? Ich weiß es nicht. Ich wußte nicht, wie ich mit der Situation fertig werden sollte.

Ute und ich fuhren gemeinsam nach London. Vor unserer Abreise per Bahn von Heidelberg war es uns gelungen, eine kleine möblierte Wohnung an der Charing Cross Road ausfindig zu machen und sie eine Woche lang gegen Bezahlung im voraus zu mieten. Ich weiß kaum noch, was wir in London unternahmen oder sahen, obwohl meine Fähigkeit, mich an Details zu erinnern im allgemeinen gut ausgeprägt ist, wenn auch nicht ganz so gut, wie sie es bei meinem Großvater war.

Wenn ich mich heute zurückbesinne, scheint die ganze Woche in London wie in eine Wolke gehüllt zu sein, in der Widersprüche wie im Nebel verschwammen, wie Freude und Leid, Traurigkeit und Verzückung. Ich kann sie immer noch nicht in Worte kleiden. Ute und ich nahmen die Sehenswürdigkeiten Londons zur Kenntnis wie Touristen. Die St. Pauls-Kathedrale, das Britische Museum und der Trafalgar Square durften nicht fehlen. Wir sahen sie, nahmen sie aber nur vage wahr. Ich erinnere mich noch verschwommen an zwei oder drei lange Spaziergänge durch den Hyde Park. Was dort in der berühmten Ecke von Seifenkisten proklamiert wurde oder wer dort eine Rede schwang, ging an mir vorbei. Wir unternahmen unzählige Fahrten in roten Londoner Doppeldeckerbussen zu Orten, derer ich mich nicht mehr entsinnen kann. Was ich nicht vergessen habe, ist die Zweizimmerwohnung im vierten Stock an der Charing Cross Road. Um zur Wohnung zu gelangen, mußte man eine Treppe hinaufsteigen. Scheinbar unwichtige Details sind mir ebenfalls in Erinnerung geblieben, so zum Beispiel das reichhaltige Frühstück mit warmen Brötchen, Orangenmarmelade und Räucherhering, das uns auf dem Zimmer serviert wurde. Außer diesen Fragmenten finden sich keine weiteren Abspeicherungen auf meiner Hirndiskette.

---

[1] Etwa: „Komm zurück, Lisa! Komm zurück, Lisa! Tränen schießen mir in die Augen."

Der Tag rückte heran, als mein Boot von Southhampton ablegen sollte. Ute und ich fuhren mit der Bahn direkt zum Hafen. Das Schiff, auf dem ich meine Reise gebucht hatte, war im Hafen bereits angedockt. Es legte pünktlich in Southhampton ab. Der Rest, – was sich vor und nach dem Abschied abspielte –, überlasse ich der Phantasie. Auch meiner eigenen. Ich erinnere mich nicht mehr daran. Die Ereignisse, die dazu führten, daß ich nach Deutschland zurückkehrte, werden an späterer Stelle unweigerlich erläutert werden müssen.
Ich weiß nicht mehr, ob bei meiner zweiten Atlantiküberquerung die Sonne schien, es in Strömen regnete oder draußen der gleiche Sturm tobte wie in meinem Herzen. Meine Gedanken waren nicht an Bord. Sie waren in Europa. Ich merke, daß nichts vergessen ist. Was sich in mir abspielte, war Repression, die Unterdrückung schmerzlicher Gedanken. Die Umstände sind klar, die dazu führten: Ich erinnere mich noch an den Namen des Schiffs: S. S. *New York*. Ich erinnere mich auch noch daran, was mich erwartete, als wir in New York anlegten. Darüber und über die darauffolgenden Ereignisse habe ich bereits berichtet.
Ute und ich schrieben einander häufig während der Sommermonate, manchmal waren es vier bis fünf Briefe in einer Woche. Ich zählte die Tage, bis ich wieder einen neuen Brief von ihr zu erhalten hoffte. Ich freute mich, meine Mutter und John D. wiederzusehen sowie auch andere Freunde in Louisville. Mein Studebaker war noch fahrbar, wenn auch nicht mehr lange. Ich ging mit John D. zum Schwimmen oder Bootfahren nach Sleepy Hollow. Wir waren immer noch jungenhaft genug, um uns an harmlosen Lausbubenstreichen zu erfreuen, waren aber nicht mehr so waghalsig wie mit sechzehn oder siebzehn. Im Clubhaus von Sleepy Hollow benahmen wir uns anläßlich einer unterhaltsamen Abendveranstaltung so daneben, – kamen barfuß und in Freizeitkleidung an –, daß wir den förmlichen Wochenendball verpatzten. Natürlich wurden wir kurzerhand hinausgeworfen, aber erst nachdem wir eine Show abgezogen hatten, die unter den geladenen, vorschriftsmäßig gekleideten Gästen Entsetzen und Bestürzung hervorrief. Dieser Schabernack war ganz typisch für Jungs, die aus dem Teenageralter herauskommen. Wir hatten Spaß dabei und hinterher kein schlechtes

Gewissen, wenn wir auch erkennen mußten, daß wir für diese Art von Streichen langsam zu alt geworden waren.

Neue Schwierigkeiten, keine annehmbare Lösung in Sicht

Mitte September kehrten John D. und ich nach Davidson zurück. Ich freute mich, auch dort alte Freunde wiederzusehen. Eine Zeitlang interessierten sich meine Freunde und ein paar Dozenten dafür, welche Erfahrungen ich im Ausland in meinem dritten Studienjahr gemacht hatte. Besonders Professor Dr. Guy Vowles, der Deutsch unterrichtete, bekundete sein Interesse und schien stolz auf mich zu sein. Am Davidson-College wurden alle Scheine gezählt, die ich in Heidelberg gemacht hatte, und so war ich nun senior-Student im vierten Jahr. Da meine Kurse im Ausland ja angerechnet worden waren, hätte ich 1937 eigentlich meinen Bachelor of Arts-Abschluß machen sollen. Es kam jedoch anders.

Ich mußte mich mit neuen Schwierigkeiten auseinandersetzen. Neue Lösungsversuche führten zu noch mehr Problemen und machten alles noch komplizierter. Einzeln genommen wäre keine dieser Schwierigkeiten verheerend gewesen. Zusammengenommen spitzten sie sich jedoch zu einer Krise zu, die ich nicht rein verstandesgemäß bewältigen konnte.
Bevor ich nach Deutschland abgereist war, hatten John D. und ich vereinbart, daß wir während unseres letzten Collegejahres ein Zimmer in einem der Wohnheime für die älteren Semester teilen würden. Die Freundschaft mit John D. bestand, seit wir zwölf Jahre alt waren, und bedeutete mir viel. Ich ging davon aus, daß John D. Wort halten würde und freute mich darauf, mit ihm ein Zimmer zu teilen. Dann gab er mir aber zu verstehen, daß unsere Abmachung nicht mehr gültig wäre und er mit Carlton Chapman ein Zimmer teilen wollte. Carlton war mit uns beiden befreundet, und ich mochte und bewunderte ihn. (Ein paar Jahre danach heiratete er meine älteste Schwester. Ich respektierte Carlton mehr und kannte ihn besser als meine

anderen beiden Schwager.) Obwohl ich von seiner und der Entscheidung von John D. bitter enttäuscht war, war ich mit beiden jedoch auch weiterhin eng befreundet.
Nichtsdestoweniger war ich bedrückt und eifersüchtig, als die beiden mir ihre Pläne unterbreiteten. Mir kam das wie Verrat vor. Vielleicht waren bei meiner Entscheidung auch homoerotische Komponenten mit im Spiel. Unerwiderte Liebe neigt dazu, sich selbst Schaden zuzufügen. Im Jahr 1936 hätte ich damit noch nicht gerechnet. Selbst der Gedanke daran kam mir erst Jahre später in den Sinn. Allein die Frustration über ein für mich unvorhergesehenes Dilemma war mir damals bewußt. Wo sollte ich mir nun ein Zimmer nehmen? John D. hatte mich abgelehnt. Meine Schlußfolgerung: Ich wollte ein Einzelzimmer haben. In Heidelberg war es für mich unproblematisch gewesen, alleine zu wohnen, wenn ich nicht gerade mit Ute zusammen war. Dies schien jetzt irrelevant. In Heidelberg war es die Regel, daß Studierende ein Zimmer für sich hatten. Am Davidson-College war es üblich, ein Zimmer zu teilen. Es gab jedoch Einzelzimmer im Wohnheim. Als ich mich um ein Einzelzimmer bewarb, wurde mir auch eines zugewiesen. Eine unkluge Entscheidung? In gewisser Hinsicht war es für mich nicht gut, um ein Einzelzimmer gebeten zu haben. Ich hege manchmal den Verdacht, daß das Schicksal, – wer oder was immer das auch sein mag –, wieder seine Finger im Spiel hatte.
Weshalb ich empfinde, daß es so gewesen sein könnte? Die Entwicklung war entscheidend, die ich zwischen September und Dezember durchmachte. Sie setzte Zeichen, welche die Richtung für mein weiteres Leben vorgaben. Dies ist teilweise auf bewußt getroffene Entscheidungen zurückzuführen. Teilweise wurde sie aber auch von Umständen bestimmt, die jenseits meiner Kontrolle lagen. Ich war mir schon immer als Außenseiter vorgekommen und hatte nun noch stärker das Gefühl, daß ich nicht „paßte". Mein neunmonatiger Aufenthalt in Deutschland und die Erfahrungen, die ich im Ausland gesammelt hatte, vergrößerten die Kluft zwischen den anderen Studenten und mir.
Zwei oder drei meiner Professoren hatten ähnliche Zeiten außerhalb der USA erlebt. Zu einem von ihnen, meinem Dozenten für altenglische Literatur, entwickelte sich eine lockere, doch bereichernde

Freundschaft, die mir viel bedeutete und hilfreich war. Professor Lilly hatte schon in Japan gelebt. Es bürgerte sich ein, daß wir im Herbst oft lange gemeinsame Spaziergänge in dem Gebiet um Davidson unternahmen. Dabei erklärte er mir, was er in Japan über Zenbuddismus gelernt hatte und über Dampfbäder wußte, bei denen man dort nicht nach Männern und Frauen trennt. Ich fand sowohl die Vorstellung von Dampfbädern wie auch den Zenbuddismus attraktiv. Was Professor Lilly mir erzählte, insbesondere über den Buddhismus, hat bleibenden Einfluß auf mein Leben ausgeübt.
Dennoch stand ich stets abseits am Rande. Ich kapselte mich von den anderen ab und verbrachte die meiste meiner Zeit auf meinem Zimmer oder in der Bibliothek. Ich wurde zunehmend ein Sonderling. Ich nahm zwar an der ein oder anderen Aktivität teil, trainierte zwei- bis dreimal die Woche in der Sporthalle oder machte einen Ringkampf mit meinem taktvollen Freund Hunter McClung. Meine Noten waren auch weiterhin überdurchschnittlich gut. Meine Ausarbeitungen fielen immer zur Zufriedenheit meiner Dozenten und meiner selbst aus. Doch ich zog mich immer mehr zurück, und dieser Rückzug wurde immer ausgeprägter.
Ich war mir dessen zwar überhaupt nicht bewußt, doch nahm diese Entwicklung immer extremere Formen an.
Ein weiteres Problem machte das Ganze noch komplizierter. Ute war distanzierter, wenn sie mir schrieb, und verlieh unserer gegenseitigen Zuneigung weniger Ausdruck, als ich im Stillen erhofft hatte. Der Abstand zwischen Utes Briefen wurde immer größer; manchmal antwortete sie gar nicht auf meine. Ich brütete und grübelte endlos darüber nach, weshalb sie sich von mir zurückgezogen haben mochte. Zweimal schrieb ich an Wilhelm und fragte, ob er sich einen Reim darauf machen konnte. Er schrieb mir zwar zurück, sagte aber, daß er Ute seit Juli nicht mehr gesehen hätte. Meine Frage konnte er nicht beantworten. Heidel und Harry hätten es sicher gewußt, doch sie waren von Heidelberg wenige Tage, nachdem Ute und ich nach London gefahren waren, weggegangen.
Das in mir nagende Gefühl der Verzweiflung und Hilflosigkeit wurde regelrecht zur Manie. Ich fühlte mich verloren, verlassen, gelähmt, ohne klare Vorstellung, was ich als nächstes tun sollte, ob ich über-

haupt etwas tun sollte. Als ich mich immer mehr von den meisten meiner Mitstudenten isolierte und die räumliche Entfernung zwischen Ute und mir geringer war als die Distanz zwischen uns, kaufte ich mir einen teuren Radioempfänger. Jeden Abend schaltete ich ihn ein. Der Empfang der deutschen Kurzwellensender war erstaunlich gut. Ich hätte zuhören können, wollte die widerliche Propaganda aber nicht über mich ergehen lassen müssen. Die gelegentliche Übertragung eines Symphoniekonzertes war ein kleiner Trost, jedoch kein Ersatz für das, was ich suchte. Das Radio war aber auch schon alles, was ich finden konnte, um das Gefühl zu haben, näher bei Ute und dort zu sein, wo ich gerne mit ihr gewesen wäre. Sechs Wochen verstrichen, bis wieder ein Brief von ihr in meinem Postfach ankam. Ich beschloß, über die Weihnachtsferien nicht nach Louisville zu fahren. Im Kreis der Familie zu sein, hätte ich nicht ertragen können.
Eine schlaflose Nacht kurz nach Neujahr ließ mich einen Entschluß fassen. Früh morgens packte ich zwei große Koffer, schloß die Tür nicht hinter mir zu, ging zur örtlichen Sparkasse und leerte mein Konto: Es waren 850 Dollar darauf gewesen. Ich war mir sicher, daß mich niemand gesehen hätte, und nahm den ersten Greyhoundbus, der in Davidson halt machte und fuhr mit zweimaligem Umsteigen bis nach New York. Ein kleines Schiff der *US-Presidents*-Linie sollte am nächsten Tag in Richtung Hamburg ablegen. Ich kaufte mir ein Ticket für eine Überfahrt in der dritten Klasse und ging an Bord nach telefonischer Benachrichtigung meiner Eltern von einem Hotel aus, wo ich wieder genauso wenig schlafen konnte, wie die Nacht zuvor. Ich teilte meinen Eltern nur mit, daß ich im Begriff war, wieder nach Europa zu fahren, und bat sie inständig, nichts zur Verhinderung meines Vorhabens zu unternehmen. Ich gab keine Gründe an, lieferte keine Erklärung. Ich versprach, sobald wie möglich zu schreiben.
Ich erinnere mich noch ausgesprochen gut an diese Atlantiküberquerung. Von New York bis Hamburg wütete und heulte ein wilder Sturm, obwohl die Temperaturen recht milde waren. Zehn Tage und Nächte lang tobte draußen auf der See und in meinem Inneren ohne Unterlaß ein Sturm. In der Heftigkeit des Sturms draußen widerspiegelte sich mein innerer Sturm. So etwas nennt man Synchronizität! Laut Jungs psychologischer Definition beschreibt das Synchronizi-

tätsphänomen das gleichzeitige Auftreten zweier kausal nicht in Verbindung stehender Ereignisse, die dennoch einen Sinneszusammenhang aufweisen, wenn man ihnen Bedeutung zuschreibt. Unentwegt wurde das Schiff hin und her, auf und ab geworfen. Es ächzte und stöhnte unter der Anspannung. Es stieß tief in die tosenden Wogen, stieg dann wieder hoch auf, wobei der Bug oft nach oben zu den schwarzen Wolken ragte, die am Himmel entlangjagten. Immer wieder bäumten sich riesige Wellen so hoch auf, daß die Decks tiefer als die wilde See waren, die an Heck und Bug über das Schiff hereinbrach. Ich starrte fast senkrecht nach oben in das brausende Wasser. All diese Dinge haben sich bei mir eingeprägt. Ich erinnere mich auch noch, daß ich lernte, wie man der Seekrankheit wehrt. Tag und Nacht war ich stundenlang an Deck. Fast alle, einschließlich manch eines Matrosen, waren seekrank. Ich konnte verhindern, daß ich seekrank wurde, wenn ich mich, nachdem ich eine Mahlzeit eingenommen hatte, – vorausgesetzt ich mußte ich nicht gleich würgen – , sofort die schwindelerregende Treppe vom Speisesaal zum obersten Deck schleppte. Dort klammerte ich mich mit beiden Armen an einen Mast oder Baum und sog große Mengen frischer, salziger Seeluft ein, die der Wind mir ins Gesicht peitschte. Manchmal erwischte ich soviel Salzwasser, daß ich fast spucken mußte. Da ich mir wasserdichtes „gelbes Zeug" und hohe Gummistiefel ausgeliehen hatte, wurde ich nie naß, außer im Gesicht und an den Händen. Die Entdeckung dieser Methode half mir, nicht seekrank zu werden und mich, wenn auch nur in geringem Maße, in eine emotionale Lage zu stabilisieren. Zehn Tage nach der Abreise von New York erreichten wir Hamburg. Ich stieg in den nächsten Zug nach Heidelberg. Von einem überraschten Wilhelm, den ich glücklicherweise im Studentenwohnheim antraf, fand ich heraus, wo Ute jetzt wohnte. Nahe der Bergstraße rief ich ein Taxi und fuhr zu ihr. Ich traf sie dort an. Was ich stotternd herausbrachte oder sie sagte, als sie mich sah, weiß ich nicht mehr. Ich weiß nicht einmal, ob sie überhaupt etwas gesagt hat. Sie war am Nähen oder Stricken und wirkte, im Gegensatz zu mir, scheinbar gelassen. Doch ihre Hände zitterten. Fünf Minuten lang oder mehr sagte keiner von uns beiden ein Wort. Schwere Stille lag im Raum,

als wir einander zunächst ansahen und dann zu Boden blickten. Der war jedoch genauso totenstill wie Ute und ich.
Irgendwie nahm ich mein Herz in beide Hände und fragte, warum, um Himmels willen, ich seit Wochen nichts mehr von ihr gehört hatte. Daraufhin erwiderte sie nichts, saß einfach mit ihrer Handarbeit da. Wieder lagerte sich gespenstisches Schweigen über uns. Wiederholt bat ich sie darum, mir zu erzählen, was sich zugetragen hätte. Sie rang nach Worten, wußte aber nicht, was sie sagen sollte und hielt mitten im Satz inne. Dann ließ sie verlauten, daß sie erst acht Tage zuvor erfahren hatte, daß ich nach Europa und vermutlich nach Heidelberg kommen würde. Mein Vater hatte herausgefunden, daß Ute telefonisch erreichbar war und sie nach meiner Abreise von New York angerufen. Fernsprechverbindungen über den Atlantik hinweg waren im Jahr 1937 nur schwer möglich, selbst wenn man wußte, welche Nummer man anrufen mußte. Wie mein Vater an Utes Telefonnummer gelangt war, wußte sie nicht und konnte ich mir nicht vorstellen. Diese Information war zwar unwichtig, aber verwirrend. Ich habe nie herausgefunden, wie es meinem Vater gelungen war, diese Telefonverbindung herzustellen.
Zum dritten Mal bat ich Ute, mir doch zu sagen, weshalb sie mich so lange im dunkeln gelassen hatte. Hätte sie sich nicht denken können, daß ich mir Sorgen machte? Natürlich hatte sie es gewußt. Warum hatte sie mir nicht geschrieben? Endlich erklärte sie mir alles. Sie hatte sich mit einem jungen Arzt verlobt, den sie schon kannte, bevor sie und ich einander in „Spanisch für Anfänger" trafen. Zwischen ihnen wäre bis zum Frühherbst nie viel passiert. Dann hatten sie erkannt, daß ... Der Rest erübrigte sich. Ich konnte nichts mehr dazu sagen. Ich sagte nichts. Sie bat mich, ihr zu vergeben, wenn ich es könnte. Ich drehte mich um und ließ sie mit ihrer Handarbeit zurück. „Es ist bestimmt in Gottes Rath."
Spät an jenem Abend fand ich eine Unterkunft im nahegelegenen „Christlichen Hospiz". Ich ließ meinen Koffer dort stehen und stolperte in ein schäbiges Nachtlokal, das mir noch aus dem vorherigen Jahr bekannt war, da ich dort manchmal mit anderen Studenten auf ein Gläschen hingegangen war. Etwas wackelig setzte ich mich an die Bar und bestellte eine Flasche Rotwein. Als sie leer war, bestellte ich

noch eine. Und vielleicht eine dritte? Mit ziemlicher Sicherheit. Ich war so betrunken wie noch nie zuvor in meinem Leben, so betrunken, wie ich es niemals mehr seither war oder sein werde.
Passanten stützten mich ab und begleiteten mich zum Hospiz, wo ich in eines schmales Bett stolperte oder fiel. Es federte nach oben und unten, hin und her. Verglichen mit dem Schiff, auf dem ich den Atlantik überquert hatte, war das Bett Inbegriff von Stabilität und Solidität. Dann wurde mir übel – und oh, wie übel mir wurde! Weitere Einzelheiten sind nicht bekannt. Ich weiß nichts mehr von jener qualvollen Nacht. Am nächsten Tag wachte ich gegen Mittag auf und erkannte noch im Halbschlaf, daß meine wohlverdiente Strafe der scheußlichste Kater war, den man sich nur denken kann.
Zehn Jahre später habe ich Ute wieder getroffen. Im Jahr 1947 hatte ich meine Stellung bei der Militärregierung in Bayern gekündigt. In den Nachrichtenagenturen Deutschlands und anderer Länder sowie über die Rundfunkanstalten wurden Berichte zum Hintergrund dieser Entscheidung geführt. Eines Tages, als ich mich noch in München aufhielt, bekam ich einen Telefonanruf von einem Mann, dessen Stimme ich nie zuvor gehört hatte. Auch sein Name sagte mir nichts. Ich fragte nochmals nach, wer er sei, verstand seine Antwort aber auch jetzt noch nicht. Er erklärte, daß er aus Heidelberg anriefe und Zeitungsberichte gesehen habe, die dahingehend verlauteten, daß ein gewisser Field Horine seine Stellung bei der Militärregierung gekündigt hätte. Ob ich denn Field Horine wäre? Ich bejahte seine Frage. Ob ich denn derselbe Field Horine wäre, der vor dem Krieg in Heidelberg studiert hatte. Ich antworte: „Ja, aber warum rufen Sie mich denn an?" Daraufhin erklärte er, daß er Kinderarzt sei und Ute Wäntig 1939 geheiratet hätte. Er fügte hinzu, daß Ute wenige Wochen zuvor ernsthaft krank gewesen war und hohes Fieber gehabt hatte. Im Fieberdelirium habe sie ständig nach mir gefragt. Jetzt ginge es ihr aber wieder gut. Ob ich etwas dagegen hätte, wenn er sie mit einer Reise nach München überraschte?
Eine Woche nach dem Anruf kamen er und Ute zu mir zu Besuch in den Münchner Presseclub. Während ich an einer Reihe von Zeitungsartikeln für eine New Yorker Tageszeitung arbeitete, war ich dort untergebracht. Ich fand Utes Ehemann sofort sympathisch. Ute

selbst war von ihrer Krankheit noch blaß und dünn. Wir unterhielten uns ungezwungen und entspannt, ohne daß es peinlich gewesen wäre. Es war schon eine seltsame Begegnung nach all den Jahren und all dem, was zwischen 1937 und 1947 passiert war, doch war ich froh, daß Ute und ihr Mann gekommen waren und ich dem zugestimmt hatte. Außerdem war ich froh, Ute versichern zu können, daß ich ihr längst vergeben hätte. Seit dem Treffen in München habe ich weder Ute noch ihren Mann jemals wieder gesehen.

„Kleiner Mann, was nun?" „Quo Vadis?"

Die so betitelten Bücher hatte ich vor meinem Jahr in Deutschland gelesen. Sie widerspiegelten die Fragen, mit denen ich mich konfrontiert sah. Von der qualvollen Begegnung an jenem Abend bei Ute und der höllischen Nacht, die ich anschließend im Hospiz verbrachte, hatte ich mich keineswegs erholt. Was sollte ich tun, jetzt, da ich wieder in Heidelberg war? Hans Fallada, Autor von *Kleiner Mann, was nun?* war ja während der dreißiger Jahre ein beliebter Romanschriftsteller, der in mehreren Büchern über das Leben der „kleinen Leute" zwischen den beiden Weltkriegen in Deutschland schrieb. *Kleiner Mann, was nun?* hatte ich 1935 am Davidson-College gelesen. Fast alle Schulkinder in den USA und Europa lasen damals noch *Quo Vadis*. Dieser Roman stammt bekanntlich aus dem neunzehnten Jahrhundert und handelt vom Römischen Reich unter Nero. – Ich verschlang ihn geradezu, als ich ihn in der Highschool las. Als Buch oder Filmversion hat *Quo Vadis? – „Wohin gehst Du?"* – inzwischen solchen Bekanntheitsgrad erlangt, daß die im Titel gestellte Frage keiner weiteren Erklärung bedarf. Die beiden hier erwähnten Romantitel beschäftigten mich unablässig.
Sobald ich Wilhelm wieder auffinden konnte, ging ich zu ihm. Obgleich er im vorhergegangenen Sommer zu Ute nur sporadischen Kontakt gehabt hatte, war sie es, die ihm von unserer einstündigen abendlichen Begegnung berichtete. Wilhelm und ich grübelten darüber nach, welche Alternativmöglichkeiten für mich nun offen stünden. In Europa fühlte ich mich etwas weniger als Außenseiter, als es

stets in den USA der Fall war. Doch was sollte ich tun? Wohin sollte ich gehen? In ein anderes europäisches Land? Ich konnte etwas Französisch. Nach Paris oder Grenoble? Nach Aix-en-Provence? Es war mir bekannt, daß alle drei Städte über Universitäten mit jahrhundertelanger Tradition verfügen. Käme vielleicht Japan in Frage? Als Wilhelm und ich mein Problem diskutierten, fiel mir wieder ein, was Professor Lilly über den Buddhismus und Dampfbäder erzählte hatte. Kurz ausgedrückt hatte ich nicht die geringste Ahnung, was ich als nächstes tun oder wohin ich gehen sollte.

Es war Wilhelm und mir klar, daß ein Aufenthalt in Heidelberg schmerzlich gewesen wäre, zumal ich die Stadt mit so vielen Erinnerungen an sieben berauschende Monate in Verbindung bringen würde. Wilhelm, der mich kannte und wußte, wofür ich mich interessierte, war der Auffassung, daß ich in Richtung Psychologie, Philosophie und Literatur weitermachen sollte. Da mein Deutsch schon so gut war, schlug er vor, durch das Erlernen einer weiteren Fremdsprache einen akademischen Abschluß nicht noch länger hinauszuzögern. Das hätte er nicht klug gefunden. Andererseits waren die Dinge unheilvoll, die sich in Deutschland unter Hitler ereigneten. Noch länger in Deutschland zu verweilen wäre nichts gewesen, dem ich mit Gleichmut entgegensehen konnte. Diese Aussicht fand ich überhaupt nicht ansprechend.

Wilhelm erkundigte sich für mich bei anderen deutschen Universitäten nach Studienmöglichkeiten. Am Schluß unserer Gespräche waren wir uns einig, daß ein weiteres Studiensemester in Bonn mir in Zukunft von Vorteil sein würde, weil ich so meine Deutschkenntnisse noch ausbauen könnte. Nach der Woche, die ich gemeinsam mit Wilhelm verbrachte, war ich davon überzeugt, daß ein Semester in Bonn nützlich sein würde. In Anbetracht meiner emotionalen Verfassung, wenn man bedenkt, in welchem geringen Maß ich für Vernunftargumente zugänglich war, schien mir Wilhelms Ratschlag vernünftig zu sein. Mit dem gegenseitigen Versprechen, daß wir einander nicht aus den Augen verlieren wollten, nahmen wir Abschied. Ich war dankbar für Wilhelms Unterstützung und fuhr nach Bonn. Dort fing ich wieder an, wo ich in Heidelberg aufgehört hatte.

Ich hatte keine Mühe eine Unterkunft bei einer Familie zu finden – einer kultivierten, wohlhabenden Witwe mit zwei Kindern. Eines der Kinder war ein Junge von zwölf oder dreizehn Jahren, das andere ein Mädchen in etwa meinem Alter. Obwohl ich gewöhnlich ein schlechtes Zahlengedächtnis habe, erinnere ich mich doch noch an die Straßenanschrift: Koblenzer Straße 79. In der Universität schrieb ich mich in Fächern der gleichen Richtung ein, wie ich es zuvor in Heidelberg getan hatte. Ich belegte wieder Psychologie und zusätzlich ein Seminar in der Literatur der Romantik sowie einen Kurs in Altnordisch. Da die Details dazu wohl kaum jemand interessieren dürften, werde ich auch nicht weiter darauf eingehen.
Gewisse Dinge während meines Studiensemesters in Bonn werde ich jedoch nicht aussparen! Es handelt sich dabei zum Teil um Persönliches, zum Teil um Politisches. Zunächst zum Politischen: In jenen turbulenten, zunehmend beunruhigenden Monaten lernte ich viele Deutsche kennen, die sich gegen Hitler stellten und gegen alles, was er unternahm. Zu den Gegnern Hitlers zählten auch Frau Garthaus und ihre beiden Kinder. Ich bewohnte das geräumige Vorderzimmer des Hauses und verstand mich bald sehr gut mit allen dreien. Der Sohn hatte sich der Hitlerjugend angeschlossen. Er selbst sowie Gaby und die Mutter hatten ernsthafte Bedenken, was diese Sache anging. Diese erhärteten sich, als Frau Garthaus vom Verschwinden eines Bekannten hörte, – dem Vater oder Onkel einer jüdischen Familie.
Das Wort Konzentrationslager, wenn ich mich recht entsinne, wurde nie in den Mund genommen. Als jedoch die Nachricht über das Verschwinden dieses jüdischen Mannes über Nacht die Familie Garthaus erreichte, waren alle sehr beunruhigt. Außerdem gab es hinter vorgehaltener Hand verdeckte Andeutungen darüber, was informierte Kreise wußten oder zumindest vermuteten, was immer mehr Juden oder „halbjüdische" Familien und anderen Regimegegnern widerfuhr. Es stimmt einfach nicht, daß keiner wußte, was vor sich ging, auch wenn in den Nachkriegsjahren und auch heute die meisten Deutschen vorgaben nichts zu wissen.
Überall nahmen die Anzeichen der Unterdrückung zu. Alle Juden mußten auf ihren Ärmeln den gelben „Davidsstern" als Abzeichen tragen. Überall in Geschäften und Schaufenstern waren Schilder zu

sehen mit der Aufschrift: „Juden unerwünscht!". In staatlichen Zeitungen und im Radio wurde die Propaganda immer widerlicher. Es verging kaum ein Tag, an dem nicht Scharen braun-uniformierter SA-Truppen paradierend durch die Städte Deutschlands marschierten. Während sie das „Horst Wessel-Lied" sangen, stampften sie erhabenen Blickes durch die Straßen. Nachdem Hitler das Rheinland besetzt hatte, am Tag, bevor ich mit der Bahn die Grenze bei Innsbruck auf dem Weg nach Heidelberg überquerte, wurden immer mehr Einheiten der Wehrmacht überall entlang des Rheins stationiert. Ein Kavallerieregiment hatte seine Garnison in der Koblenzer Straße, gegenüber dem Haus, wo ich ein Zimmer hatte. Die Verhältnisse dort waren nicht so, daß man ihnen als informierter Außenstehender gelassen ins Auge hätte sehen können.

Nun aber zum Persönlichen: Ein paarmal bereits war ich in meinen Äußerungen zögerlich, und auch hier werde ich zurückhaltend berichten. Ich hatte noch nicht einmal angefangen, den Bruch zwischen Ute und mir zu verarbeiten. Ich fühlte mich hingegen von der Familie akzeptiert und gemocht, bei der ich ein Zimmer gefunden hatte. Gaby und ich verbrachten gelegentlich einen gemeinsamen Abend in einem Tanz-Café. Es gab damals viele solcher Tanz-Cafés in Deutschland, einige hatten kleine, aber gute Orchester, andere wiederum nur einen erbärmlichen Pianisten. Bei schönem Wetter gingen wir manchmal am Rheinufer entlang nach Bad Godesberg oder fuhren mit der Bahn ins nahegelegene Köln, um eine Konzert- oder Theaterveranstaltung zu besuchen, wenn wir eine gute Aufführung erwarteten.

Im Mai nahmen die Dinge für mich eine Wendung, die eigentlich nicht für mich sprach. Diesmal war es keine Wiederholung des Tanzabends in Beckum, als Wilhelm und ich eine flüchtige Tanzpartnerin nur mit Mühe überzeugen konnten, daß ich kein Kandidat für den Ehestand war. Was sich in Bonn zutrug, ähnelte trotzdem zum Teil jener Begebenheit. An den Folgen hatte ich aber nicht alleine zu tragen. Ich hatte Gaby wirklich gern. Sie war intelligent und künstlerisch begabt, zeigte sich jedoch gegenüber jedermann gleichgültig und abweisend. Meine Empfindungen für Gaby waren nicht im entferntesten mit denen vergleichbar, die sich zwischen Ute und mir im Laufe vieler Monate entwickelt hatten.

Die Mutter merkte, daß sich eine Art Beziehung zwischen Gaby und mir anbahnte. Da sie gegen Hitler eingestellt und zunehmend bezüglich der Gefahren des Krieges besorgt war, hätte sie ihre mütterlichen Pflichten vernachlässigt, wenn sie sich um die Zukunft ihrer Tochter keine Sorgen gemacht hätte. Ausgehend von allem, was sie über meine Familie und Louisville wußte, schien mein gesellschaftlicher sowie wirtschaftlicher Status in ihren Augen annehmbar. Es war ihr auch wichtig, daß ich eine akademische Karriere anstrebe. Hätte jemand Frau Garthaus es übelnehmen können, wenn sie sich für ihre einzige Tochter einen sicheren Hafen ausmalte an der Seite eines Universitätsprofessors irgendwo in den Vereinigten Staaten von Amerika?

Zunächst machte sie versteckte Andeutungen. Der Zeitpunkt rückte näher, an dem, wie sie sich ausdrückte, Gabys und meine „Situation vielleicht doch formalisiert werden sollte." Was sie damit meinte, war mir nicht klar, doch hätte ich es eigentlich erraten müssen. Eines Abends wurde ich bei der Familie zum Essen eingeladen. Vom Hörensagen war mir bekannt, daß bei den Garthaus oft Feinschmeckermahlzeiten serviert wurden. Gaby hatte einmal auf die guten Weine Bezug genommen, die im Keller unter meinem Zimmer gelagert waren. Es wäre mir schwer gefallen, die Einladung abzuschlagen, nicht nur wegen des köstlichen Essens und des guten Weins. So nahm ich an, auch wenn mir dabei in der Magengegend nicht ganz wohl war. Nach Beendigung der Mahlzeit nahm Frau Garthaus ihre guten Kristallgläser, die von Generation zu Generation weiter vererbt wurden, aus dem Schrank und holte eine Flasche Champagner. Den Rest kann man sich unschwer vorstellen. An jenem Abend stießen wir – oder war es nur Frau Garthaus allein? – auf Gabys und meine Verlobung an.

Von jenem Zeitpunkt an versuchte ich mir einzureden, daß ich in Gaby verliebt wäre, obwohl wir einander nie berührten, geschweige denn küßten. Das geschah nie. Keiner von uns machte einen derartigen Annäherungsversuch. Ich war wohl in einem Zustand, in dem ich leicht manipulierbar war. Andere Erklärungsversuche ließen sich kaum finden. Ich war nun offiziell mit Gaby Garthaus verlobt. Nach Semesterende im Juli fuhren wir gemeinsam zur Weltausstellung nach Paris. Wie zuvor vereinbart, hatten wir uns dort mit John D. verabredet. Für ihn war es die erste Reise nach Europa. Während der wenigen Tage in Paris hatten wir Zimmer in einem gemütlichen alten Hotel am linken Seine-Ufer gebucht. Gaby und ich nahmen ein Doppelzimmer. Bis zum Tod von John D. fünfzig Jahre später war es mir nie gelungen, ihn davon zu überzeugen, daß Gaby und ich nicht miteinander geschlafen hatten. Gaby schlief. Im Bett. Ich durfte ein bißchen auf der Bettkante schlafen. Näher als in jener Nacht bin ich meiner damaligen Verlobten nie gekommen.

Die Zeit für meine Rückreise nach New York rückte heran. Gaby begleitete mich nach Hamburg. Dort teilten wir wieder ein Hotelzimmer und wieder waren die gleichen Einschränkungen und Verrenkungen wie in jener Pariser Unterkunft angesagt. Ein paar Tage später, als ich in den USA angekommen war, schrieb ich Gaby einen Brief und erklärte, daß es mir leid tue, jedoch ein Fehler und Mißverständnis vorliege und unsere Verlobung für mich ungültig sei. Von allen törichten Fehlern, die zu meinen Lasten gehören, war dies der ausgemachteste. Irgendwie fand ich 1963 heraus, wo Gaby zu jenem Zeitpunkt wohnte, und schrieb ihr einen Brief. Ihrer Antwort entnahm ich, daß sie, was die vermeintliche Verlobung anging, ganz meiner Ansicht war, schon immer gewesen war. Einzig die Mutter war enttäuscht gewesen. Ich habe Gaby nie wiedergesehen. Ich weiß, daß sie die Kriegsjahre überlebte, heiratete und in Bonn wohnte, als sie mir letztmals schrieb. Wenn ich jemals wieder nach Bonn gehen sollte, würde ich gern wissen, ob es die Koblenzer Straße 79 dort noch gibt.

Eine letzte Fahrradtour in Deutschland: Ein Erlebnis ohnegleichen

Zum Abschluß dieses Kapitels über meine Heidelberger und Bonner Zeit möchte ich einiges über die längste, herrlichste Fahrradtour berichten, die ich je gemacht habe. Zusammen mit Wilhelm Steinheider. Seit meiner Abreise aus Heidelberg hatten wir uns zweimal getroffen. Kurz nach Ostern 1937 radelten wir von Heidelberg aus durch das Neckartal, an Hirschhorn vorbei, Richtung Nordosten ins Maintal, durch die mittelalterlichen Städte Miltenberg und Wertheim und von dort aus nach Bamberg und Würzburg. In Bamberg besichtigten wir die unbeschreiblich schöne Kathedrale aus dem dreizehnten Jahrhundert, in welcher der berühmte „Bamberger Reiter" zu sehen ist, eine Reiterstatue, die solch vollendete Harmonie und Anmut ausstrahlt, daß man nur mit einem bleibenden Eindruck von Ehrfurcht zu ihr aufblicken kann. Von Bamberg führte unser Weg südlich nach Nürnberg. Die Stadt war noch vollständig in ihrem Glanz aus dem vierzehnten Jahrhundert zu bestaunen, bis sie im Zweiten Weltkrieg von alliierten Bombern zerstört wurde. Einmal, wie bereits erwähnt, sah ich Nürnberg in Schutt und Asche liegen. Das war beim Kriegsverbrechertribunal. Zu einem späteren Zeitpunkt, als es in nahezu ursprünglichen Stil restauriert worden war, sah ich Nürnberg ein weiteres Mal, als ein internationales Tribunal gegen Massenvernichtungsmittel dort stattfand. Bei beiden Tribunalen spielte ich eine kleinere Rolle, die jedoch beide Male verschieden war.

Von Heidelberg aus waren Wilhelm und ich bergauf, bergab auf engen, kurvigen Straßen geradelt, auf denen kaum motorisierte Fahrzeuge verkehrten. Nachts machten wir in Jugendherbergen halt. Wenn wir unterwegs durstig oder hungry waren, hielten wir an einem schattigen Fleckchen entlang der Straße an und stillten unseren Durst oder Hunger mit der Verpflegung, die wir mitgenommen hatten.

Zu dieser Radtour bleibt nicht mehr viel zu sagen. Das Wetter verschlechterte sich. Wir hatten bereits mehrere hundert Kilometer zurückgelegt. Wir waren müde. Es gab Reisemöglichkeiten, die schneller und weniger anstrengend waren. Im Nürnberger Hauptbahnhof hievten wir unsere Räder in den Gepäckwagen eins Schnellzuges und fuhren dritter Klasse über München und Augsburg zum Ausgangspunkt unserer Reise zurück.

Die Reise war das letzte Mal, daß ich Wilhelm sah, bis Hitlers „Tausendjähriges Reich" acht Jahre später seinen ihm gebührenden ver-

hängnisvollen Untergang erlebte. Ich hörte 1946 wieder von Wilhelm. Meine Eltern schickten mir einen Brief von ihm nach, der an die Anschrift meiner Eltern in Louisville adressiert gewesen war. Wilhelm hatte aus einem Kriegsgefangenenlager in den USA geschrieben. Unsere Freundschaft lebte erneut auf und wir sahen einander noch dreimal, einmal davon in Paris. Jahrelang waren wir in Briefkontakt. Im Jahr 1968 schickte ich einen Brief an ihn, den er nie beantwortet hat. Seither habe ich weder von ihm gehört noch über ihn etwas in Erfahrung bringen können. Wo er ist, ob er noch als Arzt tätig ist – er ist oder war Radiologe – oder ob er überhaupt noch lebt, weiß ich nicht.
Als meine engsten Freunde bezeichne ich Albert Dick, John Allen und Wilhelm Steinheider. Diese Freundschaften begannen früh in meinem Leben und haben, mit Ausnahme der Beziehung zu Albert, Jahrzehnte überdauert. In den letzten Jahren habe ich mehrere Freundschaften zu Männern gepflegt. Die meisten davon sind jünger als ich. Ich empfinde sie auch als große Bereicherung.

Nochmals – eine Zeitlang – Student sein

Ich nahm mein Studium im Herbst 1937 wieder auf. Trotz der Wechselfälle in meiner akademischen Ausbildung wurde mir am Davidson-College gnädigerweise der „Bachelor of Arts"-Abschluß verliehen. Ich visierte einen Magisterabschluß in Philologie an und ging davon aus, an der Columbia-Universität in New York studieren zu können. Weshalb meine Wahl auf die Columbia-Universität fiel, ist mir nicht ganz klar. Dazu bewegt hatte ich mich hauptsächlich das Angebot einer Assistentenstelle, für die ich eine Zusage erhielt.
Die Vereinbarung war, daß ich „Deutsch für Anfänger" unterrichten sollte. Dafür entfielen die Studiengebühren, die ich mir nicht hätte leisten können. Das Unterrichten fiel für mich und meine Studenten zur Freude und Zufriedenheit aus. In meiner Klasse waren ausschließlich junge Männer, etwa zwölf bis fünfzehn Studenten der ersten Studienjahre. In der ersten Unterrichtsstunde sagte ich, daß wir Deutsch beginnen würden, indem wir in Deutsch begönnen. Soweit

es irgend ging, würde in dem Kurs nur Deutsch gesprochen werden. Diese Vorgehensweise funktionierte zu jedermanns Befriedigung besser, als ich es zu hoffen gewagt hatte.
Zunächst war die Zeichensprache unser einziges Kommunikationsmittel. Mehrere Wochen war sie genauso wichtig wie das gesprochene Wort. Meine Studenten fanden daran nicht weniger Gefallen als ich selbst. Nicht auf meinen Vorschlag, sondern auf ihr Ersuchen hin trafen wir uns außerhalb der Unterrichtszeit oft mittags zum Essen in der Mensa oder abends zu einem Bierchen und Brezeln in den Bars am Broadway oder auf der 92. Straße. Wir sprachen dabei fast nur Deutsch. Die Studenten waren so erstaunt wie ich erfreut war, als sie merkten, wie schnell sie Deutsch lernten. Schon bald gelangten wir an den Punkt, wo sich Satzstruktur und Grammatik einfach ergaben, und das, obwohl kaum jemand mit Muttersprache Englisch die deutsche Grammatik als einfach empfindet. Es erübrigt sich zu sagen, daß die Studenten in der kurzen Zeitspanne – der Kurs dauerte weniger als ein Jahr – natürlich nicht die komplexen Zusammenhänge der Grammatik erfassen konnten. Die vier Fälle bei der Deklination von Substantiven und Verben, bei denen ein Teil in der Mitte, der andere am Satzende steht, waren stets große Stolpersteine.
Als der Kurs zu Ende war, hatten einige Studenten genausoviel Grundwissen in Deutsch erworben wie ich während meiner zwei Jahre in der Highschool von Louisville. Mein Experiment war also erfolgreich gewesen. Es ermutigte mich in dem Glauben, daß in mir pädagogisches Talent schlummerte. Später führte dies manchmal zu Spannungen in meiner Ehe. Ich wirkte oft – und war es auch – pedantisch und schulmeisterlich. Nicht selten wurde mir diese Eigenschaft zwanghaft vor Augen gerührt. Heute muß ich eingestehen, auch wenn es mir nicht leicht fällt, daß diese Vorwürfe gerechtfertigter waren, als ich es hatte wahrhaben wollen. Ich glaube viel lieber, daß es sich dabei nicht notwendigerweise um eine schlechte Eigenschaft handelt.
Jedenfalls war die Anfangserfahrung im Unterrichten für mich wertvoll, als ich bei der Weltgesundheitsorganisation (WHO) und der Ernährungs- und Landwirtschaftsorganisation (FAO) der UNO arbeitete. Während meiner Tätigkeit bei diesen UN-Spezialorganisa-

tionen lag es oft in meiner Verantwortung, internationale Seminare auf die Beine zu stellen, die Gesundheits- und Ernährungsfragen galten. Meine Hauptaufgabe bestand meistens im Vermitteln von Wissen. Zu einem späteren Zeitpunkt habe ich auch mehrere Jahre lang Psychologie an einer Kunstschule in Konstanz unterrichtet. Dabei hatte ich nicht nur Freude, sondern es schien sich vielmehr auch zu bestätigen, daß ich nicht nur pedantische Züge habe. Der Austausch war stets lebhaft, und die meisten Studierenden wollten mir mehr Zeit abverlangen, als ich in der Lage oder willens war, für die Klassen aufzubringen.

Mehrere Jahre lang lebte und arbeitete ich in New York. In meinem ersten Jahr dort, an der Columbia-Universität, unterrichtete ich zwar, lernte dabei aber noch weitaus mehr. Ich fand Philologie weder uninteressant noch trocken und langweilig. Viele Nicht-Philologen glauben, daß Philologie öde wäre, doch für mich sind die Erforschung der sprachlichen Wurzeln eines Wortes und die Geschichte von Sprachverschiebungen so faszinierend wie Ausgrabungen für Archäologen.

Ein paar Beispiele sollen dies verdeutlichen: Nehmen wir zum Beispiel das deutsche Wort *Pfirsich* und das englische Pendant *peach*. Diese beiden Wörter bezeichnen nicht nur eine bestimmte Frucht, sondern haben noch mehr gemeinsam. Obwohl sie wie Substantive verwendet werden, handelt es sich eigentlich um Adjektive. Sie leiten sich vom lateinischen *persicum malum* ab und haben sich dann auf unterschiedlichen Wegen im Laufe der Jahrhunderte entwickelt. Die Grundbedeutung beider Wörter ist jedoch „persischer Apfel". Irgendwann im Verlauf ihrer Sprachreise fiel der „Apfel" weg, bevor die beiden Wörter in die deutsche bzw. englische Sprache Einzug hielten. Es ist nicht bekannt, wie lange das schon her ist.

Wir wollen die „Sherlock Holmes-Methode" mit einer anderen Frucht, der Apfelsine, wiederholen, die ja auch Orange genannt wird. Philologen verfolgten den Wortstamm von *naranga* zurück in Sanskrit, der Drawida-Sprachgruppe und den persischen Sprachen. Sein Weg führte vom Arabischen *naranga* ins Altspanische und Altfranzösische und hat sich dann in manchen europäischen Ländern als *Orange* eingebürgert. Was steckt dahinter? Wenn das Wort *Apfelsine* für „Orange" gebraucht wird, heißt das eigentlich „chinesischer

Apfel". Dazu braucht man nur den Wortteil *sine* mit „Sinologie" zu vergleichen, der Wissenschaft von der chinesischen Sprache und Kultur. Im Mittelalter kam das Wort *Apfelsine* über das Althochdeutsche und Altniederländische als *appelsina* in den modernen deutschen Sprachgebrauch. Es ist zweifelhaft, daß die Muttersprachler des Althochdeutschen und Altniederländischen sich bewußt waren, daß dieses Wort ursprünglich „Apfel aus China" bedeutete. Beim näheren Hinsehen entdeckt man jedoch die Anzeichen, die zur Wurzel führen.

„Sehen Sie, mein lieber Watson, es ist doch ganz einfach!" so hätte sich Sherlock Holmes vielleicht geäußert, wenn er so sehr Philologe wie, laut Autor Conan Doyle, der begabte Detektiv gewesen wäre. Jedenfalls üben diese sprachgeschichtlichen Phänomene auf mich eine fast magische Anziehungskraft aus, die an Zauberei und Verzauberung grenzen. Ein letztes Beispiel wird zeigen, weshalb die „kriminalistische" Arbeit der Philologen so faszinierend ist. (Es ist nicht mangelndes Interesse, das mich nie zu einem Philologen werden ließ! Die unsichtbare, versteckte, doch allmächtige Hand des Schicksals führte dabei hinter der Bühne Regie.)

Nun zum letzten Beispiel hierzu: Das im Deutschen eher selten verwendete Wort *beserker* und das im Englischen häufiger gebräuchliche Wort *beserk* bezeichnen eine Person, die wild und gewalttätig geworden ist oder wie verrückt umherläuft und Schaden anrichtet. Dieser Ausdruck stammt, wie ich in Bonn lernte, aus dem Altnordischen und Altisländischen. Der erste Teil ist *bjoern* und bedeutet Bär; der zweite, *sekr*, bedeutet Hemd. Wie kam es nun dazu, daß diese beiden Wörter zu einem zusammengefügt wurden und heute *beserker* bzw. *beserk* bedeuten?

Um 1000 a. D. gab es unter den nordischen Kriegern einen berühmten Stamm, der sich vor einer Schlacht völlig verrückt machte und voll wilden Zornes kämpfte. Um sich in diesen Zorn hineinzusteigern, trugen die Krieger Bärenfelle und wurden folglich bjoersekr genannt. Totems, wie Bärenfelle für die nordischen Krieger, spielen in vielen Kulturen eine Rolle, auch heute noch. Als Beweis dafür braucht man sich zum Beispiel nur das Wappen der Stadt Berlin anzusehen: Darauf abgebildet ist ein Bär. Der Bär ist nur eines aus einer Vielzahl von

Totems, denen Menschen immer noch anhangen, ohne die Bezeichnung des alten Glaubens des Totemismus dafür zu verwenden.
Ich habe jetzt wohl verständlich gemacht, weshalb Sprachen, Philologie und Psychologie für mich von solch großer Faszination sind. Mein Interesse an Psychologie nahm noch zu, als ich anfing, Tiefenpsychologie zu verstehen und zu praktizieren. Der Philologie, der analytischen Psychologie und der Psychoanalyse ist gemeinsam, daß man in allen drei Disziplinen nach den Wurzeln und Ursprüngen sucht für Entwicklungsprozesse in den Gedanken oder im Geist des Menschen und in noch größerem Umfang sogar in der Entstehungsgeschichte der Menschheit. Ich hätte mich womöglich für ein Studium der Kulturanthropologie und Archäologie entschieden, wenn die Wegweiser in meinem Leben nicht auf benachbarte Bereiche hingewiesen hätten. Meine anderen Interessensgebiete und verschiedene Tätigkeitsarten füllten mich voll und ganz aus.
Nach diesem Diskurs von Beispielen und den Dingen, die meine Aufmerksamkeit während der paar Monate meines Studiums in Bonn und während der neun Monate an der Columbia-Universität fesselten, ist nun eine Schilderung der gewichtigeren Dinge aus diesen zwei ereignisreichen Jahren überfällig.

Musik berührt die Seele

Von Jane Glenn und ihrer älteren Schwester Anne hatte ich schon oft gehört. Bis ich sie persönlich kennenlernte, waren sie nur vom Hörensagen die attraktiven Töchter von „Pop" Glenn, meinem Lieblingslehrer an der L.M.H.S. Möglicherweise hatte ich Anne oder Jane schon einmal in Louisville gesehen, aber ich hatte noch keinen persönlichen Kontakt zu den Schwestern gehabt. Von einem gemeinsamen Bekannten erfuhr ich, daß Jane bei Professor Jacques Jolas an der Juilliard-Musikschule in New York Geigenunterricht nahm. Ich erinnere mich noch sehr genau, wo ich Jane zum erstenmal begegnet bin. Es war jedenfalls nicht an der Juilliard-Musikschule.
Eines Tages bekam ich einen Brief von John D. Allen, der besagte, daß er bald auf Besuch nach New York kommen würde. Anne Glenn

würde auch dort sein. Nach seiner Ankunft kam John D. zu mir in den Studentensilo, wo ich ein Zimmer hatte. Er schlug vor, daß wir uns gemeinsam mit Anne und Jane verabredeten. Man könnte sagen, daß dieses Rendezvous ganz nach „einer guten Partie" aussah. So war es dann auch.
Völlig ohne Bedeutung ist, was wir taten oder wohin wir an jenem Abend gingen. Ich erinnere mich noch, daß es ein außergewöhnlich kalter Abend war. Die eisigen Klauen des Winters hatten New York noch gänzlich im Griff. Jane und ich hätten uns hinten auf dem offenen Behelfssitz von John D.'s Auto nur schwer warm halten können, wenn wir uns nicht aneinandergekauert hätten. Wir schmiegten uns noch enger aneinander, als unbedingt notwendig war, um uns unter der dicken Decke warm zu halten, die John D. für solche Anlässe parat hatte. Auf dem Vordersitz war es für ihn und Anne noch schwieriger, sich warm zu halten, als für Jane und mich auf dem Rücksitz ohne Verdeck. Die Heizungsanlage des alten Gefährtes funktionierte noch schlechter als in Davidson. Anne und John D. konnten sich beim Fahren nicht aneinander kuscheln. Daher waren Jane und ich im Vorteil. Im 17. Jahrhundert war es in Neuengland durchaus üblich, sich im Bett vollständig bekleidet „heranzuknutschen". Man nannte das damals *bundling*[1]. Jane und ich praktizierten an jenem Abend *bundling*, und das war der Anfang.
Wenige Wochen nach der gemeinsamen Verabredung mit den beiden Schwestern aus Louisville gaben einige Studierende der höheren Semester von der Juilliard-Musikschule ein Konzert. Zu diesen zählte auch Jane. Sie lud mich zu dem Konzert ein. Jane war die Violinsolistin in Beethovens *concerto* in D-Dur für Geige und spielte in Begleitung des Symphonieorchesters der Schule. Ihre Interpretation war nahezu perfekt. Von jenem Abend an war ich verliebt wie noch nie zuvor, obgleich ich mit dieser Art von Trunkenheit schon gut vertraut war. Mein Zustand läßt sich am besten mit dem Ausdruck „bis über beide Ohren verliebt" wiedergeben. Bis über beide Ohren verliebte ich mich in Jane, als ich ihre Interpretation des Beethoven *concertos* hörte. Shakespeare sagte einmal sinngemäß, daß die Musik die Seele

---

[1] „bundle" = bündeln, einmummeln.

berühre. Aus diesen Worten spricht Weisheit. Denn auch ich machte die Erfahrung, daß Musik die Seele anspricht, als Jane Beethoven interpretierte.

Jane wohnte im „Parnassus Club", einer kleinen, privaten Pension für junge Frauen, die an der 89. Straße, nur wenige Straßen südlich von der „John Jay Hall" am Broadway gelegen war. John Jay Hall war das Silo, wo ich untergebracht war, und ausschließlich für Männer. Männliche Gäste waren im Parnassus Club unerwünschte Eindringlinge. Es gab einen einzigen Raum, ein trübes, düsteres, schmutziges Empfangszimmer, in das die jungen Damen Vertreter des anderen Geschlechts hineinbitten durften. Andere Teile des Gebäudes durften nur von jungen Damen selbst oder ihren nahen Verwandten betreten werden, in jenem wenig einladenden Empfangszimmer traf ich mich ein paarmal mit Jane. Danach mieden wir es und trafen uns in der Öffentlichkeit oder zu geheimen Stelldicheins außerhalb des Parnassus Club.

Eines Abends leisteten wir uns den Luxus, im Ballzimmer auf dem Dach des Radio City Center zu dinieren. Das Speisen und Tanzen in solch einem Rahmen überstieg meine finanziellen Mittel. Es war übermäßig teuer, und wir taten es nur einmal. Nach einem üppigen Dinner bei Kerzenschein tanzten wir zur Musik eines Orchesters, das ganz gut spielte. Morris Perlmutter, den ersten Geiger und Dirigenten kannten Jane und ich nur flüchtig. Als er und ich Teenager waren und in Louisville lebten, sah ich ihn manchmal, wie er zur hebräischen Schule ging oder vom Geigenunterricht zurückkam. Er hatte den selben Lehrer wie ich gehabt, da mein Vater mit ihm eine Abmachung getroffen hatte, von der ich schon im Zusammenhang mit der Verpfändung meiner Geige in Heidelberg erzählt habe.

Morris hatte es nicht in die Konzertwelt geschafft, wo Jane vermutlich hingelangen wollte. Ich fand, daß sie etwas herablassend auf ihn niederblickte. Die Musik war jedoch hervorragend, die Morris und sein Orchester boten. Beim Tanz bestätigte sich für mich, daß meine künstlerischen Ausdrucksmöglichkeiten in dieser Sparte sich mit Jane, im Vergleich zu jenem Abend mit Liesel Borgwardt drei Jahre zuvor, noch verbessert hatten. Bis Jane und ich einen langsamen Walzer tanzten, hätte ich nie gedacht, daß ich dabei so gut sein könnte.

Mit ihr in meinen Armen kam ich mir vor, als würde ich herausragend abschneiden. Wir tanzten unablässig bis nach Mitternacht, als wir noch das einzige Paar auf dem Parkett waren. Morris sagte, das Orchester würde jetzt aufhören. Wir hatten keine andere Wahl, als vom Dach herabzufahren, von wo aus man die bunten, blitzenden Lichter Manhattans sehen konnte.

Glücklicherweise verfügten die jungen Damen in der Parnassus Hall über Schlüssel zur Eingangstür. Dort verabschiedete ich mich von Jane. Nach unserem ersten leidenschaftlichen Kuß beschlossen wir, uns am darauffolgenden Tag wiederzusehen. Es spielte keine große Rolle, was wir unternahmen oder wohin wir gingen. Es zählte nur, daß wir möglichst oft beisammen sein konnten. Es war, als hätte ein Wirbelsturm uns vom Boden der Tatsachen hinweggefegt. Zu sagen, daß Verliebte wie auf Wolken gehen, ist eigentlich eine Binsenwahrheit. Doch es war tatsächlich so. Von jenem Zeitpunkt an traf ich mich mit Jane, wann immer sie nicht gerade Geige übte oder bei Jolas Unterricht hatte.

Jane erzählte mir, Jolas hätte sich beschwert, daß sie zu wenig übte. Man sagte mir, sein bester Schüler wäre Yehudi Menuhin gewesen. Aus Janes Freundeskreis erzählte mir jemand, daß Jane in der Lage wäre so gut wie Menuhin zu spielen, wenn sie fleißiger gewesen wäre. Außer der zwischen Jane und mir aufblühenden Beziehung gab es auch noch weitere Faktoren, weshalb Jane nicht mehr so gewissenhaft übte wie früher. Viel später gestand sie, daß es mit Jolas und seiner Frau Schwierigkeiten gegeben hatte, weil sie angeblich oder tatsächlich eine Affäre mit Jolas gehabt hatte. Einzelheiten habe ich nie erfahren. Außerdem schienen diese Gerüchte bzw. Tatsachen, wenn es tatsächlich welche waren, Janes Angelegenheit zu sein, nicht meine.

Dieses Problem hat jedoch mit Sicherheit eine Rolle gespielt, als sie sich entschloß, auf eine mögliche Karriere als Konzertviolinistin zu verzichten. Ich fand dies bedauerlich. Dennoch waren vielleicht noch andere Faktoren für Janes Entscheidung ausschlaggebend, beispielsweise der Druck, den ihre Eltern bewußt oder unbewußt auf sie ausübten, als sie noch Kind war und von vielen als vielversprechendes Wunderkind angesehen wurde. Ich konnte ihre Entscheidung nie richtig verstehen. Vielleicht könnten ihre Töchter sie erklären. Ich habe es immer als äußerst bedauerlich empfunden, daß Jane nach unserer Hochzeit nie mehr zur Violine griff. Wahrscheinlich hatte sie schon davor nicht mehr gespielt. Wie auch immer, dies bleibt mir ein Rätsel. Jane hatte sich wohl entschlossen, eine Karriere in der Musik nicht weiter verfolgen zu wollen, sondern viel lieber eine wirklich gute Mutter zu sein, die sie drei Jahre später auch wurde.

Der Fleiß, mit dem ich mich an der Columbia-Universität meinen Aufgaben hingegeben hatte, war ebenfalls im Rückgang begriffen. Ich war zwar an meinem Studium noch genauso interessiert wie zuvor, doch verbrachten Jane und ich oft den ganzen Tag gemeinsam. Alles andere schien dabei zweitrangig zu werden. Für uns schien alles andere auf einmal relativ unwichtig zu sein.

Zufall? Schicksal? Glück?
Ungewisser Anfang meiner Laufbahn

Wenige Monate, nachdem Jane und ich einander kennengelernt hatten, ereignete sich etwas, was bis ins Jahr 1957 zu einer Unterbrechung meiner akademischen Tätigkeit führte. Erst vom WHO-Regionalbüro für Südostasien aus bewarb ich mich um ein Stipendium der Regierung, um ein weiterführendes Studium machen zu können. Darüber wird noch mehr zu berichten sein.

Meine Tätigkeit an der Columbia-Universität nahm ein jähes Ende, das ich nicht erwartet hatte. Mitte April 1938, einen Monat, nachdem Hitler die Wehrmacht in Österreich einmarschieren ließ, war ich in der Fachbereichsbibliothek beschäftigt. Professor Ralph Schinnerer, mein Dozent in Sprachwissenschaft, kam zu dem Tisch herüber, an dem ich saß. Er berichtete, daß er soeben eine telefonische Anfrage von der *National Broadcasting Company*[1] erhalten hätte. Die NBC suchte einen gebürtigen US-Amerikaner als Mitarbeiter, der aber zugleich fließend Deutsch sprechen konnte, um die von Berlin aus weltweit ausgestrahlten Reden des deutschen Reichs-

---

[1] NBC, private Rundfunkgesellschaft.

tags zu dolmetschen, damit diese in Englisch über die der NBC angeschlossenen Sender weiterverbreitet werden konnten. Professor Schinnerer hatte der NBC meinen Namen gegeben und gesagt, daß ich der einzige gebürtige US-Staatsangehörige wäre, den er kenne und vorschlagen könne. Wenn ich an der Stelle Interesse hätte, solle ich mich mit der NBC in Verbindung setzen. Die NBC brauchte jemand, der zwei Tage später eine Rede Hitlers würde dolmetschen können.

Ich zögerte. Dann gab ich zu bedenken, daß ich mir nicht sicher war, dieser Art von Aufgabe gewachsen zu sein. Schinnerer drängte mich, es zumindest zu versuchen. Ich hatte immer noch Vorbehalte, als ich an jenem Nachmittag bei der NBC anrief und für den darauffolgenden Morgen ein Treffen vereinbarte. Trotz ernsthafter Bedenken – Simultandolmetschen war eine unerwartete, gewaltige Herausforderung – ließ ich mich überreden und stellte mich einen Tag später im Nachrichtenstudio in Radio City vor. Ich bekam einen Kopfhörer, damit ich die Rede hören konnte, und mußte zum ersten Mal direkt in ein Mikrophon übersetzen. Dies tat ich im folgenden noch unzählige weitere Male. Anläßlich vieler Gelegenheiten, wenn Hitler oder ein anderer Nazifunktionär in jenem Frühling und Sommer sich in Schimpfkanonaden erging, übersetzte ich so gut ich es als Amateur konnte. Ich bezweifle, daß meine Dolmetschversuche stets mehr oder weniger genau wiedergaben, was in den Reden gesagt wurde. Nicht einmal die Reichtagsabgeordneten konnten immer verstehen, was Hitler sagte. Ich machte bestimmt viele Schnitzer, doch nie hat sich jemand bei der NBC deswegen beklagt oder beschwert.

Mit vielen Unterbrechungen, während derer ich für die NBC dolmetschte, war ich bis zum Ende des Semesters im Juni an der Columbia-Universität tätig. Für den Magisterabschluß, den ich angestrebt hatte, hätte ich ein weiteres Jahr studieren müssen. Zwischenzeitlich hatte die NBC beschlossen, einen deutschen Kurzwellensender für nach Europa ausgestrahlte Sendungen einzurichten. Mit dieser Aufgabe wurde ein Österreicher namens Kurt von Forstmeyer betraut. Als man mir eine Stelle als Forstmeyers Assistent anbot, nahm ich an. Mein Gehalt betrug zwar nur fünfzig Dollar die Woche, war jedoch ein Schritt in Richtung Unabhängigkeit von meinen Eltern.

Eines Abends lud mich Forstmeyer zu einem Drink zu sich und seiner Frau nach Hause ein. Forstmeyer hatte ein Appartement an Manhattans Lower Eastside. Ich nahm die Einladung an und glaubte, daß es sich um eine Gelegenheit handeln würde, sich einmal außerhalb der Arbeitsroutine kennenzulernen, schöpfte aber sonst keinen weiteren Verdacht. Ich hätte mir denken sollen, daß er Hintergedanken hatte. Schnell stellte sich heraus, wie naiv ich gewesen war. Forstmeyer hatte den Ruf, ein „Schürzenjäger" zu sein, und nach unserem vierten oder fünften Cocktail dämmerte mir langsam, daß diese alkoholischen Getränke dazu dienen sollten, einen Einfluß auszuüben, um die Atmosphäre zu entspannen.

Kurt fing an, Anspielungen zu machen, daß ich die Nacht bei seiner Frau verbringen könnte. Mir wurde klar, daß ich schon früher Verdacht hätte schöpfen müssen, wenn ich seine Motive hinterfragt hätte. Ich sollte herhalten, für ihn irgendeine neue Eroberung frei zu machen. Seine Frau war ein hübsches Frauenzimmer. Kurts Anspielung war verlockend, vor allem, weil auch seine Frau willens zu sein schien, seine Pläne zu unterstützen. Doch ich war noch genauso sehr in Jane verliebt, wie an jenem Abend bei der Aufführung von Beethoven. Es fiel mir nicht allzu schwer, den Vorschlag abzulehnen. Ich möchte nicht tugendhaft klingen, doch ich zog aus jenem Abend den Schluß, daß ich nicht viel länger mit Kurt von Forstmeyer zusammenarbeiten wollte.

Eine Zeitlang hatte ich keine andere Wahl. Wir wechselten uns bei den deutschen Nachrichtensendungen ab, die immer häufiger wurden, je nachdem, was die US-amerikanischen Nachrichtenagenturen uns per Fernschreiber übermittelten. Im Sommer 1938 löste Hitler weltweit eine neue Krise aus, als er Ansprüche auf das Sudetenland im Norden und Nordwesten der Tschechoslowakei geltend machte. Dort lebten ja mehrere Millionen Deutschsprechende. Diese Krise führte zu dem berüchtigten Münchner Abkommen vom September 1938. Der Britische Premierminister Neville Chamberlain, der französische Premier Edouard Daladier und der Italiener Benito Mussolini gaben ohne vorherige Absprache mit der Tschechoslowakei der Forderung Hitlers statt, daß das Sudetenland an Deutschland abgetreten werden sollte. Die Zustimmung regte Hitlers Machthunger nur an. Außerdem ist das Wort „Beschwichtigung" seither ein Synonym für „Verrat" geworden. Die Sudentenlandkrise war nicht nur Vorbote schlimmerer Dinge, die sich noch ereignen sollten, sondern führte auch zu einem größeren Arbeitspensum für mich als Dolmetscher vom Deutschen ins Englische, weil Nachrichtensondersendungen aus Berlin über das Netzwerk der NBC, zusätzlich zu den normalen, nach Europa gerichteten Kurzwellensendungen ausgestrahlt wurden.

Während des Sommers wurde ich angefordert, eine neue Aufgabe zu übernehmen, für die ich, mit Ausnahme meiner überdurchschnittlich guten Deutschkenntnisse, wieder nicht besser qualifiziert war als zum Dolmetschen. Im bundesstaatlichen Gerichtssaal in Manhattan hatte ein nicht unbedeutender Prozeß begonnen. Eine junge Dame namens Johanna Hofmann, die als Friseuse auf der *S. S. Europa,* dem Flaggschiff der Norddeutschen Lloyd, gearbeitet hatte, mußte sich angeblich als Nazispitzel verantworten. Laut den Anklägern war sie als Botin für den deutschen Geheimdienst tätig gewesen. Ob meine Übersetzung der Aussagen von den Klägern und der Angeklagten korrekt war, kann ich nicht mit Sicherheit sagen, doch habe ich meine Zweifel daran. – Ich mußte bei dem Prozeß vom Deutschen ins Englische und umgekehrt dolmetschen. Ich bin mir nicht mehr hundertprozentig sicher, wie das Verfahren ausging, doch glaube ich, daß Frau Hofmann freigesprochen wurde. Die Entlohnung meiner dubioserfolgreichen Dienste als Gerichtsdolmetscher war reichlich. Fünfunddreißig Dollar pro Tag! Das war fast so viel wie mein wöchentliches Gehalt bei der NBC!

Beginn einer siebenjährigen Zusammenarbeit mit dem Columbia Broadcasting System während Hochzeitspläne geschmiedet werden

Als ich von dem Columbia Broadcasting System[1] ein Stellenangebot für eine Tätigkeit bekam, die vergleichbar war mit der bei der NBC, nahm ich sofort an. Ich war froh, nicht mehr unter Forstmeyer arbeiten zu müssen und kündigte bei der NBC. Bei dem CBS bestand meine Aufgabe darin, Leiter einer noch im Aufbau begriffenen Kurzwellenabteilung zu sein. Elizabeth Tucker war meine Vorgesetzte, die einzige Frau, unter der ich je arbeitete, und eine ausgezeichnete Chefin. Ich habe selten bessere Vorgesetzte gehabt. Sie mischte sich nie ein, stand jedoch stets für Fragen und Ratschläge zur Verfügung. Innerhalb von drei Wochen gesellten sich noch vier Kollegen zu mir, die alle Flüchtlinge aus Deutschland und in ihren Überzeugungen entschieden gegen den Nationalsozialismus eingestellt waren. Zu dem deutschsprachigen Bereich fügte das CBS noch andere Bereiche für Nachrichten- und Sondersendungen in Polnisch, Tschechisch, Italienisch, Portugiesisch, Französisch und Niederländisch hinzu. Mein Gehalt, das anfangs fünfzig Dollar die Woche betrug, wurde zum Jahresende auf fünfundsiebzig angehoben. Für mich war es eine fürstliche Summe, und das wäre es für jeden gewesen, der wie ich damals, bis kurz zuvor noch kein reguläres Einkommen gehabt hatte.

Nicht ohne Folgen blieb die Tatsache, daß ich nun eine feste Anstellung hatte und die Beziehung zwischen Jane und mir sich allmählich zu dem Punkt hin entwickelte, an dem wir den Wunsch zu heiraten verspürten. Gegen Ende 1938 dachten wir daran, daß „die Situation vielleicht doch formalisiert werden sollte." (Diesmal war die „Situation" allerdings ganz anders als jene in Bonn mit Gaby Garthaus und ihrer Mutter.)

Ungefähr zur gleichen Zeit gingen wir ein weiteres Risiko ein. Für uns Unschuldige schien es wagemutig zu sein. Was es war? Nun, ich habe überlegt, ob ich von diesem Abenteuer überhaupt berichten soll. Ich zögere nicht, weil ich etwa fürchte, daß heutzutage jemand schockiert

---

[1] Anderer Rundfunksender, Konkurrent der NBC.

sein könnte, sondern weil noch Überreste von Schuldgefühlen an mir nagen, die ich meiner puritanischen Erziehung zuschreibe. Ungeachtet dessen werde ich darüber berichten, wie auch über fast alle anderen Dinge in meinem Leben.

Jane und ich fühlten uns mächtig zueinander hingezogen. Einmal sehnten wir uns danach, eine Nacht gemeinsam zu verbringen. Im Parnassus Club wäre dies nicht realisierbar gewesen, und sogar in der John Jay Hall wäre man entsetzt gewesen. Heimlich packte Jane ein paar Dinge für die Nacht in einer Tasche zusammen. Unter dem höchstwahrscheinlich durchsichtigen Vorwand, daß sie eingeladen worden sei, bei einer Freundin im Norden des Bundesstaates New York zu übernachten, erhielt sie die Erlaubnis der moralisierenden älteren Damen im Parnassus Club, sich vierundzwanzig Stunden lang zu entfernen. Nicht ganz so heimlich packte ich einen Schlafanzug und meine Zahnbürste in einen Koffer, sonst nichts. In der John Jay Hall hätte es keine Probleme gegeben, – dort herrschte höchstens Gleichgültigkeit –, wenn ich eine oder zwei Wochen lang nicht auf mein Zimmer zurückgekehrt wäre. Meine Abwesenheit wäre nicht aufgefallen. Meine Anwesenheit mit einem Mädchen hätte jedoch Aufmerksamkeit erregt.

Weit genug vom Parnassus Club entfernt, um vor dessen unliebsamen Beobachterinnen sicher zu sein, trafen wir uns an einer Straßenecke und nahmen die U-Bahn bis zur Pennsylvania Station. Direkt gegenüber der „Penn Station" befand sich das Pennsylvania Hotel. Wir überquerten die Straße, gingen an den Empfangsschalter und versuchten, gelassen zu wirken. Ich erkundigte mich, ob für mich und meine Frau ein Zimmer frei wäre. Das Hotel zählte zu den besten in der Stadt und ein Doppelzimmer kostete fünf Dollar die Nacht. Ich erinnere mich noch sehr genau, wie uns die Empfangsdame argwöhnisch aus den Augenwinkeln heraus anblickte. Jane war damals noch nicht einmal neunzehn und sah jünger aus. Auch ich sah mit dreiundzwanzig noch jünger aus, als ich es war. Uns wurde aber trotzdem ein Zimmer zugewiesen. Den Rest werde ich nicht schildern, nur sagen, daß die Nacht alles war, was wir uns erhofft hatten. Weder Jane noch ich bekamen mehr als ein paar Stunden Schlaf.

Drum prüfe wer sich ewig bindet,
ob sich das Herz zum Herzen findet

Wir hatten unseren Eltern natürlich mitgeteilt, daß wir heiraten wollten. Janes und meine Eltern schienen unseren Entschluß nicht bloß hinzunehmen, sondern erweckten sogar den Eindruck, unsere Eheschließung zu befürworten. Ich frage mich heute, warum. Wir waren damals viel zu jung. Ich habe jedoch nie bereut, daß wir heirateten.
Gegen Ende des Frühjahrs 1939 hatten wir eine Zweizimmerwohnung in einem dunklen, doch anständig renovierten alten Gebäude am Upper Riverside Drive gefunden. Ich habe dies bereits erwähnt. Wir wohnten ein paar Straßen nördlich von Harry Emerson Fosdicks berühmter *Riverside Church*[1]. Wir begannen, wenn auch spärlich, die Wohnung einzurichten. Unsere finanziellen Mittel waren begrenzt. Wir hatten nur zwei Fenster, die eine nicht gerade berauschende Aussicht auf die graue Mauer des kaum drei Meter weit entfernt stehenden Nachbarhauses boten. Wir hatten keine richtige Küche, nur eine Kochnische gleich neben dem Eingang in einer Ecke des Wohnzimmers. Das neu gekachelte Badezimmer war winzig. Doch das war alles egal. Dies war unser erstes gemeinsames Heim.
Jane fuhr Anfang Juli nach Louisville, um die nötigen Vorbereitungen für die Hochzeit zu treffen, während ich meiner Tätigkeit nachging bei der CBS in einem Anbau gegenüber vom Hauptgebäude an der Madison Avenue und der 52. Straße. Nervös und aufgeregt ging ich einmal in ein modernes Herrenbekleidungsgeschäft mitten in der Stadt an der Fifth Avenue und stattete mich für die bevorstehende Hochzeit aus. Ich weiß noch gut, was ich kaufte: einen zweireihigen Anzug aus weißem Leinen mit passendem Schlips und weißen Schuhen. Da ich nicht gewöhnt war, solche Dinge zu tragen, ließ ich mich von einem cleveren Verkäufer breitschlagen, dazu noch einen flachen

---

[1] Harry Emerson Fosdick war in der ersten Hälfte des 20. Jahrhunderts ein beliebter, oratorisch begabter Prediger der First Presbyterian Chruch in the City of New York (Riverside Church). Fosdick machte sich für Ökumene und Toleranz unter den Gläubigen stark und wurde von Fundamentalisten vielfach als Ketzer bezeichnet.

Strohhut zu kaufen, der mir überhaupt nicht stand. Ich wußte damals schon, daß ich mit diesem Strohhut lächerlich aussah. Ungeachtet dieses Empfindens der Lächerlichkeit kam ich mir bei der Vorbereitung des anstehenden Ereignisses schick und elegant vor.

Miss Tucker, meine stets hilfreiche Chefin, erklärte sich bereit, mir zwei Tage Urlaub zu geben. Als dies klar war, buchte ich in einem Reisebüro die Tickets für einen Flug mit *American Airlines* früh am Morgen. In jenen Tagen gab es wenig Direktflüge von New York aus, außer wenn der Zielort vergleichsweise näher und größer als Louisville war. Ich mußte in Cleveland umsteigen. Dieses unbedeutende Detail erwähne ich deshalb, weil es beweist, wie völlig unwichtige Fakten oder Umstände sich oft unauslöschlich im Gehirn verankern, während andere, wichtigere, scheinbar vergessen werden und dem Erinnerungsvermögen verloren gehen.

Der Tag meines Abflugs nach Louisville rückte näher. Es war nun Anfang August, weniger als einen Monat vor Beginn des Zweiten Weltkrieges, als Hitler in Polen einmarschierte. Was im Rest der Welt vor sich ging, war für mich zwar nicht unwichtig, doch beschäftigte es mich nicht, als ich von New York aus in Richtung Louisville flog. Am Flughafen in Louisville, der damals noch sehr bescheiden war, wartete Jane mit ihren und meinen Eltern auf mich. Wir wollten nicht, daß unsere Hochzeit zu einem großen gesellschaftlichen Ereignis mit Dutzenden von geladenen Gästen würde. Unsere Hochzeit sollte schlicht sein und im kleinen Rahmen gefeiert werden. Niemand außer Familienangehörigen und Freunden war zugegen. Anne Glenn war unterwegs und konnte nicht kommen. Keine meiner drei Schwestern war dabei.

Der Tag war mild und sonnig, das Wetter so traumhaft schön, wie man es sich für ein solches Ereignis nur wünschen konnte. Vom Flughafen aus machten wir unterwegs nur halt, damit sich die Beteiligten und Gäste umziehen und festlich kleiden konnten, und fuhren dann zum Ort, wo die Feierlichkeiten geplant waren. Sie sollten in einer kleinen Kapelle gotischen Stils – nicht dem Stil des *American*

Gothic![1] – außerhalb von Louisville stattfinden. Ich hatte diese Kapelle noch nie zuvor gesehen und seither auch nicht mehr. Ihre Schönheit und Einfachheit beeindruckten mich, obwohl sie nur eine Nachbildung gotischer Kapellen war, wie ich sie in zwei europäischen Ländern oft gesehen hatte.

Jane trug ein langes, weißes Kleid mit einem Schleier und ein großes Lilienbouquet. Unsere Eltern waren dem Anlaß entsprechend gekleidet. Selbst mein Vater hatte sich bei einem Herrenausstatter einkleiden lassen – ich hatte ihn nie etwas Vergleichbares tun sehen – und trug einen weißen Anzug wie ich. „Pop" Glenn führte den Traugottesdienst durch, da er aufgrund seiner langjährigen Tätigkeit als Laienprediger in der *Church of Christ* dazu berechtigt war. Er übte dieses Amt neben seiner Lehrtätigkeit an der L.M.H.S. aus. Seiner Funktion entsprechend trug er einen dunklen Anzug mit schwarzer Krawatte.

Jane und ich hatten für den Traugottesdienst Stücke aus der frühen Barockmusik ausgesucht, meiner Lieblingsrichtung im reichen musikalischen Erbe Europas. Es war mir jedoch völlig unwichtig, wer an der Orgel saß oder wessen Kompositionen gespielt wurden. Alles, was ich noch weiß ist, daß die Musik, die Braut und jener herrliche Augusttag nicht besser hätten aufeinander abgestimmt sein können. Ich sah nur Jane. Es war mir unmöglich, mich auf die Musik zu konzentrieren oder auf die Worte, die John Glenn sprach vor, während und nach seiner Frage, ob wir uns das Jawort geben und als Mann und Frau leben wollten. Wir wußten mit Sicherheit, daß wir das wollten. Monatelang hatten wir nicht die geringsten Zweifel gehabt.

Nach dem Traugottesdienst wurde vor dem Eingang der Kirche ein Gruppenphoto aufgenommen. Danach gingen wir zu den Glenns und nahmen ein spätes Mittagessen ein. Am späten Nachmittag des gleichen Tages flogen Jane und ich gemeinsam in einer zweimotorigen Maschine von *American Airlines* nach New York zurück. In dem Flugzeug war nur Platz für zwanzig Passagiere. Wieder erwähne ich ein belangloses Detail, an das ich mich noch lebhaft erinnere. Jane und ich saßen nebeneinander und bekamen auf einem Tablett Ge-

---

[1] American Gothic bezeichnet eine heutzutage selten gewordene Stilrichtung des 19. Jahrhunderts.

tränke von einer hübschen Stewardeß serviert. Ich sehe heute noch vor mir, als wäre es gestern gewesen, ihr freundliches Lächeln zur Begrüßung, als wir Frischverheiratete an Bord kamen.
Der Flug war gleichzeitig unsere Hochzeitsreise. Es gab keine weitere, weil ich meine Arbeit beim CBS zwölf Stunden nach unserer Rückkehr in New York wieder aufnehmen mußte. Wir nahmen ein Taxi vom alten LaGuardia-Flughafen zum Riverside Drive und bereiteten unsere erste gemeinsame Mahlzeit auf engem Raum zu. Vor meinem Abflug nach Louisville hatte ich Vorräte eingekauft und in der Kochnische verstaut. Weniger als vier Wochen später kam der Tag, auf den sich der erste Abschnitts dieser Erinnerungen bezieht, das ich fünfzig Jahre später, am 1. September 1989, zu schreiben begann.

„Drôle de guerre?"

Jane und ich hatten von Anfang an ein hektisches Leben geführt, das nahezu jeder Routine entbehrte. Meine Arbeitszeiten waren unregelmäßig. Meine Kollegen und ich mußten nun täglich fünf Nachrichtensendungen bewältigen, zusätzlich zu einer steigenden Anzahl an aktuellen Reportagen und Kommentaren. Dies bedeutete Schichtarbeit. Oftmals mußte ich die Woche über um fünf Uhr morgens im internationalen Nachrichtenstudio des CBS anfangen oder sonst um drei oder vier Uhr nachmittags und bis Mitternacht arbeiten.
Unsere Zusammenarbeit beim CBS war gut. Es kam nie zu störenden Spannungen unter uns Mitarbeitern. Jeder, einschließlich der Verantwortlichen für andere Bereiche, merkte, daß die von uns geleistete Arbeit wertvoll war. Es war uns allerdings nicht möglich, die Effektivität unserer Sendungen realistisch zu beurteilen. Wenige Menschen in Deutschland hatten einen Kurzwellenempfänger. Außerdem war es dort extrem gefährlich, ausländische Radiosendungen zu hören. Jeder Deutsche, der es dennoch wagte, mußte mit schweren Strafen rechnen. Wer beim Zuhören erwischt oder deswegen verpetzt wurde, den erwartete eine Gefängnis- oder gar die Todesstrafe. Über den Schreibtischen des Studios, in dem wir übersetzten und redigierten, hingen überall an den Wänden große, handgeschriebene Schilder mit der

Aufschrift: „Würde jemand sein Leben riskieren wollen, um den von mir verfaßten Worten zuzuhören?" Ich besitze ein Photo von einem dieser Schilder. Es wurde in *Harper's Basaar* zusammen mit einem Artikel, der unsere Arbeit beim CBS beschreibt, veröffentlicht. Auf dem Photo sind einige meiner Kollegen und, hinter meiner Schreibmaschine sitzend, ich zu sehen und über uns das Schild mit der für uns allgegenwärtigen Frage.

Es war für Jane bestimmt nicht schön, mit jemandem verheiratet zu sein, dessen Alltagsleben so chaotisch war wie das meine. Sie beklagte sich jedoch nie. Das Leben wurde für sie leichter, als wir uns zur Arbeitsteilung in einer Sache verpflichteten, die wir als zufriedenstellend und nützlich empfanden. Jane hatte weitaus mehr Zeit für diese Aufgabe als ich. Wir waren in einer Gruppe von vierzig bis fünfzig Menschen aktiv, die sich mit Rassen- und anderen aktuellen sozialen Problemen in und um New York herum befaßte. Die Gruppe wurde von dem Rechtsanwalt Arthur Loeb organisiert und geleitet. Sie nannte sich *Westside Council for Community Action*. Zu diesem Zweck diente die geräumige Wohnung von Arthur und seiner Frau Margerie an der 89. Straße gegenüber vom *Central Park* mehr als Büro und weniger als das persönliche Heim der Loebs. Arthur war ein Bekannter von uns und ein Anwalt, der dem *Westside Council* mehr Zeit als seinem Beruf widmete. Arthur, Margerie und ihr Sohn waren schon bald gute Freunde von Jane und mir. Das blieben sie auch, als der Krieg schon längst zu Ende war. An späterer Stelle werde ich noch ausführlicher auf die Aktivitäten des *Westside Council* eingehen. Im Jahr 1940 machte er sich im Wahlkampf für die Präsidentschaftswahlen stark, Millionen zur Unterstützung der Kandidatur Roosevelts für eine dritte Amtszeit im Weißen Haus zu motivieren.

Wenn ich ein bißchen Zeit hatte, versuchten Jane und ich unsere Wohnungseinrichtung zu vervollständigen. Dies war nicht oft der Fall, denn ich hatte nun mehr Arbeit beim CBS als zuvor. Die Wehrmacht schlug sich gewaltsam einen Weg durch Polen. In weniger als einem Monat marschierten sowjetische Truppen aus dem Osten in Polen ein und zerschlugen es völlig. Frankreich und Großbritannien erklärten Deutschland den Krieg zwei oder drei Tage nach Hitlers Angriff gegen Polen. Sie schritten jedoch nicht militärisch ein, wenn man von einer allgemeinen Mobilisierung und der Verstärkung von Frankreichs angeblich undurchdringlicher Maginotlinie absieht. Eine Zeitlang lang schien es, als wären Hitlers Ambitionen erfolgreich gewesen. Während des Winters 1939 erfuhren wir, daß die deutsche Besatzungsmacht mit dem systematischen Ausrotten der polnischen Intelligenzia und der jüdischen Bevölkerung begonnen hatte.

Nach der Niederlage Polens setzte bis Mai 1940 eine Zeit der Ruhe ein. Gegnerische bewaffnete Truppen standen einander hauptsächlich still und unbeweglich an den Grenzen des westlichen Europas gegenüber. Die Franzosen bezeichnen diese Phase des Kriegs als *drôle de guerre*, obwohl sich kurze Zeit später herausstellen sollte, daß der Krieg alles andere als *„drôle"* war – weder für Frankreich noch den Rest der Welt. Für uns beim CBS brachte das Ende jenes *drôle de guerre* anstrengendere und intensivere Arbeit und noch häufiger ausgestrahlte Nachrichtensendungen und Reportagen mit sich. Die Befürchtungen wurden überall immer größer, daß Nazideutschland sich womöglich auf dem Weg zur Eroberung Frankreichs befinden könnte. Wenn es Adolf Hitler gelungen wäre, die schändliche Niederlage von 1918 zu rächen, hätte ihm dies in den Augen deutscher Nationalisten den Heiligenschein eines Helden verliehen.

Das mehrmalige tägliche Übersetzen, Redigieren und Lesen von Nachrichten machte es erforderlich, daß wir uns bei der Arbeit abwechselten und zusätzlich Schichten einlegten. Wir versuchten selbstverständlich ein möglichst vollständiges Bild von den Entwicklungen an den Kriegsfronten wiederzugeben. Wir schilderten ebenfalls kulturelle Ereignisse in den USA, die zu jenem Zeitpunkt mit Neuerungen angereichert waren, die im Zuge der Sozialpolitik Roosevelts, dem sogenannten *New Deal*, eingeführt wurden. Alle meine Kollegen und ich hatten Spezialgebiete, für die wir uns interessierten und auf denen wir besonders kompetent waren. Die vier ehemaligen Deutschen befaßten sich in ihren Kommentaren und Reportagen mit politischen, wirtschaftlichen, sozialen oder militärischen Fragen, die sie von ihrem persönlichen Erfahrungshintergrund in Deutschland her angingen oder basierend auf Informationen, die sie aus unzensierten europäischen Publikationen erhalten hatten, wie zum Beispiel der Züricher Zeitung *Die Weltwoche*.

Wir unterlagen keinerlei Zensur, obwohl schon bald in Washington das *Office of War Information*[1] als Quelle für Nachrichten und politische Kommentare und als für die Verbreitung ins Ausland angemessen angesehen wurde. Der Autor des Artikels über die Arbeit beim CBS schrieb in *Harper's Basaar*: „Es ist zweifellos richtig, daß das Innenministerium in Washington ein väterliches Auge auf sie richtet." Dennoch gab es keinerlei Zensur. Im Jahr 1941 gesellte sich der Professor für Psychologie von der Columbia-Universität, Dr. Otto Klineberg, zu uns und stand täglich für Fragen zur Verfügung. Sein Deutsch war ausgezeichnet. Oft baten wir ihn Texte durchzulesen, bei denen wir uns nicht sicher waren. Wir waren aber nicht gezwungen, seine Kritik oder Vorschläge anzunehmen.

Es war uns nicht möglich, zuverlässige Beurteilungen der Hörerreaktionen zu erhalten. Unsere einzige Informationsquelle diesbezüglich waren Briefe und Postkarten, die aus Deutschland geschmuggelt und von der Schweiz aus abgeschickt wurden. Statistiken wurden jedoch nicht geführt. Sie wären ohnehin nicht von echtem Wert gewesen, der anzeigen hätte können, wer unsere Hörer waren und was sie über unsere Sendungen dachten.

Während der Weihnachtszeit spielten wir beispielsweise Aufnahmen von Händels „Messias" oder boten Lesungen der Weihnachtsgeschichte über die Geburt Christi aus dem Neuen Testament. Andere Sondersendungen wurden ebenfalls auf Weihnachten abgestimmt. Die Texte dazu lieferte häufig der berühmte deutsche Theologe Paul Tillich. Das ganze Jahr über bereitete Tillich Texte für Kommentare vor, die sonntags von einem der Mitarbeiter beim CBS vorgelesen wurden. Tillich war zuvor Professor in Frankfurt gewesen, war 1933 in die USA ausgewandert und lehrte nun in New York. Seine liberale Sichtweise, seine humanitäre Einstellung bezüglich politischer und sozialer Angelegenheiten sowie seine theologischen Ansichten galten als sehr bedeutsam. Im Nazideutschland durfte niemand zu solchen Themengebieten öffentlich Stellung beziehen.

Mit Janes Hilfe stellte ich eine neue Serie zusammen: „Junge amerikanische Solisten." Dazu überredete Jane Studenten oder ehemalige

---

[1] Amt für Kriegsinformation.

Kommilitonen und Kommilitoninnen von der Julliard-Musikschule, im Interesse unserer Bemühungen während des Krieges unentgeltlich ihre Darbietungen zu bringen. Ansonsten wäre diese Programmserie nicht möglich geworden, da uns das CBS nur begrenzte Mittel zur Verfügung stellte. Selbst das berühmte afro-amerikanische *Golden Gate Quartet* sang in dem ihm eigentümlichen Stil Spirituals für die deutschen Hörer, die normalerweise mit der rassistischen Propaganda von Goebbels und seinen Schergen überschüttet wurden. Das *Golden Gate Quartet* verlangte für seinen Auftritt ebenfalls keine Gage.

In anderen Reportagen, die in meinem Verantwortungsbereich lagen, konzentrierte ich mich auf die Darbietung kultureller, sozialer und politischer Entwicklungen innerhalb der USA, die von den nationalsozialistischen Medien entweder ignoriert oder zu Propagandazwecken verdreht wurden. Regelmäßig bereitete ich eine wöchentlich ausgestrahlte Programmserie mit dem Titel *Amerika-Spiegel* vor. Bei der Themenauswahl und dem Konzeptentwurf von Texten für diese Sendungen saß ich oft nächtelang über meine Schreibmaschine gebeugt, um für eine Viertelstunde vor dem Mikrophon am nächsten Tag gewappnet zu sein. Solche Wettläufe mit mir selbst konnte ich nur mit der Hilfe von Aufputschmitteln oder *Speed*, das heißt Benzedrinpräparaten oder Amphetaminen, bewältigen. Es war mir damals nicht bewußt, daß solche Marathonläufe unter Umständen zur Abhängigkeit von Drogen geführt haben könnten. Oft hatte ich es eilig, hätte aber trotzdem kein *Speed* nehmen sollen.

Es läßt sich nur schwer erklären, weshalb meine Kollegen und ich nur selten krank waren, angesichts des enormen Drucks, unter dem wir arbeiten mußten. Andererseits weiß jeder, daß bei vielen Menschen unter den während eines Krieges herrschenden anstrengenden Umständen ihre Widerstandsfähigkeit und ihr Immunsystem gestärkt wird, wodurch infektiösen oder nervösen Störungen vorgebeugt wird. Als Jane und ich jedoch noch am Riverside Drive wohnten, kollabierte meine Widerstandskraft bei einer Attacke der unter Erwachsenen seltenen Krankheit Mumps. Ich erwähne diese Krankheit, weil Jane und ich keine Kinder hätten bekommen können, wenn ich nicht von einem hervorragenden jungen Arzt gegen Mumps behandelt worden wäre. Viele wissen nicht, daß Mumps oder Ziegenpeter, wie er

manchmal genannt wird, zu einem Verlust der Zeugungsfähigkeit junger Männer führen kann. Ich wurde wieder gesund, ohne daß es zu Komplikationen beim Krankheitsverlauf gekommen wäre. Gegen Ende der vierziger Jahre wurde Jane von ihrem Arzt bestätigt, daß sie schwanger war. Wir waren erleichtert und glücklich, diese Diagnose zu erhalten.
Inzwischen hatte Hitlers Wehrmacht dem *drôle de guerre* ein Ende gesetzt. Am 10. Mai 1940 verletzten deutsche Truppen den von den Niederlanden, Belgien und Luxemburg erklärten Neutralitätsstatus, als sie in diese drei Länder einmarschierten. Von dort aus rückten sie gegen die mit einem britischen Expeditionskorps vereinte französische Armee zügig in das nördliche Frankreich vor. Großbritanniens neuer Premierminister Winston Churchill zog schon bald die britischen Streitkräfte bei Dünkirchen aus Europa zurück nach England und mußte dabei verheerende Verluste hinnehmen. Bereits Mitte Juni war Paris von der Wehrmacht besetzt worden. Die neue französische Regierung unter Marschall Philippe Pétain unterzeichnete am 22. Juni bei Compiègne eine demütigende Waffenstillstandserklärung. – In der Stadt Compiègne hatten weniger als zweiundzwanzig Jahre zuvor am 11. November 1918 schon einmal die höchsten Generäle unter Kaiser Wilhelm II. widerwillig ein ähnliches Dokument unterzeichnet, das die Niederlage Deutschlands im Ersten Weltkrieg besiegelte.
Nun rückten deutsche Truppen vor, um nicht nur Paris zu besetzen, sondern auch einen Großteil Frankreichs bis hinunter an die spanisch-französische Grenze. In den verbleibenden unbesetzten Gebieten Frankreichs etablierte sich Pétains Marionettenregierung in der Stadt Vichy und entpuppte sich als undemokratische Unterdrückerherrschaft bestehend aus den bei den meisten Franzosen unbeliebten *collaborateurs*, die mit den Nazis unter einer Decke steckten.
Diese Ausführungen sollen nicht eine Geschichte des Krieges darstellen. Für diese Aufgabe wäre ich nicht qualifiziert. Dennoch wäre es fast unmöglich, Ereignisse außer acht zu lassen, die den Hintergrund unserer tagtäglichen Arbeit für die Kurzwellensendungen im CBS-Studio bildeten. Manchmal war diese Arbeit extrem anstrengend und erschöpfend. Monatelang war sie von ständiger Angst und

Sorge belastet, daß es Hitler gelingen könnte, seinen verrückten Traum wahr zu machen, ganz Europa in einem „Tausendjährigen Reich" unter dem verhängnisvollen Zeichen des Hakenkreuzes einzuverleiben.

Im Kampf gegen eine mächtige Opposition mobilisiert Roosevelt unsere Bevölkerung

Präsident Franklin Delano Roosevelt – in den USA oft einfach als F.D.R. bezeichnet – hatte die Gefahren längst erkannt, die der Nationalsozialismus für Europa und den Rest der Welt bedeutete. Die breite Öffentlichkeit in den USA sprach sich jedoch damals gegen eine Einmischung in die Kriege anderer Länder aus. Der starr und doktrinär vertretene Isolationismus hatte lange Tradition gehabt. Seine Strömungen waren mächtig. Die Wurzeln gehen in der US-Geschichte bis ins 18. Jahrhundert zurück, als die „Gründungsväter" der USA sich entsprechend äußerten. In seiner Abschiedsrede im September 1796 warnte der aus dem Amt scheidende erste amerikanische Präsident George Washington vor „entangling alliances", der Einmischung in bestehende Bündnisse. Diese Doktrin wurde 1838 von dem damals amtierenden Präsidenten James Monroe proklamiert und ist unter seinem Namen als Monroe-Doktrin in die Geschichte eingegangen. Sie wurde bei der bewaffneten Einmischung von seiten der USA in Lateinamerika und sonst überall und jederzeit als anmaßenden Vorwand für die Ausübung des einseitig bestehenden „göttlichen Rechts" der USA ausgelegt, um in Lateinamerika eingreifen zu können: Lateinamerika, gewissermaßen als „Hinterhof" der USA angesehen, mußte von Versuchen seitens europäischer Mächte ferngehalten werden, Einfluß auf die dortigen Entwicklungen zu nehmen. Dafür hätten wir uns ja auch nicht in die innereuropäischen Zwistigkeiten und Streitereien auf dem „dekadenten alten Kontinent" eingemischt. Kriege in Europa wurden von unserem provinzlerischen Standpunkt aus als „fremdländische Kriege" betrachtet. Mit denen brauchten wir uns ja wohl in unserer vortrefflich isolierten Position nicht abzugeben!

Im Jahr 1940 waren die Anhänger des Isolationismus deutlicher vernehmbar verglichen mit 1919, als der US-Kongreß sich weigerte, Präsident Woodrow Wilsons hartnäckiger Forderung nach dem Beitritt der USA zum Völkerbund stattzugeben. Dennoch muß man sich einmal vergegenwärtigen, daß Wilson die große Mehrheit der Bevölkerung hinter sich hatte, um wiederholt in Nicaragua, Mexiko oder Haiti militärisch einzugreifen, um nur drei Beispiele zu nennen. Diese Interventionen wurden in Übereinstimmung mit der Monroe-Doktrin als gerechtfertigt angesehen. Andererseits wurden unsere Soldaten, die im Ersten Weltkrieg eingesetzt wurden, erst von der US-amerikanischen Öffentlichkeit akzeptiert, als das Deutsche Reich den uneingeschränkten U-Bootkrieg erklärte und diese Entscheidung zu der Versenkung eines britischen Passagier-Liniendampfers, der *S. S. Lusitania*, führte. Als dieses Schiff sank, fanden einhundertachtundzwanzig US-amerikanische Staatsbürger ein feuchtes Grab.

Im Jahr 1940 war die in der Öffentlichkeit vorherrschende Stimmung in den USA – wie schon in den Anfangsjahren des Ersten Weltkrieges – stark gegen eine offene Militäraktion zum Beistand für die europäischen Länder gerichtet, die gegen Deutschland unter der Führung Hitlers und seinen italienischen Verbündeten Mussolini kämpften. Wenn man von der Tradition und der Monroe-Doktrin einmal absieht, waren die eigentlichen Gründe für diese Haltung in nicht unbeträchtlichem Maße wirtschaftlich bedingt und von Geschäfts- und Bankbeziehungen von seiten einflußreicher US-Amerikaner beherrscht. Es handelte sich um komplizierte Beweggründe, von denen viele auch heute noch nicht nachvollziehbar sind. Sich an dieser Stelle an einer tiefschürfenden Erklärung versuchen zu wollen, wäre überheblich und sinnlos.

Unter den gegebenen Umständen sprach sich Roosevelt für eine Art „Vorkriegshilfe-Politik" aus. Große Mengen an Vorräten und Ausrüstung wurden nach Großbritannien verschifft. In als „fireside chats"[1] bekannt gewordenen Ansprachen im Radio legte Roosevelt auf eloquente Art seine Überzeugungen dar hinsichtlich der Bedrohung durch Hitler aufgrund seines nicht zu stillenden Durstes nach Erobe-

---

[1] Etwa: Gespräche am Kaminfeuer.

rungen und Weltherrschaft. Außer einem seit langem bestehenden Isolationismus waren den Nationalsozialismus befürwortende Meinungen und Kundgebungen in den USA weitverbreitet und keinesfalls in ihrer Bedeutung oder ihrem Einfluß zu unterschätzen. Diese Strömung war so groß, daß Roosevelt bei einem „Gespräch am Kaminfeuer", – um nur ein Beispiel herauszugreifen –, es mit einer Reihe regelmäßig ausgestrahlter, bösartig rassistischer Radioansprachen des katholischen Priesters Charles Coughlin aufnehmen mußte. Dieser verwendete für seine Polemiken, wie erst zu späterem Zeitpunkt an die Öffentlichkeit drang, Unterlagen, die ihm von Goebbels Propagandaministerium bereitwillig zur Verfügung gestellt wurden. Coughlins Einflußnahme ist in vielerlei Hinsicht vergleichbar mit den antisemitischen Wortschwallen und damals noch verhältnismäßig häufig vorgenommenen Lynchmorden an Afro-Amerikanern durch Mitglieder des Ku Klux Klan. Diese Aufwieglerei hatte regelrecht ansteckende Wirkung, besonders unter der weißen Bevölkerung in den Südstaaten und den ländlichen Gegenden des Mittleren Westens der USA.

Bevor ich noch weiteres zur bitter bekämpften Wahlkampagne von Roosevelt im Jahr 1940 sage, muß ich noch eine Reise beschreiben, die ich nach Washington unternommen habe. T. H. Tetens war Journalist und Flüchtling aus Deutschland. Ich lernte ihn in New York kennen. Er hatte Unmengen – Koffer und Truhen voll – von Unterlagen und Beweismaterial angesammelt, aus dem eindeutig hervorging, daß die Nazis subversive Anschläge in den USA planten. Tetens war davon überzeugt, daß dieses Vorhaben real war und eine wirkliche Gefahr darstellte. Ich hegte den Verdacht, daß die Pläne der Nazis jedoch nicht ausreichend bekannt oder von den zuständigen Regierungsstellen nicht ernst genommen wurden. Durch Beziehungen, die ich hatte, gelang es uns, ein Treffen mit dem Innenminister Harald Ickes zu vereinbaren, um ihm so viel wie möglich von Tetens Material zur Verfügung stellen zu können. Im September oder Anfang Oktober 1940 empfing Ickes uns in seinem mit einem riesigen Sternenbanner geschmückten Büro zu einer Unterredung, die über eine Stunde dauerte. Tetens zog ein Dokument nach dem anderen aus dem Koffer und ich übersetzte den Inhalt. Die Unterlagen betrafen das geplante

Einschleusen von Nazispionen in verschiedene Einrichtungen der USA. Ich habe nie erfahren, ob die von uns zur Verfügung gestellten Informationen tatsächlich verwendet wurden, doch ich möchte glauben, daß Tetens Unterlagen ihren Zweck erfüllten.

Zum drittenmal Präsidentschaftskandidat:
„THE THIRD-TERM CANDIDATE"

Präsident Roosevelt hatte keinen leichten Wahlkampf, als er zum dritten Mal als Präsidentschaftskandidat der USA antrat. Sein Gegner aus der Republikanischen Partei hieß Wendell Wilkie. Ich erinnere mich noch lebhaft an den höhnischen Ton von Wilkies Rundfunkansprachen. Er versäumte es nie, so verächtlich er nur konnte sich dabei auf Roosevelt als „third-term candidate"[1] zu beziehen. Kein Präsident war jemals zuvor dreimal hintereinander als Präsident ins Weiße Haus gewählt worden. Dies bedeutete, daß Roosevelt, der sich einer nahezu heiligen Tradition widersetzte, bei einem Wahlsieg schon einzig und allein aus diesem Grund gegen zahlreiche, mächtige Feinde sich würde behaupten müssen, ganz zu schweigen von dem zusätzlichen Problem des Isolationismus, der in den ganzen USA weit verbreitet war.
Dennoch glaubten Millionen gut unterrichteter Bürger an Roosevelt. Der Grund dafür waren nicht nur seine weitsichtigen Sozial- und Wirtschaftsreformen, die er seit seiner ersten Amtszeit als Präsident nach der Niederlage von Herbert Hoover 1932 einzuleiten begann, als die damalige Weltwirtschaftskrise ihren Höhepunkt erreicht hatte. Gleichermaßen teilten Millionen von Menschen die Meinung, daß gegen Hitler und alles, wofür er stand, tatkräftig Widerstand geleistet werden mußte.
Meine radikale pazifistische Ansicht, vom Standpunkt eines Idealisten aus gesehen, hatte sich bei mir durch die Lektüre von Tolstoi, Gandhi und Thoreau entwickelt. Dieselbe Position vertrat ich immer noch. Ich hatte sie nicht aufgegeben. Angesichts der Bedrohung, die

---

[1] Kandidat für eine dritte Amtszeit.

Nazideutschland für den Rest der Welt darstellte, zog ich jedoch den Schluß, daß es in diesem Fall keine Alternative zum militärischen Vorgehen gegen Hitler gab. Ich war der Überzeugung, daß die USA sich mit dem ganzen Gewicht ihrer fast unbegrenzten Ressourcen in diesem Kampf einsetzen sollten. Diese Überzeugung verfestigte sich in mir noch, als um 1941 durchzusickern begann, daß die nationalsozialistischen Konzentrationslager für systematischen Massenmord konzipiert waren und in nie gekanntem Umfang und Ausmaß zur Ausrottung ganzer Bevölkerungsteile konstruiert und eingesetzt wurden.

Aus all den erwähnten Gründen waren Jane und ich begeisterte Anhänger Roosevelts. Dazu kam noch unsere Überzeugung, daß seine Wirtschafts-, Sozial- und Kulturpolitik innenpolitisch von großer Bedeutung war. Zu den Anhängern Roosevelts, die fest glaubten, daß seine Innen- und Außenpolitik unterstützenswert sei, zählte die Aktivistengruppe unter der Leitung von Arthur und Margerie Loeb im *Westside Council for Community Action*. Jane und ich waren entschlossen, alles in unserer Macht Stehende zu tun, um den Sieg Roosevelts über Wendell Wilkie sicherzustellen.

Alle, die dem Council angeschlossen waren, engagierten sich mit Begeisterung und Fleiß für diese Aufgabe. Was wir bewirken konnten, war natürlich bescheiden und gering. Wir waren uns dieser Tatsache voll bewußt, versuchten dennoch unser Bestes. Von August 1940 druckten und verteilten wir innerhalb weniger Monate Tausende von Flugblättern und Broschüren. Zahllose Aufrufe an den Straßenecken ergänzten die von uns verteilten Informationsschriften. Wo wir Menschen zusammentrommeln und sie zum Zuhören bewegen konnten, ob in einer U-Bahn-Station oder im Central Park, da ergriffen wir das Wort. Ein Telefonnetzwerk wurde von Mitgliedern des *Council* eingerichtet, die bereit waren, mindestens zehn bis dahin noch für die bevorstehende Präsidentsschaftswahl unentschlossene Freunde oder Bekannte anzurufen. So klein unser Beitrag wohl ausfiel, nach Auszählung der abgegebenen gültigen Stimmen bei der Wahl am 4. November blieb Roosevelt im Weißen Haus.

Viele der Bemühungen und freiwilligen Bürgerinitiativen wie dem *Westside Council* waren Gegenstand der Ausführungen in meiner

Sendereihe *Amerika-Spiegel* beim CBS. Oft wünsche ich mir, daß ich die Texte bei meinen Papieren aufbewahrt hätte. Wenn ich sie jetzt nochmals lesen könnte, zumindest teilweise, würde sich zeigen, ob sie das waren, was sie sein sollten. In unseren Nachrichtensendungen und Reportagen hatten wir weder Zeit noch Kraft genug, über vieles zu berichten, das sich auf dem Erdball ereignete. Unser Mitarbeiterstab in der Kurzwellenabteilung war zahlenmäßig klein und das CBS während der gesamten Kriegsdauer nicht staatlich subventioniert.

Während der „Schlacht um Großbritannien" im September 1940 hielt die königliche britische Luftwaffe allein gegen alles stand, was die deutsche Luftwaffe in ihren Angriffen gegen London aufzubieten hatte. Unablässig kam es zu nächtlichen Bombenangriffen auf britische Ziele. Mitte November war die herrliche Kathedrale der Stadt Coventry fast völlig zerstört worden. In Nordafrika kam es zu heftigen bewaffneten Auseinandersetzungen. Die britischen Streitkräfte schlugen sich eine Zeitlang erfolgreich gegen Mussolinis Truppen in Libyen. Griechenland und alle anderen Länder auf der Balkanhalbinsel waren in die Kämpfe verwickelt und schon bald von deutschen Militärs besetzt.

Im Herbst 1940 hatte sich Hitler mit Italien und Japan verbündet, um die Achse Berlin-Rom-Tokio förmlich zu kräftigen. Überall fing es an, so zu erscheinen, als wären das nationalsozialistische Deutschland und das faschistische Italien in ihrem Bündnis mit Japan unschlagbar.

Der Krieg breitet sich aus: „Ein Tag, der als Schandtat in die Geschichte eingeht"

Infolge der gestärkten Position durch den Sieg bei den Präsidentschaftswahlen intensivierte Roosevelt sein sogenanntes „lend-lease system"[1], wodurch ermöglicht wurde, Großbritannien militärisch-logistisch zu unterstützen. Die USA entfernten sich damit von ihrer Neutralität und bewegten sich in Richtung aktive, wenn auch immer noch nicht kämpferische Beteiligung am Krieg. Vermutlich wußte man in den oberen Rängen Washingtons, daß Hitler sich auf einen Angriff gegen die Sowjetunion vorbereitete, ungeachtet des Nichtangriffspaktes, den er mit Stalin ausgeklügelt hatte, bevor die Wehrmacht eine Woche später mit stillschweigendem Einverständnis und militärischer Unterstützung der Sowjetunion in Polen eindrang.

Keiner von uns beim CBS hätte wissen können, daß sich erschreckend neue Entwicklungen abzeichneten. Zwei meiner Kollegen waren von Anfang an mißtrauisch gewesen und davon überzeugt, daß Hitlers „Drang nach Osten" und sein augenscheinliches Doppelspiel ihn zu dem Versuch verleiten würden, mit Napoleon wetteifern zu wollen, in der irrsinnigen Hoffnung, dort siegen zu können, wo Napoleon versagt hatte.

Das meiste von dem Geschehen nach Hitlers „Unternehmen Barbarossa" – den Überfall auf die Sowjetunion im Juni 1941 – ist allseits so bekannt, daß die Erwähnung von Einzelheiten an dieser Stelle überflüssig wäre. Was mir nicht überflüssig zu sein scheint, sondern wert, in Erinnerung gerufen zu werden, ist folgendes: Innerhalb von wenigen Wochen führte der Vorstoß Deutschlands nach Rußland zur Bildung eines „Anti-Hitler-Bündnisses." Für viele war dies schon als lange dringend erforderlich erschienen. Im November 1941 führte dieses Bündnis Roosevelts Entschluß herbei, das Leih- und Pachtsystem auszudehnen. Bislang war nur Großbritannien in seinen Genuß gekommen.

---

[1] Leih- und Pachtgesetz (1941).

Folglich bewegte sich unser Land näher auf den Krieg zu. Am 7. Dezember 1941 wurden wir hineinverwickelt. Im Geschichtsunterricht der Schule lernt man das heute. Ältere Menschen erinnern sich vielleicht persönlich daran. An jenem Morgen bombardierten Dutzende japanischer Flugzeuge von Trägern den Marinestützpunkt der USA in Pearl Harbor auf Hawaii. Dieser Überraschungsangriff zerstörte ein Großteil unserer Pazifik-Flotte oder beschädigte sie schwer, einschließlich acht Schlachtschiffe sowie eine große Anzahl an anderen Kriegsschiffen und Flugzeugen.

Die Reaktionen im Studio werde ich nicht vergessen, als die Nachricht von der Bombardierung von Pearl Harbor uns erreichte. Roosevelts Ansprache hallt mir sogar heute immer noch in den Ohren, als er sich wenige Stunden nach dem Angriff Japans an das US-amerikanische Volk wandte: „This is a day that will live in infamy."[1] Roosevelts kultivierte, wohltönende warme Stimme zitterte hörbar vor Emotion. Doch er sprach ruhig. Ab jenem Zeitpunkt verstummten die Befürworter des Isolationismus einer nach dem anderen.

Drei oder vier Tage nach dem Angriff auf Pearl Harbor erklärten Deutschland und Italien den USA den Krieg. Dieser Krieg war in viel breiterem Ausmaß als der Erste Weltkrieg eine Generation zuvor in einen Welt-Krieg ausgeartet. Monatelang sendeten wir nun Tag für Tag und Woche für Woche zunehmend erschreckende Nachrichten für diejenigen, die an das übergeordnete Ziel glaubten, für das nun schließlich auch unser Land bereit war, Energien und gewaltige Mittel zur Verfügung zu stellen.

Nicht einmal japanisches Militärpersonal hätte wohl im voraus einschätzen können, wie schnell die Luftwaffe, Marine und Bodentruppen Japans vorankommen oder wie umfassend die Gebiete in Asien und dem pazifischen Raums sein würden, die das japanische Militär während der ersten sechs oder sieben Monate nach dem Angriff auf Pearl Harbor besetzt hatte. Zur Veranschaulichung dieser Thematik möchte ich lediglich eine kleine, stichprobenartige Auswahl an Nachrichten geben, über die wir in jener leidigen Zeit berichteten. Zwischen Dezember 1941 und Mitte des Sommers 1942 überfielen und

---

[1] Etwa: „Dies ist ein Tag, der als Schandtat in die Geschichte eingehen wird."

besetzten die Japaner folgende Länder und Gebiete: Honkong, Singapur, Malaya, die Philippinen, den Malayiischen Archipel (das heutige Indonesien), Thailand, Birma, Guam und die Wake-Inseln, einen Großteil Neuguineas, die Salomonen im südwestlichen Pazifikraum.

Uns sowie Millionen anderer interessierter Menschen auf der ganzen Welt schien dies unglaublich zu sein. Stündlich wurde die Lage betrüblicher. Zunächst lief für Japan alles günstig, doch dann wendete sich endlich das Blatt im Juni 1942, als die US-Luftwaffe und US-Marine die japanische Flugzeugträgerflotte in einer gewaltigen Seeschlacht und aus der Luft nahe der Midway-Inseln zerstörte. Diese Schlacht war ausschlaggebend im pazifischen Kriegstheater. (Ich verwende den Ausdruck „Theater" hier lediglich, weil er schon immer auf diese Weise mißbraucht wurde. Mir mutet der Gebrauch dieses Wortes im Zusammenhang mit Militäroperationen unendlich zynisch an. Als ob Krieg mit einem Schauspiel vergleichbar wäre, in dem die Schauspieler uniformiert und mit Helmen ausgerüstet auf der Bühne herummarschierten! Der Ausdruck sollte in diesem Zusammenhang gar nicht mehr verwendet werden dürfen.)

Nicht lange nach der Schlacht am Midway-Atoll startete ein überheblicher General namens Douglas MacArthur seine „Inselhüpfkampagne." In den Augen patriotischer Amerikaner war er zu einem leuchtenden Heldensymbol aufgestiegen, nachdem er auf der Corregidor-Insel der Philippinen sich gegen überlegene japanische Streitkräfte behauptet hatte. Die von Japan im Pazifikraum besetzten Gebiete wurden schließlich eines nach dem anderen mit schweren Verlusten auf beiden Seiten zurückerobert. Die seltsam klingenden Namen pazifischer Inseln bzw. Inselgruppen im Pazifik waren wochenlang Gegenstand unserer Berichterstattung: Guadalcanal, Iwo Jima und Saipan. Sie waren Schauplatz blutiger Gemetzel geworden. Zehntausende junger Japaner und Amerikaner mußten ihr Leben lassen oder wurden im Kampf verstümmelt und verkrüppelt. Nicht, daß meine Kollegen und ich über den Sieg der Alliierten über Japan nicht erleichtert gewesen wären, als fast verlorene Hoffnung wieder realistisch wurde! Natürlich gehörten wir zu den Millionen, die den stolzen General MacArthur feierten und die unter ihm vollbrachten

Taten rühmten. Man muß sich jedoch fragen, ob das Blutbad nicht hätte vermieden werden können, wenn die demokratischen Länder Europas es als angemessen erachtet oder sich dazu entschlossen hätten, Hitler entgegenzutreten, *bevor* er die Welt in den Zweiten Weltkrieg stürzte.

Zuvor gute Nachrichten von der „Heimfront"

Dies soll nun vorerst genug der Rede sein über Dinge, die draußen in der großen weiten Welt stattfanden. Jetzt verlangt eine Nachricht ganz anderer Art danach, Erwähnung zu finden: Sie betrifft ein freudiges Ereignis in Janes und meiner privaten Welt, das sich einige Monate zuvor zugetragen hatte, bevor wir die schlimmen Nachrichten aus dem Pazifik über das CBS ausstrahlten. Diese privaten Nachrichten wurden für uns teilweise von den Ereignissen überschattet, die sich in der unsäglich traurigen Welt außerhalb unserer Privatsphäre abspielten. Doch für Jane und mich, an der Heimfront sozusagen, handelte es sich um eine überaus gute Nachricht.

In Erwartung dieses Ereignisses waren wir im Frühjahr 1941 aus unserer winzigen Wohnung in der düstereren, schmuddeligen Gegend am Riverside Drive in eine helle, geräumige Dreizimmerwohnung im ersten Stock eines modernen, neuen Gebäudes, Ecke Dyckman und 210. Straße gezogen. Unser neues Heim befand sich direkt nördlich der sogenannten „Cloisters"[1], jener beliebten Attraktion für Touristen, die sich Manhattan ansehen wollen, – es handelt sich um echte, *importierte* Architektur aus dem Mittelalter.

Im kleinsten der drei Zimmer machte sich Jane schwer an die Arbeit. Sie verpaßte ihm einen neuen Anstrich und bemalte ringsherum die Wände des kleinen Zimmers. Die Wandmalerei war in warmen Pastelltönen gehalten und stellte Figuren aus uns bekannten Märchen dar. In einem Antiquitätenladen hatten wir eine Wiege gefunden, die

---

[1] Wörtlich: Kloster, wird auch als Museum für Kunstwerke aus dem Mittelalter genutzt.

so war, wie man sie zu Großvaters Zeiten noch verwendet hatte, um Babys in den Schlaf zu schaukeln. Jane nähte zwar nie viel, doch fertigte sie einen leichten Tüllvorhang für die Wiege, um Fliegen und Mücken abzuhalten. Letztere waren in New York während der Sommermonate stets reichlich vorhanden.

Als diese und andere Vorbereitungen für die Ankunft des Neulings gemacht waren, kam Anni am 8. August ohne Komplikationen zur Welt. Wir nannten sie nach der Tochter einer mit uns bekannten jüdischen Flüchtlingsfamilie. Das freudige Ereignis des August 1941, das für Jane und mich sowie natürlich für Anni sehr bedeutsam war, fand in einer Privatklinik statt, wo unser Geburtshelfer stets Babys zum Licht der Welt verhalf. In diesem Fall war unser Gut, das er unter Janes aktiver und bewußter Mithilfe ins Leben beförderte, in der Tat etwas „Gutes."

Wahrscheinlich empfinden die meisten jungen Ehepaare die Geburt ihres ersten Kindes als wundersam und zutiefst beeindruckend. Dies war ganz gewiß auch bei Jane und mir so. Das Wunder, wenn ein neues menschliches Wesen aus der Wärme und Geborgenheit des Mutterleibs in die Welt nach draußen kommt, gilt schon seit Urzeiten als wunder- und geheimnisvolles Ereignis. Heute verliert dieses „Eintrittsritual" durch die besonnene, eingeübte Routine in den Kreißsälen der meisten modernen Krankenhäuser viel von ihrem ursprünglichem Sinn. Wir waren überaus dankbar, daß Anni in einem Krankenhaus zur Welt gekommen war, wo die Atmosphäre dazu beitrug, daß die Geburt ein Ereignis war und nicht bloß medizinisch-technische Prozedur.

Die Geburt meiner beiden anderen Kinder war nicht weniger beeindruckend als die erste, wenn auch die Umstände zu jenen Zeitpunkten sich gewaltig von Annis *entrée* unterschieden. Als Cristi im Oktober 1945 geboren wurde, war ich gerade sechs Monate lang bei der Militärregierung in Bayern stationiert. Sogar räumlich war ich Tausende von Meilen von dem Ort entfernt, wo Cristi zur Welt kam. Außerdem kämpfte ich in meinem Privat- und Berufsleben mit Situationen, die in krassem Gegensatz zu der Verbundenheit standen, die Jane und ich bei Anni´s Geburt gemeinsam erlebten. Ich war nicht nur geographisch, sondern auch psychisch zu weit von Cristi entfernt, um als Vater für sie dasein zu können. Dies werde ich immer bedauern.

Bei der Geburt von Gillian während meiner dritten Ehe gab es in meinem Leben wieder schwierige Umstände, die in gewissen Zügen denen von 1945 ähnelten. In anderer Hinsicht waren sie wiederum völlig verschieden. Gegenüber Gillian konnte ich meinen Vaterpflichten zwar nicht immer ununterbrochen nachgehen, wie ich es mir gewünscht hätte; insgesamt betrachtet zwölf bis dreizehn Jahre lang jedoch in angemessener Weise. Bei Gillians Geburt durfte ich sogar zusehen und mithelfen. Dies war für mich ein unvergeßliches Erlebnis und ich empfehle allen werdenden Vätern, bei der Geburt ihres Kindes, wenn irgend möglich, dabeizusein.

Was macht aus einer Mutter eine gute Mutter?

Ich erinnere mich noch an einige Dinge während Annis ersten drei oder vier Lebensjahre, die zu erzählen ich einfach nicht widerstehen kann. Bevor ich darauf zu sprechen komme, muß noch etwas anderes erwähnt werden. Jane war Zeit ihres Lebens als Mutter eine außergewöhnlich gute Mutter. Der Ausdruck „eine gute Mutter sein" möchte ich nicht in dem Sinne mißverstanden wissen, wie er häufig gebraucht wird. Jane war nicht der letztlich destruktive Typ einer vordergründig guten Mutter und auch nicht übermäßig beschützend gegenüber ihren Kindern. Nicht selten führt dies unabsichtlich und ungewollt zu einem beim Kind kaum zu behebenden psychischen Schaden. Meiner Ansicht nach war Jane für die Mutterschaft geradezu prädestiniert. Dies liegt zum Teil darin begründet, daß sie selbst zeitlebens in vielerlei Hinsicht kindlich blieb. Sie hatte die fast unheimliche, offenbar angeborene Fähigkeit, Kinder und die meisten Jugendlichen zu verstehen und sich in sie hineinzuversetzen. Bis 1967 hatte ich keine Ahnung von Carl Gustav Jungs Theorie über die verschiedenen Typen von Menschen. Rückblickend würde ich sagen, daß Jane die Eigenschaften des „Fühltyps" aufwies.

Ihre ungewöhnliche Sensibilität hatte sich bereits in ihrer Begabung als Musikerin gezeigt. Mit Beginn ihrer ersten Schwangerschaft offenbarte sich diese Gabe noch stärker. Solange ich Jane kannte und mit ihr zusammenlebte, verfügte sie über dieses besondere Einfühlungsvermögen. Ich habe stark den Eindruck, daß dies auch in den Jahren nach unserer Trennung noch genauso sehr vorhanden war, wie während unseres gemeinsamen Lebensabschnitts. Angesichts der Umstände, die dazu führten, daß Jane sich gegen eine Karriere in der Musik entschied, ist es wahrscheinlich Janes Schicksal zuzuschreiben, daß sie nicht zu der berühmten Violinistin wurde, zu der sie es hätte bringen können, sondern die verständnisvolle Mutter für ihre eigenen Kinder und für viele andere war, die wegen eines mütterlichen Rats, Unterstützung oder Ermutigung zu ihr kamen, aber nicht ihre leiblichen Kinder waren.

Launen und Vorurteile

Jane und ich hatten wie alle unsere Macken. Mein Vater pflegte es „Launen" zu nennen. Und diese Persönlichkeitsdefekte *in* uns führten manchmal zu Spannungen *zwischen* uns. Ein Beispiel soll dies verdeutlichen. Bevor ich das Beispiel schildere, vorab nur soviel: Ich neigte damals – und neige heute noch – zur Spitzfindigkeit. Jane neigte zur Rechthaberei. Die Kombination dieser beiden Schwächen paßt nicht gut zusammen!

Oft erledigte ich auf meinem Weg von der Arbeit nach Hause die Lebensmitteleinkäufe für den nächsten und übernächsten Tag. Eines Abends hatte ich ein bereits zerlegtes Hühnchen mitgebracht, das nur noch in der Pfanne gebraten werden mußte. Ich habe bereits bewundernd von Jane Cox gesprochen, wie sie ein echtes „Kentucky Fried Chicken" zubereiten konnte. Ich hatte eigentlich beabsichtigt, ein solch echtes Brathühnchen auf den Tisch zu zaubern. Während die Bratpfanne heiß wurde, standen Jane und ich zusammen vor dem Herd. Wie in der Rezeptanleitung vermerkt, waren zwei Hühnchenschlegel bereits in Mehl paniert. Dann untersuchte Jane näher, was

ich da gekauft hatte. Kritisch und mit entrüsteter Stimme wollte sie wissen: „Wo sind die anderen beiden Schlegel?"
Meine kulinarische Darbietung des „Kentucky Fried Chicken" hätte eine Gaumenfreude werden sollen. Nun hatte sich das Blatt plötzlich gewendet. So taktvoll, wie ich es konnte, erklärte ich, daß alle Hühner, die ich je gesehen hatte, immer nur zwei Schlegel hatten. Ich leitete dieses Faktum aus eigener Erfahrung ab, denn ich hatte zum Beispiel oft Hühner am Straßenrand auf einer Fahrt mit Orville zur Farm gesehen. Tatsachen reichten nicht. Jane war sich sicher, daß gerade dieses Hühnchen nicht in Ordnung war und hartnäckig davon überzeugt, daß meine Kenntnisse im Bereich der Anatomie von Hühnern unzulänglich waren. Nun, was war die Folge all dessen? Ein Streit, der fast genauso überhitzt war, wie das in der Pfanne schmorende Hühnchen. Die Auseinandersetzung verdarb uns die Freude an der gemeinsamen Mahlzeit an dem Klapptisch, wo wir gewöhnlich alle paar Tage trotz meiner unberechenbaren Arbeitszeiten etwas Zeit zusammen genießen konnten.
Der Zwischenfall war weniger tragisch, als Jane und ich ihn törichterweise hinnahmen. Wie jeder, der eine Zeitlang mit einer anderen Person in vergleichbarem Rahmen zusammengelebt hat, kenne ich noch mehr solcher Störfälle in der Ehe. Es ist erstaunlich, wie oft, in meiner eigenen Ehe und der anderer Leute, unwichtige Meinungsverschiedenheiten zu Streit zwischen den beiden Parteien führen. Ich lernte erst später, mich dabei zu fragen, welche eigengesetzlichen Komplexe hinter solcher Starrsinnigkeit liegen. In den vierziger Jahren hatte ich weder von Jungs Typologie noch von affektgeladenen Komplexen gehört. Als ich zu guter Letzt solche Komplexe in der Theorie kannte, hieß das noch lange nicht, daß sie die Harmonie der Ehe nicht mehr stören würden. Das Problem liegt gerade darin, daß Komplexe ihrer eigenen Gesetzmäßigkeit folgen und ärgerlicherweise meistens unseren bewußten Willen überrumpeln. Wir können eigentlich nur damit in guten wie in schlechten Zeiten zu leben versuchen.

Sind junge Eltern nur deshalb stolz auf ihr Kind, weil es ihr eigenes ist?

Jetzt aber weg von der Theorie und hin zu den schöneren Seiten von Janes und meinem gemeinsamen Leben als Eltern von Anni. Es gab viele dieser schönen Seiten. Vom Tag ihrer Geburt an schlief Anni immer gut. Dies war, angesichts meiner unregelmäßigen Arbeitszeiten, ein wahrer Segen für uns. Wenn ich auf die Zeit zurückblicke zwischen Annis anmutigem Eintritt in diese Welt und meiner Abreise nach Deutschland im April 1945, habe ich sie als muntereres und heitereres Kind in Erinnerung, als die meisten Kinder es sind, und auch als sehr wachsam und aufmerksam. Sie gab in ihrer Wiege oft stundenlang vergnügte, zufriedene Laute von sich, wenn sie allein war. Später, als sie anfing, echte oder erfundene Worte zu sprechen, schien sie im Handumdrehen zu lernen. Dann fing sie an durch die Wohnung zu krabbeln und die zwei Stufen zum Wohnzimmereingang hinauf- und hinabzuklettern, als hätten sie gar nicht existiert. Ihre ersten wackligen Gehversuche unternahm sie früher als die meisten anderen Anfänger dieser feinen Disziplin.

Annis Fähigkeiten und Fortschritt bei diesen Abenteuern waren – ich schwöre – etwas ganz Besonderes. Jedenfalls glaubten es Jane und ich. Möglich, daß es tatsächlich so war. Weshalb sollte ich auch nicht erwähnen, was ich weiß. Wenige Kinder sind in ihrem Umfeld so von Herzen angenommen und willkommen, wie Anni es war. Wenige haben solch günstige Ausgangsvoraussetzungen, wie Anni sie hatte, als sie in das Auf und Ab des Lebens eintrat. Wir hatten alle drei Spaß, wenn Jane, ich und Anni zusammen waren. Wenn es so klingt, als würde ich hier prahlen, dann erscheint es deshalb so, weil ich es tatsächlich tue. Wer könnte es dem jungen Vater eines solch prächtigen Kindes verübeln?

War ich bloß entzückt von Anni? Bei Vätern von süßen, kleinen Mädchen ist das ja oft der Fall. Mit Jungs Worten ausgedrückt lautet die Frage: War es die typische „Anima-Projektion"? In gewissem Maß bestimmt. Über Cristi hätte ich mich trotz der bereits erwähnten bestehenden Problematik mit Sicherheit nicht weniger begeistert und überschwenglich geäußert. Als ich Cristi zum erstenmal sah waren

die Umstände ganz anders und sehr traurig im Gegensatz zu „meiner ersten Begegnung" mit Anni. Für Cristi sah die Zukunft nicht so rosig aus wie für Anni. Doch, obwohl ich weitaus weniger Gelegenheit hatte, mit Cristi zusammen zu sein, als sie noch klein war, würde ich genauso stolz und löblich über sie erzählen. Wenn ich berichten werde, wie Gillian zur Welt kam, äußere ich mich wieder ähnlich.
Wer denkt, daß diese Begeisterung auf Besitzerstolz oder unbewußtem Voreingenommensein gegenüber den eigenen Kindern beruhe, irrt sich. Ich bin gern mit Kindern zusammen und habe sie schon immer gern um mich gehabt. Jedesmal finde ich sie wieder faszinierend und anregend. Die Gründe dafür gehen teilweise auf meine eigene Kindheit zurück. Ich entsinne mich ihrer, als einer abenteuerlichen, im großen und ganzen glückseligen und interessanten Zeit, wenn ich nicht gerade mit Zahlen zu kämpfen hatte. Die ersten vier Jahre mit Anni, während wir als Familie unter einem Dach lebten, gaben mir die Möglichkeit, die Spontaneität und Weisheit eines Kindes tagtäglich mitzuerleben, – und davon kann ich nie genug bekommen! Beim Älterwerden spüre ich, daß die Gegenwart und die Vergangenheit miteinander verschmelzen und zur Freiheit von der Zeit schlechthin führen. Die Zeit schien für mich gar nicht zu existieren, als ich im Alter von sieben oder acht Jahren lange Morgenspaziergänge im Cherokee Park unternahm. Die Zeitfreiheit war für mich damals eine unbestreitbare Tatsache – außer vor Weihnachten und meinem Geburtstag, versteht sich. Die meisten Erwachsenen könnten in weitaus größerer Fülle leben, als sie es gegenwärtig tun, wenn sie nur willens wären, die Gelegenheit und Wichtigkeit zu akzeptieren und frei von der Zeit wieder jung würden.
Dieser Exkurs in psychologische und philosophische Gefilde im Zusammenhang mit diesen Erinnerungen sei nun beendet. Innere und äußere Ereignisse kennzeichneten das Leben von einigen Menschen in meinem Umfeld. Dadurch änderte sich der Kurs für mein eigenes Leben. Es ist allseits bekannt, daß die Umstände zwischen 1944 und 1945 für das Leben vieler Millionen von Menschen entscheidend waren. Sie passierten in dieser Zeit wichtige Meilensteine auf ihrem Lebensweg. Auch wenn es schien, als wären die Ereignisse in der Vergangenheit zurückgelassen worden, hatten sie weitreichende Kon-

sequenzen in der Zeit von 1945 bis 1947. Auch dies ist ja hinlänglich bekannt. Doch die Nachbeben nach der großen Erschütterung dauern heute noch an und werden nicht richtig wahrgenommen oder bekommen nicht die erforderliche Aufmerksamkeit. Sie bilden allerdings den Hintergrund, der in diesen Erinnerungen noch eine große Rolle spielen wird. Indessen gilt, was die Zeit auch sein mag oder nicht ist:

„Time ... marches on!"

Ehe das Fernsehen in den Wettstreit um Zuschauerquoten einstieg, gab es in allen Kinos Zusammenfassungen aktueller Geschehnisse, bevor der Hauptfilm auf der Leinwand gezeigt wurde. In den späten zwanziger und frühen dreißiger Jahren, als der gesprochene Film allmählich den Stummfilm ablöste, hieß eine Wochenschau „Fox Movietone News." Ihre Wettstreiterin im Kampf um den Markt für Wochenschauen machte sich das Motto zu eigen: „Time ... Marches On!" Ich erinnere mich an die Jahre zwischen 1939 und 1945 sowie die Zeit von 1945 bis 1947 und die stark dramatisierte Betonung dieser Phrase: „TIME ... MARCHES ON!" am Anfang und Ende jeder Wochenschau. Während der Jahre von 1945 bis 1947 „schritt die Zeit" in geradezu halsbrecherischer Geschwindigkeit voran.

Nach der entscheidenden Schlacht bei Midway und als das sowjetische Militär sich von seinen anfänglichen Niederlagen weitgehend erholt hatte, um im November 1942 bei Stalingrad eine erste massive Gegenoffensive zu starten, waren unsere Nachrichten beim CBS von Hoffnung gekennzeichnet. Keiner konnte sicher sein, daß die Achsenmächte besiegt werden würden. Doch die Stärke und die Zusammenarbeit der gegen Hitler verbündeten Partner war im Wachsen begriffen. Trotz wiederkehrender Krisen festigte sich das Bündnis der Alliierten. Auch darüber berichteten wir erleichtert, froh und so objektiv wie möglich.

Wir hatten unsere Zweifel, wie die unaufhörlichen Bombenangriffe seitens Großbritanniens und der USA zu rechtfertigen wären, zumal sie sich auf Ballungszentren ganz Deutschlands im Unterschied zu den Zielen von militärischer Bedeutung konzentrierten, auf welche sich Hitlers geringer werdende Siegeschancen stützten. Man mußte sich einfach immer wieder fragen: Hätten nicht diese und andere Formen der Tötung und Verwüstung verhindert werden können, wenn schon in den dreißiger Jahren Zusammenarbeit auf internationaler Ebene wirklich existiert hätte durch das Bestehen einer Weltorganisation, die in der Lage wäre, Ziele effektiv durchzusetzen? Warum war die Zusammenarbeit nicht möglich gewesen über den Anschein förmlicher Erklärungen und Beschlüsse im Völkerbund hinaus? Würde die neue Organisation der Vereinten Nationen, wie Großbritannien, die USA und die Sowjetunion sie sich bei ihren Unterredungen 1941 und 1942 vorstellten, effektiver sein als der Völkerbund? Alles Fragen, die nicht mehr beantwortet werden können! Doch schien eine gewisse Hoffnung nicht unbegründet im Lichte der gesammelten Erfahrung in den fünfundzwanzig Jahren, seit der Völkerbund ins Leben gerufen worden war. Dieser Hoffnung verliehen wir in den von uns gesendeten Kommentaren Ausdruck.

Abgesehen von all diesen Geschehnissen stellte sich für mich auf persönlicher Ebene die Frage, ob ich zum Wehrdienst eingezogen werden würde. Ich sprach wiederholt bei der für die Musterung von Wehrpflichtigen zuständigen Behörde vor, jedesmal mit dem Resultat, daß meine derzeitige Arbeit für wichtiger erklärt wurde als eine Zuweisung zum militärischen Einsatz. Dreimal wurde ich von der Behörde an meinen Arbeitsplatz beim CBS zurückgeschickt mit der Anweisung, meine Tätigkeit dort weiterhin auszuüben, solange dafür Bedarf bestünde.

Über diesen Behördenbeschluß war ich alles andere als unglücklich. Ich konnte mir damals und kann mir heute nicht vorstellen, bereit zu sein, ein menschliches Wesen vorsätzlich zu töten. Handelt es sich dabei um Feigheit? Diese Frage habe ich mir oft gestellt. Obwohl meine Haltung als Feigheit interpretiert werden könnte, handelt es sich für mich vielmehr um eine Prinzipienfrage. Ich wäre bereit gewesen, beim Roten Kreuz inmitten von Kampfhandlungen eingesetzt zu werden, besonders dann, wenn die Mitarbeiter des Roten Kreuzes Freund und Feind gleichermaßen zu behandeln berechtigt gewesen wären. Denn auf beiden Seiten sind es Menschen. Handelte es sich bei mir um rein utopische Phantasien? War dies schon einmal der Fall gewesen? Mir erscheint es selbstverständlich, daß alles beim Alten bleibt und sich morgen und nach morgen auch in der ständig fliehenden Zukunft nichts ändern wird, wenn wir nicht bereit sind, uns nach dem heute noch unmöglich Wirkenden auszustrecken. Aus diesen Gründen glaube ich, daß es vernünftig ist, an Idealen festzuhalten, auch wenn sie über Generationen hinweg unerreichbar zu sein scheinen.

In diesem Zusammenhang muß ich noch etwas anderes erzählen, was einzig und allein das Resultat der Tatsache war, daß ich fließend Deutsch beherrschte. Im Jahr 1943 erhielt ich einen Brief, der mich nach Washington zu Unterredungen im *Office of Strategic Services* (OSS) einlud. Einzelheiten wurden nicht genannt. Mir wurde eine Reihe von Terminen zur Auswahl gestellt mit der Bitte um Benachrichtigung, zu welchem dieser Termine ich erscheinen würde. Wochen zuvor hatte ich gelesen daß das OSS unter der Leitung von Allen Dulles, dem jüngeren Bruder von John Foster Dulles, eingerichtet wurde. Letztgenannter spielte eine wesentliche, wenn auch nicht gerade positive Rolle als Leiter der Delegation der USA bei der Gründungskonferenz der Vereinten Nationen in San Francisco und in der Außenpolitik als Außenminister unter Präsident Eisenhower.

Als ich die Einladung nach Washington erhielt, wußte ich nichts über die Funktionen und Aufgabenbereiche des OSS. Ich hatte lediglich angenommen, daß sie mit dem Krieg zu tun haben müßten. Doch Definitives war mir nicht bekannt. Ich mag mich irren, glaube aber, daß das OSS die Vorgängerorganisation zur *Central Intelligence Agency* war, die besser unter der Abkürzung CIA bekannt ist. Viele Menschen wie ich hatten bei der Nennung der CIA unangenehme Konnotationen gehabt. Im Zug auf dem Weg nach Washington mußte ich mich immerzu fragen, weshalb das OSS mich zu „Unterredungen" eingeladen hatte.

Als ich mich in Washington bei der mir im Schreiben des OSS genannten Adresse vorstellte, wurde ich höflich von einem etwa fünfzehn Jahre älteren Herrn empfangen. Er geleitete mich durch lange, menschenleere Korridore in ein dunkles, aber komfortabel eingerichtetes Büro.

Seltsame Ereignisse nehmen ihren Verlauf: Das OSS

In der Luft lag etwas, was nach Verschwörung roch, obwohl ich nicht hätte ausdrücken können, was es genau war. Ohne weitere Formalitäten setzten wir uns einander gegenüber auf je eine schwarze Ledercouch an einem niedrigen Mahagonitisch. Mein Gastgeber bot mir eine Zigarette an. Dann warf er einen flüchtigen Blick über die Schulter und ermahnte mich eindringlichst zu strengster Geheimhaltung: „Nichts, absolut nichts von dem, was ich Ihnen heute sage, darf gegenüber auch nur einer Person erwähnt werden." Diese Worte sprach er mit leiser Stimme, fast flüsternd. Ich versicherte ihm, daß ich als Mitbürger, der in Kentucky geboren und aufgewachsen war, mich als durchaus glaubwürdig ansähe. Er schien langsam entspannter zu werden. Auch dies schien mir seltsam. Ich hatte noch kaum etwas gesagt. Genügte dies schon, um ihn von meiner Treue und Glaubwürdigkeit zu überzeugen? Hatte ein Bediensteter etwa Erkundigungen über meine Herkunft eingeholt und die Ergebnisse dem OSS vorgelegt?
Er lehnte sich auf der Couch zurück und begann die Unterredung. „Es wird Sie zweifellos interessieren, daß eine Anzahl aus über fünfhundert der besten Familien in den Vereinigten Staaten eine Tätigkeit als OSS-Beauftragte angenommen haben." Was er durch diese Bemerkung zum Ausdruck bringen wollte, war nicht auf Anhieb klar. Da ich nicht wußte, welche Reaktion er von mir erwartete, zog ich diesmal vor, nichts zu sagen. Ich konnte nicht umhin, mich zu fragen, weshalb Fragen zum gesellschaftlichen Status, wie er indirekt zu verstehen gab, relevant für irgendeine Tätigkeit in Verbindung mit der neugegründeten Organisation sein könnten.
Nach weiteren Bemerkungen, die alle in die gleiche Richtung gingen, kam er in seinem Einstellungsgespräch endlich auf den Punkt. Ich hatte bis dahin schon gemerkt, daß es sich bei der Unterredung um ein Einstellungsgespräch handelte. Pläne seien in Vorbereitung, „ein paar ausgewählte Personen" per Fallschirm hinter den Kriegsfronten in Europa abzuwerfen. Durch geheime Verbindungskanäle würden sie Informationen von potentiell strategischem Wert für die Planung von

Militäroperationen und diplomatischen Initiativen zur Verfügung stellen. Ob ich gewillt wäre, meinem Vaterland auf diese Weise zu dienen und zu erkennen, daß viele meiner Mitarbeiter bei dem OSS aus den „echten Elitekreisen" der US-Gesellschaft stammten? Ohne Frage war ich etwas naiv. Doch klang dieses Stellenangebot, von verschiedenen Gesichtspunkten aus betrachtet, für mich nicht sehr attraktiv, vor allem deshalb nicht, weil es in merkwürdige Anspielungen auf den gesellschaftlichen Status eingebettet war.
Nichtsdestoweniger versprach ich darüber nachzudenken und das OSS von meiner Entscheidung binnen zwei bis drei Tagen in Kenntnis zu setzen. Ich war recht verwirrt, dachte jedoch darüber nach. Während meiner Rückfahrt nach New York wurde mir jedoch klar, daß diese Art von Unterfangen mir nicht liegen würde, wenn es sich vermeiden ließe. Es klingt vielleicht wie eine seltsame oder rationale Entscheidung, doch lehnte ich das Angebot nicht so sehr aus Furcht vor den offensichtlich damit verbundenen Gefahren ab. Dieser Aspekt spielte dabei natürlich auch eine Rolle. Beim Verlassen des Büros hatte ich ein Gefühl der Abscheu, sogar fast des Ekels verspürt, da mit dieser Masche der „High Society" die Gefahren des Unterfangens schmackhaft gemacht werden sollten, indem ganz unverblümt an snobistische Tendenzen appelliert wurde. Daran konnte ich noch nie Gefallen finden. Ich konnte keinen Grund sehen, weshalb ich etwa den Wunsch verspüren sollte, mich in Gesellschaft solcher Snobs wiederzufinden, die zur Hautevolee gehörten, in der Illustrierten *Fortune* vergöttert und in jährlich erscheinenden Listen aufgezählt wurden.
Als ich wieder in New York angekommen war, schrieb ich einen Antwortbrief an den OSS am Tag nach der „Unterredung." Ich erklärte, daß ich aus wohl verständlichen Gründen meine familiäre Situation betreffend mich entschlossen hätte, dem Angebot nicht stattzugeben. Ich fügte hinzu, daß ich hoffte, auf Verständnis für diese Entscheidung zu stoßen und daß das Gespräch selbstverständlich streng geheimgehalten würde. Ich hielt mich streng an mein Versprechen der Schweigepflicht in dieser Angelegenheit.

Listig und schlau wie ein Fuchs:
Ausgeklügelter Plan zur Rettung
von Amerikanern

Weniger schwerwiegend ist eine andere Erwähnung in Zusammenhang mit dem OSS, die hier einzufügen ich nicht widerstehen kann. Es handelt sich um eine Sache, die damals zweifellos als geheim oder gar streng geheim – *secret* bzw. *top secret* – eingestuft wurde. Daher müßte sie eigentlich streng geheimgehalten werden. Was zu erzählen ich jedoch im Begriff bin, ist schon so lange her, daß ich heute unter dem vom US-Kongreß vor einiger Zeit ratifizierten *Freedom of Information Act* grünes Licht dafür erhalten würde. Die nun folgende Geschichte wurde mir lange nach Kriegsende von Margaret Mead erzählt anläßlich einer von der FAO und WHO gesponserten Konferenz in Mexiko. Frau Professor Dr. Mead war 1944 vorübergehend als Beraterin für das OSS tätig gewesen. Aus erster Hand berichtete sie mir die Einzelheiten eines nicht nur kostspieligen, sondern auch lachhaften Experiments. Das OSS investierte eine beträchtliche Menge an Zeit, Anstrengungen und Steuergeldern in diese Sache. Frau Professor Dr. Mead hatte diese groß angelegte Aktion selbst als lächerlich empfunden, so unglaublich die ganze Sache auch scheinen mag.

Beim Studium von Strukturen der japanischen Kultur hatte eine phantasiebegabte junge Anthropologin, die bei dem OSS angestellt war, herausgefunden, daß die Bevölkerung in den ländlichen Gegenden Japans extrem abergläubisch war und geradezu Todesangst vor Füchsen hatte. Sie machte daraufhin den Vorschlag, zur Vorbereitung der damals erwarteten Invasion der größten japanischen Inseln durch US-Truppen eine große Anzahl von Füchsen in ungewöhnlich einschüchternder Manier loszulassen. Den von ihr angestellten Forschungen zugrunde könnte diese Methode angewandt werden, um die gegnerischen Streitkräfte in Panik zu versetzen, durch die die Feinde sich selbst besiegen würden.

Ganze Fuchsrudel sollten mit leuchtender Silberfarbe angemalt werden, um ihnen nicht nur einen im klassischen Sinne furchterregenden, sondern auch ehrfurchtgebietenden und gespenstischen An-

strich zu geben. Die Füchse sollten dann vor der Küste Japans unmittelbar vor der Landung der US-amerikanischen Streitkräfte freigelassen werden und an Land schwimmen müssen, um ihre Aufgabe zu erfüllen und Panik auszulösen, um das Leben Tausender amerikanischer Soldaten zu retten.
Die bei dem OSS verantwortlichen Mitarbeiter begrüßten den Vorschlag. Hunderte gewöhnlicher Füchse wurden herbeigeschafft und entsprechend gefärbt oder mit leuchtenden Silberfarben bemalt. Unglücklicherweise mußte das vielversprechende, interessante und phantasiereiche Projekt abgebrochen werden. Der Grund dafür? Nach den anfänglichen Vorbereitungen scheiterte der Einsatz der silberfarbenen Füchse eines Wintermorgens bei der ersten Einsatzprobe vor der Küste New Jerseys. Alle Tiere schwammen in die See hinaus und ertranken. Sie bevorzugten offenbar den gemeinsamen Freitod, anstatt, wie von dem OSS erwartungsvoll geglaubt worden war, an Land zurück zu schwimmen.

Kriegsziele eine Zeitlang im Blickfeld

Ende 1944, Anfang 1945 war es fast allen klar, außer vielleicht Hitler, daß die Berlin-Rom-Tokio-Achse der geballten Macht der gegen sie verbündeten Alliierten nicht würde standhalten können. Die meisten zweifelten nicht mehr daran, daß das Bündnis gegen Hitler den Krieg in Europa gewinnen würde und die Niederlage Japans kurz darauf vorprogrammiert sei. Konnte dieses Bündnis, in dem verschiedene Interessen vertreten waren, das aber nur durch eine gemeinsame Bedrohung vereint war, auch Frieden schaffen? Wie Millionen anderer Menschen hoffte ich inbrünstig, daß dies möglich sein würde, auch wenn keiner sich richtig sicher sein konnte.
Für viele hatte es den Anschein, als würde die zunehmend effektive Kooperation zwischen Großbritannien, den USA und der Sowjetunion, die sich während des Krieges entwickelt hatte, in der Nachkriegszeit vielleicht weiterbestehen können gemäß den von Roosevelt und dem progressiv eingestellten, außenpolitisch aufgeschlossenen Vizepräsidenten Henry Wallace konzipierten Richtlinien. Roosevelt

und Wallace glaubten, daß dauerhafter Weltfrieden auf den Grundlagen, die für die Einrichtung der Organisation der Vereinten Nationen gelegt worden waren, realistisch möglich wäre. Auf diese Grundlagen hatten sich die „drei Großen" und das Nationalchina zusammen mit Frankreich unter der Führung von de Gaulle geeinigt.

Ein Hauptziel, das heißt eines der von den Alliierten gegenüber den Achsenmächten proklamierten Hauptkriegsziele, war die völlige Auslöschung des Militarismus in diesen Ländern und die Schaffung wirtschaftlicher, sozialer und politischer Bedingungen, welche die Entwicklung demokratischer Einrichtungen in Verbindung mit zunehmender Freiheit von Not und Angst begünstigen sollte. Ich stellte mich voll und ganz hinter diese Ziele, wie alle, die an Menschenrechte und ein friedliches Miteinander der Völker glaubten.

Gegen Ende 1944 wurde mir eine Stelle bei einer Behörde angeboten, die zur „Information Control Division"[1] entwickelt werden und dazu bestimmt sein sollte, nach Kriegsende Instrument der US-Militärregierung in Deutschland zu werden. Nach eingehender Prüfung dieses Angebots gelangten Jane und ich einheitlich zu dem Schluß, daß ich die Stelle annehmen sollte. Wir waren beide der Auffassung, daß es sich dabei um eine moralische Verpflichtung handelte, der ich mich nicht entziehen sollte. Es war uns natürlich bewußt, daß dies auch eine Trennung auf unbestimmte Zeit bedeuten würde. Niemand konnte vorhersehen, wann oder gar ob Jane und Anni mir dorthin nachfolgen konnten, wo mir meine Stelle im besetzten Deutschland zugeteilt wurde. Beim CBS fragte ich Miss Tucker um Rat. Sie pflichtete mir bei, daß ich das Angebot nur schlecht ablehnen konnte. Alle meine Kollegen waren sich darin ebenfalls einig. Es war zwar nicht leicht, doch ich rang mich zu der Entscheidung durch. Innerhalb einer Woche gab ich Bescheid, daß ich mein Bestes tun wollte, um die auf mich zukommenden Aufgaben auszuführen.

Jane und ich hatten zwischenzeitlich während der Wahlkampagne 1944 intensiv mit Arthur Loeb im *Westside Council* zusammengearbeitet. Zum vierten Mal war Roosevelt wieder ins Weiße Haus gewählt worden, wenn auch nur mit knapper Mehrheit. Zusammen mit

---

[1] Etwa: Informationskontrollabteilung.

ihm kam diesmal ein neuer Vizepräsident an die Macht, mit dem keiner so richtig glücklich war: Harry S. Truman. Er war ein altmodischer Politiker, ohne die geringste Ahnung oder Erfahrungen in der Außenpolitik. Truman war Senator im US-Bundesstaat Missouri gewesen – das typische Produkt der korrupten Demokratiemaschinerie jenes Staates. Wallace war bei der Nominierungsversammlung im Sommer vor dem Wahlkampf als Kandidat abgelehnt worden. Durch den konservativen Flügel der Demokratischen Partei sowie ausgesprochen reaktionäre und rassistische Elemente unter den Mitgliedern in der Parteibasis wurde er als zu „liberal" und „links" eingestuft. Laut Meinung gut informierter Bürger, die ich seit 1944 kenne, und nach meiner eigenen Einschätzung leitete Trumans Aufstieg auf die nationale Regierungsebene und zur damit verbundenen, gewaltigen Macht, die er infolge auszuüben berechtigt war, einen schleichenden Werteverfall in unserem Land ein. Dieser hat inzwischen erschreckende Ausmaße angenommen. Demokratie, wie Roosevelt sie anvisierte, scheint in den Vereinigten Staaten von Amerika kaum mehr zu existieren.

Anfang Februar 1945 hatte die Konferenz von Jalta stattgefunden. Roosevelt, Churchill und Stalin waren zu einer endgültigen Übereinkunft bezüglich einer großen Palette heikler Fragen gekommen, einschließlich der Frage nach verschiedenen Aspekten zur vorgeschlagenen Einrichtung einer Organisation der Vereinten Nationen sowie der gemeinsam von den drei Großmächten auf das besiegte Deutschland anzuwendenden Politik. Einer der Gründe, weshalb ich diese geschichtsträchtige Versammlung erwähne, sind meine Erinnerungen an die Besorgnis der Anhänger Roosevelts, die feststellten, daß Roosevelt auf den in Jalta aufgenommenen Photos schwer krank oder der Erschöpfung nahe aussah. Diese Bilder waren Vorbote dessen, was sich ereignen sollte: Roosevelt hatte nur noch zwei Monate zu leben.

Sein plötzlicher Tod am 12. April 1945 wird keiner seiner begeisterten Anhänger noch seiner erbittertsten Feinde je vergessen. Von Freunden und Feinden gab es Millionen. Alles, wofür er gekämpft hatte, war wie ein Fluch für das sogenannte *Big Business*, das Großkapital und die Hochfinanz. Im ganzen Land erkannten ethnische

und nationale Minderheitengruppen, die Arbeiterbewegung und ein Großteil der Wissenschaftler und Künstler in Roosevelt einen Befürworter der Menschenrechte und Chancengleichheit sowie den großen Staatsmann und Weltbürger, für den auch Jane und ich ihn hielten. Harry Truman war plötzlich der neue Chef im Weißen Haus und konnte Franklin Roosevelt in keinem dieser Bereiche von äußerster Wichtigkeit je das Wasser reichen.
Roosevelt starb in den letzten drei Wochen, während derer ich noch beim CBS arbeitete, bevor ich nach Deutschland fuhr. Die Nachricht kam aus Warm Springs im Bundesstaat Georgia, wo Roosevelt innerhalb weniger Stunden einer Gehirnblutung erlag, und erreichte uns kurz, bevor ich für den CBS auf Sendung gehen mußte. Die Nachricht vom Tode Roosevelts war das einzige und alles beherrschende Gesprächsthema. Ich erinnere mich noch sehr lebhaft an die Szene um die Mittagszeit im vollen Aufzug im Hauptgebäude des CBS. Ich erkannte im Aufzug einige der höchsten Angestellten des CBS wieder. Sie waren bei übermäßig guter Laune über die Nachricht aus Warm Springs und gaben nichts Gegenteiliges vor. Ich hätte es mir damals schon denken müssen, erfuhr aber erst später, daß am 13. April an der ganzen Wall Street die Sektkorken knallten.
Dahingegen gelang es fast keinem der anderen Menschen, die ich im Aufzug, der U-Bahn und auf der Straße gesehen hatte, als ich zur Arbeit ging, die Tränen zurückzuhalten. Mich eingeschlossen. Während ich diese Worte schreibe, höre ich mir eine CD mit Broadway-Melodien aus den vierziger Jahren an. Auch jetzt sind meine Augen feucht, obwohl inzwischen mehr als fünfzig Jahre seit dem 12. April 1945 vergangen sind.
Für Jane und mich war klar, daß mit Roosevelt nicht nur die USA, sondern auch die gesamte Menschheit einen Mann verloren hatte, den die Welt unbedingt gebraucht hätte. Wie Millionen anderer Menschen hielten wir Roosevelt für einen Menschen, der entschieden zur internationalen Zusammenarbeit nach dem Krieg hätte beitragen können und mit Sicherheit beigetragen hätte. Roosevelt war nach unserer Überzeugung ein Staatsmann, der zur Gewährleistung langfristiger, friedlicher Zusammenarbeit unter den Völkern, ob arm oder reich, einen größeren Beitrag hätte leisten können, als je einer

vor ihm. Darüber hinaus waren wir überzeugt, daß Roosevelt, mehr und in größerem Maße als jeder andere Präsident vor ihm, entschlossen gewesen war, das noble, aber vernachlässigte Gelöbnis eines Tages zur Erfüllung zu bringen, daß die USA nämlich näher an das heranreichen würden, was damals von Grundschulkindern täglich rezitiert wurde: „Eine Nation unter Gott, unteilbar, in Freiheit und mit Gerechtigkeit für alle."

Noch vor Ende April verließ ich New York vom LaGuardia-Flughafen aus, um eine Mission ganz anderer Art auszuführen, als die, welche mich im August 1939 nach Louisville geführt hatte. Mein Abflug war um sechs Uhr morgens. Ich verabschiedete mich noch vor Tagesanbruch von Jane und Anni in unserer neuen Wohnung an der Ecke Madison Avenue und 95. Straße. Wir waren erst ein Jahr zuvor von der Dyckman Street in diese neue Wohnung zur Miete eingezogen. Nun würden wir auch diese Bleibe räumen müssen, wo Anni ihr eigenes großes Zimmer und sogar ein eigenes Badezimmer gehabt hatte. Wir hatten beschlossen, daß Jane und Anni nach Louisville fahren und dort bei Janes Eltern wohnen würden, bis sie mir nach Deutschland nachkommen könnten. Die Regierung konnte zu jenem Zeitpunkt noch nicht definitiv sagen, wann Angehörige in die besetzten Gebiete nachreisen durften. Es hatte sich herausgestellt, daß wir durch mein Weggehen länger als ursprünglich angenommen von einander getrennt sein würden. Doch es war Jane und mir klar, daß es unter diesen Umständen besser und im Interesse von Jane und Anni sei, wenn die beiden in Louisville warteten, anstatt alleine in New York zu bleiben. Außerdem hatten wir einige Wochen zuvor erfahren, daß Jane erneut schwanger war. Der Frauenarzt, den wir kannten, hatte die Ankunft des Neulings für Ende September, Mitte Oktober vorausgesagt.

Wenn ich all diese Jahre später auf die damalige Zeit zurückblicke, kann ich mich des leicht unangenehmen Eindrucks nicht erwehren, daß ich mich in neue, durchaus bedeutsame Aufgaben als Bediensteter der Militärregierung zu stürzen im Begriff war, die für mich vielleicht noch gewichtiger schienen, als meine Verantwortung gegenüber Jane, Anni und unserem noch ungeborenen Kind. Ich muß zugeben, daß dieses Eingeständnis weh tut. Noch schmerzlicher ist die

Erinnerung an einen weiteren Aspekt von Janes und meiner damaligen Situation. Ich hatte Anni von Anfang an über alles geliebt, war aber schon bald auf sie eifersüchtig, – obwohl ich mir dessen damals im großen und ganzen nicht bewußt war. Seit Jahren weiß ich allerdings, daß Eifersucht dennoch eines meiner Merkmale war. Nachdem Anni geboren war, schien mir, als würde Jane mir Zuneigung entziehen und die meisten ihrer Gefühle und Gedanken dem Baby zuwenden. Das mag bloße Einbildung bei mir sein. Sogar damals erkannte ich, daß ich mir diesen Liebesentzug möglicherweise nur eingebildet hatte und empfand ihn auf alle Fälle als egozentrisch. Ungeachtet der Tatsache, wie es nun aus Janes Sicht gewesen sein mag, erkenne ich doch an meiner Reaktion Anzeichen mangelnder Reife. War dies Beweis, daß das, was ich auf der Bewußtseinsebene für Liebe zu Jane hielt, lediglich ein kindlicher Wunsch war, sie zu besitzen? Wenn ja, war ich in meiner Liebe keinesfalls reif und vernünftig, jedenfalls nicht in dem Sinn, wie ich heutzutage Liebe unter Erwachsenen verstehe. Diese Problematik und die für mich damals nicht zu lösenden Fragen spielten eine bedeutende Rolle bei den Ereignissen, die sich wenige Monate später zutrugen und den weiteren Verlauf unseres Lebens völlig veränderten.

Mit dem Flugboot über den Atlantik – danach Paris und ins besetzte Deutschland

Mein erster transatlantischer Flug war mit einem jener riesigen „Flugboote", einem Flugzeugtyp, den man heute nur noch als Museumsstück oder Modellnachbildung findet. Mit ebenso vielen Passagieren wie Motoren, – jeder Fluggast hatte ein Bett für sich und im Rumpf, dicht am Wasser, gab es einen noblen Speisesaal –, starteten wir vom See des LaGuardia Flughafens in New York. Auf einer vor Sturmwetter geschützten seeartigen Fläche am kalten, trostlosen Luftwaffenstützpunkt der US-Kriegsmarine im neufundländischen Gander wasserte das Flugboot zum Auftanken. Von Gander aus schwang sich die Maschine dann tief über den nordatlantischen Ozean. Nach einem weiteren Zwischenstopp bei Reykjavik auf Island wasserten wir dann schließlich an der Mündung des Shannon River im äußersten Westzipfel Irlands. Dann ging es mit einem Kleinbus um die Bucht herum zu einem anderen Airport, wo wir in ein kleineres, ganz gewöhnliches Flugzeug umstiegen, das für Landungen (statt Wasserungen) mit normalem Räderwerk ausgestattet war. Diese Maschine brachte uns nach London, wo wir in einem nahe dem Flughafen gelegenen Hotel übernachteten, bevor einige der Passagiere – unter ihnen auch ich – über den Ärmelkanal nach LeBourget bei Paris weiterflogen. Jene Überquerung des „großen Teichs" unterschied sich also ganz erheblich von dem, was man heute gewohnt ist. Das von einem der Wochenschaufilme in den USA uns damals bekannte Schlagwort „Time Marches On!" ist wohl unbestreitbare Tatsache.

Von LeBourget, dem seinerzeit einzigen Pariser Airport, wurden wir mit einem Militärbus zu einem von den US-Streitkräften requirierten Luxushotel transportiert. Anfang Mai 1945 blieb ich kaum länger in Paris als im Jahr 1937. Meine „Verlobte" aus Bonn und ich waren im Sommer jenes Jahres für vier Tage mit John Allen verabredet, um uns anzusehen, was Paris selbst – außer dem 1889 erbauten Eiffelturm – und die neue große Weltausstellung zu bieten hatten. Paris war fast zur Geisterstadt geworden. Auf den vor dem Krieg sonst so belebten Straßen und den Grands Boulevards gab es kaum motorisierten Verkehr. Man konnte gemächlich in der Mitte der Champs-Élysées flanieren, ohne befürchten zu müssen, von einem Taxi überfahren zu werden. Doch Paris war wieder *frei* und erwachte in seinem unnachahmlichen Esprit zu neuem Leben.

Für uns vier oder fünf Neulinge, die wir bei der Militärregierung im besetzten Deutschland unseren Dienst bald antreten sollten, gab es jetzt lange und intensive Lagebesprechungen über die Zielsetzungen der alliierten Besatzungspolitik. Zu dem Zeitpunkt war es für uns wie für die ganze Welt klar, daß es höchstens noch ein paar Tage bis zur Kapitulation Deutschlands dauern konnte. In den Schulbüchern von heute steht das, was wir damals mit unsäglicher Erleichterung sofort nach dem Geschehen erfuhren. Der Krieg in Europa ging am 7. und 8. Mai 1945 mit der bedingungslosen Kapitulation der deutschen Wehrmacht zu Ende. Erst später kam uns zu Ohren, daß Hitler schon am 30. April in seinem Berliner Bunker sich selbst und Eva Braun umgebracht hatte.

Während des acht- oder neuntägigen Aufenthalts in Paris teilte man mir dann mit, daß ich dem „6870th District Information Services Control Command"[1] angehören und in München beim Rundfunksender arbeiten würde. Man hatte mir schon vor meiner Abreise in New York gesagt, daß ich dem Münchener Rundfunk zugeteilt würde. Bei unseren Besprechungen jetzt, bevor ich mit anderen zusammen nach Deutschland fuhr, wurde offensichtlich, daß auf jeden Fall eine Menge Improvisationsvermögen unerläßlich sein würde. Auch schien es so, daß die mir bevorstehenden Aufgaben aller Wahrscheinlichkeit nach von relativ wenigen bürokratischen Verstrickungen mit dem Amtsschimmel belastet sein würden. Insgesamt gewann ich in Paris den Eindruck, als würden wir ziemlich viel Freiraum haben, um herauszufinden, wie wir bei „Radio München, ein Sender der Militärregierung," am besten dazu beitragen könnten, die Entnazifizierung, Entmilitarisierung, Demokratisierung und den Prozeß einer Umerziehung von Millionen zu fördern, die mehr als zwölf Jahre lang einer unaufhörlichen Wortflut von Kriegs- sowie bösartigen, rassistischen und antidemokratischen Hetztiraden ausgesetzt gewesen waren.

Die Aussicht auf verhältnismäßig unbehinderte Arbeitsmöglichkeiten ließ mich während unserer Unterredungen in Paris optimistisch sein. Idealisten wie mir jedoch – sowie vielen anderen Offizieren der Militärregierung – wurden schon bald alle Illusionen genommen, hatten wir doch den Umfang der Aufgaben völlig unterschätzt, denen wir in psychologischer, gesellschaftlicher, wirtschaftlicher und ganz besonders auch politischer Hinsicht gegenüberstanden. Es stellte sich schließlich heraus, daß wir nicht nur naiv, sondern auch hinsichtlich der Erwartungen, die wir erfüllen sollten, schlecht informiert und schlecht vorbereitet waren.

---

[1] Etwa: 6870. Landesinformations-Kontrolldienst-Kommando; mit „District" ist Bayern gemeint.

„Entnazifizierung?" „Demokratisierung?" „Umerziehung?"
Launen der Militärregierung:
Erste Phase

Mit einem Militärkonvoi bestehend aus zehn oder zwölf Fahrzeugen verließen wir Paris am 9. Mai. Wir fuhren über Reims und Metz in Richtung der deutsch-französischen Grenze bei Saarlouis. Obwohl die Sonne schien und die Temperaturen im Steigen begriffen waren, wirkte die Landschaft grau und düster. Müde Frauen, Männer und Kinder zogen langsam zu Fuß, mit Ochsengespannen oder auf rostigen Fahrrädern die Straße entlang. Gelegentlich tuckerte auch ein altes Motorrad auf den staubigen Wegen vorbei. Ansonsten waren motorisierte Fortbewegungsmittel eine Seltenheit, wenn man einmal von US-amerikanischen Militär-Jeeps, Waffentransportern und Kommandowagen absieht. Bis wir am Nachmittag an der Grenze angelangten, hatten wir in den ländlichen Gegenden weitaus weniger materielle Zerstörung gesehen, als ich erwartet hätte. Der zu Ende gegangene Krieg hatte allerdings überall seine Spuren hinterlassen.
Kaum waren wir in Deutschland eingereist, machten wir für etwa eine Dreiviertelstunde entlang der Straße, wenige Kilometer außerhalb von Saarlouis, halt. Zum erstenmal an jenem Tag öffneten wir die in Paris für unterwegs zugeteilten Feldrationen. Der befehlshabende Offizier unseres Konvois, ein Hauptmann oder Major, von dem ich aufgrund seines Akzents annahm, daß er entweder aus South Carolina oder Georgia stammen mußte, erteilte jedermann strenge Anweisung, daß nicht ein Krümelchen von unserem Essen im Gras liegen blieben durfte, wo es „eines dieser verdammten Nazi-Schweine finden könnte. Wenn einer von euch Jungs nicht hungrig genug ist, um die ganze Verpflegungsration vollständig aufzuessen oder ihr nicht alle eure Glimmstengel rauchen wollt, dann müßt ihr eben den Rest in die Erde stampfen. Kapiert? Denkt daran: das ist *Befehl!*" Ich fragte mich bei mir selbst: Ist das etwa auch Teil dessen, was wir im Namen der Umziehung bewerkstelligen sollen?
Aus einem benachbarten Dorf hatten sich neugierige Kinder um uns herum versammelt und starrten uns mit großen Augen an, während wir aßen. Der uns erteilte Befehl erschien mir hart und rücksichtslos

unmenschlich. Ich protestierte. „Was zum Donner noch mal meinst du, daß „non-fraternization"[1] etwa bedeutet, Horine? Hast du nicht verstanden, daß diese Kinder genauso zu den Feinden zählen wie alle anderen hier? Wir befinden uns auf Feindgebiet und es ist höchste Zeit, daß ihr mal kapiert, worum es in diesem verdammten Krieg gegangen ist!" Da der Ausspruch von einem im Kampf wenige Monate zuvor ernsthaft verwundeten Menschen stammte, hätte ich mich auf diese Reaktion wahrscheinlich im voraus einstellen sollen. Ich hatte jedoch keinen Grund zu vermuten gehabt, daß dieser Mann so voller Haß war, bis er ihn durch die wie eben beschriebenen Reaktion zeigte. Es gab auch andere, so fand ich heraus, die Kampfeinsätze gekannt hatten und trotz allem, was sie durchgemacht hatten, nicht verbittert geworden waren.

Am Abend und auf der übrigen Reise nach Bad Homburg schlossen sich mir auch Soldaten der Armee an, – ich war der einzige Zivilist der Gruppe, trug allerdings eine Armeeuniform ohne Abzeichen –, um sich insgeheim den Anordnungen des Majors zu widersetzen, wenn wir Lebensmittel, Schokolade oder Zigaretten übrig hatten. Meistens hatten wir viel übrig, denn die Menge der Feldrationen der US-amerikanischen Armee war größer als der Bedarf unter normalen Umständen.

Heute, mehr als fünfzig Jahre nach der Reise nach Bad Homburg, weiß ich aus einer Nachrichtensendung im Fernsehen, daß mehrere hunderttausend, von den am Persischen Golf stationierten US-Streitkräften nicht aufgebrauchte Soldatenrationen an die Ärmsten der hungernden Menschen in den USA verteilt werden. Das rührt daher, daß ein offizielles Gesuch der US-amerikanischen Regierung abgelehnt worden war, mit diesen Nahrungsmittelrationen muslimischen Flüchtlingen anderenorts zu helfen. Übrige Nahrungsmittel vom Militär werden derzeit zumindest nicht mehr in die Erde getreten.

In Bad Homburg errichteten die US-amerikanischen Besatzungstruppen gerade ein provisorisches Gebietsinformations-Kontrollzentrum. Nach weiteren Unterredungen machte sich ein wesentlich kleinerer

---

[1] Wörtlich: Nicht-Verbrüderung.

Konvoi zwei Tage später von Bad Homburg in Richtung München auf. Die „non-fraternization policy", die Kontakte zur deutschen Bevölkerung untersagte, müsse, so wurde mir mitgeteilt, strengstens befolgt werden. *Kein* Kontakt zur deutschen Bevölkerung sei zulässig. Ich konnte mich des Gedankens nicht erwehren, wie die Umerziehung vonstatten gehen solle, wenn es in ganz Deutschland offiziell nicht einmal gestattet war, mit den Menschen auch nur zu *sprechen!* Da ich mit der Wirklichkeit der Nachkriegssituation und den tatsächlichen bzw. vermeintlichen Erfordernissen einer militärischen Besatzung noch nicht vertraut war, behielt ich diese Frage, die ich mir stellte, zu jenem Zeitpunkt noch für mich.

In Bad Homburg wurde mir ebenfalls zu verstehen gegeben, daß überall die Gefahr von Scharfschützen einer unter dem Namen „Werwölfe" bekannten Geheimorganisation lauere. Einige von uns waren zwar Zivilisten, doch hatten wir die Anweisung erhalten, allezeit Helme zu tragen wie alle Militärs. Ich habe nie herausgefunden, ob es die „Werwölfe" wirklich gab. Während meines zweijährigen Aufenthalts im Nachkriegsdeutschland vernahm ich nie von jemand, der von Aktivitäten dieser Art berichtet hätte. Auch habe ich nie davon gehört, daß Schüsse gegen die Besatzungsmächte abgefeuert worden wären, obwohl es irgendwo der Fall hätte sein können, ohne daß ich davon erfahren habe.

Von der übrigen Zeit der ersten Tage, als ich den Bedingungen ausgesetzt war, unter denen „Umerziehung", „Entmilitarisierung" und „Entnazifizierung" stattfinden sollten, habe ich noch eine Erinnerung sehr lebhaft vor Augen: Viele meiner Erfahrungen und Begegnungen, viele meiner Eindrücke in den vierzehn Monaten zwischen Mai 1945 und Juli 1947 waren emotional traumatisch und so unerträglich, daß manche der Erinnerungen aus dieser Zeit unwiderruflich in Vergessenheit verdrängt wurden. Die eine Erinnerung von meinen ersten Wochen in einem Land, das sich nun so stark von dem unterschied, was ich als Student zehn Jahre zuvor erlebt hatte, stammt von unserer Jeep-Fahrt von Bad Homburg Richtung München. Diese Erinnerung von den ersten Wochen hat sich unauslöschlich in meinem Gedächtnis eingegraben, wie so viele andere auch, trotz der menschlichen Neigung zur Unterdrückung und Verdrängung.

Ich erinnere mich an riesige, kein Ende nehmen wollende, unförmige Berge von Trümmern – alles, was vom Heilbronner Stadtzentrum übrig geblieben war. Vor dem Krieg war ich nie dort gewesen, wußte jedoch, daß Heilbronn eine Stadt mit architektonischen Kostbarkeiten gewesen war, die aus dem Mittelalter stammten. Nach den Bombenangriffen der Alliierten 1944 war nichts im Stadtkern übrig geblieben, außer riesigen Stein- und Trümmerhaufen. Hier und da hingen verkohlte Holzbalken und verbogene Träger in unmöglicher Weise von einem stehen gebliebenen Schornsteinschlot.

Unser Jeep fuhr im Kriechtempo, wo einst Straßen gewesen, doch jetzt nur noch enge, sich windende Spuren zwischen den Trümmern waren. Außer ausgezehrten Hunden, die zwischen den Trümmern nach Gott weiß was suchten, gab es kaum Anzeichen von Leben in der Stadt zu erkennen. Die Stille, – die drückende Stille menschenleerer Straßen und Gassen, wo sich einst Menschen gedrängt hatten: das war mir zu viel. Diese Szenen haften für immer in der Erinnerung, weil sie in so krassem Kontrast zum Namen der Stadt stehen: Heilbronn bedeutet „Bronn (Quell) der Heilung". Solche Schaubilder boten sich zwar in viel größerem Umfang in vielen anderen Städten Deutschlands, – Berlin, Hamburg, München, Nürnberg, Leipzig oder Dresden –, doch die Ruinen Heilbronns stehen für mich stellvertretend für den „Wahnsinn Krieg" und ganz besonders den Wahnsinn der modernen Kriegführung.

Neue Herausforderungen – Neue Schwierigkeiten – Neue Gefahren

Bei meiner Ankunft in München meldete ich mich zuerst bei Oberst Bernard McMahon, den Anweisungen Folge leistend, die ich in Bad Homburg erhalten hatte. Mit Hilfe eines anderen Offiziers organisierte ich eine Transportmöglichkeit und traf McMahon in seiner requirierten Villa am nahegelegenen Starnberger See an. McMahon war ein großer, kräftig gebauter, freundlicher Mann mit leiser Stimme und einem warmen Lächeln, das gern auf seinen Lippen spielte. Er leitete das „6870th District Information Services Control Command".

Ich mochte ihn sofort leiden. Als Berufssoldat hatte er schon fast die Altersgrenze erreicht, um in den Ruhestand zu treten, war aber dennoch ein Gentleman im wahrsten Sinne des Wortes, und das obwohl er paradoxerweise in diesem und dem ersten Weltkrieg berufen war, tödliche Missionen auszuführen.
McMahon und ich waren vom ersten Tag an Freunde. Das änderte sich aus für mich zwingenden Gründen auch nicht, als wir weniger als zwei Jahre später getrennte Wege gingen. McMahon teilte meine Ansichten, obwohl seine Position als Berufsoffizier beim Militär etwas anderes geboten hätte. Viele Jahre nach der gemeinsamen Zeit in München, als wir einander kennengelernt hatten, las ich in einer Todesanzeige: „B. B. McMahon, Oberst der US-Armee, im Ruhestand und früherer Botschafter der Vereinigten Staaten in Helsinki." Zu jenem Zeitpunkt hatte ich schon lange den Kontakt zu dem Mann verloren, den viele seiner Freunde als „Barney" McMahon kannten.
Gemäß den Anweisungen war mein nächster Kontaktmann in der Münchner Innenstadt. Ich traf dort Joe Ravotto, einen weiteren US-amerikanischen Zivilisten, in dem nun fast völlig zerstörten Gebäude des ehemaligen Reichssenders München. Ravotto war vorübergehend für die Sendungen verantwortlich. Er hieß mich in seinem notdürftig hergerichteten Büro zu meiner neuen Aufgabe willkommen. Ravotto war ein kleiner, stämmiger, rotbackiger Mann, der entschlossen und tüchtig auftrat. Als Neuankömmling half er mir, das Denken der Militärs zu verstehen. Er kannte Münchens Trümmer nicht gut, hatte aber schon Bezugsquellen für dringend benötigte Baumaterialien entdeckt.
Ravotto war bei den US-Truppen dabei, als sie Ende April nach München eingerückt waren. Als er mir von seiner voraussichtlichen Versetzung Mitte Juni in die USA erzählte, fügte er hinzu, daß er von mir gehört hatte und mich für den Posten des ersten Nachkriegsintendanten von „Radio München" vorschlagen wollte – als „Chief, Radio Control Branch." Das war für mich eine Überraschung. Ich hatte mich darauf eingestellt, genug zu tun zu haben, fühlte mich aber nicht ausreichend qualifiziert, um diese verantwortungsvolle Aufgabe zu übernehmen. Bevor Ravotto München verließ, überredete Oberst McMahon mich aber dazu. Seine Argumentation: „Wir

alle sind aufgefordert, in vielerlei Hinsicht zu improvisieren. So sollten auch Sie bereit sein, diese Herausforderung anzunehmen." Ich entschloß mich, sie anzunehmen. Zwischen dem Zeitpunkt und 1947 schienen die Aufgaben, die ich übernahm, dann oft ein paar Nummern zu groß für mich.

Ravotto stellte mich den Armeeoffizieren und Zivilisten vor, die den Kern des „Radio München" zugewiesenen US-Personals bildeten. Insgesamt waren es vierzig Amerikaner, einschließlich des technischen und Fachpersonals der Sendeanlagen in Ismaning, einem der Vororte Münchens. Etwa dreißig Deutsche waren bereits als Sprecher oder in der Verwaltung eingestellt worden. Die Sendeanlagen waren intakt übernommen worden. Die Studios und Büros am Rundfunkplatz hingegen unterschieden sich, wie der Rest von München, wenig von dem Bild, das sich mir in Heilbronn geboten hatte.

Zum Zeitpunkt der Übernahme des fünfstöckigen Sendegebäudes waren laut den Unterlagen unseres Verwaltungsoffiziers noch etwa siebenundvierzig Kubikmeter brauchbarer Studioraum übrig geblieben. Alle anderen Studios waren durch die Bombardierung zerstört worden. Was die Büroräumlichkeiten und Lagerräume anging, war die Situation ähnlich. Als ich in München ankam, war der Wiederaufbau schon im Gange. Die dazu nötigen Baustoffe stammten oft aus obskuren Quellen.

Dennoch standen im Jahr 1947 dank des Einsatzes tüchtiger deutscher Kollegen in der Spezialeinheit zum Gebäudewiederaufbau insgesamt 20.000 Kubikmeter Studio- und Büroraum zur Verfügung. Während in den ersten Wochen nach Mitte Mai 1945 die Sendezeit erst elf bis zwölf Stunden pro Woche betrug, stieg die Gesamtzahl der pro Woche gesendeten Stunden auf über hundert. Nur noch fünf US-Amerikaner waren bis dahin mit der Aufgabe betraut, mehr als 400 deutsche Angestellte zu „bewachen". Diese Zahlen sagen alle noch nichts über den Inhalt unserer Programme aus und natürlich auch nichts darüber, was sich bei der „Demokratisierung", „Umerziehung" und „Entnazifizierung" während zweier anstrengender Jahre ereignete.

Harte Arbeit *en masse*
in einer Umgebung voller Leid

Wie kann ich jene zwei Jahre beschreiben? Die ernüchternde Wahrheit ist, daß ich selbst beim besten Willen eine angemessene Berichterstattung auch nicht nur annähernd leisten kann. Ob man nun das halbverhungerte Opfer des Konzentrationslagerterrors war und schließlich mehr tot als lebendig doch befreit wurde; ob man zu denen gehörte, die den Kampf an der Front oder den Schrecken der nächtlichen Bombenangriffe oder gar beides irgendwie überlebten; oder ob man auf der anderen Seite zu den verhältnismäßig wenigen zählte, denen als Offiziere der Militärregierung plötzlich fast uneingeschränkte Macht über das Schicksal ihrer Mitmenschen in einem besiegten Land übertragen wurde, – klar ist, daß nur Menschen, welche die ersten Jahre nach dem Zweiten Weltkrieg in Europa durchgemacht hatten, sich vorstellen könnten, was es bedeutete, in jener Zeit zu leben.
Für uns, die wir zu der privilegierten Minderheit gehörten und im materiellen Sinne keine Not oder unbefriedigte Bedürfnisse hatten, waren die sich uns stellenden Probleme ganz anderer Art als diejenigen, mit denen die große Masse der Bevölkerung konfrontiert war. Später werde ich auf unsere Schwierigkeiten auf sowohl beruflicher als auch persönlicher Ebene eingehen und werde die Entwicklungen aufzeigen, die zu meinem Rücktritt aus der Militärregierung führten. Einige besonders wichtige, jetzt der Erwähnung bedürftige Tatsachen vorwegnehmend, über die ich später mehr berichten werde, möchte ich an dieser Stelle erwähnen. Diese Tatsachen bedürfen der Unterstreichung, weil sie das soziale Umfeld und den politischen Hintergrund, vor dem wir arbeiteten, charakterisieren und umschreiben.
Für Millionen, die keine der Grundvoraussetzungen und keinen Zugang zu den Vorzügen der wenigen Privilegierten hatten, war das Leben ein bitterer Kampf um das nackte Überleben. Die Knappheit minimaler und selbst primitiver Wohnmöglichkeiten in den größtenteils in Trümmern liegenden Städten war verheerend, auch der tägliche Kampf für sich und seine Kinder genug zu essen zu finden, die Suche nach einer neuen oder der früheren Verdienstmöglichkeit, um

den Lebensunterhalt bestreiten zu können: Alle diese Probleme sowie eine ganze Reihe, damit in Verbindung stehender, fundamentaler Probleme bedurften eines enormen Einsatzes an Zeit und Energie von Seiten der großen Mehrheit der Bevölkerung.
Dennoch beschränkt sich das, was hier übermittelt werden soll, keinesfalls auf das besetzte Deutschland. Vieles davon konnte man in ganz Europa vorfinden. In fast allen Ländern war es äußerst schwierig, das Leben von Tag zu Tag zu bestreiten, ob es sich nun um Sieger oder Besiegte in ganz West-, Süd- und Osteuropa handelte, ganz zu schweigen von der ehemaligen Sowjetunion, wo das Leben als Folge des Krieges durch Umstände geprägt war, die von unermeßlicher Verwüstung und unbeschreiblichem Elend sprachen.
Im besiegten Deutschland hingegen gingen viele derjenigen, die nur wenige Monate zuvor aufgrund ihrer Zugehörigkeit zur Nazihierarchie, gleichgültig welcher Stufe, noch im Besitz von Rang und Namen, Ansehen und Reichtum waren, unversehrt aus dem Krieg hervor. Mit oder ohne Wissen der Militärregierung – gelegentlich wohl aber mit stillschweigendem Einvernehmen bestechlicher oder unwissender Offiziere der Militärregierung – tauchten viele von Hitlers begeisterten Anhängern eine Zeitlang unter, bis es ihnen wieder möglich wurde, unter dem ein oder anderen Deckmantel öffentlich aufzutreten. In vielen dieser Fälle kamen dieselben Leute früher oder später, – doch eher früher als später –, erneut wieder in ranghohe Positionen. Wieder andere wurden, – was von manchen meiner Kollegen damals vermutet, aber erst Jahre später bestätigt wurde –, von der Militärregierung mit falschen Ausweispapieren ausgestattet und erhielten Beihilfe zur Flucht vor den ihnen zur Last gelegten Verbrechen, für die sie sich vor Gericht zu verantworten gehabt hätten, um sich Jahrzehntelang unter einem Decknamen nach Lateinamerika abzusetzen. Handelte es sich jedoch bei den fraglichen Personen um Wissenschaftler, die als für das „Staatsinteresse" der USA von Bedeutung erachtet wurden, wurde für diese nach einem streng geheim gehaltenen Plan unter dem Codewort „Operation Paperclip" die Ausreise in die Vereinigten Staaten verschafft. Nicht wenige dieser Wissenschaftler, wahrscheinlich sogar die meisten, wurden Angestellte der US-Regierung und bekamen hohe Gehälter mit der Zusicherung

späterer, großzügiger Rentenansprüche. Gelegentlich wurden sie Jahre später als Kriegsverbrecher unehrenhaft des Landes verwiesen, ihre Rentenansprüche behielten jedoch weiterhin Gültigkeit. Zwischenzeitlich wurden Zehntausende in Deutschland, die manchmal willentlich und begeistert, manchmal widerwillig und fast unweigerlich eingetragene Mitglieder der NSDAP geworden waren, von einem Tag auf den anderen aller ihrer Unterhaltsmöglichkeiten beraubt. Es wird häufig argumentiert, daß es sich bei diesen Menschen um Feiglinge und Opportunisten handelte. In vielen Fällen waren sie beides. Wieviele von *uns* hätten jedoch unter vergleichbaren Umständen anders gehandelt? Wie wäre es heute? Mehr als fünfzig Jahre nach meinen Erfahrungen im besetzten Deutschland frage ich mich, wie sich *unsere* Mehrheit verhalten würde, wenn die Vereinigten Staaten inmitten einer Wirtschaftskrise, die, ähnlich wie die Weltwirtschaftskrise nach dem Börsencrash von 1929, gar nicht mehr völlig unwahrscheinlich ist, von einer Militärdiktatur regiert würden?

Das Erlernen des "Wer ist Wer" im besetzten Deutschland: Wem konnte man vertrauen? Was ging eigentlich vor sich?

Um nun zur Lage in Deutschland in der damaligen Zeit zurückzukommen: Woher wußten wir, – und wenn wir es nicht wußten, warum hatten wir den Verdacht –, daß schon in den ersten Tagen der Militärregierung wichtige Ziele ausgehöhlt wurden, zu deren Zweck der Kampf gegen die Achsenmächte geführt worden war? War es bloß Mutmaßung unsererseits, daß Dinge dieser Art, wie schon angedeutet, gleichzeitig mit grandiosen Worten zur Verherrlichung der „Entnazifizierung", „Demokratisierung" und „Umerziehung" in Umlauf gesetzt wurden? Konnten wir tatsächlich *wissen*, daß die offiziell proklamierte Politik in dieser Hinsicht direkt oder indirekt umgangen oder sabotiert wurde?

Teil der Antwort auf diese Frage ist die Tatsache, daß wir Zugriff auf beschlagnahmte Unterlagen und die vollständigen Jahrgänge etlicher

Zeitungen, vor allem Goebbels „Völkischer Beobachter" von 1937 und früher hatten. Diese Quellen lieferten oft wertvolle Hinweise, die es uns ermöglichten, Schwindler zu entlarven. Nicht selten nutzten wir die Sendungen politischer Kommentare über des sich immer höherer Quoten erfreuenden Senders von „Radio München". Ehemalige einflußreiche Nazifunktionäre heuchelten zweimal Unschuld vor, um bei „Radio München" einen Posten zu erlangen. Dank unserer Aktenunterlagen schlugen diese Versuche fehl.
In vielen anderen Fällen gaben Opfer, welche die Konzentrationslager überlebt hatten, und andere Menschen, die unserem Personal schon lange vor dem Krieg als treue und standhafte Nazigegner persönlich bekannt waren, genaue und detaillierte Auskünfte. Diejenigen von uns, die idealistisch genug waren, um den Parolen von Entnazifizierung immer noch Glauben zu schenken, sahen es von Anfang an als angemessen an, die Anweisungen der „non-fraternization" mit den Deutschen zu mißachten. Sehr oft unterhielten wir uns stundenlang bei wichtigen Treffen am Abend mit deutschen Nazigegnern in von Bomben beschädigten Gebäuden – bzw., und das war noch wichtiger, *hörten* wir ihnen zu. Innerhalb weniger Wochen umfaßte diese Gruppe Männer und Frauen aus allen Schichten. Diese Männer und Frauen gehörten, wie wir aus den verschiedensten Quellen herausfanden, zu der zahlenmäßigen Minderheit von Menschen, die sich dem Hitlertum nicht nur in der Theorie, sondern auch in der Praxis widersetzt hatten, was allerdings weitaus gefährlicher war.
So traf ich zum Beispiel schon bald nach meiner Ankunft in München Inge Aicher-Scholl, eine überlebende Schwester von Sophie und Hans Scholl. Die Geschwister Sophie und Hans Scholl waren Studierende an der Münchner Universität gewesen. Beide waren Mitte Februar 1943 wegen ihrer Aktivitäten in der sogenannten „Weißen Rose" gemeinsam hingerichtet worden. Diese Aktivitäten hatten lediglich im Schreiben und Verteilen von im geheimen vervielfältigten Flugblättern gegen die Nazis bestanden. Frau Aicher-Scholl war nicht nur die Schwester der hingerichteten Geschwister Scholl, vielmehr waren sie und ihr Mann, Otl Aicher, auch eng mit ihnen befreundet gewesen. – Ist es da noch nötig zu unterstreichen,

daß diese beiden Menschen als zuverlässige Informationsquellen galten?

Das gleiche gilt auch für viele andere Deutsche, mit denen ein paar meiner neuen Kollegen und ich Kontakt aufnahmen. Einige von ihnen waren ehemalige Insassen von Konzentrationslagern; einige überzeugte und bekennende Katholiken; wieder andere waren Sozialdemokraten oder Kommunisten. Vielfach waren es auch Journalisten, Musiker, Taxifahrer oder Bauarbeiter, um einige Beispiele zu nennen, die unter den Nazis aufgrund ihrer politischen Einstellung und Aktivitäten ihre Arbeitsstelle verloren hatten, was sie mit Originalpapieren belegen konnten.

Was genau wir von diesen verschiedenen Kontaktpersonen erfuhren, kann ich nicht mehr mit hundertprozentiger Sicherheit wiedergeben. Insgesamt gesehen erfuhren wir vieles, was uns Woche für Woche bei unseren Bemühungen hilfreich war, die dazu dienen sollten, einen Beitrag zur Umerziehung und Entmilitarisierung – nach unserem Verständnis der jeweiligen Begriffe – durch die über „Radio München, a Station of Military Government", zunehmende Anzahl an ausgestrahlten politischen Kommentaren und Nachrichtensendungen zu leisten.

Kritisch – Kritisiert – Krisenstimmung

In den ersten Wochen nach der Kapitulation Deutschlands konnte man sich des Eindrucks nicht erwehren, daß die Mehrheit der Deutschen tatsächlich die Wahrheit sprach, wenn sie behauptete, von Vernichtungslagern und systematischem Völkermord nichts gewußt zu haben. Viele *waren* allerdings im Bilde, und gerade sie waren es, die ihre Unschuld am lautesten beteuerten. Bis nach Kriegsende war sich der Großteil der Bevölkerung der ungeahnten Ausmaße nicht bewußt, welche die im Namen des Volkes begangenen Verbrechen angenommen hatten. Die meisten erfuhren erst nach 1945 von den Einzelheiten und den Ungeheuerlichkeiten des „Holocaust". Es waren wohl Gerüchte in Städten und Dörfern nahe der über ganz Deutschland und in besetzten Gebieten des Auslands verteilten unzähligen Konzentrationslager in Umlauf gewesen. Ehrbare Leute, treu den edleren Traditionen der Zeit vor Hitler verpflichtet, konnten es einfach nicht glauben, welche monströsen Verbrechen begangen worden waren. Dazu gehörte auch ein guter Bekannter von mir. Seine Eltern, die in der Nähe des Konzentrationslagers bei Dachau lebten, waren überzeugt, daß die Schüsse, welche sie oftmals vernommen hatten, von Schießübungen stammten – und nicht von Hinrichtungen!

Viele Menschen in Deutschland und anderen Ländern konnten, wenn ihnen während des Krieges Gerüchte zu Ohren gekommen waren, häufig einfach *nicht fassen*, was sich dahinter verbarg. Das wenige, was an Fakten durchsickerte, war manchmal auch so grausam, so abstoßend, daß das Wissen um diese Tatsachen – im buchstäblichen psychoanalytischen Sinne des Wortes – verdrängt wurde.

Zu den Menschen, welche die Jahre der Inhaftierung in einem Konzentrationslager nur knapp überlebt hatten, zählte auch ein Österreicher, den ich kennenlernte. Mitte Juli – etwa zwei Monate nach Ravottos Versetzung – kam meine Sekretärin zu mir ins Büro und teilte im Flüsterton mit, daß draußen ein Mann wartete, der mich gerne sobald wie möglich sprechen wollte. Solche Vorfälle ereigneten sich täglich. Ich fragte meine Sekretärin, ob sie den Eindruck hätte, daß ich diesen Mann auf jeden Fall hereinbitten sollte. (Auf die Bedeutung von Frau Liang als meiner damaligen Sekretärin komme ich später noch zu sprechen.) „Ja!" betonte sie nachdrücklich. Da ich wußte, daß ich mich auf ihr Gespür unbedingt verlassen konnte, bat ich sie, den Mann vor den zehn oder zwölf anderen, die draußen noch warteten, zu mir hereinzubitten.

Ich werde mich nicht an einer Beschreibung von Viktor Frankl versuchen, wie er mir an jenem heißen Julimorgen begegnete. Inzwischen kennen wir die Photos ehemaliger Häftlinge aus Konzentrationslagern – Photos von Menschen, die nur noch aus Haut und Knochen bestanden. Ich war zu jenem Zeitpunkt noch keine dreißig und Dr. Frankl war gerade fünf Jahre älter als ich, obwohl er wie fünfundfünfzig oder sechzig aussah. Trotz seiner schwachen körperlichen Verfassung kam er fast beschwingten Schrittes auf mich zu und hatte aus Dankbarkeit, weil ich ihn sogleich hereinbitten ließ, ein

freundliches Lächeln für mich parat. Er stellte sich mir vor und ließ sich auf den Stuhl vor meinem Schreibtisch fallen. Selbstverständlich war ihm bewußt, daß niemand seinen ausgemergelten Zustand übersehen konnte. So erklärte er zuerst, daß er wieder angefangen hatte, an Gewicht zuzunehmen, und langsam wieder zu neuen Kräften kam. Er hielt inne.
Dann berichtete er mir, was geschehen war. Gegen Ende April war er von einer Vorhut der US-amerikanischen Armee aus dem Konzentrationslager, in dem er zuletzt inhaftiert worden war, befreit worden. Als Psychiater jüdischer, nicht orthodoxer Glaubensrichtung hatte er in Wien gelebt und gearbeitet, bis er Mitte 1941 festgenommen, gewaltsam von seiner Familie getrennt und inhaftiert wurde. Nun, da er endlich wieder auf freiem Fuß und sogar noch am Leben war, suchte er nach seiner Frau, hatte aber bis dahin noch kein Zeichen über ihren Verbleib herausfinden können. Einzig hatte er erfahren, daß allem Anschein nach niemand von seinen übrigen Verwandten mehr am Leben war.
Er schilderte seine derzeitige Lage und seine Herkunft ohne jegliches Pathos und ohne eine Spur von Selbstmitleid. Ich fragte ihn nun, weshalb er mich zu sprechen gewünscht hatte. Seine Antwort kam ohne Umschweife: Er wollte wissen, ob es für uns hilfreich sein könnte, wenn er als Psychiater eine Serie von fünfzehnminütigen Sendeeinheiten vorbereitete, in denen er seine Erfahrungen beschreiben und erklären würde, was ihm die Kraft gegeben hatte, inmitten von Leid und Tod weiterzuleben. Das schien mir genau die Art von Information zu sein, die mehr als alles andere zur Durchsetzung des Ziels von Radio München beitragen würde, die Zuhörer darüber in Kenntnis zu setzen, was in den Konzentrationslagern vonstatten gegangen war.
Gegen Ende des Sommers wurde die Programmreihe von Dr. Frankl dann vier Wochen lang ausgestrahlt. Sie war nicht nur informativ, sondern auch zutiefst bewegend für alle, die den ohne Bitterkeit und ohne jeglichen Groll vorgetragenen Schilderungen von Dr. Frankl lauschen wollten. Was er zu sagen hatte, drückte er mit einfachen Worten aus, die sein inneres Verständnis vom inwendigen Wert des menschlichen Lebens und seine unbeeinträchtigte menschliche Herz-

lichkeit zum Ausdruck brachten. Er konnte sich nicht erklären, weshalb gerade er unter den wenigen jüdischen Männern, Frauen und Kindern war, die dem Tod in der Gaskammer, durch Erschießung oder in der Folterkammer, ausgehöhlt durch Unterernährung, totale Erschöpfung oder Krankheit entronnen waren. Seine Fähigkeit, anderen leidenden Häftlingen, einfachste medizinische Hilfe oder gelegentlich ein Wort des Trostes zuteil werden zu lassen, hatten seinen eigenen Lebenswillen gestärkt und ihn vor der Zerstörung des letzten Funkens Hoffnung während regelmäßig wiederkehrender Phasen der völligen Verzweiflung bewahrt, bis dann eines Tages amerikanische Truppen vor den Stacheldrahtzäunen auftauchten, die die Tore des Konzentrationslagers aufrissen.
Ein paar Jahre später kehrte Frankl in seine Heimatstadt Wien zurück und erhielt dort einen Ruf an den Lehrstuhl für Psychiatrie. Während der fünfziger Jahre entwickelte er eine neue Methode zur Behandlung emotionaler und mentaler Störungen. Diese Methode ist heutzutage weltweit als „Logotherapie" bekannt. Sie basiert auf der Hypothese, daß Patienten, um geheilt zu werden, aktiv und beständig an der Suche nach dem ihrem Leiden zugrunde liegenden versteckten Sinn beteiligt sein müssen, auch wenn dies zunächst völlig sinnlos erscheint. Ich habe Dr. Frankl später in Wien wieder getroffen, habe aber versäumt, ihn zu fragen, was ihn ursprünglich zur Entwicklung dieses psychotherapeutischen Ansatzes bewegt hatte.
Meine Begegnung mit Viktor Frankl habe ich soeben im Detail geschildert. Weshalb? Die Sendereihe von Dr. Frankl erschien mir, angesichts dessen, was ich, auch noch heute, als in der damaligen Zeit besonders wichtigen Auftrag unserer Mission bei Radio München ansehe, bedeutsamer als viele unserer anderen Aufgaben. Dem Zweck dieser Sendereihe ähnlich, doch vom Inhalt her verschieden, war eine weitere Sondersendung, die ebenfalls während der Sommer- oder Herbstmonate im ersten Jahr nach Kriegsende ausgestrahlt wurde. Dieses Programm sollte so gut es in einer Radiosendung eben möglich war, das Andenken an Sophie und Hans Scholl sowie anderer junger Menschen ehren, die ihr Leben wegen ihrer Zugehörigkeit zur „Weißen Rose" riskiert und verloren hatten. Beim Erarbeiten dieses Programms lieferten Inge Aicher-Scholl und ihr Ehemann

Vorschläge und eine Fülle an Hintergrundinformationen. Die Gedenksendung über die „Weiße Rose" war nach unserem Verständnis der Verantwortung, die wir in der Militärregierung zu erfüllen hatten, von großer Wichtigkeit. Wir konnten sehr wenig tun. Die Sendung wurde in der Hoffnung produziert, daß das edelmütige Beispiel der Studenten der „Weißen Rose" andere inspirieren möge.

Vergleichbare Sendungen wurden in bestimmten Abständen ausgestrahlt, wenn sich die Gelegenheit dazu bot, oder ihm Rahmen regelmäßig gesendeter Programmreihen. Sie in allen Einzelheiten zu beschreiben, wäre nicht möglich. Im September wurde Radio München der erste Sender in der US-amerikanischen Besatzungszone, der Symphoniekonzerte im Radio live übertrug. Ab Oktober oder November boten wir dann zusätzlich drei- oder viermal pro Woche Adaptationen überwiegend amerikanischer Bühnenstücke und Lesungen deutscher Dichter oder Schriftsteller an. Bayerische Volksmusik wurde immer häufiger in unseren Sendeplan integriert, als Kritik und Proteste zahlreicher Zuhörer über „zu viel klassische Musik" immer lauter und anhaltender wurden. Wir hatten guten Grund, diesen Stimmen Beachtung zu schenken.

Stets versuchten wir im Bewußtsein zu behalten, daß die Besatzung dazu da war, der Bevölkerung zu dienen. Was in der Militärregierung nicht so lief, wie es sollte, – laut Beobachtung meiner Kollegen und mir sowie vielen anderen Menschen – , wird erst an späterer Stelle erwähnt werden können, wenn ich nach bestem Vermögen etwas ganz anders mit Worten formuliert habe, dessen Folgen vier oder fünf anderen und mir letztendlich hätten zum Verhängnis werden können.

Ein „Sommernachtstraum"

An früherer Stelle gemachte, vage Andeutungen auf Ereignisse, die Janes und mein Leben verändern sollten, genügen noch nicht. Eine landläufige Redewendung spricht ja vom „reinen Wein einschenken". Darum möchte ich mich im folgenden bemühen:
Sie war genauso kultiviert wie charmant, hatte äußerst guten Geschmack und schaffte es, trotz des überall herrschenden Mangels, immer elegant gekleidet zu sein. Sie war schön, obwohl sie heute manchmal leugnet, daß es damals so war. Sie war Tänzerin gewesen und betrieb nun eine private Eine-Frau-Photo-Agentur, während sie gleichzeitig auch als fleißiges „Mädchen für alles" Sekretariatsaufgaben und Botengänge für einen äußerst genialen, ungewöhnlich begabten Journalisten erledigte.
Der Journalist hieß Gaston Oulman. Er gab vor, aus Kuba zu stammen, doch sein Deutsch war ausgezeichnet. Ebenso fließend beherrschte er die französische Sprache. Auf Wunsch und manchmal, ohne speziell danach gefragt zu werden, zeigte Oulman seinen kubanischen Paß vor. Als weiteres sichtbares Zeichen seiner Herkunft hatte er oder jemand für ihn, das Abzeichen einer kubanischen Flagge auf den Ärmel seiner abgetragenen Jacke genäht. Ungeachtet dieser Eigenartigkeiten war mir Oulman von Ravotto vor seiner Abreise aus München wärmstens empfohlen worden. Ravotto hatte mir erzählt, daß er Oulman Jahre zuvor in Spanien kennengelernt hätte. Hermia und ich begegneten einander eines Abends im Beisein dieses anspruchsvollen Arbeitgebers. Oulman machte sich einen spärlich ausgestatteten Salon zunutze, der ihm in einer fremden Wohnung kostenlos zur Verfügung gestellt worden war. Dort empfing er oft Gäste, die er als für seine journalistischen Ambitionen von möglicher Bedeutung ansah. An jenem Abend hatte er mich in seinen Salon eingeladen, weil er mich offenbar seit Ravottos Abreise als potentiell wichtige Figur ansah. Das sollte ich, wie sich herausstellen würde, für ihn, den vielseitigen, wortgewandten, ideenreichen Journalisten, auch sein.
Ravottos uneingeschränkte Empfehlung bewog mich, Oulman im September für Radio München als Korrespondent und Gerichtskom-

mentator für die Reportagen vom Internationalen Kriegsverbrechertribunal in Nürnberg einzustellen. Die förmliche Eröffnungszeremonie des Kriegsverbrechertribunals wurde Anfang Oktober abgehalten. Oulman verfügte über vielfältige und zuverlässige Informationsquellen. Seine täglichen Berichterstattungen aus unserer Sendekabine über dem Gerichtssaal waren erstaunlich detailliert. Allerdings klangen sie auch polemisch und bitter und waren daher Gegenstand von Verunglimpfungen und Protesten von seiten unserer Hörer. Wir mußten der Kritik zwangsläufig beipflichten. Seine Vorgehensweise war alles andere als produktiv. Sie bewirkte das Gegenteil dessen, was wir als bedeutungsvollen Beitrag zur Bewußtseinsschulung über die Greueltaten des NS-Regimes ansahen. Darüber hinaus war im Verlaufe der Wochen und Monate viel über Oulmans Person im Dunkeln geblieben. Nach einer Unterredung mit Oberst McMahon und meinen Kollegen beim Radio kündigte ich Oulman fristlos und teilte ihm mit, daß seine Dienste nicht länger gebraucht würden. Er verschwand kurz darauf von der Bildfläche der US-amerikanischen Besatzungszone.

Später erfuhren wir, daß er allem Anschein nach gar kein Kubaner gewesen war, sondern ein Kriegsflüchtling aus Berlin, der wohl in Schwarzmarktgeschäfte verwickelt gewesen war. Als ich ihm den Posten in Nürnberg zuwies, war sich niemand von uns, nicht einmal Hermia, völlig im klaren darüber, wie fragwürdig seine Referenzen doch waren. Wir hätten zweifellos von Anfang an mißtrauisch sein müssen. Alle waren auf Oulman hereingefallen. Das Geheimnis um Oulman wurde auch nicht gelöst, als er später irgendwo in der französischen Besatzungszone unter mysteriösen Umständen angeblich ums Leben kam.

Es war Mitte oder Ende Juli, als Hermia und ich einander kennenlernten. Nach jenem Abend trafen wir uns so oft wir konnten. Allerdings hatte weder sie noch ich viel Zeit übrig. Außer der Tatsache, daß sie auf den Tag genau sechs Monate jünger ist als ich, hatten wir auch sonst viel gemeinsam. Unsere Ansichten zur politischen Lage in Deutschland im Jahr 1945 und der Zeit davor stimmten überein. Wie Millionen anderer Menschen in fast allen großen und unzähligen kleineren Städten war auch Hermia mehrmals durch Bombenangriffe aus ihrer jeweiligen Wohnung verjagt worden und hatte die Hölle der Nacht für Nacht stattfindenden Bombenangriffe überlebt, die halb München zerstörten. Sie hatte sich während des Krieges scheiden lassen und brachte aus ihrer Ehe Zwillingstöchter mit, die wenige Wochen bevor die Deutschen in Polen einmarschierten zur Welt gekommen waren. In der Obhut der Großmutter waren die Mädchen evakuiert und bei einer Bauernfamilie außerhalb Münchens untergebracht worden ... So der Hintergrund einer Beziehung während der turbulenten Sommer- und Herbstmonate 1945, die ihren Höhepunkt in dem noch weitaus stürmischeren Jahr 1946 erreichte.

Folglich fand ich mich während meines ersten Sommers in München einem heftigen Gewissenskonflikt ausgesetzt. Anni und Jane, meine Ehe und ein zweites Baby, das damals unterwegs war, waren mir keinesfalls gleichgültig. Sie waren jetzt auch nicht weniger wichtig als zu der Zeit, bevor ich Hermia kennenlernte. Das war gerade das Problem. Hätten sie mir weniger bedeutet, als das der Fall war, wäre das Dilemma, mit dem ich zu kämpfen hatte, nicht so leidvoll gewesen. Andererseits konnte ich auch nicht leugnen, daß ich von dem Augenblick an, als ich Hermia in Oulmans Salon zum erstenmal traf, in sie verliebt war. Was sollte ich tun? Da ich nicht wußte, was ich anderes tun konnte, glaubte ich weiter wie verrückt an die Liebe und versuchte mit allen Kräften, den Konflikt zu vergessen. Dennoch war Vergessen genauso unmöglich, wie mir vorzumachen, daß ich mich nicht neu verliebt hatte. Hermia wußte von Anfang an – und ich machte kein Geheimnis daraus –, daß ich verheiratet war. Folglich waren wir beide, wenn auch auf unterschiedliche Weise, innerlich zerrissen. Wir wurden beide ständig von Fragen geplagt, auf die wir keine Antwort hatten. Wie ich schon im Alter von siebzehn Jahren entdeckt hatte, als ich mit Eleanor Anderson an einem Sommerabend in einem Ruderboot lag, so wurde ich nun wieder gezwungen, mir einzugestehen: Eros ist ein mächtiger Gott.

Apokalypse über Japan

Zehn Tage, nachdem Hermia und ich uns kennenlernten, wurde der Krieg mit Japan durch ein katastrophales Ereignis beendet. Ein einzelner Langstreckenbomber vom Typ „B29 Flying Fortress" der US-Luftwaffe tauchte plötzlich am wolkenlosen Himmel über Hiroshima am Morgen des 6. August auf. Da man annahm, daß es sich um einen Aufklärungsflug handelte, wurde durch das Erscheinen der Maschine kein Fliegeralarm ausgelöst. Dennoch starben an jenem Tag und in den darauffolgenden Monaten 260.000 Männer, Frauen und Kinder. Am 9. August starben weitere 50.000 in Nagasaki. Noch heute leiden Tausende unter den Folgen der Atomkatastrophe.

Drei Wochen vor Japans bedingungsloser Kapitulation hatte die Potsdamer Konferenz stattgefunden, die über die Zukunft Deutschlands entscheiden sollte. Die Hauptvertreter waren Churchill, Truman und Stalin. Zuverlässigen Quellen zufolge soll Harry Truman verdrießlich, am 21. Juli jedoch überschwenglich gut gelaunt gewesen sein. Nach der Plenarsitzung auf der Potsdamer Konferenz dokumentierte Churchill das Verhalten Trumans an jenem Tage folgendermaßen: „Wie verändert. Gewöhnlich kommandierte er alle Konferenzteilnehmer herum." Truman hatte Churchill in sein Geheimnis eingeweiht. Stalin hatte nichts davon erfahren. Ihm und der sowjetischen Delegation muß die Verwandlung, die sich in Trumans Stimmungslage am 21. Juli ereignet hatte, seltsam angemutet haben.

Was war geschehen? Einige Stunden zuvor hatte Truman, nachdem „die Bombe" bei Alamogordo getestet worden war, erschütternde Informationen erhalten. Sie verlauteten dahingehend, daß selbst die an der Entwicklung der Bombe beteiligten Forscher von der unvorstellbaren Zerstörungskraft, die sie zuwege gebracht hatten, überrascht gewesen waren. Am 22. Juli befahl Truman, die Bombe zu zünden. Am Nachmittag fegte ein heftiger Sturm, der den Himmel verdunkelte, als wäre die Nacht angebrochen, draußen über die Konferenzräume im Potsdamer Schloß Cecilienhof und über die Überreste Berlins. Hätten die Russen sich gefragt, was am 21. Juli zu Trumans Überschwenglichkeit geführt hatte, – und es ist anzunehmen, daß sie sich fragten – , dann hätten sie ihre Erklärung am 6. August erhalten.

War sich Stalin der Worte von General Leslie Groves, Militärexperte der mit der Entwicklung der Bombe betrauten Forschungsgruppe mit dem Namen „Manhattan Project" bewußt? Groves erklärte nämlich: „Wir wußten die ganze Zeit über, daß die Bombe eigentlich für Moskau bestimmt war." Ich habe hiervon vor Jahren erfahren, vermutlich im *Bulletin of the Atomic Scientists*, einer Zeitschrift der Atomwissenschaft, die für Angehörige der internationalen Friedensbewegung in den achtziger Jahren Pflichtlektüre war. Selbst wenn General Groves sich nicht genau dieses Wortlauts bedient haben sollte, spielt die präzise Bedeutung seiner Äußerung angesichts dessen, was danach geschah, keine Rolle mehr.

Vorboten des „Kalten Krieges"?
– Oder war er bereits im Gange?

Später stellte sich heraus, daß die General Groves zugeschriebenen Worte exakt die Haltungen und Einstellungen einflußreicher Männer vollauf widerspiegelten, die in Washington das Sagen hatten. Dies war nicht nur während der Präsidentschaft Trumans der Fall. Die gleichen oder ähnliche Auffassungen und Tendenzen waren, so scheint mir, mehr als vier Jahrzehnte lang nach 1945 ein unheilvolles Merkmal der US-amerikanischen Außenpolitik. Sie spielten eine wichtige Rolle bei der seit 1947 als „Kalter Krieg" bezeichneten Entwicklung, die schon lange vor dem Ende des „Heißen Krieges" begonnen hatte. Beweise, welche diese Behauptung stützen, habe ich für einen Artikel in der *Zeitschrift für Sozialgeschichte des 20. und 21. Jahrhunderts* (Hamburg: April 1987) zusammengetragen. Wie leicht nachgewiesen werden kann, waren derartige Überzeugungen der Hauptgrund für das gefährliche nukleare Wettrüsten und für die häufig wiederkehrenden Konfrontationen der USA mit der damaligen UdSSR. Diese Rivalitäten setzten sich ja fort, bis Gorbatschows neues Konzept endlich das politische Denken einiger Kreise in den USA zu beeinflussen begann.

Weshalb finden diese politischen Ereignisse hier Erwähnung? Tendenzen nach Art der knapp formulierten Äußerung von Groves, – selbst wenn sie erst später bekannt wurde –, lagen dem rapiden Verfall und Abbau fundamentaler Bestandteile in der US-amerikanischen Politik während der Besatzung Deutschlands zugrunde. Diese Ansicht wurde von nicht wenigen, mir persönlich bekannten Offizieren der Militärregierung vertreten. Um es kurz auszudrücken, hieß das: Wir waren zu der Überzeugung gelangt, daß Roosevelts „Grand Design"[1] im Begriff war, zugunsten einer völlig anderen Politik verworfen zu werden.

Präsident Franklin Delano Roosevelt befürwortete, wie Millionen von Anhängern seiner Politik in den USA und anderen Ländern, die Kooperation mit der damaligen Sowjetunion in einem Großmachtkonsortium. Monatelang hatten wir nur wenig stichfeste Beweise für eine bevorstehende Kehrtwende zur Verfügung. Informationen aus erster Hand, die aus Deutschland selbst kamen, deuteten schon auf die Wahrscheinlichkeit hin, daß einflußreiche Stimmen die Umwandlung Westdeutschlands zum Alliiertenstatus der USA befürworteten. Noch direkter ausgedrückt hieß das: Wir konnten uns des entmutigenden Verdachts nicht erwehren, daß, obwohl Deutschland den Krieg verloren hatte, Goebbels ihn noch posthum gewinnen könnte. Inwiefern das möglich war? Insofern, als Goebbels und Hitlers unablässige, von offenkundiger Boshaftigkeit zeugende Schimpfkanonaden über die „angeborene Minderheit unmenschlicher Horden in Rußland" unter den US-amerikanischen Politikern neuen Anklang fanden.

Warum ausgerechnet Atombomben?
Weshalb ihr Gebrauch?

Es bedarf noch weiterer Erläuterung, um die Entscheidung Trumans zu erklären, Atombomben über Japan abzuwerfen. Keine dieser Tatsachen drang damals an die Öffentlichkeit: nicht, wie die Teilnehmer

---

[1] Wörtlich etwa: „Großes Konzept".

an der Potsdamer Konferenz sich aufführten; wie die russische Delegation auf Trumans plötzliche Überschwenglichkeit reagierte; das ehrfurchtgebietende zeitgleiche Aufkommen des Sturmwinds über Potsdam. Den Konferenzteilnehmern waren diese Dinge teilweise bekannt. Manches hätten nicht einmal sie wissen können. Niemand hätte das Ausmaß des unvorhersehbaren Schadens im voraus abschätzen können. Keiner konnte dort sofort wissen, wieviel Menschen ums Leben gekommen und wie groß das in Hiroshima und Nagasaki verursachte Leid war.

Alles, was wir bei Radio München damals berichteten, waren die Dinge, die in den Nachrichten überall gemeldet wurden: Zwei Atombomben hatten zur bedingungslosen Kapitulation Japans geführt. Allgemein waren wir auch über die Politik informiert, die von den alliierten Mächten gemeinsam angewendet werden sollte auf die Besatzungszonen des besiegten Deutschlands als Ergebnis der auf der Potsdamer Konferenz gefaßten Beschlüsse. Dennoch ist alles wahr, was ich hier mit wenigen Worten beschreibe. Nichts davon ist erfunden. Die Details entstammen Beweismaterial, das von dem amerikanischen Historiker Daniel Yergin zusammengestellt wurde. Sein Buch, *Shattered Peace*,[1] das 1978 veröffentlicht wurde, ist eine Schilderung der diplomatischen Manöver nach dem Krieg. Mein Bericht faßt wesentliche Teile der in dem Buch enthaltenen Dokumentation zusammen. Yergin zieht den Schluß, daß der Hauptgrund, weshalb Truman sich entschloß, „die Bombe zu werfen", der Wunsch war, den Krieg so schnell wie möglich zu beenden und die Verluste auf US-amerikanischer Seite auf ein Minimum zu beschränken. In Washington soll man damals geschätzt haben, daß die Invasion der großen japanischen Inseln möglicherweise bis zu 500.000 Opfer auf unserer Seite verursacht hätte.

Yergin führt auch Quellen an, die Beweise liefern, denen zufolge eine gleichermaßen bedeutungsvolle Überlegung sich auf die Hoffnung gründete, „die Russen hinzuhalten oder zumindest den russischen Vorstoß nach Ostasien zu verlangsamen". „Es ist schwierig", meint Yergin, „die Entscheidung über den Abwurf der Atombombe mit den

---

[1] Wörtlich etwa: „Zerrütteter Frieden".

Bedenken auf US-amerikanischer Seite über den Einflußbereich der Sowjetunion in Osteuropa in Verbindung zu bringen." Yergin weist jedoch darauf hin, daß es solche Gedanken gab. Es steht, um dies anders auszudrücken, außer Frage, daß es während Trumans Regierungszeit und auch noch danach Strömungen gab, welche die Ansichten vertraten, die gleich der Behauptung von General Groves waren.
Zehn Jahre vor der Veröffentlichung von Yergins Buch äußerte Gar Alperovitz, ein weiterer, in den USA bekannter Historiker, seine Überzeugung, daß Washingtons Beschäftigung mit Problemen hinsichtlich der Sowjetunion in Wahrheit sogar die Entscheidung zum Abwurf der Atombombe *bestimmt* hatte und von jenem Zeitpunkt an, zum Großteil solche Überlegungen die US-Politik gegenüber der UdSSR bestimmten. Alperovitz hatte noch keinen Zugang zu den entsprechenden Dokumenten gehabt, da diese erst zu einem späteren Zeitpunkt verfügbar gemacht wurden. Yergin konnte zwar Quellenangaben machen, zog jedoch ebenfalls keine endgültigen Schlußfolgerungen daraus.
Wahrscheinlich ist es gar nicht möglich, ein endgültiges Urteil über diese komplexe Frage zu fällen. Berücksichtigt man die mit Sicherheit existierenden, massiven, uneingestandenen und verdrängten Schuldgefühle der meisten, der an den am 6. und 9. August 1945 kulminierenden Ereignissen beteiligten Personen, kann man nicht bezweifeln, daß wichtige Tatsachen für immer von Männern zu Grabe getragen wurden, die damals Schlüsselpositionen innehatten.
Seit 1945 habe ich mich oft gefragt, was *wirklich* hinter jener furchtbaren Entscheidung steckte. Japan hatte seine Bereitschaft zur Kapitulation bereits angedeutet. Dachte Truman etwa *nicht* daran, daß Stalin möglicherweise eingeschüchtert werden könnte? Hätte sich Roosevelt für den Abwurf der Bombe entschlossen? Seine beherzte Menschlichkeit hätten zumindest die Eilfertigkeit ausgeklammert, mit der Truman in heiterer Stimmung seine Entscheidung fällte. War diese Entscheidung die gewichtigste, die jemals von einem menschlichen Wesen im Verlauf der Menschheitsgeschichte gefällt worden war?

Ungeachtet der Tatsache, ob Truman mehr oder weniger sorgfältig über die Konsequenzen nachgedacht hatte, wußten sehr viele Menschen doch intuitiv, was die Entscheidung bedeutete. Sie war ein Wendepunkt in der Menschheitsgeschichte, ein Punkt, an dem *keine* Umkehr mehr möglich ist. Ich war nur einer von denen, die das erkannten, wenn auch nur vage. Konnte der Abwurf von Atombomben auf Hiroshima und Nagasaki im Namen unseres Volkes und das, was auf weniger revolutionäre Weise in Leipzig, Dresden, Hamburg, Berlin, München und anderen Ballungszentren geschehen war, in irgendeiner Weise gerechtfertigt werden? Waren diese Greueltaten nicht auch Verbrechen gegen die Menschheit?

Heutzutage, da der „Kalte Krieg" vorüber zu sein scheint, ist die Auflösung der meisten Fragen hinsichtlich Trumans Entscheidung letztendlich vielleicht nur noch eine Angelegenheit von akademischem Interesse. Dennoch:

Mitte Januar 1991, wie schon vermerkt, war klar geworden, daß Gorbatschow an Boden verloren hatte. Wenige Wochen zuvor hatte Schewardnadse warnend verlauten lassen, daß reaktionäre Gruppen in der UdSSR versuchen wollten, wieder an die Macht zu kommen. Es geschah etwas über Nacht, was dieser Warnung sehr ähnlich kam: Gorbatschow war verhaftet worden. Jelzin ließ einen landesweiten Generalstreik ausrufen und forderte zum passiven Widerstand auf; daraufhin internationaler Druck, den *status quo ante* wieder herzustellen und Gorbatschow wieder als rechtmäßigen Präsidenten der UdSSR einzusetzen. Sollten sich die Ereignisse seit Januar 1991 als das frühzeitige Ende der *perestroika* herausstellen? Für mich ist es unvorstellbar, daß die zunehmenden Veränderungen, die Gorbatschows Vision weltweit ausgelöst hat, endgültig rückgängig gemacht oder für immer aufgeschoben werden sein sollten. Könnten die *perestroika* und *glasnost* nicht zu den unzähligen Zeichen der Zeit gehören, die eines Tages als Meilensteine auf dem Weg hin zu einem globalen Bewußtseinswandel zählen, wie Jean Gebser ihn sich vorstellte? Oder ist die Hoffnung auf eine langsame Veränderung nur in unverbesserlicher Naivität und einfältigem Idealismus gegründet? Möglich! Dennoch bestehe ich als Optimist auf meinem guten Recht daran zu glauben, daß die Schöpfung und die Menschen als ihre

Kreaturen keine Zufallsprodukte sind – auf unserem einzigartigem Planeten entstanden – die keine realisierbaren Aussichten auf die Entwicklung hin zu einem verantwortungsbewußten und aufgeklärten Weltbürgertum haben.

„Der Sturm"

Während meiner ersten Wochen in Deutschland schrieb Jane mir regelmäßig ein- bis zweimal die Woche. Ich schrieb mit weniger Regelmäßigkeit zurück. Beide versuchten wir, obgleich in unterschiedlicher Weise, mit unserer Trennung fertig zu werden. Ein bedeutender Unterschied zwischen mir und Jane bestand darin, daß sie meines Wissens mir nichts wirklich Wichtiges vorenthielt. Ihre Briefe waren zwar nie lang, doch gänzlich Ausdruck von Spontaneität über alles, was ihr zu Anni, zum Alltagsleben bei ihren Eltern in deren einstöckigem Haus, zu Verwandten und gemeinsamen Bekannten in Louisville gerade einfiel. In meinen Briefen berichtete ich über berufliche Dinge und Probleme. Sie betrafen alle die Militärregierung. In meinem Hinterkopf war ständig die eine wichtige Sache, die ich nicht übers Herz brachte Jane mitzuteilen. Wenn ich mir genug Zeit nahm und mich hinsetzte, um einen Brief zu schreiben, türmte sich vor mir ein Problem auf, das unlösbar schien, dennoch dringend nach einer Lösung verlangte.
Wenn meine Beziehung zu Hermia – für einen von uns beiden – bloß eine Art leidenschaftlicher, doch flüchtiger Faszination gewesen wäre, die schon seit je her Männer und Frauen dazu getrieben hat – und immer noch ständig treibt –, sich auf Liebesabenteuer einzulassen, hätte sich die Sache, ob ich es Jane erzählen sollte, früher oder später ohne allzu große Schwierigkeiten lösen lassen. Das Wissen um eine ähnliche Erfahrung auf Janes Seite und meine Neigung zur Offenheit, hätten eine Klärung durch eine freimütige Aussprache wohl gewährleistet. Durch die Erweiterung meines Erfahrungshorizonts waren die Prinzipien meiner Großmutter schon längst in den Bewußtseinshintergrund zurückgedrängt worden. Sie waren zwar manchmal noch als die innere Stimme zu hören, die der Engländer John Wycliffe (ca.

1329–1380) als „again-bite-of-inwit"[1] bezeichnete und später das Gewissen genannt wurde. Doch war der Einfluß der presbyterianischen Erziehung, die ich genossen hatte, zurückgetreten und schwächer geworden, als ich schon 1935 mit dem Sittenkodex der europäischen Kultur konfrontiert wurde.
Jedesmal, wenn ich mich mit Hermia für die paar Stunden traf, die wir von unseren anderen Beschäftigungen abzwacken konnten, war uns völlig bewußt, daß zwischen uns eine Leidenschaft, – überwältigende und unwiderstehliche Leidenschaft –, bestand. Was uns zusammenführte, war noch weitaus mehr. Die frühere Bezugnahme auf einen „Sommernachtstraum" sollte nicht fälschlicherweise als Illusion oder etwas Flüchtiges und Kurzlebiges, wie nur Träume es sein können, interpretiert werden. Hermia hatte bei ihrer Geburt nicht den Namen „Hermia" erhalten. Der Name stammt aus einem Bühnenstück von Shakespeare, bei dessen Aufführung sie einmal als Tänzerin mitgewirkt hatte. In gewisser Hinsicht war ich gezwungen, eine Rolle aus einem anderen Shakespeare-Drama anzunehmen: – „Der Sturm." Es unterschied sich gar nicht so sehr von dem Sturm – dem inneren Sturm –, der acht Jahre lang in mir wütete, bevor ich 1937 überstürzt nach Heidelberg zurückkehrte.
In der zweiten Oktoberwoche 1946 war vier Tage lang ein Treffen der Rundfunkoffiziere aus der gesamten US-amerikanischen Besatzungszone angesetzt. Es war geplant, die Schwierigkeiten, den Fortschritt und die Koordination unserer Arbeit zu diskutieren. Das Treffen sollte in Bad Homburg stattfinden. Mit dem Jeep ging es über einsame Strecken der noch relativ neuen Autobahn nach Frankfurt. Von dort aus steuerte der Fahrer auf kleineren Straßen mit wenig Verkehr Richtung Taunus und Bad Homburg. Meine Kollegen von den anderen Radiosendern in Stuttgart und Frankfurt sowie mehrere Rundfunkoffiziere vom OMGUS-Hauptsitz in Berlin waren vor mir bereits am Ziel angekommen.
Ich kann mich nicht mehr, nicht einmal vage, an die Gespräche erinnern, die wir geführt haben oder die Ergebnisse, zu denen wir kamen. Sie schienen mir unwichtig. Man konnte mir hoffentlich nicht an-

---

[1] Wörtlich etwa: „Rück-Biß des inneren Wissens".

merken, wie verzweifelt ich war. Die neue innere Krise steuerte auf ihren Höhepunkt zu. Schon bald zeigte sich, daß es nur ein vorläufiger Höhepunkt gewesen sein sollte. Am Abend des dritten Tages in Bad Homburg wurde mir draußen vor der Offizierskantine ein von München durch die „A.P.O." nachgeschicktes Telegramm überreicht: „Cristi gestern ohne Komplikationen geboren stop alle wohlauf und glücklich stop alles Liebe – Jane." Am nächsten Morgen telegraphierte ich zurück: „Grüße und Glückwünsche." Mehr fiel mir zu dem Zeitpunkt nicht ein.

Männer müssen sich wegen schändlicher Verbrechen gegen die Menschheit verantworten

Zwischenzeitlich war das Internationale Kriegsverbrechertribunal in Nürnberg einberufen worden. Bis zur Urteilsverkündung verging fast ein Jahr. Zwölf frühere Beamte, die hohe Positionen in der NS-Schreckensherrschaft innegehabt hatten, wurden zum Tode verurteilt. Da es zu meinem Aufgabenbereich gehörte, war ich mehrmals bei den Verhandlungen anwesend. Der volle Gerichtssaal, umgeben von den trostlosen Überresten einer vor dem Krieg von Schönheit überragenden, mittelalterlichen Stadt, war spärlich beleuchtet, grau. Er verbreitete eine verhängnisvolle Atmosphäre, die ganz dem Inhalt des von dem Gericht vorgebrachten Anklagematerials entsprach. Jeden Morgen vor der Sitzung für den jeweiligen Tag wurden die widerwilligen Angeklagten von US-Militärpolizei aus ihren Zellen in den Gerichtssaal geführt. Sie saßen in Zweierreihen, von MPs auf jeder Seite bewacht, gegenüber den Staatsanwälten, die Großbritannien, die USA, die Sowjetunion und Frankreich vertraten.
Ohne ihre frühere Macht und ihren ehemaligen Glanz, erniedrigt und gezwungen, in der Gerichtsverhandlung vor ihren siegreichen Gegnern zu stehen, waren diese gedemütigten doch immer noch trotzigen Männer ein erbärmlicher Anblick. Nicht viele Menschen konnten für sie auch nur ein klein bißchen Mitleid empfinden. Ich auch nicht. Allerdings fragten sich manche Juristen, ob eine Gerichtsverhandlung, die von den Siegern über die Besiegten angesetzt

wurde, im Sinne des Völkerrechts sein konnte. Aber in informierten Kreisen gab es keinen Zweifel über die unvergleichliche Grausamkeit der begangenen Verbrechen, für welche die Angeklagten sich zu verantworten hatten. Das stand völlig außer Frage.
In den folgenden Jahrzehnten begann die große Mehrheit des deutschen Volkes diese Tatsachen zu erkennen und einzusehen. Manche hingegen, eine Minderheit, leugnet sie auch weiterhin hartnäckig. Für sie lebt Hitler, obwohl er tot ist, als Götze weiter, und sie betet ihn immer noch an. Alte Nazis und Neonazis laufen ja mit dem Hakenkreuz als ihrem Abzeichen wieder herum. Sie stellen auch heute noch eine allgegenwärtige, wachsende Gefahr in Deutschland und sogar weit über dessen Grenzen hinaus dar.
Vom ersten Tag an war Oulman in Nürnberg eine sichtbare und unüberhörbare Präsenz. Seine Berichterstattung erreichte alle vier Besatzungszonen. Wie bereits erwähnt: Der beständig scharfe und pompöse Ton in den Reportagen Oulmans war ein Hauptgrund für seine fristlose Entlassung. Viele Deutsche, wahrscheinlich die meisten, hörten gar nicht zu, wenn er im Rundfunk sprach. Das lag wohl teilweise daran, daß ihr kollektives Selbstverständnis durch die überwältigende Niederlage so schweren Schaden genommen hatte, daß Fakten sie niemals überzeugt hätten, selbst wenn diese mit viel psychologischem Feingefühl und Sensibilität vorgetragen worden wären. Die Menschen, die Oulmans Reportagen anhören mußten, empfanden dadurch zwangsläufig noch größere kollektive Schuldgefühle, als es ohnehin schon der Fall war, doch mühten sie sich ab, diese nicht eingestehen zu müssen. Andererseits muß auch gesagt werden, daß der am längsten anhaltende, hartnäckigste Protest gegen Oulman aus den Reihen „nicht entnazifierbarer" Nazis, von Nationalisten, eingefleischten Reaktionären und uneinsichtigen Militaristen kam. Doch unsere Absicht war anders gewesen. Wir wollten vielmehr zeigen, daß unbeschreibliche Verbrechen in Namen des deutschen Volkes begangen worden waren. Kurz ausgedrückt: Unsere Bemühungen um die Berichterstattung über die Nürnberger Verfahren zählen *nicht* gerade zu den herausragenden Leistungen von Radio München.
In welcher Hinsicht und innerhalb welches Bezugssystems waren die Angeklagten schuldig? Man bedenke vom psychologischen Stand-

punkt aus die Probleme in den Familien oder im persönlichen Leben, die sich im Unbewußten festgesetzt und die einzelnen in der in den entscheidenden zwanziger Jahren vorherrschenden katastrophalen wirtschaftlichen Lage geformt hatten. Waren diese Männer nicht auf unerklärliche Weise vielleicht dazu prädestiniert gewesen, die Verbrechen zu begehen, derer sie beschuldigt wurden? Konnte man zwanzig Jahre später die Kindheitserziehung außer acht lassen, als viele Soldaten im US-amerikanischen Militär brutalst gegen die Zivilbevölkerung in den Städten und Dörfern Vietnams vorgingen?

In vielerlei und wesentlicher Hinsicht sind solche impliziten Vergleiche natürlich nicht gerechtfertigt. Die Einmaligkeit des vorsätzlich geplanten, bis ins Detail organisierten, unter dem Hitlerregime systematisch verübten Völkermords hat in der Geschichte keine Parallele, nicht einmal unter der gewissenlosen, gleichermaßen kriminellen Diktatur der ehemaligen Sowjetunion. Dennoch frage ich mich, ob wir das Recht haben, einen Anspruch auf die von uns scheinbar empfundene Unschuld zu erheben. Ist in den USA *nie* im entferntesten etwas Vergleichbares geschehen? Noch bevor wir auch nur das militärische Potential dafür hatten, organisatorisch etwas auf die Beine zu stellen, wie es die Deutschen unter Hitlers Verbrecherregime ausführten, war das, was wir vielen Millionen Indianern zugefügt hatten, nicht auch Genozid?

Zu keiner Zeit und in keinerlei Hinsicht könnte oder würde ich die in Nürnberg verurteilten Verbrecher rechtfertigen wollen. Dennoch mußte ich mich mit den oben aufgeworfenen Fragen zwischen 1945 und 1946 auseinandersetzen. Solche Fragen, wie ich sie stellte, wurden von einem kompetenten juristischen Standpunkt aus in einem Buch diskutiert, das sich mit den von dem US-amerikanischen Militär verübten Verbrechen während des Vietnam-Krieges befaßt. Der Autor dieses Buches heißt Telford Taylor. Er war einer der sieben Staatsanwälte, welche die USA im Nürnberger Kriegsverbrecherprozeß vertraten. Taylors Schlußfolgerung kommt, angesichts der internationalen Rechtsprechung und beruhend auf der Politik und dem, was die Regierung der USA im Krieg zugelassen hatte, einer Anklageerhebung gegen die US-amerikanische Regierung gleich ...

Ein herausragendes Beispiel für journalistische Enthüllungsarbeit

Radio München strahlte noch eine weitere Serie von Kommentaren aus, die besser ankam als Oulmans, obwohl auch sie Kontroversen und Proteste hervorrief. Diese Programmserie befaßte sich nicht mit der Vergangenheit, sondern mit den Geschehnissen, die sich unter den Augen der US-amerikanischen Militärregierung abspielten. Aus „Entnazifizierung" – in ihr Gegenteil verkehrt – wurde nur allzu oft „Re-Nazifizierung". Woche für Woche wurden uns zunehmend Anhaltspunkte dafür geliefert, die auf Informationen aus vielen verschiedenen uns zugänglichen, eindeutig zuverlässigen Quellen basierten.

Meine Sekretärin Herta Liang war wesentlich daran beteiligt gewesen, daß wir diese Programmserie in die Wege leiten konnten. Nicht ein Tag verging, an dem der Großteil der Menschenmenge, die in Gruppen am Eingang der Radiostation wartete, nicht wieder enttäuscht nach Hause gehen mußte. Es war mir und meinen Kollegen unmöglich, mit allen Menschen zu sprechen, die auf eine Einstellung beim Rundfunk hofften oder unsere Aufmerksamkeit auf Dinge lenken wollten, die ihrer Meinung nach für unsere Arbeit wichtig waren. Mitte August bestand Frau Liang wieder einmal darauf, daß ich einen Mann zum Gespräch zu mir hereinlassen sollte, der draußen in der Menschenmenge im Flur vor meinem Büro ausharrte. Die wartenden Menschen mußten sich während der ersten zehn oder zwölf Wochen unserer Tätigkeit ihren Weg zum Büro durch Scharen von Bauarbeitern und Stapeln von Baumaterial bahnen.

Diesmal beteuerte mir Frau Liang, wie sicher sie sich war, daß ein junger Mann aus der Warteschlange guten Grund hatte, ein Gespräch mit mir zu wünschen. Er kam herein und stellte sich vor: Herbert Gessner. Er war etwa fünfundzwanzig Jahre alt und hatte einen klaren Blick. Er machte einen aufrichtigen und intelligenten Eindruck. Seine Worte erweckten Vertrauen, damals und auch später, bei allen, die ihm begegneten. Als Unteroffizier der Wehrmacht war er in Stalingrad gewesen und unter dem vagen Verdacht der Wehrkraftszersetzung einer Strafkompagnie zugeteilt worden. Inmitten des

Chaos der letzten Kriegswochen war er entweder ordentlich entlassen worden oder war es Fahnenflucht? Weshalb glaubten Frau Liang und ich, daß der Mann vertrauenswürdig sei? Gessners aufrichtige Art, sein gerader Blick, die Argumente, die ihn bewogen hatten, andere auch zu motivieren, sich gegen Hitlers Wahnsinn zu stellen. – Was er sagte, war einfach überzeugend. Unser Gespräch von einer Stunde genügte: Ich entschloß mich, ihn einzustellen, dem Vorgefühl folgend, daß er in der Lage sein würde, das zu tun, was er vorgab gerne versuchen zu wollen, auch wenn er keine Erfahrung im journalistischen Bereich oder beim Rundfunk vorweisen konnte.

Alles was Gessner später tat, bestätigte den ersten Eindruck, den er auf Frau Liang und mich gemacht hatte. Er erwies sich als außergewöhnlich begabter Journalist für Enthüllungsarbeit. Er war im Schreiben und Sprechen wortgewandt, niemals theatralisch oder polemisch. Seine zweimal pro Woche ausgestrahlten Reportagen wurden natürlich in den Kreisen, die Oulman schon am kritischsten gegenüberstanden, nicht immer gut aufgenommen. Auch der Militärregierung paßte Gessners Berichterstattung manchmal überhaupt nicht.

Woche für Woche und Monat für Monat war Gessner unwiderlegbarem Beweismaterial auf der Spur, um im geheimen getroffene, zwielichtige Abmachungen und heimliche Machenschaften aufzudecken und zu präsentieren. Ehemals hohe Nazis waren in Scheinverfahren von den Spruchkammern, die der Entnazifizierung dienen sollten, freigesprochen worden. Gessner behauptete niemals, daß *alle* Spruchkammern gleichermaßen korrupt und bestechlich wären. Sein Fleiß beim Ausschöpfen gefundener Informationsquellen, zu denen er in München und anderenorts in Bayern Zugang gewann, führten allerdings zu erstaunlichen Beispielen von Fehlurteilen. Wie weiter oben erwähnt, waren gelegentlich sogar Offiziere der Militärregierung bewußt oder unbewußt in derartige Täuschungsmanöver verstrickt.

Gessners Beweismaterial wurde in einer Doktorarbeit von Barbara Mettler an der Universität Konstanz noch weiter dokumentiert. Die Dissertation ist eine Fallstudie zum Thema „Demokratisierung und Kalter Krieg" und wurde 1975 mit dem gleichnamigen Titel von einem (West-)Berliner Verlag als Taschenbuch herausgebracht. Daneben enthält das Buch auch eine Fülle an Informationen über die

Entwicklungen, die mich und zwei andere US-Amerikaner dazu bewogen, aus dem Dienst in der Militärregierung zurückzutreten.
Es würde den Rahmen dieser Erinnerungen sprengen, auch nur zusammenfassen zu wollen, worüber Gessner in der Dutzenden seiner Reportagen berichtete. Ein einzelnes Beispiel, das für die von ihm aufgedeckten skandalösen Machenschaften charakteristisch ist, soll genügen. In ihrer Anfangsphase hatte die Militärregierung in Bayern einen „Sonderminister für Entnazifizierung" ernannt. Ein gewisser Dr. Anton Pfeiffer wurde mit diesem nicht unbedeutenden Amt betraut. Etliche von denen, die den Anspruch erheben konnten, über die Fakten informiert zu sein, behaupteten nachdrücklich, daß Pfeiffer aktives Mitglied der NSDAP gewesen sei. Abgesehen davon, was Pfeiffer sonst noch auf dem Gewissen hatte, entdeckte Gessner, daß Pfeiffer zu den Abgeordneten des Reichstags gehört hatte, die 1933 für das Ermächtigungsgesetz stimmten. Mit diesem Gesetz wurde bekanntlich Adolf Hitler und der NSDAP uneingeschränkte diktatorische Machtbefugnis verliehen. Zwölf Jahre darnach, als Gessner einige Tatsachen über die Aktivitäten des Ministers ans Licht brachte, schien die Glaubwürdigkeit Pfeiffers, der mit der Förderung der Demokratisierung beauftragt war, zumindest in Frage gestellt.
Zunächst bewirkten Gessners Enthüllungen nur Skepsis und wurden als Gerüchte abgetan. Aber von Monat zu Monat wurden die Beschwerden über Pfeiffer immer lauter. Bald schon wurde in ganz München gemunkelt, daß hinter den Gerüchten wohl doch mehr als reine Feindseligkeit gegenüber Pfeiffer stecke. Gessner beschloß, allen ihm zur Verfügung stehenden Hinweisen nachzugehen. Er entdeckte Formfehler, Ungereimtheiten, viele Beispiele für himmelschreiende Ungerechtigkeiten und eindeutige Beweise von Günstlingswirtschaft im Interesse einflußreicher, ehemaliger Nazis. Der „Sonderminister" wurde in Unehre seines Amtes enthoben. Oder er entfernte sich selber aus dem Amt.
Andere wiederum blieben im Amt oder wurden später zu hohen Regierungsposten auf Ministerebene in Bayern und sogar in Bonn ernannt. Zu den Ministern im Kabinett von Westdeutschlands erstem Nachkriegsbundeskanzler Konrad Adenauer zählte auch der Verfasser der Nürnberger Rassengesetze, die einen traurigen Bekanntheitsgrad

erlangten. Der Architekt eines Konzentrationslagers wurde der zweite Präsident vom westlichen Nachkriegsdeutschland. Heutzutage sind diese Tatsachen fast niemand in Deutschland bekannt. Einige, die darüber Bescheid wissen, leugnen, daß die Tatsachen als Beweise für sich sprechen. Dennoch sind die entsprechenden oder ähnliche Fälle vollständig dokumentiert worden.

Radio München:
„Brutstätte des Kommunismus?"

Angesichts der oben beschriebenen Situation kann es niemand überraschen, der etwas über Verleumdungstaktiken Bescheid weiß, daß Reaktionäre bald anfingen, Radio München kommunistischer Tendenzen zu bezichtigen. Sowohl in Deutschland als auch während der „McCarthy-Inquisition" in den USA bedienten sich Gegner des Rechts auf freie Meinungsäußerung häufig der Methode, Anspielungen oder gar direkte Anschuldigungen dieser Art aufzubringen, und versuchten, ihre Gegner unglaubwürdig zu machen. Radio München blieb von solchen Verleumdungen nicht verschont.

Es verstand sich von selbst und war in der Anfangszeit der Besatzung Deutschlands in vollem Einklang mit der an den obersten Stellen festgelegten Politik, daß allen Kreisen der deutschen Gesellschaft Unterstützung zuteil werden sollte, wenn bekannt war, daß sie Opfer der Diskriminierung oder der Verfolgung durch das NS-Regime gewesen waren. Vom Zeitpunkt an, als Hitler an die Macht kam, gehörten dazu auch Kommunisten und andere, die vorgeblich oder tatsächlich mit marxistischem Gedankengut liebäugelten. Von 1933 bis 1945 wurden, wie man heute weiß, Tausende von Kommunisten, Millionen von Juden, eine Vielzahl von Sozialdemokraten und unzählige Sinti und Roma und andere Minderheiten ins Gefängnis geworfen, gequält, ermordet, in Konzentrations- und Arbeitslagern getötet oder zur Flucht ins Exil gezwungen.

Daher zögerten wir nicht, auch Kommunisten oder Juden als Personal bei uns einzustellen. Einziges Kriterium waren für uns die persönliche Integrität der Kandidaten und Aktenunterlagen, aus denen eindeutig hervorging, daß die Bewerber sich gegen Hitler und den Nationalsozialismus gestellt hatten. Das gleiche Prinzip galt für Sozialdemokraten aus der Weimarer Republik, wenn sie ihre frühere politische Gesinnung beibehalten hatten. Gleichzeitig waren Katholiken und Protestanten, die sich Hitler und dem Nationalsozialismus widersetzt hatten, unter diesem Kriterium willkommen. Auch Sieben-Tage-Adventisten, Freimaurer, Sinti und Roma hätten unter dieser Voraussetzung eingestellt werden können.

Unsere Mitarbeiter bildeten eine repräsentative Mischung, in der politische und gesellschaftliche Gruppen recht ausgewogen vertreten waren. Dies war nicht nur bei unserem deutschen Personal der Fall, sondern auch unter den Offizieren im Nachrichtenkontrolldienst bei Radio München. Für uns galt es als unumstößliches Prinzip pluralistischer Demokratie, auch Meinungen zu respektieren, die sich grundlegend von den unsrigen unterschieden, solange die Einzelnen oder Gruppen mit anderen Ansichten sich von Handlungen mit dem Ziele der Diskriminierung anderer oder zur Unterdrückung der Opposition fernhielten. Wir waren nicht so naiv, als daß wir geglaubt hätten, Marxisten seien Demokraten, obwohl viele von denen, die ich kannte, unbestechliche Idealisten waren. Rosa Luxemburg, die 1919 gemeinsam mit ihrem Verbündeten Karl Liebknecht ermordete Kommunistin, handelte konsequent in Übereinstimmung mit ihrer Überzeugung, daß Freiheit auch die Freiheit Andersdenkender ist, auch wenn sie sich vehement gegen die allgemein vertretenen Meinungen stellen. Wir waren also der Auffassung, daß auch Marxisten Gelegenheit erhalten sollten, sich an die Öffentlichkeit zu richten, solange sie nicht Zwangsmaßnahmen vorschlagen und auf Gewalt zurückgreifen würden.

Die Aussage, daß Radio München „rot" sei, – eine Behauptung, die noch 1954 in dem Artikel einer deutschen illustrierten Zeitschrift wiederholt aufgestellt wurde –, war eine vorsätzliche Verunglimpfung als Reaktion auf unsere Überzeugungen zur Bedeutung einer zu jenem Zeitpunkt noch nicht erprobten pluralistischen Gesellschaft. Gessner schickte mir besagten Artikel später zu, als ich die Militärregierung schon längst verlassen hatte und in Südostasien arbeitete.

Gessner war indessen enttäuscht und entmutigt, weil der von der Militärregierung vertretenen Entnazifizierungspolitik durch ominöse Entwicklungen entgegengewirkt wurde. Er fühlte sich gezwungen, die Unfähigkeit der Militärregierung einzugestehen, einen wirkungsvollen Beitrag zur Demokratisierung in Bayern zu leisten. Frustration und ständige Verleumdungen bewegten ihn zu einer Entscheidung, die zwar verständlich war, doch sich als ebenso falsch wie tragisch herausstellen sollte. Gessner kündigte seine Stellung bei Radio München und zog nach Ost-Berlin, wo er zum politischen Kommentator der sowjetischen Besatzungszone ernannt wurde. Er hatte zwar bis dahin die gleiche politische Ausrichtung wie die Regierung im Osten, doch war er in seinen Berliner Reportagen nicht weniger kühn, kritisch und ehrlich gegenüber der ostdeutschen Regierung, als er es hinsichtlich der weitgehenden Pervertierung der Entnazifizierungspolitik in Bayern gewesen war. Als Gessner mir den oben erwähnten Artikel zuschickte, befand er sich für seine DDR-Vorgesetzten auf einer Mission in Genf. Kurze Zeit später starb er unter mysteriösen, bis heute noch nicht geklärten Umständen in Berlin.

Zwei meiner US-amerikanischen Kollegen beim Radiokontrolldienst ähnelten Gessner in mancherlei Hinsicht, obwohl sie sich beide im Vergleich zu ihm in entgegengesetzte Richtungen bewegten. Diese beiden Mitarbeiter – einer davon war damals erklärter Marxist – sind in all den Jahren, seit unserer Zusammenarbeit in der Militärregierung, Freunde von mir geblieben. Schon vor langem gelangten sie zu der Überzeugung, daß die marxistisch-leninistische Gesinnung und der dialektische Materialismus Fehlkonstruktionen, auf Sand errichtete Gedankengebäude, seien. Ich respektiere beide Freunde. Seit wir uns damals kennengelernt haben, bewundere ich ihre Aufrichtigkeit, die Konsequenz, mit der sie ihre Überzeugungen vertreten, und den Mut, mit dem sie sich später weigerten, für eine Anschauung, die sich für sie vom ethischen und intellektuellen Standpunkt aus als inakzeptabel erwiesen hatte, auch nur ein Lippenbekenntnis abzulegen.

Wieviele Idealisten gab es, deren Glaube durch die Ereignisse zerstört wurde, wie sie von Arthur Koestler 1940 im Hinblick auf die damalige Sowjetunion in seinem Buch *Darkness at Noon*[1] beschrieben wurden? Wieviele meiner US-amerikanischen Mitbürger sind heute ernüchtert, glaubten aber einst, daß „der Staat von dem Volk, durch das Volk und für das Volk" Realität sei, in der wir lebten? Wieviele Millionen von Idealisten muß es in der früheren Sowjetunion geben, die es genauso schwer finden wie Gorbatschow selbst, dem es zuzugeben unmöglich scheint, daß die marxistisch-leninistische Weltanschauung von Anfang an eine verführerische *fata morgana* war? Sie widerspiegelte die philosophischen Illusionen von Generationen, die unter dem Schutzschirm des aus dem 19. Jahrhundert stammenden, einseitigen und somit irreführendem Rationalismus unserer westlichen Kultur groß geworden sind.

Eine in diesem Zusammenhang aufkommende Frage, die von äußerster Wichtigkeit ist, scheint sich heutzutage niemand mehr zu stellen. (Es liegt in der Natur der Sache, daß Fragen, die kaum je gestellt wurden, nur sehr selten beantwortet werden!) Die Frage nun lautet: Bedeutet all dies, daß echt demokratische Formen des Sozialismus, in denen Menschen tatsächlich ein Mitbestimmungsrecht haben, in den Mülleimer der Geschichte geworfen werden sollten? Denn außer in kleinen Kommunen ist diese Art von Sozialismus nirgends praktiziert worden. Können wir uns erlauben, so zu handeln, nur weil unser von Krisen geschüttelter Turbo-Kapitalismus als Sieger gegenüber dem hervorgeht, was als „Sozialismus" bezeichnet wurde, und den Anspruch erhob, eine Übergangsphase auf dem langen Weg zum „Kommunismus" zu sein, jedoch in Wirklichkeit in der Grundbedeutung des Wortes nie als Sozialismus gelten konnte?

---

[1] Später im Deutschen unter dem Titel *Sonnenfinsternis* erschienen.

Wieder stellte sich die Frage: „Kleiner Mann, was nun?"

Fast ein Jahr war verstrichen, seit ich meine Arbeit zwischen den Trümmerhaufen und Ruinen dessen aufgenommen hatte, was einst München gewesen war. Hermia und ich verspürten ein angenehmes Gefühl der Erleichterung, wann immer wir aus der Stadt entkommen konnten. An schönen Sommertagen machten wir so oft wie möglich, gemeinsame Tagesausflüge an den Chiemsee. Im Winter fuhren wir zusammen mit der Zahnradbahn die gewundene Strecke hinauf zur Zugspitze in den Alpen. Wir verbrachten ein paar gemeinsame Wochenenden in Garmisch-Partenkirchen, wo vom US-amerikanischen Militär ein requiriertes Luxushotel betrieben wurde. Einmal versuchten wir uns beim Skifahren in dem hügeligen Gelände oberhalb des Schliersees und in der Gegend um den zugefrorenen See herum.

Wo wir auch hingingen und was wir gemeinsam unternahmen, wir hatten beide immer das Gefühl, daß wir zusammen gehörten. Doch eine innere Unruhe machte uns zu schaffen, auch wenn wir versuchten, sie zu unterdrücken. Diese Unruhe verstärkte sich mit jedem Tag und jeder Nacht, die wir gemeinsam verbrachten, und wurde immer unerträglicher. Sie verschärfte sich noch, als vom Hauptquartier der Militärregierung in Berlin offiziell mitgeteilt wurde, daß für Angehörige von Bediensteten der Militärregierung, die in Gebieten unter US-amerikanischer Herrschaft stationiert waren, Mitte Sommer 1946 die Reise nach Deutschland ermöglicht würde.

Dies war bis dahin eine Wahrscheinlichkeit gewesen, die Hermia und ich monatelang mehr oder minder bewußt nicht wahrhaben wollten. Nun war sie in greifbare Nähe gerückt. Jane war ebenfalls informiert worden, daß sie sich mit Anni und Cristi, die noch keine acht Monate alt war, darauf einstellen sollte, im Juli mit dem Zug nach New York zu reisen. Von dort aus würden sie und die Kinder, zusammen mit mehreren hundert anderen Angehörigen von Offizieren der Militärregierung, per Schiff nach Bremerhaven gebracht werden. Voll freudiger Erwartung telegraphierte Jane ihr voraussichtliches Ankunftsdatum. Zwischenzeitlich wurde mir, wie vielen anderen Bediensteten des Militärs und bei der Militärregierung in München tätigen

Zivilisten, eine geräumigere Wohneinheit in einem vom Krieg unbeschädigten Gebiet Münchens zugewiesen. Das Haus war vollständig möbliert von einer Familie zurückgelassen worden, die aufgrund ihrer NSDAP-Zugehörigkeit zur Räumung gezwungen worden war. Es war ein modernes, aber nicht pompös ausgestattetes Einfamilienhaus, das mir für uns vier angemessen schien. Wir hatten auch das Recht, zwei Haushaltsbedienstete einzustellen.

Nach außen hin waren alle Vorkehrungen für die Ankunft von Jane und der Kinder getroffen worden. Doch welche Vorbereitungen konnte oder sollte ich innerlich vornehmen? Wie sollte ich Jane entgegentreten? Mit wieviel Ehrlichkeit konnte ich ihr offenbaren, wozu sich die neue Beziehung mit Hermia entwickelt hatte und wieviel diese Beziehung Hermia und mir bedeutete? Wie würde Jane reagieren? Was könnte die neue Situation für die fünfjährige Anni bedeuten? Wie würde sie ihre Entwicklung beeinflussen? Und Cristi? Selbst wenn sie in ihrem Alter die Spannungen noch nicht bewußt würde wahrnehmen können?

An einem heißen Julitag fuhr ich mit der Bahn nach Bremerhaven. Immer noch hatte ich keine klare Vorstellung davon, was ich über all die Monate zu Jane sagen sollte oder könnte, nachdem Hermia und ich einander in Oulmans Salon begegnet waren. Als ich in Bremerhaven ankam, schienen sich die Umstände über die Ankunft Janes und der Kinder gegen uns verschworen zu haben, um alles nur noch schlimmer zu machen. Aus Gründen, die höchstens den mit der komplexen, da so unmilitärischen Sache der Logistik bei der Massenbeförderung von Frauen und Kindern betrauten Militärs bekannt waren, hatten die von der Reise erschöpften Angehörigen bereits das Schiff verlassen, bevor jemand da war, um sie abzuholen. Wie Vieh, das eingepfercht in einem Gehege darauf wartet, zum Schlachthof verfrachtet zu werden, schoben sich Frauen mit Säuglingen und Kindern verschwitzt und verwirrt hinter einem hohen Drahtzaun umher. Das Bild, das sich mir bot, erinnerte eher an ein Internierungslager und begünstigte nicht gerade die Wiedervereinigung von Familien! Es war zum Verrücktwerden!

Die Bedeutung des Ganzen bzw. die dahintersteckenden obskuren Absichten, denen es dienen sollte, habe ich nie verstanden. Ich fragte auch nicht nach. Jane und ich entdeckten einander über die Absperrung hinweg. Mit Cristi auf dem Arm und Anni an der Hand drängte sie gegen die Drahtumzäunung. Ich stand draußen, drückte mich dagegen. Wir begrüßten einander kaum; es fiel uns schwer, irgendetwas zu sagen. Die Tränen liefen Jane die Wangen hinunter. Sie erzählte mir, daß Cristi während der Überfahrt ernsthaft krank gewesen war. Der Schiffsarzt, ein unerfahrener junger Hauptmann, war sich der zu stellenden Diagnose und Behandlung der Krankheit, die Cristi sich zugezogen hatte, nicht sicher gewesen. Cristi schien wieder gesund zu sein. Die neun Tage ihrer ersten Atlantiküberquerung waren für alle eine lange Höllenfahrt gewesen. Noch nie zuvor hatte ich Jane so blaß gesehen. Sie war gespenstisch dünn und erschöpft. Nun plötzlich schwiegen wir und blickten einander durch den Zaun hindurch an. Anni steckte ihre kleinen Hände durch den Maschendraht. Sie griff nach meinen Fingern und weinte. Auch ich weinte, versuchte aber, meine Tränen nicht zu zeigen.

Nach einer Stunde oder mehr wurden die Tore der Umzäunung geöffnet. Wie die anderen frustrierten Ehemänner und Väter blieb ich stehen und wartete. Als Jane mit den Kindern herauskam, liefen wir aufeinander zu. Schluchzend fiel sie in meine Arme, zog sich aber sofort wieder zurück. Halb flüsternd – mit so leiser Stimme, daß ich sie kaum verstehen konnte – fragte sie: „Was ist mit dir los? So kenne ich dich gar nicht." Ihre unmittelbare Erkenntnis traf den Kern der Sache. Ich versprach ihr, alles zu erklären und schlug vor, das Hotelzimmer ausfindig zu machen, das uns für eine Nacht zugeteilt worden war, bevor am nächsten Nachmittag ein Sonderzug nach München zurückfahren würde.

Ich erinnere mich nur noch schwach daran, was uns jene Nacht bescherte. Sie unterschied sich ganz und gar von jener Nacht sieben Jahre zuvor, die Jane und ich zusammen im Pennsylvania Hotel verbracht hatten. Die Kinder waren schon bald eingeschlafen. Dann gestand ich, daß ich in all den Monaten zu feige gewesen war, ihr zu schreiben, was sich ereignet hatte. Ich versuchte zu erklären, daß meine Beziehung zu Hermia keines der üblichen Liebesverhältnisse war. Das Stammeln meines Geständnisses linderte für keinen von uns beiden den Schmerz, den wir empfanden. Jane war sich plötzlich im klaren darüber, daß ihr bis dahin unerschütterlicher Glaube enttäuscht worden war. Daß ich mich schuldig fühlte, war offensichtlich. Meine Schuldgefühle waren deshalb um so heftiger, weil ich mich in Gedanken mehr bei Hermia als in Bremerhaven fühlte. Wenn ich ein paar Minuten lang allein war, konnte ich der Versuchung nicht widerstehen, ein Photo von Hermia und mir aus der Brieftasche zu ziehen. Mit diesem Verlangen von unbeschreiblicher Intensität schien es, wenn ich mich der Betrachtung des Photos hingab, als könnten auf wundersame Weise vernünftige Antworten auf nicht zu beantwortende Fragen enthüllt werden, denen wir drei uns stellen mußten. Der Zug fuhr pünktlich vom Bahnhof in Bremerhaven ab. Für die Nachtfahrt nach München hatten wir vier ein Abteil im Schlafwagen für uns. Von jener Zugfahrt weiß ich so gut wie nichts mehr, nur noch, daß eine unerträgliche Schwere in der Luft lag und eine Grabesstille über der Kluft, die Jane und mich trennte. Ich erinnere mich noch verschwommen, daß Annis Schlafplatz über meinem war. Sie wachte in jener unendlich lang erscheinenden Nacht einmal auf. Anni faßte nach unten, umschloß meine Hand mit ihren beiden Händen und flehte mich an – mehr mit Tränen als mit Worten – niemals mehr wegzugehen. Anni hatte intuitiv erfaßt, was auf uns alle zukam und wofür Jane, Hermia und ich nun irgendwie eine Lösung finden mußten.

Von allem, was sich in unserem Haushalt in den nächsten Tagen und Wochen abspielte, erinnere ich mich an wenig, außer an die Tränen und das schicksalhaft erscheinende Leid, das uns verschlang. Wir zogen in unser Haus und starteten den Versuch uns an das Chaos des täglichen Lebens zu gewöhnen, was uns häufig fast mehr an Kraft abverlangte, als wir aufbringen konnten, um in dem endlosen Auf und Ab der Spannungen auch nur zu existieren.

Hermia und ich hatten beschlossen, einander zumindest eine Zeitlang nicht mehr wiederzusehen. Spät an einem verregneten Nachmittag trafen wir uns doch wieder. Ohne es bewußt geplant zu haben, befanden wir uns in der Theatinerkirche. Vor dem Barockaltar in der feuchten Stille der Kirche sprachen wir leise etwa zehn Minuten lang miteinander. Aus Rücksicht auf meine Kinder hielten wir es beide für angebracht, gegenseitigen Verzicht zu üben. Nachdem wir uns so geeinigt hatten, trennten wir uns draußen auf den Steinplatten, die zum Hochportal der Kirche führen. Bei allem, was wir sonst noch an jenem Nachmittag verspürt hatten, war auch das paradoxe Empfinden von Stolz darüber, entdeckt zu haben, daß auf beiden Seiten der Mut zu diesem Schritt zur Versöhnung führen würde. Dennoch konnte ich es nicht lassen, alle zwei bis drei Tage in dem neuen Haus aus dem kleinen Studierzimmer, wo niemand mithören konnte, Hermia anzurufen.

Fortschritt bei Radio München, doch immer mehr Fragen, Zweifel und Bedenken

Natürlich hatte ich immer noch Verpflichtungen bei Radio München. Auch dort wurde eine Krise immer wahrscheinlicher. Am 6. Juli 1946, nur wenige Tage vor meiner Reise nach Bremerhaven, feierten wir die Fertigstellung des neuen Dachstuhls des Gebäudes. Zu den geladenen Gästen unter dem noch nicht mit Ziegeln gedeckten und noch für die Sonne offenen Dachstuhl waren Oberst McMahon, Oberstleutnant Edward Keller, Chef der Militärregierung in München und Umgebung, der alte Dr. Karl Scharnagl, der von der Militärregierung zum Oberbürgermeister von München ernannt worden war. Diese Männer und auch ich hielten kurze Ansprachen und nahmen die Glückwünsche für ein bislang gut durchgeführtes Projekt entgegen. Danach folgte das erste „Vollbier" bei Radio München nach dem Krieg, das für die Feierlichkeiten speziell von der nahegelegenen Spatenbrauerei geliefert worden war. Im materiellen Sinne waren durch die Anstrengungen unserer fleißigen deutschen Mitarbeiter in Zusammenarbeit mit der US-amerikanischen Militärregierung erstaunliche Fortschritte erzielt worden.

Fortschritte waren ebenfalls in den nach und nach eingeführten quantitativen und qualitativen Verbesserungen unserer Radiosendungen gemacht worden. Radio München hatte nun schon ein eigenes Symphonieorchester und einen eigenen Chor. Es war uns auch möglich, Konzerte des neu besetzten Münchner Philharmonieorche-

sters live zu übertragen. Bei der wöchentlichen Hitparade beliebter Tanzmusik im amerikanischen Stil waren die Hörerzuschriften durchweg zahlreich. Bayerische Volksmusik, einschließlich der regelmäßigen Übertragung von Zitherstücken eines bekannten Profimusikers, wurde nach unseren anfänglichen „Sünden" in dieser Hinsicht ebenfalls nicht mehr vernachlässigt.
Regelmäßig ausgestrahlte Programme religiösen Inhalts bestanden aus Musik und Andachten für Katholiken, Juden und Protestanten. Hinzugefügt wurden noch Programmeinheiten, in denen die Reden von einigen der bekanntesten, gegen den Nazionalsozialmus eingestellten deutschen und Schweizer Theologen, Schriftsteller und Dramatiker ausgestrahlt wurden. Einmal pro Woche, manchmal auch öfter, wurden Rundfunkadaptationen englischer und amerikanischer Bühnenstücke dargeboten. Besondere Programmeinheiten für pädagogische Sendungen und für den Jugend- und Frauenfunk waren längst eingerichtet worden und erwiesen sich als effektiv. Von Anfang an kam politischen Reportagen unterschiedlichster Färbung und Anschauung ein bedeutender Stellenwert im wöchentlichen Sendeplan zu. Das Programm wurde in gedruckter Form durch neue lokale und regionale Zeitungen, sobald sie von der Militärregierung zugelassen worden waren, veröffentlicht und in Umlauf gebracht. Einige unserer Ziele waren also erreicht worden.
Oder machten wir uns selbst etwas vor? Gleichzeitig nahmen viele von uns beunruhigende Anzeichen in unserem Umfeld wahr. Schon in den Anfangstagen, bald nachdem Radio München mit einem provisorischen Sendeplan arbeitete, kamen uns Gerüchte aus Bad Tölz zu Ohren. Dort hatte General George F. Patton, Befehlshaber der US-amerikanischen dritten Armee, sein Hauptquartier errichtet. Wir hatten vernommen, daß Patton zuversichtlich sei, bald Befehl zu erhalten, seinen Vorstoß nach Osten fortzusetzen. Die dritte Armee hatte nach der Kapitulation der Wehrmacht haltgemacht. Gerüchten zufolge wollte Patton sich nun mit verbleibenden, nur teilweise entwaffneten Eliteeinheiten der SS zusammentun und militärisch gegen die Sowjetunion vorgehen.
Niemand von uns hatte die Möglichkeit, die sich im Umlauf befindlichen Gerüchte anhand des tatsächlichen Sachverhalts zu überprüfen.

Wir hegten jedoch den Verdacht, daß sich mehr hinter den Gerüchten verbarg, als man auf den ersten Blick vermutet hätte. Vierzig Jahre später erfuhr ich 1985 aus zwei unanfechtbar zuverlässigen Quellen, völlig unabhängig voneinander, daß an den Gerüchten etwas daran gewesen war. Eine der Informationen stammt von einem ehemaligen Bundestagsmitglied, das nicht namentlich genannt werden möchte. Dieser Mensch, ein Mann mit viel Kriegserfahrung, hatte die Gerüchte aus Bad Tölz zu der gleichen Zeit gehört, als sie auch uns in München aufmerken ließen. Ein anderer, der während der Blütezeit der Friedensbewegung ein guter Freund von mir wurde, war gegen Ende des Krieges einer Einheit des Nachrichtendienstes der Wehrmacht an der russischen Front zugeteilt. Er versicherte mir schriftlich und gab mir die Erlaubnis, seine Worte an dieser Stelle dahingehend zitieren zu dürfen, daß er mit Sicherheit von Verhandlungen auf hoher Ebene gewußt habe. Auf geheimem Wege verfolgten sie das Ziel, eine Allianz zwischen England und Westdeutschland zu bilden. Diese Zusicherung eines Mannes, der Zugriff auf Informationen mit der Aufschrift „streng geheim – *top secret*" hatte, kann wohl als endgültige Bestätigung gelten, daß die Beunruhigung zurecht bestanden hatte, die sich bei mir und einigen anderen Offizieren der Militärregierung sowie drei oder vier meiner Kollegen beim Nachrichtenkontrolldienst aufgrund der Gerüchte aus Bad Tölz Mitte 1945 breitmachte.

Die Dinge, die damals allem Anschein nach für möglich gehalten wurden, führten nicht, wie jeder weiß, zu einer Wiederaufnahme des „Heißen Krieges". Wäre die Neuordnung der Streitkräfte zustande gekommen und ein neues Bündnis damals geschlossen worden, hätte sich Hitlers Niederlage womöglich in einen Sieg über die Sowjetunion verkehrt. Die Winston Churchill zugeschriebene spöttische Bemerkung „Wir haben das falsche Schwein geschlachtet!" – ist allseits bekannt. War dieser Satz womöglich ein Hinweis über bestehende, noch nicht gelöste Rätsel, die heute in den Archiven des britischen Geheimdienstes verborgen liegen? Zwischenzeitlich hatte der „Kalte Krieg" längst begonnen. Über seinen Ursprung und Hintergrund muß noch einiges an späterer Stelle gesagt werden.

„Offizier widerspricht Militärgouverneur der US-Besatzungszone!"

Außer Befürchtungen über ein mögliches Fehlschlagen der Politik, die zu einer vollständigen Entmilitarisierung und Entnazifizierung führen sollte, gab es bald noch weitere Anlässe, die uns Grund zur Besorgnis gaben. Eine Konferenz in München, an der ich auch teilnahm, endete in einer heftigen Auseinandersetzung mit General Lucius Clay, dem damaligen Militärgouverneur der US-amerikanischen Besatzungszone. Er war aus Berlin zu einem offiziellen Besuch angereist. Soviel wir wußten, galt der Besuch Gesprächen mit Offizieren aus Bayern über die bei der Entnazifizierung erzielten Fortschritte. Bei dem Treffen waren etwa einhundert Armeeoffiziere und zahlreiche US-amerikanische Zivilangestellte zugegen. General Clay hatte zusammen mit anderen OMGUS-Offizieren kaum seinen Platz auf dem Podium eingenommen, als er schon anfing, Zahlen als Beweis für die Effektivität der Spruchkammer-Verfahren herunterzurasseln. Doch bevor er seinen vorbereiteten Text fertig ablesen konnte, sprang ein Offizier hoch, den ich von unseren Verbindungen zum Spionageabwehrkorps kannte. Er fiel dem General ins Wort. Zitternd vor Aufregung, die er nicht verbergen konnte, rief er laut: „General Clay, die Zahlen, die Sie da vorlesen, stimmen nicht mit *unseren* Zahlen überein!" Ihm schlossen sich noch weitere Offiziere aus der Münchner Gegend an. Sie bestätigten alle die Behauptung ihres Kollegen von der Spionageabwehr.

Einen solchen Zwischenfall hätte ich nie erwartet. Angesichts der Zurückhaltung, welche Militärdisziplin, unbedingter Gehorsam und Respekt für die Militärführung normalerweise gebieten, war der unerhörte ungehörige Höhepunkt der Konferenz doch erstaunlich. Es spricht für Lucius Clay, daß gegen die Kritiker keine Disziplinarmaßnahmen eingeleitet wurden. Ob General Clay selbst Zweifel an der Richtigkeit der Daten hatte, die er vortragen wollte?

Stuttgart, September 1946
Eine Rede, die den Verlauf der Geschichte veränderte?

Im September geschah etwas, was nicht nur Rätsel aufgab, sondern für viele meiner Kollegen in der Militärregierung und für mich auch ein ominöses Zeichen zu sein schien. James Byrnes, von Truman zum Außenminister ernannt, hatte an der Potsdamer Konferenz teilgenommen. Am 6. September 1946 hielt er in der Stuttgarter Oper eine Rede. Historiker sehen diese Rede von Byrnes als entscheidenden Wendepunkt in der Außenpolitik der USA nach dem Zweiten Weltkrieg an. Viele sehen in der Rede sogar schon die ersten Schritte vorgezeichnet, die zur Streichung wichtiger Teile des Potsdamer Abkommens führten und sonst von England, Frankreich, den USA und der Sowjetunion in Deutschland angewendet worden wären.

Byrnes Rede enthielt viele verschleierte Andeutungen. Er schien mehr implizit als durch eindeutige Aussagen um die Gunst von Westdeutschland zu buhlen und sich Zugang zu gewissen Kreisen in Deutschland verschaffen zu wollen, deren Ansatz ähnlich den Vorstellungen von Vertretern wie General Patton und General Groves war. Wir fanden es bedauerlich, daß Byrnes in seiner Rede die Absicht der Truman-Regierung andeutete, Westdeutschland – bestehend aus der britischen, französischen und US-amerikanischen Besatzungszone – von Ostdeutschland abzukoppeln. Damit wären die ursprünglichen, von den vier Besatzungsmächten vereinbarten Bestimmungen außer Kraft gesetzt worden, denen zufolge Deutschland letztendlich als wirtschaftliche und politische Einheit hergestellt werden sollte.

Als wir versuchten herauszuhören, was Byrnes zwischen den Zeilen sagen wollte, konnten sich viele von uns des Eindrucks nicht erwehren, daß bald erste Schritte unternommen werden würden, die auf Hilfeleistungen in großem Rahmen, vor allem durch die USA, zum Wiederaufbau der deutschen Wirtschaft hindeuteten. Wir vermuteten jedoch, daß dies mit dem Hintergedanken der Einverleibung Westdeutschlands als eine Art Vasallenstaat zum Zwecke eines neuen Bündnisses gegen die Sowjetunion geschehen könnte. Wir waren nicht die einzigen, die Byrnes Rede so auslegten. Viele andere Offiziere der Militärregierung dachten ähnlich wie wir. Darüber hinaus hatte einer der Generalstaatsanwälte beim Internationalen Kriegsverbrechertribunal eine Bemerkung gemacht, die uns von größter Wichtigkeit zu sein schien. Er sagte, daß er sich frage, ob der Zweite Weltkrieg umsonst geführt worden war.

Wir stimmten völlig darin überein, daß Hilfeleistungen wünschenswert, dringend erforderlich und für die leidende Bevölkerung notwendig waren. Mir ist niemand bekannt, der einerseits unsere Ansichten über Byrnes Rede teilte und andererseits die Notwendigkeit bestritten hätte, daß die USA aus humanitären Gründen dazu beitragen sollten, die unermeßlich große wirtschaftliche Not zu lindern, welche der Krieg für das deutsche Volk nach sich zog. Nicht einmal der Morgenthau-Plan hätte dem Wiederaufbau der deutschen Wirtschaft im Wege gestanden, solange die Möglichkeit der Waffenproduktion in Deutschland ausgeschaltet blieb. Morgenthau war – und wird heute noch immer – falsch ausgelegt, wenn behauptet wird, daß er eine vollständige De-Industrialisierung für Deutschland vorhergesehen habe, womit als Vergeltung für die seit 1933 begangenen Verbrechen gegen die Menschheit das Land in eine reine Agrargesellschaft hätte zurückverwandelt werden sollen.

Was Byrnes jedoch verlauten ließ, hatte für uns eher den Anschein, als sollten seine Worte Vorboten eines Aufschwungs in der Industrie und Wirtschaft sein, die zum Großteil – wahrscheinlich vorrangig – und unausgesprochen dem Zwecke der Wiederaufrüstung und der erneuten Militarisierung Deutschlands dienen. Unserer Ansicht nach war dies nicht nur besorgniserregend, weil es einen glatten Widerspruch und die Ablehnung eines der wichtigsten erklärten Nachkriegsziele darstellte, sondern auch weil Pläne dieser Art, wenn sie realisiert würden, gewiß auch die Gefahr erhöhen könnten, daß daraus früher oder später ein neuer Krieg resultieren würde.

Fragen:
in Byrnes Ansprache nicht beantwortet,
doch für das Verständnis des
„Kalten Krieges" relevant:
Hintergründe von Beginn und Fortdauer
des „Kalten Krieges"

Nach Byrnes Rede in Stuttgart wurden unter den Politikern in den USA und Europa zunehmend Stimmen dahingehend laut, daß Stalin eine Invasion Westeuropas plane. Dieser Verdacht war nicht weniger irrational als absurd. Man braucht sich dazu nur bekannte Tatsachen vor Augen führen: (1) Alle Landesteile im Westen der UdSSR wurden von den übrig gebliebenen Einheiten der besiegten Wehrmacht bei deren überstürztem Rückzug niedergebrannt oder zerstört; (2) mindestens zwanzig Millionen Soldaten und Zivilisten waren dabei ums Leben gekommen; (3) enormer Mangel an Lebensmitteln und Brennstoffen; (4) die fast völlige Zerstörung der wirtschaftlichen Infrastruktur des Landes und seiner Möglichkeiten, auch nur die wichtigsten Verbrauchsgüter zu produzieren.
Dennoch saß den Deutschen und auch anderen Ländern die Angst vor einer bolschewistischen Weltrevolution tief im Nacken. Durch geschickte Manipulation der öffentlichen Meinung gelang es den Politikern nunmehr fast mit gleicher Leichtigkeit wie Goebbels, bevor Hitler das „Unternehmen Barbarossa" startete, die Flammen der Angst zu entfachen. Die Angst vor einer Weltrevolution, der alle orthodoxen Marxisten mit Zuversicht als unausweichliche Folge „geschichtlicher Prozesse" entgegensahen, hatte eine lange Geschichte, die aus der Zeit von 1917 und davor stammte. Diese Befürchtungen schienen durchaus gerechtfertigt, auch wenn sie ganz bestimmt nicht frei von Wahnvorstellungen waren, im Lichte von vielem, was Lenin und Trotzky – sowie Stalin nach ihnen – gesagt und getan hatten.
Es scheint mir gerechtfertigt, ohne daß ich dabei den Anspruch erheben wollte, Historiker zu sein, bestimmte Fragen aufzuwerfen und bekannte Tatsachen anzuführen, die dazu verhelfen werden, die Rede des US-amerikanischen Außenministers zu erklären. Was mögen die

der Rede von Byrnes zugrunde liegenden Ursachen gewesen sein, die zu einer Kehrtwende in der US-amerikanischen Außenpolitik führten? Gab es triftige Gründe, welche die Annahme untermauerten, daß viele Angehörige der politischen Elite und der Magnaten des Laissez-faire-Kapitalismus bewußt oder unbewußt die zunehmenden Befürchtungen unter der Bevölkerung für ihre eigenen Zwecke, die alles andere als menschenfreundlich waren, ausgenutzt hatten?

Dies war zweifellos Anfang der zwanziger Jahre in den USA der Fall, als gewaltige Schockwellen von Hysterie das Land überrollten. Diese führten dazu, daß die Rechtsprechung in erbärmlicher Weise verzerrt wurde, wie sich zum Beispiel 1927 in der Hinrichtung von Sacco und Vanzetti zeigte. Drei Jahrzehnte später während der „McCarthy-Inquisition" war das fast genauso. Diese Virulenz, auch wenn sie seit dem Zweiten Weltkrieg nicht mehr so heftig ist, kommt heute noch in verschiedenen Schärfegraden vor. Stehen Personen unter Verdacht, ähnliche Ansichten zu vertreten, wie sie in der „Ketzerei des Sozialismus" vorkommen, sind sie von der Wahl in hohe öffentliche Ämter der USA von vornherein fast ausgeschlossen. Selbst das Attribut „liberal", – ein Begriff, der von Reaktionären in der Absicht verwendet wird, ihre Gegner zu verunglimpfen –, wird von politisch naiven Menschen in den USA als ausreichender Grund angesehen, um die Loyalität von Staatsbürgern gegenüber den althergebrachten Tugenden des amerikanischen Patriotismus anzufechten.

Nachdem in diesem Exkurs der geschichtliche Hintergrund des in den USA häufig bestehenden fanatischen Antikommunismus beschrieben wurde, der vor allem während der Jahre 1917 bis 1941 vorherrschte und dann 1947 oder 1948 wieder stark auflebte und bis heute noch besteht, muß noch weiter auf die Rede von Byrnes in Stuttgart sowie auch auf die Fragen eingegangen werden, die dadurch bei vieler meiner Kollegen in der Militärregierung und auch bei mir selbst aufkamen. Die gewaltigen Kapazitäten der US-amerikanischen Industrie wurden, wie allseits bekannt, während des Krieges in Produktionsstätten für Waffen umgewandelt, ohne welche die gegen Hitler verbündeten Partner sich wohl kaum hätten durchsetzen können. Nach dem Krieg lauerte dann das Schreckgespenst der Massenarbeitslosigkeit. Letztere wäre die Folge einer Demobilisierung des

Militärs und der Umwandlung der US-Wirtschaft zurück zur Produktion nicht-militärischer Güter gewesen. Lag darin eine der Hauptsorgen der Truman-Administration begründet, als der Zeitpunkt der US-amerikanischen Präsidentschaftswahlen näher rückte? Diese schwierigen Probleme hätten durch effektive, koordinierte Planung zweifelsohne gelöst werden können.

Vor dem Einfluß und der zunehmenden Macht des militärisch-industriellen Komplexes hielt der damals amtierende Präsident Dwight Eisenhower es zu späterem Zeitpunkt für nötig zu warnen. Dies stellte für Truman und seine Berater eine große Versuchung dar. Eine einfache Ausweichmöglichkeit bzw. Pseudolösung bestand in folgendem: die ständig latente Angst vor dem Bolschewismus als Vorwand zu benutzen, die Rüstungsproduktion auf hohem Stand zu halten. Auf der Grundlage einer Fülle von dokumentiertem Beweismaterial, das von den späten Vierzigern bis in die Gegenwart hinein reicht, pflichteten informierte Fachleute bei, daß der „militärische Keynesianismus" die Politik der USA entscheidend beeinflußt hat. Der militärische Keynesianismus, der kraft der realen oder vorgeblichen Bedrohung durch andere Länder befürwortet und praktiziert wird, war ein Hauptgrund – vielleicht sogar *der* wichtigste Grund – für die teuflische, sich immer stärker zuspitzenden gefährlichen Konfrontationen zwischen der Sowjetunion und den USA und für den Wahnsinn des Wettrüstens.

Seit der Präsidentschaft Trumans hat dies zu einer um sich greifenden Bedrohung echter Demokratie in den USA unter der weitverbreiteten Bezeichnung „nationaler Sicherheitsstaat" geführt. Daraus entstanden viele haarsträubende Arten des Mißbrauchs von Regierungsgewalt in den USA. Dazu kommt noch, daß die Besorgnis mancher Kabinettminister und Berater Trumans schon an Wahnvorstellungen grenzte. Trumans Marineminister, James Forrestal, wurde das Opfer einer medizinisch diagnostizierten Paranoia. Unbekannt ist, wieviele Fälle dieser Art es tatsächlich gab. Ich kann folgendes bezeugen: Dreißig Jahre später, in direktem Zusammenhang mit meiner Arbeit in einer psychiatrischen Klinik in der Schweiz, fand ich mich durch meine Tätigkeit mit bedeutungsträchtigen Aussagen konfrontiert. Diese schienen auf die Wahrscheinlichkeit weiterer Fälle unter einflußreichen Politikern in Washington hinzudeuten, die von emotionalen und mentalen Störungen ähnlich den Wahnzuständen bei Geistesgestörtheit betroffen waren. Aus berufsethischen Gründen kann ich an dieser Stelle keine Namen und Einzelheiten erwähnen, die diese Annahme bescheinigen. James Forrestal beging 1949 Selbstmord, nachdem er voller Panik die Straße in einem Urlaubsort Floridas hinunter gerannt war und dabei laut rief: „Die Russen kommen! Die Russen kommen! Ich habe gesehen, wie russische Fallschirmtruppen hier gelandet sind!"

Diese Ausführungen bedeuten natürlich *nicht*, daß es nicht auch andere, rationalere Gründe gegeben haben kann, weshalb es zu der in Byrnes Rede implizierten Wende kam. Es wäre dumm und verleumderisch zu behaupten, daß der allmähliche Zerfall und letztendlich die Aufgabe wesentlicher Vereinbarungen, die im Februar 1945 auf der Jalta-Konferenz bzw. im Juli auf der Potsdamer Konferenz bezüglich der Nachkriegspolitik gegenüber Deutschland getroffen worden waren, ausschließlich das Resultat von gegenseitigem Mißtrauen, mangelndem Vertrauen und paranoiden Angstvorstellungen bzw. tatsächlicher Geistesgestörtheit bei den US-Amerikanern, den Briten und Franzosen und vielen in der sowjetischen Hierarchie gewesen wäre.

Weitere Hintergrundinformationen
Einige psychologische Erwägungen

Die Anfänge waren fast einheitlich als vielversprechend angesehen worden. Eine unbestrittene Tatsache ist, daß auf der Konferenz von Jalta unter den Teilnehmern – Churchill, Stalin und Roosevelt sowie ihren jeweiligen Beratern – volle Bereitschaft bestand, in mancherlei Hinsicht Kompromisse einzugehen, und dies obwohl die Positionen der einzelnen zunächst weit auseinanderklafften. Die allgemeine Gesinnung der Konferenz, so wie sie von den meisten Historikern heutzutage verstanden wird, war von gegenseitigem Vertrauen geprägt. Auch wenn es für viele überraschend anmuten mag, soll ein Geist der Verständigkeit, der Vernunft und des Realismus gerade für Stalin charakteristisch gewesen sein. Seine Flexibilität, Mäßigkeit und Bereitschaft, Standpunkte zu akzeptieren, bei denen er gegenteiliger Ansicht war, machten offenbar einen äußerst günstigen Eindruck auf alle an den Unterredungen Beteiligten. Diese Beurteilung Stalins in Bezug auf seine *Außenpolitik,* die sich sehr von den monströsen Verbrechen abhob, die er innenpolitisch zu verantworten hatte, stammen aus unabhängigen Quellen jener Zeit, als Roosevelt Präsident der USA war. Präsident Franklin Roosevelt hatte die Voraussetzungen und Grundlagen für das später als „Grand Design" bekanntgewordene Konzept und für ein „Großmachtkonsortium" ausgearbeitet. Damit hätten vermutlich auf der ganzen Welt friedliche Möglichkeiten der Zusammenarbeit nach dem Krieg entwickelt werden können.

Mir schien die Annahme gerechtfertigt, obwohl diese Einzelheiten 1945 und 1946 größtenteils noch nicht bekannt waren, daß durch die Einhaltung der Abkommen von Jalta und Potsdam ein kleiner Beitrag zu einer Periode wahren Friedens – und nicht nur zur Abwesenheit von Krieg – hätte geleistet werden können, als Hitlers „Tausendjähriges Reich" nach zwölf Jahren untergegangen war.

Nach Byrnes Rede in Stuttgart – und bei all den Dingen, in denen wir zuvor die Umgehung bzw. Verzerrung der US-amerikanischen Entnazifizierungspolitik erlebt hatten, – waren meine Kollegen und ich zunehmend beunruhigt, daß Roosevelts Vorgehen zum Aufbau einer friedlicheren Weltgemeinschaft Stück für Stück demontiert würde, daß sein „Grand Design" mutwillig verworfen würde, bevor die darin vorgeschlagenen Möglichkeiten und das Potential zur Realisierung seiner Ideen auch nur irgendwo und in irgendeiner Art und Weise ausprobiert und erprobt hätten werden können.

Unterm Strich ergab sich für uns, daß diese Entwicklungen nicht nur gefährlich, sondern soweit wir beurteilen konnten, auch irrational und unverantwortlich zu sein schienen. Es mag überheblich klingen, wenn ich mir vorstelle, daß wir vielleicht besser Bescheid wußten, was in Deutschland vor sich ging – und wozu das unter Umständen führen konnte – als Spitzenpolitiker in Washington, London, Paris und Berlin. Doch hatten wir sozusagen mehr Tuchfühlung mit den politischen Begebenheiten vor Ort und waren in bestimmten Bereichen, die den führenden Akteuren nicht zugänglich waren, besser informiert. Keineswegs empfinden wir es als Genugtuung, daß die Ereignisse der nachfolgenden fünfundvierzig Jahre unsere Bedenken rechtfertigten. Die Befürchtungen, die wir hatten, wurden auch immer wieder vom Nachrichtenkommentator Walter Lippmann betont. Lippmann zählte in den USA zu den am besten informierten und scharfsinnigsten Journalisten mit staatsmännischem Weitblick. Er warnte wiederholt davor, daß ein hoher Preis bezahlt werden müsse, wenn Truman und Byrnes ihre Deutschlandpolitik überdenken und sich weigerten, zu den von Roosevelt verfochtenen Prinzipien zurückzukehren. Der Preis, der dafür bezahlt werden müßte, so Lippman, wäre die „Stalinisierung" Osteuropas. Wie jeder gebildete Mensch weiß, ist kurze Zeit später genau das eingetreten.

Es ist natürlich nach wie vor eine umstrittene Frage, ob Stalins neue außenpolitische Aggressivität und die Welle sowjetischer Expansionspolitik in der Nachkriegszeit teilweise eine panische Abwehrreaktion gewesen sein könnte. – Eine Reaktion auf paranoide Tendenzen in einflußreichen Kreisen des Politestablishments in den USA und Großbritannien, die das Politbüro erfaßte. Die Antwort auf diese Frage wird vermutlich ein unergründliches Geheimnis bleiben. Wie dem auch sei, so war ich doch oft verblüfft, daß das Verhalten der Sowjetunion zwischen 1917 und 1918 von einer nicht noch stärkeren paranoiden Aggressivität geprägt gewesen war. Wenn man bedenkt oder innehält, um sich gewahr zu werden, daß es in den Anfangsphasen der bolschewistischen Revolution zu bewaffneten Eingriffen, auch seitens US-amerikanischer, britischer und französischer Streitkräfte kam; daß die UdSSR bis in die dreißiger Jahre hinein geächtet wurde und Rußland bzw. die GUS schließlich bis heute von US-amerikanischen Militärstützpunkten umzingelt sind: – Wenn all diese Faktoren berücksichtigt werden, kann man Moskaus Außenpolitik bis 1945 als vergleichsweise gemäßigt und konservativ ansehen.

Es ist mir selbstverständlich klar, daß diese Ansicht umstritten ist. Viele bekannte Tatsachen erscheinen jedoch in einem neuen Licht, wenn sie von einem anderen Standpunkt aus gesehen werden. Wenn man diese Tatsachen objektiv und nicht nur vom geschichtlichen, sondern auch vom psychologischen Standpunkt aus betrachtet, kann man sie eher nachvollziehen. Ungeachtet rationaler Überlegungen, welche die Entscheidungen beider Seiten nach dem Zweiten Weltkrieg stützten, spricht alles dafür, daß auch irrationale und in manchen Fällen sogar medizinisch-pathologische Faktoren eine Rolle spielten. Es ist im Grunde unanfechtbar, daß dies genauso auf der sowjetischen wie auf unserer Seite der Fall war. Vielleicht traf dies auf der sowjetischen Seite in noch stärkerem Maße als bei uns zu, obwohl der Ablauf der Ereignisse nach dem Krieg diese Hypothese zu schwächen scheint. Sind qualifizierte Historiker in der Lage, diese komplexen Fragen schlüssig zu beantworten? Können Sie die Fülle gegensätzlicher Interessen und Ansichten entwirren? Sind sie imstande bei großen Entscheidungen von seiten der Männer, welche die Politik der Siegermächte gegenüber dem Nachkriegsdeutschland formulierten, klare Trennlinien zu ziehen zwischen den aus kühler, rationaler Berechnung resultierenden Ergebnissen und den emotionalen Komponenten? Ist es jemals möglich gewesen bzw. wird es jemals möglich sein, die Feinheiten und Einzelheiten derart komplexer Fragen angemessen zu entwirren?

Die Antwort auf diese Fragen lautet gewiß „Nein!", wenn man berücksichtigt, daß menschliches Verhalten seine Wurzeln nicht nur in bewußt getroffenen Entscheidungen, sondern auch in tief im Unbewußten verankerten Motivationen hat. Alles was wir tun und lassen, jede Entscheidung, die wir treffen, ist das Ergebnis subtiler Interaktionen zwischen den bewußten und unbewußten Schichten der Psyche, die nach außen hin nicht wahrgenommen werden, zwischen rationalem Urteilsvermögen und irrationalen bzw. emotionalen Aspekten. Diese sind unserer bewußten Wahrnehmungsfähigkeit kaum oder gar nicht zugänglich. Bei seelisch stabilen Menschen halten sich die beiden Komponenten mehr oder weniger die Waage und haben in etwa die gleiche Gewichtung. Diese bekannte, doch selbst in Fachkreisen nicht leicht zu beweisende Tatsache wird selten von Menschen akzeptiert bzw. anerkannt, die sich nicht mit dem Material des während eines Jahrhunderts angesammelten Erfahrungsschatzes von Psychoanalytikern und analytischen Psychotherapeuten auskennen.

In Zusammenhang mit der Rede von Byrnes, sind noch zwei weitere Überlegungen von wesentlicher Bedeutung. Erstens wurden rationale oder dem Anschein nach rein rationale Aspekte in Bezug auf die Entscheidungen auf *beiden* Seiten des „Eisernen Vorhangs" – einem von Churchill in seiner berühmten Rede vom März 1946 in Fulton, Missouri geprägten Begriff – überbetont. Zweitens ist das, was hier über Byrnes Rede ausgesagt wird, als Versuch zu werten, unsere zum Teil intuitiven Reaktionen und die anderer Kollegen in der Militärregierung zu beschreiben. Allerdings waren diese Reaktionen nicht nur intuitiv ...

Gehen oder bleiben?
Das war nunmehr die Frage.

Viele von uns waren zutiefst bestürzt. Etliche konnten keine Alternative zu unserem Verständnis der Ansprache von Byrnes oder der von Robert Murphy, dem stellvertretenden Außenminister, erkennen. Wir waren uns zu fragen gezwungen, welche Schlußfolgerungen wir daraus ziehen müßten. Von dem Zeitpunkt an nahmen uns über Monate hinweg und Tag für Tag besorgte und manchmal auch hitzige Auseinandersetzungen gefangen, die gelegentlich bis in die frühen Morgenstunden hinein dauerten, – und all dies zusätzlich zu den sonstigen täglich anfallenden Pflichten und Aufgaben, die uns ebenfalls viel Zeit und Energie abverlangten.

Unsere Diskussionen drehten sich um folgende Fragen: Was sollten wir als unsere Verantwortung verstehen – im Gegensatz zu persönlicher Enttäuschung – angesichts dieser neuen Situation? Konnten wir etwas tun, konnten wir *irgendetwas* tun, um den weiteren Verlauf der Ereignisse zu beeinflussen? Würde es überhaupt genug Möglichkeiten geben, damit wir zumindest einen kleinen Beitrag leisten könnten? Es war uns natürlich sonnenklar, daß wir nur verdammt wenig tun konnten. Allein etwas zu verhindern, stand schon nicht mehr in unserer Macht. Das war uns selbstverständlich bewußt. Doch gab es denn nichts, was wir in der Hoffnung – und wenn sie noch so vergeblich schien – unternehmen konnten, um die Folgen des Verrats einzudämmen, der unserer Ansicht nach an den gemeinsamen Prinzipien und Zielen verübt worden war? – An Zielen nämlich, für die

Millionen ihr Leben in dem Glauben gelassen hatten, daß ihr Opfer zur Schaffung der Grundlagen einer besseren Welt beitragen würde – einer Welt, in der Stolz, ungehinderter, überheblicher Militarismus, noch nie da gewesene Ungerechtigkeiten, Barbarei und Völkermord in bis dahin ungekanntem Maße nicht mehr so wild um sich greifen würden. Gab es etwas, das wir tun konnten, um, wenn auch in noch so geringem Umfang, diesem Verrat entgegenzuwirken? Auf solche und verwandte Fragen konnten wir keine Antwort finden. Doch grübelten wir während des Herbstes bis zum Winter 1946 darüber nach. Dabei mußten wir auch nebenbei unsere Aufgaben bei Radio München, so gut es ging, erledigen.

Krisen verschmelzen:
Die innere mit der äußeren

Hermia und ich hatten uns viele Wochen lang nicht gesehen. Allmählich hörte ich auf, alle paar Tage mit ihr zu telefonieren. Konnten Jane und ich einen Ausweg finden, um unsere Ehe auf einer neuen Basis aufzubauen? Wir fingen fast an zu glauben, daß dies möglich sein würde. Es gab zwischen uns jetzt keinen Streit, keine offen zu Tage tretenden Meinungsverschiedenheiten, nur gelegentlich Tränen – wenn auch aus unterschiedlichen Gründen – bei ihr wie bei mir. Janes Tränen schienen größtenteils eine Folge meiner Untreue und verlorengegangener Zärtlichkeit zu sein, die sie als Ablehnung empfand. Auf meiner Seite waren sie vor allem Ausdruck nagender Schuldgefühle und Sorge um uns alle. Wäre Hermias und meine Beziehung nur eine der üblichen Affären gewesen, hätte sich Jane früher oder später (ich nahm es jedenfalls an) mit meinem, wie man so sagt, „Seitensprung" abgefunden. Schließlich hatte sie selber Ehebruch kennengelernt, war während ihres Studiums an der Juilliard School daran beteiligt gewesen. Dies hatte sie gewiß nicht vergessen, aber darüber sprachen wir jetzt nicht. Vor dem Hintergrund ihrer spärlichen Andeutungen hatte ich schon 1938 nicht nachgebohrt.
Im Verlauf der Monate, als der Winter nahte, erkannte Jane, daß meine neue Beziehung etwas völlig Anderes war als die Art Verhält-

nis, wie sie zwischen deutschen Frauen und Männern, die der Besatzungsmacht zugeteilt waren, längst zu einer Alltäglichkeit geworden war. Die Krise, die wir beide durchlitten, griff deshalb tiefer und war ernsthafter als alle sonstigen Probleme, die wir bis dahin miteinander gehabt hatten. Dies war so, obwohl Hermia und ich beschlossen hatten, daß wir den Mut aufbringen mußten, um miteinander zu brechen. Selbst wenn Jane sich deshalb vielleicht vorstellen konnte, unsere Ehe aufrechtzuerhalten, würde unsere Beziehung nie wieder das sein können, was wir bei unserem Entschluß zu heiraten für sicher gehalten hatten ...
Inzwischen erschien auch die äußere Krise, in der meine Kollegen und ich auf politischer Ebene steckten, wochenlang unlösbar. Wir verbrachten unzählige Abende mit fruchtlosen Diskussionen in Janes und meinem requirierten Haus. Zwei, drei, manchmal auch mehrere andere Kollegen, die nicht weniger darum bemüht waren als wir zu entdecken, welche Schritte wir unternehmen sollten, diskutierten die mißliche Lage endlos. Oft nahm Jane an diesen Besprechungen teil. Sie war ja immer schon nicht weniger bemüht als ich, das Wenige zu versuchen, was wir als möglicherweise übermäßig idealistische kleine Leute tun konnten, um die Welt zu einem lebenswerteren Ort werden zu lassen.
Gegen Mitte Dezember wurde mir bewußt, daß Viktor und Jane sich miteinander eng befreundet hatten. Er war nicht nur ein loyaler Kollege in der Militärregierung, sondern auch – er ist es heute noch – ein Freund, obwohl damals wie jetzt unsere politischen Überzeugungen alles andere als deckungsgleich sind. Die neue Beziehung zwischen ihm und Jane – mir konnte dies nicht entgehen – erblühte bald zu einer mehr als bloß „platonischen" Freundschaft. Außerdem mochte er Anni und Cristi sehr. (In all den seither verflossenen Jahrzehnten ist dies gleich geblieben. Er besucht sie, wann immer er sich in Paris aufhält, wo sie seit 1948 leben.) Die Freundschaft zwischen Jane und Viktor, als sie nicht mehr bloß Freundschaft war, bedeutete zusätzliche Komplikationen. Jetzt waren vier ziemlich unreife junge Erwachsene betroffen: Jane, Viktor, Hermia und ich.
Bis auf gelegentliche Ausflüge in ländliche Gegenden Bayerns oder gemeinsames Schlittenfahren irgendwo in Alpennähe hatte ich für die

beiden Kinder weder genug freie Zeit noch genügend physische oder psychische Kraft, um der aktive Vater sein zu können, der ich gerne gewesen wäre Über die neue Wende in Janes und meinen Problemen sowie darüber, was sich in unserer Familiensituation ab Ende 1946 abspielte, wird nachher mehr zu berichten sein. In der Zwischenzeit versuchten wir alle, mit dem fertig zu werden, was ohnehin äußerst problematisch war. Wir blieben zunächst noch in München. Einige von uns, die wir wegen der *volte face* in der US-Außenpolitik zutiefst besorgt waren, hatten keineswegs die Absicht, aus unserer Sorge ein Geheimnis zu machen. Diese Sorge war also bald allen Offizieren der Militärregierung in Bayern sowie auf den höchsten Ebenen des OMGUS in Berlin bekannt. Einige Kollegen in Berlin –vor allem Charlie Lewis, oberster Zivilbeamter für den Bereich Rundfunk in der Abteilung für Informationskontrolle im Hauptquartier – versuchte immer wieder, mich davon zu überzeugen, daß wir die neue Politik Washingtons nicht allzu ernst nehmen dürften. Aber in Radio München kamen Messer, Velen und ich Ende Dezember zu einem sowohl schwierigen als auch für uns schwerwiegenden Entschluß, daß wir keine andere Wahl hatten, als von unseren Posten zurückzutreten.

Nach dieser Entscheidung laborierte ich tagelang vor und während der Weihnachtszeit an einem Schreiben für Oberst McMahon. Meine Redaktion des Entwurfs und dessen wiederholte Überarbeitung nahm allmählich eine Form an, die für alle drei – Velen, Messer und mich – annehmbar und deutlich genug erschien, um unseren Schritt verständlich zu machen. Wir einigten uns also. Noch heute habe ich eine vergilbte Kopie davon in meinem Archiv. Datiert vom 31. Dezember 1946 enthält der Brief die gemeinsame Bitte, bis Ende März 1947 von unseren Pflichten entbunden zu werden, da wir annähmen, daß bis dahin Ersatz für uns gefunden sein würde. Wir bezogen uns auf die Preisgabe der ursprünglichen Direktiven für die US-Besatzungspolitik und fügten (etwas bombastisch, wie ich es heute sehe) hinzu: „Es ist schwer verständlich, daß das State Department entweder so schlecht unterrichtet ist oder die Geschichte Deutschlands so weitgehend außer acht lassen kann, um zu glauben, daß die Entfernung von ein paar tausend Nazis wirksame Fortschritte auf dem Weg zur Demokratisierung bedeuten könnte." Und, da wir ja wußten, wovon wir sprachen, schrieben wir: „Die Enttäuschung der erbärmlich kleinen Anzahl echt demokratisch gesinnter Deutscher in diesem Lande grenzt an Verzweiflung und Hoffnungslosigkeit. Unter diesen Umständen ist es bedauerlich, wenn Mr. Murphy und Mr. Byrnes durchsichtige Bemühungen anstellen, um sich die Gunst unserer früheren Gegner zu ergattern mit dem Ziel, so scheint es uns, ihre Unterstützung zu sichern in einem Vabanque-Spiel machtpolitischen Wettstreits mit der Sowjetunion."

Die Reaktionen auf unser Rücktrittsschreiben ließen nicht lang auf sich warten. Sie versetzten uns in grenzenloses Staunen. Andere Offiziere der Militärregierung drückten Zustimmung und Solidarität aus, obwohl sie sich nicht hatten entschließen können, die gleichen Schritte zu tun wie wir drei. Noch vor der offiziellen Annahme unserer Kündigung schrieb mir Oberst McMahon zurück. (Auch seinen Brief, drei Wochen nach dem unsrigen datiert, besitze ich noch heute.) Er sagte, er wolle seine uneingeschränkte Zufriedenheit mit unserer Arbeit ausdrücken. Und er fügte hinzu: „Ihr habt Radio München, einen der größten Rundfunksender Welt, in einer Weise geleitet, die nur mit dem Wort ‚hervorragend' beschrieben werden kann. Ihr habt Euren Millionen von Hörern ein Bildungsprogramm geliefert, auf das Ihr stolz sein könnt." Natürlich waren wir erfreut zu wissen, daß er unsere Bemühungen würdigte. Doch dem, was er gesagt hatte, konnten wir nicht ganz zustimmen. Gaston Oulmans schlechten Dienst in Sachen „re-education" hatten wir nicht vergessen. Weil ich ihn angestellt hatte, fühlte ich mich mitschuldig. Das nagte immer noch an mir.

Ähnliche Reaktionen wie die von Oberst McMahon erhielten Messer, Velen oder ich vom Leiter des Spionage-Abwehrkorps, vom Leiter des Medienaufsichtsdienstes und von mehreren anderen Kollegen. Alle pflichteten grundsätzlich dem bei, was McMahon geschrieben hatte. Die Mehrheit unseres deutschen Personals bei Radio München sowie nicht wenige Menschen, die wir auch außerhalb unseres unmittelbaren Verantwortungsbereichs kennengelernt hatten, drückten tiefe Enttäuschung und Betroffenheit aus.

Gegen Mitte Februar flog ich nach Berlin zu einer der Konferenzen, die im Hauptquartier des OMGUS regelmäßig stattfanden. Daran nahmen sowohl Offiziere der Militärregierung auf der höchsten Ebene der Informationskontroll-Dienste teil, als auch die Leiter der anderen Rundfunksender in der US-Besatzungszone. Bei diesem Treffen bekundeten einige der Teilnehmer unverhohlen ihre Bestürzung wegen eines Entschlusses, den wir von Radio München für unausweichlich gehalten hatten, da wir nicht bereit waren, der rapide fortschreitenden Demontage einiger der anfänglich für unumstößlich gehaltenen Kriegsziele tatenlos zuzusehen. Leiter der anderen Sender, die dem OMGUS unterstanden, waren teils der gleichen Meinung wie wir und bekannten sich offen oder andeutungsweise zu unserer Position. Aber nicht *alle* vertraten diesen Standpunkt. Keiner der anderen konnte sich durchringen, die Konsequenzen zu ziehen, zu denen Velen, Messer und ich uns aus Gewissensgründen gezwungen sahen.

Nach der Berliner Konferenz fuhr ich mit Brigadegeneral Robert McClure, dem Oberkommandierenden der Informationskontroll-Dienste auf der höchsten Ebene des OMGUS, in seinem an einen anderen Zug angehängten Privatwaggon bis nach Frankfurt auf meinem Weg nach München zurück. Während eines längeren Meinungsaustausches auf dieser Fahrt aßen wir zwei alleine in seinem Wagen zu Mittag. Dabei lehnte er sich nach einer Weile über den Tisch zu mir und sagte: „Field, ich bin Berufsoffizier, wie Sie ja wissen, und schon sehr lange bei der Armee. Wäre ich Zivilbeamter, wie Sie, und durch meinen Eid als Offizier nicht gebunden, bin ich sicher, daß ich genau dasselbe getan hätte wie Sie und Ihre beiden Kollegen." Was er mir anvertraute, war für mich überraschend. Aber für solche Offenheit war ich ihm sehr dankbar. Und wenn ich dies jetzt berichte, so nur deshalb, weil General McClure nicht mehr lebt und heute gewiß nichts dagegen einzuwenden hätte, daß sein damaliger Standpunkt enthüllt wird.

Die vielseitige moralische Unterstützung, die uns drei „Abtrünnigen" zuteil wurde, war uns selbstverständlich mehr als willkommen. Wir waren nicht so naiv, als daß wir damit gerechnet hätten, unser Rücktritt würde auch nur die geringste Auswirkung auf die Politik der Regierung in Washington haben. Nicht einmal das relativ große Interesse der Medien, die unser Schritt hervorrief, hätte viel bewirken

können. Sowohl die anderen Radiosender als auch die Tagespresse in allen vier Besatzungszonen berichteten mehr oder weniger ausführlich über unsere Entscheidung, Einige führende Zeitungen in den USA, darunter auch die *New York Times*, brachten längere Berichte. Die *Times* druckte einen ganzen Spalt füllenden Artikel ihres Münchener Korrespondenten. Auszüge aus unserem Rücktrittsschreiben erschienen im *Courier-Journal*, der meistgelesenen Zeitung meiner Heimatstadt Louisville. Mehr hatten wir ja nicht erwartet.
Aus Washington, vom State Department, kam eine für uns sonderbar anmutende Reaktion. General J. H. Hildring, Vize-Außenminister für die US-Politik im besetzten Deutschland, schrieb an Oberst McMahon: „Horines Auffassung ist falsch. Wir verfolgen nicht das Ziel, Westdeutschland dazu zu benutzen, dem sowjetischen Einfluß entgegenzuwirken." McMahon schickte mir eine Kopie des Schreibens zu. (Auch dieses Dokument besitze ich noch.) Ob General Hildring das wirklich glaubte, was er geschrieben hatte, konnte McMahon ja nicht wissen. Noch weniger hätte ich es wissen können. Ereignisse während der nachfolgenden Jahre und Jahrzehnte schienen allerdings mancherlei Beweise dafür zu liefern, daß nicht Hildrings, sondern unsere Interpretation zutreffend gewesen war. Man kommt wohl kaum darum herum, sich zu fragen, ob Hildring die von Harry Truman und seinem Außenminister James Byrnes bereits getroffenen Beschlüsse nicht bekannt waren. Denn, spätestens ab 1949 betrachteten die Strategen des Pentagon und Trumans Militärberater ganz Westdeutschland als ein nützliches Faustpfand im schon vor Ende des „Heißen Kriegs" begonnenen „Kalten Krieg". Diese scheinbar kühne Behauptung läßt sich durch viele nicht nur mir, sondern auch gut informierten Fachkreisen bekannten Tatsachen unumstößlich beweisen, auch wenn kaum jemand sie heute wahrhaben mag.
Unser Rücktritt sollte, wie schon gesagt, zum 31. März 1947 erfolgen. Lange vor diesem Datum hatte die Mehrheit des deutschen Personals von Radio München in groben Zügen die Gründe für unsere Entscheidung erfahren. Wenige Tage, bevor wir uns verabschiedeten, fand eine Besprechung mit all unseren Mitarbeitern statt. Dabei erklärte ich unsere Beweggründe bis ins Detail. Vieles von dem, was ich sagte, ist mir nicht mehr gegenwärtig. Aber eine Passage meiner kur-

zen Ansprache ist mir all die Jahre hindurch unauslöschlich in Erinnerung geblieben. „Ich bin zu dem Schluß gekommen," sagte ich, „daß es für mich nie wieder in Frage kommen kann, für irgendeine nationale Regierung zu arbeiten. Denn nach meiner Überzeugung hat sich der Nationalstaat überlebt." Abschließend fügte ich hinzu, daß ich hoffte, bei der UNO arbeiten zu können und einstweilen im Münchener Presseklub wohnen würde, falls es mir gelänge, bei irgendeiner Zeitung eine Akkreditierung als Korrespondent zu bekommen. Meine Hoffnung war, daß ich noch ein paar Monate in Deutschland würde verbleiben können, da ich weiterhin alles in meinen Kräften Stehende tun wollte, um die öffentliche Meinung hüben wie drüben über den jähen Wandel in der US-Außenpolitik zu informieren.

Einige Tage später flog ich nach London. Dank den Empfehlungen von Bekannten in England wurde ich als Teilzeitkorrespondent des Londoner *Daily Express* akkreditiert und zog in den Presseklub ein. Von dem Zeitpunkt an bis Juli, als ich nach New York zurückkehrte, schrieb ich kaum mehr als zwei bis drei kurze Berichte für jenes erzkonservative Blatt. Statt dessen bot ich der New Yorker Abendzeitung *PM* eine mehrteilige Artikelserie an. Diese im Sinne Franklin Roosevelts liberale Zeitung nahm meinen Vorschlag ernst. Ein Vertrag wurde unterschrieben, der mich während einiger Zeit fleißig zu arbeiten nötigte. Solche Arbeit leistete ich umso bereitwilliger, als mir Einzelheiten, was die m.E. weitgehend verfehlte US-Besatzungspolitik betraf, durchaus vertraut waren, die selbst viele unserer Offiziere auf der höchsten Befehlsebene entweder übersahen oder bagatellisierten bzw. einfach nicht wahrhaben wollten. Die Serie erschien in großer Aufmachung, aber ich hatte sie nicht mehr. Ein bekannter Buchautor, der bei Jan Philipp Reemstma am Hamburger Institut für Sozialforschung arbeitet – Verfasser eines sehr wichtigen Buchs mit dem Titel *Die Morgenthau Legende* – hat sie bei seinen Recherchen in der US-Kongreßbibliothek entdeckt und freundlicherweise für mich kopiert. Diese Berichte sind also heute wieder in meinen Unterlagen, obwohl sie irgendwo verlorengegangen waren im Verlauf vieler Umzüge auf vier Kontinenten. Vor einigen Monaten – mehr als ein halbes Jahrhundert später – las ich die Serie nochmals durch und war über alle

Maßen erstaunt. Fast konnte ich nicht glauben, wie viele und vielseitige Informationen wir bei unserer Arbeit für Radio München zusammengetragen hatten, denen unwiderlegbare Beweise für dubiose Machenschaften der damaligen Politik zu entnehmen waren sowie für die Unterstützung solcher Praktiken entweder durch sträfliche Nachsicht, Bestechung oder wegen bloßer Unkenntnis bei einigen Offizieren der Militärregierung ...

Gerechtigkeitshalber muß hinzugefügt werden – obwohl die „Entnazifizierung" keinesfalls zu hervorragenden Ergebnissen im Sinne der ursprünglichen Zielsetzungen geführt hatte –, daß während der Jahre nach 1947 sich wesentlich demokratischere Institutionen in Westdeutschland entwickelten als alles, was bis dahin (selbst in der Weimarer Republik) je zuvor existiert hatte. Dem *ist* so trotz der Tatsache, daß bald zahlreiche frühere Nazibonzen wieder zu hohen und höchsten Regierungsämtern gelangten. Um ein einziges eklatantes Beispiel zu nennen, das für nicht wenige andere ähnliche Fälle typisch ist: Hans Filbinger, Ministerpräsident von Baden-Württemberg und CDU-Landesvorsitzender, mußte wegen seiner nicht gerade rühmlichen Tätigkeit als Marinerichter unter dem NS-Terrorregime 1978 endlich zurücktreten. Andererseits haben viele echt demokratisch gesinnte Persönlichkeiten – so z.B. Willy Brandt und Gustav Heinemann sowie eine ganze Reihe anderer – in den Jahrzehnten nach 1945 größtenteils durchaus positive Rollen gespielt im Sinne wahrer Demokratie.

Eine Tatsache, bei uns in den USA, sollte hier nicht außer acht gelassen werden. Bei uns sind die Verhältnisse weitaus weniger demokratisch (heute noch weniger als im Vergleich zur Zeit um die Präsidentschaft Roosevelts) als mancher Politiker uns glauben machen möchte. Hinzu kommt, daß sowohl in den USA als auch in Deutschland und anderen Ländern der nördlichen Halbkugel die Rüstungskonzerne immense Profite aus Waffenexporten erzielen, die in arme und ärmste Regionen der sogenannten „Dritten Welt" geliefert werden, wo immer die Händler des Todes Kunden für ihr Teufelszeug finden können. Und, was die USA betrifft, scheint das Pentagon seit der Auflösung der UdSSR – die ja jahrzehntelang als der Erzfeind galt, so wie umgekehrt, die USA für die Sowjetunion es war – auf der für den

militärisch-industriellen Komplex lukrativen Suche nach neuen Feinden zu sein. Islamische Fundamentalisten eignen sich vortrefflich für solche Zwecke. So abscheulich ihre Untaten auch sind, könnten neue Kriege ihren Einfluß mindern? Saddam Hussein bot sich als ideale Widerspiegelung eigener Aggressivität und eigener Machtgelüste an wie auch Ghadafi in Libyen. Ganz oben auf der Kandidatenliste steht Fidel Castros Kuba schon seit 1953, usw. Andere Beispiele ließen sich ohne Mühe ausfindig machen ...
Fragt sich nicht jeder vernünftig und kritisch denkende Mensch, wohin dies alles letztlich führen muß? *„Si vis pacem, para bellum!"* „Willst du Frieden, bereite dich auf Krieg vor!" Das altrömische Sprichwort trifft keinesfalls und in keinerlei Weise zu. Wer Frieden will, muß doch nach Wegen suchen, um den Frieden vorzubereiten. Ist doch logisch in einer Welt, in der zumindest die Großmächte wahrhaftig keinen Übergriff eines stärkeren Staates mehr befürchten müssen! Dennoch schweben die Waffenproduzenten ganz offensichtlich nicht in akuter Konkursgefahr ...

Innere Krise spitzt sich zu: Herausforderung und Antwort des Kollektiven Unbewußten

Jane und Viktor verließen München im März. Mit beiden Kindern zogen sie nach Nizza, wo sie eine winzige Mietwohnung fanden. Das requirierte Haus, das Jane, die Kinder und ich noch kein Jahr bewohnt hatten, räumte ich und zog in den Presseklub. Dort überließ man mir ein komfortables Zimmer mit Schreibtisch. Weil Hermia und ich beschlossen hatten, uns nicht wieder zu treffen, vertiefte ich mich in die Verfassung der Artikelserie für *PM*. Gleichzeitig verschlang ich ungezählte Bücher – alle, die ich entdecken konnte, von deren Lektüre ich mir ein tieferes Verständnis dessen zu versprechen meinte, was in der scheinbar irregewordenen Welt wie bei mir selber in Unordnung geraten war. Warum, mußte ich mich immer wieder fragen, scheint der Idealismus, an dem ich so lange festgehalten habe, sich als eine bloß utopische Illusion entpuppt zu haben.

Die Bibliothek des Presseklubs stand allen ortsansässigen Journalisten zur Verfügung. Sie war gut sortiert und umfangreich. Da mir bewußt war – ich schämte mich deshalb –, daß ich zu wenig über die Anfänge und die Geschichte meines eigenen Landes wußte, las ich drei oder vier Bücher von Charles und Mary Beard, darunter *America in Mid-Passage* und *Basic History of the United States*. Biographien von Thomas Jefferson, seine gesammelten Reden und andere Schriften von ihm faszinierten mich. Auch Pamphleten unsres berühmten revolutionären Feuerkopfs Thomas Paine schlugen mich in Bann. Ich las einige der Schriften von Henry David Thoreau, in denen er seine Überzeugung von der Notwendigkeit zivilen Ungehorsams begründete, und seine frühe Kritik des Laissez-Faire-Kapitalismus. Auch einige Bücher verschlang ich, die von Mahatma Gandhi im langen Kampf um Indiens Unabhängigkeit von Großbritannien handelten und von seiner Praxis der ahimsa, Gewaltfreiheit, und von satyahagra, der Macht der Wahrheit. Tolstois Schriften zum Thema Pazifismus, Pitirim Sorokins *The Crisis of our Age*. Längere Passagen aus den Werken von Marx und Engels fand ich in hohem Maß aufschlußreich. Nie zuvor in meinem Leben hatte ich so viel oder so intensiv gelesen wie nach unserem Ausscheiden zu Dritt von Radio München.

Im Rückblick, also aus heutiger Sicht, auf diesen ziemlich verrückten Lesemarathon dämmert mir, was meinem selbst gewählten Ausschluß vor allem anderen zugrunde gelegen haben dürfte. In erster Linie, vermute ich, war es nebst anderen Beweggründen der Ausdruck eines unbewußten Bedürfnisses, meine Schuldgefühle sowohl Jane und den Kindern gegenüber als auch wegen der noch keineswegs „verdauten" Trennung von Hermia zuzudecken oder zu unterdrücken. Für mich sah meine Situation jetzt so aus, als wären mir alle vier für immer verlorengegangen. Meine monomane Lesebesessenheit, nehme ich an, war Vorbote einer tiefen Depression, der ich auszuweichen bemüht war ohne allerdings wahrzunehmen, warum ich dies tat. Solche und ähnliche unbewußte Ausweichmanöver sind, wie wir heute wissen, nicht selten die Hauptursache für schwere und schwerste körperliche Krankheiten,

Gleich werde ich im Einzelnen zu schildern versuchen, was mir Mitte 1947 während der dreieinhalb Monate, die ich im Presseklub verbrachte, widerfuhr. Im Endeffekt äußerst erfreulich und segensreich war dies ein Geschehen, das gewisse bis dahin für mich geltende Anschauungen nicht nur entscheidend, sondern für immer verwandelte. Es handelte sich u.a. um meine Auffassung von unserem Leben als Menschen; von dessen Sinn und Bedeutung – genauer gesagt, Zweifel daran, ob unser Leben überhaupt einen Sinn habe – und von unserer Rolle als Teilhabende an evolutionären Prozessen seit jener längst vergangenen Epoche, da Geschöpfe fast wie unsereiner aus Urwaldbäumen herabstiegen, um fortan Lebensmuster zu entwerfen und Institutionen zu errichten, die wir als „Hochkulturen" und „Zivilisationen" zu bezeichnen pflegen. Diese Begriffe müßte man enttarnen als Schönfärberei oder blanke Selbsttäuschung, so erschien es mir angesichts all der Barbarei, Gewalttätigkeit und Grausamkeit, der Intoleranz, des Hasses und der Habgier, die offensichtlich nur zugenommen haben im Verlauf der Jahrtausende. Dies alles, als ich ab der späten Pubertät allmählich wähnte, „selbständig" denken zu können, hatte meinen Zweifeln reichhaltige Nahrung geboten. Hinzu gekommen war ein Buch, das ich mit etwa dreizehn Jahren gelesen hatte. Es handelte von der geheimen Zusammenarbeit zwischen französischen und deutschen Rüstungskonzernen während des ganzen Ersten Weltkriegs. Dieses Buch, bis in alle Details dokumentiert, hatte mich zutiefst erschüttert und meine Einstellung zur gewaltsamen „Lösung" irgendwelcher Konflikte nachhaltig geprägt.
Nun, im späten Frühjahr und im Sommer 1947, hätten Psychiater mit völliger Sicherheit mich zeitweise als geistesgestört diagnostiziert, wovon ich selber damals hin und wieder ein beunruhigendes, aber immer wieder unterdrücktes Gefühl hatte, daß mein Zustand tatsächlich so sein könnte. Inzwischen, mit fast einem Vierteljahrhundert psychotherapeutischer Erfahrung hinter mir, bin ich allerdings zu einem anderen Schluß gekommen. Ausreichende Gründe dafür glaube ich in zeitgenössischen naturwissenschaftlichen und tiefenpsychologischen Forschungsergebnissen zu erkennen, auf die ich zurückkommen werde. Außerdem, was für mich keineswegs weniger bedeutsam ist, gibt es das mit diesen Forschungsergebnissen offenbar wei-

testgehend übereinstimmende Zeugnis der Tausende von Mystikern im Okzident wie im Orient, die auf ihre Art ebenfalls experimentell Forschende sind und es ja immer schon waren.

Wahnsinn oder Wendepunkt?

Nach diesen Vorbemerkungen komme ich zu der angekündigten Schilderung von seltsamen Geschehnissen um den entscheidenden Wendepunkt meines Lebens. Vom ersten Tag im Presseklub an las ich, wie gesagt, viel und intensiv Bücher auf den verschiedensten Gebieten. Fast alle Stunden, oft bis in die frühen Morgenstunden hinein, verbrachte ich mit Lektüre. Heute kann ich mir nicht erklären, von woher mir die physische, geschweige denn die psychische, Kraft dazu kam. Zusätzlich zu den Autoren und Büchern, die vorhin schon erwähnt wurden, umfaßte jene Sintflut von Lektüre Bereiche, die sich von Weltgeschichte über Politikwissenschaft, Philosophie, Soziologie, Psychologie, Kulturanthropologie bis hin zu den Naturwissenschaften und vergleichender Religionsgeschichte erstreckten.
Irgendwann – es wird gegen Ende April gewesen sein – hatte ich eines der Bücher, die ich gerade las, nicht aus der Hand legen können und war erst um zwei oder drei Uhr morgens, erschöpft ins Bett gesunken. Dann, höchstens zwei Stunden später, entdeckte ich mich, aus unruhigen Träumen herausgerissen, halbwach und stocksteif auf der Bettkante sitzend in der frühmorgendlichen Kühle eines schon dämmernden neuen Tages. Durch einen unwiderstehlichen inneren Drang dazu gezwungen, sprang ich vom Bett auf und taumelte schlaftrunken zum Tisch hinüber, wo ich poltergeisthämmernd auf meiner alten, klapprigen Schreibmaschine Seite um Seite zu tippen begann. Ungefähr eine Stunde später, als die ersten Sonnenstrahlen durch die Vorhänge am Fenster des kleinen Zimmers gefiltert kamen, fiel ich noch mehr erschöpft als zuvor erneut ins Bett. Wieder einschlafen konnte ich aber nicht. Derselbe merkwürdige innere Druck zwang mich unausweichlich nochmals zum Aufstehen. Ich *mußte* zum Schreibtisch zurück und hatte, wie an die Maschine gefesselt, keine andere Wahl als weiter zu schreiben, ohne daß ich die geringste Ah-

nung gehabt hätte, von wem – völlig ungewollt und ohne Absicht meinerseits – dies alles diktiert wurde.

Als es so weit gekommen war, daß ich physisch nicht mehr imstande war, weiter zu schreiben, brachte ich es irgendwie fertig, mich vom Tisch hochzuhieven, stolperte zum Fenster und riß die Vorhänge auf. Inzwischen dürfte es elf Uhr vormittags geworden sein. Von dem hereinströmenden Licht geblendet, schob ich die Vorhänge jäh wieder zu. Momente später, mich mühsam in Richtung auf das Bett schleppend, nahm ich zwanzig oder dreißig relativ sauber geschriebene Seiten halb wahr, die auf dem Schreibtisch gestapelt dalagen. Ohne eine einzige davon anzuschauen, schaffte ich es gerade noch zum Bett. Dort, kaum waagerecht, versank ich in einen tiefen und traumlosen Schlaf, aus dem ich erst am späten Nachmittag erwachte. Zunächst konnte ich mich nicht entsinnen, was sich während der Nacht und am Vormittag zugetragen hatte.

Weitere Einzelheiten dieses verwirrenden und irgendwie geheimnisvollen Geschehens zu beschreiben, würde mir schwer fallen. Aber ich kann nicht umhin hinzuzufügen, daß der gleiche in keinerlei Weise von mir bewußt gewollte oder gesteuerte Vorgang – unterbrochen nur für hastig eingenommene Mahlzeiten im Speisesaal des Presseklubs – sich während der folgenden fünf oder sechs Tage und Nächte wiederholte. Was mittlerweile Gestalt angenommen hatte, war eine Art Essay, der 120 bis 125 Seiten umfaßte. Dessen Titel, den nicht *ich* ausgesucht hatte, lautete: *Common Sense and the World Crisis*. Als bloße Schreibkraft, der dieser ganze Text Seite um Seite wie von einer außerirdischen Kraft diktiert worden war, hatte ich offenbar endlich ausgedient.

Jetzt las ich zum ersten Mal vom Anfang bis zum Ende alles, was sich zu Papier gebracht hatte. Und ich war über alle Maßen verblüfft – baß erstaunt, wie man sagt – weil ich mir nicht vorstellen konnte, wer der Autor dieses Schriftstücks gewesen sein könnte. Lange nachher erfuhr ich irgendwo, daß sogenanntes „automatisches Schreiben", obwohl sehr selten, gelegentlich vorkommt in Situationen wie der, in die ich durch eine lebensgefährliche Krise geraten war. (Nach Janes und Viktors Abreise, als ich mich noch in „unserem" Haus aufhielt, war ich dem Tod durch Selbstmord knapp entronnen, da ich in der

Küche das Gas aufgedreht hatte, aber dann im letzten Augenblick der Gedanke mich rettete. *Dies* sei doch keine Lösung.) Heute weiß ich, daß die Vermutung naheliegt, es habe sich bei dem Diktat um einen Spontanausdruck des Kollektiven Unbewußten gehandelt. Dessen Entdeckung, von der im weiteren Verlauf einiges mehr zu sagen sein wird, ist eines der großen Verdienste Carl Gustav Jungs.
Der Essay, der sich selbst geschrieben hatte – eigentlich ein kleines Buch – schien mir nicht uninteressant zu sein, als ich dazu kam, es genauer durchzulesen. Bis auf eines der Kapitel (das einzige, das über die Jahrzehnte hinweg erhalten geblieben war) ist dieser Text nirgends veröffentlicht worden. Dennoch stellte er im Hinblick auf die heutige Weltlage, wenn diese Einschätzung nicht überheblich anmutet, eine fast prophetische Analyse dar. Außerdem erhielt er eine zusammenhängende Reihe von in mancher Hinsicht scheinbar utopischen aber konkreten und an sich realisierbaren Vorschlägen zur Verhinderung der heute von Monat zu Monat immer sichtbarer herannahenden Katastrophe. Diese Konzeptualisierungen, wären sie in die Tat umgesetzt, könnten m.E. einen wesentlichen Beitrag leisten, der die völlig klar vorhersehbaren „Endlösung des Problems Mensch" zumindest um einige Generationen verzögern würde.
Ohne den ganzen Inhalt zusammenfassen zu wollen, werde ich einige, wie mir scheint, besonders wesentliche Punkte herausgreifen, die zukunftsweisend sein könnten. Denn, enthalten in jenem selbstgeschriebenen Text war z.B. ein Appell an die Staatsoberhäupter aller Länder, sich energisch einzusetzen für die Förderung vorbehaltloser gegenseitiger Achtung der verschiedenartigsten Weltanschauungen und Glaubensrichtungen. Gleichzeitig, angesichts der unser aller Überleben bedrohenden Gefahren, sei es unabdingbar notwendig, eine gewaltfreie Weltrevolution anzustreben, die der gesamten Menschheit zur allmählichen Entwicklung eines neuen universellen Solidaritätsbewußtseins verhelfen würde – und zwar aufgrund der Erkenntnis, daß wir letzten Endes alle „im selben Boot sitzen".
Zu den Zielen einer solchen Revolution, so wurde argumentiert, müßte die Schaffung einer Weltordnung zählen, die auf einer Synthese von dreierlei gründen würde als unverzichtbare Prinzipien: (1) die wesentlichen Elemente, entsprechend Thomas Jeffersons Kon-

zept, einer partizipatorischen Demokratie; (2) Gandhis *satyagraha* und *ahimsa*, d h. „Macht der Wahrheit" und „Gewaltfreiheit"; und (3) neue, postkapitalistische, durchaus praktikable und konsequent praktizierte Formen eines basisorientierten, echt demokratischen Sozialismus. Dies alles müsse ergänzt und gefestigt werden durch eine weitreichende Umstrukturierung und Verstärkung der UNO vor allem in den Bereichen Kriegsverhütung und Umweltschutz, einschließlich der verbleibenden Urwaldbestände und der gefährdeten Schätze der Weltmeere. Zu diesen Zwecken und in diesem Sinn müßte die UNO als Weltstaat mit entsprechenden Kompetenzen ausgestattet sein unter Beibehaltung und Anerkennung der Rechte aller Mitgliedsstaaten auf eigene Ordnungskräfte zur Wahrung ihrer inneren Sicherheit sowie auf Förderung der eigenen Kultur – Sprachen, Sitten, Bräuche, usw.

Nicht unerwähnt bleiben sollte schließlich, daß der Text – weniger als zwei Jahre nach dem nuklearen Holocaust von Hiroshima und Nagasaki entstanden – auch auf unberechenbare Risiken bei der industriellen Nutzung von Kernenergie hinwies. Indem jetzt davon die Rede ist als einer Art Mahnung, die in jenem Essay enthalten war, ist mir keineswegs daran gelegen, eine prophetische Begabung für mich in Anspruch zu nehmen, da nicht *ich* der Autor der Abhandlung war. Mit diesem Hinweis soll lediglich etwas deutlicher gemacht werden, in welch hohem Maß eine unbeabsichtigte, völlig spontan auftretende Vision im Jahre 1947 Entwicklungen und Ereignisse vorwegnahm, die seither äußerst gefahrenträchtige Wirklichkeit geworden sind.

Gipfel der inneren Krise – Heilung der Wunden

Was mir zugestoßen und dessen Ergebnis die Anfertigung eines mehr als 120 Seiten langen Essays war, erwies sich für mich bald als ein unverdaulicher Brocken. Jedenfalls erreichte meine „mid-life crisis" jetzt ihren entscheidenden Höhepunkt. Drei oder vier Tage, nachdem das Manuskript zu Ende getippt war, wachte ich auf – wieder mitten in der Nacht – mit den schlimmsten Schmerzen, im Bauch, die ich jemals gekannt habe. Irgendwie gelang es mir, nach Hilfe zu rufen. Ein beim Presseklub angestellter Chauffeur, der mich zufällig gehört hatte, fuhr mich in seinem Jeep zum Schwabinger Krankenhaus, damals als US-Lazarett requiriert, wo ich notfallmäßig aufgenommen wurde. Der junge Militärarzt im Nachtdienst untersuchte mich aufmerksam und, wie mir schien, sehr gründlich. Schließlich räumte er ein, daß er „vorerst" nicht in der Lage sei, meinen Zustand zu diagnostizieren. Worauf er den Sanitäter um eine Spritze bat und sie ohne viel Aufhebens mir in den Oberschenkel oder ins Gesäß einführte. Sekunden später versank ich dankbar in ein schmerzfreies und traumlos umnachtetes Nirgendwo.

Ob es länger als einen Tag gedauert hat, bis ich wieder halbwegs bewußt zu mir kam, wüßte ich nicht zu sagen. Auf jeden Fall werden es viele Stunden – möglicherweise eineinhalb Tage – gewesen sein. Denn, als ich endlich aufwachte, war ein Nachmittag zu Ende. Es dämmerte schon. Zwischen frischen weißen Laken liegend, befand ich mich in einem hohen weißen Metallbett. Neben mir wartete eine schneeweiß uniformierte katholische Krankenschwester. Dann, außerstande zu glauben, ich selber sei der Sprechende, hörte ich meine eigene Stimme fragen: „Schwester, würden Sie mir den Gefallen tun und mir von irgendwoher ein Exemplar des Neuen Testaments besorgen?" Die Nonne nickte bejahend, drehte sich um und verschwand. Ein paar Minuten später kehrte sie zurück mit einem den US-Streitkräften zugedachten Sonderdruck des Neuen Testaments und der Psalmen, in Kleinformat, mit einer rot-weiß-blauen Abbildung des Sternenbanners und einem über der Faksimile-Unterschrift von Präsident Roosevelt abgedruckten Grußwort. (Noch heute besitze ich dieses Büchlein. Mehr als einmal neu eingebunden steht es, meistens halb versteckt unter gewichtigeren Bänden, in meinem Schrank; wird ab und zu hervorgeholt und dieses oder jenes gelesen.)

In den Augen der Krankenschwester war meine Bitte gewiß nur Routine gewesen. Aber für mich! Ich kann nur sagen, daß ich mehr als verdattert war. Seit meinem sechzehnten oder siebzehnten Lebensjahr, als ich die Dogmen und Doktrinen aller institutionalisierten

Religion in Frage zu stellen begann, hatte ich mich für einen hartgesottenen Agnostiker gehalten. Jetzt, von einem Tag auf den nächsten, hatte ich mich dabei ertappt, Teile der Bibel lesen zu wollen. Unfaßbar, einfach unglaublich! Jetzt stöberte *ich* in den *Evangelien*! Vor allem las ich immer wieder bestimmte Passagen des Johannes-Evangeliums. Dort entdeckte ich Stellen, die mir überzeugend, sogar zwingend logisch zu sein schienen. Obwohl ich nicht hätte sagen können, warum sie mich anzogen, so fiel mir doch auf, daß einiges, das darin zu lesen war, Gedanken entsprach, die erst einige Tage vorher Ausdruck gefunden hatten in jenem selbstgeschriebenen Essay.
Ärzte oder Krankenschwestern tauchten in regelmäßigen Abständen bei mir im Zimmer auf, um einen Blick auf die Fieberkurve zu werfen (wo zu keinem Zeitpunkt eine Spur von Fieber zu erkennen war) und immer offensichtlicher wurde, daß sie sich allmählich den Kopf zerbrachen bei ihren Bemühungen um eine Diagnose. Symptome irgendeines ihnen bekannten Krankheitsbildes zeigte der Patient nicht. Während sie weiter rätselten, verbrachte ich – durch meine neue Lektüre in Bann geschlagen – mehrere geruhsame Tage im Bett. Nicht ohne Verwunderung stellte ich fest, daß vieles in der Bergpredigt wie eine Paraphrase gewisser Äußerungen Gandhis anmutete. Und Ähnlichkeiten zwischen der von Jesus verkündeten Botschaft und dem wenigen, das ich irgendwo (teils von Professor Lilly am Davidson College) über die Lehren des Gautama Buddha gelesen hatte, fielen mir auch auf, obwohl ich mich nur dunkel daran erinnerte. Merkwürdig, dachte ich mir, wie wenig Ahnung ich habe von all dem, was ich von früh an in der Kirche so oft hören mußte.
Meine Kenntnisse im Bereich der Psychologie waren damals oberflächlich, in jeder Weise mangelhaft. Aber allein vom Verstand her, wenn ich überhaupt noch bei Trost war, erschien mir manches, das ich vorfand – erst recht im Johannes-Evangelium – als völlig vernünftig, einwandfrei logisch, fast selbstverständlich. Das Gleiche empfand ich bei der Lektüre einiger der Psalmen, auch wenn ich weit davon entfernt war, alles akzeptieren zu können, was die Psalmisten gesungen oder die Verfasser der Evangelien geschrieben hatten. Insgesamt mußte ich vor mir selber die Frage gefallen lassen, ob ich nicht in die widersprüchliche Lage geraten war, mich zu den sogenannten „born

again Christians" rechnen zu müssen. Der bloße Gedanke daran, daß ich irgendetwas Gemeinsames mit den „born again Christians", von denen ich gehört hatte, haben könnte, war für mich grauenerregend. Waren solche Wiedergeburtsphantasien bei mir vielleicht eine Wahnvorstellung? Unerträglicher Einfall! Ich versuchte, ihn mir aus dem Kopf zu jagen. Über das, was mir passierte, war ich gewiß nicht weniger ratlos, als die Ärzte es waren wegen ihrer mißlungenen Bemühungen um eine Diagnose meiner flüchtigen Krankheit, wenn sie denn überhaupt eine Krankheit gewesen war.

Der für mich erholsame Aufenthalt im Krankenhaus, ohne Besuch außer dem Störfaktor Ärzte und Krankenschwestern, dürfte etwas mehr als eine Woche gedauert haben, ohne daß irgendwelche Schmerzen im Bauch wiedergekehrt wären oder sich im *corpus delicti* anderswo bemerkbar gemacht hätten. Also wurde ärztlicherseits meine Entlassung beschlossen. Psychosomatische Medizin, selbst dieser Terminus, steckte noch in den Kinderschuhen; sie war außerdem das Reservat einiger Spezialisten in den USA, die erst begonnen hatten, die Einheit von Körper, Geist und Seele in deren Wechselwirkungen zu erforschen. Nicht weiter verwunderlich war es also, daß keiner der Militärärzte, die sich meiner angenommene hatten, die physischen Hintergründe der bei mir ohnehin rasch abgeklungenen Symptome geahnt hatte. Davon erzählte ich ihnen auch nichts, weil ich der Meinung war, meine Privatkrise und meine sowie meiner Kollegen Differenzen mit der Militärregierung gingen sie überhaupt nichts an. Selbstverständlich war ich, um mir selbst ein Urteil zu bilden, noch weit weniger kompetent als die Ärzte. Inzwischen war mir aber die Frage in den Sinn gekommen, ob nicht vielleicht ein Zusammenhang bestehen könnte zwischen den physischen Schmerzen, die meine nächtliche Eileinlieferung ins Krankenhaus bewirkt hatten, und dem scheinbar „heillosen" psychischen Chaos, das zugleich Folge und Ausdruck einer vielschichtigen Gesamtkrise war. Bestärkt wurde ich in dieser Vermutung durch etwas Sonderbares, das an einem meiner letzten Tage unter ärztlicher Beobachtung vorfiel.

Schlüsselbegegnung mit einem Buch
von C. G. Jung

Den Patienten sowie dem Personal des Krankenhauses stand eine englischsprachige Bibliothek zur Verfügung, weniger umfangreich als die des Presseklubs, aber ebenfalls erstaunlich gut sortiert. Eines Morgens (es wird wohl schon Mitte Mai gewesen sein) schlenderte ich dorthin in der Absicht, mich bloß ein wenig umzuschauen. Doch hier wurde mir, völlig unvorbereitet und nachher von den Konsequenzen zutiefst erschüttert, eine neue verblüffende Überraschung zuteil. Kaum stand ich vor einem der Regale, schon fiel mein Auge auf ein schmales Paperback mit dem Titel *Modern Man in Search of a Soul*. Dessen Autor: Carl Gustav Jung. Im Presseklub hatte ich zwei Bücher von Freud gelesen. Von Jung wußte ich nur, daß er und Freud ihre anfängliche enge Zusammenarbeit wegen irgendwelcher unterschiedlichen Auffassungen abgebrochen hatten. Jetzt, in dieser kleinen Schrift – einer Sammlung von Aufsätzen, die verschiedenen ursprünglich in Deutsch erschienenen Werken Jungs entnommen waren – blätterte ich zunächst nur querbeet, aber dann mit wachsender Spannung bis mir, in der Mitte des Büchleins angelangt, einige Sätze förmlich in die Augen sprangen. Dort hieß es, Freud sei „gescheitert" an der Frage, die Nikodemus an Jesus richtete: „Wie kann ein Mensch geboren werden, wenn er alt ist? Kann er auch wiederum in seiner Mutter Leib gehen und geboren werden?" Und die Antwort Jesu: „Es sei denn, daß jemand geboren werde aus Wasser und Geist, so kann er nicht in das Reich Gottes kommen."
Also schon wieder dieses verflixte Thema! Ich, der ich mich seit ein paar Tagen buchstäblich wie neugeboren fühlte, sollte mich zu den „born again Christians" rechnen? Bei denen ich zumeist maßlose Überheblichkeit und Heuchelei argwöhnte? Nein! Andererseits konnte ich mich des Eindrucks nicht erwehren, als sei mir eine Art neue Geburt widerfahren. Schon die ganzen sieben bis acht Tage, seit ich aufgewacht war aus jenem durch eine erlösende Spritze eingeleiteten Dornröschenschlaf, war ich zum Bersten voll neuer Vitalität; ausgelassen; vor jubelnder Lebensfreude übersprudelnd; quicklebendig; rundum und über alle Maßen glücklich, wie nicht mehr seit mei-

ner Kindheit, als ich frühmorgens im Sommer entlang den sanft gurgelnden Bächen und im Schatten der riesigen alten Bäume vom Cherokee Park oft und gerne alleine wanderte.

Bei C. G. Jung fand ich eine jedenfalls *mir* unmittelbar einleuchtende Erklärung für das, was Jesus in seiner rätselhaften Antwort an Nikodemus gemeint haben dürfte sowie für das, was ich selber wegen und während meiner „mid-life crisis" erlebt hatte. Detaillierter auf Jungs Ausführungen hier einzugehen würde zu weit führen. Dazu sei nur so viel gesagt: „Wasser", der tatsächliche Urquell allen Lebens auf der Erde, symbolisiert unser aller Mutter Natur und zugleich den schöpferischen Nährboden des Kollektiven Unbewußten, aus dem das Ich-Bewußtsein eines Menschen – sprich: unser „Ego" – in den frühen Kindesjahren allmählich emporwächst. In einem gewissen Sinn dorthin zurückzukehren, dazu gezwungen durch eine lebensbedrohliche Krise, bedeutet das Geschenk einer Möglichkeit, den Kontakt wiederherzustellen mit den kreativen Wurzeln unseres Seelenlebens, zu dem ernährenden und gebärenden „Fruchtwasser" der Psyche. Dies dürfte – so die tiefenpsychologische Erklärung – die *eine* Andeutung Jesu gewesen sein, als er in seiner Antwort an Nikodemus von „Wasser" sprach. In Jungscher Terminologie präziser formuliert, etwa dies: „Bereichernde und belebende Wiederbegegnung im Kollektiven Unbewußten mit dem uns allen innewohnenden Archetyp der Großen Mutter tat not, war für die allermeisten Menschen im damaligen Palästina (in unserer Krisenzeit ist es erst recht) wärmstens zu empfehlen."

Was wäre dann mit dem anderen Pol, mit dem Archetyp des „Großen Vaters"? Könnte Jesus – sinngemäß und symbolisch, aber selbstverständlich nicht fachpsychologisch ausgedrückt – genau dies gemeint haben, als er vom „Geist" sprach? So unannehmbar es für manchen zeitgenössischen Menschen auch sein mag, Tatsache ist, daß Geist dem männlichen Urprinzip zugeordnet wird seit prähistorischen Epochen, als nachgewiesenermaßen überall in der Welt die Mehrheit der Gesellschaftsstrukturen patriarchalisch umgestaltet wurden. So gesehen, weil Jesus selber in einer stark patriarchalisch geprägten Gesellschaft aufgewachsen war, wird es vollends nachvollziehbar, daß er beides meinte – also das weibliche und das männliche Urprinzip – in seiner rätselhaft-symbolischen Antwort auf die Frage des Nikodemus. Er dürfte von der Möglichkeit einer kreativen, neue Kraft spendenden Rückkehr zur Ursprungseinheit gesprochen haben – zu einem Entwicklungsstadium, als wir bei unserer beginnenden Sozialisation dem Auseinanderfallen des Gegensatzpaars „männlich-weiblich" noch nicht sozusagen zum Opfer gefallen waren. Und dies könne der Mensch, indem er in uns sonst verborgene Schichten des Unbewußten eintaucht, um dort sowohl dem Archetyp der Großen Mutter neu zu begegnen, als auch eine Wiedervereinigung der in der Kindheit auseinandergerissenen Urprinzipien „yin" und „yang" – weiblich und männlich – neu erleben zu können. So wird uns möglich wieder „ganz", wieder „heil" und „geheilt" zu werden und den oft verlorengegangenen inneren Einklang mit uns selber wiederherzustellen. Ob dies, zumindest teilweise, dem „Reich Gottes" entsprechen könnte? Eine Frage, die wohl offen bleiben muß. Sollte sie nicht jeder Mensch für sich selber beantworten?

Erkenntnis?
Die gesamte Schöpfung als Einheit?

Sobald ich dem Krankenhaus entkommen war und in den Presseklub zurückkehrte, begann für mich eine mehrere Wochen dauernde neue Phase, die zu beschreiben mir außerordentlich schwer fällt. Aber versuchen will ich es. Denn, würde ich diese Erlebnisse unterschlagen, müßte ich mir schwerwiegenden Mangel an Offenheit vorwerfen, weil alles hierher gehört – außer ich wäre der Meinung, ich sollte das Ganze als Geheimnis mit mir ins Grab nehmen. Tatsache ist, daß ich jahrzehntelang niemandem anvertraute, was mich in den vielen Wochen alles umtrieb und wie ich mich verhielt. Selbst heute, ein halbes Jahrhundert später, möchte ich nicht unbedingt, daß die Spatzen es von allen Dächern pfeifen ...
Täglich unternahm ich lange, manchmal ganztägige Wanderungen in den verschiedensten ländlichen Gegenden rund um die Ruinenstadt München. Ohne Ziel oder Zweck, gelenkt nur von Zufall oder Phantasie, führten mich meine Wege oft durch schattige Haine, deren

Bäume im noch zarten Grün ihres neuwachsenden Laubes prangten. Oder ich ging entlang neubestellten Äckern von Bauernfamilien, deren Männer größtenteils vom Krieg nicht oder noch nicht heimgekehrt waren. Frauen und Kinder hatten deshalb die Arbeit auf den Feldern alleine zu leisten. Manchmal während einer ganzen oder zwei Stunden saß oder lag ich ausgestreckt auf der in der Frühsommersonne sich erwärmenden und noch feuchten, herrlich frisch duftenden Erde. Mitten in bunter Blumenpracht und umgeben von bescheideneren Grashalmen einer zu neuem Blühen wiedererwachten Wiese freute ich mich, gab meiner Freude in stillem Gesang Ausdruck und lobpreise das – was es auch immer gewesen sein mochte –, das auch mir neues Leben geschenkt hatte. Mit den Gräsern, mit allen Blumen, mit den vielen fleißigen Honigbienen, mit den zahllosen, so wundersam dienstbeflissenen Ameisen und mit all den kriechenden oder fliegenden Insekten, deren tief geheimnisvolle Aufgaben zu entschlüsseln ich als bloßer Mensch nie fähig sein würde. Mit ihnen allen hielt ich, leise flüsternd, Zwiesprache ganz so, als tauschten wir intimste Gedanken aus. Immer wieder versuchte ich, ihnen in meiner Sprache mitzuteilen, wie sehr ich sie alle achtete und bewunderte. Und, als wären sie für mein Mitgefühl und das Vertrauen dankbar, das ich ihnen entgegenbrachte, schienen Wiesenblumen und Gräser in der sanften Brise sich mir zuzubeugen, um in ihrer Sprache zu sagen, sie freuten sich über ihr Wiedererwachen in diesem neuen Frühling und Frühsommer so, wie ich mich über meine neugefundene Vitalität auch freute und in allem Leben einen *Sinn* zu erahnen begonnen hatte.

Und, wo immer ich ging, die Bäume! Diese Bäume! Dicht nebeneinander in größeren oder kleineren Gruppen, wie zu gewichtigem Rundgespräch versammelt; bisweilen einer oder zwei, nicht einsam, aber stolz in Schweigen gehüllt, am Feldrain alleine: Meine Freunde waren jetzt auch sie alle, so feierlich fein geschmückt in ihrem frischen grünen Laub. Auch mit ihnen sprach ich oft über das, wovon ich gelernt hatte, daß es Bäume und Menschen seit jeher verbindet, und was wir Menschen ihnen alles zu verdanken haben. Während dieser ganztägigen Wanderungen fühlte ich mich ganz und gar durchdrungen von einem immer stärkeren, gelegentlich völlig überwältigenden Bewußtwerden dessen, daß in all ihrer Vielfalt die gesamte Schöpfung eine Einheit ist; daß alles irgendwie mit allem zusammenhängt; daß alles in irgendeiner Weise auf alles andere angewiesen zu sein scheint. Dieses unfaßbar große, unendliche Wunder, das ich erst seit einigen Wochen zu erkennen begonnen hatte, erfüllte mich Mal um Mal mit grenzenlosem, jubelndem Entzücken. An einem ziemlich späten Abend, als ich mich endlich auf den Rückweg in die Stadt machte, ging die Sonne hinter dahinschwebenden weißen Wölkchen gerade unter. Bei diesem Anblick, nach allem während des Tages schon Erlebten, wollte es mir erscheinen, als müßten die alten Griechen sich die elysischen Gefilde genau so vorgestellt haben wie alles, was ich gesehen und gespürt hatte ...

Seit 1947 habe ich dies in annähernd so unbeschreiblich spielerischer Glückseligkeit nicht sehr oft, aber immer wieder erlebt, wenn auch nie wieder mit einer solchen Intensität verspürt. Ähnliche oder vergleichbare Wahrnehmungen haben sich – wie gesagt – gelegentlich wiederholt. Heute, in meinen älteren und alten Jahren, werden sie häufiger. Hin und wieder tauchte damals die Frage in mir auf, ob das, was aus dem 13. Jahrhundert tradiert worden ist als Legenden um Franz von Assisi und seine Begegnungen mit ungezähmten Tieren, mit den Vögeln und mit dem Bäumen nicht vielleicht tatsächliche Begebenheiten waren. Dabei kam mir in den Sinn: „Ob du, junger Mann, dich auf einen Pfad führen läßt, der dich eines Tages zwingen könnte, in den Fußstapfen eines Hl. Franziskus zu folgen?" Es gab Stunden, in denen ich bei diesem Gedanken fast in Ekstase geriet, aber gerade dadurch unsagbar verängstigt wurde, weil ich insgeheim fürchtete, ich sei wohl wahnsinnig geworden.

Viele Jahre nach jener Zeit in München, als ich beim Regionalbüro der Weltgesundheitsorganisation für Südostasien arbeitete, war ich in Indien Zeuge von etwas, das mir den handfesten Beweis dafür lieferte, daß die Geschichten um Franz von Assisi keineswegs bloße Legenden sein können. Unweit des Himalayas, nördlich der ehemaligen britischen Garnisonsstadt Dehradun, war ich an einem Spätherbstnachmittag (auch jetzt allein) auf einer langen Wanderung in dicht bewaldetem Gelände. Als ich, nichts suchend und nichts erwartend, auf eine Lichtung im Walde zuging, mußte ich plötzlich stock-still stehenbleiben vor einem Anblick, den ich zunächst für eine Illusion hielt, obwohl ich nicht einen Tropfen Alkohol und keinerlei halluzinogene Drogen eingenommen hatte. Auf einem viele Jahre zuvor gefällten und teils morschen Baumstamm saß ein uralter Mann, offenbar ein Einsiedler. Neben ihm zur Linken hockte ein Fuchs, auf seiner einen Schulter war ein Mynah (in Europa heißt diese Vogelart „Beo", glaube ich), während an seiner rechten Seite zwei Hasen und ein Igel geduldig warteten. Der Alte war gerade dabei, sie zu füttern. Dann, als die Speisung der fünf beendet war, verabschiedete er die Tiere liebevoll, eines nach dem anderen, und kehrte schweigend in seine winzige Holzhütte zurück.

Lange vor diesem überaus eindrucksvollen Erlebnis hatte ich mich aller uneingestandenen oder halbbewußten Vorstellungen entledigt, mir könnte das Los beschieden sein, in hohem Alter es etwa dem Walderemiten im Vorgebirge des Himalayas nachzumachen oder gar eine Art Franz von Assisi zu werden. Andererseits, schon seit 1947 – seit jenem schier unfaßbaren, unbeschreiblich bereichernden und beglückenden Ausgang meiner Münchner Krise – halte ich etwas, das ich jetzt in wenigen Worten auszudrücken versuchen will, für eine Erkenntnis vielmehr als eine bloße Meinung oder eine rein persönliche Überzeugung. Dennoch, wer weiß es?

Naturwissenschaften und Einheitswirklichkeit

Vermutlich, so denke ich, ist folgendes eine Tatsache: Solch ein eindringlich empfundenes und bewußtes Wahrnehmen der grundlegenden Einheit; des Einsseins; der meist nicht erkannten, dennoch reell nahen Verwandtschaft und der gegenseitigen Abhängigkeit allen Lebens sowie letztlich aller geschaffenen Dinge im ganzen Universum könnte für jeden Menschen eine nie versiegende Quelle werden. Ein Urquell wäre dies, aus dem das lebendige „Wasser" – die *acqua permanens*, wie es in der philosophischen Alchemie des Mittelalters hieß – vom tiefen *Sinn* unseres eigenen Daseins als kleine Individuen fließen würde. Wenn wir niemals das verlören, woran wohl mancher von uns sich aus der frühen Kindheit deutlich oder nur noch dunkel erinnert oder andererseits, wenn wir als Heranwachsende und schließlich als Erwachsene wieder erlernen würden, jene Einheit in der Vielfalt zu spüren, so würden wir kaum je am Sinn unseres Lebens zweifeln. Sollten uns dann irgendwann neue Zweifel doch plagen, so müßten wir uns unablässig und unermüdlich bemühen um eine wieder voll bewußt werdende Wahrnehmung unseres Eingebettetseins in all die Geschehnisse der Natur um uns und in uns. Alle Zweifel wären damit erneut gebannt.

Zudem hätte das Unvermeidliche unseres Sterbens eine vollends andere, eine gänzlich neue Qualität gewonnen. Unserem Sterben würden wir voller Zuversicht entgegensehen als nichts anderes als unsere Rückkehr in den Schoß von unser aller Mutter Natur, um in irgendeiner Weise zu neuem Leben wiedergeboren zu werden in bloß *neuer* Gestalt. „Gestaltung, Umgestaltung, des ew'gen Sinnes ewige Unterhaltung." Liegt nicht in diesen Worten Goethes eine Erkenntnis, die wir uns zu eigen machen müßten? Mystiker, viele von ihnen, sprechen immer wieder von der Notwendigkeit, „vor dem Tode zu sterben." Was meinen sie? Sie sind überzeugt, daß unser wichtigstes Lebensziel darin bestehen müßte, die leidige Vorherrschaft des Ego zu überwachsen aus der gewonnenen Erkenntnis heraus, daß jeder Mensch – wir alle – Teile eines schier unfaßbar großen Ganzen sind. Im Sterben verlieren wir vielleicht nur unseren Egozentrismus, werden aus unserer sterblichen Hülle herausgeschält. Also: „Tod, wo ist dein Stachel?"

Der Kernphysiker David Bohm und der Hirnphysiologe Karl Pribram – zwei der bedeutendsten zeitgenössischen Forscher in den USA – der englische Biologe Rupert Sheldrake und eine rasch zunehmende Anzahl anderer Naturwissenschaftler postulieren das Universum als ein Hologramm, in welchem jeder Teil in allen anderen Teilen enthalten sei. Wenn dem so sein sollte – die Hypothese findet immer mehr hoch angesehene Verfechter in den Reihen wissenschaftlicher Sachkundiger – dann folgert daraus, daß „nichts stirbt". *Nothing Dies*. So lautet übrigens der Titel eines kleinen Buchs (undatiert in der Ausgabe, die sich seit etwa 1950 unter meinen Büchern befindet) aus der Feder von J. W. Dunne. Veröffentlicht wurde es viele Jahre, ehe Bohm und Pribram ihre holographische Theorie vorbrachten. Aus dieser Theorie läßt sich logischerweise der Schluß ziehen, daß alles Metamorphose sein dürfte, also ewig wiederkehrende Wandlung und Verwandlung existierender Formen des Seins oder des Seienden; periodisch auftretende Manifestationen allumfassender und allgegenwärtiger kosmischer Energie. In fortwährenden zyklischen Prozessen, weit über jede menschliche Fähigkeit hinaus, sie zu erfassen oder zu verstehen: Schöpfung, Erhaltung, Zerstörung. Diese drei sich gegenseitig ergänzenden, zusammengehörenden und voneinander abhängigen Vorgänge sind treffend symbolisiert im traditionellen Pantheon des Hinduismus als drei Götter: Brâhma, Vishnu und Shïva genannt.

TEIL ZWEI

New York – Genf – New Delhi

Die ersten zehn Jahre
bei der Weltgesundheitsorganisation

Erste Scheidung – Zweite Ehe

Fortdauer der inneren Krise
Beginn eines neuen Lebensabschnitts

Mitte Juli packte ich meine Habseligkeiten, verließ den Münchener Presseklub und fuhr mit der Reichsbahn wieder nach Bremerhaven. Ich war zu der Überzeugung gekommen, daß meine Erfahrungen im Tumult und all der Trübsal des Nachkriegseuropas nicht passend abgeschlossen wären, außer ich würde auf einem Flüchtlingsschiff in die USA zurückkehren. Viele solcher Schiffe überquerten den Atlantik damals regelmäßig nach New York, Havanna, Buenos Aires oder anderswo in der Neuen Welt mit Überlebenden der Konzentrationslager oder anderen Menschen auf der Suche nach einem neuen Leben und neuen Chancen im Land, wie sie meinten, „der unbegrenzten Möglichkeiten". Auf einem kleinen Schiff dieser Art buchte ich mir eine Passage. Klassen gab es nicht, alle fuhren „Dritte Klasse". Mehr als zehn Tage und Nächte dauerte die Fahrt – die längste, die ich an Bord eines Schiffes je erlebte. Sie lehrte mich viel, sie war überaus lohnend. Unter den Frauen, Kindern und Männern, denen ich begegnete, waren nicht wenige, die – zwar abgemagert und erschöpft, aber ungebrochen – den Holocaust irgendwie überlebt hatten. Einzelheiten werde ich nicht schildern. Schicksale wie die dieser Menschen sind ja seit jener Zeit all denen bekannt, die sich die Mühe gemacht haben, davon zu erfahren. Von den vielen, die ich während dieser Überfahrt kennenlernte, wäre mancher mehr als erwähnenswert, würde allerdings für sich allein in vielen Fällen ein ganzes Buch erfordern.

Wir legten an New Yorks antiquierter und außerdem dreckiger Eastside-Mole nicht weit von Staten Island an. Als gebürtiger Staatsangehöriger galt man in den Augen der Zollbeamten als „Bürger erster Klasse". Schon dies stand im Gegensatz zu denjenigen meiner Landsleute, die einst als Ausländer in den USA angekommen, sich inzwischen hatten einbürgern können. Die Beamten sahen sie als nicht ganz ebenbürtig an, betrachteten sie als „Bürger zweiter Klasse" und fertigten sie dementsprechend langsamer ab als mich und ein paar andere, die von Geburt an US-Staatsangehörige waren. Dank solcher Privilegien, die ich völlig ungerechtfertigt fand, war mein Weg

durch den Zoll ein rasch erledigtes Routineverfahren. Die große Mehrheit der Passagiere bestand aber aus Einwanderern. Sie waren daher, aus Beamtensicht, „Dritt-Klasse-Menschen". Sie mußten sich sowohl einer langen Anhörung als auch einer endlos erscheinenden Gepäckkontrolle unterziehen. Erst dann erhielten sie Erlaubnis, die Ankunftshalle zu verlassen, um sich auf den Weg zu ihren jeweiligen Bestimmungsorten zu machen. Von nur einigen, die ich an Bord des Schiffes kennen- und schätzengelernt hatte, konnte ich mich verabschieden. Ihnen wünschte ich alles Gute, war mir dabei aber bewußt, daß viele Enttäuschungen, viel Ernüchterung und viele zerschlagene Hoffnungen sie nach allem erwarteten, was sie voller Zuversicht hinter sich gelassen hatten in ihren kriegsverwüsteten Ländern.
Noch bevor ich mein Gepäck untergestellt hatte, rief ich von einer Telefonzelle an der Mole Janes und meine guten Freunde Margerie und Arthur Loeb an, beide treue Verfechter von Menschenrechten und sozialer Gerechtigkeit. Sie waren es ja gewesen, die den Westside Council for Community Action gegründet hatten und noch immer leiteten. Von derselben Kabine aus rief ich auch meine Eltern in Kentucky an, teilte ihnen mit, daß ich aus Europa zurück sei und sie sobald als möglich besuchen würde. Aufgrund eines Telegramms, das ich vor meiner Abfahrt von Bremerhaven geschickt hatte, wußten sie bereits, mit welchem Schiff ich ankommen sollte. Margerie und Arthur freuten sich zu hören, daß ich wieder in den USA war und sagten, sie hätten von meinen und meiner Kollegen Differenzen mit der Besatzungspolitik in Deutschland gewußt. Sie hatten den Bericht der *New York Times* und die Serie in *PM* gelesen. Aufgrund dieser Artikel kannten sie meine verwirrenden und besorgniserregenden Eindrücke, was die politischen Entwicklungen in Bayern betraf. Meine Auffassungen über vieles, was sich in unserem Land seit dem Tode Roosevelts ereignet hatte, teilten sie durchaus.
Sie luden mich für denselben Abend zum Essen in ihre seit 1937 mir vertraute, große Wohnung, Ecke 85th Street und Central Park West, ein. Da ich mich sehr darauf freute, sie beide und ihren Sohn wiederzusehen, nahm ich die Einladung voller Erwartung gerne an. Zudem machten sie mir das Angebot, so lange bei ihnen wohnen zu bleiben, bis ich herausgefunden hätte, was ich unternehmen sollte und

könnte, um eine neue Arbeitsstelle zu finden, und wo ich ein neues Zuhause entdecken würde. Natürlich fragten sie nach Jane und den Kindern, wunderten sich, warum sie nicht mit mir nach New York gekommen waren. Ich versprach ihnen, am Abend alles zu erklären. Dieser bot übrigens die Aussicht auf kulinarische Köstlichkeiten und dazu einen edlen Tropfen. Margerie war eine außergewöhnlich phantasiebegabte Köchin. Ich konnte mich darauf verlassen, daß ihr zur Feier unseres Wiedersehens etwas ganz Besonderes einfallen würde.
Mein erster Tag in New York nach mehr als zwei Jahren Aufenthalt in Europa war sowohl voller Freude über das Wiedersehen mit den Loebs als auch voll Trauer wegen der Entwicklungen, die ich auf politischer Ebene und über meine persönliche Situation zu berichten hatte. Margerie und Arthur waren, wie ich nicht anders erwartet hätte, mitfühlend und verständnisvoll. Auch sie verfolgten enttäuscht, was in Deutschland vorging und stimmten mit mir voll überein in meiner Sorge wegen der sich immer deutlicher abzeichnenden außenpolitischen Tendenzen seit Trumans Einzug ins Weiße Haus. (Arthur, ein Liberaler im Rooseveltschen Sinn, war auch – wie Truman – schon immer fast fanatischer Antikommunist. Er blieb es bis zu seinem Lebensende). Unnötig zu erwähnen, daß sie beide bestürzt waren wegen dessen, was ich nicht umhin konnte ihnen zu erzählen im Zusammenhang mit Janes, der Kinder und meinen traumatischen Erfahrungen, die als eine Folge von Hermias und meiner Beziehung uns allen zuteil geworden waren.
Ein paar Tage später kam von Jane ein Brief. Sie hatte ihn an Loebs Adresse geschickt, da sie vermutete, ich würde bei ihnen sein oder sie würden auf jeden Fall wissen, wo ich war. Sowohl Jane als auch Hermia hatte ich, als ich noch im Presseklub wohnte, einmal ganz kurz in Paris getroffen – Jane in einem kleinen Café am Boulevard St. Germain, Hermia auf den Stufen zur Madeleine. (Sie und ich sahen uns nach diesem Treffen zum ersten Mal 1973 am Bodensee wieder.) Janes Brief verstand ich jetzt so, als wäre sie eventuell bereit, dem Vorschlag zuzustimmen, den ich ihr im Pariser Café gemacht hatte. Ich war nämlich der Überzeugung, daß wir uns selber und erst recht den Kindern einen ernsthaften Versuch schuldeten, unsere Ehe auf einer neuen Basis wieder aufzubauen. Ich schrieb sofort nach Nizza

zurück, wo sie und die Kinder noch mit Viktor zusammen waren. Sie antwortete, betonte aber, daß sie erst in die USA zurückzukehren bereit sei, wenn ich irgendwo in oder in der Nähe von New York eine Wohnung gefunden hätte.

Als ich Margerie und Arthur von dieser unerwarteten Möglichkeit berichtete, fiel ihnen ein, daß ein wohlhabender Bekannter namens Irwin Friend uns behilflich sein könnte. Bald stellte sich heraus, daß dieser Mann nicht nur „Friend" hieß, sondern in mancherlei Weise ein echter Freund wurde. Er war Eigentümer einer Firma, die schon damals fahrradähnliche Geräte für Fitneß-Training in der Wohnung des Besitzers herstellte und vertrieb. Dabei unterhielt er Geschäftsverbindungen mit führenden Immobilienagenturen in ganz New York und auf Long Island. Spontan, als ich ihn eines Abends bei Loebs kaum kennengelernt hatte, bot er mir an eines seiner Autos zu leihen für so lange, wie ich es gebrauchen würde. Dank seinem Leih-Chevrolet und einem seiner Geschäftspartner fand ich in kürzester Zeit in Malverne, Long Island, weniger als eine Stunde mit der Bahn von New Yorks Pennsylvania Station entfernt, einen noch im Bau befindlichen Bungalow. Das Haus, so wurde mir versichert, würde Mitte Oktober bezugsfertig sein.

In der Annahme, ich würde von irgendwo her oder von irgendjemandem etwas Geld auftreiben können, um das Haus zwar spärlich, aber mehr oder weniger passend einzurichten, unterschrieb ich den Mietvertrag, woraufhin ich mit meinem Vater telefonierte. Er versprach, mir ein paar Tausend Dollar zu leihen. Ich fing also an, die nötigsten Möbelstücke und sonstigen Haushaltsgegenstände zu bestellen. Zuversichtlich, bis zu Janes Ankunft den Bungalow bewohnbar gemacht zu haben, machte ich mich auch innerlich darauf gefaßt, unserer Ehe eine neue Chance einzuräumen. Außerdem hoffte ich, daß ich jetzt bald für Anni und Cristi mehr als nur der abwesende Vater würde sein können, der ich nicht allein während meines ersten Jahres in München, sondern auch noch dann gewesen war, nachdem sie unter für uns alle mehr als schmerzlichen Umständen zu mir gekommen waren. Ob dieser Versuch von Erfolg gekrönt sein würde? Ich konnte es ja nur hoffen und dafür mein Bestes tun. Daß auch Jane dazu bereit sein würde, glaubte ich fest. Wir würden ja sehen ...

Nach kurzem Ausflug in kaufmännische Gefilde:
Ein Traum, lange gehegt, wird Wirklichkeit

In der Zwischenzeit mußte ich allerdings irgendeinen Job finden. Dank dem Glück, das mich mein Leben lang zu begleiten scheint, hatte ich bald wieder Arbeit, mit der während einiger Monate sich sogar mehr als genug Geld auf dem Bankkonto anhäufte, als ich gebraucht hätte, um Körper und Geist zusammenzuhalten. Aufgrund eines Zeitungsinserats meldete ich mich Mitte August im Büro einer Verkaufsagentur des damals hochangesehenen zwölfbändigen Nachschlagewerks *Encyclopaedia Britannica*. Ein kurzes Interview führte dazu, daß ich einen Posten auf Kommissionsbasis ohne festes Gehalt erhielt. Vor der Aufnahme meiner neuen Tätigkeit mußte ich mich einem zehntägigen „Crash-Course" unterziehen in den psychologisch genialen und in hohem Maße erfolgreichen, aber ethisch fragwürdigen Verkaufsmethoden, deren Anwendung absolut verbindliche Pflicht für alle Verkäufer war. Dies hatten die Herausgeber ihrer „College-Bildung für Jedermann", wie sie es verlockend nannten, zur Bedingung einer Anstellung als Verkäufer gemacht. Widerwillig, aber auch neugierig, absolvierte ich den Kurs und machte mich, zunächst zögernd und noch skeptisch, auf den Weg, um von Haus zu Haus in allen Teilen von Brooklyn die teuere Ware feilzubieten.

Zu den unabdingbar einzuhaltenden Pflichten eines jeden Verkäufers gehörte, daß er nicht bloß an Wohnungs- oder Haustüren klingelte oder anklopfte, sondern vorher telefonisch einen Termin vereinbarte, an dem sowohl Ehefrau und der Mann des Hauses anwesend sein würden. Bald entdeckte ich, daß die meisten Menschen „leichte Beute" waren. Meine kurzlebigen Erfahrungen als Verkäufer würden einen ausführlichen, umfassenden Bericht verdienen. Aber es würde zu weit führen und könnte eventuell eine Anklage nach sich ziehen wegen angeblicher Verleumdung der Herausgeber dieses keineswegs schlechten Nachschlagewerks, für dessen Verkauf jedoch Methoden angewendet wurden und noch werden, die ich für allzu ausgeklügelt halte. Mit Techniken, die im buchstäblichen Sinn denen von Zauberkünstlern ähnelten, konnten oft Kaufverträge abgeschlossen werden gegen den eigentlichen Willen der Käufer. Ein Beispiel: „Der Trick mit dem Hut." Einen Hut zu tragen war eine der Pflichten jedes Verkäufers. Kaum war ihm die Haustür einen Spalt weit geöffnet worden, schon sagte er: „Guten Abend! Ich bin der Mann von der Britannica. Sie erinnern sich. Wir hatten einen Termin für heute vereinbart. Wo kann ich meinen Hut aufhängen?" Allein mit dieser Frage war der Verkaufserfolg eingeleitet. Denn kaum jemand wäre so unhöflich gewesen, als daß sie oder er gesagt hätte: „Nirgends! Machen Sie, daß Sie sofort von hier verschwinden!" Nein, man war jetzt in der Diele und hing seinen Hut auf. Es folgte eine ganze Reihe vergleichbarer zur Überrumpelung der potentiellen Kunden vorzüglich geeigneten Methoden, um das Werk an Paare oder Familien zu verkaufen als Garantie für beneidenswertes Prestige in den Augen aller „weniger gebildeten" Nichtbesitzer der *Encyclopaedia Britannica*.

Eine detailliertere Schilderung dessen, was wir als Verkäufer aus der Trickkiste erschreckender Praktiken zogen, würde tiefen Einblick gewähren in unser System der freien Marktwirtschaft. Wie man ja weiß, ist dies ein System, in dem nahezu *alles* erlaubt ist oder zumindest geduldet wird, was zum Erfolg führt. Mehr als einmal waren meine Kunden Immigranten, deren Englischkenntnisse reichliche Mängel aufwiesen, wenn sie erst kurze Zeit zuvor aus Italien oder Polen eingewandert waren. Mehrere Male drückte mich mein Gewissen derart, daß ich mit unterschriebenen Kaufverträgen zu solchen Familien zurückging und sie fragte, ob sie nicht doch lieber das Ding nicht bestellt hätten. Sagten sie „Ja, bitte!" – was fast immer der Fall war – zerriß ich das Bestellformular vor ihrem Gesicht und sie dankten mir dafür oft mit dicken Tränen in den Augen.

Andererseits, wenn Schuldgefühle mich nicht plagten, waren die Ergebnisse meiner Bemühungen in finanzieller Hinsicht, wie schon angedeutet, erstaunlich belohnend. Obwohl auf Kommissionsbasis tätig, entdeckte ich innerhalb von vier Wochen, daß mein Jahreseinkommen sich auf mehr als $20.000 belaufen hätte. Zu jener Zeit wäre dies eine fast königliche Summe gewesen. Meine Karriere als Verkäufer war aber glücklicherweise von kurzer Dauer. Die Hausbesuche, die ich in dieser Eigenschaft rund um den ganzen Stadtteil Brooklyn abstattete, hielt ich von Ende August '47 bis Mitte März '48 aus. Danach eröffneten sich andere Perspektiven, die mir unvergleichlich mehr behagten – Perspektiven, die es mir erlaubten, seitdem nie wieder ein Exemplar der so bezaubernd und umfassend schön bebilderten zwölf Bände der *Encyclopaedia Britannica* auch nur anzuschauen. Meine kaufmännischen Erfolge hatten mir immerhin etwas ermöglicht, was ich in solch fragwürdigem Geschäft fraglos verdiente. Dies bestand darin, daß ich Jane einen Scheck zuschicken konnte zur Deckung der Kosten für ihre Flugtickets von Frankreich in die USA. Sie schrieb mir, daß sie und die Kinder voraussichtlich kurz vor Ende Oktober von Nizza aus über Paris nach New York fliegen könnten. Der Mietvertrag, den ich für das kleine Haus in Malverne unterschrieben hatte, sollte zum 15. Oktober in Kraft treten, wenn die Bau- und Installationsarbeiten bis dahin fertiggestellt wären. Meine Kräfte raffte ich zusammen, um es so gut einzurichten, wie ich dies konnte, und um die Küche auszustatten.

Dank unseren Freunden Margerie und Arthur, die um meine Hoffnungen auf irgendeine Arbeit bei der UNO wußten, lernte ich Joseph Hirsh und Sylvia Orenstein kennen. Sie hatten zeitlich befristete Verträge bei der Interimskommission, die für den Entwurf einer Verfassung der in Gründung befindlichen Weltgesundheitsorganisation verantwortlich war. Sylvia war als Verwaltungsassistentin angestellt. Joe leitete vorläufig die Öffentlichkeits- und Pressearbeit der WHO-Interimskommission. Deren Vorsitzender war ein kanadischer Psychiater, Generalmajor Dr. Brock Chisholm, der während des Kriegs bei den alliierten Armeen gedient hatte und vorher stellvertretender Gesundheitsminister Kanadas gewesen war. Sowohl Joe als auch Sylvia sprachen von ihm mit solch glühender Begeisterung, daß ich äußerst gespannt war, mehr über ihn zu erfahren. Eine Gelegenheit dazu ergab sich bald. Chisholm hielt eines Abends im großen Saal eines der vornehmen New Yorker Hotels einen Vortrag, zu dem es mir eine Eintrittskarte zu ergattern irgendwie gelang. Alles, was Chisholm dort sagte, versetzte mich in noch hellere Begeisterung als die Empfehlungen von Orenstein und Hirsh. Was er in seiner ruhig bescheidenen Art und ohne jegliches Pathos ausführte, erschien mir als ebenso schwerwiegend und wichtig, daß es mich förmlich beflügelte. Er legte seine Überzeugungen zu einer neuen Weitsicht dar, zur Notwendig-

keit der Anerkennung der Interdependenz aller Völker in unserer rasch zusammenwachsenden Welt. (Einige vierzig Jahre später drückte der russische Dichter Ales Adamowitsch das Gleiche aus, als er von dem überlebenswichtigen Gebot einer „planetaren Weltsicht" sprach, wenn die Gattung Mensch fortdauern sollte.)
Chisholms Aufruf zu einem neuen Sinn für unsere globale Verantwortlichkeit als Weltbürger und für die Notwendigkeit, allen Menschen überall – jenseits eines jeden engstirnigen Nationalismus – geistige Entfaltungsräume in Freiheit und körperlicher Gesundheit zu gewährleisten, verschlug mir den Atem. War dies alles doch so sehr ähnlich dem, was auch mir vorschwebte und was ich hatte andeuten wollen, als ich beim Abschied von Radio München sagte, ich würde nie wieder für einen Nationalstaat arbeiten wollen, zumal der Nationalstaat nach meiner Überzeugung sich überlebt habe. Der eindringliche Appell Chisholms an jenem Abend in New York entsprach auch Teilen des Essays, der im Münchener Presseklub erst einige Monate vorher sich selbst geschrieben hatte. Ein anderer Vortrag, den Chisholm in Washington zwei Jahre vor seinem New Yorker Auftritt gehalten hatte, trug den Titel: „The Psychiatry of Enduring Peace and Social Progress"[1]. Ein Exemplar dieses Texts steht noch heute als Kleinod in meinem Bücherschrank ...
Kurze Zeit nach Chisholms Vortrag in New York teilte mir Joe Hirsh mit, daß er nicht die Absicht habe als Presse- und Informationsoffizier bei der WHO-Interimskommission zu verbleiben, weil er „andere Pläne" schmiede. Ob ich wollte, daß er mich für seinen Posten vorschlage? Seine Frage war ja überflüssig, wäre überhaupt nicht nötig gewesen. Ich zögerte keine Sekunde. Danach setzte für mich ein Warten ein, das ich ohne großen Erfolg mit Geduld zu ertragen versuchte. Aber kaum eine Woche – höchstens zehn Tage später – kam ein Anruf, der mich zu einem Gespräch mit Chisholm in sein Büro, zusammen mit dem Personalchef der Interimskommission, einlud. Mitte September rief Sylvia Orenstein an, um mir mitzuteilen, daß Joe seinen Rücktritt mit Wirkung Anfang März eingereicht hätte und sein Posten für mich frei werden würde, falls ich ihn noch haben wollte.

---

[1] „Die Psychiatrie dauerhaften Friedens und sozialen Fortschritts."

Und ob ich ihn wollte! Sofort nahm ich an. Dies würde eine Arbeit sein, auf die ich mich mit grenzenlos ungezügeltem Enthusiasmus freuen konnte – eine Aufgabe, die bedeuten könnte, daß ich etwas – wenn auch noch so wenig – zur Erreichung von Zielen beizutragen in der Lage sein würde, die für das Überleben der Menschheit und zahlloser anderer Lebewesen von eventuell ausschlaggebender Tragweite wären. Diese aufregenden Aussichten schienen mir fast zu schön, um wahr zu sein. Aber ich konnte nicht umhin zu hoffen – jetzt sogar zu glauben – daß ein lange gehegter Traum bald Wirklichkeit werden würde. Gute Freunde und eine große Portion Glück hatten es möglich gemacht. Oder war es Schicksal? Denn die Wege des Schicksals sind ja geheimnisvoll verschlungen.

Jedenfalls war es für mich eine große Erleichterung, jetzt das Ende meiner materiell gewinnträchtigen Verkäuferkarriere absehen zu können. Aber daraus auszusteigen kam nicht in Frage, bevor die unvergleichlich akzeptablere neue Arbeit bei der WHO begonnen hätte. Die Gewinne, die meine, wie es schien, offensichtliche Begabung in der mir sonst fremden Geschäftswelt einbrachte, bedeuteten wahrscheinlich, daß ich die Schuld bei meinem Vater bald würde begleichen können. Den allergrößten Teil dieses Geldes hatte ich für die Einrichtung des neuen Hauses ausgegeben. In der Erwartung, in naher Zukunft meine Schulden tilgen zu können und mit der erfreulichen Aussicht auf einen Posten (früher oder später sogar als Beamter) bei der WHO beschloß ich, zehn Tage Urlaub von der leidigen *Britannica* zu nehmen für einen Besuch in Kentucky – den ersten, seit Jane und ich geheiratet hatten.

Heimkehr des verlorenen Sohns

Da ich hoffte, dem dichtesten Straßenverkehr möglichst zu entkommen, startete ich von New York eines Abends kurz vor Mitternacht im Chevrolet, den mir Irwin Friend anvertraut hatte. Die lange, etwas einsame aber nicht langweilige Fahrt durch Dutzende von ruhigen, weil schlafenden großen und kleinen Städten ist mir noch deutlich in Erinnerung – zuerst durch New Jersey, dann Pennsylvania. Die Nacht war bezaubernd schön, kühl aber noch nicht kalt, und über allem ein mondbeschienener, wolkenloser Himmel. Eine sanfte Brise trug den Duft abgeernteter Felder durch die halboffenen Fenster des geliehenen „Chevy".

Die ganze Nacht hindurch konnte ich ziemlich schnell fahren, weil so wenig Verkehr auf den Überlandstraßen mir den Weg streitig machte. Beim Morgengrauen hatte ich schon den nördlichen Teil von Ohio erreicht. Nachdem ich an einem Quick-Food „White Castle" mehrere Tassen „good American coffee" (mir schmeckte er nicht nach dem guten Kaffee, den ich in Europa genossen hatte) heruntergestürzt hatte – natürlich in Begleitung eines saftigen Hamburgers, der mir viel besser schmeckte als die, die man heute in der ganzen Welt bei „MacDonalds" bekommt – fuhr ich fünf bis sechs Stunden weiter übers Land. Dann erblickte ich ein rot angestrichenes, hölzernes Farmhaus, um das eine Gruppe großer alter Eichen stand und neben dem Haus ein riesiges rotes Silo sowie eine gleichfarbige Scheune. An einem Zaun, nahe der Landstraße, erspähte ich ein Schild, auf dem zu lesen war: „Gästezimmer. Zwei Dollar pro Nacht." Ich hielt an, stieg aus dem Wagen und schlenderte zu den Farmgebäuden hinüber. Mein Mittagessen genoß ich in Gesellschaft des Farmers, seiner Frau und ihrer drei oder vier Kinder. Dann legte ich mich für ein paar Stunden Schlaf im „Zwei-Dollar-Zimmer" hin. Als ich aufwachte, war es schon Spätnachmittag. Den Rest jenes herrlichen Frühherbsttages verbrachte ich damit, über die mit Kürbissen bestückten bereits abgeernteten Maisfelder des Farmers und durch den nahen Wald zu wandern. Deutlich entsinne ich mich vieler anderer Einzelheiten in dieser friedlichen und wunderschön ruhigen Landschaft, werde sie jedoch zu beschreiben nicht versuchen. Aber nicht unerwähnt darf bleiben das überwältigende Gefühl verzückter und vollkommener Einheit mit den Bäumen und ihren Blättern, die sich schon tief orangerot oder golden färbten; mit dem leisen Windhauch, der sie sanft bewegte; mit den vielen Vögeln, die ihren friedvollen Abendgesang anzustimmen begannen; mit der unendlichen Weite des noch wolkenlosen Himmels, als die Sonne hinter dem Horizont langsam versank. Dies alles war wieder die Stimmung und Atmosphäre, in die ich eingetaucht war einige Monate zuvor während meiner vielen Wanderungen an den Feldern und auf den Wiesen der ländlichen Umgebung Münchens, als ich mich mit den Geheimnissen allen Lebens eindrucksvoll tief verbunden wußte.

Sehr früh am nächsten Morgen beglich ich meine Rechnung bei der Farmersfrau und trat die Fahrt wieder an. Der Weg führte jetzt direkt südwärts in Richtung Cincinnatti und auf das Ohio-Tal zu. Bei Cincinnatti überquerte ich die breite Brücke nach Covington und war schon in Kentucky, 110 Meilen stromaufwärts von „My Old Kentucky Home". (Dieses Lied singe ich – ein wenig nostalgisch – immer öfter, seitdem ich in Europa angesiedelt bin und Gesangunterricht nehme.) Anderthalb Stunden nach Covington erreichte ich Louisville, kannte mich in der Stadt noch gut aus und fuhr am baumumsäumten Cherokee Parkway entlang bis zur Biegung, an der man die Landstraße nimmt zum Dorf namens Fairdale – zwei Fahrradstunden von Louisville entfernt. Vieles war mir bis jetzt noch vertraut, aber von hier an hatte sich einiges verändert in den acht Jahren seit Janes und meiner Trauung Anfang August 1939. Von Fairdale aus ging es ohne Halt weiter. In weniger als zehn Minuten umrundete ich mühelos die Haarnadelkurven, die man bis zur Spitze des Holsclaw Hill hinter sich bringen muß und die seinerzeit in unserem Model-T-Ford günstigenfalls eine halbe Stunde gekostet hatten. Die Straße war jetzt asphaltiert und um einen bis zwei Meter verbreitert worden seit meinen Kindertagen ...

Um Punkt zwölf Uhr mittags hielt ich kurz an vor dem weit geöffneten Tor von „High Acres". Ich schaute mich um. Der rohrförmige weißgestrichene Briefkasten auf dem kleinen Pfahl war immer noch da. Den Gingko-Baum suchte ich dort, wo er neben dem schmalen Schotterweg gepflanzt worden war, der zum „Manor House" führte.

Auch jener exotische Baum war da. Während der Weiterfahrt schaltete ich in den ersten Gang und kam dann vor dem großen Haus am Waldrand zum Stehen. Noch hatte ich das Auto im Schatten des Kastanienbaums neben den Bibliotheksräumen meines Vaters nicht richtig geparkt, schon stürzten meine Eltern zur Begrüßung aus der Küche. Sie hatten dort gerade mit dem Mittagessen begonnen. Ihre Umarmungen waren liebevoll, aber eine gewisse Zurückhaltung entging mir nicht. Zu viel gab es, von dem sie noch nichts wußten außer ein paar Andeutungen in undeutlichen Konturen über das, was bei Jane und mir geschehen war.

Meine Mutter improvisierte ein kleines Begrüßungsessen und servierte es in der Eßecke neben der Küche. Meine jüngste Schwester Dorothy kam hinzu. Sie wohnte noch bei unseren Eltern, hatte den Gästeteil des großen Hauses für sich mit eigenem Badezimmer und holzgetäfeltem Schlafzimmer, von dem aus man den schönen weiten Blick über das Ohio-Tal hinaus hatte bis zu den Hügeln von Indiana am anderen Ufer. Dies war der Herbst, wenn ich mich recht entsinne, als sie Herbert Artnson heiratete und nach Westen in den Bundesstaat Washington umzog, wo er Literaturprofessor an einem kleinen College war. Als ich Herb besser kennenlernte, entdeckte ich in ihm einen reizend humorvollen Kinderbuchautor, der als Hobby auch Orgeln baute und auf seinen selbgebastelten Orgeln herrlichen Jazz spielte. „Dotty", wie wir sie alle nannten, war eine begabte Amateurkünstlerin. Zu ihren vielgestaltigen Interessen und Werken gehörten Zeichnen, Malen und Töpfern. Im Jahr 1947, als ich in Kentucky zu Besuch war, zeichnete sie eine bunte Skizze von „High Acres", die ich sehr schätze. Diese kleine illustrierte „Landkarte" hat die Wände all meiner Behausungen geziert, wo immer ich lebte.

Doch jetzt muß ich zu den wunden Punkten meines Besuchs auf „High Acres" im Frühherbst '47 kommen. Jener kurze Besuch fand zu einer Zeit statt, als meine Eltern auf der Farm endlich in ihrem neuen großen Haus wohnten, da mein Vater ab Ende 1942 sich schrittweise aus seiner kardiologischen Praxis zurückgezogen hatte. Die paar Tage, die ich auf der Farm verbrachte nach zwei Jahren in Europa, wären unter anderen Umständen als denen dieses Besuchs wohl Anlaß gewesen, ein gemästetes Kalb zu Ehren des heimgekehrten verlorenen

Sohns zu schlachten. Aber die Umstände waren eben anders. Mein Vater schien erleichtert zu sein, als ich berichtete, daß ich nicht länger von Tür zu Tür im „Sündenpfuhl Brooklyn" ein dickes Nachschlagewerk zu verkaufen bemüht sein würde. Beide Eltern freuten sich über die Mitteilung, die ich zu meiner bevorstehenden Anstellung bei der WHO-Interimskommission ihnen unterbreitete. Aber als ich, so taktvoll als mir möglich, dazu überging, meine familiäre Situation bzw. die Krise in meiner Ehe und deren Gründe zu schildern, änderte sich schlagartig die Stimmung. Einheitlich reagierten sie weniger als einsichts- oder verständnisvoll.

Sie hatten bisher nur erfahren, daß Jane und die Kinder aus Gründen, die niemandem in Louisville bekannt waren, München verlassen hatten und jetzt in Südfrankreich lebten. Warum dies geschehen war, mit wem sie nach Nizza umgezogen waren oder ob und wann sie in die USA zurückkehren würden, hatte ich ihnen noch nicht gesagt – Jane natürlich erst recht nicht. Da ich keine Ahnung hatte, wie oder mit welchen Worten ich es ihnen hätte beibringen sollen, damit sie unsere Familiensituation würden verstehen können, unternahm ich stotternd den Versuch eines vorsichtig dosierten Berichts.

Bei meiner Erwähnung von Hermia verriet der Gesichtsausdruck meiner Mutter blankes Entsetzen. Mein Vater schien den Eindruck zu haben, daß dies alles nicht *sein* Problem sei, sondern ausschließlich meines. Er hörte kommentarlos zu. Die Spannung im Raum knisterte. Auch meine Mutter brachte zunächst kein Wort über die Lippen. Aber dann kam heraus, was sie zunächst nur fassungslos zur Kenntnis genommen hatte. „Ist dir denn nicht klar, was dies bedeutet? Du hast dein Ehegelöbnis gebrochen. Du hast Ehebruch begangen! Dies ist eine schreckliche Sünde." Sanft und so gefaßt wie möglich protestierte ich. „Hör' mal! *Mir* scheint, daß Liebe, solange es sich nicht bloß um eine vorübergehende Leidenschaft handelt, niemals Sünde sein kann. Ich weiß nicht, wie man Sünde definiert in einer Situation wie der meinen. Oder überhaupt, was Sünde ist. Hermias und meine Beziehung war keineswegs die übliche Art von Affäre. Ich weiß nicht, was daran in deinen Augen so schlimm sein soll."

Aber ich hätte es wissen sollen, im Grunde hatte ich es auch gewußt. Die Haltung meiner Mutter, was eheliche Treue betrifft, war in ihrer presbyterianischen Erziehung fest verwurzelt. Anderen wesentlichen Fragen gegenüber war sie ausgesprochen liberal, aufgeschlossen, offen. Doch in diesem Fall blieb sie unter Tränen bei ihrer vorgefaßten Meinung. Selbst dann, als ich ihr erklärte, warum wir beide, Hermia und ich, gemeinsam beschlossen hatten, wieder getrennte Wege zu gehen; daß Jane und ich zur Überzeugung gekommen waren, wir würden wieder zusammenleben, um unserer Ehe eine neue Chance zu geben; daß wir dies nicht nur wegen der Kinder, sondern auch unseretwegen tun würden. Nichts von alledem war für meine Mutter genug. Ich respektierte ihren Standpunkt, aber diese Art von Moralisieren konnte ich nicht hinnehmen, obwohl ich gestehen muß, daß es in mir unterschwellige Schuldgefühle auslöste.

Bis zu ihrem Tod im Frühjahr 1965 wurde diese Sache zwischen meiner Mutter und mir nie wieder erwähnt. Wahrscheinlich hatte sie ihren Kummer und das Gefühl von Schande wegen meiner – nach ihrer Überzeugung – unmoralischen und verwerflichen Tat nicht überwachsen, so lange sie lebte. Glücklicherweise wurde ihr erspart, von einigen anderen Begebenheiten in meinem Leben nach 1947 zu erfahren. Denn sie hätten ihren Verdacht wohl endgültig bestätigt, daß ihr einziger Sohn eine verlorene Seele sei. Noch größeres Glück hatte ich, daß meine Großmutter mütterlicherseits von der Verderbtheit ihres ältesten Enkels offenbar nie irgendetwas erfuhr. Obschon ich weder dem Alkohol noch Kartenspielen frönte, Peepshows oder Striptease-Vorstellungen besuchte, wäre meine Großmutter noch tiefer entsetzt gewesen als meine Mutter, wenn sie geargwöhnt hätte, was für ein ketzerischer Querdenker und Abtrünniger ich seit meiner Pubertät geworden war – und dies alles im Alter wohl nur noch mehr geworden bin ...

Natürlich besuchte ich mit Freuden meine Großeltern. Denn diesen pfeiferauchenden Großvater hielt ich noch in Ehren. Noch lieber traf ich mich allerdings mit alten Freunden während der paar Tage meines Aufenthalts in Louisville – mit John Allen und Tom Sweeney zum Beispiel. Einen Nachmittag bei Janes Schwester Anne Bradbury und ihrem Mann genoß ich sehr. Ein Höflichkeitsbesuch bei meinen Noch-Schwiegereltern, Lois und John „Pop" Glenn, war weniger erfreulich, eher etwas peinlich. Aber sie zeigten nicht mit anklagenden

Fingern auf mich, obwohl beide mehr über meine eheliche Situation wußten als meine Eltern, weil Jane ihnen gegenüber vermutlich kaum ein großes Geheimnis daraus gemacht hatte.

Am vierten – dem vorletzten – Tag meines Besuchs in einer Umgebung, wo ich mich nicht mehr so richtig „zu Hause" fühlte, rief ein Reporter des *Louisville Courier-Journal* an und bat um ein Interview, wozu ich gerne bereit war. Darin erklärte ich, aus welchen Gründen meine beiden Kollegen und ich die seit Beginn der Präsidentschaft Trumans unverkennbare Kehrtwende in der US-Außenpolitik – darunter gewisse dubiose Praktiken einiger Spruchkammern zumindest in Bayern – für einen eklatanten Verrat an Zielen hielten, die für hoch und heilig erklärt worden waren im Kampf gegen das NS-Terrorregime. Das Interview erschien in voller Länge am darauffolgenden Tag. Und, wie man mir sagte, erregte es nicht wenig Aufsehen. Ob etwas daran war, hätte ich nicht beurteilen können, weil mein Besuch in Kentucky vor Auslieferung der Zeitung zu Ende ging. Im geräumigen Gästezimmer am Rande des Waldes, mit seinen teilweise dreihundert Jahre alten Bäumen, packte ich frühmorgens meinen Koffer, verabschiedete mich von meinen Eltern und Dorothy, um mich auf den Rückweg nach New York zu machen. Er erwies sich als ebenso ereignislos – bis auf die unvergeßlichen Stunden bei der Farmersfamilie in Ohio – als die Herfahrt es gewesen war.

Nicht ohne innere und äußere Mühsal: Eine Ehe auf dem Prüfstand

Das Haus in Malverne war, wie versprochen, am 15. Oktober bezugsfertig. Also zog ich dort ein. Von Jane hatte ich seit einigen Wochen nichts gehört. Als ein Luftpostbrief von ihr, drei Wochen zuvor aufgegeben, endlich ankam, sagte sie, daß es mehr als schwer herauszufinden sei, wie sie bald von Nizza oder von irgendwo sonst in ganz Frankreich nach New York würde reisen können. Frankreich war von zunehmend erbitterten Arbeitskämpfen lahmgelegt worden. Streiks in fast allen industriellen Betrieben und den öffentlichen Verkehrs-

mitteln, einschließlich der SNCF[1], weiteten sich täglich aus. Als Janes Brief mich erreichte, war es schon Mitte November geworden. Sie bezweifelte, ob sie und die Kinder in absehbarer Zeit Frankreich würden verlassen können. Telefonieren war unmöglich, zumal sie und Viktor in Nizza kein Telefon hatten und die PTT[2] sowieso bestreikt war. Mir blieb nichts anderes übrig als zu warten.
Überraschenderweise dauerte das Warten nicht lange. Eines Frühmorgens lieferte man mir ein Telegramm: „Ankomme KLM-Flug von Amsterdam 30. November." Trotz allem waren ihr offensichtlich irgendwelche Möglichkeiten eingefallen, wie sie und die Kinder aus dem für *alle* – ob in Frankreich selbst oder erst recht für jemand im Ausland – unüberschaubaren Chaos herausfinden könnten. Und sie kamen tatsächlich mit dem ankündigten KLM-Flug aus Amsterdam in New York an. Die schier unglaubliche Geschichte, wie Jane mit den beiden Mädchen die mühsame Fahrt von Nizza nach Paris, von Paris nach Brüssel und von Brüssel nach Amsterdam bis zum Abflug von Schipol hinter sich gebracht und auch noch überlebt hatten, wäre Stoff für einen Bestseller-Roman gewesen. Jane hat ihn leider nie geschrieben.
Was sie mir berichtete, als ich die drei vom LaGuardia-Flughafen abgeholt hatte, war zutiefst erschütternd. Sie, Anni und Cristi waren mittels einer einzigartigen Kombination von Vehikeln zunächst von Nizza nach Paris gekommen. Dabei hatte es sporadisch kurze Bahnfahrten an ungewisse Bestimmungsorte gegeben, häufige Transfers zu hoffnungslos überfüllten Privatbussen; dann mit ebenso überladenen Taxis oder randvollen Personenwagen, die sie mit zehn oder zwölf anderen umherirrenden Reisenden teilten. Diese unzulänglichen Zufallsbeförderungsmittel brachten sie allmählich und beschwerlich Kilometer um Kilometer langsam Richtung Norden, bis sie endlich Paris erreicht hatten. Dort waren sie durch einen Generalstreik mehrere Tage lang festgehalten worden. Auf welche Weise sie danach von Paris nach Brüssel und von Brüssel nach Amsterdam gelangt waren

---

[1] „Société Nationale des Chemins de Fer Français" = „Nationale Eisenbahngesellschaft".
[2] „Postes, Télégraphes, Téléphones".

für den planmäßigen Flug der KLM-Maschine, wußte nicht einmal Jane selber.

Doch damit nicht genug! Ein zusätzliches pikantes Detail dieses abenteuerlichen Trecks werde ich nie vergessen. Sie waren von Amsterdam nach London geflogen, wo eine kurze Zwischenlandung eingelegt wurde.. Die Passagiere mußten aus irgendwelchen Gründen zur Reisepaß- und Gepäckkontrolle von Bord gehen. Cristi, knapp über zwei Jahre alt, war in der Hektik und Verwirrung der wogenden Menschenmenge abhanden gekommen. Wiederholte, immer dringlicher werdende Appelle über das Lautsprecher-System blieben eine Viertelstunde oder länger ohne Erfolg. Endlich führten sie dazu, daß Cristi entdeckt wurde. In aller Seelenruhe war die Kleine zum Kontrollturm hinüberspaziert, hatte die Treppe bis ober hin geschafft und amüsierte sich samt den Beamten, unter denen sie mit einem auf Französisch gemütlich plauderte. Nach dieser für Jane nicht gerade amüsanten Verzögerung wurde der Flug ausgerufen. Die eigenwillige Cristi – immer schon ein kreativer und unabhängiger Geist – zählte zu den zum Teil verärgerten Passagieren. Stunden später landete das Flugzeug sicher in LaGuardia. Jane und beide Kinder, wie kaum betont zu werden braucht, waren zum Umfallen erschöpft.

Von Abenteuern war jedoch noch immer kein Ende. Der Winter brach in jenem Jahr früher als sonst mit voller Wucht über New York ein. Wir hatten gerade angefangen, uns in unserem nur halb möblierten Haus am Scarcliffe Drive einzurichten, als Tag und Nacht heulende Stürme über Long Island hinwegfegten. Ohne Unterbrechung schneite es, wie ich Schnee sonst nur 1936 in den Ötztaler Alpen erlebt hatte. Bevor ich meine Verkaufstouren für die *Britannica* und somit für die Ernährung einer vierköpfigen Familie unternehmen konnte, mußte ich – wie auch alle anderen körperlich tüchtigen bzw. nicht schwerbehinderten Männer – jeden Morgen eine Stunde oder länger Schnee schippen. Long Island, Brooklyn und ganz Manhattan waren unter Schnee begraben. Nichts ging mehr auf den Straßen und auf den Gleisen der Long Island Railway. Zum Erreichen der Außenwelt mußte man sich täglich aufs Neue enge, meterhohe Gassen in den Schnee graben, die von den Haustüren zu den nie ganz geräumten Straßen führten. Überall lag der Schnee zwei bis zweieinhalb

Meter hoch, in Wehen noch viel höher. Schneeberge türmten sich an manchen Stellen so hoch, daß man nicht einmal über ihre Kämme sehen konnte. Allen Einwohnern war wohl wie uns so zumute, als wären wir in Eskimo-Reservate versetzt worden.
Irgendwie gelang es im vom Scarcliffe Drive zum Glück nicht weit entfernten Supermarkt uns mit den nötigsten Lebensmitteln zu versorgen. Mit der Menge Heizöl, das ich vor meinem Besuch in Kentucky vernünftig genug gewesen war anliefern zu lassen, hielten wir uns warm. Aber meine scheinbare Begabung im kaufmännischen Bereich resultierte unter solchen Bedingungen in sehr unzureichenden Ergebnissen. Während zwei oder drei Wochen vor Weihnachten gab es häufig ganze Tage, an denen der Straßen- und Schienenverkehr völlig zum Erliegen kam. Dann, erst ganz kurz vor Beginn der eigentlichen Weihnachtszeit, hörten die Schneestürme endlich auf. Hell glänzten die Sterne über New York. In einer der eiskalten klaren Nächte, die den Schneestürmen folgten, war Cristi aufgewacht und konnte nicht wieder einschlafen. Ich nahm sie auf, wickelte sie in eine dicke Wolldecke ein und trug sie auf meinen Armen nach draußen. Über den glitzernd weißen Schneehügeln hing ein Vollmond hoch am Himmel. Cristi schaute, zunächst schweigend und voll des Staunens, zum Mond hinauf. Fasziniert schwieg sie minutenlang. Auch ich sagte kein Wort. Dann, während ich die Kleine hielt, deutete sie auf den silbrigen Mond, kuschelte sich enger an mich und flüsterte etwas in mein Ohr, das ich nicht gleich verstehen konnte. Ich bat sie es mir noch einmal zu sagen. Sie wiederholte, wispernd: „Tu vois? La lune! Tu vois la lune? C'est beau! Que c'est *beau* !"[1] Dann schwiegen wir beide. Ich trug sie ins Haus zurück und packte sie warm in ihr Bett. Sie schlief fast sofort wieder fest ein ...
Zehn Jahre später – meine dritte und jüngste Tochter Gillian war noch klein – lebten wir in New Haven, im Bundesstaat Connecticut, während ich ein Zusatzstudium an der Yale University absolvierte. Dies war im Anschluß an einen fast fünfjährigen Aufenthalt in Indien. Schnee hatte Gillian bis dahin nur von weitem gesehen auf

---

[1] „Siehst du? Der Mond! Siehst du den Mond? Das ist schön! Ist das nicht *schön*!"

den Gipfeln des Himalayas, als sie sich mit ihrer Mutter und ihrer Stiefschwester Corinne in einem relativ hoch gelegenen Erholungsort aufhielt während der heißen Monsunmonate mit hoher Luftfeuchtigkeit. Als Gillian, fünf Jahre alt, in unserem New Havener Garten zum ersten Mal Schnee sah, war sie nicht weniger erstaunt als Cristi es im Mondschein gewesen war. Obwohl sie sonst ähnlich empfindsam und feinfühlig ist, war ihre Reaktion pragmatischer. Nachdem sie den Schnee eine halbe Minute lang wortlos betrachtet hatte, fragte sie: „Wozu ist *das* gut? Es ist sehr schön. Aber, Daddy, was kann man damit machen?"

Weihnachten in Malverne, zehn Jahre vorher, war lange nicht so schön, wie Weihnachten sein sollte. Der Baum, den wir gekauft hatten, war zwar riesengroß. Er reichte bis zur Decke unseres kleinen Wohnzimmers hinauf. Denn sonst wäre Weihnachten für Jane überhaupt nicht die Feier gewesen, wie sie sie sich vorstellte und immer wünschte. Der Baum war mit einem unvollständigen Satz des üblichen Schmucks und ein paar elektrischen Kerzen geziert. Selbstverständlich gab es für beide Kinder einige Geschenke. Jane und ich taten unser Bestes, um wenigstens ein bißchen Weihnachtsstimmung herbeizuzaubern. Aber es wollte uns nicht so recht gelingen. Ein kleines Radiogerät, das wir im Supermarkt erstanden hatten, brachte – wie üblich – viele Weihnachtslieder ins Haus. Dennoch blieb die Atmosphäre für uns beide irgendwie gedämpft, mehr als ein wenig bedrückend. Sie war mit der Trübsal aufgeladen, die wir bereits gespürt hatten, als ich die drei am Flughafen abholte.

Nur selten, wie auch ein Jahr zuvor in München, gab es Streit. Offene Gegnerschaft zu zeigen vermieden wir beide. Halb bewußt wollten wir uns glauben machen, daß die Probleme zwischen uns sich früher oder später von alleine lösen würden. Ohne jeden Zweifel schlug das, was Jane und mich belastete, auch bei Anni seelische Wunden – bei Cristi ebenfalls, obwohl sie dies kaum hätte wahrnehmen können. Manchmal versuchte Anni ihre Mutter zu trösten, wenn Jane offensichtlich traurig und den Tränen nahe war. Beide, Jane und ich, waren wir darum bemüht, unseren Kummer uns nicht anmerken zu lassen. Dies war nur ab und zu – teilweise – möglich. Anni, die jetzt sechs Jahre alt war, kam in eine nahegelegene Schule, die sie von Scarcliffe Drive aus zu Fuß leicht erreichen konnte. Als das Wetter besser geworden war, nahm ich meine kaufmännischen Eskapaden in vollem Umfang mit dem gewohnten Erfolg wieder auf, wobei das geliehene Chevrolet mir unentbehrlich war. Rein äußerlich und in den Augen unserer Nachbarn, von denen wir kaum jemanden kennenlernten, wird unsere Familie sicherlich einen „normalen" Eindruck gemacht haben. Doch für uns – für Jane wie für mich und zweifellos zum Teil auch für beide Kinder – war es kein „normales" Familienleben mehr ...

Des Dilemmas einvernehmliche Lösung und vielversprechende Perspektiven für einen der Betroffenen

Wochen vergingen. Aus Januar wurde Februar. Wir wußten immer weniger, was mit uns geschah oder was aus unserer Ehe werden sollte. Für Jane war das Zusammenleben mit Viktor im Endeffekt offenbar nicht leicht gewesen, was nach meiner Einschätzung nicht allein an ihm gelegen haben konnte. Sie sagte, er neigte zu Reizbarkeit und Jähzorn – etwas, was mir während unserer Zusammenarbeit in München nicht aufgefallen war, obwohl er eine ungewöhnlich temperamentvolle Persönlichkeit war und heute noch ist. Jane gestand mir jetzt offen ein, daß sie sich eine Zukunft mit ihm nicht vorstellen könnte. Aber auch das tägliche Leben mit mir war für sie schmerzlich. Oft versicherte ich ihr und versuchte zu erklären, daß – und aus welchen Gründen – Hermia und ich keinesfalls vorhatten, unsere Beziehung wieder aufzunehmen oder uns auch nur wiederzusehen. Andererseits konnte ich vor mir selber nicht verheimlichen, daß meine Gedanken tagsüber und in den Träumen vieler unruhiger Nächte noch bei Hermia waren.

Abgesehen von diesem Aspekt unserer unüberwindlichen Schwierigkeiten ergaben sich ernsthafte Probleme aus meinen wiederholten Versuchen, für Jane verständlich und nachvollziehbar das zu verdeutlichen, was das Erleben von „Tod und Wiedergeburt" in München bei mir bewirkt hatte und was dies alles für mich bedeutete. Nichts konnte sie überzeugen, daß ich nicht maßlos übertrieb, wenn ich das überwältigend Schöne und Bereichernde des Höhepunkts jener Krise zu schildern versuchte. Jane war und blieb felsenfest davon überzeugt, daß ich nicht bei Sinnen sei; daß ich psychiatrische Behandlung dringend nötig hätte. Ob sie ihre Meinung in dieser Hinsicht je geändert hat, erfuhr ich nicht. Auch in späteren Jahren sprachen wir nicht von dem, was in meinem Leben der entscheidende Wendepunkt gewesen war. Ein einziges Mal, als ich schon in Indien war, schrieb ich Jane einen Brief, in dem ich ihr den Unterschied zu erklären versuchte zwischen *allen* institutionalisierten Religionen und jenen Formen freier, völlig undogmatisierter Religion – auch *philosophia perennis* [1] genannt. Eine Beantwortung dieses Briefs blieb aus. Nachdem ich mein Studium am Jung-Institut begonnen hatte, leuchtete mir ein, wo die Wurzeln von Janes Haltung gegenüber *jeder* Form von Religion vermutlich lagen – nämlich, in ihrer Ablehnung des absolutistisch-fundamentalistischen Glaubens ihres Vaters als Laienprediger in der „Church of Christ". Ich selber konnte seine, wie mir schien, Borniertheit nur deshalb tolerieren, weil er nicht mein Vater war und ich ihn als einen meiner High-School-Lehrer liebenswert gefunden und geachtet hatte ...

Fast genau ein Jahr nach unserer Trennung im März '47, als Jane mit Viktor nach Nizza umzog, war ihr und mir jetzt in Malverne klar geworden, daß unser Versuch ehelichen Zusammenlebens – aus welcher Kombination unbewußter oder bewußter Gründe auch immer – endgültig zu scheitern drohte. Allzu deutlich erinnere ich mich an einen Abend, nachdem beide Kinder eingeschlafen waren. Jane und ich saßen stundenlang am Küchentisch. Wir waren ernsthaft bemüht, einen für beide Teile und für die Kinder vertretbaren Ausweg aus dem Dilemma zu finden, in das wir hineingeraten waren. Die Unterredung war keineswegs eine hitzige Auseinandersetzung. Wir versuchten, so ruhig als möglich und mit viel gutem Willen auf beiden Seiten, irgendeine rationale Alternative zu entdecken zu einer bloßen Verlängerung einer Beziehung, von der wir beide zur Ansicht ge-

---

[1] „Immerwährende Philosophie" = In allen Kulturkreisen universell erlebbare Religiosität.

kommen waren, daß sie zwar für uns kaum lebbar, aber für die Kinder auf Dauer vielleicht sinnvoll und wünschenswert sein könnte. Erst nach Mitternacht einigten wir uns auf eine Lösung, die uns im Interesse aller Betroffenen zu sein schien. Wir meinten, daß wir uns zunächst wieder trennen und uns wahrscheinlich auf eine Scheidung gefaßt machen sollten, obwohl wir Letzeres noch nicht für unausweichlich hielten. Oder wollten wir uns dies vor uns selber und gegenseitig nicht eingestehen? Damals wie heute glaube ich, daß die schmerzliche Entscheidung, die wir trafen – unter dicken Tränen bei Jane wie bei mir – berechtigt und sinnvoll war.

Wenige Tage nach diesem Abend rief der eine oder der andere von uns Arthur Loeb an und bat ihn, uns beide so bald als möglich zu empfangen. Am darauffolgenden Nachmittag trafen wir ihn in seiner Wohnung. Margerie nahm sich der Kinder in einem Zimmer außerhalb der Hörweite unseres Gesprächs mit Arthur an. Wir erklärten ihm unsere Situation detaillierter, als ich es beim Abendessen an meinem ersten Tag in New York getan hatte. Weshalb wir beide zu der Überzeugung gekommen waren, daß es wohl im Interesse aller Betroffenen wäre, wenn wir uns trennen würden, leuchtete ihm zunächst nicht ein. Er kannte uns seit der Zeit vor unserer Heirat, wußte um unsere vielen gemeinsamen Interessen und erinnerte sich lebhaft an unseren unermüdlichen, begeisterten Einsatz für die Sache des West Side Council. Doch nach unserer Darstellung der ganzen Hintergründe (er schien eher Janes als meinem Standpunkt zuzuneigen, was Religiosität betrifft) setzte er eine rechtlich verbindliche Trennungsvereinbarung auf. Darin verpflichtete ich mich, in Erwartung unserer eventuellen Scheidung, eine monatliche Unterhaltszahlung für Jane und die Kinder zu leisten. Blicke ich heute auf den Inhalt dieser Vereinbarung zurück, kann ich mich des unbehaglichen Eindrucks nicht erwehren, daß das Dokument zwar im Ganzen vernünftig, aber der Betrag, der für meine monatlichen Überweisungen festgesetzt wurde, etwas zu niedrig war. Die Summe hatte Arthur vorgeschlagen und Jane meinte, sie würde ausreichen. Die Vereinbarung unterschrieb zuerst Jane, dann ich. Arthurs Unterschrift und Stempel als Rechtsanwalt bescheinigten deren Gültigkeit, die mit einigen weiteren Tränen – zu Dritt begossen – in Kraft trat.

Jetzt, mehr als ein halbes Jahrhundert älter, bin ich mir sicher, daß der eigentliche, tieferliegende Grund für Janes und meine endgültige Trennung nicht meine Liebe zu Hermia gewesen ist. Natürlich spielte sie eine nicht unwesentliche Rolle. Was jedoch auch dazu beitrug, war der Umstand, daß Jane mit Viktor und den Kindern München verlassen hatte, obwohl Hermia und ich uns für *unsere* Trennung definitiv entschieden hatten. Andererseits neige ich heute zur Ansicht – genauer gesagt – zur Vermutung, daß hinter den erkennbaren Tatsachen, so bedeutend sie auch waren, sich eine Art Fügung verbarg, daß Janes und meine Trennung „in Gottes Rat" (was auch immer damit gemeint sein mag) „bestimmt" war. Freilich bin ich mir dessen bewußt, daß viele meiner Mitmenschen, wenn in einem solchen Zusammenhang von „Fügung" oder „Schicksal" die Rede ist, mich einer Charakterschwäche verdächtigen. Ich bin bereit, es dabei bewenden zu lassen. Wer weiß – wer *kann* mit Sicherheit wissen – ob nicht in solchen Worten irgendwie geartetete Wahrheiten enthalten sind? Entbehrt der Begriff „Karma", der für den Buddhismus wie für den Hinduismus eine Selbstverständlichkeit ist, *jeder* Grundlage in der Wirklichkeit?

Wie dem auch sein mag, Jane und ich trennten uns als Freunde. Zusammen hatten wir während der Kriegsjahre einiges zuwege gebracht, das vielleicht nicht ganz ohne Bedeutung war. Vor allem aber gingen zwei Töchter aus unserer Ehe hervor, die in erster Linie dank Janes verständnisvoller Liebesfähigkeit all das geworden sind, was wir uns für sie hätten wünschen können. Als Freunde gingen wir auseinander und blieben Freunde, bis sie vor einigen Jahren zu früh verstarb ...

Scheidung in Mexico – Wiedersehen in Paris nach Beginn eines neuen Lebensabschnitts

Kurz bevor ich meine blühende Karriere als umherziehender Gewerbetreiber an den Nagel hängte (deshalb auch nicht mehr pflichtgemäß an Haustüren fragen mußte, wo ich mit meinem Hut das Gleiche tun dürfte) und meine neue Arbeit bei der gerade flügge werdenden WHO aufnehmen sollte, verließen Jane und die Kinder New

York. Es war vorgesehen, daß sie bei Janes Eltern in Louisville nochmals einige Monate verbringen würden, bis wir uns entschieden hätten, ob wir uns scheiden lassen wollten. Unser brieflich vereinbarter Beschluß fiel einvernehmlich für eine Scheidung aus. Noch vor Beginn des Frühjahrs 1948 flogen alle drei nach Mexiko City. Wenige Wochen später wurde in Ciudad Juárez die Scheidung ausgesprochen. Bald danach kehrte Jane mit den Kindern nach Frankreich u.a. deshalb zurück, weil vorauszusehen war, daß mein Posten bei der WHO in Genf sein würde. Von dort aus konnte man mit dem Nachtzug in etwa neun Stunden Paris erreichen. Als es dann so weit war und ich bei Genf ein Zimmer gefunden hatte, fuhr ich oft zu Wochenendbesuchen an dem Boulevard Arago, wo Jane sich in eine kleine Erdgeschoßwohnung mit großem Hintergarten als Spielplatz für die Kinder eingenistet hatte.

Meine Aufgaben bei der Interimskommission der WHO hatte ich Anfang März übernommen. In New York hatte die Kommission nur noch ein paar Wochen lang ihren Sitz. Dort blieb dann bloß ein Liasonsbüro zurück, während das Gros des noch nicht zahlreichen Personals nach Genf übersiedelte und im ehemaligen Völkerbundpalast – dem imposanten „Palais des Nations" – Büroräume zugeteilt erhielt. Von mir erwartete Chisholm, daß ich mich bis spätestens am 1. Mai in Genf melden würde. Dies bedeutete, daß ich innerhalb relativ kurzer Zeit nicht nur den Haushalt in Malverne auflösen, sondern mit Hochdruck mich vertraut machen mußte mit Einzelheiten der Planung für die permanente Weltgesundheitsorganisation und deren voraussichtlichen ersten größeren Programmen. Ich tat es gerne und mit rasch wachsender Begeisterung für die Ziele der neuen UN-Spezialorganisation. Schon die Definition von Gesundheit, die auf der für Mitte Juli vorgesehenen ersten WHO-Generalversammlung den Delegierten der erwarteten Mitgliedstaaten zur Aufnahme in die Verfassung unterbreitet werden sollte, empfand ich als herausragend wichtig. „Gesundheit", so hieß es in der vorgeschlagenen Definition, „ist nicht nur die Abwesenheit von Krankheit oder Gebrechen, sondern ein Zustand vollkommenen körperlichen, geistigen und sozialen Wohlbefindens." Diese Erweiterung und Vertiefung des herkömmlichen Begriffs „Gesundheit" entsprach ganz und gar meiner Auffassung nach all dem, was noch kein Jahr vorher mir als das unsagbar bereicherndes Endergebnis einer lebensgefährlichen Krise widerfahren war. Mit der Hilfe von Irwin Friend, der den Eigentümer des Bungalows in Malverne gut kannte, war es mir möglich, kurzfristig mich vom Mietvertrag entbinden zu lassen, was natürlich finanziell eine wesentliche Erleichterung war. Hingegen erwies sich die Auflösung eines Haushalts, der – nicht ohne abwartende Hoffnung – noch kein halbes Jahr vorher gegründet worden war, als extrem deprimierend. Der wenigen Möbelstücke und Einrichtungsgegenstände, die für das Bewohnen des kleinen Hauses angeschafft worden waren, mußte ich mich irgendwie so schnell als möglich entledigen. Ein freundlicher Nachbar, den ich sonst kaum kannte, machte mir einen Vorschlag – nämlich, einen „garage sale"[1] zu veranstalten. In den Zeitungen von Long Island gab ich Inserate auf, mit denen einmalige Gelegenheiten zum Erwerb eines kaum gebrauchten Kühlschranks, Marke „Electrolux", wertvoller Möbel, usw. angekündigt wurden. An der Ecke Scarcliffe Drive und der Hauptstraße, die daran vorbeiführte, stellte ich selbstbemalte Hinweisschilder auf. Kundinnen und Kunden kamen *en masse*. Innerhalb von acht oder neun Tagen war das gesamte Mobiliar verkauft. Selbst die meisten meiner Kleidungsstücke (von einer „Garderobe" zu sprechen, wäre übertrieben) und andere persönliche Gegenstände sowie viele der Bücher, die ich noch besaß, gingen, um einen in Bayern oft gehörten Ausdruck zu verwenden, „weg wie warme Semmeln". Die Einnahmen aus meiner „garage sale" beliefen sich auf eine ansehnliche Summe, aber der Gesamtbetrag war natürlich viel weniger als der, den ich beim Neuerwerb all dieser Dinge ausgegeben hatte. Das Unterfangen war also in materieller Hinsicht mäßig erfolgreich. Im nicht-materiellen Sinn war das Gesamtergebnis *mehr* als lohnend. Ich fühlte mich frei, so frei wie seit meiner Kindheit nicht mehr.

---

[1] Hat man eine Garage – nur wenige selbst nicht wohlhabende Familien in den USA besitzen keine Garage – entspricht diese in Europa unbekannte Verkaufsmethode einem privaten „Flohmarkt".

Daß Besitztum eine tyrannische Macht sein kann, hatte ich halbwegs bewußt erkannt. Jetzt erinnerte mich meine Situation an jenen Tag anno 1936, als ich wegen wachsender Geldnot meine Verwandlung aus dem anfänglichen Studentenprinzen in einen Bettelstudenten als eine Befreiung erlebt hatte. Der unwillkürliche Vergleich zwischen meiner seelischen Verfassung von damals in Heidelberg, als ich meine Siebensachen über die alte Neckar-Brücke in die Altstadt schleppte, und meinem Empfinden jetzt, gegen Ende April 1948, war sowohl tröstlich als auch philosophisch lehrreich. Dank dem Gefühl völliger Freiheit, das ich nunmehr in New York hatte, wurde mir klar, daß Besitzlosigkeit, wie sie von Asketen praktiziert wird, genau das ist, was sie behaupten: Ein unschätzbarer Segen. (Aus diesem Hinweis sollte man allerdings keinesfalls auf eine grundsätzliche Neigung zur Askese bei mir schließen.)
Als ich die USA verließ und noch kein Jahr nach meiner Rückkehr aus Europa mich wieder dorthin auf den Weg machte, fühlte ich mich „vogelfrei", obwohl in einem völlig anderen Sinn als der, in dem dieses Wort normalerweise verwendet wird. Ich war sogar im Begriff zu fliegen, wenn auch nicht mit eigenen Flügeln, sondern mit zweien, die der KLM gehörten. Als Gepäck nahm ich zwei Koffer und einen Rucksack voller Bücher mit. Da ich im Flughafen Schipol umsteigen mußte, um nach Genf weiterzufliegen, nahm ich die Gelegenheit zu einer Übernachtung in Amsterdam wahr. Am nächsten Vormittag konnte ich das Rijksmuseum und das Vincent-van-Gogh-Museum besuchen, beide viel zu kurz. Mit einer Swissair-Maschine flog ich schon nachmittags nach Genf weiter. Da ich die Stadt noch nicht kannte, hatte ich nicht die geringste Ahnung, wo ich vorübergehend preiswert unterkommen konnte. Schräg gegenüber dem Hauptbahnhof, der *Gare Cornavin*, sah ich das offenbar alte und nicht gerade luxuriöse „Hôtel des Familles". Mir schien dies meiner noch strapazierten finanziellen Lage entgegenzukommen. Also nahm ich das Nächstliegende. Dort buchte ich ein Zimmer für zwei Nächte.
Jetzt, Ende April, war das Wetter schön. Zwei Tage verblieben bis zum Termin, an dem ich zum Antritt bei der WHO erwartet wurde. Beim Durchwandern der Stadtmitte entdeckte ich das unweit des Hotels gelegene „Café de Paris" und genoß dessen Spezialität, das einzige

Gericht – "Rostbeef à la sauce du Café de Paris" – das dort serviert wurde. Danach schlenderte ich ein paar Stunden am Ufer des Lac Leman entlang, bewunderte den mitten im See etwa fünfundsiebzig Meter hochschießenden „Jet d'Eau" und hatte alles in allem schon den Eindruck gewonnen, daß mir Genf ganz gut gefallen könnte.
Das bißchen Französisch, das ich am Davidson College gelernt und beim Besuch der Pariser Weltausstellung im Sommer 1937 nur wenig geübt hatte, war mehr als mangelhaft. Im Hotel hatte mir jemand gesagt, den ich mühsam verstand, daß der „Palais des Nations" zu Fuß nur zehn bis fünfzehn Minuten vom Bahnhof entfernt sei. Das Gebäude, dies wußte ich, beherbergte vorläufig den UNO-Hauptsitz und, wie gesagt, auch die Büros der WHO. Am Vormittag des 1. Mai, nachdem ich eine Straßenkarte gekauft hatte, fand ich ohne Mühe dorthin. Von dem vergoldeten hohen Eingangstor des Geländes und von der gediegenen Größe des Gebäudes zunächst überwältigt, blieb ich eine Weile draußen stehen. Fast noch eindrucksvoller waren die weitläufigen, herrlich gepflegten Parkanlagen, die den Palais umgaben mit einem Blick hinunter zum Genfer See, den hohe alte Bäume nur teilweise behinderten. Noch wußte ich nicht, daß ich diesen schönen Park oft als eine Oase der Ruhe genießen würde, in starkem Kontrast zu dem geräuschvollen Tollhaus anderer Gebäude, in denen ich vorher gearbeitet hatte. Aber in den Sommermonaten von Mai '48 bis '52 sollte ich dort, auf einer Holzbank in den Palais-Gärten, mein Mittagessen immer häufiger als Picknick einnehmen.
Nicht ganz nebenbei bemerkt: An einem heißen Julitag in den Palais-Gärten (es dürfte 1950 gewesen sein) sichtete ich ein „UFO" – das einzige, das ich je gesehen habe. Viele andere hatten an dem Tag das gleiche Phänomen beobachtet. Die Genfer Zeitungen berichteten ausführlich darüber. „Unidentified Flying Objects", wie heute allgemein bekannt ist, haben sowohl vorher als auch seither Anlaß zu heftigsten Diskussionen geboten. Ich selber, angeregt durch mein eigenes Erlebnis bei wolkenfrei klarem Himmel an jenem Sommertag, habe mir eine ansehnliche Sammlung von Büchern zu diesem Thema zugelegt. Aufgrund dieser umfangreichen Lektüre hege ich selber kaum Zweifel daran, daß noch lange nicht alle Berichte, die man über Flugkörper dieser Art liest, auf bloßen Täuschungen oder unbewuß-

ten Selbsttäuschungen beruhen. Sehr viele davon sind dies freilich auf jeden Fall. Dennoch bleibt ein harter Kern, der zahlreiche durchaus ernst zu nehmende Wissenschaftler und die Beobachtungen unzähliger Flugzeugbesatzungen zur Vermutung zwingen, daß noch niemand erklären kann, was „UFO's" sind, von woher sie kommen oder was sie – wenn sie denn tatsächlich existieren – hier zu suchen haben ... Aber ich merke, daß ich wieder einmal, wie schon zu oft, abgeschweift bin.

Die neue Arbeit gewinnt Konturen

Als ich mich überwunden hatte und durch das damals unbewachte (heute ohne gültigen Ausweis nicht passierbare) große Eingangstor geschlendert war, fragte ich einen höflichen Portier, der unter einem Gewölbe im Erdgeschoß seinen Dienst leistete, nach dem Weg zu den WHO-Büroräumen. Ohne Mühe fand ich im dritten Stock den Vorraum von Brock Chisholms Büro. In New York, während der ersten hektischen Wochen, hatte ich höchstens drei- oder viermal ein paar Worte mit ihm gewechselt. Jetzt stellte ich mich bei seiner Sekretärin vor. Wenige Augenblicke später kam er, mit einem für ihn typischen echt freundlichen Lächeln um die Lippen, aus seinem – wie mir schien – ungewöhnlich bescheidenen Büro heraus. Er trat mir entgegen, um mich hineinzubegleiten. Herzlich begrüßte er mich und fügte hinzu, er sei sicher, daß ich meine Entscheidung, mich zum WHO-Personal zu zählen, nicht bereuen würde. Dann sagte er etwas, was seinen Ausführungen in dem Vortrag ähnlich war, der mich wenige Monate zuvor in einem New Yorker Hotelsaal begeistert hatte. „Sie können sicher sein", betonte er, „daß wir alle – gemeinsam mit der UNO selbst und deren anderen Spezialorganisationen – eine Art 'Joint Venture' unternehmen. Für die Völker der Welt wird dies allmählich ein höheres Maß an Gesundheit, mehr soziale Gerechtigkeit bedeuten und langfristig sogar vielleicht den Weltfrieden fördern". Daß dies eine fast genaue Wiedergabe seiner Worte ist, bin ich sicher. Nie habe ich sie vergessen. Und ich darf sagen, daß ich während beinahe zwanzig Jahre – so gut ich es konnte – zur Erreichung dieser Ziele beizutragen versuchte. Noch heute gelten trotz aller Schwächen und Unzulänglichkeiten, trotz wiederholter Fehlschläge bei Bemühungen, Kriege zu verhindern oder Frieden wiederherzustellen, trotz fehlenden Willens zu Kompromissen bei den Großmächten und trotz mangelnder Unterstützung (auch finanzieller Art, vor allem durch die USA) die Ideale, auf die sich die UNO und die ihr lose angegliederten Spezialorganisationen gründen. Die weltweit in vielerlei Hinsicht beachtlichen Leistungen der verschiedenen Spezialorganisationen sind der breiten Öffentlichkeit bislang viel zu wenig bekannt, während die tatsächliche und vor allem potentielle Bedeutung der UNO selbst ebenfalls unterschätzt wird. Im Hinblick auf die oft wiederholte Umgehung von möglichen Beiträgen der UNO selbst fragt man sich, ob nicht auch ihr das Los des früheren Völkerbunds beschieden sein wird, wenn nicht einsichtige und einflußreiche Persönlichkeiten sich für fundamental weitreichende Reformen und eine wesentliche Erweiterung einiger der noch nicht vereinten „Vereinten Nationen" zuerkannten Kompetenzen tatkräftig einsetzen würden.

Doch komme ich jetzt zu den Anfangsphasen der ab 1948 rasch wachsenden Tätigkeitsbereiche der WHO wieder zurück. Im weiteren Verlauf dieser Erinnerungen werde ich kaum mehr als einige davon, an denen ich selber beteiligt war, skizzenhaft andeuten können. Bei dem ersten von vielen Gesprächen, die ich mit Dr. Chisholm später hatte, fragte er mich an jenem Frühsommermorgen, ob ich als Leiter einer zunächst kleinen Gruppe von Frauen und Männern die Verantwortung für den Kern dessen, was er als eine „Abteilung für Öffentlichkeitsarbeit" konzipierte, zu übernehmen bereit sein würde. (Heute, 1997, ist diese Abteilung in einem unweit vom Palais des Nations errichteten eigenen Gebäude, das die WHO behaust, längst um ein Vielfaches vergrößert worden mit der Bezeichnung: „Division of Health Education and Public Information"[1].) Chisholms Frage

---

[1] „Abteilung für Gesundheitspädagogik und Öffentliche Information". NB: „Health Education" und „Gesundheitspädagogik" sind nur annähernd das Gleiche, aber sie werden oft so aufgefaßt.

überraschte mich. Ich zögerte. Von einem anderen, Joseph Handler, der für die erste Kerngruppe der Abteilung vorgesehen war, wußte ich aus den Unterlagen, daß er um ein paar Jahre älter war als ich und über umfassendere journalistische Erfahrungen verfügte. Die Frage beantwortete ich also mit dem Hinweis darauf, daß ich zwar zehn Jahre im Bereich des Rundfunkjournalismus gearbeitet und einen verantwortungsvollen Posten als Offizier der US-Militärregierung in Deutschland gehabt hatte. Andererseits schien mir, daß aus dem Altersunterschied zwischen Handler und mir – zumal ich ihn noch nicht kannte – eventuell gewisse Probleme entstehen könnten. Außerdem, so weit ich diese Arbeit bei der WHO schon zu überschauen imstande sei, würde deren Schwerpunkt auf dem Umgang mit Zeitungskorrespondenten und Nachrichtenagenturen liegen. Ich dankte Chisholm für sein Vertrauen, sagte aber, daß es aus diesen Gründen mir eigentlich lieber wäre, er würde Handler den Vorrang geben. So wurde die Sache dann auch entschieden. Ich wurde zum Stellvertretenden Abteilungsleiter ernannt. Später gab es allerdings Situationen, in denen ich unsicher war. ob ich nicht besser getan hätte, Dr. Chisholms Angebot zu akzeptieren.

Den Rest des Tages nach meinen ersten zwei Nächten in Genf verbrachte ich, indem ich fast fünf Jahre oft harter Arbeit in Angriff nahm – eine Arbeit, die sich für mich als geistig bereichernd und in vielerlei Hinsicht horizonterweiternd erwies trotz Schwierigkeiten, die vor allem eine Folge von kontrastierenden Arbeitsweisen zwischen Joe und mir waren. (Vorwegnehmend sei dazu nur so viel gesagt: Ende 1952 bat ich um meine Versetzung nach New Delhi, wo ich Leiter der Informationsabteilung beim WHO-Regionalbüro für Südostasien wurde.) Einige Tage nach meiner Ankunft in Genf traf auch Handler aus New York ein. In Chisholms Büro sahen wir uns zum ersten Mal. Mein spontaner Eindruck war, daß wir fast sicher gut miteinander würden zusammenarbeiten können, was während drei oder vier Jahre im großen und ganzen tatsächlich der Fall war. Leutselig, untersetzt, leicht übergewichtig und schon kahlköpfig werdend, war Joe etwa fünf Jahre älter als ich. Er stammte aus Ungarn, war aber vor längerem US-Staatsangehöriger geworden. Seine Englischkenntnisse waren recht gut, obwohl nicht fehlerfrei, während er

bedeutend besser Französisch konnte. Was immer er auf Englisch schrieb – Pressemitteilungen, Vorträge, usw. – mußte ich überarbeiten, ab und zu völlig neu schreiben. Dies bedeutete, daß ich nebst anderen eigenen Aufgaben auch einen Teil seiner Arbeit als eine Art „Chefredakteur" übernehmen mußte.
Mit einem stets paraten, breiten Lächeln und abgedroschenen Witzen, deren Sammlung er hin und wieder durch neue erweiterte, genoß Joe ein beachtliches Maß an Popularität bei den Journalisten im Presseraum und an der Palais-Bar zwischen den Mahlzeiten, die er meistens in der Cafeteria einnahm. Gegen dies alles hätten weder meine bald hinzugekommenen Kolleginnen und Kollegen noch ich selber kaum etwas einzuwenden gehabt. Schließlich gehörte sein Stil zu dem, was man „good public relations" nennt. Diesen Aspekt seiner Arbeit erledigte er außerordentlich gut. Die gleichen, manchmal fast anbiedernden Umgangsformen pflegte er mit der Mehrheit seiner Vorgesetzten bei der WHO. Mir lag solche Geselligkeit damals wenig, obwohl ich späterhin eine gerüttelt Portion davon mir aneignen mußte, als in Südostasien meine Tätigkeit mir relativ häufig die Annahme von Einladungen aufnötigte, als Vertreter des WHO-Regionalbüros bei Empfängen in diplomatischen Kreisen dabei zu sein.
Handlers Auffassung von seinen Pflichten als Direktor der Abteilung für Öffentlichkeitsarbeit bedeutete, daß der Löwenanteil der täglichen Kleinarbeit im Zusammenhang mit der Verfassung von Pressemitteilungen, deskriptiven Prospekten, Plakaten und einer Fülle von Info-Materialien bei den Vorbereitungen auf die erste Weltgesundheitsversammlung im Juli 1948 zwei französischsprachigen Kolleginnen, den drei anderen Männern unserer Abteilung und natürlich auch mir oblag. Inzwischen schwelgte Joe in seiner üblichen Jovialität, schüttelte eifrig Hände und klopfte vielen, die er in irgendeiner Weise für wichtig hielt, ein wenig überfreundlich auf den Rücken. Es war ja nicht so, daß wir ihm seine Art gegenüber den Journalisten nicht vergönnt hätten. Denn sie war wohl nicht ohne Nutzen oder Vorteile im Sinne dessen, was man von uns erwartete, hatte jedoch zur Folge, daß wir anderen fast immer mehr zu tun hatten, als wir bewältigen konnten.

In nie zuvor gekanntem Ausmaß
Aussichten auf globale Zusammenarbeit
im Bereich der Gesundheitsvorsorge

Als Delegierte aus noch nicht allen, aber aus sehr vielen Ländern, die der Organisation beizutreten ihre Absicht bekundet hatten, zur feierlichen Eröffnung der „Ersten Weltgesundheitsversammlung" in Genf einzutreffen begannen, hatten wir, trotz gelegentlicher Spannungen zwischen Joe und uns, alles von uns Erwartete mehr oder weniger im Griff. Einen Versuch werde ich nicht unternehmen, die von allen erlebte Spannung und die allgemein großen Erwartungen zu schildern oder auch nur einen Überblick über den Ablauf jenes historischen Treffens zu vermitteln. Zunächst also lediglich dies: Am 22. Juli 1948 vollzog sich der Übergang von einer bloß vorbereitenden Interimskommission zur Gründung der WHO als permanente Spezialorganisation der UNO. Mit überwältigender Mehrheit wurde der von der Kommission ausgearbeitete Verfassungsentwurf angenommen, in dessen Präambel jene bahnbrechende neue Definition von Gesundheit verankert ist. Obwohl die Konzeptualisierung dessen, was als umfassende Gesundheit zweifellos zu Recht angesehen wird, vorher schon erwähnt wurde, wiederhole ich sie: „Gesundheit ist nicht nur die Abwesenheit von Krankheit oder Gebrechen, sondern ein Zustand vollkommenen physischen, geistigen und sozialen Wohlbefindens."
Daß die Delegierten Dr. Brock Chisholm einstimmig, ohne Gegenkandidaten, als ersten Generaldirektor der neuen Organisation wählten, bedarf wohl keiner besonderen Erwähnung. Er war nicht nur international längst bekannt. Auch seine fachlichen Qualifikationen für den Posten, wie nahezu alle Delegierten wußten, waren herausragend. Hinzu kam seine bescheidene, einfühlsame Art im Umgang mit jedem, der ihm begegnete. Während der ganzen fünf Jahre seiner Arbeit an der Spitze der WHO habe ich kein einziges Mal von irgendjemandem ein negatives oder ablehnendes Wort gehört, was Brock Chisholm betrifft. Ich, für meinen Teil, kann nur sagen, daß meine tief empfundene Achtung vor ihm und seinem Stil, die Geschäfte der Organisation zu führen, sich immer mehr als vollauf be-

gründet erwies. Die Programme, die von den Delegierten jeweils beschlossen wurden, nahmen während seiner Amtszeit beachtliche Ausmaße an. Zudem wurden Regionalbüros – eins nach dem anderen – auf fünf Kontinenten ins Leben gerufen ...
Ein Jahr nach der ersten der von nun an jährlich stattfindenden Generalversammlungen der WHO wurde eine zweite, 1949, in Rom abgehalten. Für sie stellte die italienische Regierung den im 15. Jahrhundert erbauten Palazzo Venezia zur Verfügung. Sechs Jahre zuvor hatte Benito Mussolini einige seiner bombastischen letzten Tiraden auf dem Balkon des Palazzos gehalten, während unter ihm auf der Piazza Venezia frenetische Sprechchöre „Il Duce! Il Duce!" zu intonieren zusammengerottet waren. Jetzt, Mitte Juni, bei nicht unbedingt leichter als Mussolinis erhitzten Reden genießbaren Temperaturen, die in ganz Italien herrschten, baute unsere Informationsabteilung in der Eingangshalle des Palazzo eine kleine Ausstellung auf. Sie zeigte Fotos von WHO-Projekten, die in einer Reihe von Ländern, welche entweder von Anfang an Mitglieder der Organisation gewesen oder ihr im ersten Jahr beigetreten waren, schon Wirkungen zu zeigen begonnen hatten. Unsere Ausstellung – die erste, die wir auf die Beine stellten – war zugegebenermaßen nicht sehr professionell, aber sie fand wohlwollendes Interesse bei nicht wenigen, die sie besichtigten. Dazu zählten – nolens, volens – sämtliche Delegierte, aber auch das zahlenmäßig begrenzte Publikum, dem Zugang zur Versammlungshalle gewährt werden konnte.
Über eine besonders hitzige Debatte unter den Delegierten, die an der zweiten WHO-Generalversammlung teilnahmen, muß wegen der heute von Jahr zu Jahr zunehmenden Bedeutung und Tragweite des Themas kurz berichtet werden. Dr. Karl Evang, seinerzeit Norwegens Gesundheitsminister, rief die Delegierten in einem dringenden Appell dazu auf, ein großangelegtes WHO-Programm zur Förderung von Geburtenkontrolle und Empfängnisverhütung auf nationaler Ebene zu verabschieden. Mit wissenschaftlich fundierten Argumenten plädierte er dafür, daß ein solches Programm von Sachverständigen (auch im kulturanthropologischen Bereich) ausgearbeitet und auf der nächsten Jahresversammlung der WHO angenommen werden möge. Die Bevölkerungsexplosion in den Ländern der sogenannten „Dritten

Welt", so führte er aus, gehöre zu den Ursachen der von Jahr zu Jahr zunehmenden Verarmung dieser Länder. Auf der anderen Seite hob Dr. Evang die Tatsache hervor, daß in allen armen Ländern kinderreiche Familien traditionell erwünscht seien, da dies bei solcher Armut die einzig vorhandene Altersversorgung der Eltern darstelle, während bei zunehmendem Wohlstand Geburtenraten wie von alleine ständig zurückgingen. Die Möglichkeit einer gesunden Ernährung, selbst unter den in der Landwirtschaft beschäftigten Menschen dieser Länder, schwinde zum Teil aus diesem Grund, aber auch wegen deren Ausbeutung durch die reichen Länder Europas und Nordamerikas rapide dahin.

Das Problem sei deshalb zum Teil wirtschaftlicher Art und auch eine Frage der Erziehung bzw. des Bildungsniveaus der Bevölkerung der armen Länder, aber ebenso der gezielten Förderung von Empfängnisverhütung. Obwohl die unanzweifelbar stichhaltigen Argumente von Evang viele der Delegierten überzeugten, gelang es den Vertretern der 1949 noch mehrheitlich römisch-katholischen WHO-Mitgliedstaaten die Durchführung eines Programms dieser Art zu blockieren. Und, so weit mir bekannt ist, hat es bis heute kein vergleichbares weltweites Projekt gegeben. Einzelne Länder – z.B. China und Indien – haben Versuche dieser Art unternommen, aber die einzige weltumfassende Institution, die auf diese Weise das verbreitete Leiden und die Armut immer größerer Bevölkerungsgruppen hätte lindern können, wurde gehindert, dies zu tun. Unwillkürlich fragt man sich, wohin die Menschheit – steuerlos – hindriftet, wenn es uns nicht gelingt, ein bisher nie dagewesenes universelles Solidaritätsbewußtsein zu gewinnen.

Erster Besuch in Asien
und erste unvergeßliche Eindrücke

Mit einigen der dringenden und bedrängenden Probleme, von denen Karl Evang in Rom gesprochen hatte, wurde ich wenige Monate später selber konfrontiert. Damals, im Herbst 1949, keine zwei Jahre nach der Ermordung Mahatma Gandhis war ich zum ersten Mal in Indien. Als Pressereferent nahm ich an einer Konferenz teil, die darüber zu entscheiden hatte, ob das bereits vorgesehene WHO-Regionalbüro für Südostasien sofort oder erst später eingerichtet werden sollte. Der Flug mit einer Propeller-Maschine der Air India von Genf nach Bombay, unterbrochen durch mehrere Zwischenlandungen zum Auftanken, dauerte – wenn ich mich recht entsinne – rund achtzehn Stunden. In Bombay stieg ich um und flog auf wackeligen Schwingen nach New Delhi mit einer aus der Vorkriegszeit stammenden DC-3 der Indian National Airlines weiter. (Mir war dieser Flugzeugtyp vertraut wegen gelegentlicher Einsätze als diplomatischer Kurier der Militärregierung zwischen München und London.) Nach einer nicht gerade elegant wirkenden, aber sonst erfolgreichen Landung auf dem damals recht unscheinbaren Flugplatz von New Delhi bescherte mir die Busfahrt von dort aus in die Stadt unbeschreiblich und unfaßbar schockierende Anblicke und üble Gerüche, die alles übertrafen, was ich im Mai 1945 unter Geröllhaufen der Ruinenstadt München gelegentlich hatte wahrnehmen müssen.

Gerade zwei Jahre waren vergangen, seit Indien – von Ende des 18. Jahrhunderts bis Mitte 1947 eine Kolonie des britischen Weltreichs – seine Unabhängigkeit errungen hatte um den Preis, daß anstatt *einem* zwei neue Staaten geschaffen worden waren: Pakistan und Indien. Ob oder inwiefern die auch von den Briten praktizierte altrömische Maxime *divide et impere* dabei eine Rolle gespielt haben könnte, ist mir unbekannt, aber als britische Wunschvorstellung nicht undenkbar. Jedenfalls waren beide mit dem Britischen Commonwealth noch immer lose verbunden. Der Teilung war eine Tragödie – schon vergessen? – gigantischen Ausmaßes gefolgt. Deren Opfer, fast achteinhalb Millionen Hindus und Muslims, waren aus Haus und Hof vertrieben worden oder in Panik geflohen: Hindus von

pakistanischem Hoheitsgebiet, Muslims aus den Teilen des geteilten Landes, das nunmehr Indien hieß. (Inzwischen ist sogar Pakistan seit 1972 bekanntlich zweigeteilt – im Osten Bangladesh, im Westen noch Pakistan genannt.) Alles, was ich zu beiden Seiten der Straßen vom Flugplatz bis ins Stadtinnere von New Delhi sehen und riechen mußte, war direkt oder indirekt eine der Folgen der unfreiwilligen „Völkerwanderung" dieser Millionen. Von ihnen waren dabei mehr als eine Million ums Leben gekommen.
Höchstwahrscheinlich wußte in Indien niemand, wieviele Tausende Kinder, Frauen und Männer in den Menschenmassen, die sich jetzt unter miserabelsten sanitären Verhältnissen an den Straßenrändern drängten, zu den Flüchtlingen aus Pakistan zählten. Heimatlos, hungrig, hoffnungslos: Diese erbärmlichen Menschen mußten sich in entsetzlichem Elend und Dreck irgendwie durchschlagen. Zusammengepfercht in improvisierten Verschlägen aus verwitterten Brettern als armseligem Ersatz für Behausung hatte die große Mehrheit nur verrostete und verbogene Stücke Wellblech als Dach über dem Kopf. Dicke Rauchsäulen mit dem beißenden Gestank brennenden Kuhmists stiegen allenthalben hoch. Luftgetrocknete Exkremente zahlloser ausgemergelter Kühe, die – wie die Menschen – nach irgendetwas suchten, um sich am Leben zu erhalten, waren beim Kochen hier notwendig als Ersatzbrennstoff für unauffindbares Holz[1]. Die Bruchbuden, in denen die Menschen hausten waren umgeben von stinkenden Abfallhaufen. Dort schnüffelten bis auf Haut und Knochen ausgemergelte Köter nach Freßbarem, das sie argwöhnisch hüteten, bis sie – sicher vor dem Zugriff von Rivalen – es heißhungrig verschlingen konnten.
Wer hätte sich bei Anblicken wie diesen nicht gefragt, ob die Gattung *homo sapiens* trotz allem vielleicht eines Tages erwachsen werden würde, so daß der Mensch sich zu Recht als ein *echt* menschliches Lebewesen bezeichnen könnte? Ob wir Menschen zur Mensch-

---

[1] Getrockneter Kuhdung wird in Indien noch heute wie seit Menschengedenken zu diesem Zweck verwendet, zumal in den letzten Jahrzehnten die ohnehin relativ spärlichen Waldbestände des Landes in zunehmend alarmierendem Ausmaß abgeholzt werden.

lichkeit in vollstem Sinne je heranreifen werden? Ich kannte auch die Bedingungen, unter denen in den USA die Ärmsten unter den Armen ihr kümmerliches Dasein fristeten, und ich weiß, daß dies heute noch schlimmer ist als zur Zeit, in der ich heranwuchs bzw. in New York arbeitete. *Völlig* anders als das, was ich 1949 in Indien sah, sind die Verhältnisse auch bei uns nicht. Szenen wie die, die zu meinen ersten Eindrücken von Asien zählten, sollten mir wenige Jahre später nicht selten begegnen, als ich mit meiner neuen Frau und zwei noch kleinen Kindern dem WHO-Regionalbüro für Südostasien zugeteilt wurde. Doch solches Elend wie an den Straßen vom Flugplatz aus nach New Delhi – obwohl es unvergeßlich bleibt – wurde nachher durch alles unfaßbar Schöne und geistig-seelisch Bereichernde, das wir auch erleben durften, nie ganz, wenn auch fast aufgewogen ...
Während meines etwa zehntägigen ersten Aufenthalts in New Delhi war ich in einem Gebäude untergebracht, das „dak[1] bungalow" heißt. Dies sind kleine, über das ganze Land verteilte Häuschen, die in der Kolonialzeit sowohl für den Zustelldienst der Post als auch für Übernachtungen britischer Offiziere und höherer Regierungsbeamter auf ihren recht häufigen Inspektionsreisen erbaut worden waren. Daß der „dak bungalow," der mir zugedacht war, vermutlich schon seit längerem nicht mehr benutzt worden war, schien offensichtlich zu sein. Der Eingang war von einem riesigen, fünf bis sechs Zentimeter tiefen Haufen von Heuschreckenleichen völlig zugedeckt. Sie waren Überreste gigantischer Schwärme solcher Insekten, die im Sommer zuvor ganz Nord-Indien überschwemmt und die Ernten zum größten Teil vernichtet sowie fast alle sonstige Vegetation aufgefressen hatten. Der junge Beamte vom Gesundheitsministerium, der mich in seinem Jeep zu meiner vorläufigen Wohnstätte gefahren hatte, entschuldigte sich ausgiebig und rief nach einem „sweeper", einem Mann oder Knaben der untersten Kaste, der für Straßenkehrarbeit oder sonstige als niedrige Aufgaben angesehene Dienstleistungen Hungerlöhne erhält. Binnen weniger Minuten kam ein „sweeper" herbeigeeilt. Im Nu war der Eingang freigelegt, so daß mein Koffer hineingetragen werden

---

[1] „Dak" bedeutet in Sanskrit „schnell". Daher, in Hindi: „Post", „Päckchen": früher von Boten auf Pferderücken befördert.

konnte. Nachdem der „bearer," Hauptbediensteter in jedem indischen Haushalt, mir vorgestellt worden war und höflich angeboten hatte, mir zur Erfrischung einen Tee zu brauen, verabschiedete sich der Vertreter des Gesundheitsministeriums mit dem Versprechen, er werde mich am darauffolgenden Tag wieder abholen und zum Flugplatz bringen. Dort sollte ich Dr. Martha Eliot treffen, eine Landsmännin von mir, die erst kürzlich zur Direktorin der Abteilung „Mutter und Kind" im Genfer Hauptsitz der WHO ernannt worden war. Sie war es, die auf der unmittelbar bevorstehenden Konferenz Dr. Chisholm vertreten würde.

Daß ich jetzt unsagbar müde war, wird verständlich sein vor dem Hintergrund des langen Flugs und der betrüblichen Szenen, von denen ich eine halbe Stunde vor unserer Ankunft am „dak bungalow" Zeuge gewesen war. Hunger hatte ich auch. Nach dem Tee (einem der besten, die ich bis dahin je getrunken hatte) wartete der Bearer mit einem köstlichen Gericht auf. Es bestand aus Dhahl[1] mit Basmati-Reis[2] und Chapattis[3]. Die Kunst, ohne Besteck aber unter Zuhilfenahme von Chapattis zu essen, beherrschte ich noch nicht. Inder des gehobenen Mittelstands hatte ich jedoch unterwegs im Flugzeug bei den dort servierten Mahlzeiten sehr genau beobachtet. Eine Portion Dhahl mit Reis nahm man auf einem in der rechten Handfläche gehaltenen Chapatti auf, hob es elegant bis in Lippenhöhe und führte es geschickt in den Mund. Dies versuchte ich jetzt trotz Müdigkeit nachzuahmen, zumal ich den Bearer um Gabel und Messer nicht bitten wollte, da er sie vermutlich kaum vorrätig gehabt hätte. Zu meiner Überraschung gefiel mir die bis dahin fremde Speisekunst nach einigen kläglich gescheiterten Probeläufen zunehmend. Außerdem hatte es mir herausragend gut geschmeckt. Danach schlief

---

[1] „Dhahl": Eine besonders schmackhafte kleine Erbsensorte, die in vielen Ländern Asiens angebaut wird. In Wasser gekocht, wird sie als fast „handfester", halbflüssiger Brei serviert.
[2] „Basmati": Naturbelassener Reis.
[3] „Chapattis": Aus ungesäuertem Vollkornmehl gebackene, pfannkuchenähnliche, dünne Fladenbrote.

ich sehr bald auf einem bequemen „charpoy¹" ein. Mein erster Mittag in Asien, en route vom Flugplatz, war mehr als schockierend gewesen. Der Nachmittag wie der Abend und die Nacht brachten viel Ungewohntes, waren aber durchaus erfreulich. Ich schlief lang und war gewaschen, rasiert und gerade frisch angezogen, als der junge Mann mit seinem Jeep erschien, um mich zum Flugplatz zu fahren.
Martha Eliot war eine bekannte Kinderärztin und hatte, bis zu ihrer Ernennung als Abteilungsleiterin bei der WHO, einen hohen Posten im „Public Health Service"² der USA innegehabt. Als eine echt freundliche, warmherzige und mütterliche Dame in den mittleren Jahren war sie Dr. Chisholm länger schon bekannt. Sie und ich wurden später gute Freunde. Erst ein paar Tage nach unserem letzten Treffen in ihren Genfer Büroräumen zu einem kurzen Gedankenaustausch über ihre Hoffnungen und Pläne, sie jetzt schon in New Delhi wiederzusehen, war für mich eine Freude. Das Flugzeug, mit dem auch sie ohne Bruchlandung ankam, war ebenfalls eine DC-3 der Indian National Airlines. (In meinem Archiv besitze ich noch ein Foto von uns bei meiner Begrüßung, als sie ausgestiegen war.) Zwischenzeitlich waren auch die anderen Konferenzdelegierten eingetroffen. Sie vertraten die Gesundheitsministerien von Afghanistan, Birma, Ceylon, Indonesien und Thailand. Zusammen mit Indien waren sie die Länder, die vom Personal eines noch nicht errichteten WHO-Regionalbüros für Südostasien unterstützt werden sollten bei der Fortentwicklung ihrer nationalen Programme zur Bekämpfung der in der Region vorherrschenden Krankheiten und zur Förderung der Gesundheit ihrer jeweiligen Bevölkerung.
Noch am selben Nachmittag wurde die Konferenz durch Indiens Premierminister Jawaharlal Nehru, einem vertrauten Freund Gandhis im langen Kampf um die Freiheit ihres Landes, feierlich eröffnet. Nehru war während dieses Freiheitskampfes mehrere Male von den

---

[1] „Charpoy": Buchstäblich: „Vierfüßler". „Poy" ist mit dem Griechischen „pod" = „Fuß" verwandt. Statt Matratze hat der „charpoy" eine Liegefläche aus gewobenem Hanf; überraschend bequem; die vier „poy" und der Rahmen werden oft in herrlichen Farben bemalt.

[2] Teil des „Department of Public Health und Welfare". Ein „Gesundheitsministerium" als solches gibt es in den USA nicht.

Engländern zu langen Haftstrafen verurteilt worden. Jahrelang war er Präsident des Indischen Nationalkongresses. Der letzte britische Vize-König, Lord Mountbatten, hatte ihn 1946 zur Bildung einer Interimsregierug für ganz Indien eingesetzt. Ein Jahr später wurde er der erste Ministerpräsident des endlich unabhängig gewordenen Landes.
Hochgewachsen, gut aussehend, elegant angezogen in einem bis über die Hüften reichenden hellbeigefarbenen Gewand mit dazu passendem Beinkleid, trug er, wie immer, auch die typisch weiße, längsgefaltete „Congress-Cap". Seine Rede – kurz, aufrichtig, sprachgewandt in perfektem Englisch – wurde mit gespannter und ungeteilter Aufmerksamkeit von den Delegierten sowie von allen anderen Anwesenden verfolgt. Das, was er sagte, war offensichtlich Ausdruck seines eigenen Vertrauens in die gegenseitigen Vorteile, die die nunmehr vorgesehene internationale Zusammenarbeit im Rahmen der WHO für alle sechs Länder der Region bringen würde zur Besserung der Gesundheit dieser Völker und zu deren allgemeinem Wohlergehen. Bis auf Thailand und Afghanistan, das das Opfer wiederholter britischer Eroberungsfeldzüge oder von Großbritannien und Rußland als Einflußbereich ein Jahrhundert lang umkämpft gewesen war, hatten alle sechs Länder entweder zu den britischen Kolonien in Südostasien gezählt oder sie waren Britisch-Indien als „Einflußbereiche" de facto einverleibt gewesen und waren erst vor kurzem vom Joch jahrhundertelanger Kolonialherrschaft befreit worden. Nehru schloß seine Ansprache mit einem eloquenten Aufruf an alle Delegierten, nicht allein im Interesse der eigenen Länder zielstrebig und eng mit der WHO zusammenzuarbeiten, sondern auch um die noch weiterreichenden Anliegen der UNO als Beitrag zum Weltfrieden zu fördern. Was der Premierminister in ungekünstelter Redlichkeit und Einfachheit ausgedrückt hatte, wurde mit tosendem Beifall aufgenommen. Ihm bereiteten seine Zuhörer stehend eine minutenlange Ovation.
Nach Nehru erhob sich Martha Eliot, um die Delegierten in Namen unseres Generaldirektors sehr herzlich zu begrüßen; um ihnen seine und ihre eigenen Wünsche für das Gelingen der Arbeit auszudrükken, die ihnen jetzt bevorsteht. Die wenigen Worte Dr. Eliots, wenn auch nicht entfernt vergleichbar bewegend wie die des großen Inders, waren spürbar ebenso aufrichtig wie die seinen. Auch ihr wurde von

den Anwesenden lange anhaltender Beifall gespendet. Das Gleiche taten etwa ein Dutzend Journalisten, welche aufgrund einer Pressemitteilung, die ich geschrieben hatte, auch zugegen waren. Denselben Text wie der, der für die lokale Presse verfaßt worden war, hatte ich dem „Press Trust of India" (der größten Nachrichtenagentur des Landes), „All India Radio" sowie sämtlichen überregionalen und lokalen Zeitungen in Bombay, Calcutta, Hyderabad, Madras und anderen Großstädten per Eilbrief oder telegrafisch zur Verfügung gestellt ...
Selbstverständlich war, daß erst nach der Eröffnungszeremonie die Konferenzteilnehmer ihre eigentliche Arbeit aufnehmen konnten. Sie bis ins Einzelne zu schildern wäre wohl überflüssig. Jeder kann sich vorstellen, worin diese Aufgaben hauptsächlich bestanden: Entscheidungen über die vordringlichst notwendigen Programme oder Pilot-Projekte der jeweiligen Gesundheitsministerien bzw. für die gesamte Region, zu denen die WHO beitragen oder die Unterstützung von Sachverständigen zusichern könnte, falls die begrenzten finanziellen Mittel der Organisation es erlaubten und die nächste Generalversammlung sie genehmigte. (Im Sommer 1950 sollte sie stattfinden.) Außer Empfehlungen oder Beschlüssen und der Darstellung von Bedürfnissen in den einzelnen Ländern oblag es den Delegierten, einen ihrer Kollegen zum ersten Direktor des WHO-Regionalbüros für Südostasien zu wählen – „SEARO", wie wir vom Personal es bald nannten. Die Wahl fiel einstimmig zugunsten von Dr. Chandra Mani aus, einem hervorragenden indischen Fachmann im Bereich der öffentlichen Gesundheitsvorsorge und Präventivmedizin. Mani war bis dahin einer der Abteilungsleiter in Indiens Gesundheitsministerium gewesen. Er und ich hatten uns in Genf während der ersten Weltgesundheitsversammlung bereits kennengelernt. Auf Anhieb hatten wir uns gegenseitig gemocht. Seine Wahl zum Amt des Regionaldirektors war für seine Kollegen aus den anderen Ländern Südostasiens Anlaß echter Genugtuung – nicht weniger auch für mich. Die Konferenz endete nach einer Woche intensivster Diskussionen mit Dankbarkeit auf allen Seiten bei den Delegierten für die zum ersten Mal gebotene Gelegenheit, sich näher oder erstmals kennenzulernen, und für die Gastfreundschaft Indiens. Ein neues Kapitel in der Geschichte Südostasiens war geschrieben worden ...

Schon wieder: „Die Zeit schreitet voran!"

Der lange Rückflug von Delhi nach Genf war nicht weniger langweilig und ebenso ereignislos als der in der umgekehrten Richtung. Neue Aufgaben erwarteten mich. Einstweilen, sparsam wegen der bislang nur teilweise getilgten Schulden bei meinem Vater, suchte ich – endlich fand ich – am Rande des nahe Genf gelegenen Dorfs Versoix eine extrem preiswerte Unterkunft bei einer alten, stets neugierigen Witwe, Mme Pellet, und ihrem weniger aufdringlichen jüngeren Fräulein Schwester. Das eine Zimmer, das ich in Mme Pellets älterem zweistöckigem Haus hatte, war altmodisch sparsam möbliert: ein hartes, hohes Bett in einer Ecke; dem Bett gegenüber ein nicht unbedingt stabiler Holztisch; eine weißlackierte Kommode mit drei breiten Schubladen und, oben darauf, ein Waschbecken aus geblümtem weißen Porzellan; ein zum Becken passender Porzellankrug. Jeden Morgen, Punkt 7.30 Uhr auch sonntags, stellte Mme Pellet einen kleinen Eimer voll kochend heißem Wasser vor meiner Zimmertür auf den Boden, so daß ich mich warm waschen und rasieren konnte. Ein Wannenbad gönnte ich mir einmal die Woche in den öffentlichen Badeanstalten von Genf. (Sie existieren nicht mehr, wie ich vor kurzem bei einer Stippvisite am Lac Leman auf meine Frage hin erfuhr. Schade! Schlecht waren sie nicht und, echt schweizerisch, pico bello sauber.) Die Benutzung der einzigen sanitären Einrichtung im Hause bei Versoix – eine Toilette mit hängender Kette zum Spülen – teilte ich diskret mit den beiden Damen. Alles nicht gerade luxuriös! Aber binnen Jahresfrist hatte ich keine Schulden mehr in Louisville. Genf erreichte ich übrigens mit einem Bummelzug in zehn bis zwölf Minuten; auf einem neu erstandenen Gebrauchtfahrrad in einer halben Stunde.

Bevor es sich erneut um Ernsthafteres handeln muß, kann ich der Versuchung nicht widerstehen, einen für mich belustigenden, aber lehrreichen Vorfall zu schildern, der sich während der paar Jahre auf meinem Landsitz bei Versoix zutrug. Aus unerforschlichen Gründen stellte mich Mme Pellet eines Abends im Flur, als ich von einem anstrengenden Arbeitstag zurückgekehrt war. Meine Zimmertür hatte ich noch nicht aufgeschlossen, als sie mich unvermittelt fragte, ob ich

Katholik oder Protestant sei. Ich antwortete, daß ich als Presbyterianer erzogen worden sei. Sie hakte nach. „Mais qu'est que c'est? Et votre église? Est-ce qu'elle était catholique?" Ich verneinte. Ihre Antwort zeugte von unendlicher Erleichterung. „Et moi aussi! Je suis *protestante*, Monsieur!" Dabei streckte sie ihren rechten Arm so hoch, wie sie es nur konnte, und wippte damit in voller Länge, um ihren Worten noch größeren Nachdruck zu verleihen. Eine solch leidenschaftliche Bekräftigung ihres protestantischen Glaubens kam mir überraschend. Und zum allerersten Mal in meinen mir reif erscheinenden dreiunddreißig Jahren fiel mir auf, daß Protestantismus wohl mit „protestieren" zu tun haben muß.

An manchen Wochenden im Frühjahr und im Sommer (wobei wegen dringender Arbeiten im Palais des Nations auf ein freies Wochenende nicht selten verzichtet werden mußte) bestieg ich meinen alt-neuen Drahtesel, um die hügelige Umgebung von Versoix zu erkunden. Bei solchen Ausflügen überquerte ich oft die Grenze – an zahllosen Stellen gab es keine Kontrolle – und fuhr an der französischen Seite entlang bis zu dem in einer Waldgegend gelegenen verschlafenen Städtchen Dionville. Dort hatte ich einen kleinen Buchladen entdeckt. Auf welche Weise es dessen Eigentümer gelingen konnte, an einem solchen Ort Geld genug für's Überleben zu verdienen, oder warum er sein Geschäft ausgerechnet dort aufzumachen gewagt hatte, blieb für mich ein Rätsel.

Sein Lädchen suchte ich immer wieder auf. Denn, überrascht und erfreut, hatte ich schon beim ersten Aufenthalt in dieser einzigen Buchhandlung von Dionville ein eindrucksvolles Sortiment von Büchern über orientalische Philosophie, Yoga und verwandte Gebiete vorgefunden. Die überwiegende Mehrheit war natürlich auf Französisch (das ich allmählich immer besser lesen und sprechen lernte), aber einige wenige waren in englischen Ausgaben auch sehr preiswert angeboten. Erst kurze Zeit zuvor war ich ja aus Indien zurückgekommen. Das, was jener winzige Buchladen auf seinen Regalen feilbot, führte dazu, daß ich im Lauf der Monate fünfzehn bis zwanzig Bände kaufte, die noch heute in meiner Bibliothek stehen. Alle sind auf vergilbtem Kriegs- bzw. Nachkriegspapier gedruckt. Darunter befindet sich eine französische Ausgabe der Lehren von Sri Râmakrishna mit einem Vorwort aus der Feder unseres besten UN-Dolmetschers, Jean Herbert, der ganze zehn Sprachen voll beherrschte. Râmakrishna, was wohl zu wenige im Abendland wissen, war ein im 19. Jahrhundert weise gewordener Bengali. Unweit Calcutta diente er – von frühester Jugend an – in einem der sowohl gebärenden als auch zerstörenden Muttergöttin Kâli geweihten Tempel. Zahlreiche Jünger, darunter Vivekânanda, scharten sich um ihn, der in einer wundersamen Synthese den Lehren aller großen Weltreligionen lebte. Seine einzige Botschaft war Liebe; Liebe und Toleranz; bedingungslose Liebe zu allen Lebewesen; Liebe, die jeder Mensch erlernen könnte, wenn er – unter welchen Umständen zu leben sein Los auch immer wäre – sich täglich darin übte ...

Die wesentlichsten Bücher aufzulisten, die ich in Dionville kaufte, wäre hier fehl am Platz . Dennoch muß ich ein weiteres nennen. Als winzig kleiner Band von nur zweiundfünfzig Seiten trägt er den Titel: *Sayings of Râmdâs*. Warum gerade dieses Büchlein? Im März 1953, als wir vom Schiff an Land ging, mit dem meine Frau, zwei Kinder und ich nach Bombay gefahren waren auf dem Weg nach New Delhi – zu meinem neuen Posten beim WHO-Regionalbüro für Südostasien – wurde ich von einem indischen Freund weggeholt. Ich kannte ihn, seit er in der Botschaft Indiens als Kulturattaché in Bern arbeitete. Wie auf einem zu langsam fliegenden Teppich fuhr er mich nun in seinem „Morris Miniminor" zu einem der ärmsten Stadtteile von Bombay. Bis dahin hatte er mir nur gesagt, daß mir dort eine große Überraschung beschieden sein würde. Was er damit meinte, konnte ich mir nicht vorstellen. Aber ich versuchte mich in Geduld zu fassen.

Vor einem alten, fast baufällig verwitterten Haus parkte er das Auto. Wir stiegen aus. Zielsicher führte er mich auf einer wackligen Treppe hinauf zum dritten Stock. In einem Zimmer, vor dem wir zunächst stehenblieben, hörte ich – vor Freude überwältigt – jemanden den Namen „Râmdâs" sagen. Mein Freund klopfte an der Tür. Wir wurden hereingebeten. In der Lotuspose auf dem Boden sitzend, umgeben von vielleicht acht jungen Menschen, sprach er mit ruhig sonorer Stimme von allumfassender Liebe. Ich erkannte ihn sofort. Ein Foto von ihm in seinem Ashram enthält jenes kleine Buch, das ich immer und immer wieder gelesen hatte. Er unterbrach sich einen Moment und fragte, wer ich denn sei. Ich sagte nur, daß ich bei der Weltgesundheitsorganisation arbeitete und alles gelesen hatte, das von ihm veröffentlicht worden war. Einen Augenblick schaute er mich an, sagte dann: „Mach' deine Arbeit weiter, so gut und so liebevoll du kannst. Sie ist sehr, sehr wichtig." Dann wandte er sich wieder den anderen zu.

Nach dieser kurzen Begegnung (ich lauschte gebannt ungefähr eine Stunde, bevor wir gingen) korrespondierte ich ein paar Mal mit ihm. Einen seiner Briefe habe ich noch heute. Und von ihm kenne ich Worte, die ich jetzt lieber nicht sage, denn sie bedeuten mir mehr, als ich je sagen könnte. Hier nur zwei Sätze aus seinem Büchlein, von dem vorhin die Rede war: „Das Einzige, auf das ein Mensch verzichten muß, um höchste Wahrheit zu erkennen, ist die Illusion, daß er für sich selbst ein Individuum sei. Unser Ego ist Besessenheit; ein Schatten; eine Täuschung, da alles Leben eins ist und dieses *Eine* bist du selber." Der immerwährende Einfluß des Râmdâs auf mich, auf mein Leben und auf meine Überzeugung von dem, was die Menschheit am dringendsten braucht, ist entscheidend geblieben während der fünf Jahrzehnte seit meiner Entdeckung eines so unscheinbaren kleinen Buchs in einem unscheinbaren Buchladen von Dionville. Durch seine Inspiration fühlte ich mich getragen in mancher Enttäuschung und Frustration. Aber es wäre überheblich und unwahr, würde ich mich damit brüsten, annähernd so gelebt oder so lieben gelernt zu haben, wie ich weiß, daß Swâmi Râdâs lebte und liebte ...

Internationaler Beamter vor neuen Aufgaben

Ehe ich wieder abschweife, um einige Erlebnisse zu schildern, die drei Jahre markierten und belebten, die ich bei zwei alten Damen am Rande von Versoix verbrachte, muß ich erzählen, daß mich bald nach meinem ersten eindrucksvollen Aufenthalt in Asien neue Aufgaben in Genf erwarteten. Eine Probezeit von zwölf Monaten hatte ich bestanden und war nunmehr als internationaler Beamter der WHO anerkannt. Wie bei Brock Chisholm und bei der großen Mehrheit aller anderen, aus denen sich unser Personal zusammensetzte, waren auch bei mir gewisse Grundsätze und Überzeugungen tief verwurzelt. Vor allem war uns die Erkenntnis wesentlich, daß die WHO – sollte sie eines Tages die in ihrer Verfassung festgesetzen Ziele erreichen können – eine wahrhaft weltumfassende Organisation werden und bleiben mußte. Sie würde notwendigerweise eine Institution sein, zu der in der Familie der Völker *alle* Länder mit ihren Erfahrungen und Kenntnissen im Bereich der Gesundheitsvorsorge die ihnen möglichen Beiträge leisten könnten trotz vielfach unterschiedlicher geschichtlicher Entwicklung und trotz z. T. weit von einander abweichender politischer und sozialer Systeme. Drei Jahre zuvor, in New York, hatte ich ja Chisholms Vortrag gelesen – „Die Psychiatrie dauerhaften Friedens und sozialen Fortschritts" –, den er schon 1946 in Washington gehalten hatte. Die in jenem Vertrag enthaltene nachdrückliche Betonung der unvermeidbaren Interdependenz aller Völker in einer zunehmend rasch schrumpfenden Welt und Chisholms zwingend logische Erklärung, wir Menschen seien heute *alle* Weltbürger – ob wir es wollten oder nicht – verstärkten meine Überzeugung, vielmehr meine Gewißheit von der Notwendigkeit, dieser Erkenntnis auch in unserem Verhalten konsequent zu entsprechen.

Wird die Menschheit die Ära überdauern, die willfährig eingeleitet wurde – mit einem über Japan entzündeten Höllenfeuer – als im August 1945 Harry S. Truman seine verhängnisvolle Entscheidung traf? Diese fatale Entscheidung[1] machte den Weg frei, wie wir ja wissen, auf dem die apokalyptisch zerstörerischen Gewalten der Atomspaltung jederzeit entfesselt werden können zur massenweisen Vernichtung allen Lebens auf Erden. Noch schlimmer, Trumans Entscheidung wäre nachgewiesenermaßen nicht nötig gewesen, um einen Krieg zu beenden, in dem der ohnehin besiegte Aggressor seine Bereitschaft zur Kapitulation (in eingeweihten Kreisen Washingtons war dies ein offenes Geheimnis) schon bekundet hatte. Das, was ab 1948 als der „Kalte Krieg" bezeichnet wurde, barg und birgt noch

---

[1] Selbst einige unter Trumans einflußreichsten Militärberatern, wie erst im Nachhinein bekannt wurde, hatten ernsthafte Bedenken wegen dieser Entscheidung geäußert.

heute reelle Gefahren in sich, daß alles Lebendige auf dem Planeten – und wäre es nur wegen eines Computerfehlers – ausgelöscht werden könnte.

Irgendwann – im Sommer 1951, wenn ich nicht irre – hatte die Sowjetunion ihren Austritt aus der WHO erklärt. Weder Chisholm noch andere unter den Abteilungsdirektoren wußten, aus welchen Gründen dies geschehen war. In der aus Moskau übermittelten Begründung waren lediglich recht vage Andeutungen von fachlichen Differenzen, was die Programmgestaltung der Organisation betraf, und noch undeutlichere Anspielungen auf Meinungsverschiedenheiten im politischen Bereich. Eines Tages las ich in der Genfer Tagespresse, außer den üblichen besorgniserregenden Berichten und Kommentaren zum Thema „Kalter Krieg", daß eine Kinderärztin, offenbar hoch in der Hierarchie des sowjetischen Gesundheitsministeriums, die Delegation der UdSSR auf einer in Genf gerade stattfindenden Konferenz des Internationalen Roten Kreuzes leitete. Diese Nachricht zündete in mir eine Idee. Sie erschien mir als im Grunde unrealistisch, illusorisch. War sie bloß eine Schnapsidee? Ich konnte es nicht wissen.

Ich rief Chisholms Sekretärin an und bat sie dringend darum, ihm auszurichten, daß ich – wenn es überhaupt möglich sein sollte – ihn in seinem Büro sofort sprechen möchte. Der Rückruf ließ keine halbe Stunde auf sich warten. Dr. Chisholm könne mich gleich empfangen. Ich raste atemlos zum Lift, fuhr in den dritten Stock zu seinem Büro. Als ich mich vor seinem Schreibtisch gesetzt hatte, fragte ich ihn, ob er meinte, es könnte sinnvoll sein, wenn ich in Begleitung eines Dolmetschers zum nahegelegenen Konferenzgebäude des IRK ginge und mit der Dame zu sprechen versuchte. „Warum?" Ich sagte, eine kurze Darlegung der grundlegenden Auffassung unserer Organisation, daß alle Nationen, ungeachtet ihrer politischen oder sozialen Systeme, wertvolle Beiträge leisten könnten im Interesse der gesamten Menschheit, würde die Haltung der UdSSR früher oder später eventuell ändern können. Aus diesem Grunde hoffe unser Generaldirektor und, mit ihm alle anderen Mitarbeiter der WHO, so würde ich sagen, daß die Sowjetunion vielleicht bereit sein würde, ihre Entscheidung zum Austritt neu zu überdenken. Ich denke mir, sagte ich,

daß eine solche Darstellung, wenn sie zudem ausgerechnet von einem US-Staatsbürger vorgetragen würde, möglicherweise etwas in unserem Sinne bewirken könnte.
Dr. Chisholm fragte ich, ob er diese Idee hirnverbrannt fände? Oder ob er meinte, sie wäre eines Versuchs wert? Wenn ja, ob er mir erlauben würde, einen Versuch dieser Art bei der Leiterin der sowjetischen Delegation zu unternehmen? Er dachte kurz nach, sagte dann: „Field, ich wüßte nicht, was es schaden könnte. Wir können es uns einfach nicht leisten, irgendetwas unversucht zu lassen. Also versuchen Sie es! Und melden Sie sich bitte bei mir, sobald Sie wieder hier sind."
Jean Herbert fand ich in seinem Büro. Er erklärte sich bereit, mich zum Konferenzgebäude zu begleiten. Ziemlich aufgeregt, um es milde auszudrücken, machte ich mich mit ihm auf den Weg dorthin – zu Fuß keine zehn Minuten vom Palais des Nations entfernt. Ein glücklicher Zufall (?) wollte, daß die Konferenz gerade eine kurze Unterbrechung beschlossen hatte zu separaten Besprechungen der einzelnen Delegationen über irgendeine strittige Frage. Einer Sekretärin, die im Moment weniger zu tun hatte als normalerweise während der Plenarsitzungen, erklärte ich, in wessen Auftrag wir beide gekommen waren und fragte, ob sie so freundlich sein würde, die Leiterin der sowjetischen Delegation – Vize-Ministerin im Gesundheitswesen, wie ich erst jetzt erfuhr – um zehn Minuten Zeit für uns zu bitten. Wir überbrächten eine wichtige Botschaft für sie.
Gespannt warteten wir zehn bis fünfzehn Minuten im Flur. Die Tür eines Nebenzimmers wurde geöffnet und die Dame aus Moskau winkte uns herein. Nicht unhöflich, aber sehr reserviert, sagte sie ein paar Worte. Jean Herbert übersetzte: „Ich muß zur Bedingung machen, daß Sie auf keinen Fall länger als fünfzehn Minuten bleiben."
Schon dies war mehr, als ich erwartet hatte. Mein Herz nahm ich also in beide Hände, versuchte einen kühlen Kopf zu wahren, in knappen Zügen legte ich dar, weshalb unser Generaldirektor und wir alle, die wir bei der WHO arbeiteten, fest davon überzeugt seien, daß die Sache einer Verbesserung der Gesundheitsvorsorge und der Verhütung von Krankheit in der ganzen Welt von der Bereitschaft aller Länder abhänge, ihre jeweiligen Erfahrungen mit anderen Ländern zu teilen. Während Herbert dolmetschte, verlor ich den Gesichtsaus-

druck der Dame nicht aus den Augen. Aufmerksam hörte sie zu, sagte aber kein Wort. Ich fuhr fort: „Bei der Weltgesundheitsorganisation ist natürlich bekannt, daß die UdSSR ein umfangreiches Netz, um nur ein Beispiel zu nennen, von Polikliniken errichtet hat. Ähnlich erfolgreiche Einrichtungen könnten in vielen anderen Ländern aufgebaut werden, wenn die Sowjetunion uns Spezialisten zur Verfügung stellen würde, die bei der Planung und dem Aufbau ähnlicher Systeme mitwirkten."

Martha Eliots Kollegin aus Moskau hörte wieder bis zum Ende wortlos, aber anscheinend nicht ganz gleichgültig oder ablehnend zu, während gedolmetscht wurde. Alles, was sie dann sagte, war: „Spasibah! Spasibah!" Trocken erklärte mir Jean Herbert, daß dies „Danke!" bedeute. Darauf entließ uns die Dame nicht weniger höflich, aber auch so wortkarg und unverbindlich, wie sie uns empfangen hatte. Das Ganze hatte kaum zehn Minuten gedauert. Auf dem Rückweg zum Palais grübelte ich darüber nach, was sie wohl gedacht habe. Warum hatte sie betont zweimal „Spasibah" gesagt? Als ich ungefähr eine halbe Stunde später mich bei Dr. Chisholm meldete und ihm den Verlauf des Unternehmens schilderte, versuchte er die Wiederholung des Wortes „Spasibah" nicht zu deuten. Aber offensichtlich gab dies auch ihm zu denken. Er sagte nur „Danke, daß Sie es versucht haben. Wir werden ja sehen, ob aus der Initiative etwas wird. So bald wird wohl keine Reaktion aus Moskau kommen. Wenn überhaupt!"

In meinen Ohren hallte das zweimalige „Spasibah" lange nach. Ob mein Monolog und dessen Übersetzung irgendetwas bewirkte, hat keiner von uns je erfahren. Aber zu unser aller Genugtuung trat die UdSSR ungefähr ein Jahr später der WHO wieder bei. Während meiner fast fünf Jahre beim Regionalbüro für Südostasien leistete eine sowjetische Kinderärztin hervorragend gute Pionierarbeit als Beraterin eines „Mutter-Kind"-Projekts im Südwesten Indiens. Dort traf ich sie 1956 einmal. Sie war ebenso zurückhaltend und kaum weniger wortkarg als die sowjetische Delegationsleiterin in Genf. Aber, fleißig und umsorgend pflichtbewußt, war sie unter der Dorfbevölkerung der ganzen Gegend sehr beliebt. Alle lobten sie vorbehaltlos ...

Wieder neue Aufgaben: Redaktionell und lehrreich

Noch in Genf erwarteten mich bald wieder neue Aufgaben außerhalb der Abteilung für Öffentlichkeitsarbeit. Sie erwiesen sich als interessant und waren weniger anstrengend als mein mir selbst auferlegter Botengang zum Internationalen Roten Kreuz. Da Joe Handler keine Einwände vorbrachte, nahm ich ein Angebot als Gelegenheit an, um mein amerikanisches Englisch ein wenig zu „anglifizieren". Ich dachte an Winston Churchills *bonmot*. „The common language which so sadly separates Great Britain from the United States.[1]" Was mir vorgeschlagen wurde, schien interessante Perspektiven zu bieten, daß meine Englischkenntnisse mittels einer Portion „King's English" ergänzt bzw. erweitert würden.

Dr. phil. Howard Jones, Absolvent von Oxford und Leiter der Abteilung für Publikationen und Dokumentation bei der WHO, fragte mich eines Tages eher beiläufig, ob ich vielleicht Lust hätte, mit ihm und zwei seiner Kollegen im Redaktionsausschuß gelegentlich dabei zu sein. Es war seine Art, ernsthaft Gemeintes scheinbar so auszudrücken, daß er jederzeit, wenn es ihm paßte, einen Rückzieher machen konnte. Zur Begründung seines Angebots sagte er, daß das, was ich 1948 verfaßt hatte als dreifarbiges Faltblatt, „WHO – Was sie ist – Was sie tut – Wie sie arbeitet", und auch Pressemitteilungen, für die ich verantwortlich zeichnete, ihn von meinem Stil überzeugt hätten. Dies war natürlich sehr schmeichelhaft, zumal er in typisch britischer (?) Manier selten irgendjemandem offen etwas sagte, das der Betroffene nicht als eventuell bloße Ironie hätte auffassen können. Aber wir hatten, aus welchen Gründen immer, einen – wie man so sagt – ganz „guten Draht" zueinander. Außerdem hatte ich mir von einem der wenigen Eingeweihten sagen lassen, daß bei der Arbeit des Komitees, dem Jones vorstand, es oft recht lustig zuging und viel gelacht würde. Wieso dies der Fall war, sollte sich bald herausstellen.

Die vornehmlichste Aufgabe dieser kleinen Gruppe bestand darin, das von Jahr zu Jahr zunehmend voluminöse offizielle Dokument

---

[1] „Die gemeinsame Sprache, die in solch trauriger Weise Großbritannien und die USA von einander trennt."

redaktionell vorzubereiten, in dem die von den einzelnen Abteilungen der gesamten Organisation vorgeschlagenen Programme mitsamt des Budgets dargestellt wurden zur Diskussion und Annahme bzw. Ablehnung anläßlich der alljährlichen Generalversammlungen. Während der ersten paar Jahre des Bestehens der WHO waren Englisch und Französisch die einzigen Arbeitssprachen, obwohl sehr bald Spanisch hinzukam. Als ich, neben meiner sonstigen Arbeit mit Joe Handler und den anderen Mitgliedern der Informationsabteilung, mich dem Redaktionsausschuß unter Howard Jones anschloß, war das „Programm-und-Budget-Dokument" schon zu einem dicken Band von 275 bis 300 Seiten angeschwollen. Das Original wurde in englischer Sprache redigiert, dann ins Französische – später auch ins Spanische – übersetzt und der Druckerei im Palais des Nations übergeben.

Da die Mehrheit unserer Fachleute – Spezialisten in Bereichen wie z.B. der Prävention von Tuberkulose, Malaria, Magen- und Darmerkrankungen, Syphilis oder anderen Geschlechtskrankheiten, in Epidemiologie, Statistik, usw. – aus Mitgliedsstaaten der WHO stammten, in denen Englisch nicht die Landessprache ist, ließen die in dieser Sprache geschriebenen Programm- bzw. Projektbeschreibungen aus den Abteilungen im Hauptsitz oder den Regionalbüros regelmäßig zumindest stilistisch einiges zu wünschen übrig. Nicht selten mußten sie, um Mißverständnisse oder Blamage für deren Urheber zu vermeiden, neu formuliert oder vollständig überarbeitet und neu geschrieben werden. Der Redaktionsausschuß widmete dieser Aufgabe, die ja nicht gerade einfach war, jedes Jahr viele Wochen, um den Termin für die Herausgabe des Dokuments einhalten zu können.

Wir entledigten uns der Aufgabe gerne und, wie man uns immer wieder versicherte, zur Zufriedenheit der meisten Delegationen. Die vielen krassen Fehler – sei es in der Wortwahl oder im Satzbau und in der Grammatik –, die die Eingaben aus einigen Abteilungen kennzeichneten, waren oft dermaßen komisch, daß wir uns vor Lachen biegen mußten oder sogar Bauchmuskelkrämpfe bekamen. Dies blieb freilich unter uns. Denn es wäre hochnotpeinlich gewesen, wenn auch nur ein einziger unter den jeweiligen Autoren erfahren hätte, wie wir mit ihren Fehlleistungen und Entgleisungen vorgingen, um sie in einen einwandfrei englischen Stil umzuwandeln. Mein eigenes „Schriftenglisch" hat sich, glaube ich, durch diesen häufigen Kontakt mit dessen britischer Variante, wie sie von gewissen Vertretern der gebildeteren (eingebildeten?) Schichten Großbritanniens verwendet wird, spürbar verbessert. Jedenfalls machte mir diese Nebenarbeit in Jones Komitee immer viel Spaß. Bis Ende 1952 war ich so oft wie möglich dabei ...

Zwischenkommentar:
Vorboten eines allmählichen Bewußtseinswandels?
Oder bloß Strohfeuer von Protest?

Oktober, 1995: Nach meinem Versuch, einige Erinnerungen aus den Jahren 1945 bis 1947 und über den Krieg am Persischen Golf (1991) aufzuarbeiten, hatte ich, wie Interessierte sich entsinnen werden, den großen Kulturphilosophen Jean Gebser erwähnt. Sein Hauptwerk *Ursprung und Gegenwart*, das nicht nur meiner eigenen Überzeugung nach ein äußerst bedeutsames Buch ist, handelt von den seit prähistorischen Epochen sich allmählich vollziehenden großen Veränderungen im Bewußtsein der Menschen; von deren Wahrnehmung der Phänomene in ihnen selber sowie in der Welt und im Kosmos. Jetzt, während der vergangenen Tage, wurde uns vor Augen geführt, daß eine gewisse neue Bewußtmutation auf globaler Ebene sich vielleicht zu manifestieren beginnt. Noch wäre es freilich verfrüht, wenn man die weltweiten öffentlichen Proteste gegen Chiracs Entscheidung zur Durchführung weiterer Atombombentests auf dem Mururoa-Atoll als sichere Anzeichen einer Wandlung im Sinne Gebsers auffassen wollte. (Übrigens, weil die Silbe „Mor" in „Moruroa" – dem ursprünglichen Namen dieses Atolls im Pazifischen Ozean – mit der Aussprache des französischen Worts „mort" (Tod) identisch ist – wurde der Name vor einigen Jahren durch Erlaß der Pariser Kolonialverwaltung in „Mururoa" umgeändert.)
Die rasche Mobilisierung weltweiter Unterstützung für die Interventionen von „Green-Peace"-Aktivisten gegen Präsident Chiracs hartnäckige Weigerung, seine Entscheidung für diese Tests rückgängig zu

machen, ist ein bis jetzt noch nie dagewesenes Phänomen. Und das, wovon während der vergangenen Tage das Fernsehen Millionen von Zuschauern Zeugen werden ließ – vor allem die Zerstörung der Kommunikationssysteme an Bord des Green-Peace-Schiffs „Rainbow Warrior II" durch Söldner der Fremdenlegion sowie die Entführung fast sämtlicher Mannschaftsangehöriger – werden zweifellos mit Fug und Recht als Akte krimineller Gewalt verurteilt. Mir will es erscheinen (unverbesserlicher Idealist, der ich nun einmal bin), daß solche weltweiten Reaktionen auf Chiracs unbeugsame Stiernackigkeit eines von vielen Zeichen dafür sein könnten, daß große Teile der Menschheit sich zunehmend gegen den Militarismus auflehnen. Dürfen wir zu hoffen wagen, daß der erstaunliche Widerstand gegen diese Wiederholung atomarer Tests sowohl durch Frankreich als auch erst vor kurzem in China der Beweis einer beginnenden neuerlichen Bewußtseinsveränderung sein könnte?

Dies wäre eine Entwicklung, die über das hinausginge, was Gebser als unser vor längerem „defizient" gewordenes, da einseitig „mentales", Bewußtsein bezeichnete. Es wäre zumindest ein kleiner Schritt in Richtung Erkenntnis unserer Verantwortung gegenüber der Natur; hin zur Einsicht, daß unser aller Mutter Natur – sollten wir unsere natürlichen Lebensgrundlagen weiterhin mutwillig zerstören – uns Menschen aus Selbstschutz wird entlassen müssen. Und eine solche Entwicklung, wenn sie sich jetzt tatsächlich abzeichnete, wäre *auch* ein Schritt auf dem Weg zu dem von Gebser als überlebensnotwendig vorausgesehenen „integralen Bewußtsein", das alle früheren Stadien oder Stufen in der Entfaltung unseres Bewußtseins einschließen würde: „archaisch", „magisch", „mythologisch" und „mental".

Leicht verständlich ist dies freilich nicht. Doch, wenn man die Auffassungen z.B. der Ureinwohner Australiens oder der Indianer-Stämme Nordamerikas bedenkt und deren Naturverbundenheit zu schätzen weiß, fängt man an zu begreifen, was mit Gebsers Begriff eines „integralen Bewußtseins" gemeint ist. Sind wir also vielleicht an der Schwelle zu revolutionären Änderungen in unseren Denk- und Verhaltensweisen, die Albert Einstein für unbedingt notwendig hielt, wenn unsere Spezies das Atomzeitalter überleben soll? Möglicherweise wird man eines Tages – trotz aller gegenläufigen Tendenzen, die ohne Zweifel kommen werden – den weltweiten Widerstand gegen Chiracs Entscheidung als eine Art Vorstufe zu solcher Bewußtseinsveränderung erkennen. Ist dies pure Illusion? Bloßes Wunschdenken? „Hope springs eternal in the human heart.[1]"

Erweiterte Perspektiven für die Weltgesundheitsorganisation
Neue Überraschung im persönlichen Bereich

Die dritte, vierte und fünfte Weltgesundheitsversammlung – 1950, 1951, 1952 – führten zu einer beträchtlichen Erweiterung und Verstärkung der WHO-Unterstützung zahlreicher Programme in fast allen Mitgliedstaaten der sogenannten „Dritten Welt". (Zu einem großen Teil davon ausgenommen – die Gründe dafür sind ja naheliegend – waren die wohlhabenden Länder Europas und Nordamerikas.) Nach dem Regionalbüro für Südostasien folgte die Errichtung ähnlicher „Zweigstellen" der WHO in Alexandria für den Östlichen Mittelmeerraum, in Brazzaville für Afrika; in Manila für den Pazifischen Raum; in Kopenhagen für Europa und in Washington, D. C. Dort hatte schon seit Jahrzehnten das „Pan-American Sanitary Bureau"[2] gewisse, relativ bescheidene Projekte zur Förderung der Gesundheit der Völker Lateinamerikas unterstützt. Jetzt, aufgrund eines Beschlusses der Generalversammlung, diente es als WHO-Regionalbüro für Lateinamerika. Von Kopenhagen aus wurden vor allem spezialisierte Beratungsdienste in Bereichen wie, zum Beispiel, Veterinärmedizin, Anästhesiologie und Drogenabhängigkeit angeboten. Es dürfte offensichtlich sein, daß das Personal und die noch verhältnismäßig begrenzten finanziellen Mittel der WHO zur Unterstützung von Programmen und Projekten verschiedenster Art in Gegenden eingesetzt werden mußten, wo sie am dringendsten nötig waren.

---

[1] „Hoffnung entspringt ewiglich dem Herzen des Menschen." - Alexander Pope (?): 1688-1744.
[2] „Panamerikanische Gesundheitsbehörde".

Die zunehmende wirtschaftliche Ausbeutung, die damit einhergehende von Jahr zu Jahr wachsende Verschuldung und deshalb die sich beschleunigende Verarmung fast aller „Entwicklungsländer" (früher, noch schlimmer, „unterentwickelte Länder" genannt) sind Prozesse, die sich seit den Anfängen der WHO rapide intensivieren. Solche Probleme erfordern bei weitem größere Investitionen als zuvor und eine wesentlich verstärkte Bereitschaft zur Zusammenarbeit der reichsten Länder Europas und Nordamerikas mit den Gesundheitsbehörden der ärmeren Länder im Verein mit der WHO. Dies ist keineswegs eine bloß humanitäre Frage, sondern es trifft und betrifft uns alle unmittelbar. Es läge in unserem eigenen Interesse, wenn wir, die wir trotz Massenarbeitslosigkeit und finanzieller Engpässe verschiedenster Art unermeßlich wohlhabender sind als alle Länder der „Dritten Welt", weitsichtig genug wären, um zu erkennen, daß wir sonst mit der übrigen Welt zusammen einer Katastrophe noch nie dagewesenen Ausmaßes entgegendriften – einem sicherlich schlimmeren „Armageddon" als dem in der Bibel geschilderten. Unsere einzige und letzte Chance, gültige Lösungen für die Probleme zu finden, denen die gesamte Menschheit gegenübersteht, läge zweifelsohne in weitreichenden, fundamentalen Reformen der heute herrschenden turbokapitalistischen Wirtschaftsstrukturen. Werden die tonangebenden Politiker und die Wirtschaftsbosse der Welt, wenn sie nicht durch Wunschtraumphantasien verblendet sind, fähig und bereit sein, die Realitäten so zu erkennen, wie sie tatsächlich sind, und nicht so, wie sie gerne hätten? Wer wäre so kühn oder töricht genug, um diese Frage unter den heutigen Umständen mit Zuversicht zu bejahen?

Ein solch düsteres Resümee unumgänglicher Schlußfolgerungen aus der heutigen Weltkrise ist kein Versuch, wirtschaftswissenschaftliche Kompetenzen zu demonstrieren, über die ich nicht verfüge. Aber ist es nicht doch so, daß jeder mehr oder weniger gut informierte und nachdenkliche Mensch – zumal wenn er in vielen der armen und ärmsten Länder gearbeitet hat – das Ausmaß der herannahenden Katastrophe zumindest erahnt? Nach meiner Überzeugung wäre es ein leichtfertiges, unverantwortliches Versäumnis, wenn ich Beobachtungen und Erfahrungen stillschweigend außer acht lassen würde, die ich in fast zwanzig Jahren enger Zusammenarbeit mit Menschen gesammelt habe, die in Südostasien, Lateinamerika und Afrika zu den Opfern unseres freibeuterischen Kapitalismus zählen ...

Nun, bevor ich dies alles aus nächster Nähe kennenlernte, war ich ja noch im Genfer Hauptsitz der WHO als Stellvertretender Leiter der Abteilung für Öffentlichkeitsarbeit tätig. Immer noch hatte ich dieselbe Einzimmerwohnung bei Versoix, war immer noch den neugierigen Fragen der alten Mme Pellet und ihrer nicht weniger neugierigen aber schüchterneren Schwester ausgesetzt. Mitte 1950 hatte ich drei oder vier Wochen Heimaturlaub in den USA. Wie im Flug – dem nicht unähnlich, den ich im erwähnten Flugboot gekannt hatte – waren diese Wochen schnell vorbei. Bald nach meiner Rückkehr aus Louisville und New York erwartete mich eine neue Überraschung von gänzlich anderer Art als das Angebot von Howard Jones zur Mitarbeit im Redaktionsauschuß. Eines schönen Morgens, Ende August oder Anfang September, war ich in die Verfassung einer Pressemitteilung vertieft, die mir mehr als die übliche Mühe abverlangte. Kaum hörbar, zögernd klopfte jemand an meiner Bürotür. Ich ging hin, machte die Tür auf und bat eine junge Frau, die draußen gewartet hatte, zu mir herein.

Schlank, relativ großgewachsen, um einige Zentimeter weniger groß als ich, hatte sie kastanienbraunes Haar, das mich gleich an meine älteste Schwester Ruth denken ließ, da ihre Haarfarbe (heute weiß, wie die meine) mir fast identisch zu sein schien mit der der Frau, die jetzt zu mir gekommen war. Ich bot ihr an, auf dem Stuhl vor meinem Schreibtisch Platz zu nehmen; fragte, wie sie heiße und was sie von mir wolle. Ein oder zwei Mal hatte ich sie im Palais des Nations schon gesehen, ohne jedoch zu wissen, wer sie war. Etwas schüchtern beantwortete sie meine Frage. Sie sei auf der Suche nach Arbeit und hoffe, ich könnte ihr vielleicht behilflich sein. „Ich heiße Ruth Schwab. Eric, mein Mann, ist Fotograf bei 'Magnum', der französischen Agentur." Sie fügte gleich hinzu, daß sie und er sich einige Monate zuvor getrennt hätten und entschlossen seien, sich scheiden zu lassen. In Erwartung eines Gerichtstermins für die Scheidung lebe sie allein mit ihrer kleinen Tochter und suche irgendeine Teilzeitarbeit, um soweit als möglich finanziell unabhängig zu sein. Eric kannte ich nicht gut, hatte nur gelegentlich mit ihm gesprochen im Zusammenhang mit Aufträgen, die er hin und wieder von unserer Abteilung erhielt, um die Arbeit bei WHO-Programmen in verschiedenen Ländern zu fotografieren. In Joe Handlers Büro hatte ich ihn sagen hören, daß seine Fotos oft in deutschen Wochenzeitschriften – u.a. im *Stern* – erschienen. Seiner Frau konnte ich allerdings jetzt nicht helfen, in unserer Abteilung gab es keine freien Stellen. Auch in anderen Abteilungen der WHO waren mir keine bekannt. Ich sagte, es täte mir leid, aber ich wüßte nicht, wie ich ihr behilflich sein könnte. Offenbar enttäuscht, saß Mme Schwab nun vor mir. Sie sagte nichts. Ich ließ sie gewähren, bat sie um einige Minuten Zeit, um meine Pressemitteilung zu Ende zu schreiben. Während dieser etwa zehn Minuten ertappte ich mich dabei, verstohlene Blicke mit ihr auszutauschen. Als ich das, was ich geschrieben hatte, zur Seite legte, begann ein Gespräch. Sehr bald stellte sich heraus, daß wir anscheinend nicht wenig Gemeinsames hatten. Beide hatten wir *The Secret of the Golden Flower*[1] gelesen, einen chinesischen Lebensführer aus dem 18. Jahrhundert, der von dem bekannten Sinologen Richard Wilhelm übersetzt worden und mit einer Einführung erschienen war, die C.-G. Jung geschrieben hatte. Kaum weniger wichtig für mich als diese Entdeckung einer Übereinstimmung gewisser Interessen war jedoch, daß Ruth Schwab – was mir nicht entgangen war, als sie in mein Büro eintrat – überaus attraktiv war und in meinen Augen so schön wie meine Schwester, da wir beide in der Pubertät steckten und ich mit heftigsten Schuldgefühlen mich in sie verliebt hatte.

Was sich nach jener ersten Begegnung mit Ruth Schwab rasch – zu rasch? – entwickelte, kann sich vermutlich jeder ohne allzu große Mühe ausmalen. Das zweite Mal trafen wir uns (obwohl ich mir da nicht ganz sicher bin) weniger als vierundzwanzig Stunden nach dem Gespräch in meinem Büro. Es kann sogar sein, daß wir uns noch am selben Abend wiedersahen. Jedenfalls mußte ich vor mir selber und bald auch ihr gegenüber eingestehen, daß ich mich in sie verliebt hatte. Heute weiß ich, war mir dessen damals jedoch keineswegs be-

---

[1] *Das Geheimnis der goldenen Blüte*, ursprünglich in Deutsch bei Eugen-Dietrichs (?) erschienen.

wußt, daß so etwas oft in unsichtbare Fallstricke führt. Keiner von uns beiden wußte dies damals. Ruth war siebenundzwanzig Jahre alt, ich schon fünfunddreißig. Wären wir nicht eigentlich beide alt genug gewesen, um zu wissen, wie uns geschah? Man möchte es wohl annehmen! Mit einem Abstand von fünfzig Jahren habe ich erfahren, daß sowohl das Cliché von „Liebe auf den ersten Blick" als auch das Sprichwort „Neue Liebe macht alte Liebe vergessen" an einer entscheidend wichtigen Tatsache vorbeigehen. Verliebtsein ist nämlich keinesfalls identisch mit Liebe im wahren Sinn dieses Wortes. Als ich endlich reif genug geworden war – viel zu spät in einem langen Leben – um der Erkenntnis dieses Unterschieds entsprechend zu handeln, mußte ich einsehen, daß nicht einmal drei Ehen und drei Scheidungen mir das beigebracht hatten, was ich Jahrzehnte vorher hätte wissen sollen.

Hochzeitspläne überstürzt geschmiedet
Bald wieder eine neue Prüfung

Ruth und ich waren 1950, wie mir erst einige Jahre später klar wurde, der zumindest im westlichen Kulturkreis weitverbreiteten Verwechslung von Verliebtheit mit Liebe blindlings zum Opfer gefallen. Daß wir tatsächlich viele gemeinsame Interessen hatten und uns in mancherlei Hinsicht sehr gut verstanden, erwies sich andererseits als keine bloße Einbildung. So wurde sie zum Beispiel, wie auch ich, späterhin mit Erfolg im psychotherapeutischen Bereich tätig. Aber es gab von Anfang an gewisse schwerwiegende Probleme zwischen uns. Im Verlauf der Jahre störten sie unser Alltagsleben zunehmend. Doch einiges davon später ...
Ruth besuchte mich etwa zehn Tage nach unserer Begegnung in meinem Büro. Ich wohnte ja noch bei Mme Pellet. Der Besuch einer jungen Dame in meinem Zimmer dort wäre undenkbar gewesen, wenn die alte Dame und ihre Schwester nicht, wie Mme Pellet mir schon ein paar Tage zuvor eröffnet hatte, sich mit der Absicht getragen hätten, an jenem Tag einen ihrer seltenen ganztägigen Ausflüge nach Lausanne zu unternehmen. Das hieß also in der Studentenspra-

che meiner Heidelberger Zeit: „Sturmfreie Bude!" Die beiden Alten fuhren nach Lausanne. Ruth kam also nachmittags mit der Bahn nach Versoix. Sicherheitshalber, da wir ja nicht wissen konnten, wann meine Vermieterin und ihr Fräulein Schwester zurückkommen würden, waren meine neue Freundin und ich darin übereingekommen, daß sie nur ein paar Stunden bei mir bleiben würde.
An jenem für mich unvergeßlichen Nachmittag hörten Rudi und ich – uns noch brav keusch verhaltend – Musik auf Schallplatten an, die ich mit einem damals hochmodernen Plattenspieler wenige Wochen zuvor gekauft hatte. Musik, vor allem klassische Musik, gehörte von Anfang an zu dem, was uns verband. Dies blieb so während der ganzen Jahre unseres Zusammenlebens. Was wir während der drei oder vier Stunden ihres gewagten Besuchs im Hause Pellet hörten, weiß ich noch genau. Es waren Mendelsohns „Italienische Symphonie" und Händels herrliches Oratorium „Messias". Lebhaft erinnere ich mich noch an die Worte und die wunderschönen Klänge des jubelnden Chors: „For unto us a Child is born, unto us a Son is given!"[1] Was für Phantasien dabei in mir aufstiegen – wohl auch in Ruth – kann sich jeder leicht vorstellen,
Bald nach dem schönen Nachmittag, während der gesegneten Abwesenheit von Mme Pellet, lud mich Ruth eines Abends auf einen Drink in der Zweizimmerwohnung, die sie nach ihrer und Erics Trennung gemietet hatte, zu sich ein. Als ich an der Tür klingelte, erschien Ruth und, gleichzeitig, vernahm ich ihr dreijähriges Töchterchen Corinne irgendwo leise vor sich hin schluchzen. Kaum war ich im Wohnzimmer, schon verwandelte sich das Schluchzen in ein immer lauter werdendes herzzerreißendes Heulen. Es kam aus dem Nebenraum. Ich fragte Ruth, was mit der Kleinen denn los sei, warum Corinne so erbärmlich weinte. Ob ihr etwas fehle? Von Ruth kam eine Antwort, die mir einen richtigen Schock versetzte. „Ach, das tut sie oft, weil sie nie Schlafengehen möchte. Ich lasse sie einfach in ihrem Bettchen liegen und so lange heulen, bis sie sich ausgeheult hat." Dies fand ich schwer, eigentlich gar nicht verständlich. „Warum weint sie jetzt noch heftiger, seitdem ich da bin?" fragte ich. „Sie ist

---

[1] „Denn uns ist ein Kind geboren, uns ist ein Sohn gegeben."

bloß eifersüchtig, weil sie merkt, das jemand mich besucht." „Aber sie würde sich vielleicht doch beruhigen, wenn du sie aufnehmen würdest, und ich mich ihr sozusagen vorstellte." „Das lohnt sich nicht! Sie heult oft stundenlang. Ich lasse sie schreien, so lange sie will! Was soll ich mit dem Gör sonst machen?"

Damit war für Ruth die Sache offenbar erledigt. Corinnes Weinen steigerte sich in ein immer lauteres Crescendo – so laut, daß ich kaum verstehen konnte, was Ruth noch sagte. Dann verstummte es langsam, bis die Kleine sich anscheinend in den Schlaf hineingeheult hatte. Daraufhin bot mir Ruth einen Scotch und Soda nach dem anderen an, während sie einige Glas Wein trank. Wir unterhielten uns indessen über dieses und jenes – ob sie inzwischen Arbeit gefunden hätte, wie es um die Aussichten auf einen Scheidungstermin stehe, usw. Arbeit hatte sie noch nicht und auch noch keine Ahnung, wann es zur Scheidung kommen würde. Sie kannte Joe Handler. Ich fragte, was sie für einen Eindruck von ihm habe. „Nichts Besonderes. Er sitzt gerne an der Bar mit den Journalisten. Was er sonst so macht, weiß ich nicht. Eric mag ihn. Ich finde seine Frau sympathischer als ihn." Dann, auf einmal – ohne sich dessen voll bewußt zu sein, was passierte – lagen wir eng umschlungen in ihrem Bett ...

Der Herbst nahte heran. Ich kündigte mein Zimmerchen bei Mme Pellet zum 1. Oktober. Neugierig, wie immer, gestattete sie sich die Frage, warum ich ausziehen wolle. Ob ich mich bei ihr nicht gut aufgehoben gefühlt habe? Ich versicherte ihr, daß dies immer der Fall gewesen sei. Aber Gründe für meine Kündigung nannte ich nicht. Sie erfuhr, wenn überhaupt, damals nicht, daß ich mich mit dem Gedanken einer Eheschließung angefreundet hatte. Dies kam natürlich erst in Frage, wenn Ruths Scheidung ausgesprochen sein würde. Dennoch beschlossen wir, möglichst bald zusammen zu wohnen.

In einem der weniger geschätzten, aber nahen Vororte von Genf fanden wir ein großes altes Haus, das zu vermieten war. Ich unterschrieb den Mietvertrag. Der Auszug aus meinem „Landsitz" bei Versoix sowie der aus Ruths kleiner Wohnung waren unkompliziert und wenig kostspielig. Weder sie noch ich waren mit viel Besitztum belastet. Ich hatte kaum mehr als zwei, drei Koffer mit Kleidung, vierzig bis fünfzig Bücher, meinen tragbaren Plattenspieler und sieben oder acht Schallplatten. Ruth besaß natürlich einiges mehr als ich. Aber, außer spärlichen Haushaltseinrichtungen und einigen abgenutzten Möbelstücken, hatte sie einen gebrauchten Oldsmobile-Sportwagen mit einem breiteren Notsitz als den, auf dem Jane Glenn und ich an einem eiskalten Abend des Jahres '38 das geübt hatten, was unsere Vorfahren in Neuengland „bundling" nannten. Ruths Wagen durfte ich erst fahren, als ich im Besitz eines schweizerischen Führerscheins war. Ihn erwarb ich ohne Mühe innerhalb weniger Tage, zumal das einzige, was ich für die Prüfung noch lernen mußte, die in der Schweiz gültige Verkehrsordnung war.

Wir richteten unser gemeinsames Domizil spartanisch ein. Anfang Oktober zogen wir um. Mit dem Beginn eines kalten Winters entdeckte ich, warum unsere Monatsmiete zum Lachen niedrig war. Das alte Gebäude wurde – allerdings unzureichend – mit einem offenbar noch älteren Kohlekessel beheizt. Wochenlang konnte ich mir nicht erklären, wieso solch unglaublich große Mengen Kohle verfeuert werden mußten, um uns mehr oder weniger warm zu halten. An einem frostigen Spätnovembermorgen war ich zufällig draußen. Ich entdeckte, hinter Büschen versteckt, ein riesiges Loch in der Kellermauer direkt über dem Heizkessel. Mit der legitimen Begründung, daß sich das Haus in einem Zustand dringender Reparaturbedürftigkeit befände – was, abgesehen von den überhöhten Heizkosten, sich auch in anderer Hinsicht bestätigte – gelang es uns, den Mietvertrag fristlos zu lösen. Dieses Mal hatten wir mehr Glück. Von jemandem, der sich in Genf auskannte, hörten wir, daß eine Vierzimmerwohnung an der Route de Meyrin bald frei werden sollte. Diese Gegend, nicht weit von der Innenstadt und vom Palais des Nations entfernt, schien uns ideal zu sein. Wir sahen uns die Wohnung an, mieteten sie und hatten dort fast zwei Jahre lang ein bequemes Zuhause.

Unser Hauptproblem bestand von Anfang an darin, daß Ruths Art, mit Corinne umzugehen, mir als allzu streng – oft an Herzlosigkeit grenzend – erschien. Ich konnte mich des Eindrucks nicht erwehren, als würde Ruth ihr Töchterlein vielleicht nicht wirklich lieben. Daß das Mädchen nicht selten Anfälle von Jähzorn hatte, war in meinen Augen zwar eine teilweise Erklärung für Ruths scheinbar lieblose Härte. Doch allein das Problem von Corinnes aufbrausendem Temperament konnte das Verhalten der Mutter gegenüber ihrem Kind, wie ich meinte, nicht hinreichend erklären. Corinne war offenbar überdurchschnittlich intelligent, kreativ im Spiel und voller Tatendrang. Sie und ich hatten viel Spaß miteinander, wann immer wir eigene „Theaterstücke" erfanden und auf einer imaginären „Bühne" aufführten. Wenn Ruth dabei war, saß sie meist teilnahmslos als bloß passive Zuschauerin in ihrem Schaukelstuhl. Nie oder fast nie sagte sie etwas Ermutigendes zu Corinne. Eine andere Quelle häufiger Spannungen zwischen Ruth und mir war ihre Tendenz zur Rechthaberei, während ich meinerseits extrem pedantisch sein konnte. Dies reizte sie. Verständlicherweise. Mich störte es auch oft. Und, obwohl man vielleicht meinen wird, daß ich mich bloß brüste, glaube ich, die Tendenz zur Pedanterie allmählich fast ganz oder wenigstens teilweise überwunden zu haben.

Um wieder einmal etwas Wichtiges vorwegzunehmen: In Umständen und aus Gründen, auf die später einzugehen sein wird, wurde unsere Ehe 1968 aufgelöst. Fünfundzwanzig Jahre später sahen wir uns zum ersten Mal wieder, als wir beide – wie durch Zufall – zur gleichen Zeit in Paris waren. Ich holte Ruth vor dem Hotel ab, wo sie für ein paar Tage untergebracht war, und lud sie zum Abendessen in einem der renommierten Pariser Restaurants ein. Nach einer vorzüglichen Mahlzeit, von einem edlen Tropfen begleitet und von je einem oder zwei Glas Cognac gekrönt sowie mit je einem Espresso, verstanden wir uns in mancherlei Hinsicht, wie mir schien, fast besser als jemals zuvor. Bis kurz vor Mitternacht blieben wir am Tisch sitzen. Ich brachte sie zu ihrem Hotel zurück. Von dem Abend an waren und blieben wir gute Freunde ...

Ausflug nach Wien
Eine überraschende und erfreuliche
Wiederbegegnung

Doch noch war es 1950. Und noch waren wir nicht verheiratet. Dies bekamen wir bei einer Reise auf dem Weg nach Wien deutlich zu spüren. Die Sache war nämlich, wie folgt: Anfang Dezember jenes Jahres erhielt Generaldirektor Chisholm vom Präsidenten der Wiener Ärztegesellschaft eine Einladung, einen Vortrag zu halten über die Arbeitsweisen, die langfristigen Zielsetzungen und die bereits laufenden sowie die für die Zukunft geplanten Programme der Weltgesundheitsorganisation. Weil Chisholm selber aus Termingründen dieser Einladung nicht Folge leisten konnte und weil er ohnehin meinte, daß es vorteilhaft wäre, wenn der Vortrag in Deutsch gehalten würde, bat er Joe Handler darum, mich von anderen Verpflichtungen zu befreien, damit ich Zeit genug haben könnte, um einen solchen Vortrag auszuarbeiten und ihn auf der Wiener Ärztetagung zu halten.
Für mich bedeutete dies einige äußerst anstrengende Tage und Abende harter Arbeit, da die Tagung in Wien kurz vor Ende Dezember angesetzt war. Die erste Dezemberwoche war schon vorbei. Also machte ich mich mit Volldampf daran. Der Aufgabe fühlte ich mich aus zwei Gründen nicht ganz gewachsen. Zum einen hatte ich bis dahin nur selten öffentliche Vorträge gehalten, außer vor einem jeweils unsichtbaren Publikum, als ich vor einem CBS-Mikrophon saß, oder gelegentlich bei Radio München. Zum anderen mußte ich mich noch näher als zuvor mit fachlichen Details der WHO-Arbeit vertraut machen, von denen ich zwar einige recht gut kannte, vor allem dank meiner Mitarbeit im Redaktionsausschuß bei Howard Jones, aber noch nicht ausreichend für einen Vortrag, der vor einer Versammlung von Ärzten gehalten werden sollte. Irgendwie brachte ich einen Text zuwege, der zweifellos besser hätte sein können, aber wohl auch nicht ganz ungenügend war.
Weder Ruth noch ich waren bis dahin jemals in Wien gewesen. Wir entschieden uns für eine gemeinsame Fahrt dorthin in ihrem alten Oldsmobile. Allerdings machte ich zur Bedingung, daß nicht sie, sondern ich auf dem Fahrersitz sein würde. Nicht etwa deshalb, weil

Ruth zu wenig Fahrübung gehabt hätte. Der Grund, weshalb ich – entgegen meiner sonstigen Gewohnheit – ihr dieses Mal eine solche Bedingung stellte, war die Tatsache, daß Ruth dazu neigte, etwas zu fest auf die Tube zu drücken. (In einer engen Straße der Altstadt von Delhi, wo wir knapp zweieinhalb Jahre später in New Delhi lebten, baute sie deswegen einen Unfall, bei dem ein Kind ziemlich schwer verletzt wurde und im Krankenhaus behandelt werden mußte.) Ruth ging auf meine Bedingung für die Fahrt nach Wien ein. Am Steuer des Oldsmobile war nicht Ruth, sondern ich während der ganzen Hin- und Rückfahrt – ohne Streit, und wohl zum Teil deshalb, auch ohne Unfall.

Corinne ließen wir in der Obhut guter Freunde, Helen und James Wise, die in einem nahegelegenen Genfer Vorort am anderen Seeufer wohnten. Ihre Tochter Debbie war ungefähr im gleichen Alter wie Corinne. Die beiden mochten sich trotz Zänkereien und gelegentlicher Faustkämpfe, die zumeist als eine Folge von Corinnes häufigen Wutanfällen ausgefochten wurden. Nicht oft kam es so weit, daß einer der Erwachsenen eingreifen mußte, um die kleinen Kampfhennen zu trennen, da sie sich schnell versöhnten und ihr Spiel, was immer es gerade war, in Frieden wieder aufgenommen wurde, als wäre nichts gewesen.

Nebenbei bemerkt: Jim Wise, einziger Sohn des einflußreichen New Yorker Rabbiners, Steven Wise, der von Präsident Roosevelt zu Beratungen oft nach Washington gerufen worden war, hatte offenbar mit seinem bekannten und hochangesehenen Vater ähnliche Probleme wie die meisten Söhne mit solchen Vätern. Zur Zeit, als wir ihn in Genf kannten, hatte er noch gar nicht zu sich gefunden. Einen Beruf hatte er nicht und wußte noch überhaupt nicht, was aus ihm werden sollte. Unsere Freundschaft dauerte während vieler Jahre, war nie sehr intensiv, aber – jedenfalls für mich – immer beglückend. Seine Frau Helen und ich verstanden uns auch gut. Eines Tages, als er von seinem Vater ein kleines Vermögen geerbt hatte, kaufte er für sich und Helen einige Gemälde teils bekannter, teils relativ unbekannter Maler. Mit diesen wenigen ersterworbenen Kunstwerken, die er einige Zeit später zu sehr guten Preisen wiederverkaufte, entdeckte er allmählich in sich ein Naturtalent. Er wurde Millionär im Kunsthandel.

Nach den paar Jahren in Genf, als Ruth und ich mit ihnen befreundet gewesen waren, sah ich ihn und Helen in Südfrankreich zum letzten Mal wieder vor beider Tod wenige Jahre später. Unweit Vence hatte er ein herrliches Landhaus bauen lassen mit riesigen ummauerten Gartenanlagen, einem großen Schwimmbecken und allem, was so dazu gehört. Im Hause selbst waren die Wände voller Kunstwerke. Jim hatte eine eindrucksvolle Sammlung vieler Originalwerke von Künstlern, wie z.B. Picasso, Kandinsky, Alexander Calder, Henry Moore und anderen mehr ...

Jetzt zu Ruths und meinem ersten Besuch in Wien: Von Genf brachen wir an einem kalten, wolkenverhangenen Nachmittag am oder um den 19. Dezember auf. Kurz nach Einbruch der Dunkelheit erreichten wir das Städtchen Frauenfeld, etwa 50 Kilometer nordöstlich von Zürich. Es gibt gute Gründe dafür, daß ich diesen Ort erwähne. Nach mehreren Versuchen bei Frauenfelds wenigen Hotels, eine Übernachtungsmöglichkeit zu finden, gelang es uns auf die Empfehlung eines Passanten, den wir händeringend um Hilfe baten, im „Christlichen Hospiz" unterzukommen. Jene Nacht im noch ländlichen Frauenfeld war das zweite und hoffentlich letzte Mal, daß ich mit einer solchen Herberge Bekanntschaft machte. Das erste Mal war es ja in Heidelberg gewesen – jene abgrundtief scheußliche Höllennacht, die auf Ute Wäntigs Mitteilung folgte, daß sie mein an sie verlorenes Herz mir zurückreichte, da sie einen anderen Mann heiraten wollte.

Außer dieser Erinnerung, gibt es einen zweiten guten Grund für die Erwähnung jener Übernachtung in Frauenfeld. Ruths und mein Auftreten dort entbehrte nämlich nicht einer gewissen Ähnlichkeit mit dem, was Jane und mir widerfahren war, als wir ein Fünf-Dollar-Zimmer für eine Nacht in New Yorks Pennsylvania Hotel erbaten. Genau wie damals versuchte ich, völlig nonchalant zu wirken, als wir an die Rezeption herantraten. Anders als damals wurde mir jedoch in Frauenfeld eine für die knochentrockene Moralistin hinter dem Pult offenbar sehr wichtige Frage förmlich ins Gesicht geschleudert: „Aber sind Sie verheiratet?" Meine Antwort wiederzugeben wäre wohl überflüssig. Widerwillig überreichte uns das alternde Fräulein einen Zimmerschlüssel. Nichts gegen „Christliche Hospize"! Verallgemei-

nern sollte man ja nicht. Sie leisten zweifellos karitative Dienste, die für viele Menschen segensreich sind. Aber für meinen Teil – nein, lieber nicht noch einmal!
Nach dem im Grunde recht amüsanten Zwischenspiel in Frauenfeld erreichten wir Wien ohne weitere Probleme früh am nächsten Nachmittag. Mein Vortrag sollte erst am Abend um halb neun Uhr stattfinden. Wir hatten also genug Zeit für einige Besichtigungen: die ergreifende Majestät des Stephansdoms, die Hofburg, Schönbrunn und die glanzvolle Eleganz der Ringstrasse. Dort, an der Ringstraße, hatten wir in einem Luxushotel ein großes, stilvoll eingerichtetes Doppelzimmer, das Ruth und ich als einen mehr denn starken Kontrast empfanden zur karg spartanischen Dachkammer im ohne Lift nur mittels einer wackligen Treppe erreichbaren vierten Stock des Frauenfelder Hospizes. Von den unendlich vielen Kostbarkeiten Wiens hatten wir zu wenig sehen können, denn meinen Vortrag mußte ich noch am selben Abend halten. Er war gewiß keine hervorragende Leistung. Nervös war ich wie bei meiner ersten Silmultandometscherei an einem NBC-Mikrophon. (Nachher, beim CBS, war ich es schon gewohnt.) An jenem Abend in Wien war der große Saal bis auf den allerletzten Platz voll. Und ich fürchte, daß ich die versammelte Ärzteschaft eher anschrie, als daß ich *zu* meinem erlauchten Publikum gesprochen hätte. Trotzdem wurde das, was ich über die Arbeit der Weltgesundheitsorganisation und deren Programme detailliert darstellte, wohlwollend und mit spürbarem Interesse aufgenommen. Als ich meinen Vortrag abgeschlossen hatte, spendete man mir höflichen, wenn auch nicht sehr lange anhaltenden Beifall. Kopien des Faltblatts „WHO. Was sie ist. Was sie tut. Wie sie arbeitet" waren an die Anwesenden verteilt worden, wie auch an alle Delegierten bei den WHO-Generalversammlungen und an alle Journalisten.
Als Ruth und ich nach dem Vortrag den Saal zu verlassen bereit waren, kam ein Mann in mittleren Jahren auf uns zu. Unter den Zuhörern hatte ich ihn schon bemerkt. Etwas an seinem Gesichtsausdruck war mir irgendwie bekannt vorgekommen. Weiter hatte ich nicht darüber nachgedacht, zu erleichtert war ich, daß das, was ich gesagt hatte, einigermaßen gut angekommen zu sein schien. Jetzt war dieser

selbe Mann ganz in meiner Nähe. „Viktor Frankl? Sind Sie nicht Viktor Frankl?" Er war es tatsächlich. Wir fielen uns in die Arme, beide voller Freude, da wir seit seiner tief bewegenden Vortragsreihe für Radio München keinen Kontakt mehr zueinander gehabt hatten. Ich stellte ihm Ruth vor. (Vor unserer Abreise von Genf hatte ich ihr kurz erzählt, was damals in München dank einem Psychiater namens Frankl möglich geworden war.) Er lud uns jetzt zu einem Kaffee ein – „freilich mit echter Sachertorte", sagte er – in einem gegenüber dem Vortragssaal gelegenen Café. Wie hätte ich eine solche Einladung abschlagen können!

Jetzt, im Gegensatz zu seinem Auftreten in meinem Büro mehr als fünf Jahre zuvor, sah er blühend gesund aus. Er erzählte zwar wenig von seiner Arbeit als Professor an der Universität Wien, sagte aber, er habe nochmals geheiratet, nachdem er aufgrund aller Nachforschungen mit völliger Gewißheit wußte, daß unter seinen Verwandten niemand den Holocaust überlebt hatte. Er schien jetzt glücklich und zufrieden zu sein. Wir hätten natürlich noch stundenlang zusammensitzen können. Aber Ruth und ich waren beide so übermüdet, daß wir nach dem Kaffee und Kuchen uns mit sehr herzlichem Dank verabschiedeten, eine Droschke herbeiwinkten und uns zu unserem Hotel zurückfahren ließen. Erst später fiel mir ein, daß ich Dr. Frankl nicht einmal gefragt hatte, wie es um die Logotherapie stehe. Ich tröstete mich mit der Hoffnung, ich könnte bei einer anderen Gelegenheit einiges über die Entwicklung dieser neuen Therapiemethode erfahren. Leider ergab sich eine solche Gelegenheit nie, obwohl ich in den nachfolgenden Jahren einige Male Wien wieder besuchte, u.a. für ein Seminar im Bereich der Tierheilkunde, das vom WHO-Regionalbüro in Kopenhagen organisiert wurde und an dem ich als Pressereferent teilnahm. Aber Frankl und ich korrespondierten ein paar Mal und von ihm erhielt ich mehrere seiner Bücher, die ich noch heute in meinem Schrank bewahre.

Vor und nach dem Wiener Vortrag
Häufige Kurzbesuche
am Pariser Boulevard Arago

Als ich von New York nach Genf bzw. Versoix übersiedelte, waren Jane und die beiden Kinder – Anni jetzt sieben und Cristi drei Jahre alt – nach unserer Scheidung aus Mexiko kommend noch nicht in Paris angesiedelt. Aber bald war es soweit und, wie ich schon sagte, war es Jane gelungen, sich in einer kleinen Erdgeschoßwohnung am Boulevard Arago einzumieten. Das Haus lag schräg gegenüber dem „Prison de la Santé" genannten Gefängnis, das allerdings keine Gefahr bedeutete. Die Strafanstalt, Tag und Nacht strengstens bewacht, war und ist wohl noch heute von hohen Steinmauern umgeben. Wieso das Gefängnis etwas mit Gesundheit (santé) zu tun haben sollte und weshalb die Metro-Station, wo man aussteigt, um zum Boulevard Arago zu gelangen, „Les Glacières" heißt, ist mir allerdings immer rätselhaft gewesen. Ich nahm es einfach so, wie es war, hätte aber jemanden um Aufklärung bitten können. Nun, ja! Dies alles sind völlig nebensächliche Belanglosigkeiten. Hauptsache war, daß ich jetzt im Schlafwagen von Genf aus in ungefähr acht bis neun Stunden in Paris sein konnte.

Schon vor meinem ersten Besuch hatte Jane, nicht weit von ihrer Wohnung entfernt, eine ausgezeichnete und progressive Privatschule namens „Père Castor" gefunden. Jane hatte Anni dort sofort angemeldet und Cristi folgte ihr bald im Kindergarten. Da die Schulkosten erstaunlich gering waren, konnte sie sich leisten, die Kinder dorthin zu schicken, obwohl meine monatlichen Überweisungen ja nicht gerade üppig waren. Während eines meiner vielen Besuche in Paris – wohl ein Jahr oder eineinhalb Jahre, nachdem Jane, die Kinder und ich uns in Europa niedergelassen hatten – stellte sie mir ihren neuen Partner vor. Er hieß Bill Rutherford und war ein gut aussehender Afro-Amerikaner aus Chicago, der im Hauptsitz der UNESCO in Paris arbeitete. (UNESCO, eine der UN-Spezialorganisationen wie die WHO, ist für Programme in den Bereichen Bildung, Wissenschaft und Kultur verantwortlich.) Dort hatte Bill anscheinend einen Posten, der nicht übermäßig gut bezahlt, aber für ihn

offenbar nicht uninteressant war. Was er vorher für einen Beruf ausgeübt hatte, habe ich nie erfahren.
Auf Anhieb fand ich Bill nicht unsympathisch und er schien mit den Kindern verständnisvoll umzugehen. Offenbar mochten sie ihn auch. Was seine und Janes Beziehung betraf, war ich irgendwie leicht beunruhigt. Aber ich dachte mir, dies ginge mich eigentlich nichts an. Und zu Jane sagte ich selbstverständlich kein Wort von dem, was mein erster, oberflächlicher Eindruck gewesen war. (Später, als ich schon seit mehr als zwei Jahren in Südostasien gearbeitet hatte, brachte ein Brief, den mir eine mir unbekannte Freundin von Jane nach New Delhi schrieb, eine alarmierende Nachricht. Der Inhalt des Briefs stellte mich vor eine Entscheidung, der ich mich lieber entzogen hätte. Über die Konsequenzen werde ich notwendigerweise noch berichten müssen.)
Die Metropole an der Seine zog mich, wie seit jeher auch Millionen anderer Menschen, mächtig an. Schon beim ersten Aufenthalt dort, anno 1937 mit Gabi Garthaus und John Allen, war es so gewesen. Allein die kulinarischen Feinheiten Frankreichs hätten als Erklärung für die Anziehungsmacht der Hauptstadt ausgereicht. Doch betucht war ich ja nicht. Und die häufigen Bahnfahrten von Genf nach Paris schränkten meine sonst ambitionierter gewordene Reiselust erheblich ein. Außerdem hatte ich ab Herbst 1950 eine neue Familie zu ernähren. Eine der Folgen davon war, daß ich bei keinem einzigen meiner Besuche in Paris in den Genuß eines auch nur bescheidenen Festmahls kam – nicht einmal in weniger bekannten Brasseries oder Restaurants der Stadt. Meinem Hang zum Feinschmeckertum (wohlbemerkt: Gourmethaftigkeit, nicht Gourmandise) waren also relativ enge Grenzen gesetzt. Ich nahm im großen Ganzen nicht ungern vorlieb mit der einfacheren Kost und den nicht schlechten *vins de table*, die sich Jane und Bill leisten konnten. Wann immer ich sie besuchte, genossen wir diese gemeinsam in ihrer kleinen Wohnküche, obwohl es noch keinerlei Anzeichen dafür gab, daß Janes Kenntnisse im Bereich der Anatomie von Brathähnchen spürbar vertieft oder erweitert worden wären seit dem tragikomischen Abendstreit in unserer dritten und letzten New Yorker Wohnung, Ecke Madison Avenue und 90th Street.

Wiederholte Reinigungen eines Augiasstalls in Genf – daraus entstehende Folgen

Wenn ich mich der Reihenfolge jener Ereignisse richtig entsinne, war Joe Handler mit seiner Frau Edith (die nach Joes Tod vor wenigen Jahren übrigens viele der schönsten UNICEF-Karten gemalt hat) im Sommer 1950 auf Heimaturlaub in den USA. Sie waren also – d.h., im Zusammenhang mit unseren Abteilungsarbeiten war Joe – mehrere Wochen abwesend. Lange vorher, eigentlich seit Beginn unserer Zusammenarbeit als Direktor bzw. Stellvertretender Direktor der Informationsabteilung hatte er sich angewöhnt, aus den verschiedensten Anlässen offizielle oder semi-offizielle Reisen zu unternehmen, die ihn jeweils während einer Woche oder länger aus Genf verschwinden ließen. Die Folge davon war, daß die Verantwortung für die Leitung unserer Arbeit in der Abteilung mir zufiel. Hätte es nicht die besonderen Umstände gegeben, die aus Handlers häufiger Abwesenheit entstanden, wäre dies für mich nicht über Gebühr belastend gewesen, auch wenn ich es nicht gerade gern hinnahm.
Welche Umstände meine ich? Es war nämlich so, daß jedesmal, wenn Joe sich nicht in Genf aufhielt, sein Schreibtisch einer von zweien war, an denen ich arbeitete. Da ich deshalb natürlich recht häufig an seinem Schreibtisch saß, war es ebenso natürlich, daß ich dessen Schubladen aufmachte. Wann immer ich dies tat – oft vermied ich es, so lange ich konnte – hätte ich laut heulen können. Unsichtbar, außer wenn die Schreibtischschubladen geöffnet waren, verbarg sich in ihnen ein schier unvorstellbares Chaos an Dokumenten, Berichten über Programme und Projekte der WHO, gekritzelten Notizen von Besprechungen und unzähligen Briefen, die großenteils in noch geschlossenen Umschlägen steckten. Nicht selten hatte ein solcher völlig ungeordneter Papierwust schon Wochen oder gar Monate dort gelegen. Deshalb wurde ein gewisser Perfektionismus, den man mir nachsagt und – zu meinem Leidwesen – den Tatsachen oft weitgehend entspricht, mir jetzt zum Verhängnis. Ich fühlte mich verpflichtet, die nicht selten mehr als ein Dutzend ungeöffneter Briefe in Sachen WHO zu beantworten mit einer Bitte um Entschuldigung für die verspätete Antwort. Mit einer vermeintlich diplomatischen Aus-

rede wie z.B. „ein bedauerliches Versehen" pflegte ich das Versäumnis abzufedern. Mehrere Stunden, ab und zu ganze Tage, verbrachte ich mit Diktieren, was zu vulkanartigen Eruptionen an Schreibarbeit für die beiden Sekretärinnen führte, die Handlers Büro zugeteilt waren. Sie taten mir, sie taten sich selber, auch ich tat mir leid. Hätte ich es sein lassen sollen? Dazu konnte ich mich nicht entschließen.
In dem Maße, wie mir das Los dieser zusätzlichen Arbeit zufiel, wurde daraus – zu Recht oder zu Unrecht – eine Quelle immer größer werdender Irritation bei den beiden Sekretärinnen wie bei mir. Abgesehen von der Reinigung des Augiasstalls, den Joe bei seiner Abwesenheit gewohnheitsmäßig zurückließ, wenn er verreiste, gab es ja anderes, das ich tagein, tagaus als meine *normalen* Aufgaben erledigen mußte. Und allmählich, wann immer Joe nicht in Genf war, wurde mir das sich unaufhörlich drehende Karussell zu viel. Heute, wenn ich nach einem halben Jahrhundert darauf zurückblicke, neige ich zu der Vermutung, daß ich mich, ohne mir dessen bewußt gewesen zu sein, in der Heldenrolle eines Herkules empfand. Aber, da durch die Gärten des Palais des Nations kein Strom „Alpheios" floß, verlangten unsere Bemühungen, aus dem Chaos in Handlers Schreibtischschubladen Ordnung zu schaffen, nach anderen Säuberungsmitteln als der Durchflutung des Augiasstalls nach der Methode, die Herkules angewandt haben soll ...
Während der ersten eineinhalb bis zwei Jahre als Stellvertretender Abteilungsleiter vermied ich es, Joe bei seiner Rückkehr von irgendeiner Mission, die ihn oft mehr als eine Woche von Genf fernhielt, irgendetwas Kritisches über die chaotischen Zustände zu sagen, die wir wiederholt im Inneren seines oben fein sauber aufgeräumten Schreibtisches vorgefunden hatten. Für meine Zurückhaltung gab es mehrere Gründe. Einer davon war, wie schon erwähnt, der Umstand, daß Joe die Rolle des erfahrenen „public relations expert" glänzend spielen konnte, was zu meinem Repertoire nicht – jedenfalls noch nicht – gehörte. Ein weiterer Grund für meine Rücksichtnahme war, daß Joe und ich während der ersten Jahre unserer gemeinsamen Arbeit sonst miteinander recht gut ausgekommen waren.
Wir sahen uns als Freunde, da wir in den meisten Belangen uns nicht schlecht verstanden, auch wenn es vieles gab, wo unsere Ansichten

auseinandergingen. Um ein an sich völlig banales Beispiel zu nennen: Joe mochte als Nahrungsmittel fast nur Fleisch; ich, hingegen, zog Meeresfrüchte aller Art mit viel Gemüse vor. (Nach meinem ersten Aufenthalt in Indien neigte ich eine Zeitlang sogar zu einer ausschließlich vegetarischen Kost.) Ab und zu fuhren Joe und ich, mit Edith und Ruth zusammen, in seinem Citroën über die Grenze nach Ferney-Voltaire oder einem der anderen grenznahen Dörfern in Frankreich zum Abendessen. Dabei waren die riesigen Mengen Fleisch, vor allem Schweinefleisch, die Joe wie heißhungrig verschlingen konnte, für mich irgendwie abstoßend. Seine Völlerei – ein passenderes Wort dafür wüßte ich nicht – war also etwas, das mich wohl nicht hätte stören dürfen. Aber es war nun einmal so und es wurmte mich.

Eines Tages – Joe war noch länger „außer Hauses" gewesen, als wir es alle gewohnt waren – platzte mir (nicht wegen seiner Gourmandise!) innerlich der Kragen. Offen aber, wie ich meinte, in einem ruhigen, jedenfalls nicht unhöflichen Ton sagte ich, daß es sowohl mir als auch anderen in unserer Abteilung ein wenig skrupellos vorkomme, die Aufräumungsarbeiten zugemutet zu bekommen, die anfielen, wann immer er nicht in Genf war. Und ich sei, für meinen Teil, nicht länger bereit, aus dem Chaos in seinem Schreibtischinneren während seiner Dienstreisen und auch sonst häufigen Abwesenheit Ordnung schaffen zu müssen. Da für mich Freundschaft u.a. auch Bereitschaft bedeutet, sich wohlmeinende Kritik eines Freundes anzuhören, sagte ich es ihm so.

Joes plötzlich aufbrausende Reaktion warf mich um. Er kochte förmlich vor Wut. Sein Gesicht lief rot und blau an. Ich dachte, er werde einen Herzinfarkt bekommen. Was fiele mir denn ein, mit meinem Vorgesetzten so zu reden! Diese aufmüpfige Art und solche Vorwürfe wegen purer Bagatellsachen lasse er sich nicht bieten. Und er werde Chisholm davon berichten. Was die Konsequenzen für mich sein würden, könne er schon jetzt sagen, usw. Ich fiel – um es clichéhaft auszudrücken – „aus allen Wolken". Ab jenem Tag wurden Spannungen zwischen uns, die bis dahin latent geblieben waren, für ihn wie für mich immer unerträglicher. Mitte oder Ende November 1952 erreichten sie einen Punkt, an dem Joe sich tatsächlich bei Dr.

Chisholm beschwerte. Ein paar Tage später ließ Chisholm mir mitteilen, er würde die Situation gerne mit mir besprechen. Als er eine halbe Stunde frei hatte, rief seine Sekretärin an, um mir zu sagen, der Generaldirektor könne mich empfangen, wenn ich jetzt Zeit hätte. Ich fuhr im Lift gleich zu seinem Büro. So objektiv wie möglich erklärte ich ihm die Hintergründe der Krise zwischen Joe und mir. Er hörte mir, wie es seine Art war, ruhig zu und sagte dann nur zwei Sätze, die sich mir für immer einprägten. „Wissen Sie, Field, gegen völlig emotional bedingte Verhaltensweisen reichen keine noch so logischen Argumente aus. Sie kommen beim Gegenüber einfach nicht an." Damit war das Gespräch beendet.

Lange überlegte ich mir, was im Interesse beider – Joe und mir – zu einer Entspannung beitragen könnte. Mit Ruth, die von Anfang an eingeweiht gewesen war, besprach ich die Lage im Einzelnen. Ich fragte sie, ob sie trotz der möglichen Gefahren für unser erst zwei oder drei Wochen altes Baby einzuwilligen bereit wäre, wenn ich mich nach New Delhi versetzen lassen würde, zumal wir beide uns für Asien interessierten. Sie zögerte nur einen Augenblick und sagte dann, „Ja, versuche es doch. Wenn Chisholm und Mani dafür sind, mache ich auch mit." Jetzt vereinbarte ich einen neuen Termin bei Dr. Chisholm. Ich bat ihn, bei Dr. Mani anzufragen, ob er mich akzeptieren würde als Nachfolger des Neuseeländers, Kenneth Grinling, von dem wir alle wußten, daß er seinen Posten als Leiter der Informationsabteilung beim SEARO gekündigt hatte. Auf eine telegraphische Anfrage Chisholms in diesem Sinn antwortete Mani kurz vor Ende Dezember, er sei einverstanden und würde es begrüßen, wenn ich mich spätestens Anfang April im nächsten Jahr bei ihm melden könnte.

Unnötig zu erwähnen, daß Joe sich jetzt unverhohlen freute, mich loszuwerden. Er machte daraus kein Geheimnis. Zu behaupten, daß ich erleichtert war, würde eine Untertreibung sein. Ich war über die Maßen erfreut. Meine häufigen Fahrradtouren nach Dionville; die vielen Bücher, die ich dort gekauft hatte, und vor allem meine erste „Morgenlandreise" hatten in mir den tiefen Wunsch entstehen lassen, aus eigener Erfahrung mehr über Asien zu erlernen, als nur aus Büchern je möglich wäre. Und ich spürte, daß dies, obwohl eine Zumutung für Ruth und die Kinder, für uns im Endeffekt eine geistige und seelische Bereicherung sein würde. Kein anderer als Brock Chisholm selber hatte mir, bald nach dem Umzug der WHO von New York nach Genf, ein Buch empfohlen. Es hieß: *Richer by Asia*. Dessen Autor weiß ich nicht mehr. Ich hatte es mir in einer Bibliothek irgendwo ausgeliehen und mit allergrößtem Interesse gelesen. Und jetzt war uns vieren – Ruth, den Kindern und mir – eine Gelegenheit zur Bereicherung durch Asien als Folge eines Zerwürfnisses geschenkt worden. Ich fragte mich, ob darin ein verborgener Sinn der Spannungen zwischen Joe Handler und mir gelegen haben könnte. Denn seit meiner Begegnung mit Viktor Frankl finde auch ich, daß es hilfreich ist, einen Sinn zu suchen in allem, was uns widerfährt, obwohl man den eigentlichen oder einen letztthinnigen Sinn jeweils nur vermuten kann ...

Ein bedeutsames Ereignis, bisher außer acht gelassen auch jetzt unzulänglich geschildert zu viert bald auf dem Wege nach Indien

Im Sommer 1952 konnten Ruth und ich endlich heiraten. Wir hatten uns für eine einfache, standesamtliche Trauung entschieden. Sie ging ereignislos, im kleinsten Kreis, über die Genfer „Standesamtsbühne". Als wir heirateten, war Ruth schon im fünften Monat schwanger gewesen. Der Gynäkologe hatte das wahrscheinliche Geburtsdatum des Kindes auf Anfang November geschätzt. Seine Prognose erwies sich als sehr genau. Am 5. November kam Gillian in einer Genfer Privatklinik zur Welt. Und zum zweiten Mal war es mir vergönnt, bei einem solch überwältigenden Ereignis anwesend zu sein, wie es das Herausschlüpfen eines Menschen aus dem geborgenen Dunkel des Leibes seiner Mutter ans grelle Tageslicht dieser Erde eigentlich immer ist – eines der Wunder, die viel zu oft als eine bloß alltägliche Übung von Ärzten „vollzogen" wird. Die heute meistens bloß routinemäßig gehandhabte Entbindung eines neuen Erdlings in jeder menschlichen Wärme entbehrenden Atmosphäre der Kreißsäle vieler, wenn nicht der meisten, modernen Krankenhäuser scheint mir irgendwie würdelos zu sein. Zum Segen aller war Gillians *entrée* ein Ereignis voller Freude. Ruths und meine einzige Sorge (Ruth war vertrauensvoll bereit, sie zu ertragen) bestand darin, daß das Leben in Indien nicht ohne Gefahren für die beiden Kinder, vor allem für Gillian, sein könnte. Doch bald war Ruth kaum weniger gespannt und begeistert als ich wegen der neuen Perspektiven. Abgesehen von einigen Komplikationen, die ein wenig später eintrafen, aber nur für *mich* gefahrenträchtig waren, stand also alles zum Besten.

„Das Oldsmobile hat seine Schuldigkeit getan, das Oldsmobile kann gehen."[1] Wir entledigten uns des arg verbrauchten, benzinschluckenden Vehikels und kauften uns einen viertürigen, vierzylindrigen „Hillman" mit Rechtssteuerung, da man wie in Großbritannien auch in Indien auf der für unser Gefühl falschen Straßenseite zu fahren hat. Unser himmelblaues neues Auto hätten wir nachher hin und wieder – in Indien sogar oft – zur schwärzesten Hölle gewünscht. Die Verantwortung dafür, wie noch zu beichten sein wird, mußte ich auf mich nehmen. Der Hillman-Erwerb war jedenfalls unser einziger Fehltritt bei den Vorbereitungen für einen Aufenthalt in Indien, von dem wir vermuteten, daß er länger dauern würde als meine Zehntagereise nach New Delhi zur Gründungskonferenz des WHO-Regionalbüros für Südostasien. Wir wußten jetzt, daß wir Anfang März '53 Genf verlassen würden. Reservierungen für unser Seereiseabenteuer hatten wir mit den traditionsreichen Pacific & Orient Lines von Southhampton nach Bombay gebucht. Die Kündigung unserer Wohnung an der Route de Meyrin war unproblematisch, da wir die übliche dreimonatige Frist einhalten konnten. Von dem Tag, an dem meine Versetzung nach New Delhi bestätigt wurde bis Mitte Februar, flogen die Wochen an uns vorbei, als wären sie von einem Wirbelsturm in Kansas oder Missouri weggefegt worden.

Natürlich hatten wir einiges mehr zu tun, als eine Wohnung zu kündigen und ein Auto zu kaufen, das äußerlich ein angemessener Ersatz für das altersschwache Oldsmobile zu sein schien. Doch schafften wir

---

[1] Mit Verlaub – ein entstelltes Zitat aus „Der Rosenkavalier" (Richard Strauss).

alles mit weniger Mühe, als wir uns zunächst vorgestellt hatten. Gillian, ein gesundes und offensichtlich glückliches Kind, wuchs schnell und mit großen Sprüngen, obgleich sie – wie wir alle – das Krabbeln lernen mußte, bevor irgendwelche Sprünge in Frage gekommen wären. Sie hatte gespürt – nein, von dem Augenblick an, als sie in unseren Gedanken und dann tatsächlich gezeugt wurde, wird Gillian wohl gewußt haben –, daß sie ein willkommener neuer Erdengast sein würde. Corinne mißfiel es – trotz gelegentlicher Wallungen von Eifersucht – offenbar nicht, ein Schwesterchen gewonnen zu haben. Auch schien sie längst nicht mehr so schwierig zu sein, wie Ruth sie eingeschätzt hatte.

Mitte Februar war unser Haushalt gepackt und stand in Kisten zum Versand bereit. Unser Hillman sollte mit demselben Dampfer der P. & O. Lines verschickt werden, auf dem wir unsere Passage nach Indien gebucht hatten. Nachdem wir uns von Freund und Feind verabschiedet hatten – der einzige Widersacher war Joe (aus seiner Sicht blieb er es auch jahrelang) – beluden wir unseren Hillman randvoll. Noch vor den Iden des März brachen wir morgens sehr früh von Genf auf. Wir fuhren in nordwestlicher Richtung durch Frankreich mit Le Havre als unserem ersten Ziel. Wir wagten anzunehmen, daß die Fähre, die von Le Havre nach Portsmouth unweit Southhampton verkehrte, seetüchtig genug sein würde, um uns und all unsere nicht in Kisten oder Kartons verpackten weltlichen Güter über den Ärmelkanal zu befördern. In dieser Hinsicht wurden unsere Hoffnungen nicht enttäuscht.

Aber der kleine Hillman! Wir hatten, vielmehr ich selber hatte, ihm zu viel zugetraut. „Schnaufend und pustend" wäre keine passende Bezeichnung für sein Verhalten während der Fahrt von Genf nach Le Havre. Solche Beiwörter werden ja normalerweise Dampflokomotiven zugeordnet. Doch unser funkelnagelneuer Hillman benahm sich wie eine alte Dampflok. Jedenfalls dampfte er immer wieder. Seine vier Zylinder waren der Aufgabe nicht gewachsen, die ich ihnen tollkühn aufgebürdet hatte. Wann immer (etwa alle sechzig oder siebzig Kilometer) sein Kühlsystem den Siedepunkt erreichte, hustete der Kleine ein oder zwei Mal erbärmlich, gab den Geist vorerst auf und dampfte sich im Stillstand aus. Nach einer Viertelstunde Ruhepause, die wir ihm jedes Mal gönnen mußten, und mit einigen von irgendwo herbeigeschleppten Litern Frischwasser im Kühler sprang er wieder an. Wir konnten dann die erste Etappe unserer unerwartet hindernisbelasteten Indien-Reise fortsetzen: „Half-a-league, half-a-league onwards".[1] Rudyard Kiplings Lobeshymne auf die britische Kavallerie bei ihrem Todesritt während des Krim-Kriegs fiel mir ein. Ruth und ich taten unser Bestes, um Geduld zu üben sowohl mit den beiden Kindern als auch mit unserem Hillman. Die Kinder sahen das Ganze allerdings weniger in pseudo-philosophischer Ruhe an, als wir beide es zu tun versuchten.

Nach der vierten oder fünften dieser Abkühlpausen fing ich an zu bezweifeln, ob meine Vorstellung, in diesem Hillman Anfang April durch die glühende Hitze der Rajasthan-Wüste von Bombay nach New Delhi zu fahren, sich als eine hitzebedingte *fata morgana* erweisen würde oder vielleicht doch das „Wüstenwunder" werden könnte, von dem mir träumte. Wenigstens näherten wir uns trotz aller Fährnisse *jetzt* Le Havre, erreichten die Fähre im letzten Moment und überquerten den Ärmelkanal ohne weitere Zwischenfälle trotz eines hohen Wellengangs bei stürmischer See, die die Fähre nur langsam vorankommen ließ. Ruth und Corinne waren seekrank, eine Sache, die ich bis dahin nie gekannt hatte und auch nachher niemals kannte. Vom Fährhafen bei Portsmouth ging es trotz unser aller Müdigkeit ereignis- und mühelos weiter auf der Überlandstraße nach Southhampton. Wir kamen gerade noch rechtzeitig in Southhampton an, um unseren P. & O. Liner nicht zu verpassen. Wenige Stunden später waren wir vier *und* der störrische Hillman an Bord, die Anker geliftet, und die Schlepper zogen den großen Überseedampfer langsam aus dem Hafen von Southhampton ins offene Meer hinaus. Bald entschwand die Südküste Englands unseren Blicken. Und bei plötzlich abflauendem Wind beruhigte sich langsam die See ...

Unsere erste und einzige gemeinsame Morgenlandreise an Bord eines Schiffes hatte jetzt wirklich ihren Anfang genommen. Für Ruth, für mich und für die Kinder, die beide noch zu jung waren, um späterhin zahlreiche deutliche Erinnerungen daran zu bewahren, hatte ein

---

[1] Britisch (nicht mehr gebräuchlich): Ein „league" = etwa drei Meilen.

Abenteuer in „exotisch" (da für uns Abendländer fremd) genannte Gefilde begonnen. Viele sind wohl heute die Touristen, wie früher die Kolonisten, deren Einstellung anderen Kulturen gegenüber als der eigenen herablassend geringschätzig ist, und die dennoch von eben solchen andersartigen Kulturen gleichsam unwiderstehlich angezogen werden! Und wieviele, heute wie damals, stellen doch die westliche Zivilisation an den Gipfel der Welt! Während mehr als fünf Jahrhunderte nahmen wir uns das Recht heraus, andere Völker zu unterwerfen, auszubeuten oder gar auszurotten. Waren die Haltung und das Verhalten der Kolonisatoren, der Conquistadores und der großen Mehrheit aller Missionare nicht beschämend überheblich? Sie erachteten es doch als ihre von Gott gegebene Pflicht, „die Zivilisation" zu den „unzivilisierten, primitiven" Völkern zu tragen und Segen einer Religion aufzudrängen, die – wenn auch zu Unrecht – immer schon den Anspruch erhoben hat, die einzige vollgültige Religion der Erde zu sein. Und die überwältigende Mehrheit der Gläubigen dieser Religion, die sich „christlich" zu nennen beliebt, aber die Lehre des Rabbi Jesus in mancherlei Weise entstellt, will auch heute noch die *ultima ratio aller* Religiosität sein.

Dies alles ist freilich nichts Neues. Ich erwähne es nur deshalb, weil solche Gedanken – je weiter unser Schiff sich und uns von England entfernte – immer öfter in mir auftauchten. Aus halbbewußten Gründen beschäftigten sie mich intensiv während vieler der Tage, als der in Sichtweite der Küsten Frankreichs und Portugals gemächlich vorbeifahrende P. & O.-Dampfer in den Golf von Cádiz einbog, durch die Meerenge von Gibraltar kam und in den ruhigeren Gewässern des Mittelmeers seine Fahrt fortsetzte. So viele Hunderttausende sind mit diesen Anblicken vertraut, daß man sie nicht näher zu schildern brauchte. Sie sind bei unseren größtenteils durch jahrhundertelangen Kolonialismus aus fernen Ländern mitgebrachte Beute reich gewordenen Völkern so vielen Tausenden bekannt, daß es überflüssig wäre, wollte ich noch mehr dazu sagen. Seit jenen scheinbar so fernen Epochen, als Segelschiffe die einzigen Transportmittel zur See waren, sind unzählbare Mengen von Menschen gekommen und gegangen. Es lebten und starben ja viele Generationen, ehe die heutigen luxuriösen Kreuzfahrtschiffe sowie prunkvoll ausgestattete Yachten ange-

fangen hatten, dieselben Routen zu befahren auf der Suche nach Vergnügen und Unterhaltung, was ihnen nicht selten nur dank Erbschaften oder zweifelhafter Geschäftsmethoden – wenn auch manchmal als gerechte Belohnung für ehrlich geleistete Arbeit – möglich gemacht wird. Doch von dem, was an Gedanken mich in jenen ruhigen Tagen umtrieb, ist jetzt genug! Ruth und die Kinder habe ich nicht vernachlässigt, obwohl ich gestehe, daß ich mich gern alleine in einem Liegestuhl stundenlang auf dem Sonnendeck aufhielt, um dort über die geschichtsträchtigen Seewege ungestört nachdenken zu können, auf denen wir fuhren, und über das, was uns für die nächsten Jahre wohl bevorstünde.
Kurze Rückblende: Sowohl Ruth als auch ich hatten mehrere Male den Atlantik überquert. Ihre erste Reise über den „Großen Teich" unternahm sie im Kindesalter mit ihren Eltern, als Marc Marcusson, Ruths Vater, in weiser Voraussicht schon 1933 beschlossen hatte, daß es in Europa keine lebenswerte Zukunft für sie würde geben können. Herr Marcusson war das, was man damals als einen „vollintegrierten deutschen Juden" zu bezeichnen pflegte. Politisch interessiert, hatte er sehr früh erkannt – viel früher als die meisten – daß im Hitler-Deutschland allen Juden tödliche Gefahren drohten. Rund fünfzehn Jahre vor Ruths und meiner Begegnung war ich nach meiner unvergeßlichen ersten Seereise als Student in das Land gekommen, aus dem die Familie Marcusson zwei Jahre zuvor ausgewandert war. Nun erwarteten Ruth, zwei kleine Mädchen und mich Szenen sowie Begebenheiten und Begegnungen, die sich von allem unterschieden, was wir beide bis dahin gekannt hatten und wovon Ruth bis gegen Ende 1952 kaum je geträumt wäre.

Nach dem Mittelmeer:
Suezkanal – Rotes Meer – an Mecca vorbei –
Arabisches Meer – Indischer Ozean
Geburtstagsfeier auf dem Weg nach Bombay

Vor Alexandria bzw. Port Said ging unser Schiff vor Anker, um seine Öltanks wieder aufzufüllen. Der Aufenthalt dort zu jenem Zweck war zu kurz, als daß die Passagiere dort von Bord hätten gehen können. Bald fuhren wir in den Suez-Kanal ein, der 1952 noch Großbritannien gehörte. Während ungefähr eines Jahres nach unserer Durchfahrt blieb ein umfangreiches Gebiet der Kanalzone in britischem Besitz als Stützpunkt der königlichen Kriegsmarine. Unser Dampfer fuhr vorsichtig und langsam durch den Kanal. Danach gelangten wir in unmittelbare Nähe des Berges Sinai, wo Mose – wie den meisten Menschen im Westen bekannt ist und jeder Moslem weiß – die Zehn Gebote von Jaweh empfing. Dann kamen wir in den breiteren Golf von Suez hinaus. Jetzt wühlten die Schrauben unseres Schiffes das Wasser sicht- und hörbar stärker auf als im Kanal. Es dauerte nicht lange, bis wir entlang der Küste Saudi-Arabiens uns in Richtung Süden schneller fortbewegen konnten. An Backbord konnte ich mit Fernglas die Hafenstadt Djidda vage ausmachen. Von dort – etwa 100 Kilometer landeinwärts – liegt Mohammeds Geburtsstätte, die Heilige Stadt Mekka. Mekka konnten wir nicht sehen. Da niemand außer Moslems die Stadt besuchen darf, werden wir es wohl nie sehen können. Das Schiff blieb auf seinem Südkurs in Richtung Golf von Aden. Bald danach kamen wir in das Arabische Meer und in die unendlichen Weiten des Indischen Ozeans. Von Bombay waren wir allerdings immer noch ziemlich weit entfernt.

Einstweilen, zwischen Suez und dem Golf von Aden, wurde ein ausgesprochen heißer Geburtstag gefeiert. Heiß war er nicht nur unserer geographischen Position wegen. Am 19. März wurde Corinne sechs Jahre alt. An diesem Geburtstag war sie ausnahmsweise nicht gerade bei bester Laune. Mit einem der vielen anderen jüngeren Kinder an Bord hatte sie irgendeinen Streit, der jedoch dank Ruths und meinen Schlichtungsbemühungen bald beigelegt war. Trotz dieser kleinen Panne freute sich Corinne über den riesigen Kuchen mit sechs Kerzen und über das Eis, das sie sich selber hatte aussuchen dürfen. (Es mußte schnell gegessen werden, da es binnen Minuten bei der Hitze eine warme Suppe gewesen wäre.) Gillian, jetzt etwas mehr als vier Monate alt, nahm an den Feierlichkeiten wenig Anteil. Sie freute sich des Lebens in ihrer üblichen, zufriedenen Art und Weise. Alles in allem war Corinnes Geburtstag auf hoher See ein Erfolg. Außerdem war weder sie noch Ruth während der ganzen langen Reise wieder seekrank geworden. Andererseits waren wir jetzt zweieinhalb Wochen unterwegs. Wir hatten eigentlich schon genug vom Alltag an Bord, zumal die typisch britische Cuisine – abgesehen von Geburtstagskuchen und Erdbeereis – unserem Geschmack nicht in vollem Umfang entsprach. Wir trösteten uns leidlich mit dem Gedanken, daß wir nun in drei bis vier Tagen, wenn alles weiterhin planmäßig verlief, unser erstes Ziel in Indien erreicht haben würden.

Empfang in Bombay mit Blumengirlanden
Allein unterwegs nach Delhi
Nicht ungefährliche Wüstenabenteuer
in Rajasthan

Unser Schiff legte am 23. März im Hafen von Bombay an. Auf der hoffnungslos überfüllten Mole erwarteten uns meine Bekannte, Madhuri Desai, und unser gemeinsamer Freund, von dem ich im Zusammenhang mit Dionville schon berichtete, daß er gleich nach unserer Landung mich in seinem Minimior zu einer kurzen Begegnung mit Swâmi Râmdâs gefahren hatte. Ruth, Corinne und ich, Gillian in meinen Armen, eilten den Gangway hinunter. Unsere Freunde kamen uns mit ausgestreckten Armen entgegen, an denen Girlanden aus frischen Blumen baumelten. In der typisch indischen Willkommensgeste hängten sie uns die Girlanden um den Hals. Für mich war es ein Wiedersehen voller Freude; für Ruth war es das erste, aber nicht das letzte Mal, daß sie und Madhuri sich sahen.
Madhuri war die Witwe des bis zu seinem Tod im Jahr 1948 indischen Botschafters in Bern. Sie hatte Gandhi gekannt und war die Autorin eines 1949 in der Schweiz herausgegebenen Buchs: *Begegnung mit*

Gandhi. Ich hatte sie während des langen Flugs von Genf kennengelernt, bevor ich an der WHO-Konferenz in New Delhi teilnahm. Als sie dann drei Jahre später erfuhr, daß ich beim Regionalbüro für Südostasien arbeiten sollte, hatte sie uns eingeladen, solange wir es wollten oder müßten, in ihrer Vorortvilla nahe Bombay als ihre Gäste zu verweilen. Jetzt ließ ich Ruth und die Kinder in ihrer Obhut, während ich in die Altstadt fuhr zum unvergeßlichen Erlebnis im Beisein von Swâmi Râmdâs. Ein Bediensteter Madhuris erhielt den Auftrag, sich um unser Gepäck und alle Zollformalitäten zu kümmern. Der Hillman, sollte er die lange Seereise unversehrt überstanden haben, würde auf einem am Hafen gelegenen Parkplatz abgestellt werden, bis er von mir oder jemandem aus Madhuris Haushalt geholt würde.

Unser Aufenthalt bei Madhuri Desai war in jeder Hinsicht erquicklich und, trotz der schon vor Ende März einsetzenden Hitze, erfrischend. Man kann sich eine charmantere oder wohlwollend hilfreichere Gastgeberin nicht vorstellen. Ich war alles andere als glücklich, daß ich nicht länger als zehn Tage bei ihr und den anderen bleiben konnte, aber ich hatte keine andere Wahl. Dr. Mani und Ken Grinling hatte ich ja versprochen, daß ich nach Möglichkeit mich bis spätestens 7. April in New Delhi melden würde. Gemeinsam beschlossen Madhuri, ihr Freund und ich, daß ich gut daran täte, am 2. oder am 3. April nach Delhi aufzubrechen. Nach einem gründlichen Studium aller ihnen verfügbaren Straßenkarten waren wir mehr oder weniger zuversichtlich, daß diese Fahrt – nicht zuletzt wegen der unvorhersehbaren Kapriolen unseres Hillman – ein recht anstrengendes Unterfangen von mindestens vier bis fünf Tagen bedeuten würde. Glücklicherweise, sagten sie mir, seien die Straßen großenteils relativ gut und ich könne sicher sein, unterwegs hier und dort einen Dak-Bungalow zu finden. Da ich beamteter Mitarbeiter der WHO war und im Besitz eines UN-Passes, hatte man mir schon in Genf versichert, daß ich überall in den Dak-Bungalows würde übernachten dürfen.

Nachdem wir, so weit als möglich, alles bedacht hatten, kamen wir zum Schluß, daß ich am frühen Vormittag des 3. April Bombay verlassen sollte. Wenn mir der Hillman zufällig weniger Schwierigkeiten bereiten sollte, weil er dieses Mal nicht überladen sein würde, müßte ich es schaffen, bis zum vereinbarten Termin in Delhi anzukommen. Bei Tagesanbruch am 3. April nahm ich also die lange Fahrt nach Nordosten in Angriff. Dieses Mal war ich vorsichtig genug, unserem Hillman möglichst wenig Ladegewicht zuzumuten. Neben einem kleinen Teil unseres Gepäcks aus Genf nahm ich nur das mit, was ich unbedingt brauchen würde. Dazu gehörten ein gutes Dutzend chapattis, ebenso viele sonnengetrocknete Mangos, mehrere Kisten Mineralwasser und vier oder fünf Kanister Reservebenzin. Daß Ruth und die Kinder in guten Händen waren, wußte ich und hatte deshalb keine Gewissensbisse, sie in Bombay zurückzulassen. Es war vorgesehen, daß sie so lange bei Madhuri bleiben würden, bis ich dafür sorgen konnte, daß wir ein passendes Zuhause gefunden hätten. Dann würden sie auf dem Luftweg nach New Delhi nachkommen. Keinem von uns fiel der Abschied leicht, aber wir waren bei der Trennung guten Mutes. Ich bestieg unser blaues Gefährt, drehte den Zündschlüssel einmal um. Der Motor sprang sofort an. Dies schien uns ein gutes Omen zu sein. Dennoch ...

Von Bombay führte die nicht sehr breite Straße entlang der Küste geradeaus nach Norden in Richtung Ahmedabad, der großen, früheren Hauptstadt von Gujarat. Dort hatte Madhuri bis zu ihrer Heirat gelebt. Wenn ich mich nicht täusche, ist Bombay ungefähr 300 Meilen von Ahmedabad entfernt. Bei der Planung meiner Reise hatten wir uns gedacht, daß diese Stadt voraussichtlich mein erstes Tagesziel sein würde. In dem wenigen verbleibenden unbebauten Gelände zwischen zahlreichen kleineren Städten und zahllosen Dörfern, durch die ich fuhr, gab es relativ wenig motorisierten Verkehr außer gelegentlichen kleinen Personenwagen und, in beiden Richtungen, einen Bus nach dem anderen. Nun, wie kann ich sie schildern für jemanden, der solche Busse nie gesehen hat? Jeder Bus war von vorne bis hinten bunt bemalt – jeder anders als die anderen. Frauen, Kinder und Männer mit ihren Habseligkeiten und Hühnerkäfigen füllten sie bis auf den letzten Platz. Größere Kisten, Koffer, Säcke und Kartons aller Art waren auf den Dächern festgezurrt. Zudem gaben die Busfahrer, ob wegen der Einhaltung eines Fahrplans oder aus purem Vergnügen an Geschwindigkeit, meistens viel Gas. Kam einer mir entgegen oder fuhr einer hinter mir her und zeigte durch lautes Hupen, daß er zu einem Überholmanöver ansetzten wollte, hielt ich vorsichtshalber am Straßenrand an. Ansonsten war das Überholen auf dieser Straße vor allem wegen Hunderter langsam dahin ziehender Ochsenkarren zwar nicht oft blockiert, aber doch für Unerfahrene wie mich nicht immer problemlos. Trotz allem war ich, wie mir schien, am Vormittag recht gut vorangekommen.

Als der Hillman und ich uns Ahmedabad näherten, war es Spätnachmittag geworden. Das Auto hatte sich bislang befriedigend verhalten, war bei spürbar steigender Lufttemperatur kein einziges Mal dampfend zum Stehen gekommen. Ich fing an, Hoffnung zu schöpfen. Da ich selber den ganzen Tag über geschwitzt hatte, wunderte ich mich über die offenbar gute Leistung unseres Fahrzeugs. Wäre es ein Pferd oder Muli gewesen, hätte ich aus Dankbarkeit meine Arme um seinen Kühler gelegt. Doch dies war bloß ein lebloses Ding, das von seinem Hersteller mit zu wenig Pferdestärke ausgestattet worden war. Meine Dankbarkeit drückte ich folglich nicht in Taten, sondern in Gedanken aus. So neigte sich der erste Tag meiner Reise seinem Ende zu und, mit ihm, die nicht ganz einfache Gewöhnung an das ungewohnte Fahren auf der linken Straßenseite. Ich hatte mir vorgenommen, von Ahmedabad so lange weiterzufahren, wie ich mich nicht zu müde fühlte, um am Steuer einigermaßen sicher zu sein.

Ahmedabad hatte ich allerdings noch nicht hinter mich gebracht. Und dies zu vollbringen erwies sich als recht schwierig. Die Vororte schafften wir ohne große Mühe, aber als ich in der Stadtmitte ankam, befand ich mich mitten in einem unüberschaubaren Wirrwarr von sich drängenden Menschenmengen, umherirrenden bis auf Haut und Knochen ausgemergelten Kühen, vollbeladenen Ochsenkarren und dergleichen mehr. Im vorsichtigen Slalom umfuhr ich irgendwie alle. Straßen- oder Hinweisschilder konnte ich nirgends erkennen. Wieder und immer wieder fragte ich Polizisten oder englischsprechende Passanten nach dem Weg aus der Stadt heraus. Oft waren – oder schienen mir – ihre Angaben widersprüchlich. Doch, obwohl in Indien und nicht im alten Rom, war mir die Göttin Fortuna anscheinend wohlgesinnt. Denn plötzlich war ich aus dem verwirrenden Chaos herausgekommen. Die Landstraße lag wieder verhältnismäßig offen vor mir. Was ich in Ahmedabad gesehen hatte und einzuatmen bekam, war eine Art Einweihung gewesen. Für den größten Teil des Inneren aller indischen Großstädte waren die Zustände dort typisch. Man gewöhnte sich zwar nicht leicht, aber man gewöhnte sich doch an das notwendige Slalomfahren.

In einer ländlichen Gegend, fünfzehn oder zwanzig Meilen jenseits von Ahmedabad, erspähte ich am Rande der Straße etwas, das mir ein Dak-Bungalow zu sein schien. Ich steuerte den Hillman in dessen Nähe unter den Schatten eines gigantischen Banyanbaums, hielt an und näherte mich dem kleinen Gebäude. Seine Ähnlichkeit mit der ersten Herberge dieser Art, wo ich ein paar Jahre zuvor in New Delhi einige Nächte bequem verbracht hatte, war weder Täuschung noch Enttäuschung. Der verantwortliche „cook-bearer"[1] trat aus dem Bungalow und kam auf mich zu. In passablem Englisch fragte er, ob ich hier übernachten wolle. Genau das war es, was ich mir erhofft hatte. Ich zeigte ihm meinen UN-Paß. Obwohl ich im Lauf des Tages einige *chapattis* und drei oder vier Mangos gegessen und mehrere Flaschen Mineralwasser geleert hatte, war dies keineswegs genug gewesen. Ich hatte Bärenhunger. Der stets höfliche, aber nicht unterwürfige Hausmann bereitete eine Mahlzeit zu, die nicht weniger köstlich war, als andere, die ich bei meinem früheren Besuch in Indien und erst recht zu Gast bei Madhuri Desai genossen hatte. So, wie es nicht verwestlichte Inder gewohnt sind, hatte ich während der zehn Tage bei ihr meine Fähigkeiten im Bereich der Kunst, nahezu vervollkommnen können, mit sauber gewaschenen Händen ohne Gabel oder Messer zu essen. Madhuri hatte die Bemerkung gemacht, daß Essen mit Besteck ihr so vorkomme, als würde man beim Sprechen auf die Hilfe eines Dolmetschers angewiesen sein. Mein Abendessen jenseits von Ahmedabad in einem Dak-Bungalow, dessen einziger Gast ich für diese Nacht war, dauerte nicht lang bei dem Riesenhunger, der sich tagsüber gebildet hatte. Bewußt nahm ich es *nicht* im Stil der einstigen Kolonialherren zu mir. Als es zu Ende war, schlief ich in weniger als zehn Minuten auf dem bequemen *charpoy* ein.

---

[1] Alle Dak-Bungalows, die ich kennenlernte, waren Ein-Mann-Betriebe. „Bearer" = „Hausmann". „Cook" = „Koch".

Am nächsten Morgen wurde ich vor Sonnenaufgang durch den herrlichsten Vogelgesang geweckt, den ich je gehört hatte, aber in Indien wie in anderen Ländern Asiens noch oft hören sollte. Ich zog mich schnell an. Nachdem mir der Hausmann meinen Morgentee serviert hatte, bereitete ich mich auf den Aufbruch in die Wüste von Rajasthan vor. Für die Übernachtung mußte ich nichts bezahlen, aber es war anzunehmen, daß der Mann. der mich so freundlich und zuvorkommend bedient hatte, ein großzügiges Trinkgeld erwartete. (Sonderbar: In diesem Zusammenhang von „Trinkgeld" zu sprechen, scheint mir unangebracht zu sein. Gäbe es denn dafür kein passenderes Wort?) Dankbar für alles, was er ruhig und ohne viel Gerede für mich getan hatte, gab ich ihm einiges mehr, als er wahrscheinlich erwartet hatte. Dies war ja meine zweite Erfahrung mit der großen „Hotelkette" in Indien, die aus lauter kleinen, bisweilen etwas größeren Dak-Bungalows besteht. Ihren Gästen boten sie zwar keinerlei Luxus, aber zur Übernachtung waren alle, die ich während fast fünf Jahre kennenlernte, durchaus adäquat und sehr angenehm.

Durch die Wüste von Rajasthan – nicht ohne Hindernisse

Als ich in den Hillman einstieg und vom Dak-Bungalow wegfuhr, war es noch immer sehr früh, aber die Temperatur stieg schnell an. Daß dieser Tag heißer sein würde als der vorangegangene, spürte ich überdeutlich. Der Landesteil, durch den ich zunächst fuhr – schon nahe der Grenze zwischen Gujarat und Rajasthan – war wesentlich weniger dicht besiedelt als der Abschnitt, den ich von Bombay bis nach Ahmedabad zurückgelegt hatte. Ich schaute mir die Straßenkarte noch einmal genau an und kam zum Schluß, daß mein Tagesziel die Stadt Jodhpur sein würde. Da Jodhpur ungefähr so weit von Ahmedabad entfernt ist wie Ahmedabad von Bombay, schien mir das Erreichen dieser relativ großen Stadt bis zum Abend eine nicht unrealistische Zielsetzung zu sein. Denn es würde weniger Dörfer und keine der so schwierig zu durchquerenden Städte mehr geben, wie es Ahmedabad gewesen war.

Obwohl der größere Teil der Straße in Richtung Jodhpur durch ein Wüstengebiet führt, war und blieb ich optimistisch während der ersten rund sechzig Meilen des Weges. Der Hillman verhielt sich trotz der Hitze tadellos. Ich schwitzte reichlich, aber dies war ich ja schon gewohnt. Alle Fenster des Autos hielt ich offen. So floß wenigstens Heißluft durch. Ich fühlte mich wohl. Abgemagerte Kühe und überladene Busse waren auf dieser Strecke bislang nur selten eine Behinderung. Auch nicht annähernd so viele Ochsenkarren mußte ich überholen wie am Tag zuvor. Was mir bevorstand, hätte ich nicht erahnen können. Rund eineinhalb Stunden nach meiner Abfahrt vom Dak-Bungalow geschah etwas völlig Unerwartetes – etwas, das mir nie wieder zustieß; etwas, das vermutlich auch den meisten derjenigen nicht passiert, die das Wagnis auf sich nehmen, in solchen Gebieten kleine Pkws zu fahren.

Plötzlich erblickte ich vor mir auf der Straße Kamele – zwanzig bis dreißig, vielleicht noch mehr, junge und alte – die gemächlich dahinschlenderten. Ich hielt Ausschau nach einem Treiber. Weder vor noch neben der Herde oder hinter ihr war ein Mensch zu sehen. Ich nahm meinen Fuß sofort vom Gaspedal, bremste leicht ab, um auf der holprigen Straße möglichst wenig Lärm zu verursachen, und kam langsam zum Stehen. In der Hoffnung, die Kamele würden mich nicht bemerken, weiter ziehen und die Straße bald wieder freimachen, blieb ich – noch viel ausgiebiger schwitzend als zuvor – bewegungslos im Auto sitzen. Keine zwei Minuten vergingen, bis sich die ganze Herde umdrehte und auf mich zuraste. Die grunzenden Laute, die sie von sich gaben, hörten sich bedrohlich an. Die Kehlkopfgeräusche eines offenbar verärgerten Kamels – geschweige denn diejenigen einer ganzen Herde – hatte ich bis zu diesem Vorfall noch nie vernommen. Wollte ich behaupten, ich hätte es in meiner Situation nicht mit der Angst zu tun bekommen haben, so würde ich mich einer Lüge überführen lassen müssen.

Als die Herde sich plötzlich umdrehte und auf mich zukam, schloß ich in Panik die Fenster des kleinen Hillman. Bis dahin waren sie, wie gesagt, alle offen geblieben, obwohl selbst dabei ich das Gefühl hatte, in der unmittelbaren Nähe eines glühenden Hochofens zu sein. Jetzt schlossen mich die wütenden Kamele von allen Seiten ein. Mit nicht gerade angenehmem Schnauben und Grunzen starrten sie auf das Auto. Ob sie auch mich sahen, weiß ich nicht. Aber, ihrem Verhalten nach zu urteilen, trugen sie sich mit der Absicht, ihren vermeintlich feindlichen Gegner anzugreifen und umzustoßen, was sie ohne Weiteres hätten tun können. In der erdrückenden Hitze eingeschlossen, konnte ich kaum atmen. Es war mir klar, ich würde bald ersticken, wenn die aufgeregten Biester mich viel länger umzingeln sollten. Ich hatte kein Thermometer bei mir, aber ich schätze, daß die Temperatur in meiner Festung mindestens 48° betrug und schnell anstieg. Um ein klein bißchen Luft zu bekommen, öffnete ich das Fenster neben mir ganz langsam nur wenige Millimeter, indem ich mit meinen rechten Arm möglichst unauffällig den Hebel drehte. Dadurch wurde meine Lage nicht viel besser, sondern sorgte nur dafür, daß mir der Erstickungstod erspart blieb.

Wie lange die Belagerungsagonie gedauert hat, kann ich nur schätzen. Mir war zumute, als hätte ich fünfundzwanzig bis dreißig Minuten im Auto eingekerkert gesessen. Ich vermute jedoch, die ganze Qual ist in weniger als zehn Minuten an mir vorübergegangen. Auch das wäre für jeden Ahnungslosen in einem noch fast völlig fremden Land zu viel gewesen. Und ich war noch ein solcher Ahnungsloser. Denn, genau so plötzlich, wie die Herde auf mich zugelaufen war, schienen die Kamele ihr Interesse am bedrohlichen Objekt ihrer Neugierde zu verlieren. Offenbar hatten sie sich überzeugt, daß das hellblaue Tierchen, von dem sie vermutet hatten, es ginge von ihm irgendeine tödliche Gefahr aus, bloß irgendein leb- und harmloses Ding sei. Der Herdenälteste – jedenfalls sah er so aus – schien seinen Untergebenen einen Befehl zu erteilen. Daraufhin wurde die Belagerung aufgehoben. Die Horde zerstob überstürzt ins Niemandsland, das sich, so weit das Auge reichte, zu beiden Seiten der Landstraße erstreckte. Im Moment, wo sie verschwunden waren, riß ich die Autofenster wieder auf. Siedend heiße Luft sog ich ein, als wäre sie eine kühle Brise. Eine Viertelstunde oder länger blieb ich, äußerlich regungslos, da sitzen. Als ich mich bis zu einem ungewissen Grad erholt hatte, ließ ich den Motor wieder an. Meine Wüstentour in Richtung Jodhpur ging weiter.

Zwischen Jodhpur und dem Punkt, den ich erreicht hatte, als die Kamelherde mich festhielt, war auf der Straßenkarte nur eine einzige größere Ansiedlung eingezeichnet. Bevor ich sie erreichen konnte, wenn ich dorthin unterwegs mehr Glück haben sollte, mußte ich noch rund zweihundert Meilen hinter mich bringen. Ich kam langsam voran. Nicht nur, weil diese Teilstrecke der Straße vernachlässigt und reparaturbedürftig war, sondern auch deshalb, weil ich hin und wieder anhalten mußte, um eine Kleinigkeit zu essen oder in großen Zügen literweise vom Wasser zu trinken, das ich mitgebracht hatte. Alles in allem konnten der Hillman und ich – er bekam erstaunlich wenig Durst und streikte nur sehr selten – kaum durchschnittlich zwanzig bis dreißig Meilen pro Stunde fahren. Bei diesem Tempo würden wir mindestens zehn Stunden durchhalten müssen. So gut es ging, versuchte ich meine Geschwindigkeit zu steigern ohne vermeidbare Gefahren für mich oder sonst jemand auf der Straße. Dann, zum ersten Mal seit unserem Treck nach Le Havre, hatte das Auto offenbar mehr gelitten, als es verkraften konnte. Wieder hielt es plötzlich an und gab den Geist auf, bis ich meinem Gefährt sich abzukühlen erlaubte – zumal ich unter den Umständen keine andere Wahl hatte. Als kein Dampf mehr aus dem Kühler spuckte, zog ich mir ein Paar alte Arbeitshandschuhe über, die ich glücklicherweise aus Genf mitgebracht hatte und die bereits häufig genug zum Einsatz gekommen waren. Ich drehte den Kühlerverschluß ab, der natürlich bedeutend heißer war als die Lufttemperatur. Zehn Minuten lang, wie mir schien, quoll Dampf aus dem überhitzten Kühler. Außer Mineralwasser (zwei Kisten davon hatte ich noch, die nicht für den Hillman, sondern für mich bestimmt gewesen waren) konnte ich weit und breit keine Wasserquelle erkennen. Ich konnte nicht sicher sein, daß Mineralwasser ein akzeptabler Ersatz für normales Wasser sein würde, aber ich mußte es verwenden. Das Experiment erwies sich als erfolgreich. Noch einmal drehte ich den Zündschlüssel. Nach mehrmaligem Versuch sprang der leidgeplagte Motor wieder an. Wir zogen erneut Richtung Jodhpur weiter.

Unter günstigeren Sternen:
Die Reise schreitet voran

Jodhpur erreichten wir allerdings noch nicht. Aber, abgesehen von den „normalen" Hindernissen unterwegs, blieb mir das Glück treu. Ich hatte weder einen Herzinfarkt gehabt noch war ich im Auto erstickt. Und in der Nähe einer Kleinstadt, die Pali gewesen sein dürfte, entdeckte ich außerdem gegen Abend einen Dak-Bungalow. Er war kleiner als die anderen, in denen ich abgestiegen war, aber infolge des ziemlich strapaziösen Tages kam er mir noch eher wie ein Luxushotel vor als alle bisherigen. Nach einer spärlichen Mahlzeit sank ich auf einen der drei oder vier bereitstehenden *charpoys* erschöpfungsnahe nieder und schlief sofort ein. Am nächsten Tag erwachte ich erst eine oder zwei Stunden nach Sonnenaufgang. Somit verpaßte ich den morgendlichen Madrigalchor der Vögel, die die Nacht in den wenigen Bäumen verbracht hatten, von denen – scheinbar ungern und lustlos – dieser gottverlassene Ort umrahmt war. Sobald ich nach den Prüfungen des vorigen Tages meine fünf Sinne wieder beisammen hatte, machte ich mich, weniger optimistisch als vorher, wieder auf den Weg. Der Mangel an Optimismus widerspiegelte jedoch eine Befürchtung, die unnötig gewesen wäre. Denn der Rest der Reise hielt neue Überraschungen bereit, die sich von den bisherigen gänzlich unterschieden. Außerdem konnte ich jetzt schneller fahren, da die Straße in unvergleichlich besserem Zustand war als die, die ich inmitten der Rajasthan-Wüste hatte befahren müssen.

Während der Autoreise von Bombay nach Delhi erinnerte mich vieles an Postkutschenfahrten, von denen ich in Geschichtsbüchern abgebildet gelesen oder in Filmen dargestellt gesehen hatte. In der Frühgeschichte meiner Heimat waren viele der zu Tausenden sich nach Westen ausbreitenden weißen Bevölkerung des Landes in pferdegezogenen Kutschen durch Wüstenlandschaften gefahren bei noch größeren aber sonst ähnlichen Fährnissen. In meinem Fall sah die Kutsche freilich anders aus. Aber mindestens so oft, wenn auch aus anderen Gründen, hatte auch ich halten müssen, obwohl als alleinfahrender Wagen keine Wagenburg zum Schutz vor feindlichen Indianern möglich gewesen wäre. Dennoch ähnelte hier manches dem, was einige meiner Vorfahren in den USA des 18. Jahrhunderts erlebt hatten. Unwillkürlich mußte ich immer wieder an die nicht gefahrenfreie Belagerung durch eine treiberlose Kamelherde denken – und, dazu noch, unbegleitet von anderen Wagen, mit denen eine schützende Burg hätte errichtet werden können.

Die nächsten Etappen der Reise waren unvergleichbar weniger abenteuerlich als das Wüstenerlebnis in Rajasthan, aber auch sie waren für mich als Neuling in Indien nicht weniger interessant. Die Durchfahrt durch Jodhpur, als ich dort ungefähr eine Stunde nach der Abfahrt vom Dak-Bunkalow in der Nähe von Pali ankam, war viel weniger nervenzerreibend als der Slalom, den ich in Ahmedabad vollbracht hatte. Und Jaipur, die große Hauptstadt Rajasthans mit ihren außergewöhnlich eindrucksvollen Architekturwundern schien mir als Autofahrer einfach, da ich die lebensnotwendige Geschicklichkeit jetzt fast gemeistert hatte, über die alle solchen Reisenden verfügen müssen, wenn sie die verstopften, meist engen Straßen und Basare passieren wollen, die für die Städte, Kleinstädte und Dörfer in ganz Indien charakteristisch sind. Irgendwo hatte ich etwas gelesen über das astronomische Observatorium von Jaipur und den „Palast der Winde" dort. Ich entschied mich für einen kleinen Umweg, um mir diese beiden anzuschauen, obwohl noch etwa 250-275 Meilen bewältigt werden mußten, wenn ich zum vereinbarten Termin in New Delhi ankommen sollte. Eine kurze Besichtigung des Observatoriums und des „Palast der Winde" genügte, um den Wunsch aufkommen zu lassen, daß Ruth und ich sie uns irgendwann genauer würden anschauen können. Nachdem ich mich jetzt noch etwas mehr in Jaipur umgesehen hatte, beschloß ich, in einem kleinen Gasthaus zu übernachten, das ich in der Stadtmitte entdeckte. Am nächsten Tag ging die Reise dann frühmorgens weiter. (Nebenbei bemerkt: Eineinhalb oder zwei Jahre später wurde mein Wunsch erfüllt, mit Ruth zusammen Jaipur einmal zu besuchen. Bei diesem zweiten Aufenthalt erhielt ich von einem indischen Basar-Astrologen als Geschenk einen schwarz-weißen „Glückstein", der vielleicht – vielleicht! – einiges dazu beitrug, daß in meinem langen Leben Glückseligkeit mir nur selten fremd gewesen ist. Wer weiß?)

Wie sich herausstellte, reichte die für die Weiterfahrt nach Delhi verbleibende Zeit aus. Denn von Jaipur führte die Straße, die viel besser war als alle, die ich bis dahin gesehen hatte, fast geradewegs nach Farrukhabad. Der Versuchung, von dort aus einen zweiten kleinen Umweg zu wagen, konnte ich nicht widerstehen. Dazu würde ich voraussichtlich nur etwa anderthalb Stunden brauchen. Was mich dazu verführte, war der Umstand, daß von Farrukhabad die Stadt Agra und das im 17. Jahrhundert erbaute Taj Mahal nicht sehr weit entfernt sind. Also fuhr ich nach Agra. Wer hätte, wenn auch nur kurz, das Taj Mahal aus nächster Nähe nicht bewundern wollen? Etwas ergreifend Schöneres als dieses unbeschreiblich, überwältigend herrliche Beispiel islamischer Baukunst habe ich nie gesehen. Seiner Anziehungskraft konnte ich jedenfalls, wie Millionen anderer, nicht widerstehen. Eine kurze Stunde – verzaubert, in Bann geschlagen, in seine anmutige Schönheit sprachlos vertieft – blieb ich vor diesem großen Kunstwerk stehen. Sofort war ich entschlossen, daß ich so oft nach Agra zurückkommen würde, wie sich Gelegenheiten dazu böten. Sie waren keine Seltenheit. Nachdem Ruth, die Kinder und ich uns für zu wenige Jahre in Indien niedergelassen hatten und meine zu kurze Zeit in Südostasien noch nicht beendet war, ergaben sich oft Anlässe, die es uns möglich machten, das Taj Mahal wieder zu besichtigen. Wie über so vieles andere, wird auch darüber später einiges mehr zu berichten sein ...

Erneute Begrüßung
– neue Kollegen – neue Aufgaben

Von irgendwo unterwegs – wohl Jaipur oder Farrukhabad – gelang es mir, Dr. Mani am Telefon zu erreichen. Ich versicherte ihm, daß ich wahrscheinlich gegen Mittag des 6. April in New Delhi ankommen würde. Bei unserem kurzen Gespräch sagte Mani, er würde Grinling bitten, an einer bestimmten Stelle am Rande Delhis auf mich zu warten. Er beschrieb mir im Detail diesen Platz. Von dort aus würde Grinling mich zum „Patiala-House" begleiten, das der Sitz unseres Regionalbüros für Südostasien war. (Bald nach der Gründungskonferenz von 1949 war dieses Gebäude vom Maharadscha von Patiala der WHO vermacht worden.) Für meine letzte Übernachtung auf dem Weg von Bombay zog ich vor, wieder ein Hotelbett in Anspruch zu nehmen, anstatt sie auf einem *charpoy* zu verbringen. Das Gasthaus, wo ich ein bequemes Zimmer fand, lag nämlich direkt gegenüber dem Taj Mahal. Vom geräumigen Teesaal im damals noch kleinen Hotel hatte man einen herrlichen Blick. Später waren Ruth und ich begeistert, wann immer Freunde oder Bekannte aus Übersee uns besuchten. Denn das Taj Mahal gehörte selbstverständlich zu den Sehenswürdigkeiten, die keiner von ihnen hätte verpassen wollen. Solche Ausflüge bedeuteten eine Fahrt von kaum mehr als hundert Meilen, was ich aufgrund meiner Straßenkarte schon wußte. Als ich Agra am Morgen des 6. April verließ, war ich zuversichtlich, auch wenn die Landstraße nach Delhi nicht besser sein sollte als die zwischen Jaipur und Agra, daß die Fahrt nach Delhi nicht länger als drei Stunden dauern würde. So war es denn auch.

Kurz vor Mittag erreichte ich den Platz, wo Grinling schon seit einer Stunde auf mich gewartet hatte. Als ich ihn dort neben seinem Auto erkannte und anhielt, kam er mir mit ausgestreckten Händen entgegen, um mich willkommen zu heißen. Wir hatten uns einmal im Mai oder Juni 1950 während seiner Einweisung in die Aufgaben, die ihn beim SEARO erwarteten, kurz getroffen. Damals war er mir als ein recht liebenswürdiger Kollege erschienen und seine herzliche Begrüßung schien dies jetzt zu bestätigen. Andererseits hatte ich bei unserer ersten Begegnung in Genf das Gefühl nicht unterdrücken können, daß er ein Mensch mit wenig echter Motivation für die Arbeit sei, die er übernehmen sollte. Obgleich es meinerseits wohl Überheblichkeit bezeugt, kann ich auch kaum leugnen, daß ich den Eindruck bekommen hatte, er sei auch langweilig. Als er wenige Tage nach meiner Ankunft SEARO verließ, bemerkte ich nebenbei, daß nach allem, was ich gelesen hätte, Neuseeland ein außergewöhnlich schönes Land sein müsse. Aus welchen Gründen sei er von dort weggegangen? Und warum wolle er dorthin, in seine Heimat, nicht zurück? Seine knappe Entgegnung: „Ach, wissen Sie, es ist dort so schrecklich langweilig." Während der paar Tage meiner beginnenden Tätigkeit in

New Delhi war er zwar stets hilfreich, aber er wirkte auf mich, wie auf ihn sein Land, „schrecklich langweilig".
Unsere Fahrt durch die Vororte der Großstadt, unterwegs nach New Delhi, unterschied sich kaum von vielem, das ich bis dahin in anderen größeren oder kleineren Städten schon gesehen und erlebt hatte. Grinling nicht aus den Augen zu verlieren – bei allem anderen, auf das ich zu gleicher Zeit achten mußte – war ein schwieriges Unterfangen. Zusammenstöße mit Kühen, Rikschas, Radfahrern, Ochsenkarren, Fußgängern, überfüllten Bussen und diversen anderen Fahrzeugen waren immerwährende Möglichkeiten. Alle blieben aus. In dieser Hinsicht, wie in so vielen anderen, scheint mich mein Leben lang irgendein Glücksstern oder ein mir wohlwollendes Schicksal begleitet zu haben – und zwar schon viele Jahrzehnte, bevor mir auf einem Basar in Jaipur der schon erwähnte schwarz-weiße Stein geschenkt wurde. Man könnte meinen, ich sei abergläubisch. Ob ich es bin? Dinge, die ich keinesfalls ändern kann, nehme ich so, wie sie auf mich zukommen oder so, wie sie mir an jenem schon sehr heißen 6. April in Delhi auswichen ...
In New Delhi kam ich jedenfalls ohne Zwischenfälle am Tag vor dem „Weltgesundheitstag" an. Dieser Tag, der 7. April, war von den Delegierten der Generalversammlung im Jahr 1949 (einem von mir unterbreiteten Vorschlag entsprechend) festgesetzt worden, um alljährlich öffentliche Aufmerksamkeit auf die in der WHO-Verfassung verankerte Definition von Gesundheit zu lenken. Beim Gedanken an einiges, was mir in Rajasthan unmittelbar vor diesem 6. April widerfahren war, hatte ich ein Gefühl, daß unbemerkt Manna in die Wüste herabgefallen sein mußte, als wütende Kamele mich umzingelt hatten und dann doch wieder verschwunden waren. Und jetzt fühlte ich mich trotz allem wohl in einem Teil der Welt, von dem ich mich mächtig angezogen wußte, als im Buchladen von Dionville Namen wie Râmakrishna, Râmdâs und viele andere mich fasziniert hatten. Man mißverstehe mich nicht! Ich hege keine Absicht, Indien oder die anderen Länder Asiens, die ich bald kennenlernte, romantisierend hochzustilisieren. Allerdings wurde das, was ich im Buch *Richer by Asia* gelesen hatte, zur Wirklichkeit während der fast fünf Jahre, die für mich jetzt begannen. Dies war der Fall trotz allem Traurigen,

Negativen und Tragischen, das ich zwischen diesem April und Juli 1957 erlebte, als mein Aufenthalt in Asien zu Ende ging. Ein großzügiges Stipendium hatte es mir in jenem Jahr ermöglicht, ein Zusatzstudium in den USA zu absolvieren. Schon vor 1957 hatten politische Entwicklungen dort – die „McCarthy-Inquisition" – ernsthafte Probleme mit sich gebracht für Hunderte meiner Landsleute wie auch für mich, die wir bei der UNO und deren Spezialorganisationen beamtete Mitarbeiter waren.

Grinling und ich – auf seinen Fersen folgend eine halbe Stunde oder länger durch dichte Menschen- und Fahrzeugmassen – fuhren vor dem Patiala House vor und parkten. Das nicht eindrucksvolle Bauwerk aus rotem Sandstein ähnelte vielen der Gebäude, die ich zuvor in New Delhi und in einigen älteren Städten gesehen hatte. Der Anstand gebot natürlich, daß ich als erstes zu Dr. Mani in sein Büro ging. Da wir uns aus verschiedenen Anlässen schon gesehen hatten, war eine Vorstellung unnötig. Mein neuer Chef stand hinter seinem Schreibtisch auf, lächelte freundlich und kam mir entgegen. Sein erstes Wort war „Namas kar"[1], eine Begrüßung, die ich während meines ersten kurzen Aufenthalts in Indien schon gehört hatte, nach dem Beginn meiner Arbeit bei SEARO immer wieder hörte und, als ich etwas Hindi gelernt hatte, selber oft verwendete. Nach diesem ersten formalen Begrüßungswort streckte er seine Arme aus, ergriff meine beiden Hände in die seinen und sagte dann in perfektem Englisch einfach: „Willkommen in Indien. Wir sind glücklich, *Sie* in *unserem* Regionalbüro zu haben." Seine Betonung der beiden Wörter war für mich natürlich schmeichelhaft. Dennoch hatte ich den Eindruck, daß sie ernst gemeint waren, zumal ich wußte, daß wir schon bei unseren ersten Gesprächen uns gegenseitig sympathisch gefunden hatten. Während der ersten drei oder vier Tage verstand ich seine typisch indische Aussprache, besonders am Telefon, nicht ganz ohne Mühe, obwohl er sein Medizinstudium entweder in Oxford oder in Cambridge abgeschlossen hatte. Bei nicht wenigen gebildeten ande-

---

[1] „namas kar" ist eine in Indien übliche Begrüüng: etwa „Ich verbeuge mich." Kennt man sich relativ gut, sagt man „namas te"; unter guten Freunden heißt es „namas tedschi".

ren Hindus oder Moslems dauerte es immer ein wenig länger. Wer sie einmal gehört hat, dem wird aufgefallen sein, daß vor allem deren Tonfall anders ist als bei Engländern und erst recht bei der Mehrheit meiner Landsleute.

Ich fragte Dr. Mani, ob ich meiner Frau ein Telegramm schicken dürfe, um sie wissen zu lassen, daß ich ohne größere Probleme pünktlich in New Delhi eingetroffen sei. (Telefonische Ferngespräche – dies hatte ich schon erfahren – waren in Indien nicht einfach, da die Leitungen damals anscheinend noch nicht voll ausgebaut waren.) Manis Antwort: „Grinling wird dafür sorgen." Er hatte die ganze Zeit wortlos neben uns gestanden. Jetzt sagte er nur, er werde es umgehend erledigen. Als nächstes führte Mani mich durch Patiala House, um mir meine neuen Kollegen vorzustellen. In jeder Hinsicht waren es Mitarbeiter, die für eine internationale Organisation mir keineswegs fehl am Platz zu sein schienen. Der stellvertretende Direktor des SEARO war ein Arzt aus Ceylon (heute Sri Lanka); der leitende Verwaltungsbeamte, ein Franzose; sein Assistent, ein Österreicher. Der Berater in der Abteilung Mutter-und-Kind war ein Facharzt aus den Niederlanden, usw.

Nachdem Dr. Mani sie alle vorgestellt hatte, begleitete er mich zu den Räumlichkeiten, in denen meine Tätigkeit sich entfalten sollte. Zu jenem Zeitpunkt würde ich noch keinen Stellvertreter haben, sondern vorerst zwei Sekretäre. Alle SEARO-Sekretäre waren Sekretäre – also Männer, keine Frauen. Einige der Sekretäre im Hause hatten hohe Universitätsabschlüsse. Trotz ihrer akademischen Qualifikationen oder ihrer wissenschaftlichen Ausbildung hatten sie keine entsprechende Arbeit finden können. Einer der Sekretäre in der kleinen Abteilung, deren Leiter ich jetzt sein würde, hieß Jagadishan und galt als mit der beste im ganzen SEARO. Er hatte an der Universität Madras im Bereich Wirtschaftswissenschaft promoviert. Der zweite Sekretär in meiner Abteilung, Mr. Ghopal, war zwar akademisch weniger gebildet im üblichen Sinn. Dennoch war er intelligent, fleißig und, was „Herzensbildung" betrifft, manch einem Universitätsprofessor haushoch überlegen. Ein anderer Sekretär bei SEARO, den ich später gut kennenlernte, Dev Dutt, war Gelehrter im Sanskrit. Nach Büroschluß blieben er und ich späterhin oft stundenlang zusammen, während er längere Passagen aus den Upanischaden in herrlich sonorem Ton auswendig rezitierte und einige für mich ins Englische übersetzte. Dies sind freilich Erfahrungen, die ich erst im Verlauf der Monate machte, oder Tatsachen, die sich mir erst nach und nach enthüllten.

Nachdem die Formalitäten der allseitigen Vorstellungen zu Ende waren, verabschiedete sich Dr. Mani und ging in sein eigenes Büro zurück. Nun begann meine Arbeit. Grinling erklärte mir in allen Einzelheiten, welcher Art seine Aktivitäten während noch nicht ganz zwei Jahre bei SEARO gewesen waren und welche vorläufigen Pläne er für die Zukunft gehabt hatte, bevor er sich aus Gründen, die mir nie bekannt wurden, zu seiner Kündigung entschied, obwohl ich mir kaum vorstellen konnte, er habe Dr. Mani etwa als schwierig oder herrisch empfunden haben. Was mich betrifft, gab es ein oder eineinhalb Jahre später ein einziges derartiges Problem. Und es wurde im Nu gelöst, um nie wieder aufzutreten. Jedenfalls hatte Ken Grinling binnen weniger Tage Patiala House verlassen. Sein Ziel war uns allen unbekannt. Keiner von uns, so weit mir bekannt ist, hat je erfahren, wohin er verschwand war oder was aus ihm noch wurde.

Vieles von dem, was mein Anteil an den gemeinsamen Aufgaben in Genf gewesen war, muß ich ja nicht erwähnen, da dies überflüssig wäre. Es war praktisch annähernd das Gleiche wie dort, aber mit dem wichtigen Unterschied, daß es jetzt keinerlei ungute Spannungen gab und ich frei war, meine eigenen Ideen (natürlich immer nach Rücksprache und Konsultationen mit Dr. Mani) umzusetzen im Rahmen der unserer Abteilung zur Verfügung stehenden finanziellen Mittel. Andererseits soll nicht versäumt werden, über einige Projekte Rechenschaft zu geben, die wir drei – Jagadishan, Ghopal und ich – dann später im Verein mit einem journalistisch erfahrenen und begabten jungen Mann, der mein Assistent wurde, in verschiedenen Ländern der Region selber geplant haben und realisieren konnten. Doch ein Bericht darüber wäre an dieser Stelle verfrüht. Hervorheben will ich dennoch schon jetzt die Tatsache, daß die Jahre, die ich in Südostasien leben und arbeiten durfte, unendlich bereichernde Erfahrungen verschiedenster Art mit sich brachten. Sieben Länder gehörten nunmehr unserem Regionalbüro als Mitgliedstaaten an:

Afghanistan, Birma, Ceylon, Indien, Indonesien, Thailand und, seit 1950, Nepal. Sollten diese Erinnerungen als „Odyssee" mehr sein denn ein bloß einigermaßen lesbarer Katalog mit gelegentlichen Schilderungen erfreulicher, betrüblicher aber auch einiger tragischer Ereignisse, so würde man der erzählerischen Begabungen eines Homer bedürfen, um annähernd alles in der Weise zu verdeutlichen, wie es wünschenswert wäre. Als bloß ein Lernender kann ich nichts dergleichen – nichts mehr, als einen Versuch unternehmen, einige der unzähligen Begegnungen mit Frauen, Männern und Kindern zu beschreiben in all diesen Ländern bis auf Nepal, das ich leider nie besuchen konnte. (Ruth und ich waren allerdings nicht weit von Nepal, als wir einmal an seiner Grenze zu Bhutan während eines Skiurlaubs im Himalaya waren.)

Frauen, Männer, Kinder:
Verarmt, doch fleißig, mutig, kreativ und gastfreundlich – Vorbild für viele im Westen

Zahlreiche Menschen, denen ich vor allem in ländlichen Gegenden Südostasiens begegnete, waren für mich – sie werden es bleiben – leuchtende Vorbilder. Ihr Fleiß, ihr Mut, ihr bescheidener Stolz, und, allen Problemen zum Trotz, ihr stets gegenwärtiger Sinn für Humor, ihre Hingabe an körperlich oft schwerste Arbeit waren erstaunlich. Äußerste Armut stand nie im Wege ihrer immerwährenden Gastfreundlichkeit gegenüber Fremden, von woher sie auch immer gekommen waren. Nicht weniger eindrucksvoll war die kreative Intensität, die die Spiele von Kindern charakterisierte, welche ihre Spielzeuge (mitsamt den Regeln für die Spiele) selber erfanden und bastelten aus in ihrem jeweiligen Dorf verfügbaren Materialien. Erwachsene wie Kinder bewunderte ich überall und über alle Maßen. Ich werde ihrer immer mit Hochachtung gedenken, obwohl ich in seltenen Fällen ihre Namen gewußt habe oder sie hätte mehr als halbrichtig aussprechen können.
Von dem, was ich in Asien sah, erlebte oder unmißverständlich spürte, stand vieles in krassestem Gegensatz zu dem, was wir zwar im

heute reichen Abendland einst auch wußten und taten und unsere eigenen Verhaltensmuster waren. Aber in der heutigen schnellebigen, zunehmend egozentrischen, konsumgierigen Ellenbogengesellschaft unseres Weltteils sind sie vergessen oder wesentlich weniger oft in die Tat umgesetzt als sogar in meiner Kindheit, zum Teil, und in Generationen vor der meinen erst recht selbstverständlich waren. Ist in der Zwischenzeit Asien uns ähnlicher geworden? Dies scheint weitgehend der Fall zu sein. In dem Maße, in dem es zutrifft, hat Asien kostbarste Werte eingebüßt und ist dadurch im Geiste noch ärmer geworden, als sich auf materieller Ebene die fortschreitende „Entwicklung" der sogenannten „Entwicklungsländer" kennzeichnet.

Doch, ehe ich in Asien solche Erfahrungen und solche untrüglichen Eindrücke sammeln konnte, die zum allergrößten Teil meiner Arbeit bei SEARO zu verdanken waren, mußten Ruth, die Kinder und ich in New Delhi eine zumindest vorläufige Bleibe finden. Noch waren die drei zu Gast in Madhuri Desais schöner Villa bei Bombay. Telefonisch hatte ich trotz mehrmaliger Versuche sie dort nicht erreichen können. Also telegrafierte ich noch einmal, um ihnen mitzuteilen, daß die Aussichten, längerfristig, recht günstig seien. Einstweilen würden wir jedoch mit Hotelzimmern im alten Stadtteil Delhis vorliebnehmen müssen. Grinling, ein eingefleischter Junggeselle, hatte zwei Zimmer mit Bad und Dusche im hinteren Trakt des relativ großen Hauses der Familie Mani gehabt. Dr. Mani fragte mich, ob ich meinte, diese würden uns als provisorische Unterkunft genügen. Er sei gerade dabei, diesen Teil seines Hauses renovieren zu lassen, und dies würde voraussichtlich noch zehn Tage bis zwei Wochen in Anspruch nehmen. Ich sah mir alles an und kam zum Schluß, daß wir auf sein Angebot eingehen sollten. Die beiden Zimmer waren nicht groß, das Badezimmer – sagen wir – eher „einfach", aber der große Vorteil würde sein, daß uns allein der riesige Garten hinter dem Hause Mani zur Verfügung stehen würde. Ich dankte meinem Chef sehr herzlich, sagte zu und telegrafierte an Ruth, daß ich die drei fehlenden Mitglieder meiner Familie mit dem nächstmöglichen Flug der Indian National Airlines von Bombay nach New Delhi erwarten würde. Drei oder vier Tage später landeten sie auf dem dortigen Flughafen nicht weniger wackelig aber auch nicht weniger heil, als

Martha Eliot einmal und ich schon zweimal vorher zur *terra firma* heruntergeflattert waren. Bis dahin hatte ich in einem traditionsreichen Hotel gewohnt, das aus der Kolonialzeit stammte und in der Innenstadt von Alt-Delhi deshalb erbaut worden war, weil New Delhi erst ab 1912 allmählich entstand. Sobald ich wußte, wann Ruth, Corinne und Gillian – jetzt sechs Monate alt – ankommen sollten, hatte ich zwei miteinander verbundene größere Zimmer mit Balkon reserviert. Das alte Gebäude, seit den 80er Jahren des vorigen Jahrhunderts oft restauriert, war in recht gutem Zustand. Um einen großen Innnengarten herum errichtet, wäre es eine Oase der Ruhe gewesen, hätte es nicht dort – außer herrlich großen alten Bäumen – nicht auch unzählige Affen gegeben, die tagsüber auf allen Zweigen kreischend herumkletterten und die Nächte unsicher machten, indem sie sich alles Freßbaren bemächtigten, wenn uneingeweihte Hotelgäste etwas dergleichen, aber auch irgendwelche die diebischen Affen anderen interessierenden Gegenstände auf den Balkonen stehen- oder liegenließen. Doch der Affe, im Hinduismus als der Gott Hanuman hochgeachtet, ist wie Hermes im altgriechischen Pantheon wahrlich ein schlauer Dieb. Man ließ die Affen als Hanuman gewähren, obwohl Erfahrene vorsichtig genug waren, nichts Eß-, Freß- oder in Affenhänden Transportierbares auf ihren Balkonen verbleiben zu lassen während der zu dieser Jahreszeit schon ziemlich heißen Nächte.

In jenem ruhig gelegenen, aber wegen der Affen nicht *ganz* ruhigen Hotel verbrachten wir mehr oder weniger zehn Tage. Für die kleine Gillian heuerten wir eine von neuen Bekannten uns als absolut zuverlässig wärmstens empfohlene ayah[1] an. Sie war unsere erste Bedienstete. Zuverlässig war sie, aber im Umgang mit Gillian etwas weniger liebevoll fürsorglich als Gillians zweite unvergeßliche Mary-Ayah, von der gleich einiges mehr gesagt werden muß. Nebenbei bemerkt: Von mehr oder weniger wohlhabenden Ausländern, zu denen im Vergleich zum Bevöllkerungsdurchschnitt auch wir zählten,

---

[1] Für Kinder, besonders für Babies, ist in finanziell gut situierten Familien die *ayah* = Kinderfrau bzw. im britischen Sprachgebrauch eine „Nursemaid" oder „Nanny" nahezu unentbehrlich.

wurde erwartet, daß sie im Haushalt mehrere – bis zu fünf oder sechs – Inder bzw. Inderinnen beschäftigten. Hin und wieder, da man ihnen ja erklären mußte, was sie an dem einen oder dem anderen Tag zu tun hätten, schien sie einem fast mehr Arbeit zu machen, als sie selber verrichteten. Damit will ich sie nicht der Faulheit bezichtigen. Es war nur so, daß trotz Kastenunterschiede die Aufgabenverteilung an Bearer, Koch, Sweeper und die anderen, inkl. ayah, recht zeitaufwendig sein konnte. Hätten Ausländer sich im Bereich dessen, was man heute „Arbeitsbeschaffungsmaßnahmen" nennt, nicht bereitwillig angepaßt, wäre die ohnehin sehr große Zahl der Arbeitslosen noch sehr viel größer gewesen.
Jetzt, was Mary-Ayah betrifft: Einige Monate später, als wir in der Zweieinhalb-Zimmer-Wohnung hinter Dr. Manis Haus untergebracht waren, nahmen wir Mary in unseren Haushalt auf. Sie blieb bei uns, bis wir aus Gründen, die ich schon erwähnte, Indien verlassen mußten. Mary-Ayah war für uns alle, von Anfang an, im wahrsten Sinn des Wortes ein großer Segen. Mit ihrer scheinbar angeborenen natürlichen, aber niemals aufdringlichen Autorität und Klugheit, war sie für Gillian eine liebe Patenfee. Für den Rest der Familie sowie für die anderen Bediensteten war sie eine ruhige, stets hilfreiche, in einigen Situationen sogar echt weise Stütze. Sie konnte weder lesen noch schreiben. Sie wußte nicht einmal, wie alt sie war. Wir schätzten, sie müsse um die 70 sein, aber sie schien irgendwie ohne Alter. Als wir Ende Juli 1957 von New Delhi nach New Haven (Connecticut) umzogen, war Gillian noch keine fünf Jahre alt. An ihre Mary-Ayah erinnert sie sich noch lebhaft deutlich und spricht von ihr gelegentlich mit einem Hauch von Nostalgie. Für Gillian, aber auch für Corinne – damals schon über zehnjährig – war sie eine liebevolle und geliebte zweite Mutter. Die Trennung von ihr fiel uns allen sehr schwer. Denn Mary-Ayah war die ganze Zeit über nicht nur für Gillian eine Art Schutzengel, sondern auch unser aller Haushalts- und Familienberaterin gewesen sowie von allen im Hause geachtet. Sie stammte aus Südindien, wie sie uns einmal sagte, und war als Waisenkind bei katholischen Nonnen aufgewachsen.
Selbst in Nordindien setzt das Sommerwetter früh ein. Schon vor Mitte März werden die Tage spürbar immer wärmer. Ab Anfang April

ist es oft schon sehr heiß, tagsüber bis 35°. Jetzt war es Mitte April. Unsere Möbel und Haushaltssachen kamen ungefähr zur gleichen Zeit an, wie die Renovierungsarbeiten in der kleinen Wohnung abgeschlossen waren hinter dem größeren Teil des Hauses an der Hardinge Avenue, den Dr. Mani und seine Frau für sich hatten. Vom arg Hanuman-geplagten Hotel in Alt-Delhi nach New Delhi zu kommen, war zwar eine Erleichterung, aber wir und Dr. Mani waren uns darin einig, daß unser Verleib in seinem Haus lediglich ein Provisorium würde sein können, bis wir etwas finden könnten, das unseren Bedürfnissen eher entspräche als zwei voneinander getrennte Zimmer und ein Badezimmer, in dem schon zu dieser Jahreszeit das sonnenbeheizte Duschwasser aus einem Tank auf dem Hausdach fast kochend heiß war.

Am Tag nach unserem Einzug gesellte sich zu uns ein neuer Bediensteter als „cook-bearer". Er war ein Mann in den mittleren Jahren namens Perumal und hatte schon bei Ken Grinling zu dessen Zufriedenheit gedient. Sowohl von Grinling selber, bevor er verschwand, als auch von Dr. Mani war er uns empfohlen worden. Perumal erwies sich als durchaus verantwortungsbwußt, war zu besonderen Hilfeleistungen – welcher Art sie auch immer sein mochten – stets bereit, kaufte auf den Märkten gut ein und war in jeder Weise dienstbeflissen. Nur seine Kochkunst, zumindest für unsere vielleicht zu hohen Ansprüche, ließ einiges zu wünschen übrig, da sie lange nicht so stark entwickelt war wie manches, das wir in Indien schon genossen hatten. Alles in allem waren wir jedoch mit Perumal, der in einer Hütte am Ende des Gartens wohnte, in unserer vorläufigen Unterkunft nicht unglücklich, zumal die beiden Kinder im großen Garten unter dem Schatten vieler Bäume nach Herzenslust ungefährdet alleine spielen konnten.

Anfang Mai, als wir unsere Wohnung noch kaum fertig eingerichtet hatten, wurde das Wetter für Ruth und die beiden Kinder unerträglich heiß. Für den Rest des Sommers verließen sie Delhi mit einer neuen Freundin von Ruth, der Ehefrau von Herrn Heimsoeth, dem ersten Sekretär der bundesdeutschen Botschaft. Sie flüchteten in die Berge. Ihr Urlaubsort, Mussourie, lag nicht sehr hoch im Himalaya, aber hoch genug, um verhältnismäßig kühl zu sein im Vergleich zu der Hitze, in der auch zur Zeit der Kolonialherrschaft Großbritanniens die Männer größtenteils weiter zu arbeiten hatten, insofern sie es sich nicht leisten konnten, sich z.B. beim Polospiel zu erproben oder an vornehmen Bars kühlende Scotch & Sodas zu sich zu nehmen. Mich störte die Hitze nicht sehr, da das Ohio-Tal im Juli und August nicht selten fast so heiß ist wie Delhi im Mai und Juni. Außerdem hatte ich vor, Ruth und die Kinder während zehn Tage oder zwei Wochen in Mussourie zu besuchen, sobald es mir nach Beginn der Monsun-Regen möglich sein würde.

In der Zwischenzeit sorgte Perumal in rührender Weise für mich als den alleinstehenden Hinterbliebenen. Und im Patiala House gab es für uns alle mehr als genug zu tun. Nach einem ultrahocherhitzten Arbeitstag war es mir eine Freude, unter freiem Himmel auf einem charpoy draußen im Garten zu schlafen. Obwohl die Nächte sich nur wenig abkühlten, waren diese Nächte unbeschreiblich schön. Da wenige Lichter nur noch die Straßen beleuchteten, erlaubten die stets sternenklaren Nächte einen ungehinderten Blick auf das gesamte himmlische Panorama. Bis auf das eine Mal mit Mary Thurber auf „High Acres" hatte ich dies, bevor ich nach Indien kam, nicht noch einmal gesehen. Und ich finde, daß allen Menschen – zumindest ein einziges Mal in ihrem Leben, ob kurz oder lang – die Gelegenheit gewährt werden sollte, von der Erde aus solche himmlischen Freuden zu erleben. In unseren Städten, ob in Europa oder in den USA, verbringen die Menschen – außer einer wachsenden Anzahl von Obdachlosen – fast alle ihre Nächte in Betten unter Dächern, wo solche Erlebnisse, wie sie mir in Indien vergönnt waren, kaum je zuteil werden können. Dies ist ja umso mehr der Fall, als Stadtmenschen im reichen Abendland, selbst wenn sie den offenen Himmel sehen wollen, es äußerst selten können wegen der vielen Neonlichter und allerlei hell leuchtenden Glühbirnen, die vor allem unnötig Strom verbrauchen.

Revolution in Bandlaguda

Nun wolle man mich auf einige der Eindrücke zurückkommen lassen, die das irdische Alltagsleben der Völker Südostasiens vermittelten. Ein erstes konkretes Beispiel soll annähernd schildern, was damit gemeint ist. Im Auftrag des SEARO und als Teil eines von UNICEF unterstützten Programms waren Krankenschwestern des öffentlichen Gesundheitsdienstes[1] aus verschiedenen Ländern – Finnland, England, USA – in zahlreichen ländlichen Gebieten Indiens damit beauftragt, den örtlichen Behörden helfend zur Seite zu stehen bei der Entwicklung ihrer Arbeit im Bereich der Gesundheit von Müttern und Kindern. Die einzelnen Projekte als Teile des Gesamtprogramms unterstanden der gemeinsamen allgemeinen Aufsicht unserer WHO-Fachleute und des entsprechenden Personals im indischen Gesundheitsministerium. Die Projekte waren sorgfältigst geplant worden, da sie längerfristig als modellhaft angesehen wurden für den Auf- bzw. Ausbau solcher Dienste im ganzen Land. Deren Unterstützung von seiten des UNICEF bestand in der kostenfreien Lieferung notwendiger technischer Ausrüstung, darunter auch Jeeps als "Off-Road"-Vehikel für die nur selten ausgebauten engen Wege in der großen Mehrheit der Projektgebiete.

Im Bundesstaat Andhra Pradesh, dessen Hauptstadt die Metropole Hyderabad ist (rund 380 Meilen südwestlich von Bombay und mit damals schon über zwei Millionen Einwohnern) war ein solches Projekt recht weit fortgeschritten. Zentrum der Arbeit in diesem Projekt, das in einer vorwiegend landwirtschaftlichen Gegend etwa hundert Meilen südlich von Hyderabad lag, war ein kleines Dorf mit Namen "Bandlaguda" und dessen nähere Umgebung. Weil sowohl das Gesundheitsministerium als auch Dr. Mani und sein Kollege, der holländische Kinderarzt, dieses Projekt für besonders vielversprechend hielten, wurde bei einer Besprechung mit mir gemeinsam beschlossen, daß ich es besuchen solle, um die dortige Arbeit einem breiteren

---

[1] „Public Health Nurses". Die Tätigkeit dieser speziell ausgebildeten diplomierten Krankenschwestern entspricht im Bereich Gesundheitsvorsorge etwa den Ausfgaben von SozialarbeiterInnen.

Publikum bekannt zu machen durch eine detaillierte Schilderung für die Tages- und Wochenzeitungen ganz Indiens.
Ich war nicht nur durchaus bereit, sondern auch begeistert, diese erste größere Aufgabe in meiner neuen Eigenschaft als "Public Information Officer" beim SEARO zu übernehmen. Es sollte sich bald herausstellen, daß sie von den vielen ähnlichen oder zumindest entfernt vergleichbaren späteren Arbeiten während meiner Zeit in Südostasien eine der faszinierendsten wurde. Bei meinen Vorbereitungen darauf dachte ich mir, es würde vor meiner Abreise von New Delhi sinnvoll und nützlich sein, wenn ich mich nicht nur mit den SEARO-Unterlagen und deren bis ins Einzelne gehenden Beschreibungen des Projekts vertraut machte, sondern alles über die Region verfügbare Material konsultierte. Darunter waren in unserer Bibliothek zum Glück mehrere kulturanthropologische Feldstudien und einige wenige Bücher. Ich nahm mir die Zeit, um all diese Quellen mehr oder weniger genau durchlesend zu überprüfen. Aus den verschiedenen Unterlagen ergab sich eine beträchtliche Menge Hintergrundinformation über die sozialen, kulturellen und wirtschaftlichen Charakteristika der ganzen Region in und um Bandlaguda. Dies alles war natürlich von unschätzbar großem Wert, als ich einige zehn Tage später von New Delhi nach Hyderabad flog und von dort aus auf dem Landweg in einem mir zur Verfügung gestellten UNICEF-Jeep südwärts fuhr bis zu einem Ort, wo - so hatte man mir gesagt - es einen sehr schön gelegenen und besonders angenehmen Dak-Bungalow gab.
Doch, bevor ich mit dem Bericht über das fortfahre, was ich in Bandlaguda erlebte und lernte, sollten einige zusätzliche wichtige Fakten erwähnt werden. Aus guten Gründen hatten das Gesundheitsministerium und die WHO sich entschieden, dem Schutz bzw. der Förderung der Gesundheit von Mutter und Kind höchste Priorität einzuräumen. Schon damals wurden in Indien jährlich mehr als zwölf Millionen Kinder geboren, wobei die Geburtsrate jahrelang weiter anstieg. (Wie die Lage heute ist, entzieht sich meiner Kenntnis. Laut einem in der unabhängigen französischen Zeitung *Le Temps* erst vor kurzen veröffentlichten Bericht verlangsamt sich die Bevöl-

kerungsexplosion in fast allen Ländern der sogenannten "Dritten Welt" – vermutlich auch in Indien – dank verschiedenen Faktoren, die von Demographen im Detail dargestellt wurden.) Die Sterblichkeitsrate bei Müttern und Kindern, vor allem Säuglingen, war und ist vermutlich noch heute extrem hoch in der Mehrheit dieser Länder. Auch in den USA sind diese Raten viel höher, als sie sein müßten, wenn die Gesundheitsvorsorge nicht im Ganzen unzulänglich wäre. Selbst auf Kuba ist die Säuglingssterblichkeit geringer als in unserem reichen Land, worauf ich zu gegebener Zeit noch zurückkommen werde. Denn auch Kuba kenne ich dank meiner Arbeit bei der WHO.

Das, was man mir von einer Unterkunftsmöglichkeit unweit Bandlaguda gesagt hatte, erwies sich als nicht übertrieben. Dort verbrachte ich zehn oder zwölf Nächte, bis ich mit einer Fülle von Informationen für meinen Bericht nach Hyderabad zurückkehrte und von dort aus wieder nach New Delhi flog. Das Gebäude war eigentlich kein Bungalow. Man hätte es genauer als eine Art kleines „Dschungel-Hotel" bezeichnen können, wenn so etwas existierte. Es lag am Rande eines Hügels, von dem man direkt auf einen dichten Urwalddschungel hinunterschaute – und horchte. Der für diesen „Nicht-Bungalow" zuständige Cook-Bearer, wenn ich ihn richtig verstanden habe, bestätigte meinen Eindruck – meinen Verdacht, wenn man so will – daß irgendein wohlhabender Engländer oder ein Radscha weniger erbbetucht als die meisten solcher Hoheiten, das nicht sehr große, aber auch nicht sehr kleine Gebäude einst als sein Jagd- und Ferienhaus hatte errichten lassen. Jeden Morgen, nicht selten mehrmals während der Nacht, wurde ich von Geräuschen geweckt, die ich bis dahin niemals gehört hatte und seither nie wieder vernommen habe. Einige der Gesänge, die Myriaden mir unbekannter Vogelarten nicht nur morgens, sondern auch nachts anstimmten, höre ich heute noch echohaft, wann immer ich daran zurückdenke. Scheinbar oder tatsächliche Lock- und Klagerufe sowie das erbärmliche Heulen von Dschungeltieren, denen ich weder bei Tag noch bei Nacht gerne schutzlos begegnet wäre, sind mir kaum weniger lebhaft in Erinnerung geblieben als alles andere Neue, das ich aus solch naher Ferne kennenlernte durch einen zwar berufsbedingten, aber überaus faszinierenden Aufenthalt in jenem seltsamen, in einem echten, da nicht eingezäunten „Naturpark" gebauten Dak-Bungalow ...

Mit dem UNICEF-Jeep, in dem ich oft verschiedene medizinische Geräte und Ausrüstung für die dem Projekt zugeteilten „public health nurses" mitnahm, fuhr ich jetzt täglich von dem Dak-Bungalow (der keiner wie irgendein anderer war) rund 20 Meilen durch schwieriges Terrain weiter südlich nach Bandlaguda. Häufig verbrachte ich ganze Tage dort oder in anderen Dörfern der näheren Umgebung. Mit den Dorfältesten, aber auch mit zahllosen anderen Bewohnern der vielen kleineren Dörfer und noch kleineren Siedlungen rund um Bandlaguda sowie überall mit den Kindern, ob klein oder groß, sprach ich teils unter Zuhilfenahme eines Dolmetschers, teils dank der beredten, wenn auch wortlosen Sprache von Gestik, Mimik und Gesichtsausdruck. Kommunikationsprobleme gab es also nirgends, obwohl ich natürlich vieles nur sehr ungefähr verstehen konnte, wenn der Dolmetscher, ein gebildeter ehemaliger Dorfbewohner aus der Gegend, mich nicht begleitete.

Die Hauptaufgaben der an dem „Projekt Bandlaguda" beteiligten WHO-Krankenschwestern, die ausnahmslos eine Zusatzbildung als Geburtshelferinnen absolviert hatten, bestand in der Fortbildung ortsansässiger *dais*, wie die hier tätigen Hebammen heißen. Bis dieses Projekt unternommen wurde, waren seit jeher alle *dais* von erfahrenen älteren Kolleginnen, Generation nach Generation, gemäß uralten traditionellen Methoden und Bräuchen angelernt worden. Sie leisteten schon Hilfe ab dem Zeitpunkt, wenn bei einer hochschwangeren Frau die Geburtswehen einsetzten, aber für die Entbindung verwendeten sie Werkzeuge wie z.B. alte, oft rostige Küchenmesser oder alte Scheren. Die älteren *dais* wußten nichts von den Gefahren für Mutter und Kind, die solche nie sterilisierten und häufig mit Bakterien oder Viren infizierten Instrumente mit sich brachten. Auch waren sie es nicht gewohnt, unmittelbar vor der Entbindung ihre Hände und Armbänder in abgekochtem Wasser mit Seife zu waschen. Jetzt hatte sich dies alles zu ändern begonnen, obwohl – nicht anders als bei Bäuerinnen und Bauern, wo immer sie sind – alte Gewohnheiten sich meist nur langsam gegen neue Gewohnheiten austauschen lassen. Jetzt erhielten jüngere oder junge Frauen – fast immer Töchter oder Enkelinnen alter, manchmal uralter *dais* – nach Abschluß eines sechsmonatigen Kurses über die Grundlagen relativ gefahrloser Geburtshilfe einen „UNICEF-Hebammen-Ausrüstungssatz" als Belohnung. Der indische Arzt sowie die WHO-Mitarbeiterinnen, die in regelmäßigen Abständen diese Kurse an einem anderen etwas größeren Ort in der Nähe von Bandlaguda für junge Frauen aus verschiedenen Dörfern durchführten, hofften nun, daß die Neueingeweihten ihre neuerworbenen Kenntnisse in Zukunft dort anwenden würden, wo sie jeweils hergekommen waren. Aber nahezu überall war dies keineswegs leicht. Denn die Mehrheit der älteren und alten Hebammen sowie viele andere Dorfbewohner waren nicht nur äußerst skeptisch und zweifelten alles an, was da an Ungewohntem eingeführt werden sollte, sondern sie waren oft auch ausgesprochen feindselig.

Nach meinem zweiten oder dritten Besuch hatte ich zu einer der Familien in Bandlaguda besonders guten Kontakt gewonnen. Das wortkarge Familienoberhaupt war hoch angesehen als begabter und gewissenhaft fleißiger Töpfer. In seiner Familie wurde in nächster Zukunft zum allseitigen Glück ein neues Kind erwartet. Die hochschwangere Frau arbeitete noch täglich in den Reisfeldern am Rande des Dorfes, während zwei Kinder der Familie, ein Mädchen von ungefähr vier Jahren und sein um etwa ein Jahr älterer Bruder, sich oft damit vergnügten, eine gackernde Henne mit ihren Küken um das Haus zu jagen. Das vergleichsweise solide Haus dieser Familie hob sich insofern von den meisten anderen im Dorf ab, als es aus rohen Ziegelsteinen gebaut war und zwei Zimmer hatte. Den beiden Kindern zuzuschauen, während sie voller Lebensfreude lachend und schreiend ihr Spiel mit der verängstigten, aber nie echt gefährdeten Kükenmutter spielten, war auch für mich reiner Spaß. Nicht selten spielten sie mit anderen Kindern aus den einfacheren Nachbarhäusern. Und immer wieder ließen sie sich zu viert oder zu fünft etwas Neues einfallen. Langeweile kannten sie nicht, zumal sie ihre einfachen Spielzeuge oft selber bastelten.

Mehrere Tage lang, im Schatten eines riesigen Neembaums[1] auf dem Boden sitzend, beobachtete ich voller Bewunderung den Töpfer bei seiner Arbeit. Daß ich mich offensichtlich dafür interessierte (es war das erste Mal in meinem Leben, daß ich so etwas gesehen hatte) war ihm nur recht. So kamen wir miteinander sozusagen ins Gespräch, auch wenn es sich, wie auch sonst ohne Dolmetscher, auf Gestik und Gesichts- oder Augenausdruck beschränkte. Trotzdem schienen wir uns mehr oder weniger gut zu verstehen. Die Töpferscheibe, ein flacher runder Stein, stand auf dem trockenen Boden unter dem Dach einer Art Veranda vor dem Hauseingang. Stundenlang arbeitete er ohne Unterbrechung – außer gelegentlich, um einen Schluck Wasser zu trinken – an der durch wiederholte Stöße mit seinem rechten Fuß sich stetig drehenden Scheibe. Dabei saß er auf einem getrockneten Ziegenfell. Unter seinen immer wieder in einen Krug Wasser eingetauchten wundersam geschickten Händen formten sich aus Lehm kleinere und größere Wasserkrüge, Dachschindeln und allerlei Töpfe oder Becher für den Hausgebrauch. Unfaßbar war für mich, wie schnell diese Dinge Gestalt annahmen. Er stellte sie jeweils sorgfältig zur Seite, bis er sie zu seinem Brennofen tragen konnte, der hinter dem Haus stand.

An einem dieser vielen Tage in Bandlaguda oder anderen Dörfern in dessen Nähe kam seine Frau viel früher als gewöhnlich vom Felde nach Hause. Offenbar hatten die Geburtswehen eingesetzt. Dieses Mal stand ich in respektvoller Entfernung vom Hauseingang, vielleicht zwanzig Meter weiter weg als an den Tagen, an denen ich dem Töpfer und seinen zwei einfalls- und erfindungsreich spielerischen Kindern zugeschaut hatte. Von dort aus, wo ich stand (niemand nahm daran Anstoß) konnte ich einiges von dem verfolgen, was jetzt vor sich ging. Nicht nur für die Töpferfamilie und all ihre Nachbarn waren die Ereignisse, die nun folgten, eindrucksvoll und aufregend. Sie waren es auch für mich, der ich gewissermaßen ein *fast* teilhabender Beobachter war. Im wahrsten Sinne des Wortes war es ein

---

[1] Der „Neem" (ausgesprochen: „niem") ist ein in Indien einheimischer Baum, von dem alle Teile nützlich sind – die Blätter als natürliches Pestizid, aus der Frucht gewinnt man ein medizinisches Öl, usw.

menschlich sehr erfreuliches Drama, das sich an dem späten Nachmittag in Bandlaguda abspielte. Auch für mich war es ein bewegendes „Schauspiel", obwohl dieser Terminus unpassend ist und ich ihn deshalb ungern verwende. Ein im Endeffekt beglückendes Drama war es jedenfalls, auch wenn für die gebärende Mutter die Entbindung eines zweiten Sohns kurze Zeit nicht ohne Schmerzen verlief. Und das, was für die anderen Dorfbewohner wohl das Eindrucksvollste gewesen sein dürfte, war die Tatsache, daß als Hebamme eine mit neuen Methoden vertraute junge Frau hier zum ersten Mal im Einsatz war.

Mir war also vergönnt, in Bandlaguda Zeuge zu sein vom Beginn einer lange währenden, gewaltfreien aber von manchem Zweifel und gegen den Widerstand der älteren *dais* durchgestandenen „Revolution". Als ich nach New Delhi zurückgekehrt war, angeregt durch meine Begegnungen in und um Bandlaguda – besonders an einem der letzten Tage dort, als ein gesundes Kind unter hygienischen Verhältnissen geboren worden war –, schrieb ich einen detaillierten Bericht. Auf der Grundlage dieser Erzählung ließ das Gesundheitsministerium in New Delhi, wenig später, einen halbstündigen Dokumentarfilm produzieren, der in den Kinos ganz Indiens vorgeführt wurde. Da vermutlich andere als ein indisches Publikum die Geschichte jener „Revolution in Bandlaguda" nicht uninteressant finden werden, ist der Text des Berichts in voller Länge als Anhang hier wiedergegeben.

Beulenpest in Birma
Heldenrolle eines jungen Schauspielers in einem für unser Regionalbüro produzierten Film

Etwa ein Jahr nach meiner teilhabenden Beobachtung einer beginnenden „Revolution in Bandlaguda" wurde ein zweiter Film gedreht – dieses Mal nicht im Auftrag des indischen Gesundheitsministeriums, sondern für die WHO. Mit nicht wenig Mühe war es uns gelungen, die Dienste eines bekannten englischen Dokumentarfilm-Regisseurs und seines Kamerateams zu gewinnen. Die Szenen dieses Films spielten erneut in einer ländlichen Gegend, aber statt in Indien dieses Mal in Birma, das bis kurze Zeit zuvor, wie Indien, eine britische Kolonie gewesen war.

In einem dem Dschungel abgewonnenen Landstrich, ungefähr fünfunddreißig Meilen südwestlich der Hauptstadt Rangoon, war der wichtigste Teil eines WHO-geförderten Programms eine zweijährige Ausbildung junger Männer als „health assistants", Hilfsarbeiter in der Gesundheitsvorsorge, vor allem bei den in zumeist entlegenen kleinen Dörfern lebenden Schichten der Bevölkerung. Dort, wo solche Bauerndörfer entstanden waren, hatte die Beulenpest seit Menschengedenken immer wieder katastrophale epidemische Ausmaße angenommen. Diese fast immer tödlich verlaufende Krankheit, was im Abendland viele nicht wissen, tritt primär bei Nagetieren auf und wird durch Flöhe, von denen sie gebissen werden, auf Menschen übertragen. (In einigen Gebirgsgegenden des Westens der USA ist die Pest endemisch, d.h. örtlich begrenzt und latent vorhanden, auch wenn bei den dortigen Verhältnissen ein epidemischer Ausbruch nahezu ausgeschlossen wäre.)

Birma, als ich für die Produktion unseres Films dort war – es wird auch heute noch – immer wieder durch bewaffnete Auseinandersetzungen zerrissen, was die Gefahren von Epidemien und alle Arten von Krankheit unausbleiblich begünstigt. Die Beulenpest war u.a. deshalb eine ständige Bedrohung. Die Regierung unter dem buddhistisch-sozialistischen Ministerpräsidenten U Nu war bemüht, diesen Gefahren durch den behelfsmäßigen Einsatz von „health assistants" entgegenzuwirken. Den Abriß eines Drehbuchs für den Film, den wir zunächst lediglich produzieren zu können *hofften*, hatte ich geschrieben nach einem etwa zehntägigen Besuch in Rangoon und in einer der von Epidemien der Beulenpest mehr oder wenig ständig gefährdeten Gegenden.

Als der Engländer und seine Kameraleute, die sich zum Glück hatten überreden lassen, für verhältnismäßig sehr wenig Geld den Film zu drehen, in Birma endlich ankamen, war ich natürlich längst wieder vor Ort. Meine Aufgabe war allerdings von nun an weder als Drehbuchautor noch als einer der Schauspieler, sondern ich wurde bereitwilliges Faktotum und Requisitenbeschaffer der Filmcrew. Im Rahmen dieser Tätigkeit gelang es mir – ich weiß nicht wie – ein Pony ausfindig zu machen, das ungesattelt aber gezäumt eine wichtige Rolle übernehmen bzw. dafür in Anspruch genommen werden sollte. So weit ich mich entsinne, hatte ich das Pony bei einem an unserem Vorhaben neugierig interessierten Bauern entweder geliehen oder gemietet. Die Quellen anderer Requisiten waren hingegen ein wenig dubios. Geklaut habe ich zwar nichts, aber Verschiedenes war „geliehen", ohne daß dessen Eigentümer es gemerkt hätte. Und nach dem Schluß der Dreharbeiten wurde alles ordentlich dorthin zurückgebracht, wo es hergekommen war.

Der Inhalt des Films, kurz zusammengefaßt, war folgendes: Ein neunzehnjähriger Auszubildender entdeckt bei einem seiner regelmäßigen Inspektionsbesuche in den Dörfern der Gegend, daß mehrere Einwohner eines Dorfes schwer erkrankt und einige schon gestorben sind an einer fiebrigen Krankheit, die er dank seinem Unterricht als Beulenpest zu erkennen glaubt. Viele noch nicht kranke Dörfler sind in Panik geflohen. Der junge Mann ist sich der Gefahr bewußt, daß sie, da sie bereits infiziert sein können, die Pest in benachbarte Dörfer tragen werden, wo sie Zuflucht suchen. Seiner Verantwortung bewußt schwingt er sich auf sein Pony und reitet in Windeseile nach Rangoon, um bei der zentralen Gesundheitsbehörde den drohenden Ausbruch einer Epidemie zu vermelden. Seine Nachricht kommt gerade rechtzeitig, so daß in letzter Minute Maßnahmen eingeleitet werden, um einer weiteren Ausbreitung der Pest vorzubeugen. Ende!

Die Rolle des jungen Helden war die einzige, die wir einem Berufsschauspieler anvertrauen mußten. Er war im Stadttheater Rangoons engagiert, wo ich ihn bei meinem ersten Besuch „entdeckt" bzw. flüchtig kennengelernt hatte. Alle anderen Rollen wurden von den Erwachsenen und vielen Kindern aus dem Dorf so gut und so überzeugend gespielt, daß nachher, als der Film in New Delhi und in Genf vorgeführt wurde, niemand uns glauben wollte, sie seien nicht alle berufsmäßig auch im Theater tätig.

Die Dorfbewohner – vor allem, ihre kleinen oder größeren Kinder – waren echte Naturtalente. Freilich arbeiteten wir mit der Hilfe eines Dolmetschers, aber oft hatten wir den Eindruck, seine Dienste wären fast überflüssig gewesen. Die, die Nebenrollen spielten, schienen intuitiv zu begreifen, um was es ging und wie sie sich bei den Dreharbeiten zu verhalten hätten. Und die Kinder – diese Kinder! Obwohl viele nicht älter waren als vier bis fünf Jahre, hätte man schwören können, sie seien auf der Bühne eines großen Theaters geboren, wo ihre Eltern die Elite der ständigen Besatzung seien. Während häufig notwendiger Pausen in den Dreharbeiten schaute ich den Kindern manchmal zu, während sie in den engen Dorfgassen ihre alltäglichen Spiele genossen mit originellen, von ihnen selbst ausgeklügelten Spielzeugen bei viel Gelächter und voll heller Freude.

Die spontane Gastfreundlichkeit aller Dörfler gegenüber fremden Menschen, die sie nie zuvor gesehen hatten und nie wiedersehen würden, war nicht weniger herzerwärmend und eindrucksvoll. An eine der Familien, die ich besuchte, erinnere ich mich besonders deutlich. Keiner von ihnen konnte ein einziges Wort Englisch, ich konnte kein Wort ihrer Sprache. Als ich eines Abends bei ihnen unangemeldet erschien, holte der Familienvater einen wackeligen Stuhl, den einzigen, den sie besaßen. Ich wurde aufgefordert und *mußte* darauf Platz nehmen, während er in eine neben dem Häuschen stehende Kokospalme geschickt hinaufkletterte, eine Nuß pflückte und, aus dem Baum heruntergekommen, sie mit einem Stein knackte. Da man mich als Gast der Familie empfangen hatte, wurde ich gebeten, als erster einen Schluck Kokosmilch zu trinken. Mutter, Vater und ihre zwei Kinder folgten bei diesem Ritual, von dem ich irgendwo schon gelesen hatte, aber zum ersten Mal – unvergeßlich! – in einem kleinen Dorf Birmas erlebte ...

Monsun in Indien
Um meinem ersten zu entkommen:
Ferien in Mussourie

Während meines Besuchs in Bandlaguda und anderen Dörfern, in deren Nähe ich unendlich viel Interessantes lernte und erlebte, stand mir mein erster Monsun noch bevor. Drei oder vier Monate vor meiner zweiten Monsunsaison war ich zum zweiten Mal in Birma gewesen. Von vielen Millionen Menschen muß der Monsun von seinem erdrückend heiß-feuchten Anfang bis zu seinem erleichternden Ende ausgestanden werden. Alle leiden darunter, wenn sie der Monsunsaison nicht durch Flucht in die Berge oder in kühlere Gegenden anderswo entfliehen können. Wann immer der Monsun ausfällt oder weniger ausgiebig ist als sonst, hat das Bauernvolk, andererseits, eine teilweise oder totale Fehlernte mehr schlecht als recht irgendwie zu überleben.

Bevor wir in Indien waren, hatte ich mir immer vorgestellt, der Monsun sei eine Art unaufhörliche Sintflut – heftigster, unaufhörlicher Regen so, wie er gewesen sein soll, als Noah laut der biblischen Darstellung die Arche baute, um die Menschheit und alle anderen Gattungen von Lebewesen vor dem Untergang zu erretten. Jene Vorstellung des Monsuns erwies sich, als ich die ersten Wochen meiner ersten Monsunsaison durchleiden mußte, als völlig irreführend. „Wenn es regnet, schüttet es!" Diese Worte waren ein Werbetext, der in dicken Lettern auf jeder Packung von „Morton's Salt" gedruckt war. Daran erinnere ich mich aus meiner frühen Kindheit, als ich gerade mit dem Lesenlernen angefangen hatte. Der griffige Slogan sollte ein Hinweis darauf sein, daß selbst bei hoher Luftfeuchtigkeit jene Marke Tafelsalz nie klumpte. „Wenn es regnet, schüttet es!" – ununterbrochen. Ungefähr so war meine Phantasie vom Monsun gewesen. Pure Illusion! Wenn es im Monsun regnet, kann es zwar sehr heftig regnen, aber nicht tagelang und selten mehr als während einer Stunde oder zwei. Was ihn schwer erträglich macht, ist weder der Regen noch dessen Menge, sondern eine Luftfeuchtigkeit von bis zu 98% bei Temperaturen, die zu Beginn und während der ersten zehn Tage oder zwei Wochen nicht selten noch bei 42-45° liegen, bis die Großwetterlage sich allmählich abkühlt. Also: Grund genug für jeden, der es sich leisten kann, in die relative Frische irgendeines der vielen Orte im Vorgebirge des Himalaya zu fliehen!

Ein solcher Ort ist Mussourie. Für dieses wie für die meisten anderen Ferienstädtchen oder -dörfer, die größtenteils während der fast zweihundertjährigen Kolonialherrschaft Großbritanniens erbaut und im Verlauf der Jahrzehnte langsam größer geworden waren, sind das charakteristische Merkmal einige aus dem 19. Jahrhundert stammende Hotels. Deshalb müssen Gäste, die vor des Monsuns schwülheißem „Notleiden" fliehen wollen und können, in den meisten Gasthäusern dieser Orte andere, wenn auch weniger bedrückende Unbequemlichkeiten verschiedener Art in Kauf nehmen. Um dies deutlicher zu sagen: Gäste sehen sich (ob dem noch heute so ist, weiß ich nicht) einem gewissen Mangel an sogenanntem „Basiskomfort" gegenüber, den Menschen aus fast ganz Europa oder erst recht von irgendwo in den USA kommend als unabdingbar erachten.

Ein Beispiel für das, was damit gemeint ist, soll genügen. Moderne sanitäre Einrichtungen sind – oder damals waren sie – dort Mangelware. In solchen Hotels, auch wenn sie seit ihrem Baujahr mehrere Male renoviert worden waren, befand sich hinter den Schlaf- oder kombinierten Schlaf- und Wohnzimmern leicht zugänglich etwas, das die Briten passenderweise als „thunderbox" („Donnerkasten") zu bezeichnen pflegten. Toiletten mit Spülung – abgekürzt WC – die sowohl in allen Hotels als auch in sämtlichen Motels an den Überlandstraßen und Autobahnen allenthalben im Westen längst eine Selbstverständlichkeit sind, waren damals in Mussourie meines Wissens noch nicht bekannt. Von alledem und von anderen nicht unbedingt wesentlichen Fakten hatte ich in Briefen oder auf Postkarten, die Ruth mir geschrieben hatte, Kenntnis genommen. Sie und die Kinder, wie schon gesagt, waren mir um einige Wochen nach Mussourie vorausgegangen, während ich in unserem provisorischen Quartier an der Hardinge Avenue von Perumal gewissenhaft und pflichtgetreu versorgt wurde.

Trotz allem, was ich von den Himalaya-Hotels schon wußte, vertraute ich mich in diesem Jahr sobald als möglich nach Beginn des Monsuns wieder unserem Hillman an. Erst Mitte Juli – also mitten in der Monsunzeit – konnte ich mich von meinen Aufgaben im Patiala House befreien und für zehn Tage sowohl New als auch Old Delhi verlassen. Ich war natürlich darüber nicht unglücklich, so sehr mir die neue Arbeit gefiel und ich u.a. die damit verbundene Dienstreise nach Bandlaguda genossen hatte. Allerdings war die lange Fahrt nach Mussourie, obwohl Kamele gelegentlich an mir vorbeizogen, aber mich nirgends noch einmal belagerten, in einem anderen Sinn weniger gemütlich als während der Durchquerung der Wüste Rajasthans. Denn dort war die Luft so trocken wie der Staub, der

über das menschenleere Land fegte. Jetzt schwitzte ich mehr als ergiebig während der Fahrt auf den Straßen, die mit häufigen, längeren Wartezeiten an zahllosen Bahnschranken nach Norden führten.
Als ich den kurvenreichen, steilen Hügel endlich erklommen und in Mussourie angekommen war, fühlte ich mich zwar beträchtlich kühler, aber nicht weniger naß und salzig, als wenn ich den ganzen Tag, in Wintermantel und Bergstiefeln gekleidet, im Toten Meer geschwommen wäre. Ruth, beide Kinder – Gillian in ihrem Kinderwagen – und Mary-Ayah warteten im Hotel. Es tat gut, wieder bei ihnen zu sein, obwohl der Urlaub kurz sein mußte. Zu meiner Überraschung war das Doppelzimmer, in dem wir zu viert wohnten, mehr als zufriedenstellend bequem. Im großen, altmodischen Speisesaal, wo wir alle unsere Mahlzeiten einnahmen, war es nicht einfach, die ständige, oft etwas unterwürfig wirkende Aufmerksamkeit zu erdulden, die den Gästen von zahllosen Bearers mit makellos schneeweißen Handschuhen und am Kopf ebenso weißen Turbanen entgegengebracht wurde. Sie schwärmten gleich Bienen um die Gäste herum. Gezählt habe ich sie nicht, aber mein Eindruck war, daß im Speisesaal die Bediensteten zahlreicher waren als die Gäste, die sie bedienten. Doch – *nolens, volens* – man gewöhnte sich daran. Denn sie meinten es gut und an Höflichkeit ließen sie nichts zu wünschen übrig. Ruth und Corinne hatten schon gelernt – auch daran gewöhnte ich mich sehr schnell – alle Schuhe jeden Morgen beim Aufstehen sorgfältigst auszuschütteln, um sicher zu sein, daß unter dem Schutz der Dunkelheit nicht ein oder zwei Skorpione hineingekrabbelt waren. Während meines Aufenthalts in jenem Hotel fanden wir allerdings einen einzigen Skorpion, der so etwas zu tun sich erdreistet hatte. Nachdem er aus meinem Schuh hinausgeschleudert worden war, wurde er unter dem Absatz desselben Schuhs kaltblütig zertreten und konnte uns daher nichts Böses antun. (Heute, da ich vor *allem* Leben größere Achtung empfinde als je zuvor, würde ich sogar einen Skorpion in eine Flasche aufzunehmen versuchen und ihn ins Freie hinauskrabbeln lassen, um zu tun, wofür Skorpione auch immer gut sein mögen.)
Ruths Freundin Christa Heimsoeth war die Tochter eines Generals, der unter Hitler gedient hatte. Ich kann nicht gerade behaupten, daß ich ihre Gesellschaft genossen hätte. Doch sie und Ruth vermochten

einander gegenseitig zu helfen. Ruth schien sie zu mögen. So akzeptierte auch ich Christa und später auch ihren Ehemann, dessen Vater Philosophieprofessor an einer deutschen Universität war. Heimsoeth und ich pflegten zwar nie eine Beziehung, die man als Freundschaft hätte bezeichnen können, doch hatten wir ein paar interessante Gespräche in den Jahren, die Ruth und ich in Neu Delhi verbrachten. Einige davon waren so hitzig wie das Wetter heiß war. Heimsoeth hielt Gustav Heinemanns grundsätzliche und unnachgiebige Ablehnung der Wiederaufrüstung Deutschlands für unrealistisch. Ich hingegen vertrat die Auffassung, daß Deutschland nach dem Krieg entschieden zum Weltfrieden hätte beitragen können, jedoch nur, wenn Westdeutschland, wie die Schweiz und Finnland, seine Neutralität erklärt und sich geweigert hätte, einem militärischen Bündnis beizutreten. Vieles, von dem, was sich heute abspielt, einschließlich der Beteiligung des deutschein Militärs an internationalen Bemühungen, dem Bürgerkrieg im früheren Jugoslawien zu wehren, hat nur zur Untermauerung meiner damaligen Ansicht beigetragen. Doch ich merke, daß ich wieder einmal mehr abgeschweift bin ...

Am meisten genoß ich in Mussourie, nebst dem anregenden Klima, die langen Spaziergänge, die ich mit Ruth, Corinne und Gillian unternahm – stets im Beisein von Mary Ayah. Fast jeden Tag unternahmen wir einen solch kleinen Ausflug. Ich erinnere mich noch gern daran, wie die kleine Gillian vor Freude quiekte, wenn ich ihren Kinderwagen schnell anschob und ein paar Meter vor mir herrollen ließ, um ihm dann nachzulaufen und ihn einzuholen. Doch war die Zeit für diese Art von vergnüglichen Familienaktivitäten zu kurz. Mit dem Ende meines Urlaubs nahmen unsere gemeinsamen Spaziergänge, die Skorpionenjagd und die Mahlzeiten in dem von Bearer überfüllten Speisesaal ein Ende – und auch die Benutzung des Plumpsklos.

Gegen Ende Juli umarmte ich zum Abschied die Kinder, Ruth und Mary Ayah. Wir sagten unter Tränen „Auf Wiedersehen", und dann fuhr ich zurück durch die Berge in ein jetzt nicht mehr ganz so unerträgliches Klima. Der Monsun hatte die Temperaturen inzwischen beträchtlich abgekühlt. Ruth und die Kinder wollten jedoch mit Mary Ayah noch bis zum Ende des Sommers in Mussourie bleiben.

Als sie nach New Delhi zurückkehrten, hatte ich mir bereits ein Haus in „Jorbagh Nursery" angesehen, einem neuen Stadtteil, wo es viele sich im Bau befindliche Gebäude gab. Ich war nun gespannt, ob Ruth unser neues Heim als Alternative zur Hardinge Avenue annehmbar finden würde, wo wir auf engstem Raum hatten leben müssen. Ich hatte sogar schon den Eigentümer informiert, daß wir wahrscheinlich schon bald den Mietvertrag unterzeichnen würden.

Mit der königlichen afghanischen Post in Richtung Kabul

Im gleichen Jahr mußte ich die erste von mehreren Reisen nach Afghanistan unternehmen, das erstemal in der ersten oder zweiten Oktoberwoche. Alles in allem waren diese Besuche noch abenteuerlicher und in mancherlei Hinsicht lohnender als die Reisen in andere Länder Südostasiens. Doch darauf werde ich noch eingehen. Als ich nach Afghanistan reiste, waren schon über fünf Monate vergangen seit der freudigen Begrüßung in Bombay. Ruth, Corinne und Gillian kamen mit Mary Ayah etwa Mitte September nach Delhi zurück. Wir mieteten das Erdgeschoß eines Hauses in Jorbagh Nursery. Vor dem Haus war ein kleiner Garten. Unsere neue Bleibe kam uns vor wie ein Palast: sie hatte eine Terrasse und getrennte Quartiere für die Bediensteten. Es war allerdings abzusehen, daß es Zeit brauchen würde, um eine Fünf-Zimmer-Wohnung entsprechend einzurichten. Wir machten uns frohgemut an diese Aufgabe und waren erleichtert, wieder unsere eigenen vier Wände zu haben. Doch kaum hatten wir angefangen, uns wieder häuslich einzurichten, mußte ich erneut auf eine Reise gehen.
Von New Delhi aus flog ich mit einer DC-7 der Indian Airlines nach Lahore. Von dort ging es per Bahn in einem Schlafwagen weiter nach Peschawar im nördlichen Pakistan. Die Pritschen waren so breit wie jene im American Airways Clipper, in dem ich meinen ersten transatlantischen Flug unternommen hatte. In der Gegend, von der ich in der Schule in Geschichtsbüchern gelesen hatte und in die zu bereisen ich im Begriff war, leben heute Tausende schlecht ernährter Flücht-

linge auf engem Raum in provisorisch eingerichteten Lagern, die von den Pakistanis nur ungern geduldet werden.
Im Jahr 1953 war Peschawar eine verschlafene Stadt in der Größenordnung, die Louisville hatte, als ich dort aufwuchs. Ich erinnere mich hauptsächlich an Peschawar, weil ich dort von einem weißbärtigen Moslem in einer von einem Pferd gezogenen Tonga rüttelnd und schüttelnd vom Bahnhof zu Guy's Forwarding Agency"[1] befördert wurde. In gebrochenem Englisch hatte sich der Mann beklagt, daß er sich nur eine Frau leisten könne, so arm sei er. Warum hatte Mohammed die Polygamie eingeführt? Ich fragte nicht nach. Wahrscheinlich hätte er mich über den Hintergrund aufklären können. Ich erfuhr davon viel später. Obwohl ich bereits einiges der herausragenden Lyrik des Sufismus gelesen hatte, wußte ich nichts über den Ursprung der Polygamie im Islam. Die Geschichte besagt folgendes: Im siebten Jahrhundert kam eine sehr große Zahl von Männern durch die ständigen, kriegerischen Auseinandersetzungen mit rivalisierenden Nachbarstämmen in Arabien ums Leben. Als Folge davon gab es viel mehr Frauen, die für ihren Lebensunterhalt von Ehemännern abhängig waren. Daraufhin wurde die Polygamie von Mohammed eingesetzt, so besagt es die Legende, damit für Frauen gesorgt würde, die anderenfalls arm gewesen und verhungert wären.
In „Guy's Forwarding Agency", was immer sich auch dahinter verbarg, fand ich mich wieder auf einem hohen Sitz in einem alternden Bus des Königlichen Afghanischen Postdienstes. Binnen einer halben Stunde verließen wir Peschawar und fuhren zunächst in Richtung Khaiber-Paß und danach in Richtung Hauptstadt Afghanistans. Jahrhunderte zuvor hatte der Khaiber-Paß mit seinen sowohl furchterregend tiefen Kluften als auch flachen Tälern zuerst den Griechen, dann den Mongolen und viel später afghanischen Kriegern als Einfallstor gen Süden gedient. Durch dieses Tor waren Krieger seit Alexander dem Großen in die Niederungen herabgestiegen. So wurde im Verlauf der Jahrhunderte, bevor die Briten in Asien ankamen, ganz Nordindien wiederholt von fremden Mächten erobert. Unser Bus erreichte bald eine recht gut ausgebaute Straße. Wenn man den

---

[1] forwarding agency = „Spedition".

Khaiber-Paß überquert, muß man noch ungefähr fünfundzwanzig bis dreißig Meilen bergauf fahren, um zur afghanischen Grenze bei Torkham zu gelangen. Die Auffahrt war nicht so dramatisch, wie ich erwartet hatte. Die verhältnismäßige Monotonie, mit der jeder vertraut ist, der schon einmal über einen Paß in den Schweizer Alpen fahren mußte, wurde für mich durch die Lektüre Dutzender von Bronzeschildern unterbrochen, die zum Gedenken an britische Truppeneinheiten an den Felsen angebracht worden waren. Die Briten hatten unter schweren Verlusten ihren Weg durch die Khaiber-Paßstraße erkämpft, als sie Afghanistan zunächst 1841 und dann zum wiederholten Male 1878 besetzten während eines Konfliktes zwischen Großbritannien und dem Russischen Reich bezüglich der Frage um die Vorherrschaft in Afghanistan.

All dies ist natürlich Geschichte. Ich wußte wenig darüber Bescheid, lernte aber immer mehr dazu. Heute ist auch Geschichte, was damals noch als unvorhersehbar galt: Im Jahr 1979, ein Jahrhundert nach dem letzten Einfall der Briten in Afghanistan, schickte die UdSSR Hunderte von Panzern, Panzerwagen und Tausende von Soldaten über den Fluß Amudarja, der die nördliche Grenze Afghanistans bildet. Diese erneute Besetzung Afghanistans war großteils auf die Rivalitäten zwischen den USA und der UdSSR im Kalten Krieg zurückzuführen. Siebenhundert Jahre vor der sowjetischen Besatzung fiel Dschingis Khan bereits unterwegs über Afghanistan her: Seine Horden mordeten, verbrannten, plünderten und zerstörten alles, was ihnen in die Quere kam. Bis zu jenem Zeitpunkt hatten große Obstanlagen und fruchtbare, bewässerte Felder die verschiedensten Arten von Früchten reichlich hervorgebracht. Hundert Jahre nach der Verwüstung durch Dschingis Khans Männer, richtete Tamerlan (auch unter dem Namen Timur-Leng bekannt) in gleicher Weise grausamen und verheerenden Schaden an.

Von der frühen Geschichte Afghanistans war mir kaum etwas bekannt, als ich an jenem Tag mit dem Bus die Khaiber-Paßstraße entlangfuhr. Als wir in Kabul ankamen, lernte ich mehr. Ich erwähne diese Fakten nun an dieser Stelle, weil das heutige Afghanistan nach sechs Jahren innerer Zerrissenheit und gegenseitiger Abschlachtung unter den gegnerischen Gruppen der Mudschaheddin in weiten Teilen den Ruinen gleicht, die Dschingis Khan und Tamerlan im dreizehnten und vierzehnten Jahrhundert zurückgelassen hatten. Vor einiger Zeit sah ich mir einen Dokumentarfilm im Fernsehen an, der in erschreckenden Einzelheiten davon berichtete, was unter der sowjetischen Besatzung Afghanistans begonnen, während der Widerstandskämpfe von den heroischen Mudschaheddin fortgeführt und unter den Mudschaheddin selbst, das heißt den Afghanen, nahezu vollendet wurde. Mit wenigen Ausnahmen gleichen die Städte und Dörfer Afghanistans einem großen Schutthaufen. Die meisten Menschen in Europa und vermutlich auch in den USA haben ihren Blick auf Kriege in anderen Teilen der Welt gerichtet, wenn sie überhaupt über ihren eigenen Horizont hinaussehen, und bleiben von dieser unaussprechlichen Tragödie weitgehend unberührt, die aus Afghanistan ein seit meinem ersten Besuch im Herbst 1953 nicht wiederzuerkennendes Land gemacht hat.

Der Postbus erreichte die Grenze bei Torkham ohne Zwischenfälle. Zwischen Torkham und afghanischem Boden war eine Art Niemandsland, nachdem wir den pakistanischen Zoll passiert hatten, aber immer noch durch die Abfertigung auf der afghanischen Seite gehen mußten. Vor uns stand ein Wachposten und ein in eine Steinmauer eingelassenes Eisentor. Hinter dem Tor bot sich volle Sicht auf das erste kleine Fleckchen afghanisches Gebiet. Der Bus hielt natürlich vor dem verschlossenen Tor an. Von einem der anderen Passagiere – auf vier Afghanen kam die gleiche Anzahl Besatzungsmitglieder – hatte ich zu verstehen gemeint, daß an dieser Stelle ein paar Postsäcke in den Bus geladen werden müßten.

Mittlerweile waren wir fünf Passagiere in eine kleine Kabine direkt hinter dem Tor geführt worden. Wir gingen hindurch, obwohl der Bus noch nicht passieren durfte. Ein höflicher afghanischer Offizier, der hinter einem Schalter in der kleinen Kabine saß, untersuchte alle Pässe aufs Genaueste. Meine Reisepapiere, die von den Vereinten Nationen und der US-Regierung ausgestellt worden waren, interessierten ihn besonders. Die Paßphotos von mir in meinen beiden Pässen sahen nicht genau gleich aus. Er verglich das eine mit dem andern, musterte mich mehrere Male gründlich und kritisch von oben bis unten. Die Prüfung überzeugte ihn letztendlich zufriedenstellend, daß auf beiden Photos ein- und dieselbe Person abgebildet war. Höflich gab er mir die Papiere zurück. Wenige Minuten später wurden die Ketten aufgemacht, mit denen das Tor verschlossen war. Jetzt konnte der Bus durchfahren. Als die Passagiere und Besatzungsmitglieder wieder hinein geklettert waren, nahm ich an, daß wir nun das Zollgebiet verlassen würden. Auf afghanischer Seite mußten jedoch noch mehr Postsäcke geladen werden. Ich kehrte zu meinem sich direkt hinter dem Fahrer befindlichen Hochsitz zurück. Eine Dreiviertelstunde lang saß ich geduldig da und fragte mich, wie lange das wohl noch dauern würde! Die Männer, die zur Besatzung des Busses gehörten, schleppten Sack für Sack aus einem nahegelegenen Schuppen herbei. Ich zählte zwanzig oder dreißig. Mehr wurden herbeigetragen. Die Säcke wurden durch die geöffneten Fenster gedrückt und auf jedem unbesetzten Platz und in den Zwischenräumen auf dem Boden aufeinander gestapelt. Schon bald war das Innere des Busses völlig ausgelastet. Mit Ausnahme der Sitzplätze für die Passagiere war keine einzige freie Stelle mehr übrig.

Meine Freunde und Verwandten würden wohl kaum behaupten können, daß Geduld nicht eine bei mir unter den meisten Umständen nachweisbare Tugend wäre. Wenn dem so ist, schien mir diese Tugend jedoch langsam, aber sicher abhanden zu kommen. Dies war nicht einmal so sehr aus eigenen Empfindungen heraus der Fall, sondern eher, weil Dr. Mani mir einen knapp bemessenen Zeitplan eingeräumt hatte. Er ging von offiziell vier Tagen für das Geschäftliche in Kabul aus, das vor Beginn der langen Jesjhan Ferienzeit eingeplant war. Ich stand auf, stieg aus dem Bus und ging auf den für die Beladungsprozedur verantwortlichen Beamten zu.

Noch mehr Postsäcke wurden auf das Dach des Busses geworfen. Einer der Männer stand vorgebeugt oben drauf, fing die zum Platzen gefüllten Sackleinensäcke auf und verstaute sie unter einer Plane, die er mit einem Seil festband. So höflich ich konnte fragte ich den Beamten, – einen stattlich aussehenden Burschen in meinem Alter, jedoch einen Kopf größer als ich –, ob er mir vielleicht sagen könnte, wie lange wir voraussichtlich noch hier blieben. Seine Antwort werde ich nie vergessen. Er richtete sich zur vollen Größe seiner afghanischen Würde auf, schaute auf mich herab und sprach ruhig: „Mister!

Wieso Sie in Eile? Dies nicht Amerika. Dies Afghanistan!" Obwohl ich auch über eins achtzig groß bin, fühlte ich mich nach seiner Antwort sehr klein, kleiner als je zuvor in meinem Leben. Er hatte ja recht! Die Zeit, wie ich sie jetzt kenne und wie mir damals schwach zu dämmern begann, ist eine Illusion, ein rein zufälliges Gedankenkonstrukt des menschlichen Bewußtseins. Ich ging zum Bus zurück, nahm meinen Platz ein und wartete. Zehn oder fünfzehn Minuten später setzte sich auch der Busfahrer auf seinen Sitz und drehte den Zündschlüssel herum. Der Chevrolet-Motor heulte auf. Wir waren wieder unterwegs in Richtung Kabul.

Nach einem kurzen Stopp an der Grenze zu Pakistan: Auf, nach Kabul!

Schon bevor wir Peschawar verlassen hatten, zeigte sich, daß unser Fahrer etwas Englisch verstand. Ihm gestand ich nun, was ich mit der Frage eigentlich ausdrücken wollte, die mich so entsetzlich klein fühlen hatte lassen. In meinen Kindertagen in Kentucky hörte ich häufig den Ausspruch: „Knee-high to a grasshopper"[1], der meine Empfindung zutreffend beschreibt – besser, als ich es sonst formulieren könnte. Der Fahrer versicherte mir, daß er die Abfahrt so schnell als möglich vornehmen würde. „Nicht leicht wie Khaiber", fügte er hinzu. Diese Bemerkung erwies sich als größere Untertreibung. Der Gebirgszug, den wir nun durchfuhren, war in keinerlei Hinsicht mit dem Khaiber-Paß vergleichbar.
Die Abfahrt schien sich unendlich lang hinzuziehen auf der steilen, sehr engen sich windenden Straße über schwindelerregende Höhen mit unzähligen Haarnadelkurven, in denen der Fahrer zwei- bis dreimal rangieren mußte, damit er um sie herumkam. Doch zu guter letzt, – die Sonne war schon längst hinter den thronenden Gipfeln untergegangen –, kamen wir aus der Finsternis in eine mit Felsblöcken und gelegentlichen Oasen versehene Wüstenlandschaft. Winzige Hütten

---

[1] Etwa: „Knietief bis zur Größe eines Grashüpfers".

aus getrocknetem Lehm bildeten kaum mehr sichtbare, obwohl nicht weit von der Straße gelegene Dörfer. Als wir schließlich in Jalalabad ankamen, war es schon weit nach Mitternacht. Wir hielten an einem Teehaus im Freien an. Hölzerne Bänke standen vor reihenweise aufgestellten Tischen, von denen alle bis auf einen zu solch später Stunde frei waren. Nachdem wir Tee getrunken und dazu süßes, fladenartiges Brot gegessen hatten, legte sich der Fahrer lang ausgestreckt und flach wie das Brot auf einer der Bänke nieder. Nach der Bewältigung einer derart anstrengenden Strecke, die er sicher zurücklegt hatte, wäre wohl jeder erschlagen gewesen. Ich fragte ihn, ob ich ihm nicht den Rücken massieren solle. Überrascht ein solches Angebot von einem völlig Fremden aus dem weit entfernten Amerika zu hören, lachte er. Doch er nahm das Angebot dankbar an.
Nach unserem mitternächtlichen Zwischenstopp in Jalalabad gelangten wir schließlich nach einer weiteren zweieinhalbstündigen Fahrt im Morgengrauen nach Kabul. Sicherlich aus reiner Dankbarkeit ließ der Fahrer mich direkt vor dem „Hôtel de Kabul" aussteigen, dem einzigen Hotel, das damals in Kabul existierte. In der Zeit zwischen 1953 und der sowjetischen Besatzung 1979 wurden weitere gebaut, die heute allerdings nicht mehr bewohnbar sind oder von denen nicht mehr als ein großer Schutthaufen übrig geblieben ist. Trotz der ungewöhnlichen Ankunftszeit gelang es mir im Hôtel de Kabul einzuchecken und mir ein Einzelzimmer zuteilen zu lassen. Ich fiel fast genauso erschöpft, wie unser Busfahrer es war, aufs Bett und schlief bis zum Nachmittag durch. Dann beeilte ich mich, nach unten zu gehen und ein spätes deftiges Frühstück im Hotel einzunehmen. Ich erinnere mich noch sehr gut an jene Mahlzeit! Sie wurde mit ausgezeichnetem, mit Kardamom verfeinertem Tee serviert und bestand aus frischgebackenem Brot, ähnlich wie jenes, das wir in Jalalabad genossen hatten, und in Hammelfett gebratenen Eiern. Für meinen Gaumen waren die Eier – weshalb ich mich wahrscheinlich an die Mahlzeit erinnere – keine Delikatesse! Sie waren auch nicht auf die für die afghanische Kochkunst typische Art zubereitet worden. Diese nämlich wäre gesund und nahrhaft gewesen und ebenso abwechslungsreich wie köstlich.

Als ich zu Ende gegessen und die Eier verspeist hatte, rief ich eine Tonga und ließ mich zum Gesundheitsministerium bringen. Dort hatte man mich schon einige Stunden früher erwartet, wie in dem Telegramm aus New Delhi eine Woche davor mitgeteilt worden war. Als erstes stattete ich dem Gesundheitsminister Dr. Ghulam Farouk einen Höflichkeitsbesuch ab. Wir hatten uns schon einmal vier Jahre zuvor getroffen. Er war Leiter der afghanischen Delegation bei der Gründungskonferenz von SEARO in New Delhi gewesen. Mit ausgebreiteten Armen empfing er mich. Wir lachten herzlich, als ich ihm erzählte, wie ich bei der Grenzüberquerung fast auf Grashüpfergröße geschrumpft wäre. Ziemlich schnell merkte ich, daß die meisten Afghanen einen reizenden Sinn für Humor haben. Dr. Farouks Amüsement über die peinliche Lage, in die ich mich selbst gebracht hatte, war offen und unverhohlen, jedoch ohne eine Spur von Boshaftigkeit. Das gleiche fiel mir wenige Minuten später wieder auf, als ich dem stellvertretenden Gesundheitsminister, dessen Namen ich vergessen habe, meine Ehre erwies, danach Dr. Jalil Hakim, dem Generalsekretär für Gesundheitswesen und -pädagogik, und schließlich noch dem Vorsitzenden des Instituts für Malariaforschung, Dr. Abdul Rahim. Alle drei lachten *mit* mir, aber nicht *über* mich wegen der demütigenden, doch erkenntnisreichen Schmach, die meine Person erleiden hatte müssen.

Von Dr. Rahim erfuhr ich während meines viertägigen Besuchs viel über die afghanische Geschichte, ihre gesellschaftlichen und kulturellen Strukturen sowie das sich ausdehnende Programm zur Malariabekämpfung. Dr. Rahim nahm mich unter seine Fittiche, stellte mir seinen Arbeitsbereich vor, aber auch andere Projekte, für die er nicht persönlich verantwortlich war. Zu diesen Projekten, die alle von Spezialisten der WHO begleitet und zum Teil von der UNICEF mit Ausrüstung und Materialien versorgt wurden, gehörten folgende: Prävention von Typhus und Tuberkulose; umfangreicher Bau von Krankenhäusern; neue Zentren zur Versorgung von Mutter und Kind; Pokkenimpfung; Ausweitung der zahnmedizinischen Betreuung, einschließlich kostenloser Behandlung im Bedürftigkeitsfall; Ausbildung von Krankenschwestern und von Ärzten an der Universität in Kabul. Dies alles war zutiefst beeindruckend, zumal Afghanistan ja extrem

arm ist im Vergleich zu den Ländern in Europa oder mit den USA. Alles war so eindrucksvoll, daß ich am Ende meines Besuchs Dr. Farouk fragte, ob er der Veröffentlichung einer kleinen illustrierten Schrift zustimmen würde. Ich stellte mir vor, daß ich auf ansprechende Weise den Fortschritt beschreiben wollte, der zur besseren Gesundheit der Bevölkerung von schätzungsweise zwölf Millionen auf einem Gebiet so groß wie Frankreich erzielt wurde. Der Minister stimmte meinem Vorschlag zu und bot spontan an, ein persönliches Vorwort für die Veröffentlichung zu schreiben.
Nachdem ich mich von meinen Freunden im Gesundheitsministerium verabschiedet hatte, blieb mir nur noch knapp eine Stunde vor Abfahrt des Busses und meiner zweiten Überquerung des Lataband- und Khaiber-Passes. Ich nutzte die Zeit und schlenderte zu Fuß durch einen Basar ganz in der Nähe. Bis dahin hatte ich den Basar sowie einige der Sehenswürdigkeiten Kabuls – das Mausoleum von Timur Schah oder Babars Grab in den Moghul-Gärten – nur aus dem Sitz einer Tonga oder aus Dr. Rahims Jeep betrachtet. Jetzt konnte ich allein durch den Basar bummeln. Ich war völlig fasziniert. Allen, die schon einmal einen Basar in asiatischen Städten und Dörfern gesehen haben, kann ich hier wenig Neues über den Basar in Kabul erzählen. Ich widerstehe also der Versuchung, ihn näher zu beschreiben.
Plötzlich hörte ich hinter mir jemand laut rufen: „Hey, Mister, warten Sie!" Ein junger Mann lief auf mich zu. Ich drehte mich um und erkannte unseren Busfahrer. Als er – völlig außer Atem – mich eingeholt hatte, warf er seine Arme um mich und sagte einfach: „Danke, Herr Amerika! Kudah Hafiz!" Ich hatte noch nie einen solch bewegenden Ausdruck von Dankbarkeit erlebt. Ich erwiderte seine Umarmung und sagte ihm die gleichen Worte, die er zuletzt gesagt hatte, die einzigen, die ich in Farsi kannte: „Kudah Hafiz!" „Gott sei mit dir!" Dies war mein Abschied von ihm und von Afghanistan. Innerhalb einer halben Stunde, fest entschlossen, sobald als möglich zurückzukommen, verließ ich Kabul mit einem anderen Bus.
Im Jahr 1954 engagierten Dr. Mani und ich den bekannten Journalisten und Buchautor Khushwant Singh aus Neu Delhi, den Verfasser eines geschichtlichen Standardwerks über die Sikhs, um mit mir nach

Kabul zu reisen. Diesmal flogen wir beide mit dem Flugzeug hin. Nach ein paar Tagen, in denen wir zusammen im Hôtel de Kabul untergebracht waren, reiste er vier Wochen lang durch das Land. Der ursprüngliche Name von Afghanistan lautet „Aryana." So nannte Khushwant sein Büchlein *Aryana to Afghanistan*[1]. Es erschien mit einem Vorwort von Dr. Farouk, wurde in großer Auflage verteilt und kann eigentlich erst durch das Lesen richtig gewürdigt werden. Ich bin immer noch im Besitz eines Exemplars davon. Khushwant und ich sind heute – zweiundvierzig Jahre später – noch gute Freunde.

Die McCarthy-Inquisition und die Vereinten Nationen

Irgendwann 1952 gab unser Präsident und Atombomben-Fanatiker Harry S. Truman die Anordnungen Nr. 10422 und 10459 heraus. Diese Papiere machten zur Auflage, daß alle US-Bürger, die bei den Vereinten Nationen und ihren Sonderorganisationen angestellt sind oder voraussichtlich angestellt würden, spezielle Fragebögen ausfüllen müßten. Der darin enthaltene Fragenkomplex mußte vollständig beantwortet und mit Unterschrift versehen umgehend an die Behörden in Washington zurückgesandt würden. Die Fragen, die gestellt wurden, waren zum Beispiel folgende: Ob die UN-Mitarbeiter und US-Bürger Mitglieder der kommunistischen Partei waren oder seien; ob sie mit der kommunistischen oder anderen Parteien und Gruppen sympathisierten bzw. assoziiert seien, die zum Ziel hätten, die Verfassung zu ändern oder die Regierung zu stürzen. In weiteren Fragen wurde (1.) der Name und Anschrift von Verwandten, Freunden und Bekannten, Berufs- und Geschäftskollegen verlangt und (2.) Informationen eingefordert über deren politische Verbindungen, Ansichten und Aktivitäten in der Vergangenheit und zum Zeitpunkt des Ausfüllens des Fragebogens.

Der Hauptanführer dieser Inquisition war Joseph McCarthy, ein Senator aus dem Bundesstaat Wisconsin. Auch wenn die Inquisition

---

[1] Etwa: „Von Aryana zu/bis Afghanistan".

unter anderer Schirmherrschaft durchgeführt wurde als ihre traurigberühmte Vorgängerin im Mittelalter, glichen die Folgen in mancherlei Hinsicht doch der Verfolgung von Ketzern durch die Kirche. McCarthy war von 1950 bis 1954 Vorsitzender des „Senatskomitees zur Ermittlung unamerikanischer Aktivitäten". Truman, der entweder Autor dieser Anordnungen war oder einfach seine Unterschrift unter die ihm vorgelegten Texte setzte, war allem Anschein nach ein zugänglicher Handlanger für den ehrwürdigen Senator aus Wisconsin. Es ist unbestreitbare Tatsache, daß Truman die Ansichten von McCarthy teilte, was dessen Bedürfnis anging, alle US-Bürger zu entlarven, die unter dem Verdacht standen, von der Mehrheit abweichende Meinungen zu vertreten.

Im Zuge dieser noch nie dagewesenen Verletzung des bis dahin für unser Volk vermutlich unabänderlichen Rechts – dem Recht auf freie Meinungsbildung und auf freie Meinungsäußerung –, wurden Tausende von Regierungsangestellten, Intellektuellen, Schriftstellern, Bühnen- und Filmschauspielern Methoden unterworfen, die seit den skandalösen Hexenverfolgungen in Neuengland während des sechzehnten und siebzehnten Jahrhunderts unbekannt gewesen waren. Nunmehr sollten als Folge von Trumans Anordnung alle US-Bürger, die für ein Organ der Vereinten Nationen tätig waren, in gleicher Weise wie viele ihrer Mitbürger in den USA tyrannisiert werden. Diese Vorgehensweise war nicht nur ein Bruch der durch die US-amerikanische Verfassung garantierten Rechte. Sie stellte gleichermaßen den Versuch dar, unseren Amtseid als international bedienstete Beamte zu verletzen. Durch diesen Eid wurden wir ausdrücklich gebunden, von keinem Mitgliedsland der Organisation der Vereinten Nationen oder der Sonderorganisationen Anordnungen und Befehle anzunehmen. Wir hatten uns verpflichtet, nur vom UN-Generalsekretär oder den Generaldirektoren der Sonderorganisationen, bei denen wir angestellt waren, Anordnungen entgegenzunehmen.

Brock Chisholm war außer sich. Hartnäckig widersetzte er sich der ungerechtfertigten Einmischung in die Angelegenheiten der WHO durch einen der UN-Mitgliedstaaten und versicherte den US-Bürgern seines Personals, daß alle mit seiner vollen Unterstützung rechnen könnten, die sich weigerten, der Anordnung Folge zu leisten. Ich bin mir zwar nicht mehr ganz sicher, in welchem Jahr es war, – ob noch 1951, anstatt 1952 –, doch ich weiß, daß meine Versetzung zum SEARO noch nicht abzusehen war. Ich hatte mich noch am gleichen Tag mit Dr. Chisholm in Verbindung gesetzt, als ich den Fragebogen erhielt. Mit seiner Zustimmung schrieb ich an die Washingtoner Behörde, von welcher der Fragebogen abgeschickt worden war, und erklärte, daß es mit meinem Status als international bediensteter Beamter unvereinbar wäre, das Dokument ausgefüllt zurückzuschicken. Außerdem würde es einen Verrat an den von mir und vielen anderen Staatsbürgern stets als Grundsatzprinzipien angesehenen Rechten darstellen, sollte unsere demokratische Regierungsform nicht aufs Spiel gesetzt werden.

Der anfängliche Brief führte zu einem fast nicht enden wollenden Austausch an Korrespondenz. Kopien dieser Schreiben habe ich nicht in meiner Ansammlung von Papieren aufbewahrt, die mehrere Regale auf dem Dachboden meiner Wohnung in Oldenburg einnehmen. Doch eine Kopie, schon vergilbt und an den Enden ausgefranst, eines in New Delhi verfaßten Schreibens, datiert am 18. Juni 1953, besitze ich heute noch: „An die zuständigen Stellen"[1] gerichtet. Einige Sätze davon sind relevant, um nicht nur den meinen, sondern auch den Standpunkt anderer US-Staatsangehöriger bei SEARO zu verdeutlichen. Sie sollen im folgenden nun auszugsweise zur Dokumentation zitiert werden, um den Überzeugungen Ausdruck zu verleihen, die von den SEARO-Mitarbeitern sowie vielen anderen, in jener Zeit am UNO-Sitz und bei den Spezialorganisationen beschäftigten Männern und Frauen geteilt wurden. Eine Kopie dieser Stellungnahme wurde mit einem Begleitschreiben an die US-Botschaft in New Delhi gesandt:

„Die Mitgliedstaaten der Vereinten Nationen haben sich durch die Ratifizierung ihrer Charta verpflichtet, den ausschließlich internationalen Charakter der Aufgaben des Generalsekretärs und seiner sonstigen Bediensteten zu respektieren. Sie dürfen bei der Wahrneh-

---

[1] Im Englischen steht die förmliche, unpersönliche Anredeform „To whom it may concern".

mung ihrer Pflichten von einer Regierung oder von einer Autorität außerhalb der Organisation Weisungen weder erbitten noch entgegennehmen. Sie haben jede Handlung zu unterlassen, die ihrer Stellung als internationale, nur der Organisation verantwortliche Bedienstete abträglich sein könnte (Artikel 100).
Die Handlung der Regierung der Vereinigten Staaten bei der Durchführung von Untersuchungen über US-Staatsangehörige, die als Bedienstete bei der Organisation der Vereinten Nationen und ihren Sonderorganisationen tätig sind, stellt eine Verletzung dieser Rechenschaftspflicht dar. Obwohl durch diese Handlung nur US-Staatsangehörige direkt und unmittelbar betroffen sind, bin ich davon überzeugt, daß auch die Organisation der Vereinten Nationen als Ganzes dadurch gefährdet wird.
Niemand bestreitet das Recht der Mitgliedstaaten, sich zu vergewissern, daß die Vereinten Nationen und ihre Sonderorganisationen keine Spione und Saboteure beherbergen, gleichgültig welcher Nationalität und Herkunft sie sein mögen. Jedoch das Recht eines Einzelstaates, die Vorstellungen und Meinungen von Bediensteten dieser internationalen Organe zu kontrollieren, untersuchen und einseitig beurteilen zu wollen, muß ernsthaft in Frage gestellt werden.
Als Bürger der Vereinigten Staaten von Amerika glaube ich an die Grundsätze, die zum Aufbau unserer Regierungsform geführt haben. Ich kann jedoch die These nicht akzeptieren, daß abweichende Vorstellungen, Meinungen und Auffassungen strafbar sind bzw. sein sollten. Dennoch tritt diese These in der Tat in Kraft, um US-Staatsbürger zu belästigen und zu defamieren ... In gewissen Fällen hat dies den erzwungenen Rücktritt oder die direkte Kündigung von Bediensteten der UNO nach sich gezogen, nur weil diese vorgeblich für Handlungen als schuldig befunden wurden, derer sie nie bezichtigt worden sind oder von denen lediglich angenommen würde, daß sie vermutlich in der Lage wären, solche irgendwann in der Zukunft auszuführen.
Aus diesen Gründen, und diesen Gründen allein glaube ich, sowohl in meiner Funktion als Bediensteter der UNO als auch als Staatsbürger meines Landes, kann ich in keiner Weise unsere Regierung unterstützen bzw. mit ihr zusammenarbeiten, in ihren Bemühungen die

Selektion oder Zurückhaltung von Bediensteten der UNO und ihren Sonderorganisationen auf der ausschließlichen Grundlage ihrer Vorstellungen und politischen Verbindungen zu beeinflussen."

Mirabile dictu in Rom!
Der Gipfel der neuen Inquisition:
„Untersuchungsausschuß zur Loyalitätsprüfung"
rehabilitiert Dissidenten

Ein Jahr nach der Verfassung meines Schreibens „an die zuständigen Stellen" gingen Ruth und die Kinder mehrere Wochen in den uns zustehenden Heimaturlaub. Ich hatte mittlerweile in Erfahrung bringen können, daß nicht wenige der Dissidenten, die sich gegen das Ausfüllen des Fragebogens gesträubt hatten, allesamt ihres Passes zur Wiedereinreise in die USA entledigt worden wären. Unter diesen Umständen schien es mir klug zu sein, an Ort und Stelle zu warten, bis der Sturm vorüber war. Ich zog es vor, auf dem verhältnismäßig sichereren Wege des Austauschs von Briefen mit den Inquisitoren weiterzumachen und verschob meinen Heimaturlaub auf unbestimmte Zeit.
Es dauerte nicht lange, bis die Korrespondenz ein solch widerliches Ausmaß angenommen hatte, daß Dr. Michael Sacks, ein Kollege vom Regionalbüro, und ich sie schon für geradezu lächerlich hielten. Um herauszufinden, wann die Bombe platzen würde und welche Reaktionen folgten, unterbreiteten wir einen Vorschlag. In einem nach Washington gerichteten Schreiben erklärten wir uns zu einer Anhörung bereit, wenn dafür bestimmte Voraussetzungen gegeben sein würden. Rom wäre etwa auf halbem Wege zwischen uns und den USA. Daher machten wir es zur Bedingung, daß die Regierung uns Flugtickets erster Klasse nach Rom zur Verfügung stellen und alle anfallenden Kosten erstatten würde, einschließlich der Unterkunft in einem Hotel unserer Wahl. Wir hatten eigentlich nicht erwartet, daß dieser Lausbubenstreich auf etwas anderes als billige Ablehnung stoßen würde, und daß er uns höchstens weitere Probleme einhandeln könnte. Doch zu jenem Zeitpunkt hatte die Problematik sich bereits

so zugespitzt, daß wir sie von unserer Seite aus kaum noch ernst zu nehmen in der Lage waren. Wir hätten uns auch auf noch mehr Schwierigkeiten eingestellt. Die blieben jedoch aus.
Sacks und ich gehörten zu den Kämpfern, die auf der Liste der „Verweigerer" standen. Unbegreiflicherweise und zu unserem großen Erstaunen fruchtete der von uns gemachte Vorschlag. Unser Vorschlag wurde von den Behörden „prinzipiell" angenommen. Das liegt vermutlich auch daran, daß der Hagel des Protests, der von vielen Seiten auf sie herabgegangen war, sie nicht unberührt gelassen hatte und sie nun offensichtlich bestrebt waren, die von ihnen angerichtete Unordnung wieder aufzuräumen. „Prinzipielles" Einverständnis genügte uns jedoch noch nicht. Die ganze Sache zog sich noch weitere zwei Jahre hin, während derer der schriftliche Kommunikationsaustausch nur noch kleckerweise vonstatten ging. Wir schrieben nicht mehr nach Washington zurück und ignorierten Mahnschreiben, die dahingehend lauteten, daß die Rücksendung unserer Fragebögen längst überfällig sei. Und dennoch: Im Juli 1956 saßen wir als Passagiere erster Klasse in einer Maschine der Air India auf dem Weg nach Rom zur Anhörung vor einem „Untersuchungsausschuß zur Loyalitätsprüfung". Die Mitglieder des Ausschusses waren fünf oder sechs Kongreßabgeordnete, die sich wahrscheinlich auf etwas Abwechslung von ihrer Routine in den monotonen Sitzungen von Senator McCarthy´s Ausschuß gefreut hatten. Welche Gründe auch immer sie dazu bewogen haben mögen, Sacks und meinen Witz mitzumachen, – jedenfalls sollten wir in der Botschaft der USA in Roms prächtiger Via Veneto angehört werden. Außer Sacks und mir sollten noch sieben oder acht weitere US-Staatsangehörige vernommen werden. An dem für die Anhörungen vereinbarten Tag versammelten wir uns alle in dem Vorzimmer von beträchtlicher Größe im Botschaftsgebäude. Ein Rechtsanwalt, von dem wir wußten, daß er wie viele andere Juristen in den USA von der Unrechtmäßigkeit solcher Verfahren laut Verfassung überzeugt war, war extra aus New York eingeflogen. Was er jedem von uns sagte, einem nach dem anderen, bevor wir in den Saal gerufen wurden, weiß ich noch ganz genau: „Wenn Sie hineingehen, denken Sie daran: Nicht *Sie* sind unamerikanisch. *Die* sind es!"

Der Zeitpunkt für meine Anhörung kam schnell. Der Vorsitzende bat höflich, aber herablassend um Angabe von Namen, Geburtstag und -ort, derzeitigem Wohnsitz und Stellung innerhalb der UNO. Diese Informationen lieferte ich ihm. Ich bat um Erlaubnis, eine kurze Stellungnahme abgeben zu dürfen. Der Vorsitzende stimmte zu. Eine Kopie meiner Stellungnahme ist heute noch eines der wenigen Dokumente, die ich aufbewahrt habe in Zusammenhang mit der paranoiden Hysterie der McCarthy-Inquisition. (Sie ging mehr oder weniger durch Senatsbeschluß zur Auflösung des Komitees zu Ende). Wenn ich heute lese, was ich damals in Rom gesagt habe, klingt es überzogen, zu dramatisch. Es klingt, als hätte ich die Heldenrolle im Kampf um freie Meinungsäußerung spielen wollen. Eine meiner Aussagen veranlaßte den Vorsitzenden, nachdem ich meine Stellungnahme beendet hatte, zu erklären, daß der Ausschuß sich nun zu Beratungen zurückziehen werde. Die Aussage, die dazu führte, kann ich mir nicht selbst zuschreiben. Sie war ein Zitat aus Thomas Jeffersons Antrittsrede als dritter Präsident der USA vom 4. März 1801 und lautete etwa folgendermaßen: „Wenn unter uns irgendjemand ist, welcher die Zerstörung dieser Union oder ihrer republikanischen Regierungsform wünscht, möge er unbehelligt dastehen als Monument der Sicherheit, mit der irrige Ansichten toleriert werden sollen, wenn die Vernunft ihnen frei entgegentreten kann."

Der Rückzug zur Beratung dauerte etwa eine halbe Stunde. Ich wartete indessen im Dienstzimmer. Die Herren des Ausschusses traten wieder ein. Der Vorsitzende nahm seinen Platz ein und verkündete mit feierlicher Stimme: „Herr Horine, das Komitee ist zu der Schlußfolgerung gelangt, daß Ihre Loyalität gegenüber der Verfassung vernunftmäßig nicht angezweifelt werden kann. Aufgrund dieses Umstandes werden Sie entlassen unter der Voraussetzung, Ihren Fragebogen nun auszufüllen." Die letzten Worte sprach er mit Nachdruck. Ich dankte ihm, nahm ein Exemplar der Liste mit Fragen entgegen, die er mir beim Verlassen des Dienstzimmers in die Hand drückte, und ging zurück ins Vorzimmer. Dort waren unser Anwalt und die übrigen Widerspenstigen versammelt und wollten unbedingt erfahren, wie das Verhör ausgegangen war.

Ohne Angaben zu mir bekannten Personen und ohne die Fragen über die politische Gesinnung anderer zu beantworten, schrieb ich Namen, Adresse, Geburtstag und -ort und die offizielle Bezeichnung meiner Funktion bei der WHO auf den Fragebogen. Dann unterschrieb ich den Fetzen und schickte ihn per Post nach Washington zurück. An dieser Stelle nahm die Korrespondenz ein Ende. Ich hörte nie wieder in dieser Sache von den zuständigen Behörden. Sacks wurde später am gleichen Tag wie ich verhört und ebenfalls als unschuldig entlassen. Ich vermute, daß die Ausschußmitglieder es genossen, sich Rom einmal ansehen zu können. Mike und ich nahmen den nächstbesten Flug zurück nach New Delhi. Obwohl ich es damals noch nicht hätte erraten können, sollte meine Familie und ich später fast vier Jahre lang in Rom leben, nachdem ich die WHO verlassen hatte und eine Stelle annahm in der Abteilung für Ernährungsfragen in der Ernährungs- und Landwirtschaftsorganisation (FAO) der Vereinten Nationen.

Beunruhigende Nachrichten aus Paris: Ein weiterer, unvorhergesehener Flug mit Air India nach Europa

Seit meiner Versetzung von Genf nach New Delhi hatte es dank der hervorragend funktionierenden Postverbindung zwischen Indien und Frankreich nie Mangel an schriftlicher Kommunikation zwischen Jane und mir gegeben. Wir schrieben einander oft. Wenn ich einen Brief von ihr in unserem Jorbagh Nursery-Postkasten vorfand, war ich überglücklich, wieder einen überschwenglichen Bericht über Annis und Cristis Schulalltag oder ihre Spiele mit Freunden im Garten hinter der Wohnung am Boulevard Arago zu lesen, wo ich oft zu Gast gewesen war. Cristi sollte bald ihren elften Geburtstag feiern, Anni war bereits sechzehn Jahre alt. Die beiden Mädchen hatten jetzt eine neue Schwester. Gelegentlich bekam ich einen Brief von Anni. Doch gewöhnlich war sie mit Freunden und den zahlreichen Dingen, die sie gerne tat, zu beschäftigt, um mehr als ein paar Zeilen zu Papier zu bringen.

In einem Brief kam Jane auf die Problematik zu sprechen, die teilweise dazu beigetragen hatte, daß wir uns trennten und schließlich scheiden ließen. Es ging um unsere unterschiedlichen Ansichten über die Religion. Jane wollte wissen, ob ich nicht auch der Ansicht wäre, daß die verschiedenen Weltreligionen die Menschen unterdrückten, sie in Armut gefangen hielten, während Priester und andere geistliche Würdenträger oft riesige Geldsummen zum Kauf von Brot, Fischen und Wein für sich selbst ausgaben. Meine Antwort auf die Frage war ein fünfseitiger Brief. Darin machte ich einen weiteren Versuch, von meinem Standpunkt aus die Unterschiede zwischen institutionalisierter Religion zu erklären und dem, was ich damals als persönliche religiöse Erfahrung ansah im Sinne der von jeglicher Organisation unabhängigen *philosophia perennis*[1]. Jane beantwortete diesen Brief von mir nicht. Nichts von dem, was ich je sagte, konnte sie davon überzeugen, daß diese Unterschiede gerade der springende Punkt sind. Ich unternahm keinen weiteren Versuch, ihr klar zu machen, weshalb die Krise während meiner Zeit in München und die daraus resultierenden dauerhaften Auswirkungen für mich von solch ausschlaggebender Bedeutung waren. Trotzdem bedeutete unsere Unfähigkeit, in diesen Fragen für einander Verständnis aufzubringen, nicht, daß die gegenseitige Achtung kein dauerhaftes Merkmal gewesen wäre während der vielen Treffen und Besuche bis zu Janes Tod vor mehreren Jahren.

In der ganzen Zeit seit meinem Besuch in Paris im Jahr 1952 hatte Jane den Namen des Vaters ihres jüngsten Kindes, Bill Rutherford, nur selten in den Mund genommen. Wenn sie etwas über Rutherford sagte, dann war es nicht mehr als eine beiläufige Anspielung auf das eine oder andere Problem, das er bei seiner Arbeit in der UNESCO hatte. Über die Beziehung zu ihm äußerte sich Jane nie. Es war für mich zunächst verständlich, daß sie mehrere Monate lang gar nichts über ihn verlauten ließ. Schließlich, so dachte ich, ging mich die ganze Sache ja gar nichts an. Wenn es in der Beziehung Schwierigkeiten gab, dann waren diese eben deren Bier, nicht meines.

---

[1] „Immerwährende Philosophie"

Etwa zwei Monate nach meinem Freispruch in Rom erhielt ich eine Nachricht aus Paris, die eine Wende um 180 Grad in meiner Einstellung zu den Beziehungsproblemen zwischen Jane und Bill Rutherford herbeiführte. Die Nachricht, die ich erhielt, war ein Brief von einer von Janes besten Freundinnen, einer älteren Dame, die ich einmal kurz in Paris getroffen hatte. Was sie schrieb, war so alarmierend, daß ich zu Dr. Mani ging und ihn um Sonderurlaub bat, da meine Kinder in Paris in großer Gefahr waren. Obwohl ich keine Einzelheiten erläuterte, willigte er ein und ließ mich unverzüglich gehen. Die Tatsache, daß meine Routineaufgaben in meiner Abwesenheit hinreichend von Herrn Thapalyal erledigt werden konnten, erleichterte Dr. Mani und mir die Entscheidung. Herr Thapalyal war ein talentierter junger Journalist, den wir noch nicht lange zuvor als meinen Assistenten im Bereich für Öffentlichkeitsarbeit eingestellt hatten.

Am nächsten Morgen befand ich mich unter den Passagieren, die einen Direktflug von Delhi nach Paris gebucht hatten. In der Nacht davor hatte ich nicht mehr als zwei bis drei Stunden Schlaf finden können. Irgendwann während des Fluges schlief ich in meinem Sitz ein und wurde in Träumen von üblen Befürchtungen geplagt. Als das Flugzeug sich im Landeanflug befand, mußte ich es gespürt haben. Ich wachte genauso schnell auf, wie ich eingeschlafen war, schnallte mich an und beachtete das Rauchverbot, wie vorgeschrieben. Das Flugzeug setzte auf und rollte in Richtung des Gebäudes, wo wir von Bord gehen sollten. Als ich meine Nase an die Scheibe drückte, sah ich aber nicht den Flughafen von Orly, sondern Heathrow, in der Nähe Londons. Ganz offensichtlich mußte da etwas schief gegangen sein! Das Flugzeug fuhr an die ausgefahrene Rampe heran. Die Propeller hörten auf, sich zu drehen. Während die Passagiere ihr Handgepäck aus dem Gepäckfach nahmen, ging eine mit einem Sari bekleidete, höfliche Stewardeß den Gang entlang. Ich fragte sie, was passiert sei, daß wir nicht in Paris gelandet waren. – „Wir waren doch in Paris! Es tut mir leid, Sir, aber sie müssen wohl durchgeschlafen haben!" Zusammen mit den übrigen Passagieren, die an ihrem Bestimmungsort London angekommen waren, stolperte ich die Treppe hinunter, fuhr mit dem Bus zum Ausgang für Passagiere und buchte den nächstmöglichen Flug nach Orly zwei Stunden später.

Als ich endlich nach diesem wirren Umweg in der Innenstadt von Paris angekommen war, fuhr ich mit der Metro unverzüglich zur Haltestelle „Glacières." Sie befindet sich am Boulevard Arago in Nähe des „Prison de la Santé", wo ich mir Bill Rutherford hinwünschte. Ich wußte, daß Janes Freundin, die mich auf die alarmierende Situation hingewiesen hatte, etwa hundert Meter weiter ebenfalls auf dem Boulevard Arago lebte. Ich traf sie zu Hause an. Jetzt erfuhr ich in aller Ausführlichkeit die verflixten Einzelheiten über die Dinge, die sich in Janes Wohnung und auf der Straße vor dem Haus abgespielt hatten. Bill war, so erzählte mir Janes Freundin, in den letzten Wochen mehrere Male hintereinander ausgerastet und hatte Jane vor den Augen dreier total verängstigter Kinder geprügelt und gnadenlos auf sie eingeschlagen. Zweimal war es vorgekommen, daß er Jane um Mitternacht oder in den frühen Morgenstunden blutend aus dem Haus geschleppt und sie im trüben Licht einer Straßenlaterne weiter geschlagen hatte, obwohl er dort von Passanten, die so spät noch unterwegs waren, auf frischer Tat hätte ertappt werden können.
Während meiner vorhergegangenen Besuche in Paris im Jahr 1952 hatte ich bereits den Eindruck gehabt, daß Bill jähzornig war und schnell aufbrauste. Doch hätte ich mir nicht vorstellen können, daß er zu derartiger Brutalität fähig gewesen wäre. Ich fragte, was in ihm diese Wut und solchen Zorn hervorgerufen hätte. Janes Freundin wußte es nicht, doch vermutete sie, daß es teilweise mit Bills Angst zusammenhängen könnte, seine Stelle am Hauptsitz der UNESCO zu verlieren. Sie fügte hinzu, daß Bill ihres Wissens die Kinder bislang nicht mißbraucht hatte. Ich war zwar erleichtert, wenigstens dies zu hören, gab aber zu bedenken, daß keiner sich sicher sein konnte, ob dies nicht auch bald passieren könnte oder würde. Janes Freundin pflichtete mir bei und schlug vor, auf alle Fälle einen Anwalt, den sie kannte, zu Rate zu ziehen. Ich war sofort einverstanden. Sie gab mir die Anschrift und Telefonnummer des Anwalts. Ich dankte ihr für die Hilfe und bat sie, noch nichts vor Jane oder Bill über meine Anwesenheit in Paris verlauten zu lassen. Sie versprach, niemandem davon zu erzählen. Als ich die Wohnung verließ, sagte ich, ich würde sie auf dem laufenden halten.

Am Boulevard Arago fand ich eine Telefonzelle und rief den Anwalt an. Ich bat darum, schnellstmöglich einen Termin zu erhalten in einer Angelegenheit, die für eine junge Frau und ihre drei Kinder – wobei zwei davon auch meine waren – von großer Dringlichkeit und Wichtigkeit wäre. Der Anwalt empfing mich noch am gleichen Nachmittag in seiner Kanzlei. Ich beschrieb ihm die ganze Problematik und fragte ihn, unter welchen Voraussetzungen es mir nach französischem Recht gestattet wäre, vorübergehend die Kinder zugesprochen zu bekommen und sie mit mir nach New Delhi zu nehmen. Bevor ich nach Paris geflogen war, hatten Ruth und ich über diese Eventualität diskutiert. Sie hatte die Kinder schon ein paarmal gesehen, während wir noch in der Schweiz lebten. Der Anwalt klärte mich auf, daß dies nur möglich wäre, wenn die Mutter zustimmen und ihr Einverständnis in schriftlicher Form bekunden würde. Ich hatte Bedenken, daß Jane auf diesen Vorschlag eingehen würde. Unter den gegebenen Umständen wollte ich es jedoch zumindest versucht haben. Was sich ereignet hatte, war ohnehin für Anni, Cristi und ihre kleine Schwester schrecklich traumatisch gewesen, ganz zu schweigen von dem, was Jane hatte mitmachen müssen.

Zu einer Stunde, als Bill noch bei der Arbeit war, gelang es mir, Jane telefonisch zu erreichen. Sie klang gebrochen und verzweifelt. Sie wollte natürlich wissen, wie ich von der Situation erfahren hatte. Wir vereinbarten, uns in einem Café unweit ihrer Wohnung zu treffen, jedoch weit genug davon entfernt, daß Bill nicht womöglich vorbeikommen und uns sehen würde. Als ich Jane sah, war ich schockiert. Ich konnte ihren Anblick kaum ertragen. Ihr Haar war durcheinander und verklebt, sie hatte es seit Wochen nicht mehr gewaschen. Ihr Gesicht und ihre Arme waren von schwarzen und blauen Flecken übersät. Ich erkannte Jane kaum wieder. Erbärmlich schluchzend fragte sie mich, warum ich gekommen sei. Ich erzählte ihr, wer mich informiert und daß ich mit einem Rechtsanwalt gesprochen hätte. „Warum denn das?" – „Weil Anni und Cristi in fast genauso großer Gefahr sind wie du! Ich glaube, daß es besser wäre, wenn sie eine Weile bei Ruth und mir bleiben würden." Bei diesen Worten sprang Jane von ihrem Stuhl hoch und rief: „Nein! Nein! Sie bleiben bei mir.

Es sind meine Kinder! Was auch immer passiert, sie haben es bei ihrer Mutter doch noch besser! Du darfst sie nicht einfach wegnehmen!" Damit war die Diskussion beendet. Ich kannte Jane gut genug, um sicher zu sein, daß sie sich nie eines anderen würde belehren lassen. Sie schwankte einen Augenblick lang, als sie neben unserem Tisch stand, stürzte dann, in Tränen aufgelöst, auf die Straße hinaus. Ich ging ihr nicht nach. Es hätte nichts gebracht. Als ich einen Tag später von Paris abflog, hatte ich weder Anni noch Cristi gesehen oder gesprochen. Ich hatte auch keine Möglichkeit herauszufinden, ob Jane ihnen später erzählt hatte, daß ich in Paris gewesen war. Während des Rückfluges nach Indien schlief ich *nicht*! Zu viel – oder zu wenig – war geschehen. Ich hatte getan, was ich tun konnte. Doch innerhalb weniger Wochen erhielt ich einen Brief von Jane mit guten Neuigkeiten. Bill hatte seine Stelle gekündigt und unter einem Schwall von Beschimpfungen die Wohnung verlassen. Niemand wußte, wo er war. Soweit ich weiß, hat keiner herausgefunden, was er als nächstes tat oder wohin er ging. Manche glaubten, er sei nach Chicago gezogen. In Paris wurde er jedenfalls nie wieder gesehen. Ich hatte Bill von Anfang an gern gemocht. Auch fast alle anderen, die ihn kannten, fanden ihn sympathisch. Über seine Kindheit ist mir nichts bekannt. Ich vermute jedoch, daß darin die Wurzeln für seine Gewaltausbrüche verborgen liegen.

Noch einmal: Birma – danach: Thailand

Thapalyal war großartig. Er schrieb perfektes Englisch, sein Stil war ausgezeichnet und seine Hingabe an die Arbeit vorbildlich. Außerdem war er ein stiller Typ und immer bereit, mehr als sein normales Arbeitspensum zu erledigen. Er kannte auch Mitarbeiter vom *Press Trust of India* sowie viele Journalisten in Delhi und anderen Städten des Landes. Daß ich ihn Dutzender anderer Bewerber vorgezogen hatte, schien mir eine der besten Personalentscheidungen zu sein, die ich je gefällt hatte. Dr. Mani war, was diese Wahl anging, ebenfalls überzeugt, daß ich mich glücklich schätzen konnte, Thapalyal als Mitarbeiter zu haben. Keiner hatte jemals einen Anlaß, dies anzuzweifeln. Herr Thapalyal arbeitete noch beim SEARO und wurde von allen Kollegen hoch geschätzt, als ich mit meiner Frau und den zwei Kindern New Delhi im Jahr 1957 verließ, um nach New Haven zu übersiedeln. Es sollte sich herausstellen, daß ich nur ein Jahr lang in jenem „neuen Hafen" an der Yale-Universität bleiben würde. Anschließend war ich in Haiti, Mexiko, Kuba, der Dominikanischen Republik und, für kurze Zeit, in Guatemala tätig.

Thapalyal führte die täglichen Routinearbeiten in der Öffentlichkeitsarbeit glänzend aus, die während meiner Abwesenheit in seiner Verantwortung lagen. Obwohl ich bereits einmal in Andhra Pradesh und jeweils circa eine Woche lang in Birma und Afghanistan gewesen war, schätzten wir auch Sonderberichte sehr und ein Maximum an Informationen für die allgemeine Öffentlichkeit über Projekte in anderen Ländern der asiatischen Region. Es war geplant, daß ich in Verbindung mit den jeweiligen SEARO-Spezialisten zu solchen Projekten reisen und sie mir vor Ort ansehen würde, um sie danach für die Allgemeinbevölkerung anschaulich zu beschreiben, die wenig oder gar kein Wissen im Bereich des Gesundheitswesens und der Gesundheitspädagogik hatte. So war bald eine Reise nach Birma angesagt, wenn auch diesmal nicht, um dort einen Film zu drehen, und danach eine weitere Reise nach Thailand. Ceylon (das heutige Sri Lanka) und Indonesien wollte ich zu einem späteren Zeitpunkt besuchen.

Über Birma sollte ein zweites illustriertes Buch mit Hilfe des erfahrenen britischen Journalisten Norman Cliff herausgegeben werden, den wir für dieses Projekt vertraglich engagiert hatten. Er kannte das Land zwar schon, nicht aber sein Gesundheitswesen. Ich begleitete ihn nach Rangun, um ihn beim Gesundheitsministerium vorzustellen. Zusammen mit Dr. Frank Loven, einem WHO-Berater in Fragen Tuberkulosebekämpfung, und Cliff fuhr ich dann im Jeep auf Landstraßen Richtung Norden nach Mandalay. Die Landstraßen waren von Wolfsmilchgewächsen gesäumt, die so hoch wie Bäume waren. Wir hatten noch zu wenig von Mandalays Schönheit gesehen, als Loven und ich wieder nach Rangun zurückkehren mußten, während Cliff sich auf die Reise durch das Land begab. Es tat mir leid, Birma verlassen zu müssen, als ich einen Tag später nach Bangkok weiterflog.

Birma, Thailand und Ceylon, die drei überwiegend buddhistischen Länder, welche mit dem SEARO zusammenarbeiten, stellen in vielerlei Hinsicht einen krassen Gegensatz zu Indien und Afghanistan dar. Das Büchlein, das Norman schrieb, malt diese Unterschiede, die wir in Birma kannten, anschaulich aus. In drei Wochen, während derer er fast durch das ganze Land reiste und auch in Mulmein, Maymyo und dem nicht weit von der Grenze Birmas zu China gelegenen Lashio war, schrieb Cliff einen hervorragenden Bericht. Zahlreiche Photos, die er aufnahm, und zwei auf seinen Photographien basierende Holzschnitte zeigten birmesische Mitarbeiter im Gesundheitswesen, ihre Kollegen bei der WHO in Rangun und anderen Städten sowie in größeren und kleineren Dörfern. Die Beschreibung der Arbeit in den Projekten zur Gesundheitsfürsorge beschrieb er auf dem Hintergrund von Bildern mit herausragend schönen, mit vergoldeten Buddha-Statuen verzierten Tempeln, Tänzern, Schauspielern in Laientheatern, Menschengewimmel auf den dörflichen Märkten, trainierten Elefanten, die in den Dschungelgebieten riesige Baumstämme hochhielten und transportierten.

Diese Dinge und weitere Beschreibungen, die Cliff lieferte, vermittelten ein ergreifendes Bild von Birma Mitte der fünfziger Jahre. Birma, das seit 1947 nicht mehr Teil des damals von Großbritannien dominierten Indiens gewesen war, hatte zu dem Zeitpunkt, als das Büchlein geschrieben wurde, schon seine Unabhängigkeit erlangt, war aber von Bürgerkriegen schwer in Mitleidenschaft gezogen worden. Als ich das erste Mal dort war und dann ein weiteres Mal mit Cliff, führte der damalige Premierminister U Nu gerade ein Experiment durch, welches, gelinde ausgedrückt, ein gefährliches Unterfangen war. Zur Überbrückung der Kluft zwischen dem Buddhismus und Marxismus hoffte er eine innovative, neue Form des Sozialismus ins Leben zu rufen, die sich mit der Lehre von Buddha vereinbaren ließ. Obwohl seine Absicht edel gewesen war, fand dieses Experiment wenige Jahre später ein verfrühtes Ende, als U Nu und seine Regierung 1962 durch einen von General Ne Win angezettelten Staatsstreich abgesetzt wurden.

Norman Cliff gelang es, in etwas über einem Monat sein Manuskript fertigzustellen. Als Titel schlug er vor: *New Burma Road*.[1] Dies schien ein angemessener Titel zu sein, zumal nur noch wenige wußten, daß die Straße von Lashio nach Yünnan als die birmesische Straße – *Burma Road* – bekannt wurde, die im Zweiten Weltkrieg eine bedeutende Rolle als Versorgungsstraße spielte. Birma hatte nun in mancherlei Hinsicht einen neuen Weg eingeschlagen. Das 1956 erschienene Büchlein umfaßte nur etwas über vierzig Seiten. Doch gelang es Norman Cliff, auf warme, menschliche Weise darzulegen, was Birma bewerkstelligte zur Verbesserung der Gesundheit seiner städtischen und ländlichen Bevölkerung, die damals über siebzehn Millionen betrug. Es ist überaus fraglich, ob der damals erzielte Fortschritt beibehalten werden konnte. Sogar damals waren viele Gebiete Birmas durch kriegerische Auseinandersetzungen verwüstet worden. Das Land wird heute immer noch von einer Militärdiktatur beherrscht, die sich höhnisch über alle Menschenrechte hinwegsetzt und gegen diese verstößt. Hin und wieder kommt es zusätzlich zu inneren Unruhen in diesem ansonsten überaus gastfreundlichen Land, dessen Menschen so ungezwungen und natürlich sind ...

Im alten Königreich von „Sukhothai", heute „Prades-Thai"; im Westen Thailand genannt

Thailand: Bangkok, Chiengmai (auch: Tschiang Mai), Bangsaen. Wo soll ich beginnen und wo enden? Ich kann mich einfach nicht entscheiden! Bei meinem ersten Besuch in Bangkok war diese vier bis fünf Millionen bevölkerungsstarke Metropole bereits in verhältnismäßig größerem Maß verwestlicht, als alle Städte, die ich in Indien, Birma und Afghanistan gesehen hatte. Doch Bangkok zählte damals noch nicht zu den beliebten asiatischen Zentren des heutzutage betriebenen, abscheulichen Sextourismus. Die vielen alten Sehenswürdigkeiten Bangkoks, seine verstopften Kanäle und der unbeschreibli-

---

[1] Etwa: „Neue Birma-Straße".

che Schmutz und Dreck sind ebenfalls vielen Menschen aus dem Westen heute ein Begriff. Manche fliegen nach Thailand um eine harmlose, aber teure Besichtigung des Landes vorzunehmen. Tausende mehr kommen jedoch aus rein hedonistischen Beweggründen, die auf Kosten von in Armut lebenden Mädchen, jungen Frauen und Straßenkindern gehen. Diese Dinge im Blick werde ich auf den Schmutz und die Schönheit Thailands nicht näher eingehen, obwohl es nur schwer möglich ist, den Glanz und Glitzer der Stadt im größeren Rahmen nicht zu erwähnen.

Ich erinnere mich noch gut an Bangkok, das „Venedig des Orients", die elegante Schönheit seiner Pagoden und stattlichen Paläste, und, wenn auch weniger wichtig, an ein herausragend gutes Hotel, wo ich ein geräumiges Zimmer hatte. Es war noch Zeit, ein paar Tage lang Mutter- und Kind-Zentren zu besuchen. Was ich in Bangkok sah und lernte, habe ich keineswegs vergessen. Doch schon bald brach ich nach Chiengmai auf, das in einer Spitze im entfernten Norden Thailands gelegen ist. Als ich von dort nach Bangkok zurückkehrte, sollte ich mit einem vom UNICEF leihweise zur Verfügung gestellten Jeep nach Bangsaen aufbrechen, einem Verwaltungsbezirk im Süden am Golf von Siam (Thailand), um dort ein „Seminar für Erwachsenenbildung in Asien" zu besuchen.

Von größerer Relevanz als Bangkok erscheinen mir heute die Erfahrungen und denkwürdigen Eindrücke, die ich während und nach meiner Reise nach Chiengmai und anschließend nach Bangsaen machte. In Chiengmai wurde gerade mit der Unterstützung von WHO-Spezialisten ein neues Projekt durchgeführt. Keiner, der dieses Projekt mit eigenen Augen gesehen hat, kann es je wieder vergessen. Damals war in Chiengmai und Umgebung Lepra weitverbreitet, eine Krankheit, die in westlichen Gefilden heutzutage nahezu unbekannt ist. Diese gefürchtete Krankheit, die einst überall auftreten konnte, war zu der Zeit, als ich Thailand besuchte, nur noch in den tropischen Gebieten der „Dritten Welt" zu finden. Laut Schätzungen der WHO litten damals noch etwa elf Millionen Menschen in vielen der ärmeren Ländern unter dieser Krankheit.

Lepra („Aussatz") ist eine weitaus weniger ansteckende Krankheit, als jahrhundertelang angenommen wurde, und wird von dem Bakte-

rienstamm *mycobacterium leprae* hervorgerufen. In der Medizin hat man herausgefunden, daß dieser Krankheitserreger durch Chemotherapie mit Sulfonamid wirkungsvoll bekämpft werden kann. Als ich in Thailand war, hatte man gerade erst damit begonnen, diese Behandlungsmethode dort und in anderen Klimagebieten mit ähnlichen Lebensbedingungen einzusetzen. Daher wurde das Pilotprojekt von Chiengmai zur Bekämpfung von Lepra von Dr. Mani und seinem medizinischem Personal als das Vorrangigste von allen WHO-unterstützten Unternehmen in der asiatischen Region angesehen. Aus diesem Grund hatte ich den Vorschlag gemacht, einen Bericht über die Verbreitung von Lepra in Südostasien und anderen Teilen der Erde vorzubereiten.
Thailand hatte, und darin unterschied es sich wieder von Birma und Afghanistan, ein großes Schienennetz, das strahlenförmig von Bangkok ausging: bis Chiengmai im Norden; bis in die Nähe der Grenze bei Laos im Nordosten; fast bis zur kambodschanischen Grenze im Osten. Als ich vom Hauptbahnhof in Bangkok losfuhr, brach gerade ein wolkenloser Tag an. Als der Zug an seinem Bestimmungsort in Chiengmai ankam, verschwand die Sonne plötzlich hinter einem hohen Gebirgszug nordöstlich von Rangun. Im Informationsbüro in Bangkok hatte man mir erklärt, daß es unweit des Bahnhofs von Chiengmai ein kleines, für ausländische Besucher geeignetes Hotel gäbe. Ich wollte dort drei oder vier Nächte verbringen und drei Tage lang Informationen und Fakten über das Projekt zur Bekämpfung von Lepra sammeln.
Jene lange Tagesreise mit der Bahn war für mich ein neues Abenteuer in einem bequemen Zug, wie ich bis dahin noch nie einen gesehen hatte und sonst nirgendwo wieder gesehen habe. Die Erfahrung war für mich aus verschiedenen Gründen etwas Neues. Diese nicht zu erwähnen würde dem ausgezeichneten staatlichen Bahnservice Thailands Unrecht antun. Der Zug wurde von einer glänzenden, modernen Dampflok gezogen, hatte aber keinen Speisewagen. Dafür gab es etwas, was man vielleicht als „Küchenwaggon" bezeichnen könnte. Dort kamen alle drei oder vier Stunden sauber uniformierte junge Männer heraus, die mit Speisekarten durch den Wagen gingen. Die Speisekarten waren zweisprachig in Thai und Englisch gedruckt

und boten den Passagieren eine große Auswahl an Gerichten. Die Mahlzeiten wurden meist innerhalb von fünfzehn bis zwanzig Minuten auf einem Tablett im Abteil serviert. Das Tablett wurde wie im Flugzeug am Sitz befestigt. Ich bestellte vom Küchenwagen nichts weiter als mehrere Flaschen Mineralwasser. Bei jeder Haltestelle, davon gab es unzählige, drängten sich Verkäufer an der gesamten Längsseite des Zugs. Sie boten für ein paar Pfennig eine unvorstellbare Auswahl an thailändischen Gaumenfreuden feil. Ich war versucht, alle zu probieren und ließ mir eine ganze Menge davon gut schmecken. Es wäre jedoch unmöglich gewesen, alle Angebote zu kosten, wenn man nicht gerade einen Mordshunger und großen Magen hatte. Als Abwechslung zu einigen mir vertrauten Wundergerichten der französischen Cuisine hatte ich mich während des Urlaubs überzeugen lassen, als meine Frau, die Kinder und ich bei Madhuri Desai in Bombay zu Gast waren, daß nicht nur die chinesische Kochkunst, sondern auch die anderer asiatischer Länder, Wunder hervorzuzaubern in der Lage war, die mit der französischen Küche durchaus mithalten konnten. Diese Erfahrung fand reichliche Bestätigung während meiner Reise von Bangkok nach Chiengmai, damals einer Stadt mit weniger als einhunderttausend Einwohnern.

Der Zug wand sich durch eine sich ständig verändernde Landschaft, entlang vielen Flüssen, deren Namen ich nicht kannte, dann durch immer gebirgiger werdendes Terrain und erreichte schließlich die Endstation in Chiengmai. Selbst in dem bescheidenen Hotel, wo ich vier Nächte verbrachte, gab es keinen Anlaß, meinen Eindruck von den kulinarischen Reichtümern Asiens zu revidieren. Es würde mir jedoch zu viel an Selbstbeherrschung abverlangen, die Erwähnung eines Merkmals jenes bescheidenen Hotelrestaurants zu unterschlagen. Als ich mir dort die Speisekarte ansah, die wie im Zug in Thai und Englisch verfaßt worden war, blieb mein Blick auf einem Gericht heften, das als „flied lice"[1] bezeichnet wurde. Es gelang mir, ein unhöfliches Lachen zu unterdrücken. In dieser Gegend Thailands, etwa zweihundert Meilen von der Grenze zu China entfernt, wurde *fried*

---

[1] Etwa: „mit Fliegen versetzte/'gefliegte' Läuse".

rice[1] offensichtlich wie „flied lice" ausgesprochen. In Bangkok war mir nicht aufgefallen, daß die Thais, wie die Chinesen, Schwierigkeiten hatten, das „L" vom „R" zu unterscheiden. Dieses sprachliche Problem hatte für mich erst im Hotel in Chiengmai deutliche Konturen gewonnen. Ich bestellte „flied lice", erhielt aber natürlich weder Fliegen noch Läuse serviert, sondern köstlichen gebratenen Reis als Beilage zu einer sehr schmackhaften Spätabendmahlzeit.

Abgesehen von dieser Anekdote, waren die folgenden Tage von nichts Amüsantem geprägt, sondern, im Gegenteil, von allem anderen als Vergnügen. Früh am Morgen, nach meiner ersten Nacht in Chiengmai, holte mich ein WHO-Experte aus Indien, der Leiter des Projekts zur Bekämpfung von Lepra war, in seinem Jeep ab. Jeden Tag fuhren wir in die Außenbezirke von Chiengmai. Dort, in einer Leprakolonie von mindestens einhundert Patienten, bot sich mir ein unsäglich herzzerreißender Anblick von Frauen und Männern, die im fortgeschrittenen Stadium der Krankheit entstellt, verstümmelt oder gelähmt waren. Einige hatten keine Nasen mehr; andere hatten eine Hand verloren; bei vielen bedeckten schwarze Flecken die dünnen, dahinsiechenden Körper; bei anderen wiederum waren seltsame Knoten und Schwellungen an den Gliedmaßen und am restlichen Körper festzustellen. Nur sehr wenige, wenn überhaupt jemand von diesen Menschen, die sich in erbärmlichem Zustand befanden, konnten erfolgreich behandelt werden. Die Krankheit war bei ihnen bereits so weit fortgeschritten, daß sie nur noch auf liebevolle Pflege, Annahme und ausreichende Ernährung hoffen konnten, die ihnen von Kindheit an versagt geblieben waren. All diese Dinge versuchte man diesen Menschen nun zu geben, anstatt sie zu meiden, ihnen mit Abneigung und Abscheu zu begegnen und sie in totale Abgeschiedenheit zu verbannen, wie es war, bis das Projekt gestartet wurde und ihr Schicksal noch unerträglicher war.

Die Schwerpunkte des Projekts waren Chemotherapie, wenn die Krankheit früh diagnostiziert werden konnte, und Aufklärungsarbeit bezüglich der absoluten Notwendigkeit einer Früherkennung. Mit der Absicht die ansässige Bevölkerung zu informieren wurde alles Er-

---

[1] „Gebratener Reis".

denkliche getan, um durch die Ausbildung und Schulung von Helfern und medizinischem Personal, ungeachtet der Herkunft oder Abstammung, sowie durch Treffen und Gespräche mit den örtlichen und regionalen Behörden auf dieses Ziel hinzuarbeiten. Die Öffentlichkeit nahm rasch wahr, daß die Chancen auf eine erfolgreiche Behandlung von Lepra sich verbessert hatten. Natürlich gab es noch viel mehr zu tun und man war noch längst nicht am Ziel.
Dementsprechend legte der Bericht, den ich nach meinem Besuch bei diesem Projekt schrieb, den Schwerpunkt auf die positiven Aspekte und Chancen einer Früherkennung sowie auf Präventivmaßnahmen und die Aufklärung darüber, daß die Krankheit nur übertragen wird, wenn wiederholt körperlicher Kontakt zu einer bereits infizierten Person besteht. In Thailand und anderen asiatischen Ländern wurde diese ermutigende Nachricht natürlich gerne gehört. Der Bericht wurde mit großer Auflage verbreitet. Was seither geschehen ist, weiß ich nicht. Doch mein Vertrauen scheint gerechtfertigt, daß die Hingabe und der unermüdliche Einsatz von thailändischen Ärzten und Krankenschwestern zusammen mit einigen WHO-Mitarbeitern, die halfen, das Projekt ins Rollen zu bringen, fruchtbar gewesen sind. Als ich nach New Delhi zurückkehrte, war mir das Bild der unter Lepra leidenden Menschen in Chiengmai noch lebhaft vor Augen und auch die Bemühungen und die Arbeit, die im Gange war, um unheilbar kranken Männern und Frauen Linderung zu verschaffen. Mein Besuch beim Lepra-Projekt gehört neben einigen anderen, teils ähnlichen, teils völlig anderen Erinnerungen zu denen, die mich am meisten ergriffen haben und unvergeßliche Begleiter sind aus der Zeit, als ich in Asien lebte und arbeitete.

„Wo das Morgengrauen wie Donner hervorbricht": Bangsaen und ein Seminar über Erwachsenenbildung in Asien

Nachdem ich mit dem gleichen Zug, der mich nach Chiengmai gebracht hatte, wieder nach Bangkok zurückgekehrt war, verbrachte ich wieder eine Nacht in dem herausragend guten Oriental Hotel, mit dem ich bereits vertraut war. Von Bangkok aus fuhr ich dann nach Bangsaen, einem kleinen Erholungsort an den Ufern des Golf von Thailand, um an einem „Seminar über Erwachsenenbildung in Asien" teilzunehmen. Für das zweiwöchige Seminar, das von der UNESCO und der *World Federation of United Nations Associations* (WFUNA) gemeinsam gesponsert wurde, kamen Lehrkräfte von Universitäten, Schulen und Organisationen aus fast allen Ländern der südostasiatischen Region zusammen. Mein straffer Terminplan in New Delhi ließ es nicht zu, daß ich von Anfang bis Ende an dem Seminar teilnahm. Von den Sponsoren war ich gebeten worden, einen Vortrag über die WHO und ihre Arbeit in Südostasien zu halten. Über diese Einladung freute ich mich. Inzwischen war ich mehr daran gewöhnt, vor Publik zu sprechen als noch sechs Jahre zuvor in Wien und kann wohl sagen, ohne dabei zu übertreiben oder zu prahlen, daß der Vortrag von einer Stunde Länge gut ankam. Eine Kopie dieses Textes gehört zu den schriftlichen Andenken an jene Jahre, die zu der Erkenntnis geführt haben, daß ich „durch Asien bereichert" worden bin. Im folgenden nun auszugsweise ein paar Abschnitte aus meiner Rede in Bangsaen:

„Es ist für mich ein großes Glück, mit vielen Menschen in Südostasien sprechen zu können, die im Gesundheitswesen tätig sind. Die Palette reicht vom Kabinettminister bis zu nur teilweise und unzureichend ausgebildeten Helfern im medizinischen Bereich in abgelegenen Dörfern, weit entfernt von allem Großstadtleben, manchmal sogar im Dschungel oder in der Gegend des Dschungels, wo Tag und Nacht wilde Tiere umherstreifen und das Lied wundersamer Vögel vor Tagesanbruch zu hören ist. Meistens muß ich wieder weggehen

von Menschen, deren Bekanntschaft ich mit einem Hochgefühl der Freude gemacht habe. Mein Gewissen ist berührt von der Aufrichtigkeit und Ehrlichkeit, der Hingabe und dem Pflichtbewußtsein, dem Idealismus von Menschen, die auf lokaler und nationaler Ebene im Gesundheitswesen tätig sind und mir von ihrer Tätigkeit heute und ihrer Hoffnung und ihren Plänen für morgen erzählen.
In den Reihen der Mitarbeiter jedes asiatischen Landes, das ich besucht habe, gibt es Helden, denen niemand ein Lied widmet. Sie arbeiten schlecht bezahlt für wenig Geld sehr viele Stunden und kämpfen zur Überwindung von Problemen gigantischer Ausmaße. Dabei sind ihr Leib und Leben oft täglich großer Gefahr und Bedrohung ausgesetzt. Sie müssen oft große Entfernungen zu Fuß, mit dem Pferd oder per Jeep auf Straßen und Wegen zurücklegen, die jeder Beschreibung trotzen. Diese Männer und Frauen sind Symbol einer neuen Dynamik, die über Südostasien hinwegfegt. Diese Menschen widerspiegeln eine neue Lebenskraft auf nationaler Ebene. Viele ihrer Kollegen bei der WHO geben beredtes Zeugnis von einem neuen Verantwortungsbewußtsein – einem Verantwortungsbewußtsein, das endlich begonnen hat, sich mit internationalen wirtschaftlichen und sozialen Schwierigkeiten auseinanderzusetzen, in der Erkenntnis, daß diese Probleme noch nie dagewesene gemeinsame Anstrengung erfordern, wenn sie erfolgreich gelöst werden sollen.
Die WHO und ihre Tätigkeit in Asien als ein kleiner Teil einer riesigen Bewegung hin zu Eintracht auf der Welt stehen unter dem gewaltigen Einfluß von zwei Arten von Umständen: erstens, der Tatsache, daß wir uns unvorhersehbaren Ereignissen, all den Feinheiten und komplexen Sachverhalten sowie Herausforderungen gegenüberstehen sehen, die man auch als „interkulturelle, gegenseitige Befruchtung" bezeichnen könnte; zweitens, der Tatsache, daß wir auf dem Kamm einer riesigen Welle reiten, die sich aus verschiedenen Auseinandersetzungen um nationale Unabhängigkeit ergeben hat, und über Asien schwappt und dabei dynamische Kräfte der Veränderung von sozialen und wirtschaftlichen Strukturen auf dem gesamten asiatischen Kontinents freisetzt."
Manifestieren sich diese Kräfte heute? Hat die Bewegung hin zur Eintracht in der Welt etwa an Schwung verloren? Man stellt sich

diese Fragen schon, wenn man Tag für Tag in Massenmedien, die man früher fast oder gar nicht kannte, entmutigende Nachrichten hört: von dem sich vergrößernden Ozonloch und der dünner werdenden Ozonschicht der Stratosphäre; der rasanten Zerstörung tropischer Regenwälder; Wirbelstürmen, die jedes Jahr verheerender werden; sintflutartigen Regenfällen und über die Ufer tretende Flüssen, die begradigt werden und ihrem natürlichen Lauf nicht folgen können; Flutwellen, die Millionen von Menschen, die ohnehin schon arm waren und fast nichts hatten, obdachlos werden lassen; Erdbeben, die immer häufiger aufzutreten scheinen, was wahrscheinlich teilweise auf das Testzünden von Atombomben auf Atollen weit draußen im Ozean zurückzuführen ist; neuen oder anhaltenden Kriegen und Auseinandersetzungen; Völkermord in einem seit Hitler nicht mehr dagewesenen Ausmaß; Politikern, die nicht fähig sind oder sich weigern, den Tatsachen ins Auge zu blicken, selbst wenn Kinder darüber beunruhigt sind und erkennen, daß ihre Welt morgen nicht mehr bewohnbar sein könnte. „Quo vadis, homo sapiens?" Doch es gibt Hoffnung, die, so denke ich, in einer späten, wenngleich langsam auftretenden *neuen* Welle der Veränderung des menschlichen Bewußtseins zum Vorschein kommt, wie Jean Gebser schon vor mehr als fünfzig Jahren prophezeit hatte.

In Bangsaen war meine Begeisterung und Bewunderung für die unbesungenen Helden, die ich getroffen hatte, vielleicht nur die Widerspiegelung meiner optimistischen Ideale, die ich damals vertrat und heute immer noch vertrete. Wer weiß? Es gab – und ich hoffe, es gibt – Bangsaen. Ich erinnere mich weniger an die Konferenz als an die unglaublich wundervollen Sonnenaufgänge und Sonnenuntergänge, wie ich sie bis dahin nie erlebt hatte und seither nie mehr gesehen habe. „Das Morgengrauen bricht wie Donner über der Bucht in China hervor." So oder ähnlich schrieb Rudyard Kipling über den Golf von Bengali, wenn ich nicht irre. Über der Bucht vom Golf von Bangsaen liegt jedoch nicht China, sonder Kambodscha. In jenem Jahr hatte es seine Unabhängigkeit von Frankreich erlangt, wurde aber schon bald von einem Bürgerkrieg mit erschreckenden, bis heute noch nicht überwundenen Folgen zerrissen. Dieses Beispiel steht stellvertretend für viele andere, ähnlich geartete und zwingt mich –

sowie zweifellos eine ganz Menge andere Menschen auf unserem geplünderten Planeten – immer wieder die Frage zu stellen: Wird eine neue Ordnung entstehen aus dem Chaos dieser Welt, die in tragischer Weise aus den Fugen geraten ist und wie steuerlos auf einen Punkt zutreibt, an dem Mutter Natur die Menschheit als eine gescheiterte Fehlkonstruktion abschreiben könnte?

Noch nicht Abschied von Asien
Taj Mahal – Abenteuer im Himalaya –
grandiose Aussichten

In New Delhi blieb ich mit meiner Familie nur noch ein Jahr länger. Wir hatten leider viel zu wenig Gelegenheiten, soviel von Indien zu lernen, wie Ruth und ich gern über das Land erfahren hätten. Wir waren froh, Mary Ayah bei uns zu haben, und so ging es uns und den Kindern gut. Außerdem hatten wir Andrew eingestellt, der sich als treuer *Bearer* erwies und bei uns blieb, bis wir Indien verließen, sowie einen ausgezeichneten Koch und einen untergebenen, aber feinen *Sweeper*. Wir hatten sie wirklich gern. Alle waren, wie Mary und Andrew, aufmerksame und respektierte Haushaltsbedienstete. Unsere Nachbarn in Jorbagh Nursery – einer davon war auch beim SEARO beschäftigt – waren für Ruth und mich stets eine Quelle der Freude und Erheiterung. Wir hatten mit ihnen unzählige, fesselnde Diskussionen, die aufgrund unserer weit auseinanderklaffenden Meinungen manchmal ganz schön hitzig werden konnten ...
Von mehreren Besuchen, die wir gemeinsam mit Freunden in Agra und dem Taj Mahal machten, kann ich eine Begebenheit zu erzählen nicht widerstehen. Eines Tages saßen Ruth und ich vor dem Teehaus im Freien, wo ich bereits auf meiner Reise von Bombay haltgemacht hatte. Am Tisch neben uns saß ein älteres Ehepaar, das ganz offensichtlich aus den USA stammte. Die weißen Haare der Dame hatten einen leichten Blaustich in der Tönung. Ihr Mann trug ein buntes, farbenfreudiges Hemd. Da es uns unmöglich war, das Gespräch zu überhören, erfuhren wir, daß sie zehn Tage zuvor in Indien angekommen sein mußten. Hin und wieder tauschten sie langweilige Be-

merkungen aus, äußerten sich aber nicht über das majestätische Gebäude, den Taj Mahal, dem gegenüber sie saßen. Die beiden waren vielleicht fünfzehn Minuten da. Plötzlich brummte der Mann so laut, daß alle in der Nähe ihn hören konnten: „Liebling, jetzt sind wir schon zehn Tage lang in Indien. Und ich habe noch keinen einzigen Elefanten und nur ein einziges Kamel gesehen. Warum habe ich bloß diese Flugtickets gekauft?" Niemand lachte, obwohl der Kommentar völlig fehl am Platze war. Ich war versucht, zu dem Mann hinzugehen und ihm nahezulegen, daß er wahrscheinlich nur durch die Wüste von Rajastan fahren müsse, wie ich es getan hatte, um mehr Kamele zu sehen, als ihm lieb wären. Ich riß mich jedoch zusammen und hielt mit meinen Vorschlag zurück. Als das Paar gegangen war, bogen wir und unser Bekannter uns vor Lachen, so daß es diesmal wir waren, die niemand im Teehaus überhören konnte.

Wir hatten, wie ich schon sagte, viel zu wenig von Indien sehen können. Ruth und die Kinder fuhren fast jedes Jahr für den ganzen Sommer über mit Mary Ayah nach Mussourie. Einmal machten wir jedoch alle gemeinsam mit Andrew im Frühherbst großartige Ferien in den Bergen oberhalb von Srinagar in der Nähe von Pahalgam. An dem nahegelegenen See gab es unzählige Hausboote. Drei Wochen lang wohnten wir in Kaschmir in einem riesigen Zelt, in dem es alle möglichen, gemieteten Möbelstücke und Gegenstände gab, einschließlich eines Plumpsklos. Da wir die Kinder in guten Händen wußten, unternahmen Ruth und ich in Begleitung eines Bergführers eine viertägige Tour zu Pferd in das Himalayagebirge. Diese Tour hätte mich fast das Leben gekostet, wenn das Pferd nicht das Nahen einer Lawine gespürt hätte und durchgegangen wäre. Sekunden, nachdem wir an der Stelle vorbeigekommen waren, polterten hinter mir tonnenweise Erdmassen und Felsbrocken mit ohrenbetäubendem Lärm den Berg hinunter.

Später stapften wir zu Fuß durch den Schnee und wateten durch unzählige, den Berg hinunterlaufende Rinnsale. Dabei stießen wir auf eine Gruppe von Pilgern, bestehend aus mehreren hundert Männern und Frauen, die auf den sich immer steiler nach oben windenden Pfaden in Richtung Höhle von Amarnath unterwegs waren. Abgesehen von den wohlhabenden Damen, die in mit Girlanden geschmückten Sänften von *Coolies* getragen wurden, wuschen sich die Pilger, wie von der altüberlieferten Tradition und ihrem Glauben vorgeschrieben, unterwegs in jedem Bach, an dem sie vorbeikamen. Ruth und ich erreichten nach zweistündigem Klettern atemlos die Höhle von Amarnath. Als uns gestattet wurde, einen Blick in die Höhle zu werfen, sahen wir im schwachen Schein von Kerzen einen safranfarben bekleideten Saddhu tief in der Meditation versunken im Schneidersitz vor einem Lingam (auch: Linga) bzw. Phallus aus ewigem Eis sitzen. Im Hinduismus ist das Lingam ein Sinnbild für die Schöpferkräfte des göttlichen Willens. Niemand weiß, wieviele Jahrhunderte lang schon diese Höhle – eine der vielen heiligen Stätten des Hinduismus – jedes Jahr im Frühherbst von Pilgern aus ganz Indien aufgesucht wird. Man erklärte uns, daß der Saddhu vor dem Lingam meditieren würde, bis seine Vigil beendet und ein Nachfolger zur Übernahme dieses heiligen Ritus ernannt worden sei. Wir gelangten wieder sicher nach unten, wo unser Führer mit den Pferden bei einem Felsblock auf uns wartete, und kehrten zum Zelt zurück. Mary Ayah, Andrew und die Kinder empfingen uns mit einer herzhaften Mahlzeit, der ersten dieser Art, die wir seit diesen vier eindrücklichen Tagen bekommen hatten.

Noch ein weiteres unvergeßliches Erlebnis möchte ich erzählen, das Ruth und ich hatten, bevor wir mit den Kindern New Delhi verließen, um ein Jahr in New Haven zu wohnen. Dieses zweite Ereignis war eine einwöchige Tour mit dem Auto nach Khajuraho. Unser Hillman war schon lange zuvor durch einen für das Klima geeigneteren Wagen ersetzt worden. Zumindest erwähnen möchte ich, daß wir die moderne Universitätsstadt Chandigarh besichtigten, die von LeCorbusier entworfen worden war; die mogulischen Wüstenruinen von Fatehpur Sikri aus dem sechzehnten Jahrhundert und andere Sehenswürdigkeiten, während Ruth und ich in Jaipur waren.

Khajuraho war jedoch einzigartig und darf in diesen Erinnerungen nicht fehlen. Ich weiß nicht mehr, wo genau Khajuraho liegt, auf welchen Straßen wir dorthin gelangten und welche Flüsse wir in Fähren überquerten, die mit Seilen ans andere Ufer gezogen wurden. Fast versteckt hinter großen Bäumen und einer Vielzahl hoch emporragender Dschungelgewächse liegen die einsamen Tempelruinen von

Khajuraho. Sie sind so exquisit wie faszinierend. Wir erinnerten uns, irgendwo gelesen zu haben, daß sie fast eintausend Jahre alt waren. Die hohen Fassaden, die als einzige von den Tempelbauten übriggeblieben sind, waren von oben bis unten mit Skulpturen aus verwittertem, gräulichem Gestein verziert.

In ungeheurer Vielfalt stellen alle Skulpturen Paare dar, die in den erotischen Freuden des Himmels und der Erde vereint sind. Der Kult der Ekstase, der noch heute in den exakten Disziplinen des Tantra-Yoga und Lingam-Yoni-Yoga praktiziert wird, ist auf keinen Fall mit purem Hedonismus zu verwechseln, wie von vielen im Westen irrtümlicherweise angenommen wird. Im Gegenteil: diese strikten Disziplinen sind der Kultivierung des Eros als religiöse Anbetungsform im körperlichen Sinne geweiht. Die Skulpturen auf den Tempelruinen von Khajuraho sind Nachahmungen, die ausdrücken sollen, daß sterbliche Erotik und die Liebe zum Göttlichen, wie in der vortrefflichen, luminösen Lyrik der Sufi-Mystiker zum Ausdruck gebracht wird, sich *nicht* gegenseitig ausschließen, sondern einander widerspiegeln.

Voller Ehrfurcht standen Ruth und ich schweigend vor der vollendeten, kultivierten Schönheit dieser Skulpturen. Wir konnten nicht umhin, uns zu fragen, ob unsere von Kirchendogmen voreingenommene westliche Tradition, die Erotik als Sünde verdammt, nicht herausgefordert und eines Tages bloßgestellt werden könnte als Vorurteil gegenüber der Sinnlichkeit, die bei der Vereinigung von Mann und Frau zum Ausdruck kommt. Könnte dies nicht, wenngleich ein noch sehr schwaches Vorzeichen sein, welches auf die endgültige Vereinigung mit dem Göttlichen der Schöpfung hindeutet, wenn für einen jeden die Stunde kommt, in der wir an unbekannte Ufer übersetzen müssen? Unsere fünftägige Tour nach Khajuraho brachte zumindest mir die greifbare und sichtbare Bestätigung dessen, was ich schon längst als die tiefere Bedeutung der Sexualität erfaßt hatte, ganz besonders, wenn wir uns täglich in der Kunst zu lieben üben, die sich abhebt von dem bloßen Gefühl des Verliebtseins. Die Kunst zu lieben ist die anspruchsvollste aller Künste, die bei den mir bevorstehenden Ereignissen mir zumindest im Alter dazu verholfen haben, daß ich heute mehr weiß als damals ...

Im Regionalbüro sind andere Aufgaben zu erledigen
Anschließend viel zu kurzer Besuch in Indonesien und Ceylon

Die WHO hatte zwischenzeitlich Dr. Marcolino Candau als neuen Generaldirektor eingesetzt. Dr. Candau, der aus Brasilien stammte und Experte für Gesundheitsvorsorge war, stattete Indien schon bald nach seiner Wahl durch die Weltgesundheitsversammlung einen Besuch ab, um als Nachfolger für Brock Chisholm tätig zu werden, der in den Ruhestand ging. Brock Chisholm und ich waren noch lange gut befreundet, auch dann, als er sich schon längst in Westkanada niedergelassen hatte. Über viele Jahre hinweg tauschten wir bis zu seinem Tod gelegentlich Briefe aus. Seine häufig wiederholten Ermutigungen waren für mich einer von vielen Gründen, die Vereinten Nationen 1967 zu verlassen und am C. G. Jung-Institut in Zürich zu studieren.

Ob Dr. Candau sich als den Weltbürger ansah, den ich in Chisholm gekannt und sehr bewundert hatte, ist mir nicht bekannt. Unser neuer Generaldirektor war jedoch offen für Ideen und Vorschläge, die damals im Westen erst wenigen bekannt und für viele sogar verdächtig klangen. Seine Aufgeschlossenheit stellte er unter Beweis, als er sich bereit erklärte, einen von mir verfaßten Text für eine zwanzigminütige Ansprache in *All India Radio* unverändert zu übernehmen. Mein Text enthielt Passagen, die Bezug nahmen auf Ayurveda, ein altbewährtes medizinisches Konzept in Indien, das es meiner Ansicht nach verdiente, auch über die Grenzen hinweg Aufmerksamkeit zu erlangen. Ayurveda ist eine holistische Methode, die bei der Therapie psychische Komponenten sowie die Abstammung, Herkunft und den gesellschaftlichen Kontext berücksichtigt, in welchem Menschen erkranken. In dem Aufsatz wurde die Ähnlichkeit zur psychosomatischen Heilkunde im Westen unterstrichen sowie die Dringlichkeit nahegelegt, die in Ayurveda verwendeten Heilkräuter zum Gegenstand intensiver wissenschaftlicher Studien zu machen, damit deren therapeutische Qualitäten und Eigenschaften bestimmt und bestätigt werden können.

Dr. Candaus Ansprache war für viele Ärzte in Indien eine Überraschung, besonders für diejenigen, die in England und Nordamerika ausgebildet worden waren. Die Ansprache fand breite Anerkennung und wurde sogar ausführlich in *The Statesman* und in den *Times of India*, den englischsprachigen Zeitungen Indiens, sowie in Publikationen in Hindi, Urdu, Punjabi und Bengali behandelt. Einige Tages- und Wochenzeitungen der fünfzehn Hauptsprachen Südindiens, so wurde uns bestätigt, druckten Candaus Ansprache ebenfalls, zumindest auszugsweise ab. Das war nicht nur für ihn, sondern auch für Dr. Mani und natürlich auch für mich erfreulich. Bis vor einigen Jahren hatte ich verschiedene Zeitungsausschnitte aus den größten englischsprachigen Zeitungen aufbewahrt, in denen Zitate aus Dr. Candaus Ansprache auf der Titelseite abgedruckt waren. Diese habe ich jedoch, wie viele andere Schriftstücke, nicht in meinen Unterlagen aufbewahrt.
Während Thapalyal fast seine gesamte Arbeitszeit im Büro der Herausgabe von Pressemitteilungen widmete, fiel mir zunehmend die Aufgabe zu, detailliertere Berichte über Gesundheitsprojekte in der gesamten asiatischen Region zu verfassen. An einen Artikel, den ich im Jahr 1956 oder 1957 verfaßt hatte, erinnere ich mich noch mit Genugtuung, die wohl nachvollziehbar ist, wenn man bedenkt, daß er in *The Journal of Tropical Medicine und Hygenie* veröffentlicht wurde, einer in Großbritannien und darüber hinaus nicht unbedeutenden, monatlich erscheinenden, medizinisch-wissenschaftlichen Publikation. Der fünf oder sechs Seiten lange Artikel bot einen allgemeinen Überblick über den Aufbau und die Funktionen der WHO sowie eine Zusammenfassung der bisherigen WHO-Aktivitäten in Südostasien.
Wenige Wochen, bevor ich diesen Artikel verfaßte, hatte ich die jährlich stattfindende Sitzung des Regionalkomitees besucht und war voller Begeisterung zurückgekommen über alles, was bereits erreicht worden war. Als ich nach New Delhi zurückflog, war ich fest entschlossen, alles in meiner Macht Stehende zu tun, um zumindest einige dieser Leistungen so weit als möglich publik zu machen. Inspiriert hatte mich das überwältigende Empfinden, daß eine Bewegung von wahrhaft geschichtlicher Tragweite in vielen Teilen Asiens im

Gange war. Die von mir geschriebenen Worte nach jener Konferenz waren, wie meine Rede in Bangsaen, eine Widerspiegelung dieses Empfindens. Da einige der damaligen Projekte bereits Erwähnung gefunden haben, wäre es überflüssig, die auf der Sitzung des Regionalkomitees beschlossenen Ergebnisse in allen Einzelheiten aufzuführen. Ich finde es aber in Ordnung, einige der Eindrücke zu schildern und den Rahmen zu beschreiben, innerhalb dessen diese Konferenz stattfand.

Die jährliche Sitzung des Regionalkomitees wurde diesmal in Indonesien abgehalten. Wie die meisten ja wissen, besteht dieses Land aus mehreren größeren und Tausenden kleinerer Inseln und Inselgruppen. Was viele jedoch nicht wissen, ist die Tatsache, daß es auf den indonesischen Inseln etwa zweihundert aktive Vulkane gibt. Was auch niemand wissen kann, ist, daß ich gemeinsam mit ein paar Komiteeabgeordneten zum ersten und letzten Mal in den Krater eines Vulkans hinabzusteigen beabsichtigt hatte. Da der Vulkan schwefelhaltige Dämpfe und dicken, beißenden Rauch ausstieß, hielt ich mir die Nase zu und riskierte einen Blick nach unten. Von Rauch fast blind und würgend wegen der übelriechenden Gase zog ich mich schnell von dem klaffenden Schlund zurück. Diese Erfahrung, wie viele andere, die ich in Asien machte, werde ich wohl nicht vergessen. Allein deshalb und weil der Vulkan auf Java schon bald danach ausbrach, gehört, was ich bei der Besichtigung sah – oder nicht sehen konnte – an dieser Stelle meiner Erinnerungen vermerkt. Einmal mehr schien mir das Schicksal günstig und entgegenkommend gestimmt gewesen zu sein.

Bis Indonesien im Jahr 1949 seinen Unabhängigkeitsstatus als Republik erlangte, war es über ein Jahrhundert lang eine Kolonie gewesen, die Vereinigte Ostindische Kompanie des niederländischen Kolonialreichs. Indonesien war und ist auch heute noch das größte und bevölkerungsstärkste islamische Land in Südostasien. Es braucht nicht gesondert betont zu werden, daß es viel größer als Afghanistan ist, das einzige andere muslimische Land, das mit dem SEARO zusammenarbeitet. Afghanistan wurde nach unserem westlichen Gregorianischen Kalender um 900 nach Christus zum Islam bekehrt, – zum Teil mit Waffengewalt. Dagegen setzte sich der Islam in Indonesien

seit dem fünfzehnten Jahrhundert erst allmählich durch. Viele Jahrhunderte davor hatten indische Priester die Verehrung hinduistischer Götter und Göttinnen eingeführt. Auch der Buddhismus kam von Indien nach Indonesien. Nach China breitete er sich über Afghanistan, weniger über Indien aus, obwohl man letzteres hätte erwarten können, wenn man bedenkt, daß Buddha ja in Indien lebte und lehrte. In ganz Südostasien ist der Einfluß der altindischen Kultur sogar noch heute gegenwärtig ... Zu viel der geschichtlichen Einzelheiten? Zu viel der geographischen Details? Kann sein. Und noch mehr über Geschichte oder Geographie zu erzählen, wäre eindeutig zu viel.
Ich werde nur noch eine weitere historische Anmerkung über Indonesien vornehmen in Zusammenhang mit der kurzen Erwähnung meiner seltsamen Empfindungen, die wohl jeder gleichermaßen gehabt hätte in der Stadt, deren Bekanntschaft ich bald machen sollte, einer Stadt, in der ich viel dazulernen würde. Um ein ganz banales Beispiel anzuführen: Von den Sprachen, die ich mir während der letzten sechzig, siebzig Jahre mehr oder minder gut angeeignet habe, hat die Sprache der indonesischen Insel Bahasa, wozu auch Java und die Hauptstadt Jakarta gehören, die einfachste Art der Pluralbildung, die mir in einer Grammatik bekannt ist: Das Wort für Straße ist beispielsweise „Jalan" und der Plural davon „Jalan-Jalan". Sherlock Holmes hätte wohl gesagt: „Einfach, nicht wahr, mein lieber Watson."
Die Sitzung des Regionalkomitees fand in Bandung statt, im kühleren Hochland etwa hundert Meilen südöstlich vom schwül-heißen Jakarta. Verglichen mit dem wenigen anderen, was ich während jener paar Tage sehen konnte, schien Bandung wohlhabend zu sein. Wenn man nicht gewußt hätte, daß dies Indonesien war, hätte man gedacht, man würde sich in der Nähe von, sagen wir mal Utrecht befinden, das etwa halb so groß wie Bandung ist. Der architektonische Stil entsprach gänzlich dem Baustil der größeren und kleineren Städte der Niederlande. Eines sprach ohne Zweifel dafür, daß Bandung als imposante indonesische Metropole gelten konnte, nämlich die fast vollständige Abwesenheit von Frauen, Männern und Kindern aus den Niederlanden. Das Militär hatte zweimal, 1947 und

1948, versucht, diese verlorene Kolonie zurückzuerobern, doch sah die niederländische Regierung sich am Ende gezwungen, diese Bemühungen im Dezember 1949 aufzugeben infolge von Vereinbarungen, die bei einer Konferenz in Den Haag getroffen worden waren. Schon wieder Geschichtliches! Jawohl! Die Erwähnung dieser Fakten scheint mir dennoch gerechtfertigt. Als das Regionalkomitee der WHO sich in Bandung versammelte, war Indonesien schon sechs Jahre lang unabhängig. Wie andere frühere Kolonien in Asien, die ich besucht habe, war die neue Regierung sehr darauf bedacht, die medizinische Versorgung und das Gesundheitswesen unter der Bevölkerung zu verbessern, die damals auf etwa einhundertdreißig Millionen geschätzt wurde.

Das heutige Sri Lanka, damals noch Ceylon

In Ceylon und Indonesien bin ich je nur einmal gewesen. Wie mein Besuch in Indonesien, so war auch meine Zeit in Ceylon viel zu kurz. Die paar Jahre, während derer ich mit meiner Frau und zwei schnell größer werdenden Kindern in New Delhi lebte, sollten bald zu Ende gehen. Reisen in Länder, die sich völlig von den USA oder den mir bekannten Ländern unterschieden, waren zwar anstrengend, doch stets inspirierend und führten zu vielen Begegnungen mit Männern, Frauen und Kindern, die ich aus unterschiedlichen Gründen zu würdigen lernte. Ich schätze mich deswegen sehr glücklich, nicht zuletzt, weil ich weiß, daß solch ein Vorrecht nur wenigen zuteil wird.
In Ceylon bestätigte sich mein Empfinden, daß das, was ich in mindestens fünf asiatischen Ländern gelernt hatte, für mich beständig eine Quelle des Glaubens sein würde. Es war zu jenem Zeitpunkt schon außerordentlich lohnend. Mein Glaube war und ist, daß wir Menschen eines Tages erkennen werden, daß die gemeinsamen Anstrengungen unbeirrbarer Idealisten – wenn sie sich weigern, der Verzweiflung stattzugeben – letztendlich ein neues Zeitalter physischen, mentalen, gesellschaftlichen und geistigen Wohlbefindens einleiten wird in einer Welt, die heute noch allerorts aufgrund von nationalistischen Rivalitäten, militärischen Auseinandersetzungen

und der wachsenden Armut von zahllosen Millionen gespalten ist. Natürlich kann niemand meiner Generation noch zu Lebzeiten diese Veränderung gänzlich erfahren. Viele Krankenschwestern, Ärzte, Sozialarbeiter und andere, die ich während meines zehntägigen Aufenthalts in Ceylon kennengelernt habe, gehörten zu den Idealisten – die deshalb nicht weniger Realisten sind –, die bemüht waren, dieses Ziel zu erreichen, auch wenn sie genau wußten, daß erst der Anfang in die richtige Richtung gemacht worden war.

Ceylon war, wie die meisten Länder Südostasiens, jahrhundertelang als unterworfenes Land bzw. Kolonie von europäischen Mächten tyrannisiert worden. Portugiesische Händler entdeckten Ceylon im frühen sechzehnten Jahrhundert und plünderten es wegen seines Reichtums an Perlen, wertvollen Edelsteinen, Teesorten und exotischen Früchten. Einhundertfünfzig Jahre später wurden die Portugiesen von Abenteurern und Händlern aus dem niederländischen Königreich abgelöst. Weitere einhundertfünfzig Jahre verstrichen, bis die Briten auftauchten und die Holländer allmählich zurückdrängten. Von 1815 bis 1947 wurde Ceylon von Großbritannien als Kronkolonie geknechtet. Erst dann konnte Ceylon, fast zeitgleich mit Indien, seine Unabhängigkeit von der europäischen Vorherrschaft erlangen.

Mein Besuch in Ceylon fand Ende 1956 statt. Eine neue Regierung unter der Führung von Premierminister Solomon Bandaranaike und seiner srilankischen „Freiheitspartei" startete ein Experiment, das dem von U Nu in Birma glich. Sie war bemüht, fundamentale Reformen durch die Verbindung von buddhistischen mit sozialistischen Vorstellungen zu erreichen. Drei Jahre später, als ich mit meiner Familie in den USA lebte, hörten wir im Radio oder lasen irgendwo, daß Bandaranaike ermordet worden war. Seine Bemühungen und die von U Nu zur Errichtung eines demokratischen Sozialismus waren den gleichartigen Absichten Fidel Castros wenige Jahre vorausgegangen. All dies sind Fakten – oder wieder zu viel Geschichtliches? Ich erwähne diese Dinge, weil wenige Menschen in unserem Teil der Welt erkennen, daß Regierungssysteme, die in Osteuropa beschönigend als „real existierender Sozialismus" bezeichnet werden, andernorts unter völlig verschiedenen Gegebenheiten ausprobiert wurden und im großen und ganzen weitaus bessere Eigenschaften aufwiesen.

Eine Woche lang reiste ich zusammen mit einem singhalesischen Arzt vom Gesundheitsministerium durch Ceylon. Zuerst fuhren wir von Colombo aus an der Westküste der Insel entlang in Richtung Norden bis Puttalam, dann quer durch das Land bis zur nordöstlichen Küstenstadt Trincomalee. Auf der Rückfahrt kamen wir nach Kandy und fuhren anschließend durch eine Hügel- und Berglandschaft mit riesigen Teeplantagen. Wo wir hinkamen, waren Fortschritte in allen Bereichen des Gesundheitswesens erkennbar. Dies war natürlich nur ein wichtiges Ergebnis der neuen buddhistisch-sozialistischen Politik von Bandaranaikes kurzlebiger Regierung. Weitere Beispiele waren groß angelegte Programme zur Bekämpfung von Tuberkulose mit der Durchführung von BCG-Schutzimpfungen. Mutter und Kind-Zentren waren bereits mit Sachspenden vom UNICEF in Colombo, Kandy, Matara, Ratnapura und in ländlichen Gegenden eingerichtet worden. Krankenhausanlagen wurden erweitert. Malaria, eine der Haupttodesursachen in Ceylon und der übrigen südostasiatischen Region, war im Rückgang begriffen, nachdem Häuser und Hütten mit DDT ausgespritzt worden waren. Damals wußte man noch nicht, wie giftig DDT ist, nur daß es gegen die Anopheles-Stechmücke, die Malaria überträgt, und andere Insekten wirksam war. Als die gesundheitsgefährdende Wirkung bekannt wurde, sprach die WHO eine Empfehlung gegen den weiteren Gebrauch von DDT aus. Malaria ist in Sri Lanka und anderen Ländern noch längst nicht gebannt. Als Alternativmöglichkeiten zur Verminderung von Malariaerkrankungen wurden statt DDT der Bau von umweltgerechten Abwasseranlagen und das Trockenlegen von Sümpfen und Tümpeln in gefährdeten Gebieten empfohlen.

Obwohl ich mit eigenen Augen einige von Ceylons Gesundheitsprogrammen gesehen hatte und eine Stunde lang unter Palmen an menschenleeren Stränden am Rande von Colombo spazierengegangen bin, obwohl ich den Blick von unzähligen, vergoldeten Pagoden, Stupas, uralten Palästen sowie einer riesigen, in Fels gemeißelten Buddha-Statue erhascht hatte – trotz all dieser Erlebnisse und Eindrücke war mein Besuch in Ceylon viel zu kurz, um mehr als ein oberflächliches Bild zu vermitteln. Als ich vom Flughafen in Colombo nach New Delhi zurückflog, hatte ich gemischte Gefühle: einerseits empfand ich Befriedigung über das wenige, das zu sehen ich vermocht hatte, andererseits Traurigkeit, weil ich gern mehr von dem „schönen, scheinenden Sri Lanka" gesehen hätte, wie die Insel in einer alten Chronik beschrieben wird.

Verblüffende Neuigkeiten aus Washington
Erwarten einen US-amerikanischen Weltenbummler
Die letzten Monate in Südostasien

Angesichts meiner Akte als Regimekritiker, der in manchen Angelegenheiten Vorbehalte gegenüber der Regierungspolitik hatte, schien es im höchsten Maße unwahrscheinlich, daß einer von mir im Herbst 1956 eingereichten Bewerbung um ein Stipendium von der Washingtoner Gesundheitsbehörde stattgegeben würde. Einige Monate später lag ein Brief in unserem Briefkasten, Hausnummer 27 in der Jorbagh Nursery. Er übermittelte mir die verblüffende Nachricht, daß eine großzügige Summe zur Deckung der Bedürfnisse meiner Familie für ein ganzes Jahr bewilligt worden war. Dadurch wurde mir ermöglicht, Studien im Bereich der Gesundheitspädagogik aufzunehmen.

Als unausweichliche Schlußfolgerung, die ich aus diesem Schreiben zog, nahm ich an, daß die rechte Hand der Regierung nicht wußte, was die linke tat. Es mußte wohl die Linke gewesen sein, so vermutete ich, die mich für die Vergabe eines Stipendiums als annehmbar befand! Meine politische Meinung war im Grund gleich der von Millionen, die als „Rooseveltsche Liberale" bezeichnet wurden. Alle Liberalen, die nunmehr als „Linke" betrachtet wurden, galten als verdächtig, seit Harry Truman, unser „rechtester" Präsident, den Thron des Weißen Hauses bestiegen hatte. Da ich gegen die Aussicht auf einen Magisterabschluß in Gesundheitspädagogik nicht abgeneigt war, war ich gerne bereit hinwegzusehen über die offenbar innenpolitischen Probleme der Regierung beim Austausch von Informationen über Bürger, die nicht mit dem Strom schwammen.

Ruth zögerte, als wir über diese Sache diskutierten. Sie wunderte sich, weshalb ich die durch meine Position gewährleistete Sicherheit als internationaler Beamter auf Lebenszeit über Bord werfen wollte, und fragte: „Was willst du anschließend tun, wenn du keine gute Stelle findest? Das ist ein großes Risiko! Du hättest ja schließlich auch dann eine Familie zu ernähren, wenn du Jane nicht jeden Monat Geld schicken müßtest." Ich versuchte zu erklären, daß ein Abschluß an der Yale-Universität auf jeden Fall vorteilhaft wäre und ganz sicher neuen Chancen und Möglichkeiten die Tür öffnen würde, von denen ich sonst nur träumen könnte. Obwohl sie weniger optimistisch war als ich, erkannte sie, daß von meinem Standpunkt aus die Vorteile die Risiken aufwogen. Sie wußte auch, daß Gesundheitspädagogik ein Bereich war, der mich interessierte und in dem überall Mangel an qualifizierten Fachkräften herrschte. Schließlich stimmte Ruth mir zu, daß ich das Angebot auf ein Regierungsstipendium nicht abschlagen sollte.

Später am gleichen Tag besprach ich mich mit Dr. Mani. Er war zunächst überrascht. Ich hätte ihm wahrscheinlich von meiner Bewerbung erzählen sollen und entschuldigte mich deshalb bei ihm, dies versäumt zu haben. Da er voll im Bilde war, was die Weigerung von Michael Sacks und mir anging, mit der McCarthy-Inquisition zusammenzuarbeiten, und was bei der ganzen Sache herauskam, meinte er, daß auch er keine positive Reaktion aus Washington erwartet hätte. Er fügte hinzu, daß es ihm leid täte, mich nicht mehr zu seinen Mitarbeitern zählen zu können, wenn ich das Stipendium annähme, aber ich dennoch auf diese Gelegenheit nicht verzichten sollte. „Schließlich gehst du dem Gesundheitswesen ja nicht verloren. Außerdem findest du mit Sicherheit eine neue Anstellung in der WHO." Er erklärte sich damit einverstanden, daß ich Ende Juli aus dem SEARO ausscheiden würde. Ich schlug Thapalyal als Nachfolger vor, der meine Aufgaben zufriedenstellend ausführen könnte. Dr. Mani stimmte dem Vorschlag zu. An jenem Nachmittag schrieb ich nach Washington und bedankte mich für das Stipendium. Ich erklärte, daß ich mich um Aufnahme an der medizinischen Fakultät der Yale-Universität bemühen wollte. Dies tat ich umgehend. Innerhalb von drei Wochen hatte ich ein Schreiben des Vorsitzenden der Abteilung für Gesundheitswesen und -pädagogik, das dahingehend verlautete, daß ich mich für das Mitte September beginnende Semester einschreiben konnte.

Unsere letzten Monate in Indien waren mit ereignisreichen Zwischenfällen und Erfahrungen angereichert. Das meiste war überaus erfreulich, eine Sache jedoch war tragisch. Eine ähnliche Tragödie hatte sich ereignet, als ich sechs oder sieben Jahre alt war. Eines Wintermorgens mußte ich meinen Vater zum Mittagessen rufen. Er war gerade in der Garage und reparierte unsere „Tin Lizzy." Ich ging hinaus und stellte fest, daß die Garagentür verschlossen war. Daraufhin borgte ich bei unseren Nachbarn eine Leiter, die ich bis zum Garagenfenster hinaufkletterte – und sah meinen Vater regungslos bei laufendem Motor unter dem Wagen liegen. Die Tür mußte von einem plötzlichen Windstoß, den er nicht vorhergesehen hatte, zugeschlagen worden sein. Schreiend rannte ich zum Haus zurück und berichtete meiner Mutter, was ich gesehen hatte. Sie rief im Krankenhaus an. Wenige Minuten später kam der Krankenwagen. Einer der Ärzte schlug das Garagenfenster ein, kletterte in die Garage, riß die Tür auf. Es hätte nicht mehr lange gedauert und mein Vater wäre gestorben. Im Krankenwagen wurde er an einen Beatmungsapparat gehängt und konnte so dem Tod durch Ersticken in Kohlenmonoxid entrinnen.

Im Jahr 1956 brachte ein ungewöhnlich kalter Winter in Indien, vor allem im Norden nicht geringe Unannehmlichkeiten und schweres Leid für Millionen von Menschen, die unterernährt waren oder kein richtiges Dach über dem Kopf hatten. Soweit ich weiß, gab es dort damals keine Gebäude mit Heizung. Bis zu jenem Winter konnten wir während unserer Zeit in Indien den Weihnachtsbraten jedesmal im Garten vor unserem Haus genießen. Eines sehr kalten Dezember- oder Januarmorgens kam unser Koch nicht aus seinem Zimmer im Gebäude, wo die Bediensteten untergebracht waren. Dies war noch nie zuvor geschehen. Da ich annahm, daß er ausnahmsweise einmal verschlafen hatte, ging ich nach draußen zu dem zweistöckigen Gebäude neben unserer Wohnung, um ihn zu wecken. Als ich mich näherte, sah ich von draußen, daß das Fenster seines Zimmers rußgeschwärzt war. Rauch quoll unter dem Fenstersims hervor. Irgendwo konnte ich eine Leiter auftreiben, mit der ich zum Fenster hinaufkletterte, das ich mit einem Stein einschlug. Ich wich unwillkürlich zurück und wäre fast von der Leiter gefallen, als Rauchschwaden her-

ausdrangen, die so dick waren, daß ich nichts sehen konnte. Hinter dem Haus gab es eine Treppe, die zum Zimmer hinaufführte. Als ich die Tür öffnete – er hatte sie nicht verschlossen –, blieb ich entsetzt stehen. Auf dem Charpoy in der Mitte des Zimmers lagen zwischen verbrannten Bettlaken die verkohlten Überreste unseres Kochs. Neben seinem Bett hatte er einen *enghiti* aufgestellt. Einige Kohlen glühten noch. Allem Anschein nach war er eingeschlafen und hatte so tief geschlafen, daß er nicht bemerkte, wie ein Zipfel seiner Decke ins Feuer gerutscht war und zu brennen angefangen hatte. Keiner wußte, ob er Angehörige hatte. Er hatte seine Arbeit immer ordentlich verrichtet, war jedoch ein schweigsamer Mensch gewesen, der meistens für sich blieb. Wir konnten nichts mehr tun, außer die Polizei zu benachrichtigen. Diese nahm einen Bericht auf und sicherte uns beim Weggehen zu, daß die Angehörigen benachrichtigt würden, wenn welche ausfindig gemacht werden könnten. Wochen vergingen, bis alle in unserem Haushalt sich von diesem Schock erholt hatten.
Außer diesem traurigen Ereignis waren unsere letzten Monate in New Delhi mit neuen Bekanntschaften und unvergeßlichen Erfahrungen überreich angefüllt. Beide Kinder gediehen prächtig. Corinne, auch wenn sie, wie sonst, noch manchmal schwierig und bockig war, ging im großen und ganzen gern zur Schule, – dieselbe, die auch die beiden Söhne von Indira Gandhi besuchten. Gelegentlich sahen wir sie, wenn Ruth oder ich Corinne zur Schule brachten. Diese Dame, die ja Premierministerin von Indien wurde, war eine strenge und autoritäre Mutter. Ihre Eigenschaften als Mutter zeigten sich auch in dem politischen Amt, das sie später innehatte. Gillian, die nun schon fast fünf war, ging jeden Tag mit Mary Ayah in dem großen Park spazieren, der neben Jorbagh Nursery lag, während ich im Patiala House so beschäftigt wie eh und je war.
Mehrmals blieb ich nach Feierabend im Büro mit Dev Dutt, einem der Sekretäre, den ich besser kennengelernt hatte. Dieser war ein Gelehrter des Sanskrit und trug für mich lange Passagen vedischer Dichter vor, die von wohltönenden Klängen herausragender Schönheit gekennzeichnet waren. Seine Rezitationen zogen mich in den Bann. Manchmal hatte ich fast das Gefühl zu verstehen, was er sagte. Einer der Abschnitte, die er für mich übersetzte, lautete etwa folgen-

dermaßen: „Handle, du Edler! Als wäre dein Kopf eine leere Schale, in der dein Verstand auf ewig seine törichten und unnützen Streiche spielt."

Im Frühling 1957 besuchte Reinhard Raffalt Indien, um an einer Konzerttournee in verschiedenen indischen Städten, darunter auch Delhi, teilzunehmen. Reinhard Raffalt war nicht nur ein hervorragender Organist, sondern auch Autor eines der eindrucksvollsten Reiseführer über Rom, die ich kenne, und Produzent für Dokumentarfilme beim Bayerischen Fernsehen. Ich hatte ihn in Rom kennengelernt, als Sacks und ich einen Termin vor dem US-amerikanischen „Loyalitäts-Ausschuß" hatten, der für uns einen überraschenden Ausgang nahm. Raffalt war auch Kulturattaché bei der Westdeutschen Botschaft. In New Delhi lud er Ruth und mich zu einem Abend bei Ravi Shankar ein, einem weltberühmten, aus Indien stammenden Sitaristen und guten Freund von Jehudi Menuhin. An jenem Abend spielte Ravi Shankar in Begleitung eines jüngeren Mannes auf der Tabla so viele und solch wundervolle klassische Ragas, daß Raffalt anschließend zu uns sagte: „Kein Musiker im Westen kann auf seinem Instrument das bieten, was Ravi mit der Sitar vollbringt. Wir können bestenfalls anfangen zu verstehen, was er tut, doch nicht, wie er es tut". Die Musik Indiens – außer der Filmmusik, die scheußlich klingt! – und die Symbolik indischer Tanzarten sind heute bekannter als damals, und das gewiß verdientermaßen. Der lange Abend, den wir mit Ravi Shankar verbrachten, gehört zu den Erinnerungen an Asien, die ich am meisten hege.

Abschied für immer: „Lebwohl, Asien!"

Von vielen Erinnerungen an meine Zeit in Asien sind ein paar hier erwähnt worden. Doch unzählige andere, die ich gerne geschildert hätte, gehören nur Ruth und mir. Die beiden Kinder, die nun auch schon mittleren Alters sind, hegen einige Erinnerungen, die den unsrigen gleichen. Gillian wird ihre Mary Ayah nie vergessen. Auch ich nicht. Sie konnte weder lesen noch schreiben und hatte keine Ah-

nung, wie alt sie war. Doch sie war eine warmherzige, sanftmütige und freundliche Seele von Mensch, wie es sonst nur wenige gibt.
Es war nicht leicht für uns, Indien zu verlassen und Mary Ayah, Andrew und seine Frau, unseren feinen Sweeper oder Chandra Mani, Thapalyal, Jagadishan, Ghopal, Dev Dutt sowie viele andere zurückzulassen. In den anderen Ländern der asiatischen Region, die ich besucht hatte, gab es Krankenschwestern, Gesundheitsassistenten, Gesundheitsinspektoren, Ärzte und hunderte anderer Menschen in Städten und Dörfern, die ich nie wiedersehen würde. Ich bewunderte diese Männer, Frauen und Kinder. Und ich sage es noch einmal: Ihre Höflichkeit, ihr Mut, ihre Gastfreundlichkeit, ihr Humor und ihre Kreativität waren für mich glänzendes Vorbild. Ihnen wollte ich hiermit meine Anerkennung erweisen, auch wenn über sie das meiste ungesagt bleiben wird.
Mitte Juli fielen die Möbelpacker und Umzugsleute – alle waren Chinesen – über uns her. Wie die Heuschrecken, durch die ich mir einen Weg bahnen mußte, als ich bei meinem ersten Besuch in New Delhi in einem Dak-Bungalow abstieg, schwirrte etwa ein halbes Dutzend tüchtiger junger Männer durch unsere Wohnung. Wie im Nu wurden Möbel, Haushaltsgegenstände und sonstiges Mobiliar weggetragen, mit Ausnahme unseres Handgepäcks. Unsere Besitztümer waren fast alle in abschließbaren Metallcontainern verstaut worden, um nach New Haven geschifft zu werden. Während unserer letzten beiden Wochen in Indien waren wir noch einmal zu Gast in dem uns nur allzu vertrauten, von Affen infizierten Hotel in der Innenstadt von Alt Delhi.
Dann kam der Tag unserer Abreise nach New York. Dr. Mani, Thapalyal, Dev Dutt, Jagadishan und Ghopal begleiteten uns zum Flughafen. Von Thapalyal habe ich ein Abschiedsgeschenk erhalten, das ich als Andenken aufbewahrt habe. Es handelt sich um Buchstützen, die zwei aus Holz geschnitzte Elefanten darstellen und auf dem Regal über dem Bett in meiner Oldenburger Wohnung gestanden haben. Dazwischen angeordnet waren mehrere Bücher über Asien, die ich damals schon besaß oder mir inzwischen zugelegt habe. Ich habe sie nie gezählt. Es sind so viele, daß sie eine kleine orientalische Bibliothek formen, die von Jahr zu Jahr größer wird. Heutzutage wird

ihre Anzahl durch manch einen Band ergänzt, der das neue Interesse am Islam widerspiegelt und besonders auch an den seit dem 9. Jahrhundert existierenden Werken des Sufismus, mitunter eine der wichtigsten Quellen islamischer Literatur.

TEIL DREI

Interludium an der Yale-Universität

Von New Haven in Teile Lateinamerikas, einschließlich zweier karibischer Inselstaaten

Nach der WHO vier Jahre Rom und Afrika mit der Ernährungs- und Landwirtschaftsorganisation (FAO)

Krise in zweiter Ehe

Wieder Fluggast bei Air India, diesmal auf dem Weg nach New York
Neue Begegnung mit Verwandten und alten Bekannten – Studium in renommierten Hallen und Hörsälen

Der lange Flug mit Air India verlief ohne Zwischenfälle. Am Flughafen von New York warteten Ruths Eltern auf uns, die auf Long Island lebten. Bei ihnen wohnten wir bis September. Mitte August flogen Ruth, die Kinder und ich nach Louisville, um ein paar Tage auf High Acres zu verbringen bei meinen Eltern, die auch nicht mehr die jüngsten waren. Es war gut, sie nach all den Jahren wiederzusehen. Doch es ging den beiden an ihrem Lebensabend gesundheitlich nicht sehr gut. Es war traurig mitanzusehen, wie meine Mutter immer mehr die Orientierung verlor und zunehmend verwirrt wurde, so daß sie nicht mehr allein in die Stadt nach Louisville gehen konnte. Mein Vater hatte zwei Herzinfarkte hinter sich und bei einer Operation ein Auge verloren. Darüber sprach er jedoch wenig. Ich konnte nicht umhin, mich zu fragen, wie es wohl dazu gekommen war. Die Farm, die von Anfang an als naturgeschütztes Paradies konzipiert worden war, sah schöner aus denn je, trotz des Lärms der startenden und landenden Maschinen auf dem großen neuen Flughafen in der Ebene unterhalb der achthundert Acres[1] unberührten Waldes.

Aus Louisville war eine Stadt geworden, die ich fast nicht wiedererkannte, so hatte sie sich seit meiner Kindheit verändert, mit Ausnahme des Cherokee Park. Ich verbrachte einen schönen Abend bei meiner Lieblingstante Grace, die ganz in der Nähe von dem Haus meiner Kindheit an der Bonnycastle Avenue wohnte, und bei meiner Großmutter, die einen unverkennbar guten Sinn für Humor besaß. Mein Großvater war gestorben, während wir noch in Indien lebten. Seine Beschreibungen der großen, weiten Welt jenseits unserer Gefilde hatten in mir den Wunsch geweckt, die Länder und Orte einmal zu sehen, von denen er mir erzählt hatte. Alte Freunde aus meiner Schul- und Collegezeit sah ich ebenfalls wieder, darunter auch John

---

[1] Amerikanisches Feldmaß, ein Acre hat etwa 4047 Quadratmeter.

Allen und Tom Sweeney. Es schienen jetzt Welten zwischen uns zu liegen. Ich kam mir eher wie ein Fremder und nicht so sehr wie ein Sohn vor, der in seine Heimat zurückkehrt war. Man sagte mir, ich würde nicht mehr wie ein „Kentuckian" klingen. Das fiel mir allerdings auch auf! Mein Akzent war von dem Englischen, wie es in Indien gesprochen wurde, und zwei anderen Sprachen beeinflußt worden.

Als wir von Louisville nach New York zurückkehrten fuhr ich auf einer geraden, vierspurigen Autobahn nach New Haven, die einen fast schockierenden Gegensatz zu der Lataband-Paßstraße und dem gefährlichen Wüstenabenteuer auf dem Weg durch Rajasthan darstellte. Ich nahm die städtischen und ländlichen Gegenden nun kaum wahr, sondern war darauf bedacht, auf den stark befahrenen, neuen Straßen nicht auf die linke Seite zu geraten, an die ich von Indien her gewöhnt war. Ansonsten war die Fahrt nach New Haven monoton und langweilig. Nachdem ich in Yale den Vorsitzenden und einige Mitarbeiter der Fakultät für Gesundheitsvorsorge kennengelernt hatte, begab ich mich auf die Suche nach einem Haus oder einer Wohnung, wo wir bleiben könnten, solange ich Gesundheitswesen und -pädagogik studieren würde. In einem Vorort von New Haven fand ich ein Haus, das mir für uns geeignet schien. Wir sollten es ab September mieten können. Nachdem ich den Mietvertrag unterschrieben hatte, fuhr ich nach Long Island zurück.

Wie ich es in Louisville getan hatte, so besuchte ich auch in New York alte Freunde. Zu allererst meldete ich mich bei Arthur und Margerie Loeb. Den *Westside Council for Community Action* gab es immer noch; er tat alles in seiner Macht Stehende, um die Gleichberechtigung von Afroamerikanern, Puertoricanern und anderen Minderheiten zu fördern. Margerie und Arthur fragten natürlich nach Jane. Als sie erfuhren, was sich auf dem Boulevard Arago bis zum Untertauchen von Bill Rutherford abgespielt hatte, waren sie fast genauso entsetzt, wie ich es gewesen war vor und während meines hastig gebuchten Fluges nach Paris und während der wenigen Tage in der Stadt dort. Nachdem Bill über Nacht verschwunden war, fing Jane an, mir wieder öfter zu schreiben. Die Loebs waren froh zu hören, daß sie sich meinen Berichten zufolge erholt hatte, es unseren

Kindern und deren Halbschwester Nina gut ging und sie das psychische Trauma jener schrecklichen Wochen schienen überwunden zu haben. An einem Abend, kurz vor unserem Umzug nach New Haven, luden Margerie und Arthur Ruth und mich zu einem Abendessen mit Irwin Friend ein. Er war noch stets der alte Freund, der er schon immer gewesen war.

Das Wiederauffrischen dieser und anderer Freundschaften und Bekanntschaften, die bis ins Jahr 1937 zurückreichten, sowie das kurze Jahr an der Yale-Universität waren die Höhepunkte meiner Rückkehr in ein Land, das ich immer noch als meine Heimat betrachte, das sich jedoch in vielerlei Hinsicht sehr von dem Land unterscheidet, wo ich mich als Kind zu Hause gefühlt habe.

Berichten zufolge, die ich höre oder in abonnierten US-Publikationen lese, ist unser Land noch weiter von dem Ideal einer „Regierung mit dem Volk, durch das Volk und für das Volk" abgedriftet, als es damals schon der Fall war. Es bewegt sich zunehmend auf die offenkundige Vorherrschaft von „Geld über Moral" zu. Präsident Eisenhowers nachdrückliche Warnung im Jahr 1961 vor dem steigenden Einfluß und der Macht des militärisch-industriellen Komplexes wurde schon an früherer Stelle angeführt. Diese eindringliche Mahnung stieß jedoch auf taube Ohren. Zum Zeitpunkt des Schreibens dieser Erinnerungen, im Jahr 1995, hat das Repräsentantenhaus die Kürzung von Geldern um neun Milliarden Dollar bewilligt, die ursprünglich dem Arbeitsmarkt, Bildungs- und Gesundheitswesen zugedacht waren. Wenn der Kongreß seine Zustimmung erteilt, plant die konservative Mehrheit, ganze neun Milliarden Dollar *mehr* ins Pentagon zu stecken, als das Militär selbst gefordert hatte!

Eine Milliarde Dollar sollen den ärmsten ländlichen Schuldistrikten des Landes entzogen und Kürzungen im Wert von fünftausend Dollar in jedem städtischen Klassenzimmer vorgenommen werden. Das Ende des Ferienjob-Programms ist dann in den USA in Sicht und wird 600.000 Teenager auf die Straße befördern. Will unser Volk diese und ähnliche drastischen Kürzungen? Braucht es sie? „Mene Mene Tekel U-pharsin!" Diese Worte sollten in großen schwarzen Buchstaben an die Wände und in die Säle und Hallen des Kongresses geschrieben werden. Oder ist dies nur die Ansicht eines ins Ausland abgewanderten US-Bürgers, der als Querdenker eh aus der Rolle fällt und befürchtet – wohlgemerkt nicht ohne Grund –, daß unser Land sich auf ein Desaster zu bewegt, das der vom alttestamentlichen Propheten Daniel für das Königreich von Belschazzar prophezeiten Katastrophe gleicht? Ist diese Ansicht nur Ausdruck von Enttäuschung und Ernüchterung eines pessimistisch gewordenen Utopisten? Ich würde nicht so überheblich sein, um mich auf die Stufe eines Propheten erheben zu wollen. Doch es gibt Anzeichen im Volk von moralischem Verfall und vom Verlust der Grundsätze, die einst als unantastbar galten. Jeder, der echte Demokratie als die einzige Hoffnung für die Zukunft ansieht, hört, so scheint mir, die Alarmglocken überall laut erschallen.

Studium an der Yale-Universität:
Neun kurze Monate, die weit mehr wert sind

Wir brachen von Long Island in Richtung New Haven auf, nachdem wir eine Benachrichtigung erhalten hatten über die voraussichtliche Ankunft unserer Einrichtungsgegenstände in der ersten Septemberwoche. Die ungefähr vier Wochen, die wir bei Ruths Eltern verbracht hatten, waren angenehm gewesen. Die politischen Ansichten von Ruths Vater deckten sich weitgehend mit den meinen. Das war aber auch alles, was wir gemeinsam hatten, abgesehen von einer Vorliebe für erlesene Weine und einem gelegentlichen Tatarbeefsteak. Ruths Mutter war für beide Kinder eine Großmutter, die wenig bewundert wurde, wie das oft der Fall ist. Doch Corinne und Gillian hatten sie wirklich gern. Bei Ruth hatte ich den Eindruck, daß sie mit ihrem Vater wetteifern und stets scharfsinnig und intelligent dastehen wollte. Ich mag irren, und dieses Detail ist sowieso unwichtig. Wichtig hingegen ist, daß Lilli und Mark Marcusson sich freundschaftlich und gastfrei zeigten, wann immer einer oder alle von uns in New York zu tun hatten.
Unsere Möbel und das Mobiliar kamen tatsächlich in New Haven an, als wir uns alle dorthin auf den Weg machten in einem brandneuen Renault „Dauphine", zu dessen Kauf wir uns entschlossen hatten. Als

wir alle kunstvoll-raffiniert, in chinesischem Stil gepackten Metallkisten ausgeräumt hatte, fehlte nur ein einziger kleiner Gegenstand. Es handelte sich um einen wertvollen Lapislazuli, der mit Goldflecken durchsetzt war – ein unerwartetes Überraschungsgeschenk vom afghanischen Gesundheitsminister, als Khushwant Singh und ich Kabul besuchten. Es war zwar verboten, Geschenke von Regierungsbeamten anzunehmen, deren Länder Mitgliedsstaaten in der UNO waren, doch muß ich gestehen, daß ich den Erhalt dieses wertgeschätzten Gegenstands für mich behielt. Die gerechte Strafe für den Verstoß gegen diese Vorschrift schien nun zu sein, daß der Lapislazuli beim Auspacken nicht auffindbar war. Der Grund, weshalb ich den Halbedelstein beim Ausräumen unbemerkt in der hinteren Ecke einer Schublade zurückgelassen hatte, war wohl, so nehme ich an, mein schlechtes Gewissen, das sich unterschwellig bemerkbar machte. Der eine oder andere Möbelpacker hatte dann wie ich der Versuchung nicht widerstehen können, die verbotene Frucht zu nehmen. „Gottes Mühlen mahlen langsam, aber fein." Die Göttin Justitia schien meine Missetat geahndet zu haben. Ansonsten ging unser sechster Umzug seit 1950 auf drei Kontinenten ohne Verluste ab. In der Zwischenzeit habe ich den Stein durch einen anderen, genau gleich aussehenden ersetzt, nur daß ich meinen neuen rechtmäßig erworben habe. Er ist, in hochkarätigem Gold eingefaßt, der einzige Ring, den ich heutzutage trage.

Vier oder fünf Tage später, als wir uns in unserem neuen zweistöckigen Haus eingerichtet hatten, öffneten sich die Tore zu den renommierten, mit Efeu[1] bewachsenen Mauern der Yale-Universität. Corinne mußte indessen wieder zur Schule gehen, deren Umfeld zwar weniger glanzvoll, aber dennoch ihren Bedürfnissen auf etwas niedrigerem Niveau entsprach. Für Gillian fanden wir ein Au Pair-Mädchen, das zwar zuverlässig war, aber Mary Ayah natürlich nie ersetzen konnte. Ruth fand bald eine Teilzeitbeschäftigung in einem Forschungsprojekt über Indien. Innerhalb weniger Wochen hatten wir uns mehr oder weniger an das Alltagsleben und den Rhythmus von

---

[1] Anspielung auf *Ivy League*, Bezeichnung für Eliteuniversitäten in den USA (ivy = Efeu).

New Haven gewöhnt, was eine völlige Umstellung von unserem gewohnten Tagesablauf in New Delhi war. Vorlesungen, Pflichtseminare, fakultative Diskussionsrunden, Besichtigungstouren vieler medizinischer Einrichtungen in New Haven, Lesen, Lesen und nochmals Lesen, oft in den gewölbten Hallen der Medizinischen Fachbereichsbibliothek und genauso oft bis in die späten Abendstunden hinein zu Hause – diese Dinge nahmen mich während der nächsten sechs bis sieben Monate voll in Beschlag, bis ich zusätzlich dazu noch mit der Planung für das Schreiben meiner Abschlußarbeit beginnen mußte. Die insgesamt neun Monate, die ich inner- und außerhalb von Vorlesungssälen und Seminarräumen der Medizinischen Fakultät verbrachte, waren nie langweilig. Sie waren die intensivste Zeit des Lernens, die ich bis dahin in einem akademischen Umfeld verbracht hatte.

Zu den Themen in den Kursen, die ich belegt hatte, gehörten unter anderem: Epidemiologie, Bevölkerungsstatistiken, Kulturanthropologie, die potentielle Relevanz der Soziologie für die Präventivmedizin, neue Erkenntnisse der Lernpsychologie, Methoden zur aktiven Einbeziehung der Bevölkerung in die Entwicklung und Förderung von öffentlichen Projekten zur Gesundheitsfürsorge, die auf lokale, spezielle Problematiken zugeschnitten sind, Hygiene, Abwasserreinigung und Kanalisation. Meine Kommilitonen und Kommilitoninnen waren angehende Krankenschwestern, Sanitärtechniker, Ärzte und andere Studierende, deren Hauptschwerpunkt, wie bei mir, auf Gesundheitspädagogik lag – basierend auf der Definition von Gesundheit, die in der Präambel der WHO-Satzung als Definition gegeben wird: „Gesundheit ist nicht bloß die Abwesenheit von Krankheit oder Gebrechen, sondern ein Zustand völligen körperlichen, geistigen und sozialen Wohlbefindens." In Anlehnung an diese Definition war es mein Wunsch und meine Hoffnung, mehr zum Gesundheitswesen beizutragen, als mir bisher möglich gewesen war. Auf der Basis der neuesten Vorstöße im Bereich der Lernpsychologie wurde nunmehr keineswegs ausschließlich die Verbreitung einfachen Informationsmaterials über Krankheiten und mögliche Präventivmaßnahmen in das Fachgebiet der Gesundheitspädagogik einbezogen oder darauf beschränkt.

Besonders interessiert war ich an Kulturanthropologie und in etwas geringerem Maße an Soziologie. Die Relevanz dieser Wissenschaftszweige für die Gesundheitspädagogik war für mich aus vielem ersichtlich, was ich in Asien gelernt hatte. In Andhra Pradesh hatte ich zum Beispiel erkannt, daß Bräuche, die auf alte Traditionen oder Glaubenssysteme zurückzuführen, aber dem Gesundheitswesen abträglich sind, nicht über Nacht verschwinden werden. In Bandlaguda hatte sich gezeigt, daß Bemühungen zur Veränderung existierender Verhaltensmuster zur Vermeidung von Krankheiten förderlicher Umstände, den bestehenden kulturellen, gesellschaftlichen und wirtschaftlichen Hintergrund nicht außer acht lassen dürfen. Ich hatte erlebt, daß selbst unter Berücksichtigung dieser Faktoren, neue Vorstellungen und Konzepte nur dann Wurzeln fassen können, wenn einflußreiche und angesehene Personen mustergültig dafür gewonnen werden können, um zu beweisen, daß die Abweichung von althergebrachten Methoden effektiv ist. Meine Erfahrungen auf diesem Gebiet wurden durch zahlreiche Bücher bestätigt, die sich mit Kulturanthropologie und der Anwendung von Forschungsergebnissen aus dem Bereich der Gesellschaftswissenschaften auf die Medizin und das Gesundheitswesen befaßten.

Patients Have Families[1], so der Titel eines Buches, das mir die zündende Idee gab, auf die ich meine Examensarbeit aufbauen wollte. Als ich meine Vorstellungen mit dem Fakultätsvorsitzenden Dr. Ira Hitchcock und Dr. Charles Wilson, meinem Professor für Gesundheitspädagogik und -wesen, diskutierte, waren beide begeistert. Sie sorgten dafür, daß ich ein leerstehendes Büro als Arbeitszimmer benutzen konnte. Dort konnte ich allein und ungestört arbeiten. Neben dem Besuch einiger Seminare und der Teilnahme an Diskussionen gelang es mir, zu meinem Thema eine ansehnliche Sammlung von dreißig bis vierzig Büchern sowie Dutzende von in verschiedenen Fachzeitschriften publizierten Artikeln und Aufsätzen zusammenzustellen. Wie ein Mönch in einer mittelalterlichen Bibliothek kapselte ich mich in meinem kleinen Studierzimmer wochenlang von der Außenwelt ab.

---

[1] Etwa: „Patienten haben Familie".

Während fast viereinhalb Jahren in Asien hatte ich viel dazugelernt. Von allem, was ich dort gelernt hatte, einschließlich einiger Erkenntnisse über Ayurveda, schien es mir nur logisch, daß Krankheit und Gesundheit, ob ein Mensch krank wird oder sein Leben genießen kann, in weitaus größerem Maße von kulturellen, gesellschaftlichen und psychologischen Faktoren abhängt, als die meisten denken. In diesen Faktoren liegen natürlich nicht die einzigen Gründe für Krankheiten und Gebrechen begründet. Schon 1957 ergaben aber psychosomatische Forschungsergebnisse im Westen, daß Tuberkulose nur zum Teil vom Tuberkelbazillus hervorgerufen wird. Wo dieser Erreger nicht zu finden ist, kann es offensichtlich nicht zum Ausbruch von Tuberkulose kommen. Die Fähigkeit des Tuberkelbazillus, ein Individuum zu infizieren, hängt jedoch genauso sehr von den psychosozialen Gegebenheiten wie dem Auftreten des Bazillus ab. In einem Vortrag, den ich an der Yale-Universität besuchte, erklärte einer meiner Professoren, der zugleich Direktor des US-amerikanischen Instituts für Krebsforschung war, daß selbst in der Ätiologie von Lungenkrebs psychische Faktoren nachweisbar seien und weitere Forschungen möglicherweise den Beleg liefern würden, daß diese für das Entstehen der Krankheit sogar ausschlaggebend wären.
Unter Berücksichtigung all dieser Informationen stellte ich die Hypothese auf, daß die Weichen für Gesundheit oder Krankheit hauptsächlich in der Familie gestellt werden, die, ob intakt oder dysfunktional, die Ausgangseinheit für das menschliche Leben bildet, und durch sozialökonomische Gegebenheiten, innerhalb derer Familien bestehen oder scheitern. Meine Examensarbeit befaßte sich deshalb mit Gesundheitspädagogik, Schwerpunkt Familie. Eine Zusammenfassung meiner Abschlußarbeit wäre wohl für die meisten Leser dieser Erinnerungen von nur geringem Interesse. Ein Aufsatz auf der Grundlage meiner Arbeit erschien im *International Journal of Health Education*. Eine revidierte Fassung des Artikels wurde zu einem späteren Zeitpunkt in *Higiene* publiziert, der Fachzeitschrift der mexikanischen Vereinigung für Gesundheitsvorsorge.
Als ich meine Examensarbeit 1961 für *Higiene* umschrieb, hatte dies ungeahnte Folgen, die ich nie im voraus hätte absehen können. Bis zu jenem Zeitpunkt war mir nicht bewußt, daß zu den Mitgliedern

der Vereinigung für Gesundheitsfürsorge in Mexiko auch begeisterte Marxisten gehörten. So wies ich darauf hin, daß es meiner Ansicht nach wünschenswert sei, die WHO-Definition von Gesundheit durch einen Zusatz zu ergänzen. Ich schlug vor, daß das „seelische Wohlbefinden" bei Gesundheit ebenfalls berücksichtigt werden sollte zusätzlich zu den physischen und sozialen Komponenten. Der Vorschlag brachte eine Woge von Kontroversen und leidenschaftlichen Protesten hervor. Diese kamen auch in Leserbriefen zum Ausdruck, welche diesbezüglich monatelang bei der Redaktion eingingen. Meine Gegner argumentierten mit Recht, daß ich implizierte, religiöse Erfahrung im weitesten Sinne des Wortes sei notwendig, wenn wir als Menschen das größtmögliche Maß von Gesundheit und Ganzheit erreichen wollten. Heute bin ich mehr denn je davon überzeugt, daß dem so ist. Für mich bedeutet dies, daß die religiöse Erfahrung, wie ich es auch Jane klarzumachen versuchte, nicht nur im Rahmen der institutionalisierten Religion als möglich angesehen werden sollte. Für orthodoxe Marxisten ist die Befürwortung anderer religiöser Formen, außer ihrer eigenen quasi-religiösen, strengen Überzeugung, nichts als „Opium für das Volk". Ahnungslos hatte ich in ein Wespennest gestochen ...
Dies ereignete sich nach Beendigung meines Studiums an der Yale-Universität und nach meinem Magisterabschluß in Gesundheitswesen und -pädagogik, der auf pergamentähnlichem Papier in eindrucksvoll klingendem Latein gedruckt ist. Vor der Verleihung dieses akademischen Grads mußte ich im Anschluß an mein theoretisches Studium noch ein sechswöchiges Praktikum in der gesundheitspädagogischen Abteilung einer für öffentliche Gesundheit zuständigen Behörde machen. Dazu mußte ich nach Rochester im Bundesstaat New York gehen, während Ruth und die Kinder wieder bei Ruths Eltern wohnten. Ich muß gestehen, daß ich von dem für Gesundheitspädagogik zuständigen Beamten in Rochester kaum etwas gelernt habe. Seine Ausbildung hatte er in einer Zeit absolviert, als Gesundheitspädagogik noch mehr oder weniger gleichbedeutend war mit Public Relations und Werbung. Was mir in jenen sechs Wochen am meisten zusagte, waren Konzertmitschnitte, die in einem kleinen Saal im Hauptsitz des Kodak-Konzerns angehört werden konnten. Sie waren kostenlos und für jeden zugänglich, der eine freie Stunde dort

verbringen wollte. Oft war ich allein bei diesen Konzerten. Ich sah wenig von Rochester, außer ein paar Einrichtungen für Gesundheitswesen und der Weite des Ontario-Sees. Danach kehrte ich nach New Haven zurück, um den von mir heiß begehrten Magisterabschluß in Gesundheitswesen und-pädagogik entgegenzunehmen, der mir auch ordnungsgemäß verliehen wurde. Heute hängt dieses Zeugnis zusammen mit zwei oder drei ähnlichen Urkunden eingerahmt an einer Stelle der Wand neben meinem Schreibtisch, wo der Blick nicht sofort hinfällt, wenn man in das Zimmer kommt. Ein weiteres Dokument, ein Mitgliedszertifikat der Gesellschaft für Gesundheitspädagogen, ist mir verlorengegangen.

Nach meinen Abschluß war Ruth wieder besorgt, fast schon in Panik darüber, was ich als nächstes tun würde. Als erstes erkundigte ich mich nach einer Arbeitsmöglichkeit in Baltimore im Bundesstaat Maryland, von der ich irgendwo gehört oder gelesen hatte. Ein zehnminütiges Gespräch mit einem Herrn in Baltimore genügte mir. Er war oder wirkte auf mich wie ein Rassist, der die bekannten Vorurteile hegte gegenüber allen, die nicht „W.A.S.P."[1] waren. Nach diesem Fehlgriff fuhr ich zu Vorstellungsgesprächen beim *Pan American Sanitary Bureau* in Washington. Innerhalb von drei Stunden wurde mir eine Stelle als gesundheitspädagogischer Berater für ein Projekt in Haiti zur Bekämpfung von Malaria angeboten. Ich nahm an. Wie von Dr. Mani vorhergesagt, war ich wieder als internationaler Bediensteter bei der WHO gelandet. Ich rief Ruth in Long Island an. Sie war natürlich erleichtert. Auch ich war sehr zufrieden, obwohl mir bekannt war, daß Haiti von einem diktatorischen Regime unter der Führung des selbsternannten „Präsidenten auf Lebenszeit", „Papa Doc Duvalier", mit eiserner Faust regiert wurde und gewiß kein Land war, wo das Ausmerzen von Malaria ein mit realistischen Erfolgsaussichten gekröntes Projekt sein würde.

---

[1] In den USA gebräuchliche Abkürzung für *White Anglo-Saxon Protestants*, d.h. „weiße Protestanten angelsächsischer Abstammung".

Haiti, einst „Perle der Antillen" – aber jetzt?

Im August schickten wir uns an, zum siebten Mal umzuziehen. An diese Art von Abenteuer waren wir nun schon gewohnt. Der neue „Dauphine" sollte zusammen mit dem Rest unserer Besitztümer nach Port-au-Prince verschifft werden. Ruth und ich ließen Corinne und Gillian bei den Großeltern, während wir nach New Haven fuhren. Innerhalb nur weniger Tage nach unserer Rückkehr in die Vereinigten Staaten hatten wir feststellen müssen, daß es gar nicht so einfach ist, sich auf den Highways und Straßen in der Stadt auf der rechten Seite zu halten. Doch uns von Neuem an die rechte Straßenseite zu gewöhnen, war ein Kinderspiel verglichen mit der Aufgabe, der wir uns nun gegenüberstehen sahen. Diesmal erschien es uns als lästige, zeitraubende Angelegenheit, wieder alle Möbel und das Mobiliar unseres Haushalts zusammenpacken zu müssen. Die beiden arbeitsscheuen jungen Männer, die wir in New Haven mit dieser Aufgabe betraut hatten, konnten bei weitem nicht an die Effizienz heranreichen, mit welcher die chinesischen Möbelpacker wie Heuschreckenschwärme ein Jahr zuvor über unseren Haushalt hergefallen waren. Obwohl wir mithalfen, wo wir nur konnten, reichten zwei Tage ganz knapp, um alles zusammenzupacken. Erschöpft, aber ziemlich sicher, nichts übersehen zu haben, zogen wir die Tür hinter uns ins Schloß und vertrauten auf die Zusicherung des Managers der Umzugsfirma, daß unsere Güter innerhalb von drei Wochen in Port-au-Prince ankommen würden. Der Abschied von den relativ wenigen neuen Bekannten, die wir in New Haven kennengelernt hatten, fiel viel leichter, als es in New Delhi der Fall gewesen war. Uns blieb eine Woche, die wir bei Lilli und Mark verbringen wollten, bevor Ruth, die Kinder und ich nach Haiti fliegen würden.

Was uns dort erwartete, kann sich wohl niemand vorstellen, der noch nie in Haiti gewesen ist. In fast allen Ländern Südostasiens hatte ich die in Städten und Dörfern vorherrschende Armut gesehen. Schmutz und Dreck; unterernährte Kinder, denen Fliegen über die Augenlieder kriechen; Familien, die sich mit Ach und Krach durchschlagen und in Hütten leben, die ein notdürftig, aus ausrangierten Wellblechstücken zusammengeschustertes Dach haben; Bettler am Straßenrand, die betteln gehen wollen oder dazu gezwungen wurden, weil andere ihren Hungerlohn größtenteils in die eigene Tasche gesteckt hatten: Diese Anblicke waren für Ruth und mich nichts Neues. Nie war es uns in den Jahren von 1953 bis 1957 gelungen, das allgegenwärtige Elend und Leid mit unserem Gewissen zu vereinbaren. Als wir jedoch in Port-au-Prince ankamen, wurden wir Zeuge von Zuständen, die alles übertrafen, was wir in Indien und den uns bekannten, anderen Ländern Asiens je gesehen hatten.

Haiti ist bekanntlich ein kleines Land – flächenmäßig nur etwa ein Viertel der Größe von Kentucky. Als wir dort ankamen, war es bankrott, demoralisiert, zerbrochen. Die ersten französischen Kolonialisten hatten es ausgebeutet; nur zwei Jahre nach seiner Unabhängigkeitserklärung von Frankreich 1804 wurde es durch einen Bürgerkrieg in zwei Teile gespalten; von korrupten haitianischen Politikern wurde es ausgeblutet; danach von skrupellosen Geschäftsmagnaten aus den USA quasi erneut kolonialisiert; 1915 von Militärs aus den USA besetzt, die Präsident Roosevelt in den vierziger Jahren wieder abzog. Haiti ist das ärmste Land der westlichen Hemisphäre. Mehr als 70 Prozent der Bevölkerung, sprich etwa fünf Millionen, sind Analphabeten. Als wir in Haiti ankamen, war Dr. François Duvalier erst ein Jahr lang Präsident gewesen. Doch hatte er unter Mithilfe eines als „Tonton Macoutes" bekannten und gefürchteten Todeskommandos seine Macht bereits festigen können. „Papa Doc" war nun der Diktator eines Terrorregimes, das genauso rücksichtslos und erbarmungslos vorging, wie ihm ähnlich gesinnte Genossen in Europa und anderen Teilen der Erde.

Nach zehn Tagen in einem komfortablen Hotel in Port-au-Prince, das sich nur Touristen, Geschäftsleute oder verhältnismäßig wohlhabende Menschen wie wir leisten konnten, fanden wir ein großes Haus zur Miete in Pétionville, das in den Hügeln oberhalb der sengenden Hitze und des stinkenden Hafens der Hauptstadt gelegen war. Wir hatten uns in Pétionville kaum häuslich niedergelassen, als wir mit Entsetzen herausfanden, daß der Nachbar im Haus nebenan zu den Anführern der „Tonton Macoutes" gehörte. Was wir oft aus seinem Garten wohl oder übel zu Gehör bekamen, liesse ich lieber unerwähnt. Es war herzzerreißend, wenn er seine Bediensteten gnadenlos schlug, offenbar mit einer Pferdepeitsche oder einem Gartenschlauch, und wir die erbärmlichen Schreie seiner Opfer hörten. Mehr als einmal war ich drauf und dran gewesen einzuschreiten. Doch als Folge daraus wären wir des Landes verwiesen worden, sonst wäre nichts geschehen. Ansonsten war unser neues Quartier recht zufriedenstellend.

Zwischenzeitlich hatte ich mich auch bei Dr. Ernesto Avilar gemeldet, einem Arzt im Gesundheitswesen aus Venezuela, der das Projekt zur Bekämpfung von Malaria leiten sollte. Die Kommunikation zwischen uns war unproblematisch. Die offizielle Sprache Haitis ist eine antiquierte Version von Französisch, die vom Französischen des achtzehnten Jahrhunderts in der Kolonialzeit beeinflußt worden war. Doch die *lingua franca* des Landes ist die Kreolsprache. Sie leitet sich teilweise von afrikanischen Sprachen und Dialekten ab, die einst von den Sklaven auf der Insel gesprochen wurden, und ist eine Mischung aus Spanisch und Französisch mit ein paar Beigaben des Englischen. Das haitianische Französisch wird fast nur in öffentlichen Ankündigungen verwendet und höchstens von einer kleinen Minderheit der wohlhabenden Oberschicht gesprochen. Letztgenannte gab einmal einen Empfang, wenige Tage, nachdem ich meine Arbeit im Projekt zur Bekämpfung von Malaria aufgenommen hatte. Ruth und ich wurden zu der Soiree eingeladen. Mein Französisch hatte sozusagen einige Jahre brach gelegen und war vermutlich nicht ganz auf der Höhe. Daher rührte wahrscheinlich ein schmerzlicher, peinlicher *faux pas*, den ich mir leistete. Als ich der Gastgeberin vorgestellt wurde, sagte ich nämlich: „Je suis enchanté, Madame, de vous connaître." Entrüstet erwiderte sie: „Pas de question, Monsieur!" Im Anschluß fand sich jemand, der mich freundlicherweise aufklären konnte. Ich hätte sagen müssen: „Enchanté de faire votre connaissance." Die Dame hatte jedoch meinen Worten entnommen, daß ich an einer Liason interessiert war und mit ihr gerne intim werden wollte. Die haitianische Oberschicht verwendet das französische Wort „connaÎtre" (kennen, erkennen, kennenlernen) im biblischen Sinne, wie in dem Vers: „Lot erkannte sein Weib." Ich hatte keine Gelegenheit mehr, mich bei ihr zu entschuldigen, und wir wurden nicht mehr von ihr und ihrem Mann eingeladen.

Verschiedene Versuche,
gegen die Geißel Malaria anzukämpfen

Die Vorbereitungen zur landesweiten Bekämpfung von Malaria liefen auf Hochtouren. Arzneimittel und Ausrüstung waren vom UNICEF zur Verfügung gestellt und bereits geliefert worden, einschließlich der Fahrzeuge und aller Maschinen zum Spritzen von DDT. (Die gefährlichen Nebenwirkungen von DDT für Menschen und die Umwelt wurden erst einige Jahre später festgestellt.) Das Personal der WHO in Haiti bestand neben Dr. Avilar und mir auch aus einem brasilianischen Malariaexperten und einem Entomologen. Mehrere Nissenhütten und Garagen direkt außerhalb von Port-au-Prince dienten als Einsatzzentrum für das Projekt. Den Teams, bestehend aus Einheimischen von insgesamt fünfunddreißig bis vierzig jungen Männern, wurden die verschiedenen Spritztechniken beigebracht.

Meine Aufgabe war es, Informationsmaterial vorzubereiten, wie Poster und Broschüren, und vor allem den neuen haitianischen Mitarbeitern ein Minimum an Verständnis zu vermitteln, wie sie die Unterstützung von einflußreichen Personen in größeren und kleineren Orten gewinnen konnten. Dies war in Haiti genauso wichtig wie andernorts. Ich hatte bereits eindrucksvolle Beispiele erlebt, vor allem in den ländlichen Gegenden, welche diese Notwendigkeit und Wichtigkeit unterstrichen. Überall tendieren die Menschen mißtrauisch zu sein, wenn etwas nicht in Übereinstimmung ist mit althergebrachten Glaubensanschauungen über Krankheiten und deren Ursachen, Behandlungsmethoden und Präventivmaßnahmen. Erst wenn angesehene Personen selbst davon überzeugt sind, daß neue Ideen effektiv sind, wird es wahrscheinlich, daß eine Neuerung oder ein Verbesserungsvorschlag positiv aufgenommen wird. Die Bereitschaft von einflußreichen Persönlichkeiten zur Kooperation ist unabdingbare Voraussetzung für Erfolg.

Die Notwendigkeit, grundlegende Prinzipien zur Aufklärung der Bevölkerung einzusetzen, hatte sich in Bandlaguda vollauf gezeigt. Das ganze Ausmaß der Bedeutung wurde mir an der Yale-Universität bestätigt. Doch wie konnten diese wichtigen Dinge in einer Helferschulung in Port-au-Prince vermittelt werden? Mit wenigen Ausnahmen konnten die meisten der Bewerber kaum lesen und schreiben und hatten bestenfalls die sechsjährige Schulpflicht abgeleistet. Es war eine Herausforderung, besonders weil ich die Schüler meistens über ihre Tische gebeugt fest schlafend vorfand, wenn eine Dreiviertelstunde Unterricht angesetzt war. Die meisten waren unterernährt. Schon aus diesem Grund konnte es nicht überraschen, daß ihre Konzentrationsspanne und ihre Fähigkeit gering waren, sich Problemen zu widmen, die sich völlig von den Dingen unterschieden, die sie bisher gehört und gelernt hatten. Ich erklärte Wichtiges mit einfachen Worten und tat mein Bestes, es so interessant wie möglich zu vermitteln. Doch es wäre übertrieben zu behaupten, daß ich pädagogisches Talent besessen hätte, das ihrer Situation angemessen war. Konfrontiert mit Schwierigkeiten, die am Ende unüberwindbar waren, taten wir unser Bestes.

Abgesehen von dem Sadismus unseres Nachbarn nebenan und der grausamen Brutalität, in der er zu schwelgen schien, war das Leben in Pétionville für Ruth, die Kinder und mich im großen und ganzen angenehm und annehmbar. Ende September mußte Corinne wieder zur Schule gehen. Ihr Französisch war schon immer gut gewesen. Sie war, wie Ruth und ich, mit ihren neuen Lehrern mehr oder weniger zufrieden, auch wenn die Qualität des Unterrichts in New Delhi und New Haven insgesamt weitaus besser gewesen war als in Pétionville. Gillian behauptete hartnäckig, kein Französisch zu können und es auch nicht lernen zu wollen. Dann, aus unerforschlichen Beweggründen, löste sich ihr Widerstand eines Tages auf und mit einem Mal sprach sie fast genauso fließend Französisch wie Englisch. Unsere junge haitianische Köchin und Haushaltsangestellte hatte ihre Arbeit zu unser vollsten Zufriedenheit verrichtet.

Das Leben in Pétionville wurde noch annehmbarer, als wir zwei oder drei Wochen nach unserer Ankunft in Haiti einen Bekannten aus Kaschmir trafen! Von da an kam er oft zu uns zu Besuch. Oder wir waren zu Gast in seinem Haus, das noch weiter oben in den Bergen über Port-au-Prince lag als Pétionville. Nach dem verblüffenden Zufall, ihn auf einer kleinen Insel Tausende von Kilometern von Srinagar wieder anzutreffen, erfuhren wir bald von Marcel Maillard, welch unglaubliche Gefahren er während des Kriegs überstanden hatte. Darüber wird an etwas späterer Stelle noch zu berichten sein. Neuigkeiten aus Paris kamen nur in unregelmäßigen Zeitabständen. Alles schien darauf hinzudeuten, daß das Leben für Jane, Anni, Cristi und Nina sich endlich normalisiert hatte. Anni war nun schon siebzehn und würde nur noch zwei Jahre lang das *lycée* besuchen müssen, bis sie ihr *baccalauréat*, das französische Abitur, machen und dann an der Sorbonne Soziologie studieren könnte, ein Gebiet, für das sie sich schon immer interessiert hatte. Cristi war ebenfalls an einem Studium in Soziologie und Wirtschaftswissenschaften interessiert, wenn sie alt genug sein würde, um eine akademische Karriere anzuvisieren. Jane schrieb, daß Cristi hoffte, ein oder zwei Jahre an der Universität von Aix-en-Provence studieren zu können, die nicht weniger renommiert ist als die Sorbonne. Jane hatte eine Halbtagsstelle als Sekretärin oder Übersetzerin gefunden, die offensichtlich ausreiche, um Leib und Seele zusammenzuhalten.

Der Gebrauch unseres neuen „Dauphine" lag fast ausschließlich bei Ruth. Ich legte beinahe jeden Tag die steile, aber ordentlich gepflasterte Straße nach Port-au-Prince mit einem vom UNICEF zur Verfügung gestellten Geländewagen der Marke „International Harvester" zurück. Ohne ihn wären meine häufigen Fahrten zu Beratungen und Besprechungen mit Ortsvorstehern von kleineren Städten in Haiti unmöglich gewesen. Der erste Ausflug dieser Art brachte mich nach Cap Haitïen im äußersten Nordwesten von Haiti, gegenüber der südlichsten Spitze Kubas. Dort befand sich in Guantánamo ein US-amerikanischer Marinestützpunkt, der auch heute noch existiert. Im Jahr 1994 wurden, wie die Fernsehzuschauer unter uns ja bezeugen können, Tausende von „boat people" mehrere Monate lang hinter Stacheldrahtzäunen außerhalb des Marinestützpunktgeländes gehalten. Die Straße von Port-au-Prince nach Cap Haitïen war voller Spurrillen und Schlaglöchern, die manchmal so groß waren, daß sie eine Miniminor-Maschine hätten verschlingen können. Für einen kleinen Renault wären sie nicht weniger verhängnisvoll gewesen: eine gebrochene Achse wäre der geringste Schaden, den man auf der Straße nach Cap Haitïen hätte erwarten müssen. Sogar mit dem

Geländewagen mußte ich aufpassen, daß ich nicht mit einem Rad versehentlich in eine abgrundtiefe Grube geriet.
Nach einer langen Fahrt erreichte ich Gonaïves und das wenige Meilen dahinter gelegene Cap Haitïen. Nach Treffen an beiden Orten zur Besprechung der Pläne für unsere bevorstehende Anti-Malaria-Kampagne gestattete ich mir in einer Sache die Befriedigung meiner touristischen Neugierde. Aus Haitis früher Geschichte, von der Zeit, als es noch ein freies Land war, gibt es unzählige Legenden oder Fakten über Kaiser Christophe und die imposanten Ruinen von „Sans Souci", einem riesigen Palast, den der Herrscher durch Sklavenarbeit seiner nur wenige Jahre zuvor von den Franzosen befreiten Landsleute errichten ließ. Im Jahr 1806, zwei Jahre nach Haitis Unabhängigkeitserklärung, ließ Henri Christophe sich ernennen bzw. ernannte sich selbst sich als Präsident einer Regierung im Norden des Landes. Diese bekämpfte die verfeindeten Mulatten unter A. S. Pétion im Süden bis zur Wiedervereinigung des Landes im Jahr 1820. Von „Sans Souci" ist nur ein riesiger Trümmerhaufen übriggeblieben. Darin kann man, wenn man seiner Phantasie freien Lauf läßt, die Konturen der einst stattlichen Vergnügungskuppel ausmachen. Obwohl ich lediglich eine halbe Stunde lang dort war, habe ich stark empfunden, wie verhängnisvoll eine korrupte Regierung für die Menschen stets ist, die ihr zum Opfer fallen.
Im Oktober oder Anfang November startete ich zur zweiten Runde meiner Erkundungen von Haiti zwecks Förderung der Kampagne zur Bekämpfung von Malaria. Diesmal ging es in die Gebiete östlich und südöstlich von Port-au-Prince. Über Pfade, die in der Karte als Straßen angegeben sind, doch eher den Spurrillen glichen, über die ich einmal mit einem Pferdegespann auf dem Weg zur Farm meines Vaters geholpert war, fuhr ich ganz vorsichtig in Richtung der Stadt Jacmel, unweit der südöstlichen Grenze Haitis zur Dominikanischen Republik. Ich konnte mich wirklich glücklich schätzen, daß das „International Harvester"-Unternehmen Geländewagen konstruierte. Das wurde mir jetzt noch bewußter als auf der Fahrt nach Gonaïves und Cap Haitïen. Ich mußte sooft Flüsse durchqueren, die auf meiner Landkarte nicht eingezeichnet waren und keine Brücke hatten, daß ich aufhörte mitzuzählen. Das zäh fließende, braune Was-

ser war manchmal so hoch, wie die dicken Stoßstangen meines Wagens. Im ersten oder zweiten Gang schaffte er jede Flußdurchquerung ohne große Mühe. Die Strecke, die ich von Port-au-Prince zurücklegen mußte, betrug zwar nicht einmal hundert Meilen, doch benötigte ich geschlagene sieben oder acht Stunden dafür, bis Jacmel endlich in Sicht kam.

Dort besuchte ich als erstes ein von der UNESCO unterstütztes Projekt für Erwachsenenbildung und suchte auch mehrere Personen auf, die mir von Projektmitarbeitern als Menschen mit Prestige empfohlen wurden und deshalb zur Unterstützung des Projekts zur Malariabekämpfung wichtig waren. Von Jacmel ging es auf einer nicht ganz so schwer befahrbaren Straße weiter in Richtung einer kleinen Stadt im Süden. Sie war ebenfalls an der Küste gelegen, aber an ihren Namen erinnere ich mich nicht mehr. Dort verbrachte ich eine Nacht in einem komfortablen, gut erhaltenen Herrenhaus aus der Kolonialzeit, das von der Besitzerin, einer charmanten älteren Dame, in eine Herberge für ihre gelegentlich absteigenden Gäste umfunktioniert worden war.

Unterwegs hatte ich stets angehalten, wenn ich Bauern sah, die in Zuckerrohr- oder Sisalfeldern in Straßennähe arbeiteten, und versuchte, mich mit ihnen zu unterhalten. Einige von ihnen sprachen genügend Französisch, um zu verstehen, was ich ihnen über Malaria und unser Projekt zu erzählen hatte. Vielfach hatten sich diese Menschen mit ihrem Schicksal abgefunden und stießen ein resigniertes „Bon Dieu bon!" aus. Diesen Ausspruch hört man in Haiti oft, genauso wie: „Derrière morne gain morne." Die kultivierte, höfliche Dame des Herrenhauses, wo ich eine Nacht verbrachte, klärte mich auf: Im Französischen des siebzehnten Jahrhunderts, so erklärte sie mir, war *morne* das Wort für „Berg" oder „Hügel." In der Kreolsprache bedeutet *gain* „es gibt." Was die Bauern im Grunde also sagen wollten, war folgendes: „Jedes Problem zieht wieder ein neues Problem nach sich." Dies war Ausdruck ihrer Bemühungen, die Hoffnung nicht aufzugeben, den Mut nicht sinken zu lassen und das Beste aus allem zu machen, auch wenn das Leben noch so schwer war.

Armes, armes Haiti! Bevor die Franzosen kamen und eine Zeit danach, war das Land überaus fruchtbar gewesen. Zu jeder Jahreszeit brachte es eine Fülle tropischer Früchte, Samen, Hanf und anderer Erträge hervor. Außerdem gab es das ganze Jahr über unzählige, verschiedene Arten von Blumen. „Perle der Antillen" wurde Haiti genannt. Heutzutage sind die Hänge fast völlig entwaldet und die fruchtbare Humusschicht, die den Boden einst bedeckte, unaufhaltsam in die Karibik gewaschen worden; die Menschen haben unter größter Armut zu leiden, mit Ausnahme einer sehr kleinen Minderheit, welche die Armen um Millionen geschröpft und das Geld auf Schweizer Bankkonten sicher angelegt hat. Korruption war auch in Asien weitverbreitet. Das wußte ich. Doch nichts von dem, was ich bis dahin gesehen oder gehört hatte, war so schlimm, wie das, was mehr oder weniger als normal gilt, seit Haiti vor hundertfünfzig Jahren einen Status als „unabhängiges" Land erworben hat. Werden sich die Zustände unter dem beliebten Präsidenten Aristide verbessern, der in seinem Amt bestätigt worden war, oder unter einem neu gewählten Präsidenten? „Auf ewig entspringt Hoffnung dem menschlichen Herzen."

Neue Tragödie: Diesmal unter Kollegen

Das erste, was ich hörte, als ich nach Port-au-Prince zurückkehrte, war die Nachricht, daß mein brasilianischer Kollege einem Herzinfarkt erlegen und jede Hilfe zu spät gekommen war. Seine Verwandten in São Paulo waren unverzüglich per Telegramm benachrichtigt worden, hatten sich aber bis dahin noch nicht gemeldet. Dr. Avilar beschloß, daß wir unter den gegebenen Umständen noch einige Tage warten sollten. Möglicherweise würden Familienanghörige aus Brasilien einfliegen. Vier oder fünf Tage vergingen. Niemand kam. Der Tote war natürlich einbalsamiert und vorübergehend in einem schubladenähnlichen Kasten in einer relativ neuen, mit Klimaanlage ausgestatteten Leichenhalle aufgebahrt worden. Eine Autopsie ohne Zustimmung der Angehörigen wäre sittenwidrig und unmoralisch gewesen.
Aus irgendwelchen Gründen bat Avilar ausgerechnet mich, die Überführung der Leiche nach São Paulo zu veranlassen. Etwas zag-

haft und zurückhaltend ging ich an diese Aufgabe heran, doch entschlossen, mein Bestes zu tun aus Respekt für den stillen Mann, der nicht einmal fünfzig Jahre alt geworden war. Ich hatte ihn kaum gekannt und nur gelegentlich ein paar Worte mit ihm gewechselt, wenn unser gesamtes Team zu regelmäßigen Besprechungen zusammenkam, um das weitere Vorgehen im Malariaprojekt zu planen. Er hatte allein in dem Hotel gewohnt, wo Ruth und ich die ersten zehn Tage in Haiti verbracht hatten. Mit einem Ermächtigungsschreiben von Avilar begab ich mich zum Hotel, sammelte die Besitztümer des Toten zusammen und packte sie, mit Ausnahme seines besten Anzugs, ordentlich in mehrere Koffer und eine abschließbare Kommode. Ich stellte alles in einer unserer Nissenhütten ab und machte mich auf die Suche nach einem Sarg.

Wir sträubten uns irgendwie, die Leiche in einem einfachen Holzkasten, wie in Haiti für Beisetzungen üblich, nach São Paulo zu schikken. Ich sah mich nach etwas um, was meinem Kollegen würdiger war. Und das erwies sich als gar nicht so einfach! Jemand informierte mich, daß in den USA hergestellte Metallsärge eventuell bei einer haitianisch-amerikanischen Zuckerfabrik erhältlich wären. Weshalb gerade dort, wurde mir nicht mitgeteilt. Ich beschloß, mich am Hauptsitz der Fabrik, der mehrere Meilen nördlich von Port-au-Prince auf der Straße nach Cap Haïtien gelegen war, wegen eines Sarges anzufragen. Ich fuhr also hin und fand ein riesiges Holzgebäude vor, das fest verschlossen war und dessen Fenster mit dicken Brettern zugenagelt waren.

Fünf Minuten lang schellte ich wiederholt an der Türglocke. Schließlich kam ein Mann mittleren Alters zur Tür und schloß auf. Offensichtlich verärgert, weil ich ihn bei seiner Siesta gestört hatte, wollte er wissen, wer ich war und „was zum Teufel" ich hier wollte. Ich erklärte es ihm. Er fragte mich, wer den Sarg bezahlen würde, wenn er mir einen gäbe. Soweit ich informiert war, hatte sich die haitianische Regierung verpflichtet, die Gehälter von einheimischen Mitarbeitern im Malariaprojekt zu bezahlen und im Bedarfsfalle Sonderkosten, wie diese, zu übernehmen. Der Mann weigerte sich, spürbar gereizt: „Diese verfluchte Regierung zahlt ihre Schulden doch nie!" Ich erwiderte, daß die WHO dann für den Sarg aufkommen würde. Er könne sich darauf verlassen. Ich war mir nicht sicher, daß ich mit diesen Worten – einer Mutmaßung – meine Kompetenzen nicht überschritt. Die Rechnung wurde später tatsächlich von der WHO beglichen, als die Regierung, wie vorhergesagt, ihren Zahlungsverpflichtungen nicht nachkam. Nachdem ich den Mann etwas beschwichtigen konnte, holten er und ein weiterer einen Sarg aus einem nahegelegenen Lagerschuppen, wo mehrere Särge übereinander gestapelt waren, und luden ihn auf meinen Pick-up. Ich fuhr zur Leichenhalle zurück und erhielt Erlaubnis, die Leiche aus ihrem Kasten zu nehmen. Ich ging von Kasten zu Kasten – sie waren wie Schubladen hoch übereinander angeordnet – und fand schließlich einen, auf dem ein Schild mit dem Namen meines Kollegen stand. So würdevoll als möglich, zog ich dem Toten seinen Anzug an und legte ihn mit Hilfe des Bestattungshelfers in den mit Seide gefütterten Metallsarg. Ich dachte an seine Verwandten, wer immer diese auch sein mochten, als ich in einer abschließenden Beileidsbekundung die Krawatte und Jacke zurechtzog, bevor ich den Sargdeckel schloß. Danach luden wir den Sarg auf den Wagen, holte die Koffer und abschließbare Kommode und fuhr damit zum Flughafen. Das Frachtbüro von Pan Am versprach, alles zu tun, um ihn binnen ein, zwei Tagen nach São Paulo zu fliegen und bei der an den Sarg- und Koffergriffen auf Schildchen vermerkten Adresse auszuliefern. Als dieser ungewöhnliche Auftrag erledigt war, meldete ich mich wieder bei Dr. Avilar. Dieser verfaßte ein Beileidsschreiben und teilte per Telegramm mit, daß wir die Überführung des Toten und seiner persönlichen Besitzgegenstände veranlaßt hatten. Angekommen sind sie wohl. Aus São Paulo hörten wir jedoch kein Wort ... Der Tod? Was ist der Tod? Als ich sechs Jahre alt war, kam ich zum erstenmal mit dem Tod eines Menschen in Berührung, als mein Stief-Großvater gestorben war. Der geöffnete Sarg mit dem aufgebahrten Toten stand einen Tag lang in unserem Wohnzimmer. Der Ausdruck auf seinem Gesicht war gelassen. Er schien mit sich und der Welt Frieden geschlossen zu haben. Ich erinnere mich genauso gut an meine Gedanken und Empfindungen, die ich damals hatte. Nichts daran war furchterregend. Eines Morgens, als ich auf meinem Weg zur Arbeit bei der CBS zu einer U-Bahnstation in New York unterwegs war, sah ich zum zweitenmal eine Leiche: ein mit einem Matrosenanzug bekleideter Seemann, der tot am Straßenrand lag. Er sah aus, als wäre er eingeschlafen. Ich benachrichtigte die Polizei. Das dritte Mal sah ich einen Toten, als wir in New Delhi lebten und ich eines Morgens die verkohlten Überreste unseres Kochs entdeckte. Das war natürlich anders gewesen. Der Schock lastete wochenlang auf unserem Haushalt. Das Antlitz meines verstorbenen Kollegen in Haiti schien fast von einem dankbaren Lächeln erhellt zu werden, als ich ihm seinen Anzug anzog.

Ist der Tod eine Erlösung, bloß ein Übergang von dieser Welt in eine andere, die wir noch nicht kennen? Die Beweise häufen sich, daß dies durchaus der Fall sein könnte. Intensive wissenschaftliche Studien mit Menschen, die dem Tode sehr nahe gekommen waren, deuten daraufhin, obgleich handfeste Beweise nicht beizubringen sind, daß unser Sterben und unser Tod wahrscheinlich nicht das Ende, sondern Eintritt in ein Reich sind, das mit Frieden und Licht erfüllt ist. Wie dem auch sei, kann ich offen und ehrlich sagen, daß ich keine Angst vor dem Tod habe, obwohl ich nun schon über achtzig bin. Vor einiger Zeit scherzte Woody Allen: „Ich habe keine Angst vor dem Sterben. Ich will nur nicht dabeisein, wenn es geschieht". Ich verstehe, was er sagen wollte. Doch ich bin anderer Meinung. Ich ziehe es vor, den Tod als eine neue Erfahrung anzusehen, die ich bisher noch nicht gemacht habe. Da ich schon immer recht neugierig war, freue ich mich in gewisser Hinsicht auf das Sterben. Und ich möchte dabeisein, wenn es passiert, und es bewußt erleben. Ich würde mir natürlich wünschen, daß es ohne große Schmerzen „geschieht." Nun genug der Mutmaßungen. Oder, wenn Mutmaßung nicht das richtige Wort ist, ist es eben ein Exkurs in meine persönliche Philosophie, die durch jede Menge wissenschaftlicher Forschungsergebnisse belegt werden kann.

Nach einem ungewöhnlichen Zufall
eine rundum glückliche Zeit in Haiti
mit Marcel Maillard

Das klare Wasser der Karibischen See in Küstennähe wenige Meilen nördlich von Port-au-Prince war nicht nur hervorragend zum Schnorcheltauchen geeignet. Unmengen von Pflanzen und winziger, bunter Fische, die sich in einer geringen Tiefe von nur ein bis eineinhalb Metern unter der Wasseroberfläche bewegten, boten in ihrer unendlichen Vielfalt einen prächtigen Anblick. Täglich fingen Fischerjungen Hummer, die sie für ein paar Gourdes an den Sandstränden feilboten. Die Strände dort waren sauberer, als alle, die ich je gesehen hatte, mit Ausnahme des Strandes von Bangsaen am Golf von Thailand, wo „das Morgengrauen wie Donner über der Bucht in China hervorbricht". Ruth, die Kinder und ich gingen oft an den Strand während der sechs Monate, die wir in Haiti lebten. Gewöhnlich waren wir dabei in Begleitung von Marcel Maillard. Wenn wir uns anschickten wieder aufzubrechen, pflegten wir meist ein oder zwei Hummer mitzunehmen und zu Marcels Haus in den Bergen zu fahren. Die Hummer, die er zusammen mit Mayonnaise servierte, waren eine unübertreffliche Gaumenfreude, die man sonst nirgends finden konnte. Als wir ihn in Kaschmir kennenlernten, hatten wir keine Gelegenheit gehabt herauszufinden, daß er Meisterkoch war, der seine Kunst beherrschte. In Haiti merkten wir, daß Marcel ein vielseitig begabter Mann war. Seine Begabungen kamen ihm zugute. Er war Besitzer einer bescheidenen Werkstatt in Port-au-Prince, hatte sich aber mit nur zwei Angestellten einen Namen als Möbelschreiner gemacht. Die meisten seiner Kunden stammten aus Haitis wohlhabender Minderheit und einer noch geringeren Zahl von Ausländern, deren Einkommen von der Wirtschaftslage des Landes völlig unabhängig war. Marcel konnte trotzdem ganz gut als Möbelschreiner leben.

Innerhalb von ein oder zwei Wochen, nachdem ich Marcel zufällig in einer abgelegenen Straße von Port-au-Prince getroffen hatte, erzählte er Ruth und mir von Dingen, die noch weitaus erstaunlicher waren, als unsere Wiederbegegnung auf Haiti. Im Jahr 1944 war er in einem nationalsozialistischen Konzentrationslager interniert gewesen und sollte von einem Exektutionskommando hingerichtet werden. Doch gelang es ihm zu fliehen. Wochenlang konnte er sich in einem Wald unweit des Konzentrationslagers verstecken, ohne entdeckt zu werden. Dabei unterzog er sich einem unfreiwilligen „Überlebenstraining", das unendlich gefährlicher und weitaus härter war, als eine moderne Variante, zu der man sich in den USA freiwillig melden kann und wie sie einer meiner Schwiegersöhne letztes Jahr in einer der heute noch existierenden rauhesten Gegenden New Jerseys mitgemacht hatte.

Marcel mochte glücklicherweise Schnecken, wie die meisten Franzosen. Mit der Scherbe eines zerbrochenen Hohlspiegels verstand er es, über einem Haufen herumliegender Zweige und Äste die Sonnenstrahlen zu bündeln und ein Feuer zu entfachen, über dem er die Schnecken grillte, die er finden konnte. Wenn es zu wenige davon gab, ernährte er sich von eßbaren Beeren, die es reichlich gab. Es war Hochsommer, als ihm seine Flucht gelang. Zuvor war er von der Gestapo festgenommen worden, da Gerüchte kursierten, daß er tagsüber zwar für die Bahn unter dem Vichy-Regime arbeitete, nachts jedoch Schienen mit Dynamit sprengen und deutsche Munitionszüge in die Luft jagen würde. Das war tatsächlich der Fall gewesen.

Jahre nach unserer gemeinsamen Zeit in Port-au-Prince traf ich ihn in Orly wieder und fuhr mit ihm nach Paris. Kurze Zeit später hörte ich, daß er plötzlich verstorben war. Bei einem Unfall oder durch Krankheit? Ich habe es nicht in Erfahrung bringen können. Marcel Maillard war einer der unbesungenen Helden der französischen *maquis résistance* während des Krieges und in der Tat ein vielseitig begabter Mann gewesen. Darüber hinaus war er ein Freund, den wir schätzten und bewunderten.

„Gewogen und als zu leicht befunden:"
Abruptes Ende des Projekts
zur Bekämpfung von Malaria in Haiti
und einige der Folgen

Gegen Ende November wurde mir ein weiterer Auftrag übergeben, der genauso wenig Teil meiner Aufgabenstellung war, wie das Beschaffen eines Sarges zur Überführung eines verstorbenen Kollegen nach São Paulo. Eines Tages wurde ich nämlich gebeten, mehrere Tausend Gourdes von der Bank zur Bezahlung der Monatsgehälter unserer haitianischen Mitarbeiter abzuheben. Mit einem in der erforderlichen Höhe ausgestellten Scheck der Regierung begab ich mich zur Barclay's Bank in der Innenstadt von Port-au-Prince und legte ihn dem Bankangestellten möglichst unauffällig vor. Dieser schüttelte den Kopf und meinte geringschätzig: „Wir können ihn nicht einlösen. Das Konto ist überzogen." Mit leeren Händen fuhr ich zu unserem Projektsitz in der Nissenhütte zurück und erzählte Dr. Avilar, was mir die Bank offenbart hatte. Sein Gesicht wurde blaß vor Zorn, als er rief: „Das ist das Ende! Was wir erst angefangen haben, ist aus und vorbei!" Das war es dann auch. Das für unser Gebiet zuständige WHO-Büro in Mexico City wurde umgehend per Telegramm in Kenntnis gesetzt. Telegraphisch erhielten wir die Anordnung, alle Operationen unverzüglich einzustellen. Unsere Bemühungen, „Papa Doc" dazu zu bringen, den Zahlungsverpflichtungen seiner Regierung nachzukommen, blieben ohne Erfolg. Wir hatten keine andere Wahl, als das Projekt sofort für beendet zu erklären. Bedienstete aus anderen Ländern, die dem Projekt zugeteilt gewesen waren, wurden im Dezember abgezogen. Es ist höchst zweifelhaft, ob die Einheimischen, die wir einlernten, jemals ihr Gehalt für November und Dezember erhalten haben. Jetzt verstand ich voll und ganz, warum jener verärgerte, langjährige Mitarbeiter der haitianisch-amerikanischen Zuckerfabrik nur widerwillig einen der Särge hergab, die dort gelagert wurden.

Ich stand jetzt vor der Herausforderung, in Windeseile Spanisch lernen zu müssen. Dr. Guillermo Samamé, der Direktor unseres Büros in Mexiko City, bot mir einen Posten als Gebietsberater in Gesundheitspädagogik an, weil Norman Craig, der bis dahin dieses Amt in Mexico City innehatte, schon bald nach Washington versetzt werden würde.

Wieder einmal, genau gesagt zum achten Mal, lösten Ruth und ich unseren Haushalt auf und kümmerten uns darum, daß unsere Besitztümer nach Mexico City verschifft werden würden. Wir verabschiedeten uns von den wenigen Menschen, mit denen wir in der kurzen Zeit auf Haiti gute Freundschaften hatten schließen können, vor allem von Marcel Maillard, aber auch von Dr. Avilar und fünfunddreißig Haitianern, die zwar guten Willen gezeigt, jedoch aufgrund ihrer geringen Schulbildung und chronischen Schläfrigkeit die Weiterbildungsmaßnahmen anstrengend und mühsam gestaltet hatten. Ich flog nach Miami, um dort die Ankunft unseres „Dauphine" abzuwarten, während Ruth, Corinne und Gillian mehrere Wochen, die nicht eingeplant waren, bei Lilli und Mark Marcusson verbrachten.

In Miami kaufte ich mir als erstes ein paar Schallplatten mit den dazugehörigen Texten eines Anfängerkurses in Spanisch. Ich hatte zwar meinen Plattenspieler nicht dabei, doch studierte ich eingehend die beiden, zu den Aufnahmen gehörenden Textbücher in einem Motel in Miami, bis das Auto etwa eine Woche bis zehn Tage später entladen wurde. Dann machte ich mich auf die anstrengende Fahrt durch ganz Florida ins südliche Alabama. Als ich an New Orleans vorbeifuhr, überquerte ich das gewaltige Mississippidelta und kam nach Texas. Von dort aus gelangte ich über El Paso in die Trockenwüste des nordöstlichen Mexiko. Kamelen bin ich dabei nicht begegnet. Ich erwartete nichts, was mit dem Abenteuer von Rajasthan vergleichbar gewesen wäre. Gelegentlich passierte ich auf der mir schier endlos erscheinenden Fahrt durch das mexikanische Hochland Dörfer mit Lehmhütten und seltener Städte. Ich brauchte allein vier Tage, um den Golf von Mexiko zu umrunden. Viele verschiedene, riesige Kakteenarten, von denen viele blühten und so hoch wie Bäume waren, punktierten die Landschaft. Die erste größere Stadt, die ich in Mexiko erreichte, war Monterrey. Zwei Tage später kam ich endlich, wenn auch erschöpft, in Mexico City an.

Meine neue Arbeit unterschied sich von allem, was ich bis dahin getan hatte. Dr. Samamé, einen Peruaner, und Norman Craig fand ich sympathisch. Craig, welcher der krasse Gegensatz zu Ken Grinling war – krasser hätte er nicht sein können –, war alles andere als langweilig. Im Gegenteil, er war ein interessanter Mensch und hatte einen recht makabren Sinn für Humor. Jeder, der ihn kannte, konnte sicher sein, daß herzhaft gelacht wurde, wenn er dazustieß. Er hatte ausgezeichnete spanische Sprachkenntnisse, während meine hingegen noch sehr rudimentär waren. Von ihm lernte ich den Satz: „Lo más seguro es que: ¿Quién sabe?" – „Eines ist gewiß: Wer weiß schon?" Kein Zweifel: Aus diesen Worten spricht Weisheit und Wahrheit. Je älter ich werde, desto überzeugter bin ich, daß niemand etwas mit Sicherheit wissen kann.

In Chapultepec, einem Vorort in den Hügeln oberhalb von Mexico City, war das Glück wieder einmal auf meiner Seite. Dort war, ähnlich wie zuvor in Pétionville, ein recht großes, modernes Haus zu vermieten. Es war erstaunlich, wie sehr es auf unsere Bedürfnisse abgestimmt war. Man konnte es sogar leicht mit öffentlichen Verkehrsmitteln oder dem Auto von meinem neuen Büro aus in der Stadtmitte erreichen. Doch unserer Einzug sollte sich noch mehrere Wochen hinauszögern. Ich war bereits Anfang Januar in Mexico City angekommen. Mitte Februar wurden unsere Möbel geliefert. Drei oder vier Tage später holte ich Ruth und die Kinder vom Flughafen ab. Endlich konnten wir wieder ein normaleres Leben führen, als auf der geplagten kleinen Insel Haiti vorstellbar gewesen wäre.

Es brauchte Zeit, bis ich mich an meine neue Arbeit gewöhnt hatte, weil ich in Spanisch noch am Anfang stand. Ich war schon immer von der Lehre und dem Studium von Sprachen begeistert gewesen – und war sogar stolzer Besitzer einer Goldmedaille, die ich 1930 bei einem Lateinwettbewerb in Kentucky gewonnen hatte! Dennoch war ich überrascht, daß von dem bißchen Spanisch aus meiner Heidelberger Zeit in den zweiundzwanzig Jahren, in denen es vernachlässigt worden war, doch mehr hängen geblieben war, obwohl Ute Wäntig und ich damals vollauf miteinander beschäftigt und daher abgelenkt waren. Mir war damals nur halbwegs klar, was ich heute als Tatsache bestätigt weiß: Nichts von alledem, was wir lernen, wird je vergessen. Es geht höchstens in den Windungen unserer grauen Zellen verschütt und ist für unser Bewußtsein erst dann wieder zugänglich, wenn aufgrund bestimmter Umstände und Gegebenheiten Nachfrage an diesen verborgenen Informationen besteht. Genau dies war in der neuen Situation in Mexiko gefordert, mit der ich konfrontiert wurde.

Nach ein paar Monaten gewissenhaften, täglichen Übens konnte ich Spanisch zwar immer noch nicht gut schreiben. Das Sprechen fiel mir da schon leichter und war schon bald nicht mehr jenseits meiner ehrgeizigen Versuche, mich in Alltagssituationen verständlich auszudrücken. Ruth schickte sich ebenfalls an, Spanisch zu erlernen. Innerhalb eines Jahren konnten sie und ich es fließend sprechen. Unsere Bemühungen waren logischerweise gleichermaßen nützlich und notwendig.

Norman Craig blieb noch zehn Tage in Mexico City, nachdem wir angekommen waren. Er gab mir eine gründliche Einführung in die Aufgabenbereiche, die er erledigt hatte und die nun mir zufallen würden, und stellte mich den Schlüsselpersonen im Gesundheitsministerium sowie einer Kerngruppe von Gesundheitspädagogen vor. Dr. Samamé und seine Bediensteten brachten dem naiven Neuankömmling, der von Haiti weggerissen und in eine völlig neue Umgebung versetzt worden war, viel Geduld entgegen. Die Länder, die in das Ressort der Zone II des WHO-Büros in Lateinamerika fielen, umfaßten Kuba, die Dominikanische Republik, Haiti und natürlich Mexiko. Mein offizieller Titel als Nachfolger von Craig lautete „*Asesor en Educación Sanitaria.*" Diese Aufgabe, die ich von Anfang 1959 bis März 1963 ausführte, barg viele neue Möglichkeiten, neue Risiken und neue Probleme. Sie erwies sich als schwer, aber lohnend.

Lange Reisen
– viele davon waren aber viel zu kurz!

Die Jahre, während derer ich in Mexico City angestellt war, boten Ruth und mir viele Gelegenheiten, mehr über die Geschichte, Kultur sowie die soziale und wirtschaftliche Situation eines Teils der Welt zu erfahren, der zwar gar nicht so weit von den Vereinigten Staaten entfernt liegt, sich aber dennoch in fast jeder Hinsicht von allem unterschied, was wir in Europa, Asien oder in meinem Heimatland gesehen hatten. Einmal fragte ein Journalist bei einem Interview General Porfirio Díaz, der zweimal zum Präsidenten Mexikos gewählt worden war – für die Amtsperioden von 1877 bis 1880 und 1884 bis 1911 –, was er, Díaz, als das größte Problem seines Landes ansähe. Die Antwort kam wie aus der Pistole geschossen: „El más grave probleme de Méjico es que nuestro pais se encuentre tan cerca des los Estados Unidos y tan lejos de Dios." – „So nahe an den USA und so weit von Gott entfernt."

Die Richtigkeit dieser Aussage wurde sogar schon im Jahr 1959 reichlich durch Beweise belegt, die ich während meiner beruflichen Reisetätigkeit sammelte, als mein Spanisch endlich doch gut genug war für Vorträge, die ich vor Medizinstudenten an den Universitäten des Landes halten sollte. Feindseligkeit gegenüber dem „Riesen aus dem Norden" zeigte sich selten offen und unverhohlen. Doch, ganz abgesehen von den Beweggründen, die zu einigen äußerst kontroversen Reaktionen auf meinen in *Higiene* veröffentlichten Artikel führten, waren unterschwelliger Ärger und Groll überall weitverbreitet: gegen die Politik der US-Regierung; gegen das wiederholte militärische Eingreifen der USA in Lateinamerika; gegen den Plantagenbesitz und ähnlichen Unternehmungen mächtiger US-Konzerne, deren Geschäftssitze sich außer Landes befanden. Unter vielen himmelschreienden Beispielen ist besonders eklatant, was sich in Guatemala abspielte, als der beliebte Präsident des Volkes, Arbenz Guzmán, 1954 einfach beseitigt wurde, weil er eine *persona non grata* für die United Fruit Company geworden war. Ich könnte eine beliebige Anzahl ähnlicher Fälle anführen, die in ganz Lateinamerika Feindseligkeiten gegenüber den USA zur Folge hatten und haben. Dazu Beispiele anzuführen wäre nicht angebracht, wohl aber aufschlußreich für den Großteil unseres Volkes, der sich zu wenig um diese Dinge kümmert und fast überhaupt nicht darüber Bescheid weiß.

Andererseits wurde von solchen Schwierigkeiten wenig oder nichts offenbar, jedenfalls für mich nicht, anläßlich eines fünftägigen Seminars über Gesundheitspädagogik am „Instituto de Nutrición para Centroamérica y Panamá" in Guatemala, das ich gebeten worden war zu organisieren und leiten. Bei der Veranstaltung, an der Ernährungswissenschaftler aus ganz Zentralamerika teilnahmen, umriß ich

– und diskutierten wir im Anschluß – die Methoden und Techniken der Gesundheitspädagogik auf der Grundlage neuerer Erkenntnisse der Lernpsychologie. Nicht weit von dem Institut ist in einer gebirgigen Gegend Guatemalas der Chichicastenango-See gelegen. Nach dem Seminar nahm ich mir drei Tage Zeit für einen dringend benötigten Kurzurlaub, um mich von der anstrengenden Arbeit zu erholen. Ich bedauerte, daß ich diesen ruhig gelegenen und herrlich schönen See erst so spät entdeckt hatte. Das Seminar hatte nur wenige Monate stattgefunden, bevor ich eine Stelle in der Abteilung für Ernährungsfragen bei der FAO in Rom annahm.
Obwohl es noch viel über die fast viereinhalb Jahre zu sagen gäbe, die ich in Ländern verbrachte, die mit dem WHO-Büro in Mexico City zusammenarbeiten, möchte ich ein Erlebnis vorwegnehmen, das ich einer Begebenheit verdanke, die sich in der Nähe des Chichicastenango-Sees zugetragen hat. Sie ähnelte etwas der Szene, deren Zeugen Ruth, ein Bekannter von uns und ich in einem Teehaus gegenüber dem Taj Mahal geworden waren. Die geschmackvoll eingerichtete Herberge, wo ich ganz in der Nähe des Sees Unterkunft gefunden hatte, befand sich in einer fast ausschließlich von den Maya bewohnten Gegend. Die Maya gehören zu den großgewachsensten, stattlichsten und feinsten Menschen, die ich je kennengelernt hatte. Zu den wenigen Gästen in der Herberge zählte eine ältere Dame, die als Touristin aus den USA gekommen war. Eines Nachmittags pöbelte sie einen Indianer an, dessen stolzes Gebaren und feine Gesichtszüge ihre – und meine – Aufmerksamkeit auf sich gezogen hatten. Er hielt inne und fragte sich wohl, weshalb sie ihn in solch herrischem Tonfall angemacht hatte. Sie hielt ihre Kamera hoch und rief: „Bleiben Sie einen Augenblick so stehen! Ich werde ein Bild machen. Okay? Jetzt tun Sie einfach etwas Typisches!" Er sprach wahrscheinlich nur wenig Spanisch und garantiert kein Englisch, doch er hatte kapiert, was sie wollte. Gehorsam stand er stocksteif da, während sie ihr Photo knipste. Nachdem sie ihn in hochnäsigem Ton mit einem Handzeichen, ohne ein Wort des Dankes abgewiesen hatte, war sie zufrieden und setzte sich wieder hin. Ich bin nicht unglücklich, Staatsbürger des Landes zu sein, wo ich geboren und aufgewachsen bin, dennoch habe

ich mich selten für das Verhalten einer Landsmännin geschämt, wie an jenem Tag.
Wie schon so oft, bin ich wieder abgeschweift, um von einem Zwischenfall zu erzählen, der an und für sich unwichtig ist, mich aber sehr gestört und verärgert hat. Ich mußte mir die alttestamentliche Frage stellen: „Bin ich meines Bruders (meiner Schwester) Hüter?" Zu der Touristin hatte ich nichts gesagt. Hätte ich sie wegen ihres Verhaltens konfrontieren sollen? Welche Antwort soll ich auf diese Frage geben? Es scheint mir nie leicht, eine begründete, angemessene Antwort zu finden. Vielleicht sollten wir alle einfach *versuchen*, alles in unserer Macht Stehende zu tun, um zu lernen, was es bedeutet, wenn Jesus sagt: „Du sollst deinen Nächsten lieben wie dich selbst."

Castros Kuba und die „República Dominicana": Zwei Diktaturgewalten mit unterschiedlicher Zielsetzung

Abgesehen von Besuchen an medizinischen Fakultäten von mexikanischen Universitäten, wo ich für die Studierenden kleinere Kurse über Gesundheitspädagogik abhielt, führte meine erste Reise in Länder, die mit dem WHO-Büro der Zone II zusammenarbeiteten, nach Kuba. Meine Reise fand 1960 statt, gerade ein Jahr, nachdem der Sieg von Fidel Castros „Movimiento del 26 Julio" Fulgencio Batista y Zaldívar gezwungen hatte, in einem anderen Land Exil zu suchen. Batista war ein williger Komplize unserer Regierung bei der Unterstützung kommerzieller US-amerikanischer Unternehmen auf Kuba gewesen. Bis 1959 waren satte 90 Prozent des kubanischen Rohstoffmarktes unter der Kontrolle oder in den Händen solcher US-Konzerne gewesen sowie 40 Prozent der Zuckerproduktion und 90 Prozent der öffentlichen Dienstleistungsbetriebe, wie dem Telefonsystem. Seit 1898, als die US-Marine die spanische Atlantikflotte in der Nähe von Santiago de Cuba zerstörte, war die Insel zwar nominell weiterhin unabhängig, doch *de facto* eine US-amerikanische Kolonie geworden.

Diese Umstände und Hintergründe waren nur wenig bekannt oder großteils vergessen worden, als Batista seine Macht abtreten mußte. Wie viele andere Dinge, die mir erst bekannt wurden, als ich in Haiti lebte und in allen, außer einem der asiatischen Länder, mit denen die WHO zusammenarbeitete, tätig war oder dort wohnte, habe ich auch das meiste, worüber ich mich mit Bezug auf Kuba äußere, erst erfahren, nachdem ich die Insel zwischen 1960 und 1962 mehrere Male besucht hatte.

Daß Fidel Castro Chef eines diktatorischen Regimes war, konnte ich mit eigenen Augen sehen und mit eigenen Ohren den Gesprächen entnehmen, die ich mit einigen wenigen, damals in den als „educación sanitaria" verstandenen Bereichen beschäftigten Mitarbeitern führte. Castro ist sehr sprachgewandt und konnte ohne Notizen oder Konzept seine Vision für die Zukunft Kubas beschreiben. Skeptiker würden wahrscheinlich behaupten, daß all dies nur Propagandazwecken diente. Ich betrachte mich selbst als einen „zweifelnden Thomas", wenn Politiker lautstark verkünden, was sie meinen, daß die Leute hören wollen. Castro war jedoch eine Ausnahme. Einmal hörte ich ihn drei Stunden lang sprechen. Dabei hörte ich nicht nur zu, sondern achtete auch genau auf seinen Gesichtsausdruck und seine verhaltenen Gestikulationen. Nicht einmal verfiel er rhetorischen Phrasen. Er drückte sich einfach und verständlich aus. Er wirkte auf mich ehrlich, als er zum Beispiel sagte, daß von seinem Gesichtspunkt aus, der demokratische Sozialismus mit der Lehre Jesu nicht nur vereinbar wäre, sondern letztendlich sogar deren Verwirklichung bedeutete, nachdem sie jahrhundertelang verdreht, absichtlich oder unbewußt falsch interpretiert und in klerikalen Kreisen mißbraucht worden war, um der Kirche mehr Macht über die Bevölkerung zu verschaffen.

Was Castro in seiner Rede an jenem Abend darlegte und in nicht geringerem Maße seine Aufrichtigkeit und Offenheit, mit der er sprach, beeindruckten mich so tief und nachhaltig, daß ich mich an seine Ansprache noch genauso gut erinnere, als hätte ich sie erst vor wenigen Stunden gehört. Es ist gut möglich, daß ich damals naiv war und es heute noch bin. Doch war ich mir sicher, daß Castro meinte, was er sagte. Als er sich zu späterem Zeitpunkt an die UdSSR wandte und deren Unterstützung suchte, um die Konsequenzen des von der US-Regierung über Kuba verhängten Embargos abzuwenden (das immer noch in Kraft ist) und Kuba 1972 offiziell Mitglied der sogenannten COMECON wurde, mahnte der zweifelnde Thomas in mir wieder zur Vorsicht.

Nichtsdestoweniger war fast alles, was ich in Kuba sah, Beweis für eine rapide Veränderung hin zu besseren Lebensbedingungen für die allgemeine Bevölkerung. Die Er- und Einrichtung neuer Schulen, neuer Polikliniken und neuer, günstiger Behausungen waren vor allem in den ländlichen Gebieten bereits in Gange, wo sie am dringendsten benötigt wurden und nie zuvor verfügbar gewesen waren. Die Strände, bislang nur für die Besitzer und deren Gäste zugänglich, standen jetzt der Öffentlichkeit frei und kostenlos zur Verfügung. Mit Ausnahme der wenigen, deren Prachtvillen, Wohnblocks und oft viele Hektar großen Anwesen enteignet wurden, war fast die ganze Bevölkerung Kubas in Stadt und auf dem Land, auf den Zuckerrohr-, Tabak, Ananas- und Kaffeeplantagen im Jubel, voller neuer Hoffnung und überschwenglicher Begeisterung. So ähnlich muß die Stimmung in unserem eigenen Volk gewesen sein, als die britische Armee unter General Cornwallis 1783 von unserer Continental Army unter dem Oberbefehlshaber George Washington in Yorktown besiegt wurde. George Washington, der ja erster Präsident der USA wurde, galt als „der Erste in den Herzen seiner Landsleute".

Als ich von Havanna in Richtung Westen nach Pinar del Rio und danach nach Holguín südöstlich von Havanna und nicht weit von Guantánamo reiste, machte ich in Kuba Erfahrungen, die sich nicht im entferntesten mit meinen bisherigen Erlebnissen decken konnten. Überall traf ich Menschen, ob Krankenschwestern, Ärzte oder Bauern, die in den neuen, nach der Landreform errichteten Landwirtschaftsgenossenschaften tätig waren. Sie alle waren genauso überschwenglich und begeistert wie die Menschen in der Innenstadt von Havanna und die Familien, die mich häufig einluden, eine einfache Mahlzeit mit ihnen zu teilen.

Im ganzen Land herrschte immer noch erschreckende Armut. Umfassende Kampagnen zur Bekämpfung des Analphabetentums waren gestartet worden. Doch die Zahl derer, die nicht lesen und schreiben konnten, war immer noch hoch und verhinderte, daß das Land schnell große Fortschritte machen konnte. Die strenge Kontrolle der Presse und anderen Nachrichtenmedien durch die Regierung stieß allseits auf Widerstand. Auch war die Übernahme von Landbesitz und industriellen Produktionszentren durch den Staat nicht überall begrüßt worden. Dennoch schien mir, daß Kuba, als ich 1960, 1961 und 1962 wiederholt dort war, in eine neue Ära einzutreten im Begriff war, die auf jeden Fall der Ausbeutung vorzuziehen war, welche das Land als spanische Kolonie bis 1898 und dann, wenn es auch nie so tituliert wurde, als von den USA abhängiges Gebiet – fast wie eine Kolonie – bis im Januar 1959 hatte erleiden müssen.
Diktatur, gleichgültig welcher Art, ist von meinem Standpunkt aus nie eine akzeptable Regierungsform. Dennoch kann ich mich des Eindrucks nicht erwehren, daß die Versuche Fidel Castros, die offenbar von der Mehrheit der im Land lebenden, nicht nach Miami oder an andere Orte ausgewanderten Bevölkerung unterstützt werden, zu gewaltigen Verbesserungen im Gesundheitswesen, im sozialen Bereich, in der Bildung und auf vielen anderen Gebieten, einschließlich der wissenschaftlichen Forschung geführt haben.
Kuba scheint sich jetzt auf ein gemischtes Wirtschaftssystem zuzubewegen. Zunehmend gibt es wieder Privatbesitz und -investitionen, an denen sich große US-Konzerne gegen den Willen unserer erzkonservativen Mehrheit im Kongreß beteiligen. Das Embargo der USA gegen Kuba sei „idiotie", so François Mitterand wenige Monate vor seinem Tod. Diese Ansicht wird offensichtlich auch von einer beträchtlichen Anzahl Menschen vertreten, die nicht unter der Kurzsichtigkeit von Bob Dole, Newt Gingrich und anderen des gleichen Schlags im Senat und Repräsentantenhaus der USA leiden. Die scheinen zusammen mit ihren ganz „rechten" Mitstreitern geradezu darauf versessen zu sein, das Gesundheitswesen für alle, außer für die Wohlhabenden einzuschränken, die bereits bedauerliche Mittelmäßigkeit unseres Grundbildungssystems noch weiter zu verschlimmern und die Kluft zwischen den extrem Reichen und erbärmlich Armen

unserer Gesellschaft noch zu vergrößern. All dies steht in krassem Gegensatz zu vielem, was in Kuba erreicht worden ist, auch wenn vieles davon für viele, einschließlich für mich noch fragwürdig erscheint.

„Ciudad Trujillo:"
Die Hauptstadt der Dominikanischen Republik ist 1960 zwar ordentlich und sauber, aber in Ordnung ist längst nicht alles

Bis General Rafael Trujillo, in der Hoffnung, seinen eigenen Namen zu verewigen, die Hauptstadt der Dominikanischen Republik per Erlaß in „Ciudad Trujillo" umbenennen ließ, war sie immer unter dem Namen Santo Domingo bekannt gewesen. Seine Hoffnungen erfüllten sich nicht. Der Diktator wurde 1961 ermordet und die Hauptstadt umgehend wieder in Santo Domingo umbenannt. Ein Blick auf eine Landkarte von Hispaniola zeigt, daß die Dominikanische Republik zusammen mit Haiti die zweitgrößte der Westindischen Inseln bildet. Die Dominikanische Republik umfaßt mehr als die Hälfte der Insel und ist durch vier Gebirgszüge von Haiti abgegrenzt. Mein einziger Besuch der Dominikanischen Republik im Jahr 1960 genügte, um mir einerseits die Ähnlichkeiten zu Haiti und andererseits die starken Gegensätze zu Kuba aufzuzeigen. Nirgends, weder in „Ciudad Trujillo" noch in den umliegenden ländlichen Gegenden war auch nur das geringste Anzeichen von Enthusiasmus zu verspüren. Die Gebäude im Regierungsviertel waren pompös, und die umliegenden breiten Straßen sauber gekehrt, schienen aber leblos und erstarrt. Dieser Stadtteil von „Ciudad Trujillo" wirkte unheimlich, wie eine Geisterstadt, und kalt, trotz der dort vorherrschenden Hitze. Er war verlassen und stumm, außer wenn ein halbleerer Bus vorbeifuhr, was gelegentlich vorkam, oder ein Cadillac mit verdunkelten Fenstern mit rasender Geschwindigkeit von einem Regierungsgebäude zum nächsten schoß. Die anderen Stadtteile erinnerten mich an die Innenstadt von Port-au-Prince: erbärmliche Hütten, entsetzliche Armut, fast genauso schlimm und bedrückend wie vieles in Kalkutta und Bombay.

Wie „Papa Doc" Duvalier bluteten Rafael Trujillo Molina und sein Klüngelklub die Armen in der Hauptstadt aus, so daß sie noch ärmer als in den anderen Städten und Dörfern des Landes wurden.
Zum Gesundheitsministerium gehörte ein Bereich, der euphemistisch als „Sección de Educación Sanitaria" bezeichnet wurde. Dort saßen drei oder vier lethargische junge Männer schläfrig und gleichgültig hinter ihren Schreibtischen herum. Sie hatten offensichtlich nichts anderes zu tun, als die von der Regierung kontrollierte Presse, das Radio und Fernsehen mit falschen Informationen zu versorgen über den angeblichen Fortschritt hin zu einer Verbesserung der Volksgesundheit und leeren Versprechungen von Maßnahmen zur weiteren Förderung des Gesundheitswesens. Meine einstündigen Versuche, die jungen Männer zu motivieren und ihnen zu erklären, was Gesundheitspädagogik bedeuten könnte und sollte, nahmen sie höflich, doch offensichtlich gelangweilt zur Kenntnis. Selbst im benachbarten Haiti zeigten wenigstens ein paar in den Klassen, die ich unterrichtete, daß sie willens waren, zumindest prinzipiell, die Anwendung neuer Ideen zu erlernen zu *versuchen*, die zu Erfolg im Projekt zur Bekämpfung von Malaria hätten führen können – vorausgesetzt „Papa Doc" hätte sich an die Abmachungen gehalten. Mein einziger Besuch in „Ciudad Trujillo" und einigen ländlichen Gebieten der Dominikanischen Republik war eine der frustrierendsten Erfahrungen, die ich bis dahin je gemacht hatte, von denen ich in Afrika zu einem späteren Zeitpunkt jedoch mehrere machen sollte.
Wenige Monate nach dem deprimierenden Scheitern meiner Mission in der Dominikanischen Republik, wurde Trujillo ermordet. Ob es grundlegende Veränderungen gab, als J. Balaguer die Nachfolge als Präsident antrat, ist mir nicht bekannt. Im Jahr 1962 las ich, daß Balaguer durch einen Militärputsch aus seinem Amt entfernt worden war. Er wurde jedoch 1966 wieder zum Präsidenten gewählt. Zu jener Zeit war ich bereits fünfzehn Jahre andernorts von meiner Arbeit in Beschlag genommen, einschließlich eines neunmonatigen Studienaufenthalts an der Yale-Universität, und hatte die WHO verlassen, um einen neuen Posten als Leiter der Abteilung für Gesundheitspädagogik bei Ernährungsfragen in der FAO zu übernehmen. Als ich jene Stelle antrat, war mir klar, daß dies auch häufige Reisen nach

Afrika bedeuten würde. Ein kleiner Rest an Interesse war mir nach dem wenigen geblieben, das ich 1960 in der Dominikanischen Republik erlebte. Die Erinnerungen an jenen Besuch in „Ciudad Trujillo" wurden von anderen, weniger frustrierenden im Laufe der Zeit überdeckt und blieben größtenteils unterdrückt, was ja verständlich ist.

Drei weitere Jahre in Mexiko
Freunde – Monumente alter Kulturen – Machismo

Eines Nachmittags ging ich in Mexico City zu Fuß zurück zu meinem Büro, nachdem ich in meinem Lieblingsrestaurant in der Innenstadt zu Mittag gegessen hatte. Eine Limousine mit Chauffeur fuhr an die Seite und hielt an. Der einzige Insasse, außer dem Fahrer, war der Gesundheitsminister. Ich hatte ihn einmal bei irgendeinem Empfang kennengelernt. Er kurbelte sein Fenster nach unten und fragte, ob er mich dorthin bringen lassen dürfte, wo ich gerade hingehen wollte. Ich dankte ihm für das Angebot und setzte mich in den Wagen auf den Rücksitz neben den Minister hinter der Glasscheibe, die ihn von seinem Chauffeur trennte.

„Usted es norteamericano! ¿No es verdad?" Ich bejahte, daß ich US-Bürger sei und wunderte mich, daß er etwas wissen wollte, was ihm ohnehin schon bekannt war. Seine nächste Frage war, ob mir Mexiko gefiel. Ich erwiderte, daß, nach allem, was ich bis dahin gesehen hatte, es mir ein sehr interessantes Land zu sein schien, daß es ein sehr schönes Land wäre und sich in vielerlei Hinsicht von den anderen Ländern der Erde unterschied. Ich fügte hinzu: „Aber stimmt es nicht, was Porfirio Díaz gesagt hat, daß Mexiko zu nahe an den USA ist und zu weit von Gott entfernt?" – „Si, si, Señor! Tan lejos de Dios y tan cerca de los Estados Unidos!" Der Minister wollte nun wissen, ob ich es als störend empfände, was man gemeinhin als „machismo" bezeichne. Nun, dachte ich, jetzt ist eine taktvolle Antwort gefragt. Da ich keine Ahnung hatte, wie ich taktvoll genug sein könnte, um ihn nicht zu beleidigen, schwieg ich. Daraufhin rief er ziemlich laut: „Yo, Señor! Yo soy *muy* macho!" Sein Ruf entsprach seiner eigenen Darstellung. *Macho* bedeutet ursprünglich „robust," „kräftig", ‚völlig männlich", „maskulin" – alles Beinamen für Maultiere und Ziegenböcke. Der spanische Ausruf des Ministers bedeutete, daß er *sehr* „macho" wäre und kam gerade, als der Chauffeur vor dem Gebäude anhielt, in dem sich mein Büro befand. So ersparte ich mir eine Antwort. Ich dankte dem Minister, daß er mich mitgenommen hatte: „Muchas gracias! Hasta luego, Señor Ministro!" So entzog ich mich einer Stellungnahme, stieg aus der Limousine aus und ließ den hohen Herrn mit seinem Chauffeur hinfahren, wo er ursprünglich hinfahren wollte.

Vor meiner Begegnung mit „Señor Muy macho", war ich anderen mexikanischen Männern begegnet, die nicht so „macho" waren wie der Minister. Doch Beispiele für eingefleischte „Machos" gab es viele in Mexiko. Ein weiteres Beispiel möchte ich noch erwähnen, weil es mich unmittelbarer betraf als der zehnminütige Meinungsaustausch mit dem mexikanischen Gesundheitsminister. Ich war zum Abendessen bei einem Kollegen zu Hause eingeladen. Seine Arbeit bestand wie meine in der „Educación para la Salud." Ich saß ihm gegenüber auf einem langen Sofa an einem langen Couchtisch, während seine junge Frau die Mahlzeit in der Küche zubereitete. Am anderen Ende des Tisches lag eine Schachtel Zigaretten. Er hätte leicht aufstehen und sie nehmen können. Stattdessen rief er in schroffer Manier nach seiner Frau, die ihm die Schachtel reichen mußte. Mir fehlten die Worte.

Die patriarchalischen Gesellschaftsstrukturen haben sich in den letzten fünftausend Jahren in den meisten Teilen der Welt halten können, wie ein faszinierendes Buch mit dem Titel *The Chalice and the Blade*[1] zeigt, das von Riane Eisler, einer prominenten, gebildeten Befürworterin der „women's lib"-Bewegung[2] in den USA, geschrieben wurde. Die Erkenntnisse in Eislers Buch basieren auf neuen archäologischen Ausgrabungen vom unteren Donautal, Ostanatolien, Kreta und dem Industal, wo vor hundert Jahren die Ruinen von Mohenjodaro und Harappa entdeckt worden sind. An allen Ausgrabungsstätten waren einst reiche und unterschiedliche Arten von Kulturen

---

[1] „Der Kelch und das Schwert" (in der deutschen Übersetzung).
[2] Frauenrechtsbewegung.

zu Hause, die eine matriarchalische Gesellschaftsstruktur hatten. Das Matriarchat, dessen mutmaßliche geschichtliche Entwicklung fast ausschließlich von Männern zurückverfolgt worden ist, wurde lange Zeit als die Dominanz von Frauen über Männer fehlinterpretiert. Eisler geht nicht von dieser irrigen Definition aus, sondern beweist schlüssig und überzeugend, daß die Beziehung zwischen Mann und Frau ursprünglich als Partnerschaft ausgelegt war, auch wenn den Frauen dabei ein höherer Stellenwert eingeräumt worden war. Zwischen den universalen Prinzipien, die in der chinesischen Philosophie als „yin" und „yang" bekannt sind und dem Weiblichen bzw. Männlichen entsprechen, hatte ein Gleichgewicht bestanden. Des weiteren deuten die bisherigen Funde eindeutig darauf hin, daß bewaffnete Auseinandersetzungen und Kriege in diesen frühen Zivilisationsformen unbekannt waren, bis Nomaden aus der zentralasiatischen Ebene eindrangen, sie überwältigten und allmählich zerstörten. In der Mythologie wurde der Stellenwert von Göttinnen als erhabene Geschöpfe seit jenem Zeitpunkt langsam von dem der (männlichen) Götter verdrängt.

Die Erwähnung dieser Punkte ist mir wichtig. Und zwar deshalb, weil man heute den „machismo" fast überall in allen möglichen Variationen und jeder erdenklichen Gestalt vorfindet, wenn auch selten so unverschleiert wie in den angeführten Beispielen aus Mexiko. Verspätet wird in Europa und Nordamerika nun offensichtlich versucht, ihn einzudämmen. Wenn es jedoch nicht gelingt, das verlorengegangene Gleichgewicht zwischen „yin" und „yang" in der Gesellschaft wiederherzustellen, ist die Gattung Mensch aus verschiedenen Gründen dem Untergang geweiht. Manche davon sind so offenbar, daß sogar kleine Kinder sie zunehmend spüren können.

Ruth und ich hatten mehrere Freunde und Bekannte in Mexico City und noch einige mehr in Cuernavaca, einer großen Stadt in den Niederungen südöstlich der Hauptstadt. Cuernavaca ist hauptsächlich für seine Kathedrale und den riesigen Palast bekannt, dem Hernando Cortez seinen verrufenen Namen verlieh. Cortez ging mit seiner blutrünstigen Bande 1519 bei Tabasco an Land und erkämpfte sich seinen Weg „in nomine Jesu" bis Tenochtitlán, der großen Hauptstadt der Azteken. Montezuma II., der letzte Herrscher des mächtigen

Aztekenreichs, wurde gefangengenommen und gezwungen, die Souveränität Spaniens anzuerkennen. Mit Unterstützung von ahnungslosen, mit Montezuma verfeindeten Kriegern aus Tlaxcala konnten Cortez und seine Horde systematisch vorwärtsdrängen. Sie verwüsteten alles, was ihnen in den Weg kam. Im Jahr 1521 waren alle alten mexikanischen Kulturen unter das Joch Spaniens gebracht worden, und Mexiko wurde drei Jahrhunderte lang als „Nueva España" von Madrid aus regiert.

Wenn englischsprachige Touristen heute infolge des Verzehrs einer der unzähligen pikant und scharf schmeckenden Köstlichkeiten Mexikos unter Durchfall leiden, bezeichnen sie ihre unliebsame Situation manchmal als „die Rache Montezumas." Glücklicherweise hatte niemand in meiner Familie unter dieser Rache zu leiden. Ob das wohl an unserem Interesse an den noch existierenden Steinmonumenten lag, die aus der Zeit stammten, als Mexiko noch von Indianerkulturen bevölkert war, und in unserer ausgesprochenen Abneigung gegenüber den *conquistadores* begründet war? Wieder galt: „Lo más seguro es que: ¿Quién sabe?"

Unsere besten Freunde in Cuernavaca waren Renate Crevenna, ihr Sohn, der Medizin studierte, und ihr geschiedener Ehemann, ein Filmproduzent von Beruf. Renate war die Tochter der New Yorker Psychiaterin Karen Horney, die auf ihrem Gebiet Pionierarbeit zu leisten wagte. Sie hatte eine ältere Schwester namens Brigitte Horney, die eine bekannte Schauspielerin war. Alle waren Flüchtlinge aus dem nationalsozialistischen Deutschland. Ruth, die Kinder und ich verbrachten oft ein Wochenende als Gäste in Renates Villa. Der Prachtgarten mit unzähligen Blumen und einem Brunnen in der Mitte war eine Oase der Ruhe für uns und viele andere, die in den Genuß von Renates Gastfreundschaft kamen.

Während einer unserer Besuche in Cuernavaca besuchte ich einen Vortrag von Erich Fromm, der ebenfalls dort lebte. Mit großer Begeisterung und Interesse hatte ich die meisten seiner Bücher über Sozialpsychologie gelesen sowie natürlich sein Meisterwerk *Die Kunst des Liebens*. Doch der Vortrag war enttäuschend. Erich Fromm wirkte auf mich, zu Recht oder Unrecht, arrogant und etwas zu selbstsicher, als würde er unwiderlegbare Wahrheiten verkünden. Ich vermute, daß die Kritiker Fromm nicht kaltgelassen hatten, wenn sie behaupteten, seine Werke wären weder der Psychologie noch der Soziologie zuzuordnen, sondern seien eine unzulässige Vermischung von beidem. Ob die Kritiker Recht hatten oder nicht, wußte ich damals noch viel weniger, als ich seither glaube, verstanden zu haben. Trotzdem gehört Fromm zu den Autoren, die mich mitunter in einem Fachbereich, mit dem ich am Jung-Institut in Zürich bekannt werden sollte, am meisten beeinflußt haben.

Zwei- oder dreimal verbrachten Ruth, die Kinder und ich zehn Tage in einem Ferienhaus in Acapulco an der Pazifkküste im Südosten Mexikos. Acapulco war damals schon ein beliebtes Ferienziel und ist heute, wie die meisten vergleichbaren Touristenattraktionen auf der ganzen Welt, ein Wirrwarr von Luxushotels mit Stränden, die so überfüllt sind, daß Tausende auf der vergeblichen Suche nach einer Ruhepause und Abwechslung von ihrer öden, stumpfsinnigen Existenz und dem ihrem Alltagsleben abhanden gekommenen Sinn höchstens einen Stehplatz finden können. In Zusammenhang mit Acapulco erinnere ich mich hauptsächlich an das Angebot köstlicher Garnelen, die frisch in den warmen Wassern des Pazifiks gefangen, dann gegrillt und heiß in der Pfanne serviert wurden unter Sonnenzelten an einem der glitzernden Sandstrände, die damals noch so unberührt waren wie jene, wenige Meilen nördlich von Port-au-Prince oder am Ufer von Bangsaen am Golf von Thailand.

Ruth und ich nahmen jede sich bietende Gelegenheit wahr, einige der vielen Steinmonumente zu besichtigen, die errichtet worden waren, lange bevor Cortez in Kuba seine Segel hißte und nach Tabasco segelte, um die Eroberung Mexikos vorzunehmen und einen Völkermord zu begehen, der noch größer als der Holocaust in Hitlerdeutschland gewesen war. Von Mexico City aus, das auf den Ruinen von Tenochititlán und dem trockengelegten Texcoco-See errichtet worden war, dauerte es etwa eine Autostunde, um zu den gewaltigen Pyramiden zu gelangen, in denen bei Kulthandlungen den aztekischen Göttern sogar Menschen als Opfer dargebracht worden waren. Von den Pyramiden hat man eine atemberaubende Aussicht auf die höchste Erhebung Mexikos, den Popocatépetl. Er ist fünftausend Meter über dem Meeresspiegel gelegen. Die schneebedeckte Spitze seiner Erhabenheit ist auch von Mexico City aus zu sehen, wenn Smog und Abgase, die in den Straßen wie Nebel wahrgenommen werden, nicht die Sicht verhindern. Die mexikanische Schwiegertochter eines Bekannten aus Oldenburg hat mir bestätigt, daß letzteres heutzutage fast ausnahmslos der Fall sei.

Auch Oaxaca hatten wir gesehen, allerdings nur einmal. Es ist etwa hundert Meilen südöstlich von Mexico City gelegen und Landeshauptstadt des gleichnamigen Gebietes. Oaxaca ist vor allem wegen der Ruinen im nahegelegenen Mitla und Monte Albán bekannt beworden. Cortez, der als „Marquéz del Valle de Oaxaca" in den spanischen Adelsstand erhoben wurde, hatte dort drei riesige Landbesitztümer, mittels derer er Reichtümer in unschätzbarem Wert anhäufte. Er wirtschaftete hauptsächlich in seine eigene Tasche, doch überwies er auch einen Teil nach Madrid „zur Ehre Gottes" und zur Vergrößerung der Macht von König Carlos V. Zu den Trümmern von Mitla gehört ein in der Erde eingelassenes Rechteck (etwa in der Größe eines Fußballplatzes), an dessen beiden Enden riesige Steinringe aufgehängt sind. Für welche Sportart dieses Stadion einst diente, weiß niemand mehr so genau, doch vermutet man, daß es für Spiele war, die den heutigen Basketballtournieren ähnelten.

Bei einer anderen Gelegenheit fuhren Ruth und ich – wir waren nun in Besitz eines Peugeot 206 – nach Pátzcuaro im zentralmexikanischen Bundesstaat Michoacán. Pátzcuaro wurde, wie andere Städte aus der Zeit als Mexiko noch Nueva España hieß, im idyllisch anmutenden Kolonialstil erbaut und ist am gleichnamigen See gelegen, der etwa fünfzehn, zwanzig Meilen lang und gut drei Meilen breit ist. Die Bewohner können dort nur notdürftig vom Fischfang leben. Doch verstehen sie die Kunst, kräftige Körbe mit dekorativem Muster aus vom sumpfigen Seeufer stammenden, getrocknetem Schilfrohr zu flechten. Ein solches Stück mit einem achtzackigen Stern und je einem großen und einem kleinen Kreis innerhalb der Zacken hängt heute in meinem Wohnzimmer über einem Klavier, auf dem ich viel zu selten spiele. Im Alter von zwölf oder dreizehn Jahren war ich noch fest entschlossen, täglich zu üben, und konnte beispielsweise sogar die ersten beiden Sätze von Beethovens Mondscheinsonate spielen. Mit dem dritten Satz habe ich mich jahrelang vergeblich abgemüht. Er übersteigt heute noch meine spielerischen Kompetenzen bei weitem. Die Gelegenheit für Ruth und mich, Pátzcuaro zu besuchen, nahmen wir anläßlich einer Zusammenkunft des CREFAL, eines regionalen Ausbildungszentrums zur Bekämpfung des Analphabetentums, wahr. Wie andere solcher Treffen, die ich besucht hatte, wurde der Diskussionsschwerpunkt auf die modernen Konzepte der Gesundheitspädagogik gelegt. Bei Konferenzen dieser Art bestand meine Rolle hauptsächlich in der Darlegung und Beschreibung der jüngsten Fortschritte auf diesem Gebiet und der neuen Methoden zur Beteiligung der Bevölkerung an der Planung von Gesundheitsprojekten. Eine weitere Konferenz, wie sie in Pátzcuaro stattfand, war ein von der UNESCO gesponsertes Seminar über audio-visuelle Medien und Hilfsmittel. Es wurde in Mexico City abgehalten und von Teilnehmern aus ganz Lateinamerika besucht. Ich nahm damals als Vertreter der WHO an dieser einwöchigen Versammlung teil.

Meine fünfzehnjährige Tätigkeit bei der WHO naht ihrem Ende

In Mexiko wäre keiner von Ruths und meinen Ausflügen ohne die hier zu erwähnenden Umstände möglich gewesen. Gegen Ende 1961 zogen wir von Chapultepec Park in ein geräumigeres Haus nahe der Innenstadt von Mexico City. Schon bald nach unserer Ankunft in Mexiko hatten wir eine junge Köchin und Haushaltshilfe eingestellt. Sie arbeitete zwar nicht besonders tüchtig, doch gelang es ihr recht häufig, Geschirr fallen zu lassen und kaputtzumachen. Wenn sich ein Mißgeschick dieser Art ereignete, pflegte sie stets zu sagen: „Es lástima, pero se cayó!" – „Das ist bedauerlich, aber es fiel von selbst zu Boden." Wir hätten die Kinder nicht in ihrer Obhut lassen können, obwohl beide längst zu groß waren, um auf Armen gehalten zu werden. Hätte sie dennoch versucht, sie hochzuheben, wären sie viel zu aufmerksam gewesen, als daß sie versehentlich „sich hätten fallenlassen."

Glücklicherweise gab es jemand in unserem Haushalt, dem wir die Kinder stets anvertrauen und dabei völlig sicher sein konnten, daß sie in guten Händen waren. Eines kalten Winterabends rief Frau Yvonne Schaper aus New York an. Diese ältere Dame am anderen Ende der Leitung war Ruths ehemalige Schwiegermutter, die Mutter von Eric Schwab. Ich ging ans Telefon, als es schellte. Wie schrecklich allein und verzweifelt sie in einer Stadt war, die sie nie gemocht hatte, war am Tonfall ihrer alternden Stimme zu hören. Ohne Ruth zu fragen, ob sie einverstanden wäre, machte ich ihr spontan ein unwiderstehliches Angebot: „Yvonne, warum kommst du nicht nach Mexiko? Wir haben ein extra Zimmer, wo du wohnen könntest." Ruth stand daneben und hörte natürlich, was ich sagte. Sie stimmte meinem Vorschlag von ganzem Herzen zu.
Eine Woche später holten wir die feine alte Dame am Flughafen ab. Eine bessere Großmutter für Corinne und eine liebevollere Stiefgroßmutter für Gillian hätte man sich nicht denken können. Sie blieb bei uns bis wenige Monate vor ihrem Tod. Solange Yvonne bei uns wohnte, griff sie stets schlichtend ein, wenn es, was meist latent der Fall war, zwischen Ruth und mir knisterte und zu Spannungen kam, die immer häufiger in unsere Beziehung belastenden Auseinandersetzungen endeten. Yvonne war, als sie zu uns kam, bereits über achtzig und litt unter Bluthochdruck, klagte jedoch nie. Gelegentlich gestand sie, Schmerzen – „keine starken"– zu haben und fügte aber hinzu, daß sie diese in ihrem linken Arm spürte. Sie muß jedoch gewußt haben, daß ihr Herz nicht viel länger mitmachen würde. Fast zwanzig Jahre zuvor hatte sie das Konzentrationslager in Theresienstadt überstanden. Eric riskierte sein Leben, um gegen Ende des Krieges mit einem Jeep durch die Kampffronten zu stoßen und sie zu retten.
Jetzt bekam sie Heimweh und verspürte ein immer stärkeres Verlangen, den Ort in Deutschland, wo sie aufgewachsen war, noch einmal zu sehen. Eines Tages teilte sie uns mit, daß sie genau dies zu tun beabsichtigte. Ihr Wunsch ging in Erfüllung. Dann, nur wenige Tage, bevor ihr Schiff ablegen und sie in die USA zurückkehren sollte, starb sie im Zimmer eines billigen Hotels in Hamburg. Eric flog nach Hamburg. Den Rest kann man sich denken. Wir hatten eine Mutter,

Großmutter, Stiefgroßmutter und ehemalige Schwiegermutter verloren, die fast wie eine eigene Mutter war ...
Eine Kopie meines Abschlußberichts an Dr. Samamé ist noch in meinem Besitz. Ich habe ihn zwei Wochen, bevor Ruth, die Kinder und ich uns auf den Weg nach Rom machten, verfaßt. Vor einiger Zeit blätterte ich ihn erneut durch, über fünfunddreißig Jahre, nachdem ich ihn geschrieben habe, und kam stark ins Zweifeln, daß alles, was in dem Bericht stand, wirklich zwischen Januar 1958 und März 1963 sich hätte zugetragen haben können. Vieles davon hatte ich völlig vergessen. Doch beim erneuten Durchlesen dieser elf Seiten erinnerte ich mich wieder an vieles, wenn auch zum Teil nur vage.
Noch ein weiteres Beispiel von der Art internationaler Konferenzen, die ich während der Jahre in Mexiko besucht hatte, möchte ich der Zusammenfassung meiner bisherigen Erinnerungen hinzufügen. Ich kann ohnehin nur einen selektiven Querschnitt durch vieles bieten, was ausführlich hätte erzählt werden können und sollen. Auf Einladung des Weltbundes für geistige Gesundheit, der von einem aus London stammenden Psychiater geleitet wurde, nahm ich zusammen mit vier anderen Kollegen, die mit Gesundheitspädagogik zu tun hatten, im Herbst 1960 an einer Konferenz in Cuernavaca teil. Dort kamen Kulturanthropologen, Soziologen, Psychologen und Ernährungswissenschaftler zusammen, um ihr Wissen über Ursachen von Unter- bzw. Mangelernährung und mögliche Präventivmaßnahmen zu erörtern. Außerdem wurde über bedeutende wirtschaftliche Aspekte diskutiert, die ebenfalls für Ernährungsgewohnheiten verantwortlich zu machen sind und zu vielen Arten von Krankheiten führen können.
Unter den anwesenden Gästen waren: Dr. D. B. Jelliffe, der für seine Forschungen im Bereich der Ernährungsgewohnheiten und der Unter- bzw. Mangelernährung in Kenia und Uganda bekannt geworden war; ein Professor für Psychologie von der Columbia-Universität, der während des Krieges beim CBS als Berater tätig war; Dr. John Burton, Vizechef für Gesundheitspädagogik am Hauptsitz der WHO; Dr. José García y Lopez, Ernährungswissenschaftler bei der FAO; und viele andere, darunter auch Dr. Charles Wilson, einer meiner ehemaligen Professoren an der Yale-Universität. Prominenteste Konferenz-

teilnehmerin war die an früherer Stelle erwähnte Dr. Margaret Mead, die mir die Geschichte des kostspieligen und zugleich lächerlichen Experiments des OSS mit silbrig gefärbten Füchsen kurz vor dem Ende des Krieges gegen Japan erzählt hatte.

Ich hatte das Vorrecht, den Konferenzbericht zu entwerfen, der später gemeinsam von der FAO und WHO in fünf Sprachen veröffentlicht wurde. Die Endfassung dieses Berichts, der auf der gesammelten Erfahrung hervorragender Experten aus verschiedenen sachverwandten Gebieten besteht, wurde an Regierungen und medizinische Einrichtungen auf der ganzen Welt verteilt und stellte einen nicht zu unterschätzenden Beitrag zu einem besseren Verständnis der komplexen Faktoren dar, die zu Unter- bzw. Mangelernährung und ernährungsbedingten Krankheiten führen. Die Diskussionen und Berichte im Anschluß daran zeigten, daß Ernährungsgewohnheiten, wenn nicht aufgrund von Armut und Verarmung unlösbar, durch den Einsatz moderner Aufklärungs- und Schulungsmethoden geändert und verbessert werden können.

Eine Monographie mit dem Titel *The Cost of Sickness and the Price of Health*[1], die vor mehreren Jahrzehnten von Dr. C. E. Winslow, emeritierter Professor der Abteilung für Gesundheitsvorsorge der Yale-Universität verfaßt wurde, beweist einwandfrei, daß Finanzen, die in Maßnahmen zur Gesundheitsförderung investiert werden, überall die Kosten, die Krankheiten verursachen, und die Kosten zur Behandlung bei weitem aufwiegen. Ich frage mich, wie lange es dauern wird, bis unsere und die Regierungen anderer Länder dies endlich verstehen und unter voller Berücksichtigung dieser Fakten bei der Planung des nationalen Gesundheitswesens entsprechend handeln werden. Gesundheitspädagogik, wenn sie richtig verstanden und effektiv umgesetzt wird, muß eines Tages eine wesentliche Rolle bei der Eindämmung der stark ansteigenden Krankheitskosten und daraus unweigerlich resultierenden Behinderungen und gesundheitlichen Beeinträchtigungen spielen.

Angesichts dieser Tatsachen und meiner in fünfzehn Jahren bei der WHO gemachten Erfahrungen habe ich die wichtige Schlußfolge-

---

[1] Etwa: „Die Kosten von Krankheit und der Preis für Gesundheit".

rung gezogen, daß begründete gesundheitspädagogische Methoden wesentlicher Bestandteil bei der Ausbildung und Schulung von Ärzten, Krankenschwestern, Sanitärtechnikern, Krankenhelfern und Apothekern bzw. Pharmazeutikern sein sollten. Diese Erkenntnis wurde bestätigt und erneut bekräftigt bei meiner neuen Tätigkeit in der Abteilung für Ernährungsfragen bei der Ernährungs- und Landwirtschaftsorganisation (FAO) der Vereinten Nationen.

Von Mexico City nach Rom
– von Rom oft in Länder,
in denen die Menschheit sich von unseren nächsten Verwandten schied

African Genesis[1] ist der Titel eines Buches, das die Ursprünge des Menschen auf dem großen, weiten Kontinent Afrika zurückverfolgt. Von der gesamten Landmasse unseres Planeten entfällt allein ein Fünftel auf Afrika. Seit der Veröffentlichung von *African Genesis* haben neuere anthropologische Studien zu verblüffenden Ergebnissen geführt. Sie stützen zunehmend die Hypothese, daß unsere frühesten Vorfahren vor über sechshunderttausend Jahren von den Bäumen herabstiegen. Sie gingen aufrecht, wie unsere nächsten Verwandten, einige Gorilla- und Schimpansenarten, es von ihren Eltern lernen, um kräftige Äste tragen zu können, die vor allem zum Knacken von harten Nüssen verwendet werden. Anthropologen vermuten, daß die Vorfahren der heutigen Menschheit im Laufe der Jahrhunderte allmählich von Zentralostafrika in die Ebenen im Norden des Kontinents gewandert sind. Mehrere tausend Jahre waren vergangen. Langsam, ganz langsam breiteten sich unsere Vorfahren aus, bis auf höchst erstaunliche Weise durch die fortschreitende räumliche Differenzierung von Erbmaterial neue Rassen entstanden. Weiter entferntere Kontinente wurden im Verlauf von Tausenden von Jahren dünn bevölkert, wobei jene Menschen sich dann schon gar nicht mehr so sehr vom heutigen Menschen unterschieden, dessen Existenz nun-

---

[1] Sinngemäß: „Vorfahren in Afrika".

mehr durch eine von unserem Planeten allmählich nicht mehr zu absorbierende Übervölkerung bedroht wird.

Es war im Jahr 1962, als ich *African Genesis* gelesen hatte. Später reiste ich in Kenia unter der Führung von Professor Dr. Margaret Read, einer älteren britischen Dame, die als Kulturanthropologin eine herausragende Autorität für afrikanische Kultur war, von Nairobi zum Great Rift Valley und zum Turkana-See, der über einhundert Meilen lang und an manchen Stellen bis zu dreißig Meilen breit ist. Dort sah ich unzählige rosafarbene Flamingos auf einem Bein im See stehen. Wenn Gefahr drohte, erhoben sie sich mit gewaltigem Flügelschlag unvermittelt in die Lüfte. Ausgrabungen, die zu den ältesten bisherigen Funden gehören, sprechen dafür, daß im Rift Valley menschenähnliche Kreaturen existierten, die später Richtung Norden wanderten und sich langsam, aber sicher zum Urmenschen entwikkelten.

Dr. Read zählte, ebenso wie Dr. Jelliffe und ich, zu den Gästen einer Konferenz über Ernährungsfragen, die in Kampala am Viktoriasee abgehalten wurde. Weitere Reisen in Verbindung mit meiner neuen Tätigkeit bei der FAO führten mich nach Togo, dem ehemaligen deutschen „Protektorat" unter der Herrschaft Kaiser Wilhelm I., nach Sierra Leone, an die Elfenbeinküste, nach Senegal und nach Ägypten. In Kairo wurde ein internationales „Seminar über angewandte Ernährungswissenschaft" abgehalten unter der Schirmherrschaft der FAO und des WHO-Regionalbüros für den östlichen Mittelmeerraum. Sir Ali Tewfik Shousha, den ägyptischen Vorsitzenden dieses WHO-Zweiges, hatte ich bereits zweimal zuvor bei Sitzungen der Weltgesundheitsversammlung getroffen. Bei der Konferenz in Kairo wurden die Seminarteilnehmer auf einem von dem arabischen Staatenbund organisierten Empfang begrüßt.

All diese Dinge – sowie viele weitere – lagen natürlich noch in der Zukunft, als Ruth, Corinne, Gillian und ich im März 1963 von Mexiko nach Rom übersiedelten. Ruth und die beiden Kinder flogen nach New York, während ich in unserem Peugeot nach Dallas fuhr, um ein paar Tage bei meiner Schwester Ruth und ihrem Ehemann Carlton Chapman, Professor für Kardiologie an einem medizinischen College, zu verbringen. Carlton bot sich an, das Auto für uns zu verkaufen, bevor ich mich mit Ruth und den Mädchen auf unsere letzte transatlantische Schiffsreise begab. An Bord des neuen Ozeanliners „Ile de France" kamen wir in den Genuß von Kabinen der ersten Klasse. Viereinhalb Tage, nachdem wir den Hafen von New York und die Freiheitsstatue hinter uns zurückgelassen hatten, kamen wir in Cherbourg an und machten eine Stippvisite bei Jane, Anni, Cristi und Nina. Anni war jetzt fast zweiundzwanzig Jahre alt und hatte ein Soziologiestudium an der Sorbonne längst begonnen. Cristi bereitete sich auf das französische Abitur vor und wollte bald nach Aix-en-Provence ziehen, um dort zu studieren. Allen ging es gut. In Paris legten wir uns einen neuen Peugeot zu.

Mit Ausnahme eines Schneesturms, durch den wir fast nichts mehr sehen konnten, als wir um Bologna herum und Richtung Florenz in die Apenninen hinauffuhren, verlief unsere Reise nach Rom ereignislos. Wir bekamen zwar auf der Fahrt nach Rom wenig von Florenz und der Toskana zu sehen, jedoch genug, um fest entschlossen zu sein, bei der nächstbesten Gelegenheit wieder zurückkehren zu wollen. So würde es wahrscheinlich jedem ergehen, der dort nur auf Durchreise ist. In Orvieto legten wir eine halbstündige Pause ein und saßen wie verzückt auf einer Bank vor der reichverzierten Fassade der dortigen Kathedrale. Der trockene, weiße Ambrosiawein von Orvieto – ein Glas für Ruth, zwei für mich – bestätigten, was der Psalmist einst sagte: „Wein erfreut die Seele des Menschen." Bei Orvieto verließen wir die Autostrada del Sole und fuhren auf Landstraßen in Richtung Lago di Bolsena, Viterbo und am Lago di Bracciano vorbei. Von dort aus hatten wir noch eine Stunde Fahrt nach Rom. Für Ruth und die Kinder war es die erste Begegnung mit der Stadt, für mich die zweite. Vierzehn Jahre zuvor war ich anläßlich der zweiten Weltgesundheitsversammlung in der „ewigen Stadt" zu Gast gewesen.

Neubeginn voller Hoffnung gefolgt von Ernüchterung

Nach zehn Tagen in der Albergo di Milano und nachdem ich mich beim FAO-Hauptsitz zum Dienst vorgestellt hatte, fanden wir eine Dachwohnung an der Viale Africa. Der Name der Straße erschien uns angemessen, zumal ich bereits wußte, daß ich oft in Afrika würde reisen müssen. Unsere Mansardenwohnung an der Viale Africa war in der „Città dell' Esposizione" gelegen, die eigens für die Weltausstellung unter Benito Mussolinis faschistischer Herrschaft erbaut worden war und Millionen von Besuchern angelockt hatte. Von der „Città dell' Esposizione" war es täglich nur eine kurze Fahrt mit Roms Untergrundbahn, um ganz in die Nähe der FAO zu gelangen, die sich nur ein paar Straßen weiter befand. Ein zehnminütiger Fußmarsch am „Cimitero Acatolica" vorbei (wo ich eines Morgens das Grab von Goethes einzigem Sohn entdeckte), brachte mich zu den Büroräumen der FAO und einer neuen Tätigkeit, die sich in vielem von dem unterschied, was ich getan hatte in Genf, Südostasien und vier lateinamerikanischen Ländern, die doch „so nahe bei den USA liegen". Zu nah? – Wahrscheinlich schon ...
Mein Vorgesetzter bei der FAO war Dr. Marcel Autret, Leiter der Abteilung für Ernährungswesen. Mit Ausnahme von García Lopez, der unter den Teilnehmern bei der Konferenz in Cuernavaca gewesen war, war das Personal von Dr. Autret größtenteils französischer Herkunft. Die Abteilung, für die ich verantwortlich war, bestand lediglich aus mir und meiner Sekretärin und war deshalb eine Zeitlang eine Besonderheit. Doch bald schon gesellte sich ein dritter Mitarbeiter zu uns, ein junger französischer Kulturanthropologe. Sein Spezialgebiet waren die Massai, ein Volksstamm von Nomaden und Kriegern in Ostafrika. Wir schlugen vor, daß unser Bereich sich überwiegend auf die Erforschung von Ernährungsgewohnheiten und den Fortschritt auf dem Gebiet der Ernährungspädagogik konzentrieren würde. Autret war mit dem Vorschlag einverstanden. Von da an bildeten die beiden eng miteinander verknüpften Bereiche den Schwerpunkt unserer Arbeit.

Ein haariges Problem in Senegal war beispielsweise, daß feinem Weizenmehl zunehmend der Vorzug gegenüber dem grobkörnigen, aber vollwertigen Mehl für Couscous eingeräumt wurde. Viele im Westen kennen Couscous als kulinarische Spezialität aus dem Restaurant oder einem der Länder, wo er als Alltagsgericht serviert wird, und wissen, daß er eine köstliche Zusammenstellung, bestehend aus Weizenbällchen, gegartem Hammelfleisch oder Huhn, Paprika und anderen Gemüsesorten ist. Der Nährwert ist natürlich erheblich höher, wenn statt feinem Weizen, Vollkorn als Hauptzutat verwendet wird. Bis in die Kolonialzeit, seit die Europäer Einfluß gewannen und fast alles, was von außen nach Afrika kam, als gut und angesehen geachtet wurde, war Vollkorn traditionell zur Zubereitung von Couscous verwendet worden. So wurde eine einst der Gesundheit zuträgliche Ernährungsgewohnheit sogar in ländlichen Gebieten zunehmend verworfen. Eine der für uns schwierigen Herausforderungen bestand darin, den Menschen überzeugend klar zu machen, daß die althergebrachte Weise in diesem Fall viel besser war, als das beliebte Feinmehl.

Schon bald nach Beginn meiner Tätigkeit bei der FAO besuchte ich Senegal, um die verschiedenen Möglichkeiten zur Lösung dieser Problematik vor Ort zu untersuchen. Es gab damals nur sehr wenige voll ausgebildete Ernährungswissenschaftler in Afrika. Die Personen, die sowohl von Ernährungswissenschaft als auch Gesundheitspädagogik eine Ahnung hatten, waren noch geringer an der Zahl. Ob die Dinge, die ich in einer großen ländlichen Gegend nördlich von Dakar in die Wege zu leiten versuchte, zu einem Ergebnis führten, vermag ich nicht zu sagen. Ich habe mein Bestes versucht, und vielleicht war es nicht ganz vergeblich. Ein senegalesischer Kollege brachte mich in seinem alten Renault auf holprigen Straßen, die mich an ähnliche, mir von anderen Teilen der Welt bekannte Gegenden erinnerten, zu meinem Bestimmungsort. Ich bemühte mich besonders, viele Personen mit Führungsaufgaben vor Ort kennenzulernen und ihnen zu erklären, weshalb Vollkorn so reich an Nährstoffen und zum Erhalt der Gesundheit der Bevölkerung unbedingt notwendig sei. „Das ist doch alles bloß Theorie", entgegneten die meisten. Vielleicht, ja sogar höchstwahrscheinlich, war der eigentliche Grund für den Erfolg, der mir auf dieser Mission beschert wurde, ein lokal gefeiertes Couscousfest. Unter einem offenen Zeltdach zum Schutz vor der Sonne tanzte ich, wie ich nicht mehr getanzt hatte, seit Jane und ich es im Restaurant auf dem Dach von Radio City solange ausgehalten hatten, bis Morris Perlmutter ankündigte, daß es schon weit nach Mitternacht sei und er und seine Band nach einem letzten Stück nun ihre Instrumente zusammenpacken und nach Hause gehen wollten.

Meine Tanzpartnerin in Senegal war die Frau eines ortsansässigen, einflußreichen Friedensrichters. Sie war eine ausgezeichnete Tänzerin! Wie ihr Mann sprach auch sie fließend Französisch. Wir tanzten zusammen „im Freilauf" ganz nach afrikanischer Manier. Ich bin zwar nie ein guter Tänzer gewesen, doch angeregt von jener drallen Dame, empfand ich mich genauso als Profi wie damals mit Jane oder auch mit Liesel Borgwardt auf der Reeperbahn in Hamburg. Meine charmante senegalesische Partnerin und ich tanzten allein. Die fünfzig oder sechzig Gäste spendeten überaus großzügigen Applaus. Sie klatschten im Takt, während wir zur Musik der Instrumente, einschließlich Trommeln, wie ich sie bis dahin nur aus einigen Filmen gekannt hatte, rhythmisch herumwirbelten. Bei meiner Tanzpartnerin und mir floß der Schweiß stark und reichlich. Doch dies vergrößerte nur den Spaß und Gefallen, den wir und unsere Zuschauer an der Aufführung fanden. Ich konnte nur hoffen, daß der Ehemann nicht eifersüchtig sein würde. Dies schien nicht der Fall zu sein. Breit grinsend und händeklatschend wie der Rest, hatte er genauso viel Spaß wie seine Frau, ich und die anderen Anwesenden.

Als seine Frau und ich einfach nicht mehr konnten – es hätte nicht mehr lange gedauert und ich wäre erschöpft umgekippt –, da erst hörten wir auf zu tanzen. Ich war völlig naßgeschwitzt, wie nach einem türkischen Bad oder wie immer, wenn ich mitten in der Monsunzeit nach Mussourie gefahren war. Die meisten waren sich einig, daß der Couscous noch besser als sonst schmeckte. Auf meine Bitte hin, hatten sich die beiden Köche überreden lassen, die Zubereitung mit vollwertigem Weizen zu versuchen. Mein Eindruck – und da mag ich irren – ist, daß es genauso sehr an der Vorführung wie an der Qualität des Couscous lag, daß die Gäste ihn so schmackhaft fanden. Klar wurde, daß die Annahme neuer Ernährungsgewohnheiten nicht nur auf theoretischen Erklärungen basieren konnte, sondern auch auf dem Verhalten ihrer Befürworter, selbst dann, wenn dies für die Ernährung irrelevant ist, außer, wie in diesem Fall, zur Gewichtsabnahme. Ob vollwertiger Couscous nach jenem Tag wieder beliebter wurde, habe ich nie erfahren. Es ist jedoch gut möglich. Auf unserer Fahrt zurück nach Dakar, äußerte der angehende junge Ernährungsspezialist die Annahme, daß dies durchaus der Fall sein könnte. Ich wünsche mir, daß er recht behielt. Doch wieder gilt: „Lo más seguro es que: ¿Quién sabe?"

Der Erfolg in Senegal, wenn man bei meinem Einsatz dort von Erfolg sprechen konnte, war der einzige, den ich in Afrika hatte, mit Ausnahme von Seminaren, bei deren Organisation ich mithalf und an denen ich teilnahm. Die übrigen Erfahrungen, die ich bei der Ausübung meiner Tätigkeit in Afrika machte, waren meistens frustrierend und enttäuschend. Wahrscheinlich wissen die wenigsten, die im Fernsehen Bilder von Tausenden von Flüchtlingen in Ruanda und schrecklich ausgezehrten Kindern mit aufgequollenen Bäuchen gesehen haben, daß diese Kinder unter einer Krankheit namens *kwashiorkor* leiden. Selbst wenn es den Menschen dort verhältnismäßig gut geht und sie nicht aufgrund kriegerischer Auseinandersetzungen oder bewaffneter Konflikte aus ihren Häusern fliehen müssen, leidet eine unbekannt große Zahl von Kindern und Kleinkindern an *kwashiorkor*.

Es handelt sich bei *kwashiorkor* um eine Krankheit, die auf Proteinmangel zurückzuführen ist und vor allem in tropischen und subtropischen Gebieten, ganz besonders in Afrika, auftritt. Wieder ist der Kolonialismus ein ausschlaggebender und unmittelbarer Grund, weshalb die Krankheit sich in den vergangenen Jahrzehnten in Afrika so stark ausbreiten konnte. In jedem afrikanischen Land, das ich besuchte, waren, oft sogar in ländlichen Gegenden, große, bunte Schilder unübersehbar und allgegenwärtig aufgestellt. Und was war darauf zu sehen? Nun, ein strammes, gesundes Baby in den liebenden Armen einer attraktiven, jungen Mutter. Das Baby und die Mutter waren aber nicht aus Afrika und dunkelhäutig, sondern ausnahmslos weiß. Außerdem stillte diese hingebungsvolle Mutter ihr Kind nicht mit Muttermilch, wie afrikanische Mütter es schon immer getan hatten, bis gewissenlose, geldgierige Europäer Ende des achtzehnten Jahrhunderts Fuß auf den schwarzen Kontinent setzten. Aber nein! Diese Mutter gab ihrem süßen, kleinen Baby ein mit angerührtem Milchpulver gefülltes Fläschchen mit Plastiknippel. Die Botschaft hinter dieser heimtückischen Verkaufsmethode war ziemlich klar: „Wenn du dein Baby liebst, wenn dein Baby gesund und stark werden soll, mußt du es mit Milch aus der Flasche füttern, wie die Mutter auf dem Plakat. Also, kauf' dir Milchpulver, auch wenn das Geld kaum für die anderen Dinge ausreicht, die du benötigst. Alle Weißen füttern ihre Babys mit der Flasche. Und die wissen es ja schließlich besser. – Ich folge ihrem Beispiel."

Die Schweizer Firma Nestlé, unter anderem ja für Schokolade und löslichen Kaffee bekannt, ist nur einer der Übeltäter unter vielen Konzernen, die sich für diese Art von Versuchung durch raffinierte, unterschwellige, effektive Propaganda zu verantworten haben. Vor einigen Jahren schritt die WHO ein, um ein internationales Verbot für diese Art von Werbemethoden durchzusetzen. Das Verbot wird häufig entweder umgangen oder ignoriert. Dadurch wird entsetzlicher Schaden verursacht, wie Dr. Jellifes Forschung über das Auftreten und die Häufigkeit von *kwashiorkor* eindeutig bewiesen hat.

Durchfall bei Kleinkindern und andere, oft tödlich ausgehende, Darmstörungen kommen auch immer häufiger vor. Das rührt daher, daß das Sterilisieren von Milchfläschchen für Babys in Afrika im Prinzip unbekannt ist, aber auch weil das von den Afrikanerinnen verwendete Wasser zur Zubereitung mit Milchpulver selten frei von schädlichen Bakterien und anderen Krankheitserregern ist. Abgesehen davon ist Milchpulver keineswegs preiswert, so daß die Mütter die angerührte Milch aus Kostengründen meistens zusätzlich verdünnen, wenn sie ihre Kinder füttern. Die Kombination dieser Faktoren trägt wesentlich zu Proteinmangelerscheinungen bei, die wiederum oft *kwashiorkor* sowie eine Reihe anderer, im Grunde vermeidbarer Krankheiten und Begleiterscheinungen verursachen. Die außergewöhnliche hohe Kindersterblichkeitsrate in Afrika könnte drastisch gesenkt werden, wenn da nicht diese geschäftstüchtigen Todeshändler wären, die größtenteils dafür verantwortlich zu machen sind, auch wenn sie keine Waffen herstellen, die im Krieg eingesetzt werden und noch destruktiver für Leben und Gesundheit sind, als die von ihnen verwendeten Kampfmethoden. Gegen diese eigennützige Macht ist der Fortschritt im Bereich der Gesundheit unter den afrikanischen Völkern bestenfalls schwierig und erschreckend langsam, wenn nicht gänzlich unmöglich. Wenn das eingeschlafene Gewissen der Manager und Aktionäre nicht von minimalem Menschlichkeitsempfinden bewegt wird – was eines Tages der unersättlichen, kapitalistischen Profitgier ein Gegengewicht bieten könnte –, bleibt nur die Hoffnung. Hoffnung, die in absehbarer Zukunft nur Wunschdenken scheint bleiben zu können. Die FAO, WHO und UNICEF haben in der Zusammenarbeit mit vielen nichtstaatlichen Organisationen ihr Bestes getan. Eine Katastrophe von nie dagewesenem Ausmaß lauert am Horizont und wird von der starken Zunahme und dem vermehrten Auftreten von AIDS verschärft. Zyniker behaupten, Menschen die keine Kondome benutzen, hätten es nicht anders verdient. Wer in Afrika könnte sie sich leisten? Wer in Afrika weiß überhaupt, was ein Kondom ist? Zwischen April 1963 und Ende des Jahres 1966, als ich oft in Afrika reisen mußte, waren die unverkennbaren Anzeichen für ein bevorstehendes Desaster bereits überall spürbar gegenwärtig. Die Zeit, bevor ich aus der FAO ausschied, waren für mich die schmerzlichsten Jahre meiner fast zwei Jahrzehnte umspannenden Tätigkeit bei der UNO, die heute noch genauso überlastet und entzweit ist wie damals. Noch mehr über die Enttäuschungen und Entmutigungen zu schreiben, die nach Beginn meiner 1948 unter dem inspirierenden Vorbild von Brock Chisholm begonnenen Tätigkeiten einsetzten, wäre meines Empfindens nach zu viel. Aus diesem Grund bleibt die Aufzeichnung meiner Erinnerungen an dieser Stelle fragmentarisch und unvollständig. In Italien fragt man oft, wenn man in einer Sache mit seinen Bemühungen nicht weiterkommt: „Ma, che posso fare?" – „Was soll ich denn tun?" Es bleibt kein Zweifel, daß ich immer noch Idealist bin. Doch ist eine bessere Welt für uns wirklich denkbar, wenn unser Realismus, wie schon jahrhundertelang der Fall zu sein scheint, jeglicher Ideale entbehrt?

Gewisse Entschädigung für viele Enttäuschungen – meistens durch Erfolg in der Feldforschung

Während ich mich mit vielen ganz eindeutig unüberwindbaren Problemen herumschlagen mußte, die teilweise auf gewissenlose, verkaufsfördernde Maßnahmen zurückzuführen waren, – weitaus raffinierter als die, welche ich als Lexikon-Vertreter einzusetzen gehalten war –, lernte ich eine Reihe afrikanischer Länder kennen. Mein Interesse richtete sich immer mehr auf die Auswirkungen der rapiden Verstädterung und des Städtewachstums auf die Gewohnheiten und den Stand der Ernährung. Die Auswirkungen waren natürlich nicht nur in allen größeren Städten Afrikas, sondern auch in Südostasien und Lateinamerika zu spüren gewesen. In der FAO-Bibliothek gab es eine beträchtliche Menge an Veröffentlichungen von Studien über Faktoren, die zu Unter- bzw. Fehlernährung führen können. Diese Faktoren verschlimmerten sich in der gesamten „Dritten Welt" immer mehr infolge massiver Landflucht in übervölkerte Stadtgebiete. Mir schien es nützlich und sinnvoll, nachdem ich die Problematik mit Dr. Autret und meinen Kollegen diskutiert hatte, eine umfassende Studie als Zusammenfassung der bisherigen Einzelstudien zu erstellen. Daraus ergab sich ein Aufsatz und eine Reihe von Vorschlägen zur Steuerung von FAO-Projekten in Zukunft, die einen Beitrag dazu leisten wollten, daß diese Problematik zumindest abgeschwächt werden würde.

Der von mir verfaßte Artikel wurde in dem *South Pacific Bulletin* unter dem Titel: „Food and Nutrition in Urbanization – An Unmet Challenge"[1] publiziert. Meine Vorschläge zu weiteren, benötigten Studien und zukünftigen Aktivitäten und Projekten der FAO in diesem Bereich waren Gegenstand eines langen Meinungsaustauschs in der Abteilung für Ernährungsfragen. Dieser fand im Dezember 1966 statt, nur wenige Wochen bevor ich von Rom nach Zürich zog. Es vergingen zehn Monate, bis der Artikel endlich veröffentlicht wurde. Ich weiß nicht, ob meine Forschungspapiere irgendetwas bewirkten

---

[1] Sinngemäß etwa: „Lebensmittelversorgung, Ernährung und zunehmende Verstädterung: Die neue Herausforderung"

und wenn ja, was. Wer waren die Leser des *South Pacific Bulletin*? Ist die Problematik im südpazifischen Raum aktuell? Im Juli 1967 war ich vollauf am Jung-Institut beschäftigt. Von meinem ehemaligen Kollegen, dem französischen Anthropologen, hatte ich erfahren, daß neue Forschungsprojekte in Planung waren. Doch von jemand anders hörte ich, daß er bald darauf seine Kündigung einreichte und nach Ostafrika zurückkehrte, um dort die Massai eingehender zu studieren. Viele andere gaben ebenfalls auf und verließen die FAO, weil sie, wie mein Kollege und ich, frustriert waren wegen des zunehmenden Hangs der FAO zur Überbürokratisierung und wegen der unüberwindlichen Hürden auf dem Weg zu mehr Fortschritt aufgrund der Macht von Wirtschaftsunternehmen, die nicht gewillt waren, ihre ruchlosen Werbemethoden in Afrika zu überdenken. Wäre es besser gewesen, doch bei der FAO zu bleiben?

Entschädigung ganz anderer Art, die nichts mit einer unsäglich frustrierenden Arbeit zu tun hatte

Was ich über Ernährungsmangel als Ergebnis eines überstürzten Massenexodus von Bauernfamilien in die ohnehin schon übervölkerten Städte geschrieben hatte, war eine kleine, wenn auch geringe Entschädigung für die ansonsten schwer verdaulichen Enttäuschungen. Wichtiger waren die Ausflüge, die Ruth und ich unternahmen, um einen Teil dessen zu besichtigen, – leider konnten wir nicht alles ansehen –, was Italien zu bieten hatte. Um nur Weniges herauszugreifen: Florenz und die Toskana; San Giminiano; Pisa und Lucca; Viterbo und andere Orte etruskischer Gräber; Venedig; Rom; Ravenna; Terracina und die imposanten griechischen Tempelruinen dort; nicht zu vergessen, San Felice Circeo.
San Felice Circeo liegt am Golfo di Gaeta, etwa hundert Kilometer südöstlich von Rom, und erlangte für unsere vierköpfige Familie einen besonderen Stellenwert. Die Stadt ist eigentlich nicht von großer Bedeutung. Es gibt jedoch dort in der Nähe Höhlen, die nur mit dem

Ruderboot erreichbar sind oder von ausreichend waghalsigen bzw. törichten Schwimmern. Es wird gemunkelt, daß in diesen Höhlen, in die wir oft hineinschmeckten, einst die Göttin Circe lebte. Laut der griechischen Mythologie verwandelte sie alle Gefährten von Odysseus in Schweine. Er allein konnte ihrem Schicksal entrinnen, dank eines Krautes, das er von Hermes erhalten hatte. Damit zwang er die Zauberin, alle wieder zurückzuverwandeln. Doch Circe war für ihren unwiderstehlichen Charme und Zauber bekannt und warf einen Fluch auf Odysseus, worüber er seine Frau und sein Land vergaß. Über ein Jahr lang verweilte er bei Circe, bevor er sich wieder auf den Nachhauseweg machte. So weit ich mich entsinnen kann, war es nicht Circe, die uns faszinierte, sondern etwas, was ihrem Zauber ähnlich kam, sowie eine malerische Hütte, die wir im Sommer oft drei oder vier Wochen lang in der Nähe der Höhlen bei San Felice Circeo mieteten. Die Erinnerung an jene Ferien dort genügten mir schon, um den Titel für diese Erinnerungen zu wählen, von denen ich bis jetzt fünfzig Jahre meines Lebens als freiwillig expatrierter Querdenker beschrieben habe.

Nicht lange, nachdem wir das letzte Mal Ferien in San Felice Circeo gemacht hatten, geriet Ruths und meine Ehe in eine Krise, die in gewisser Hinsicht von jener griechischen Göttin verschuldet worden war. Die Umstände, die zu der Krise führten, waren eine Kombination von Ereignissen, die nolens, volens in diesen Erinnerungen nicht ausgelassen werden dürfen. Nicht einmal heute ist mir ganz klar, was eigentlich geschehen war und warum. Doch ich werde versuchen, so offen und ehrlich als möglich darüber zu schreiben.

„Im nachhinein ist man immer schlauer." Wer würde dem nicht zustimmen? Wenn ich zurückblicke auf meine Ehe mit Ruth, frage ich mich jedoch manchmal immer noch, was genau eigentlich schief lief. Wir waren beide schon einmal verheiratet gewesen und hätten einander gegenüber toleranter sein müssen. Wir hatten vieles gemeinsam. Doch mein Hang zur Pedanterie ging ihr auf die Nerven. Sogar ich selbst war bemüht, ihn zu überwinden. Ruths offenbar mangelndes Verständnis für Corinne hatte mich an unserem ersten gemeinsamen Abend schon gestört. In den Jahren danach kam es deswegen zu Spannungen zwischen uns, die einen Punkt erreichten, an dem ich Ruth zu heftig kritisierte.

Später, als wir Gillian bekamen, war typisch für Ruth, daß sie die Kinder zu Hause und in der Öffentlichkeit mit strengem Blick korrigierte, wenn sie sich nicht so benahmen, wie nach Ruths Überzeugung es für das Verhalten kleiner Mädchen angebracht war. Unsere Meinungsverschiedenheiten in Erziehungsfragen und ihre Strenge mit beiden Kindern brachte mich oft dazu, gewissermaßen für die Kinder eine Lanze zu brechen und einzutreten. Dadurch wurde unsere Ehe nur zusätzlich belastet. Doch wäre dies Grund genug für eine Trennung gewesen? Oder gar Scheidung? Die Antwort lautet natürlich eindeutig: Nein! All diese Zwistigkeiten waren nicht der wahre Grund für die Scheidung unserer Ehe.

Migräne und andere Dinge, die einem Kopfschmerzen bereiten

Bei jeder Krankheit sind auch psychische Komponenten im Spiel. Zu dieser Überzeugung war ich an der Yale-Universität gelangt. Als wir in Mexiko lebten, hatten mich gelegentliche Migräneanfälle manchmal einen halben Tag lang lahmgelegt. Sie waren bei mir nicht so stark, wie es bei anderen Menschen manchmal der Fall ist. Doch jede dieser Migräneattacken war alles andere als ein Vergnügen. Bei meiner Arbeit waren die Spannungen gering, verglichen mit meiner früheren Tätigkeit in Genf. Die Spannungen zwischen Ruth und mir waren jedoch, wie ich bereits erwähnte, ständig latent vorhanden. Nicht selten arteten sie in einem offenen Streit aus. Ende Januar 1964 starb mein Vater nach einem dritten oder vierten Herzinfarkt. Natürlich flog ich nach Louisville. Meine Mutter war damals in einem Zustand erbärmlicher Orientierungslosigkeit und Verwirrung. Ihre jüngere Schwester, meine Tante Grace, holte sie von High Acres weg zu sich und meiner Großmutter nach Hause. Nach der Beerdigung sahen meine drei Schwestern und ich uns auf der Farm einer unvorstellbaren Unordnung und einem Riesenchaos gegenüber. Zehn Tage widmete ich einem vergeblichen Versuch, Dinge auszusortieren,

so gut ich es konnte. Dann flog ich über Paris, wo ich ein paar Stunden mit Anni, Cristi und Jane verbrachte, nach Rom zurück. In Louisville hatte die Situation zu Spannungen zwischen den Geschwistern geführt, was jedoch nichts Außergewöhnliches nach dem Tod eines Elternteils ist.
Als ich wieder nach Rom kam, schien Ruth nach außen hin versöhnlicher gestimmt zu sein, als häufig zuvor der Fall war. Ich war nicht weniger erfreut als meine Schwestern zu erfahren, daß, zu unserer Überraschung, unser Vater in seinem Testament jedem seiner Kinder genug vermacht hatte, um alle finanziell einigermaßen abzusichern. Zusätzlich hatte er Treuhandschaften eingerichtet. Dadurch wäre mir ermöglicht worden, früher als üblich in Rente zu gehen, wenn ich es gewünscht hätte. Ruth und ich genossen also, wie ich eben anklingen ließ, eine relativ harmonische Phase in unserer Ehe. Dieser Zustand bestand jedoch mehr an der Oberfläche und weniger in der Tiefe.
„Bei jeder Krankheit sind auch psychische Komponenten im Spiel." Heutzutage gehe ich, zu Recht oder Unrecht davon aus, daß solche Faktoren beteiligt waren an dem, was sich bald zutragen sollte. Aus den Erfahrungen, die ich in späteren Jahren in der Psychotherapie machte, scheint es mir möglich zu beweisen, daß dem wahrscheinlich so war.
Gegen Ende 1964 wurde ich krank. Ich wurde in einer Privatklinik untergebracht, die den Ruf hatte, die beste in Rom zu sein. Irgendetwas veranlaßte die verantwortlichen Ärzte, die Resektion eines Teils des Darms zu empfehlen. Ruth und ich zweifelten die Diagnose an. Intuitiv spürten wir, daß der eigentliche Grund für den ärztlichen Vorschlag, die Hoffnung des Chirurgen war, sein Skalpell für viel Geld schwingen zu können. Wir packten meine Sachen zusammen. Ich entließ mich selbst aus der Klinik.
Ruth kannte einen Arzt für Allgemeinmedizin in Zürich, dem sie vertraute. Wir flogen nach Zürich. Seine Diagnose lautete auf Blinddarmentzündung. Auf seine Empfehlung hin, ließ ich mir meinen Blinddarm in Zürichs Rotkreuz-Hospital entfernen. Nach der Operation flogen wir nach Rom zurück. Die Wunde entzündete sich. Es bildete sich ein Abszeß. Anfang 1965 flogen wir wieder nach Zürich. Ruth flog ein oder zwei Tage später wieder nach Rom zurück. Diesmal

dauerte mein Krankenhausaufenthalt länger. Der Abszeß heilte nur langsam. Niemand verstand, weshalb ich auf Antibiotika nicht reagierte.

Hatte ich eine Ahnung, was vor sich ging? Gewiß nicht. Doch die Wege der Götter und vor allem der Göttinnen sind oft unerforschlich. Schwang sich Circe etwa zur Erde herab? Auch nur die geringste Ähnlichkeit zwischen Odysseus und mir herstellen zu wollen, wäre grotesk und überheblich. Nichts Absurdes dergleichen kam mir in den Sinn. Dennoch: „Lo más seguro es que: ¿Quien sabe?" Circe ist nach der Terminologie von Jung eine Hypostase der *anima*, das heißt, das unbewußt Feminine im Unbewußten aller Männer. In allen Frauen ist *animus* das unbewußt maskuline Gegenstück der *anima*. Doch darüber später noch mehr.

Während meines Aufenthalts in dem Züricher Krankenhaus wurde ich von Ereignissen überwältigt, die den eigentlichen Ausschlag für meine zweite Scheidung gaben. Ich verliebte mich erneut – bis über beide Ohren. Warum Verwirrungen dieser Art nichts Ungewöhnliches sind und welches die unbewußten Vorgänge sind, die sie auslösen, habe ich zu einem späteren Zeitpunkt gelernt – zumindest in der Theorie. Doch Theorie allein genügt nicht. Dieses ekstatische Hochgefühl zog mich noch mehr als einmal in seinen Bann, selbst als ich bereits ein Alter erreicht hatte, als ich mich dagegen als immun erachtete. Ich war diesbezüglich einfach zu empfänglich.

In dem privaten Krankenhauszimmer, wo ich versuchte Russisch zu erlernen – jedenfalls ein kleines bißchen –, tauchte eines Morgens Schwester Ursula auf. Sie war eine Krankenschwester aus München und neu in dem Züricher Krankenhaus. Sie war nur wenige Monate nach meinem ersten Aufenthalt dort eingestellt worden, nachdem ich mich dort einer Operation unterzogen hatte, die vielleicht gar nicht notwendig gewesen wäre, höchstens aus Gründen, die für mich unerforschlich waren. Was an jenem Morgen zum Ausbruch kam, war ein Fall von dem, was als „Liebe auf den ersten Blick" bezeichnet und erfahren wird. Ich fragte mich immer, ob uns vielleicht jemand ausspionieren hätte können, wenn wir uns heimlich an dem einzigen Ort trafen, der für unsere Stelldichein zur Verfügung stand, sobald Ursula dienstfrei hatte: meinen Raum. Innerhalb von drei Tagen war der hartnäckige Abszeß verheilt. Das spricht wohl für sich.

Als ich nach Rom zurückgekehrt war, machte ich kein Geheimnis aus meiner Verliebtheit in Ursula. Ruth war verständlicherweise außer sich und verschwand mehrere Tage von der Viale Africa. Ich hatte keine Ahnung, wo sie hingegangen sein könnte. Als sie zurückkam, noch immer verärgert und erregt, ging ich nach Südfrankreich. Dort hatten wir geplant, ein Grundstück, das wir bei einem früheren Besuch gesehen hatten, in der Nähe von Vence zu kaufen. Ich machte den Handel perfekt. Während dieser Zeit war ich bei Helen und Jim Wise zu Gast. Die beiden waren jetzt Millionäre, dank Jims genialer Voraussicht, daß die von ihm entdeckten Kunstwerke gute Preise erzielen würden, wenn er sie nach dem Kauf eine Weile zurückhielt. Auf dem neuen Anwesen, das außerhalb von Vence gelegen und über einen Acre groß war, stand eine Villa, welche die beiden in eine Kunstgalerie verwandelt hatten. Im Gästezimmer, wo ich untergebracht war, schlief ich wenig. Stattdessen bestaunte ich die ständigen Bewegungen eines von Alexander Calder entworfenen „Mobile". Helen und Jim dachten sicher, ich wäre total übergeschnappt, als ich ihnen offenbarte, daß ich mit einer neuen Karriere als Krankenpfleger liebäugelte. Was hatte in mir diesen weit hergeholten Gedanken inspiriert? Das war doch gar nicht so schwer zu erraten! Sie vermuteten, daß ich nicht länger im Vollbesitz meiner *mens sana* war, nachdem ich Ursula kennengelernt hatte. Etwas, das einer Psychose sehr ähnelte, war über mich gekommen. Damals hatte ich nicht die geringste Ahnung, wie mir geschah. Ich war einfach „total verliebt". Doch bereits damals, hegte ich den Verdacht, daß mein Zustand einer seltsamen, wenn auch vorübergehenden psychischen Störung gleichkommen könnte. Heute scheint es mir logisch, daß „sich verlieben" diesem Zustand sehr ähnlich ist. Für diese Hypothese spricht einiges.

Psychotherapie für zwei, die sich in eine Ehekrise verstrickt haben
Anfangsphase der psychoanalytischen Schulung für mich

Ruth hatte über eine Freundin von einer Psychoanalytikerin namens Dora Bernhard gehört, die nach der Methode Carl Gustav Jungs arbeitete. So kam es, daß wir zu Dr. Bernhard in Therapie gingen. Sowohl Dr. Bernhard als auch ihr Ehemann waren Juden. Irgendwie hatten sie es geschafft, von der Gestapo unentdeckt zu bleiben und die Kriegsjahre inkognito zu überleben, dabei aber trotzdem im Untergrund ihre psychotherapeutische Arbeit fortzuführen. Den Mann von Dora, Dr. Ernst Bernhard, habe ich nie kennengelernt. Er starb schon bald, nachdem Ruth und ich getrennt bei seiner Frau anfingen, in Therapie zu gehen. Viel später, als Dora und ich gemeinsam zu dem Schluß gelangten, daß eine weitere Ausbildung am Jung-Institut mir neue Berufschancen eröffnen würde, vertraute Dora mir einen wundersamen Traum an, den letzten, den ihr Mann vor seinem Tode gehabt hatte. Dieser Traum ist einer von denen, die ich nicht vergessen kann. In der Nacht vor seinem Tode träumte Doras Mann folgendes: „Ich habe eine Rolle, die ich spielen muß. Künftig besteht sie darin, keine Rolle mehr zu spielen." Dies war für ihn und seine Frau ein erstaunlich klarer Hinweis auf sein nahendes Ende. Zwischen 1968 und 1987 erfuhr ich von anderen Menschen, die ähnliche Träume gehabt hatten. Danach zog ich mich aus der psychotherapeutischen Praxis zurück, um anderen bislang schlummernden und vernachlässigten Interessensgebieten nachzugehen, die während fünfzig Jahre beruflicher Tätigkeit in drei verschiedenen Arbeitsbereichen einfach zu kurz gekommen waren.
Im Jahr 1965 machten Ruth und ich uns an die Arbeit, wenn es uns mit Dora Bernhards Einfühlungsvermögen und unparteiischer Verständnisbereitschaft für unser Dilemma denn möglich sein sollte, einen Gordischen Knoten zu lösen. Wie kann miteinander in Einklang gebracht werden, was unversöhnlich ist? Dies war die Frage. Unvereinbar waren für mich einerseits meine Liebe zu Ursula und andererseits Ruths und meine seit dreizehn Jahren bestehende Ehe,

die keineswegs echter gegenseitiger Achtung entbehrt hatte. Wir hatten viele Wertvorstellungen, Anliegen und Erfahrungen gemeinsam, die bis zu einem gewissem Grad die häufigen Meinungsverschiedenheiten zwischen uns aufwogen.
Außerdem erkannten sowohl Ruth als auch ich unsere Verantwortung für die beiden Kinder. Dieses Empfinden war sehr tief und stark bei uns beiden. Die beiden Mädchen hatten so oft die Schule wechseln, eine neue Sprache lernen, sich an eine neue, unbekannte Umgebung anpassen und knospende Freundschaften aufgeben müssen. Wir erkannten, daß dies unter bestimmten Gesichtspunkten Vorteile brachte, die sie sonst nicht gehabt hätten. Doch wogen die Vorteile schwerer als die damit verbundenen, negativen Aspekte? Corinne und Gillian könnten diese Frage heute beantworten. Ich stelle fest, daß ich sie nie gefragt habe, wie sie den Wandel ihres multikulturellen Lebens und die vielen Umzüge, die sie mitmachen mußten, rückblickend bewerten würden.
Es erübrigt sich zu erwähnen, daß Dora sehr diskret war. Ich erfuhr natürlich nicht, was Dora von Ruth über unsere Eheprobleme hörte oder was in ihren zweimal pro Woche vereinbarten Sitzungen gesprochen wurde. Ruth erfuhr erst viel später, in welche Richtung die Analyse ging, der ich mich unterzogen hatte. Ich war erstaunt, als Dora eines Tages anzudeuten schien, daß ich mich um die Aufnahme am Jung-Institut bewerben sollte. Träume, die bedeutungsvoller sind, als die meisten vermuten, spielten eine wichtige Rolle, bei dem was Dora impliziert zu haben schien. Diesen Hinweis gab sie mir mehr als ein Jahr, nachdem ich meine „psychologische Arbeit" aufgenommen hatte, wie sich viele Psychotherapeuten ausdrücken, wenn sie von Analyse sprechen.
Dora hatte von meinen Erfahrungen im Münchner Presseclub gehört, die nun fast achtzehn Jahre zurücklagen. Sie wußte selbstverständlich auch, daß Psychologie schon immer einer meiner Interessensschwerpunkte gewesen war, seit ich am Davidson-College während meiner ersten Studienjahre und in Heidelberg Kurse in diesem Fachgebiet belegt hatte. Es waren jedoch ganz außergewöhnliche Träume, eine ganze Reihe davon, die sie, neben dem Wissen um meine früheren akademischen Studien, offenbar überzeugten, daß es gut für mich

wäre, meinen Posten bei der FAO niederzulegen, um mich in Zürich weiterbilden zu lassen. Nacht für Nacht, über eine Woche lang, kamen die Träume, alle mit dem gleichen Grundmotiv in verschiedenen Variationen. Wenn ich an dieser Stelle zögere, davon zu berichten – und ich habe Bedenken, es zu tun –, dann deshalb, weil viele mir „reine Wunscherfüllung" unterstellen würden, wie Freud es getan hätte. In gewissem Sinn war dies der Fall. Doch gemäß Freuds expliziter Behauptung kommt die Erfüllung von Wünschen durch entsprechende Träume fast nur bei Kindern vor, wenn ihnen der Genuß einer Süßigkeit oder von etwas anderem versagt bleibt, das sie sich gewünscht, es aber nicht erhalten hatten. Freud glaubte, daß die Erfüllung von Wünschen in den Träumen von Erwachsenen durch einen sogenannten „Zensor" verdeckt bliebe. Unter diesem Zensor, vermutet er, bliebe die wahre Bedeutung von Träumen hinter einem semiotischem Ersatz versteckt bliebe. Jung fand später heraus, daß Träume manchmal Elemente der Wunscherfüllung beinhalten. Doch weitaus wichtiger ist, daß sie oft neue Möglichkeiten oder unerkanntes Potential erkennen lassen zur weiteren psychischen Entwicklung und zum Wachstum hin zur „Gesundheit" im Sinne von „Ganzheit".
Viele Jahre vor meiner Begegnung mit einer Psychotherapeutin, deren Arbeitsweise auf Jungs Methode basierte, hatte ich das Buch *Modem Man in Search of a Soul*[1] gelesen. Es war das erste Buch, auf das ich in einer Münchner Krankenhausbibliothek unerwartet gestoßen war. Der Inhalt hinterließ bei mir einen bleibenden, wenn auch nur teils bewußt wahrgenommenen Eindruck, daß ich vielleicht eines Tages in Jungs Fußstapfen folgen können würde. Was zeigte sich durch die Reihe der Träume, die ich in den ersten Monaten meiner psychologischen Arbeit unter Dora Bernhards Anleitung hatte? Was offenbar wurde, konnte ich kaum fassen. Von dem wenigen, das ich seit 1947 von Jungs Schriften gelesen hatte, waren mir doch seine

---

[1] Sinngemäß: „Der moderne Mensch auf der Suche nach einer Seele"; Zusammenstellung verschiedener kürzerer Schriften Carl Gustav Jungs, die ins Englische übertragen und unter dem Titel *Modem Man in Search of a Soul* veröffentlicht wurden; die Schriften sind gesammelt in dieser Zusammenstellung nicht im Deutschen erhältlich (wohl aber in anderen Werken vertreten).

jahrzehntelangen Forschungen in der philosophischen Alchemie bekannt, die Vorreiter der heutigen Entdeckungen waren, wie der Mensch zu einem tieferen Verständnis seiner selbst gelangen oder was er aus sich machen könnte. In jener Reihe von Träumen, die ich gehabt hatte, sah ich mich immer wieder als ungeschulten Helfer in dem „Laboratorium" eines Alchemisten aus dem Mittelalter. Der Alchemist war Jung gewesen. Dora behielt die Interpretation dieser Träume über ein Jahr lang für sich. Als sie mir schließlich von ihrer Sicht dieser seltsamen Traumserie erzählte, kamen wir gemeinsam zu dem Schluß, daß ich eigentlich gar keine andere Wahl hatte, als mich einer Ausbildung zu unterziehen und die in Zürich angebotenen Kurse zu absolvieren, wenn ich alles mir mögliche tun wollte, um mich selbst zu finden und anderen zu helfen, diesen Anspruch auch für sich erheben zu können. Dies würde bedeuten, daß ich Analytische Psycholgogie praktizieren könnte, wenn ich mich für ein Diplom qualifizierte und das Abschlußexamen bestehen würde.
Im Mai 1965 starb meine Mutter in einem Pflegeheim in Dallas im Bundesstaat Texas. Carlton und meine Schwester Ruth hatten sie dorthin geholt, weil sie seit dem Tod meines Vaters knapp eineinhalb Jahre davor nicht mehr in der Lage war, sich selbst zu versorgen. Meine Tante war mit der Situation nicht fertig geworden. Einmal, als ich meine Mutter im Pflegeheim besuchte, erkannte sie mich traurigerweise nicht. Erst als ich ihr meinen Namen sagte, gab sie vor zu wissen, wer ich war. Innerhalb weniger Monate starb sie an den Komplikationen einer Lungenentzündung. An der Beerdigung in Louisville sah ich meine drei Schwestern und Carlton wieder. Ich schrieb ein paar Zeilen, die ich bei der Beerdigung vorlas. Darin versuchte ich zum Ausdruck zu bringen, was wir alle fühlten. Unsere Mutter war eine außergewöhnlich gute Mutter gewesen. Darüber hinaus machte sie sich jahrzehntelang für die Gleichberechtigung von Afroamerikanern stark, so wie auch ihre 1986 verstorbene Schwester. Grace war 96 Jahre alt, als sie starb; meine Mutter verstarb schon mit 75.
Während meines Aufenthalts in Louisville nach dem Tode meiner Mutter telegraphierte ich Ursula und machte den Vorschlag, daß wir auf meinem Rückflug nach Rom ein paar gemeinsame Tage in

London verbringen sollten. Ich fügte ein Flugticket für sie von Zürich nach London bei. Es klappte! Wir hatten das erste Mal die Gelegenheit, beisammen sein zu können, ohne Angst haben zu müssen, daß eine Oberschwester in das Zimmer hereingeplatzt kam, wo wir uns aufhielten. In London übernachteten wir in einem der partriarchalischen Hotels, dem man das Alter ansah, das aber gepflegt war, wenn auch in einem typisch alten, englischen Stil. Als sich Monate später eine neue Gelegenheit bot, lud ich Ursula nach Rom ein. Da ich nun dank des Vermächtnisses meines Vaters relativ vermögend war, konnte ich mir auch leisten, Ursulas Flug nach Madrid zu bezahlen, wo sie ihre Halbschwester besuchen wollte. Dr. Bernhard empfing Ursula und mich in ihrem Beratungszimmer in einem alten Gebäude direkt oberhalb von Roms berühmter Santa Trinità dei Monti-Kirche und der allen Touristen bekannten „Spanischen Treppe". Ursula hatte zehn Tage dienstfrei und Dora bot uns an, Gebrauch von ihrer Villa am Lago di Bracciano zu machen, solange wir wollten. Ursula und ich waren überrascht und erfreut. Ich hatte einige mir bei der FAO noch zustehende Urlaubstage aufgehoben. Wir nahmen die Einladung froh und dankbar an.

An jenem Nachmittag fuhren wir zu dem kleinen Dorf Bracciano, wo sich Doras Wochenendhaus befand. Im zweiten Stock der Villa bewohnten wir einen großen Raum mit riesigem Balkon, der einen Ausblick auf den sauberen Sandstrand des nur wenige Meter zu Fuß vom Wohnzimmer im ersten Stock gelegenen Sees bot. Ursula war sportlicher als ich und eine gute Schwimmerin. Oft schwammen wir früh morgens, um die Mittagszeit und mehrere Male noch spät nach Mitternacht in dem warmen Wasser des Sees. Doras Haushaltshilfe für die Villa bereitete uns hervorragende italienische Köstlichkeiten zu. Unser zehntägiger Urlaub am Bracciano-See war so, wie man sich den siebten Himmel vorstellt.

Das Leben an der Viale Africa hingegen glich für Ruth und mich immer mehr der Hölle und immer weniger dem Himmel. Ich war innerlich zerrissen, wurde von Unschlüssigkeit gequält und war nicht in der Lage zu entscheiden, was als nächstes getan werden sollte. Unzählige Träume füllten jede der wenigen Stunden, in denen ich schlafen konnte. Alle, an die ich mich erinnern konnte, diskutierte ich eingehend mit Dora. Monate verstrichen. Im Herbst 1966 begannen die Dinge, sich von selbst zu klären. Eines Tages ließ Dora andeutungsweise verlauten, daß nicht nur die Arbeit mit mir, sondern auch ihre Sitzungen mit Ruth auf die Notwendigkeit hindeuteten, daß meine und Ursulas Beziehung *nicht* zerstört werden sollte. Es schien klar, was dies bedeutete. Ich fragte: War sie zu dem Schluß gekommen, daß eine Trennung von Ruth und mir langfristig allen Betroffenen zugute käme? Ich bat sie eindringlich, mir offen und ehrlich zu sagen, ob ich etwas falsch verstanden hätte von dem, was sie sagen wollte. Sie erwiderte: „Es hängt nicht an mir. Nur *du* kannst eine Entscheidung treffen." Ich wußte immer noch nicht recht, was ich tun sollte.

Wochenlang zögerte ich. Dann, eines Nachts, hatte ich einen Traum, der mir weiterhalf und den ich bisher niemandem außer Dora erzählt habe. Jung hätte diesen Traum als „archetypisch" bezeichnet. Er war so überwältigend, daß ich genau wußte, wie meine Entscheidung letztendlich auszusehen hatte. Dora und ich sprachen eine ganze Sitzung lang darüber. Erst dann gestand Dora mir, daß sie, trotz allem, was in unserer Familie auf dem Spiel stünde, der Auffassung wäre, ich solle Ruth mit den Kindern in Rom verlassen und nach Zürich gehen. Ruth war verblüfft und verbittert, als ich ihr von meiner Entscheidung berichtete. Ihre Reaktion konnte ich voll und ganz nachvollziehen. Doch meine Entscheidung war für mich nicht rückgängig zu machen.

Am nächsten Tag reichte ich bei der FAO meine Kündigung ein und bat Dr. Autret, sie ab Ende Dezember als wirksam zu betrachten. Am Tag vor meinem Rückflug nach Rom, als ich das zweitenmal aus dem Rotkreuz-Hospital entlassen worden war, war ich noch im Jung-Institut eingekehrt und hatte mit dem Studiendirektor dort gesprochen. Er versicherte mir, daß es mir grundsätzlich möglich wäre, den ersten Abschnitt der Ausbildung zu absolvieren. Im Januar 1967 kehrte ich nach Zürich zurück. Mein Abschied war für keinen von uns leicht. Die Einzelheiten werde ich nicht erläutern, doch habe ich nichts vergessen. Gillian, die damals erst vierzehn war, erlebte mein Weggehen wie Verrat. Es dauerte Jahre, bis sie mir in dieser Sache vergeben konnte. Noch mehr Zeit verstrich, bis Ruth und ich wieder Kontakt aufnahmen. Seither sind wir Freunde. Wir schreiben einander oft oder telefonieren und haben heute mehr gemeinsam, als während unserer Ehejahre.

In der Zwischenzeit heiratete Anni Jean-Marie Borzeix im September 1966. Selbstverständlich nahm ich an der Trauung in Paris teil. Es war eine schlichte Hochzeit. In einer nicht überfüllten Kirche mit dem Namen „Église Saint Paul" wurde die übliche religiöse Zeremonie abgehalten. Jean-Maries Eltern hatten auf eine kirchliche Trauung bestanden. Danach folgte eine noch schlichtere standesamtliche Eheschließung, die vor der französischen Fahne von einem Friedensrichter aus dem vierten Arrondissement abgehalten wurde. Jane wohnte jetzt in der dortigen Rue de Jarente in einer kleinen Wohnung, deren Decke so niedrig war, daß jeder, der größer war als Jane, nur gebückt stehen konnte. Nach Beendigung der Formalitäten nahmen Jean-Marie und Anni, Annis neue Schwiegereltern, Jane, Cristi, Nina und ich zusammen mit dem Priester, der den Traugottesdienst in der Église Saint Paul zelebriert hatte, ein festliches Mittagessen ein.

In einem Lokal an einer Ecke des quadratischen Place des Vosges hatten wir ein ausgezeichnetes Fünf-Gänge-Menü mit den passenden Weinen. Das Festessen wurde mit einem Glas von Frankreichs bestem Champagner eröffnet und beendet. Am Place des Vosges hat sich wenig verändert. Er war 1966 immer noch so ruhig gelegen, wie er es wohl 1830 war, als Victor Hugo dort *Notre Dame de Paris* schrieb, das in der Übersetzung unter dem Titel *Der Glöckner von Notre Dame* bekannt wurde. Viele betrachten dieses Werk als den wichtigsten historischen Roman der französischen Literatur. Eine dezent bemalte Schnitzerei des Place des Vosges hing als eine von vielen geschätzten Erinnerungen an verschiedene Länder im Wohnzimmer aller Wohnungen, die ich bewohnt habe, seit meine älteste Tochter geheiratet hat. Zum Zeitpunkt des Schreibens dieser Zeilen war sie 54 Jahre alt.

Jean-Maries und Annis Hochzeit war für das frisch vermählte Paar wie auch für die anderen geladenen Gäste ein freudiges Ereignis. Für mich war es ein festlicher und zugleich wehmütiger Anlaß. Meine Gedanken, die nicht leicht zu bezwingen waren, kreisten ständig um die Dinge, die meine erste und zweite Ehe belastet hatten und die, was ich zu jenem Zeitpunkt noch nicht wissen konnte, in meiner zweiten Ehe ebenfalls zu einer Scheidung führen sollten. Sogar der vielversprechende Anfang meiner Beziehung zu Ursula und die Aussicht auf ein Studium am Jung-Institut wurden davon überschattet. Während des Essens im Restaurant saß ich mit drei anderen Gästen an einem Tisch unter einer Überdachung im Freien und sprach wenig. Madame und Monsieur Borzeix sowie das frisch vermählte Paar, Jane und die übrigen geladenen Gästen waren in Hochstimmung. Bei mir war die Stimmung etwas getrübt. Mit gemischten Gefühlen verließ ich Paris am nächsten Morgen, teils freudig, teils traurig, um nach Rom zurückzufliegen. Ich konnte noch nicht wissen, nur hoffen, daß der Gordische Knoten würde gelöst werden können mit Hilfe von Dora Bernhards Verständnis und Einsicht und, so mein Eindruck, der sich im Laufe der nachfolgenden Jahre noch verstärkte, ihrer Weisheit. Wie ich schon sagte, begann sich der Knoten schon bald zu lösen, und ich konnte wieder Licht am Ende des Tunnels sehen ...

Teil Vier

Zwei Jahrzehnte in einem dritten Beruf analytischer
Psychologie in Kliniken plus Privatpraxis

„US-amerikanische Friedenskomitees in Europa"

Dritte Ehe:
Ihre Freuden – ihre Leiden – harte Arbeit für beide

Nochmals in neue Lehrstätten
Größere Bereicherung, geistig und seelisch, als Yale
Vorboten eines neuen Wagnisses
im ehelichen Zusammenleben

In Zürichs Stadtmitte war das C. G.-Jung-Institut damals in einem alten, efeubewachsenen Gebäude gleich vielen Bauten der Yale-Universität untergebracht. Zu jener Zeit, 1967, waren nur dreißig bis fünfunddreißig Studentinnen und Studenten am Institut immatrikuliert. Abgesehen von einigen älteren Damen und Herren, die als Gasthörer mehr oder weniger regelmäßig Vorlesungen besuchten, war ich der älteste der als Studierenden eingetragenen Kommilitoninnen und Kommilitonen. In New Haven war das Gleiche der Fall gewesen. Als ich meine Ausbildung am Jung-Institut begann (Junggeselle, vorläufig, in einem doppelten Sinne), zählte ich wenig mehr als zweiundfünfzig Lenze.

Die ersten vier oder fünf Wochen des vierjährigen Studiums verbrachte ich in einer größeren, leicht modrigen Herberge hoch über den zahllosen Banken, Kaufhäusern und vornehmen Mode-Boutiquen an der Hauptstraße im Stadtinneren. Meine etwas sonderbare Unterkunft an der Endhaltestelle der Züricherg-Straßenbahn entbehrte nicht jener Ähnlichkeit mit zwei „Christlichen Hospizen" unseligen Angedenkens, die ich von früher kannte. Aber ich hielt es zunächst dort aus. Dafür gab es mehrere Gründe. Zum einen lag die Gaststätte-cum-Herberge einem großen, schönen Wald direkt gegenüber, in dem ich frühmorgens oft spazieren ging. Zum anderen kostete mein Zimmer dort wenig. Um meine Finanzen war es nämlich wieder einmal nicht zum Besten bestellt. Die vier Jahre, die jetzt bevorstanden, würde ich ohne bezahlte Arbeit überdauern müssen. Dies würde voraussichtlich möglich sein dank den Arrangements meines Vaters vor seinem Tod und dank dem Umstand, daß ich das Pensionsgeld, auf das ich wegen fast zwanzig Jahre bei der UNO Anspruch gehabt hätte, statt dessen „kapitalisiert" hatte, d.h. ich ließ es mir als Gesamtsumme auszahlen und legte es möglichst zinsgünstig an.

Meine hospizähnliche Unterkunft hatte den zusätzlichen Vorteil, nur einige Schritte vom Eingang des großangelegten Zürcher Zoos entfernt zu sein. Oft war ich in meiner knappen Freizeit dort, wo ich vor allem der gekonnten Akrobatik unserer spielerisch veranlagten nächsten Verwandten, der Schimpansen, stundenlang hätte zuschauen können. Den nahen Wald und die Schimpansen vermißte ich, als ich innerhalb weniger Wochen preiswerte „digs", wie Studentenbuden in England genannt werden, in dem mit der Straßenbahn leicht erreichbaren Zürcher Vorort Örlikon fand. Dort hatte ich nur ein kleines Zimmer, aber auch eine Kochnische nebst einem Badezimmer kaum größer als das, was als Küche herhalten mußte. Ursula besuchte mich dort ein einziges Mal und stellte dabei trotz der Enge jener Nische, in der sie hantieren mußte, eine Kochkunst unter Beweis, die mir mit derjenigen eines Marcel Maillard vergleichbar zu sein schien.

Kurze Zeit, nachdem wir uns kennengelernt hatten, kündigte Ursula ihre Stelle im Rot-Kreuz-Spital und nahm im bekannten Bergdorf Arosa einen wenig besser bezahlten Posten an als Krankenschwester in einer dortigen, ehemals auf die Behandlung von Tuberkulose spezialisierten Klinik ähnlich der, die in Thomas Manns *Der Zauberberg* verewigt wurde. Sie gab jedoch zu, daß der wahre Grund, weshalb sie dorthin gewechselt hatte, ihr leidenschaftlich gepflegter Sport gewesen war: Skifahren. Während meines ersten Jahres am Jung-Institut besuchte ich sie dort zweimal, wobei ich aufpassen mußte, daß niemand mich erwischte, als ich mit dem langsamen Lift vier Stockwerke hinauf bis unter das Dach fuhr, wo sich das ihr zugeteilte winzige Zimmer befand.

Wir waren noch mehr verliebt als schon seit dem Moment ihres Betretens meines Krankenzimmers im Rot-Kreuz-Spital. Und darin lag der Hauptgrund, vermute ich, weshalb Ursula einige Monate später ihre Liebe zu den Skibrettern opferte, um eine wohl weniger reizvolle Arbeit in Zürichs weltberühmter „Bircher-Benner-Klinik" auf sich zu nehmen. Dort lernte sie „Bircher-Müsli" und Gemüsesäfte zu genießen als Pflichtdiät, die für wohlhabende Patientinnen und weniger zahlreiche, aber nicht weniger zahlungskräftige Patienten verordnet wurde wegen Übergewichts nach Schlemmertouren in französischen oder anderen Fünf-Sterne-Restaurants, wo immer sie in den famosen „Guides Michelin" vermerkt sind. Sogar ich machte mich mit dem Genuß von Müsli vertraut. Seither ist mein gesundes Standardfrühstück eine große Schüssel voll Müsli, angereichert mit Früchtejoghurt und dreierlei Frischobst. Am Jung-Institut war ich freilich vorher länger schon dabei gewesen, anderes zu lernen als Feinkost, die auch der körperlichen Gesundheit dient ...

Was ich zwischen Mitte Januar 1967 und Anfang Januar 1971 lernte, als mir mein Diplom in einer kleinen Feier überreicht wurde, erwies sich als der wertvollste, geistig fesselndste Zuwachs, den ich je erfahren habe, an Erkenntnissen über unsere Wesenheit als Menschen. In einem viel größeren Ausmaß, als ich erwartet hätte, wurden mir durch dieses Studium die Augen geöffnet für ungeahnte neue Möglichkeiten vertiefter Selbsterkenntnis, für die Realisierung uns unbewußt innewohnender Potentiale von Wachstum auf dem Weg zur Reife, zu psychischer Ganzheit und zu einem in jedem Sinne reicheren Innenleben. Nicht weniger wichtig ist die Tatsache, daß jene vier Jahre mir dazu verhalfen, toleranter zu werden; eher als zuvor fähig, andere Menschen in ihrem So-Sein anzunehmen als Ausgangspunkt für ihre Befreiung aus dem Gefangensein in überholten Dogmen oder ihnen eingeimpften Doktrinen und Maximen; für die Heilung psychischer Wunden, unter denen unendlich viele Menschen seit den prägenden Jahren ihrer frühen Kindheit und Jugend leiden. Außerdem, was keineswegs weniger wichtig war als alles andere, mußte ich schmerzlich erkennen, daß in mir selber (wie in uns allen) Tendenzen latent vorhanden sind, über andere Menschen Macht gewinnen zu wollen oder mich in gewissen Situationen auf eine Art und Weise zu verhalten, die ich boshaft gefunden hätte, wenn andere sich *mir* ähnlich oder genau so verhielten wie ich *ihnen* gegenüber.

Alle Studierenden mußten Vorlesungen, Vorträge und Seminare belegen im Bereich Kulturanthropologie, aber auch über Mythologie und Volksmärchen als symbolische Darstellungen von Persönlichkeitsmerkmalen, die uns allen entweder verborgen oder offenkundig gemeinsam sind. Hinzu kamen Seminare über psychologische Typen bei uns Menschen in dem Sinne, daß die einen eher introvertiert und die anderen extraviert sind, daß viele unbewußt dazu neigen, das Logische bzw. das vorwiegend Intellektuelle für überlegen und wichtiger zu halten als das Einfühlende, das Intuitive oder aber bedeutender als Verhaltensweisen, die z.B. stärker von Sinneswahrnehmungen bestimmt werden. Auch gab es Pflichtseminare oder -vorlesungen über vergleichende Religionswissenschaft sowie selbstverständlich über Psychopathologie und die vermeintlichen Ursachen oder den manifesten Inhalt der verschiedenen Neurosen und Psychosen. In nahezu der ganzen deutschsprachigen Schweiz besuchten wir, immer in kleineren Gruppen, psychiatrische Kliniken für zusätzlichen Unterricht durch die jeweils zuständigen Ärzte und für Vorführungen von Patienten mit typischen Psychosen, die uns aus dem Blickwinkel der klassischen Psychiatrie erklärt wurden. Einige von uns – vielleicht die Mehrheit – fanden es menschenunwürdig, daß Patientinnen und Patienten uns wie bloße Objekte gezeigt wurden, ohne daß die meisten Psychiater auch nur eine Spur von Empathie oder Mitgefühl sich hätten anmerken lassen.

Nachdem Studierende ein erstes Examen, das sogenannte „Propadeuticum" (dies umfaßte alle Bereiche, die schon erwähnt wurden) mit Erfolg hinter sich gebracht hatten, wurden sie zum gehobeneren Status von Diplom-Kandidaten befördert unter der Voraussetzung, daß ihre LehranalytikerInnen sie vorbehaltlos dafür empfahlen. Eine unumgängliche Vorbedingung war, daß alle Studierenden sich einer gewissen Mindestzahl von Analysestunden unterzogen hatten bei einem oder bei mehreren der anerkannten Lehranalytikerinnen und -analytiker. Mit Dora Bernhard hatte ich die normalerweise geforderte Anzahl noch nicht ganz erreicht, aber meine Arbeit bei ihr und eine emphatische schriftliche Empfehlung wurden für ausreichend befunden. Während meiner vier Jahre am Jung-Institut arbeitete ich bei zwei Lehranalytikern und einer Lehranalytikerin. Bis dahin, da ich am Ende des zweiten Jahres das Propadeuticum bestanden hatte, konnte ich weit mehr als die erforderliche Anzahl persönlicher Analysestunden vorweisen. Dabei hatte ich unsagbar viel über meine affektbetonten Komplexe, über meine vielen Macken und Schwächen sowie über einige meiner positiveren Qualitäten bzw. Fähigkeiten gelernt.

Auch hatte ich, wie alle anderen Studierenden, eine beträchtliche Anzahl von Seminararbeiten geschrieben. Sie zu verfassen machte mir Spaß wie auch alles andere, das ich an pflichtmäßigen oder freiwilligen Aufgaben erledigte. Einige dieser Seminararbeiten besitze ich noch heute. Die Deutung eines spanischen Märchens aus der Provinz Estremadura als Seminararbeit hatte mir besonders große Freude bereitet, da ich über die Maßen erstaunt war, was aufgrund sorgfältigster Forschungen dabei herauskam. Ab und zu lese ich meine Arbeit über jenes Märchen nochmals durch und gerate immer aufs Neue ins Staunen wegen der tiefen Bedeutung, die darin verschlüsselt ist und sich als enorm bedeutungsvoll herausstellt für die Entwicklung von Durchsetzungsvermögen bei Frauen gegenüber dem seit Jahrtausenden in fast der ganzen Welt vorherrschenden Patriarchat. Bei echten Volksmärchen, wo immer sie herkommen, ist es übrigens nicht etwa so, daß ihre tieferliegende Bedeutung irgendwann von irgendjemandem vorsätzlich „chiffriert" worden wäre. Sie entstammen, wie Jung nachgewiesen hat, der Weisheit (man wundere sich nur!) dessen, was er das „Kollektive Unbewußte" der ganzen Menschheit nannte. Daher gibt es in den Volksmärchen aller Kulturkreise ähnliche Motive, wenn auch sozusagen verschiedenartig „gekleidet", die von Situationen oder Problemen handeln, welche direkt oder indirekt uns alle angehen.

Eine andere meiner Seminararbeiten warf die Frage auf und ich versuchte sie zu beantworten, ob man eine Reihe von Freuds Träumen, die er in seinem Buch *Die Traumdeutung* preisgibt, vielleicht besser verstehen könnte, als er selber – Pionier, der er war – es zu tun vermocht hatte, wenn man sie von einem Jung'schen Gesichtspunkt neu „unter die Lupe" nehmen würde. Dies versuchte ich anhand einer Reihe von Freuds Träumen, die offensichtlich vor allem mit Problemen zu tun hatten, die ihn im Umgang mit „dem Weiblichen" belasteten. In seinem hohen Alter sagte er einmal, es gäbe eine Frage, auf die er eine für ihn befriedigende Antwort nie habe finden können: „Was will das Weib?" Eine wesentlich erweiterte und voll dokumentierte Fassung dieser Arbeit bildete später die Basis, auf der meine Diplomarbeit ruhte. Und ich darf vielleicht selbstlobend sagen, daß sie allgemein als ein nicht unwesentlicher Beitrag zum Verständnis der Differenzen bewertet wurde, die im Jahre 1912 zu Freuds verärgerter Trennung von Jung führten.[1]

Nach bestandenem Propadeuticum begann ich selber, unter der strengen Aufsicht von vier Lehranalytikern, therapeutisch zu arbeiten. Der Terminus, den wir gegenüber der üblichen Bezeichnung „Patientin" oder „Patient" vorzogen, war „Analysandin" bzw. „Analysand". Freilich waren die Menschen, mit denen wir arbeiteten, in irgendeiner Weise „Leidende" (die Urbedeutung von „Patient"), aber wir sahen – oder wir versuchten, mit ihnen gemeinsam zu erkennen – ihre Potentiale für geistig-seelisches Wachstum, anstatt in erster Linie das zu betonen, was „krankhaft" war. Zum Teil wegen einer Freundschaft, die sich ab ungefähr 1968 zwischen Frau Dr. Jolande Jacobi, einer der frühesten Mitarbeiterinnen von Jung, und mir allmählich entwickelt hatte, war ich von AnalysandInnen bald fast überlaufen. Eine Folge davon war, daß in kürzester Zeit sich bei mir mehr eigene Stunden therapeutischer Arbeit anhäuften, als ich gebraucht hätte, um das erforderliche Minimum zu erreichen.

Über die jeweiligen Probleme der Menschen, mit denen man als Diplom-Kandidat arbeitete, mußten in regelmäßigen Abständen detaillierte Berichte angefertigt werden. Sie wurden dann mit unseren Supervisoren, den erfahrenen LehranalytikerInnen, im einzelnen besprochen und von ihnen kritisch kommentiert. Kopien dieser Berichte blieben zehn Jahre bei mir aufbewahrt, nachdem ich ab Ende Dezember 1987 nicht mehr praktizierte. Mit sowohl veränderten Namen als auch mit fiktiven Herkunftsorten werde ich nachher – um unsere Vorgehensweisen als Analytiker Jung'scher Prägung zu veranschaulichen – einige Beispiele dafür schildern, was die tiefenpsychologische Arbeit mit einer kleinen Auswahl unter den vielleicht dreihundert bis dreihundertfünfzig Menschen, mit denen ich arbeitete, an Erfolgen und Mißerfolgen mit sich brachte.

---

[1] Allgemein wird in Freud-Biographien und in der Fachliteratur eine Version dieser Trennung wiederholt, die den Tatsachen nicht entspricht. Nicht Jung hat sich von Freud getrennt, sondern es war Freud, der Jung sozusagen „abhängte". (Vgl. das von mir verfaßte Kapitel „Die zeitgenössische Bedeutung des Gegensatzes Freud-Jung" in *C. G. Jung heute*. Stuttgart: Bonz-Verlag, 1976.)

Als Anfang Januar 1971 mir das Diplom als Analytischer Psychologe endlich ausgehändigt wurde, fühlte ich mich, wenn auch noch nicht „auf ganz sicheren Beinen stehend", für die beginnende Ausübung meines dritten Berufs mehr oder weniger zureichend ausgerüstet. Inzwischen hatten Ursula und ich im Frühjahr 1968 beschlossen, daß wir zusammenwohnen würden. Warum ich in meinem Leben bei irgendeinem neuen Umzug so oft „in die Hügel" tendiert habe, ist mir rätselhaft. In Haiti war dies der Fall gewesen, in Mexiko zweimal und erneut während meiner ersten Wochen in Zürich. Ursulas und meine erste gemeinsame Wohnung befand sich an der in Richtung Zürcher Zoo steil aufwärts führenden „Gloriastraße". Zwar war sie eine Einzimmerwohnung im halb unterirdischen Erdgeschoß eines dreistöckigen Hauses, aber wegen der relativ großen Wohnküche schien sie uns für unsere Zwecke und vor allem für unsere nicht gerade übervolle gemeinsame Kasse geeignet zu sein. Denn das kombinierte Wohn- und Schlafzimmer konnte tagsüber als meine Praxis dienen, während Ursula die Küche als Aufenthaltsraum verwenden würde, wenn sie nicht bei ihrer neuen Arbeit im Kantonsspital war. Also bedeutete die Wohnung an der Gloriastraße für uns in einem gewissen Sinn „Gloria in excelsis ...". Wir waren dort überaus glücklich, außer daß Ursula aus Gründen, die mir nicht immer ganz erklärbar waren, gelegentlich Wutanfälle bekam und ich bisweilen unter Migräneattacken litt, deren Auftreten mit Ursula entschieden nichts zu tun hatten, sondern die mutmaßlich durch noch lange nicht gelöste Probleme zwischen Ruth und mir verursacht wurden.

Bald nachdem wir uns in der Wohnung eingerichtet hatten, begann meine Arbeit als angehender Analytiker, wenn auch noch nicht ganz flügge, im Ernst. Dort schrieb ich auch meine Diplomarbeit und übersetzte ins Englische, gewissermaßen nebenbei, das Vorwort für eine Neuauflage von Jolande Jacobis Standardwerk *Die Psychologie von C. G. Jung* und ein größeres Buch von ihr, *Im Bilderreich der Seele*, das ihre Arbeit vor allem in Kliniken schilderte, wo sie Analysanden, die sich in Wörtern nicht oder kaum ausdrücken konnten, ihre Probleme im freien Malen darstellen ließ. So konnten Menschen ihre Träume und Phantasien in Bilder fassen – eine therapeutische Methode, die äußerst hilfreich sein kann. Für meine Übersetzungsarbeit

belohnte mich Frau Jacobi königlich. Nur dank diesem Geld konnte ich mir den Luxus erlauben, einen teuren Ledersessel mit dazu passendem Hocker zu kaufen, der nach dreißig Jahren im täglichen Gebrauch noch wie neu aussieht. Während ich schreibe, sitze ich in diesem wunderbar bequemen Sessel, den ich nebst vielem, das ich bei der lieben, aber gestrengen Jolande Jacobi lernte, ihr verdanke.
Für unser erstes gemeinsames Weihnachtsfest kauften Ursula und ich einen nicht gefällten, sondern lebenden kleinen Tannenbaum. Als die Feiertage zu Ende waren, pflanzten wir ihn auf einem Stück höheren Bodens im Garten neben unserem Wohnungseingang. Vor drei Jahren, bei einem kurzen Besuch in Zürich, nahm ich ein Taxi und fuhr zum Haus an der Gloriastraße, wo wir von 1968 bis 1971 gewohnt hatten. Der Baum stand noch dort, jetzt viel höher gewachsen als das dreistöckige Gebäude. Aber wie *kann* ich, abgesehen von diesem Detail, Ursula beschreiben? Allein die Tatsache, daß sie (ebenso wie ich) einen schönen Baum der Zürcher Müllabfuhr nicht überantworten wollte, besagt Wesentliches über sie. Naturliebend war sie offenbar schon als Kind. Sie ist es in verstärktem Maße heute. Bisher hatte ich sonst nur wenig über sie geschrieben, außer daß wir uns im Rot-Kreuz-Spital verliebten und daß sie nachher in verschiedenen anderen Spitälern der Schweiz als Krankenschwester arbeitete. Für diesen Beruf, den sie in ihrer Heimatstadt München erlernt hatte, *war* sie und für ihren späteren Beruf als Diplom-Psychologin sowie Psychodrama-Leiterin ist *sie* vortrefflich geeignet. Sowohl geistig als auch körperlich ist sie ungemein beweglich und schnell. „Flink wie der Osterhase bist Du" hatte ich 1965 in einem Brief gesagt, den ich ihr schrieb ein paar Tage, nachdem ich aus dem Rot-Kreuz-Spital, wie durch ein Wunder geheilt, entlassen worden war. So rasch war sie meinen sehnsüchtigen Blicken entschwunden, als ich, ihr nachschauend, am Spitaltor noch stand, bevor ich nach Rom zurückflog. Doch für jetzt ist von alledem vielleicht genug. Mehr zu Ursula – im Lateinischen ursa = „Bärin"; ursula = „kleine Bärin" – wird folgen ...

Schmerzliche Scheidung – Neue Vermählung
Privatpraxis erblüht – noch mit gelegentlicher Supervision
Einweihung in klinische Psychotherapie

Über die Jahre von 1968 bis 1990 – und später – verbleibt noch unendlich viel, das dargelegt werden müßte, aber ausgelassen werden muß. Alle, die den Versuch je gewagt haben, Rechenschaft abzulegen über ihr eigenes oder anderer Menschen Leben, werden ohne Mühe verstehen, daß dem so ist. Hinzu kommt, daß Objektivität unmöglich ist. Weder Historiker noch Journalisten oder irgendwelche anderen, die versuchen, ihr eigenes Leben oder das Leben anderer Menschen detailliert zu schildern, oder die bemüht sind, einem Tagebuch anzuvertrauen, was wichtig oder bloß zufällig ist, können subjektive Elemente ganz vermeiden. Denn sie schleichen sich bei der bzw. dem Schreibenden zumeist völlig unbewußt in das ein, was immer sie schreiben.

In Gerichtssälen fordern Richter sowohl Angeklagte als auch Zeugen (jedenfalls in den USA, wie dies in Deutschland ist, weiß ich nicht) eindringlich auf: „Schwören Sie, daß Sie die Wahrheit sagen, nichts als die Wahrheit sagen und die ganze Wahrheit sagen werden!" Und die routinemäßig erwartete, solenne Antwort lautet: „Ich schwöre es, so wahr mir Gott helfe!" Die Frage des Pontius Pilatus „Was ist Wahrheit?" wurde mit Schweigen quittiert. C. G. Jung pflegte zu sagen: „Nichts ist ganz wahr und nicht einmal *dies* ist *ganz* wahr!" Selbst Ehrlichkeit, trotz bester Absichten, ist nicht selten unbewußte Selbsttäuschung. Man kann es also nur versuchen. Alles, was darüber hinausgeht, ist jenseits unserer *conditio humana*, jenseits unserer naturgegebenen Begrenztheit als bloße Menschen in einem Universum, das niemand je vollends wird verstehen können. Teilwahrheiten sind oft selbstenthüllend. Letzthinnige Wahrheit ist unergründlich, unfaßbar, unerfahrbar.

Nachdem ich von Rom nach Zürich umgesiedelt war, folgten auch Ruth und die Kinder bald (genau wann, weiß ich nicht) in die Schweiz. Sie ließen sich in Genf nieder. Unsere Scheidung wurde Anfang Dezember 1968 in Zürich ausgesprochen. Was unsere jeweiligen Rechtsanwälte im Verlauf des Procedere sagten, gründete unausbleiblich auf Teilwahrheiten. Die ganze Wahrheit im Zusammenhang mit den Spannungen, die unsere Ehe über weite Strecken belastet hatte, hätten weder die Anwälte noch wir selber voll ergründen können. Wären wir beide 1950 in der Lage gewesen, unser Verhalten bewußter zu gestalten und unsere Entscheidungen bewußter zu treffen; hätten wir damals verstanden, was wir beide später lernten, würden wir mit fast völliger Gewißheit weniger überstürzt beschlossen haben, daß wir zusammenleben wollten, um bald darauf auch zu heiraten. (Heute frage ich mich, ob bei Ursula und mir nicht nahezu das Gleiche geschehen ist.) Wenn Ruth und ich (oder fünfzehn Jahre später Ursula und ich) uns darüber wirklich klar gewesen wären, was für mächtige, aber naturgemäß völlig unbewußte Projektionen immer im Spiel sind, wenn Menschen sich verlieben, wenn wir zu warten bereit gewesen wären, bis wir uns wirklich kennengelernt hätten in dem Maße, in dem es überhaupt möglich ist, einen anderen Menschen in seiner ganzen Tiefe zu kennen, hätten Ruth und ich (ebenso Ursula und ich) *vielleicht* nicht geheiratet.

Ruth und ich hatten 1950 nicht die geringste Ahnung – keinen blassen Schimmer, wie man so sagt – daß sich unbewußt vollziehenden Phänomene wie der gegenseitigen Projektion von „Anima" und „Animus" solch weitreichende Bedeutung zukommt. Theoretisch wußte ich darum, als Ursula und ich den Entschluß faßten, daß wir zusammenwohnen und einige Monate danach heiraten würden. Zwischen Theorie und Praxis bestehen, wie man weiß, oft gewaltige Unterschiede. „Gut gemeint, ist nicht immer gut getan." Andererseits hatte ich keinen Grund erkennen können, weshalb ich Ruth gegenüber meine Beziehung zu Ursula verheimlichen oder leugnen sollte. Dies zu tun hatte ich keine Absicht. Die offen eingestandene neue Beziehung war juristisch der Scheidungsgrund, als Ruths und meine Wege sich trennten. Auf materielle Zugeständnisse an Ruth – darunter das Grundstück bei Vence, das wir gekauft, und ein Chalet bei Verbier, im Kanton Wallis, das wir ebenfalls zu einem günstigen Preis erworben hatten – ließ ich mich freiwillig ein. Diese Gesten guten Willens waren, glaube ich, wohl etwas großzügiger, als sie gewesen wären, wenn mich Schuldgefühle nicht wieder einmal geplagt hätten.

Das Wichtigste schien mir zu sein, daß Ursula und mir noch genug geblieben war, um nicht am Hungertuch nagen zu müssen.

Als sie und ich unsere Wohnung in der Gloriastraße bezogen, hatte ich dank meiner Arbeit bei Dora Bernhard, dank nicht wenig Lektüre und Vorlesungen am Jung-Institut auf vorwiegend intellektueller Ebene einiges gelernt, was die Prozesse betrifft, die außerordentlich häufig Projektionen eigener unbewußter Inhalte auf andere Menschen zu Grunde liegen. Ob die im Unbewußten eines jeden Mannes stets aktive sogenannte „Anima" (sein gegenschlechtlicher innerer Anteil) oder ob der „Animus", der bei jeder Frau (Anima entsprechender unbewußter männlicher Anteil) ebenso ständig am Werke ist: Beides weist sowohl positive als auch negative Aspekte auf. Dunkle, oft gefährliche und zu Destruktivität oder Gewalttaten verführende unbewußte psychische Komponenten, die Jung den „Schatten" nannte, sind in allen Menschen ebenfalls lebendig, müssen jedoch nicht zerstörerisches oder gewalttätiges Handeln auslösen. Worauf es dabei ankommt, ist die Frage, ob unsere Selbstwertgefühle positiv gefestigt und, nicht selten, unsere Fähigkeiten zur Selbstbeherrschung genügend stark sind, um diese Tendenzen im Zaum zu halten.

So schwer verständlich dies alles auch sein mag, es ist ein Sachverhalt, den die Erfahrung im Umgang mit diesen und den anderen von Jung sogenannten „Archetypen" immer wieder bestätigt. Sowohl die bereits erwähnten als auch etliche andere Archetypen, die in unser aller Psyche, wenn auch noch so unbewußt, stets gegenwärtig sind, werden von Zeit zu Zeit auf andere Menschen projiziert, ihnen gewissermaßen „zugedichtet" oder an ihnen „aufgehängt". Projektionen von Anima und Animus sind in einem gewissen Sinn Fallstricke, die unser aller Mutter Natur auslegt, um die Fortpflanzung der Gattung zu sichern. Ohne jede Frage hatten bei mir solche Anima-Projektionen den Ausschlag gegeben, als ich öfter, denn einzugestehen mir leicht fällt, mich in Frauen verliebte. Und, wie noch zu berichten verbleibt, ist es mir als altem Mann, nach jahrelanger Erfahrung im Beruf eines Tiefenpsychologen, noch *ein* Mal passiert, obwohl ich weder in jenem „Spätfall" noch in allen früheren Fällen ganz sicher bin, daß die Sache immer und ausschließlich eine Folge von Projek-

tion gewesen ist. Zusammen lernten Ursula und ich allmählich mehr über diese Mechanismen sowohl aus Erfahrung als auch in der Theorie. Auch Ruth, die nach unserer Scheidung Psychotherapeutin wurde, dürfte Gleiches in gleicher Weise gelernt haben.
Solche Projektionen sind lange nicht immer verletzend oder schädlich. Hin und wieder, obwohl relativ selten, können sie sogar außerordentlich hilfreich sein. Dies wurde mir deutlich im Verlauf einer unter den vielen frühen Analysen, die mir als angehendem Psychotherapeuten immer noch unter der Aufsicht meiner Kontrollanalytiker oblagen. Eine junge Frau aus einer Kleinstadt in Belgien[1] kam zu mir mit der Bitte um Hilfe bei der Lösung eines für sie und für ihren Mann sehr schwerwiegenden Eheproblems. Sie waren seit sechs Jahren verheiratet. Ihr Mann stammte aus demselben Städtchen wie sie. Schon in unserer ersten Stunde, die wie alle anderen (außer bei Frau Jacobi, die mir ein Zimmer zur Verfügung stellte) in Ursulas und meinem als Praxis verwendeten Wohnzimmer gehalten wurde, erklärte die junge Frau zögernd, schamhaft und verlegen, um was es sich bei ihrer Eheproblematik ging. Sie sagte, sie und ihr Mann fänden ihre Beziehung zunehmend schwierig, weil sie von Anfang an sich im Sexualbereich gegenseitig einfach nicht „ausstehen" könnten. Beide, Frau und Mann, waren römisch-katholisch erzogen worden. Die beiderseitigen Eltern des Paares, so weit ich feststellen konnte, waren extrem dogmatisch und streng.
Bevor sie heirateten, hatte weder sie noch ihr Mann irgendwelche körperlichen Intimitäten gekannt mit einem Menschen des anderen Geschlechts. „Woher kommt es," fragte sie, „daß wir einfach nicht Liebe machen *können*? Es klappt nie. Es war schon immer so. Wir finden diese Situation immer unerträglicher. Bin *ich* vielleicht daran schuld?" Auf keine dieser Fragen gab ich ihr eine Anwort, sondern schlug vor, daß sie ab sofort versuchen solle, jeden Morgen sofort nach dem Aufwachen ihre Träume aufzuschreiben, auch wenn sie sich nur noch an Fragmente erinnern könnte. Wochenlang danach

---

[1] Namen und Herkunfsorte sind, wie schon gesagt, aus berufsethischen Gründen fiktiv, wann immer es sich hier oder im nachfolgenden um ehemalige AnalysandInnen handelt.

brachte sie zu jeder Sitzung gewissenhaft niedergeschriebene Traumprotokolle mit. Sie zeigten ziemlich wenig, das die Analysandin oder ich als für eine Lösung des Problems nützlich gehalten hätten. Dennoch schien mir ein einziges, immer wiederkehrendes Motiv eventuell aufschlußreich zu sein. Zu wiederholten Malen starrten die Träumerin riesengroße Augen in fremden Gesichtern an, die sie im wachen Leben nie gesehen hatte und deshalb auch nicht identifizieren konnte. „Diese furchtbaren Augen", sagte sie, „wollen mir Böses antun. Oder ich soll wegen irgendeiner Sünde bestraft werden. Jedenfalls kommt es mir so vor. Sie machen mir immer furchtbare Angst. Dann wache ich auf und kann manchmal eine ganze Weile nicht wieder einschlafen."

Mir schien dies möglicherweise ein Hinweis darauf zu sein, daß ihre Auffassung von Gott vielleicht die eines rachsüchtig und bestrafenden Richters sein könnte. Ich fragte sie, ob sie sich Gott vorstelle als ein Gott der Liebe. Ihre Antwort schoß sie zurück. „NEIN! Gott ist nicht liebevoll. *Er* schickt uns in die Hölle, wenn wir sündigen oder ungehorsam sind!" Ich ließ es vorerst dabei bewenden in der Vermutung, daß ihre Eltern und andere nahe Verwandte ihr von frühester Kindheit an dies oder ähnliches eingebläut hätten, daß sie mehr oder weniger das Gleiche auch in der Kirche ihrer kleinen Heimatstadt immer wieder gehört habe.

Die Analyse zog sich ohne spürbare Fortschritte noch über mehrere Wochen hin. Das Motiv der angsteinflößenden Augen tauchte in ihren Träumen zwar ab und zu noch auf, aber es schien seltener geworden zu sein, außer die junge Frau hätte es mir nicht noch einmal sagen wollen. Dann kam sie eines Nachmittags in die Stunde mit einer Überraschung. Ihr gesamtes Aussehen und ihr Gesichtsausdruck waren wie durch einen Zauberkünstler verwandelt. Modisch gekleidet, wie ich sie bis dahin nie gesehen hatte, und mit diskret aufgetragenem Lippenrot brach es aus ihr sogleich aus. „Ich bin verliebt! Er ist Italiener. Der wunderbarste Mann, den ich je gesehen habe! Und *er* kann Liebe machen! Sie werden es mir nicht glauben. Aber es ist wahr!"

Ihre „Affäre" dauerte nur wenige Wochen. Der Mann, einige Jahre älter als sie, sagte ihr eines Abends, daß er verheiratet sei und sowohl

seine Frau als auch seine drei Kinder liebe. Dies konnte sie akzeptieren. Dann brachte sie, wiederum kurze Zeit später, freudestrahlend eine Nachricht, die auch mich erfreute. „Stellen Sie sich vor! Mein Mann und ich haben entdeckt, daß wir uns eigentlich immer schon ganz gerne hatten, aber jetzt klappt es auch sonst. Auf einmal können wir Liebe machen! Und es ist jedes Mal schöner!"
Bevor ihre Arbeit bei mir abgeschlossen wurde, was nach wenigen zusätzlichen Sitzungen der Fall war, verriet sie mir glücklich und voller Stolz, daß sie jetzt schwanger sei. Die plötzlichen Veränderungen in ihrem Eheleben konnte ich meinen noch unausgereiften Kompetenzen als Psychotherapeut nicht zuschreiben. Das Entscheidende war jene offenbar zufällige Begegnung mit einem der Sexualität gegenüber nicht vorurteilsbelasteten Italiener. Konnte ich einen kleinen Teil des Erfolgs mir zuordnen, so nur in dem Sinne, daß ich nicht gleich mit lapidaren Traumdeutungen aufgewartet hatte, sondern ein paar Mal nur kurze Fragen gestellt oder Träume unkommentiert ließ, obwohl ich selber meinte, sie halbwegs verstanden zu haben. Die völlig unbewußte Animus-Projektion war so übermächtig gewesen, daß ihre Hemmungen gleichsam über Nacht weggeblasen wurden. Während der ganzen etwa zwei Wochen vor unserer letzten Sitzung berichtete die junge Frau nur von Erleichterung, von neuer und zuvor nie gekannter Lebensfreude und von einer Reihe neuer Träume, die dies in aller Deutlichkeit auch zeigten.
Aniela Jaffé, eine herausragend begabte Analytikerin und Schülerin von Jung selber, sagte mir einmal, als ich ihr vom Verlauf dieser Arbeit kurz erzählte: „Eros ist ein mächtiger Gott. Ihm dürfen wir als Analytiker vor lauter Beachtung überholter Dogmen keine Steine in den Weg legen, wenn Frauen und Männer durch ecclesiogene[1] Neurosen daran gehindert werden, das zu tun, was völlig normal und gesund ist, auch wenn ihr Tun allen herkömmlichen Begriffen von Moral zuwiderläuft. Es gibt nämlich Situationen, in denen wir tra-

---

[1] „Ecclesiogen". Buchstäblich: „Kirchenbedingt". Ein Terminus, der verwendet wird, um zu verdeutlichen, daß überaltete, nicht mehr haltbare religiöse Dogmen oder Doktrinen die tieferliegende Ursache gewisser neurotischer Verhaltensstörungen sind.

dierte Moralvorstellungen keinesfalls als unser Hauptkriterium gelten lassen dürfen." Mir ist natürlich klar, daß nicht alle, die so etwas vorgesetzt bekommen, dem zustimmen können. Dies scheint mir im Grunde irrelevant zu sein. Das Wichtigste ist doch, daß die Ehe *dieses* jungen Paares durch einen kurzlebigen „Seitensprung" der Frau gerettet wurde. Ähnliche Erlebnisse führen nicht selten zur Heilung von Neurosen. Also sei es wiederholt: Nicht *alle* unbewußten Projektionen von Animus oder Anima sind notwendigerweise schädlich oder verletzend.

Voreheliche Probleme völlig anderer Art als die Probleme eines jungen belgischen Ehepaars

Ursula kam in Breslau zur Welt. Zufällig! Ihre hochschwangere Mutter befand sich 1941 auf dem Wege nach Polen, als die Geburtswehen unerwartet früh einsetzten. Da auch jene Stadt während des Krieges wie so viele andere weitestgehend zerstört worden war, hatte Ursula keine Geburtsurkunde. Auch konnte sie sich keine besorgen. Denn, gleich anderen Archiven, war bei den Bombenangriffen auf Breslau die große Mehrheit solcher Unterlagen ebenfalls in Flammen aufgegangen. Dieser Tatbestand erwies sich als schwerwiegendes und vorerst scheinbar unlösbares Problem. Nach der Scheidung meiner zweiten Ehe entschied sich Ursula für das Risiko, in einer dritten Ehe meine Gattin werden zu wollen. Da wir noch in Zürich waren und voraussichtlich bis 1971 dort bleiben würden, hatten wir uns natürlich vorgestellt, wir würden uns in Zürich auch vermählen lassen. Es stellte sich bald heraus, daß dies unmöglich war.
Nichts ahnend, meldeten wir uns eines Tages Mitte Januar 1969 beim Zürcher Standesamt in der Erwartung, daß die Ausstellung einer Erlaubnis im Sinne unseres Vorhabens unproblematisch sein würde. Mitnichten! Für mich als Studierenden, der ich mich ausweisen konnte mit einem US-Paß, einer amtlich beglaubigten Geburtsurkunde aus dem Bundesstaat Kentucky und einer gültigen Aufenthaltserlaubnis für die Schweiz, gab es kein Problem. Als Ursula sich

vor die Scheibe stellte, hinter der eine knochentrockene, für solche Angelegenheiten zuständige Beamtin saß, nahm unsere Sache eine sonderbare Wende. Aufgefordert, ihre Geburtsurkunde vorzulegen, geriet Ursula zunächst nicht in Verlegenheit. Der Umstand, das sie irgendwann geboren worden war, schien offenkundig zu sein. Sie stand ja lebendigen Leibes sichtbar da. Dies genügte nicht. Ebenso wenig war Ursulas Erklärung ausreichend, daß sie nur deshalb keine Geburtsurkunde vorlegen könnte, weil sie wegen der Verbrennung des Breslauer Stadtarchivs eine solche Urkunde niemals besessen hätte und auch in Zukunft keine würde erhalten können. Sie legte ihren gültigen BRD-Paß mit gültiger Aufenthalts- und Arbeitslaubnis für die Schweiz vor. „Nein!" schrie die jetzt sichtbar irritierte Beamtin. „Dies reicht nicht! Sie müssen eine Geburtsurkunde zeigen." Ich sagte, „Komm, Ursula, dies hat keinen Sinn! Wir werden irgendeine Lösung finden."

Mir war schon, während sich die Situation am Schalter zuspitzte, eine Möglichkeit eingefallen. Wir stiegen die zwei Treppen im Standesamt hinunter, überquerten die alte gewölbte Limmatbrücke Richtung Hauptpostamt. Währenddessen enthüllte ich meiner inzwischen verzweifelten jungen Braut in *spe* das, was mir als Lösungsmöglichkeit in den Sinn gekommen war. „Du, wir könnten doch in New York heiraten! Dort, so viel ich weiß, ist beim Standesamt alles ganz einfach. Wenn du möchtest, schicke ich ein Telegramm an Tom Messer und frage, ob er bereit wäre, unser Trauzeuge zu sein." Ursulas Gesicht hellte sich schlagartig auf. Wir gingen zum Postamt weiter, ich setzte ein Telegramm auf, es wurde umgehend abgeschickt. Am nächsten Tag kam schon ein Antworttelegramm von meinem alten Freund und Ex-Kollegen bei Radio München. „Herzliche Glückwünsche. Bin gern bereit Trauzeuge zu sein. Telegraphiert Ankunftszeit baldmöglichst. Love. Tom." Inzwischen war er schon seit einigen Jahren Direktor des New Yorker Guggenheim-Museums. Nachdem er und ich uns jahrelang nicht gesehen hatten, waren wir uns im Hauptgebäude der UNESCO wieder begegnet, als ich wegen irgendeiner Konferenz ein paar Tage mich als Vertreter der FAO in Paris aufhielt. Seitdem hatten wir des öfteren korrespondiert und, noch heute befreundet, treffen wir uns jedes Mal, wenn es sich ergibt, daß wir beide zur gleichen Zeit in Paris sind.

Zwei Wochen nach der enttäuschenden Erfahrung im Zürcher Standesamt flogen Ursula und ich nach New York. Alles, was wir dort für die Herausgabe einer amtlichen Heiratserlaubnis brauchten, war ein ärztlicher Nachweis, daß keiner der beiden Heiratswilligen mit irgendeiner Geschlechtskrankheit infiziert sei. Ich schaute im Telefonbuch nach. Dabei entdeckte ich, daß eine Arztpraxis sich in unmittelbarer Nähe des Hotels befand, wo wir abgestiegen waren. Wir gingen zum Arzt, warteten eine gute Stunde. Uns beiden wurden Blutproben abgenommen und im Labor des Arztes gleich untersucht. Der Befund war, wie nicht anders erwartet, negativ. Worauf das ärztliche Attest uns auf der Stelle ausgehändigt wurde. Zwei Tage nach dieser Formalität trafen wir uns mit Tom im Guggenheim-Museum, schauten uns die laufende Ausstellung in nicht allzu großer Ruhe an, bestellten ein Taxi und fuhren zusammen nach Downtown New York zum Court-House, wo die einem Standesamt entsprechende Behörde untergebracht war. In einem großen Saal dort warteten wir drei, zusammen mit vierzig bis fünfzig anderen Paaren und deren jeweiligen Trauzeugen bzw. Trauzeuginnen, bis eine in rascher Reihenfolge wechselnde Ziffern blitzende Lichtanlage die uns schon beim Hereinkommen ausgehändigte Nummer zeigte. Ursula, Tom und ich traten in den mit nur einem riesigen Sternenbanner verzierten großen Raum, wo Menschen zu dritt oder zu viert alle paar Minuten hineingingen und herauskamen. Dort stand ein Mann vor seinem Schreibtisch, schaute sich unsere Ausweise wortlos an, nahm das ärztliche Attest zur Kenntnis und fragte zunächst Ursula, dann mich, ob wir uns zu verehelichen wünschten, murmelte einige auswendig gelernte, abgedroschene Phrasen, verkündete unsere Vermählung als vollzogen, gab uns die Hand, drückte auf einen Knopf, um das nächste Paar aufzurufen, und entließ uns aus dem Saal. Wir warteten nochmals vielleicht zehn Minuten, bis uns von einer Assistentin die amtlich beglaubigte Heiratsurkunde überreicht wurde. Basta! Von Reno und Gretna Green hatte ich schon gehört, daß heiratswillige Pärchen in Windeseile dort vermählt werden könnten. Schneller als in New York kann ich mir allerdings eine solche Zeremonie kaum vorstellen.

Als Ehegattin und Ehemann verließen wir nun mit Tom das Court-House, um auf seine Einladung ein Festessen einzunehmen in dem besten Meeresfrüchte-Spezialitäten-Restaurant, das er, ausgewiesener Feinschmecker, in ganz New York kannte. In einer Blumenhandlung neben unserem Hotel hatte ich am frühen Vormittag ein Dutzend garantiert duftende rote Langstengel-Rosen bestellt, die wir auf dem Wege zum Restaurant abholten und ich Ursula erst dort, ausgepackt, mit einem Kuß überreichte. Danach gab es Hummer mit frischer Mayonnaise, die mich an Marcel Maillards Kochkünste oberhalb von Port-au-Prince erinnerte, einen vorzüglich mundenden weißen Bordeaux und eine Flasche Champagner. Nach diesem köstlichen Schmaus umarmte Tom uns beide und wir dankten ihm von ganzem Herzen. Er verabschiedete sich mit festen Umarmungen und Küssen für uns beide auf beiden Wangen, um seiner Arbeit im Museum wieder nachzugehen.

Ursula und ich hielten bei eiskaltem, stürmischem Wind die kommenden drei Tage aus und genossen, insofern dies bei der Kälte möglich war, einige wenige der Sehenswürdigkeiten von New York. Mit Swissair kehrten wir, glückliche „Newly-Weds", nach Zürich und unserer kleinen Bleibe an der Gloriastraße zurück. Zwanzig Jahre hatten für uns nunmehr begonnen als legal verheiratete Ehefrau und ebenso legal verheirateter Ehemann. Oft gingen wir, da wir so nahe beim Zoo waren, jetzt *zusammen* dorthin, um meine geliebten Schimpansen bei ihren Spielen und ihrem Spaß zu bewundern, wobei ein Junge immer wieder durch einen in seinem großen Käfig aufgehängten alten LKW-Reifen waghalsig von oben hindurch sprang. Gelegentlich, in höchstem Maße für ihn peinlich, verfehlte er es und landete rücklings auf dem Boden, anstatt daß ihm sein *salto mortale* durch den Reifen gelungen wäre. Im Frühjahr waren die vielen Krokusse und andere Blumen im Garten vor unserem Wohnungseingang immer eine Freude für uns beide. Und in unserer gemütlichen Wohnküche bereitete Ursula köstliche Mahlzeiten zu, die immer pünktlich auf den Tisch kamen, als um die Mittagszeit eine Analysestunde im Wohnzimmer beendet war. So ließ es sich ganz gut leben, obwohl wir beide viel zu tun hatten. Sie, wie schon gesagt, arbeitete jetzt im nahegelegenen Kantonsspital, wohin sie regelmäßig zu Fuß die Gloriastraße entlang hinunterging. Und ich hatte immer mehr AnalysandInnen, als ich in Therapie hätte nehmen müssen, um die notwendige Anzahl von Kontrollanalyse-Stunden zu erreichen.

Einweihung in klinische Psychotherapie: Zwei Beispiele aus einer außergewöhnlichen psychiatrischen Klinik

Während rund sechs bis acht Monate arbeitete ich als Teilzeit-Psychotherapeut in der nach C. G. Jung orientierten „Klinik am Zürichberg". Einer von mehreren AnalysandInnen, die ich dort kennenlernen durfte, war ein junger Mann aus West-Kanada, damals weniger als zwanzig Jahre alt und Sprößling einer liberal eingestellten, also nicht orthodoxen, jüdischen Familie. Eine junge Frau, zweiundzwanzigjährig, entstammte ebenfalls einem alles andere als orthodox-jüdischen Elternhaus in Vermont. Den jungen Mann werde ich hier „Bill" nennen; die junge Frau wird im folgenden unter dem Pseudonym „Edith" getarnt sein. Abgesehen von Namens- und Ortsänderungen ist nichts, was jetzt dargestellt wird, erfunden oder entstellt. Alles, was die beiden und was die Klinik betrifft, entspricht so weit den Tatsachen, als es mir Tatsachen zu erkennen möglich ist. Dies ist ja nicht einfach, zumal Subjektives und Objektives sich nicht immer auseinanderhalten lassen. Man kann nur, wie ich schon einmal sagte, sein Bestes zu tun versuchen.
Die Diagnose, die der Chefpsychiater der Klinik bei Bill erstellt hatte, lautete auf „manisch-depressiv mit schizophrenen Episoden". Als ich dem jungen Mann zum ersten Mal in der Klinik begegnete, steckte er gerade in einer manischen Phase. Dabei war er zu allerlei Schabernack und phantastischen Eskapaden aufgelegt. Einmal z.B., als Bill im Erdgeschoß der Klinik durch ein offenes Fenster hinaussprang, folgte ich ihm auf den hügeligen Straßen der Gegend so schnell, wie ich nur laufen konnte. Obwohl er der weitaus schnellere Läufer war (selbst an meinen besten Tagen im Davidson-College war ich nicht so schnell gewesen) ließ er mich ihn einholen und in die Klinik zurückbegleiten. Alles bei ihm war in einer solchen Phase nur Spiel. Ein

anderes Spiel, das wir ab und zu gern spielten, bestand darin, daß wir über einem kleinen Tisch unsere rechten Arme ineinander hakten. Jeder versuchte, des anderen Arm auf den Tisch niederzudrücken. Dabei tat Bill hin und wieder so, als sei ich der Stärkere, obwohl er ohne Mühe mich hätte bezwingen können. Seine Medikation war offensichtlich notwendig, um die in kurzen Intervallen sich wiederholenden zyklischen Prozesse von „manisch" zu „depressiv" und umgekehrt mehr oder weniger ausgleichend unter Kontrolle zu halten. Zwischen dem einen und dem anderen der beiden Zustände wirkte er wie jeder „normale" Mensch, war absolut ruhig, an vielem interessiert und man konnte mit ihm gegenseitig anregende Gedanken austauschen. Im Verlauf unserer psychologischen Arbeit, die sich über rund zweieinhalb Jahre erstreckte, wurden wir Freunde.
Bei ihm konnte ich, für meinen Teil, keine Spur von Schizophrenie erkennen. Mein Eindruck (der mich vielleicht täuschte) ging dahin, daß unsere einseitig mental-intellektuell ausgerichteten Psychiater Bills oft und offen bekundete Interessen für gewisse „esoterische" Praktiken oder Bräuche der Hopi- und Pueblo-Indianer in den Südweststaaten der USA als Symptome der Schizophrenie mißdeuteten. Mit den Riten dieser Indianer-Stämme war er durch längere Aufenthalte bei ihnen bestens vertraut. Er nahm sie ernst. Dazu neigte auch ich aufgrund meiner jahrzehntelangen Beschäftigung mit der Fachliteratur im Bereich sogenannter parapsychologischer Phänomene. (Sie werden heute, übrigens, wesentlich vorurteilsfreier untersucht als zur Zeit meiner Arbeit in der Klinik am Zürichberg[1]) Außer Bills Wissen, daß ich ihn mochte, kam meine Überzeugung hinzu, daß er trotz seiner psychischen Störung durchaus imstande sein würde, einen Beruf zu erlernen, um so in der „normalen" Welt seinen Mann zu stellen. Vor dem Hintergrund dieser Überzeugung schlug ich ihm vor, zumal er recht gut deutsch konnte, sich an der Zürcher Hochschule für Sport ausbilden zu lassen. Er meldete sich dort, wurde angenommen und schloß als Klassenbester die zweijährige Ausbildung ab. Aufgrund dieser Entwicklung wurde er aus der Klinik entlassen,

---

[1] Vgl. u.a. GROF, Stanislav. *Die Welt der Psyche*. München: Kösel-Verlag GmbH, 1993.

kehrte nach Kanada zurück und gründete dort eine Skischule, die bald erfolgreich und er als Lehrer sehr beliebt war. Immer noch geplagt durch das Auf und Ab zwischen manischen und depressiven Phasen mußte er die ihm auch in Kanada verordnete Medikamente regelmäßig einnehmen, was ihm zwar half, aber ihn auch wurmte. Gelegentlich, wenn er gerade in einer manischen Phase war, rief er mich in Konstanz zu Unzeiten (manchmal um drei oder vier Uhr morgens) an, was mich eigentlich nie störte, weil ich ihm gut nachempfinden konnte, wie sehr er darunter litt, als „anormal" gelten zu müssen. Ich ließ ihn mein Mitgefühl deutlich verspüren, konnte aber darüber hinaus ihm nicht helfen. Ein bis zwei Jahre, als ich im Bodenseeraum eine Privatpraxis hatte, wiederholten sich seine Telefonate. Offensichtlich fiel es ihm schwer, seine psychische Störung zu akzeptieren als etwas, das *noch* niemand zu heilen wußte. Eines Tages erreichte mich ein Brief von seinem Vater, den ich in Zürich einmal flüchtig kennengelernt hatte. In tiefster Trauer teilte er mir mit, daß sein Sohn, den er über alles geliebt hatte (sämtliche anderen Familienmitglieder waren in deutschen KZs umgekommen), sich einen Fahrplan der kanadischen Eisenbahn besorgt, einen Zug ausgesucht hatte, der frühmorgens an deren Wohnort vorbeifuhr, und sich Minuten zuvor über die Gleise gelegt hatte. Diese Nachricht war auch für mich ein qualvoller Schock. Er schmerzt, selbst heute, wann immer ich an Bill denke. Sein Tod war nicht nur für seinen Vater der Verlust eines einzigen Sohns, sondern auch für mich war Bill fast wie ein Sohn gewesen. Andererseits konnte ich und kann ich bis zu einem gewissen Grad verstehen, warum er sich vom Zug hatte überfahren lassen. In den Augen der Welt hatte er bewiesen, daß er trotz seiner Krankheit sich als Berufslehrer im Skifahren behaupten konnte. Er hatte auch Erfolg gehabt. Als er diesen Beweis geliefert hatte, wird sich, so denke ich mir, die Vorstellung aufgedrängt haben, daß sein Leben vollendet sei und er deshalb diese Welt verlassen wolle, um vielleicht in eine andere, tolerantere Welt zu gelangen unter seinen Freunden, den Hopis und den Pueblo-Indianern.
Auch Edith war in jeder Weise überdurchschnittlich intelligent. Doch übergewichtig, lustlos, anscheinend an überhaupt nichts interessiert, lag sie jeden Tag außer bei den Mahlzeiten untätig in ihrem Klinik-

bett. In der Klinik am Zürichberg, anders als in sämtlichen mir bekannten Krankenhäusern, pflegten fast alle Patienten und Patientinnen an kleinen Tischen zusammen mit dem Personal zu essen, ob es sich um Ergo- und Maltherapeuten, Psychiater, Krankenschwestern, tiefenpsychologisch ausgebildete Psychotherapeuten handelte oder um sonstige Mitarbeiterinnen und Mitarbeiter. Kaum weniger im Gegensatz zu vielen Institutionen ähnlicher Art waren in dieser Klinik zwei ernährungswissenschaflich ausgebildete Köche fest angestellt.

Wann immer Edith zum Essen herunterkam, was nicht jeden Tag geschah, trug sie lediglich ihren Hausmantel und sprach kein Wort mit irgendeinem anderen am Tisch. Aber auf eine Mahlzeit verzichtete sie nie, auch wenn sie sie in ihrem Zimmer einzunehmen wünschte und diesem Wunsch (was nicht immer der Fall war) entsprochen wurde. Wenn sie im Speisesaal aß, war sie stets die erste, die dort erschien, und sie aß erheblich mehr, als die meisten anderen hätten verkraften können. Essen, genauer gesagt Fressen, schien alles zu sein, was ihr gefiel. Sonst vegetierte sie sozusagen in dunkler Zurückgezogenheit, Schweigen und depressiver Verdrossenheit.

Während mehrerer Wochen, nachdem der Chefpsychiater mich zu ihrem Zimmer begleitet und mich ihr vorgestellt hatte, sprach sie kaum ein Wort, war äußerst unkommunikativ. Ich fragte sie nach ihren Freundinnen zu Hause in Vermont, nach Freunden, ihrem Elternhaus, ihrer Schule, ihrem College. Wenn sie antwortete, was selten war, äußerte sie sich fast immer nur einsilbig. Ob sie sich gelegentlich an Träume erinnere, fragte ich bei meinem fünften oder sechsten Besuch in ihrem kahlen, abgedunkelten Zimmer. „Nein." Hatte sie in ihrer Heimatstadt Freundinnen oder Freunde gehabt? „Nein!" Ob ihre Schule gut gewesen sei? „Scheiße." Ob sie einen High-School-Abschluß habe? „Ja, natürlich." Hatte sie auch ein College besucht? „Ja! Bryn Mawr. Zum Kotzen langweilig, aber ich kam durch." Langsam, ganz langsam fing sie an, aus dem Kokon zu schlüpfen, in den sie sich eingesponnen hatte. Ihre Antworten auf Fragen, die ich in der Hoffnung stellte, irgendetwas über die vermutlich schwerwiegenden Hintergründe ihrer Depressivität zu erfahren, wurden allmählich etwas ausführlicher. Nach einigen Wochen be-

schränkten sich ihre Antworten nicht mehr auf bloß ein Wort oder zwei.
Eines Tages, als ich in ihr zu meiner Überraschung jetzt nicht mehr ganz so düsteres Zimmer eintrat, saß sie aufrecht im Bett, was ich bis dahin noch nie gesehen hatte. Noch bevor ich „Guten Morgen" hätte sagen können, rief sie mir entgegen: „Letzte Nacht hatte ich einen Traum!" Ich reagierte zunächst nicht, wartete nur ab, was noch kommen würde. Sie bellte mich förmlich an: „Wollen Sie nicht einmal wissen, wovon ich träumte?" Freilich wollte ich, sogar sehr gerne, von ihr hören, was sie geträumt hatte. „Sagen sie mir, wie der Traum war?" „Also, es war so. Ich war in irgendeiner Synagoge. Ich habe so etwas nie gesehen. Aber es war wunderschön. Der Kantor sang. In meinem ganzen Leben habe ich niemals irgendjemanden so schön singen hören. Es gab eine Menora und sieben große Kerzen, die auch angezündet waren. Die Kerzen strahlten ein herrliches Licht aus. Überall glühte es, als ob etwas brannte. Aber es waren nur die Flammen der Kerzen – wie Feuer, aber nicht heiß. Ich mußte meine Augen schließen. Dann, überall um mich herum, beteten die Leute. Ich habe nicht gebetet. Ich hörte eine Stimme. Von nirgendwo her, aber sie war auch überall um mich herum, ganz wie die Leute, die da beteten. Die Stimme schien mich zu fragen, warum ich nicht betete. Ich wollte weg. Aber ich konnte nicht. Meine Beine waren zu schwach. Ich konnte nicht einmal laufen. Also bin ich dort stehengeblieben, wo ich war. Mitten in der Synagoge! Dann, auf einmal, waren all die anderen Leute plötzlich weggegangen. Nicht einmal die Synagoge war noch da. Nur Licht, Licht, Licht! Überall dieses Licht Ich hielt meine Augen lange, lange fest zu. Dann sind Sie hereingekommen. Mehr weiß ich nicht."
Ein großer Traum! Ganz groß! Während zwei, drei Minuten stand ich schweigend neben Ediths Bett. Der Traum hatte mich tief bewegt. Sie richtete sich noch höher auf, als sie es schon war, und schrie mich an: „Also, warum sagen Sie nichts! Ich habe Ihnen meinen Traum doch erzählt Verdammt noch mal! Warum *sagen* Sie nichts dazu?" „Was sagen *Sie* dazu, Edith?" Jetzt war sie echt böse. Sie herrschte mich wütend an. „Wie soll *ich* wissen, was ich sagen soll? Ich träume nie. Außerdem haben die mir hier gesagt, *Sie* könnten Träume immer

verstehen!" Ich sagte: „Das ist blanker Unsinn, Edith. Niemand kann alle Träume verstehen." Freilich hätte ich etwas, sogar sehr viel, zu ihrem Traum sagen können. Aber ich wollte sie provozieren. Sie sollte sich zunächst selber über ihren Traum sich Gedanken machen. Denn nicht selten kamen AnalysandInnen von allein dazu, ihre Träume zumindest ahnungsweise zu verstehen, was für sie viel wertvoller war, als wenn der Analytiker ihnen eine fertige Traumdeutung bloß sozusagen aufoktroyieren wollte. Ein eigener Traum, wenn auch seine Aussage nur zum Teil begriffen wurde, erwies sich ohne Ausnahme als eine Quelle starker Motivation, sich intensiver mit den Träumen zu beschäftigen, als die meisten es sonst getan hätten. Ich sagte nur: „Es ist nämlich so, Edith. Oft kommen Leute, wenigstens teilweise, auf die Bedeutung ihrer eigenen Träume. Glauben Sie mir, bitte!" Natürlich hoffte ich, dies würde auch bei Edith der Fall sein. „Lassen Sie uns ein paar Tage warten! Inzwischen könnten Sie und ich uns beide überlegen, was dieser Traum sagen wollte." Immer noch sichtbar verärgert stimmte sie dem Vorschlag ziemlich widerwillig zu.
Zwei Tage später ging ich wieder zu Ediths Zimmer hinauf. Wieder saß sie aufrecht im Bett. Dieses Mal fiel mir sofort auf, daß sie etwas las. Weder irgendjemand unter den KollegInnen noch ich selber hatte je zuvor gesehen, daß sie eine Zeitschrift oder auch nur eine Zeitung gelesen hätte. Ich sagte „Guten Morgen, Edith!", holte einen Stuhl und setzte mich neben ihr Bett. Mit einem fragenden Blick, schaute sie mich an. „Wollen Sie überhaupt nicht wissen, was ich lese?" „Natürlich interessiert es mich. Ich dachte nur, es würde höflicher sein, wenn ich nicht fragte. Was Sie lesen, geht mich schließlich nichts an. Sie dürfen lesen, was immer Sie wollen." „OK. Ich lese in der Bibel, nur einige Psalmen." „Warum die Psalmen?" „Ich sage es Ihnen. Ich habe über meinen Traum sehr viel nachgedacht. Und wissen Sie was? Ich glaube, er bedeutet – wie soll ich sagen? Ich glaube, daß er bedeutet, ich sollte zu meinen Wurzeln zurück."
Sie hatte ihren Traum verstanden! Jedenfalls hatte sie jetzt genau das ausgedrückt, was auch meine Auffassung von der wahrscheinlichen Bedeutung ihres Traums gewesen war. Jetzt erzählte sie, daß sie Synagogen nie gemocht hätte, und daß sie in ihren ganzen zweiundzwanzig Jahren vielleicht ein einziges Mal in einer Synagoge gewesen sei.

„Meine Eltern gehen nie in die Synagoge, wo wir wohnen oder irgendwo anders. Aber, je mehr ich über meinen Traum nachdachte, desto mehr hatte ich ein Gefühl, daß sie es vielleicht hätten tun sollen. Und das Licht! Und wie der Kantor gesungen hat. Es war alles sooo schön! Ich hatte immer geglaubt, Gebete sind Scheiße. Jetzt bin ich nicht mehr ganz sicher." Daraufhin konnte ich, schweigend, nur eines tun. Ich nahm ihre beiden Hände in die meinen. Einige Minuten, ohne ein Wort, hielt ich sie fest. Dicke Tränen rollten ihr über die Wangen. Ich konnte immer noch nichts sagen. Aber auch meine Augen waren nicht trocken.

Während drei oder vier Monate hatte ich Edith alle paar Tage in ihrem Zimmer besucht. Nichts schien sich zu ändern. Der *eine* Traum, der ihr jetzt gekommen war, hatte ja auf mich den gleichen Eindruck gemacht wie auf sie: Sie mußte zu ihren Wurzeln im Judentum zurückfinden. Innerhalb eines Monats nach diesem Traum hatte sie längst angefangen, viel weniger gefräßig zu essen als zuvor, nahm stets aktiv teil an den Gesprächen ihrer Tischnachbarn im Speisesaal und erzählte anderen immer wieder von ihrem Traum. Ihre Depression war wie vom Winde verweht. Binnen weniger Wochen wurde ihre Entlassung aus der Klinik beschlossen. Sie kehrte nach Vermont zurück. Nur einmal bekam ich einen längeren Brief von ihr. Sie schrieb, daß sie vor Verwunderung aus der Haut hätte springen können und voll überbordender Lebensfreude sei. Sie fügte hinzu, sie habe jetzt ein Gefühl, als ob sie vorher nie „wirklich gelebt" hätte, als ob sie nie „wirklich ein Mensch" gewesen sei, bis jener große Traum ihr zur Erkenntnis verhalf, daß sie immer schon „das Licht" gesucht habe. „Jetzt ist *alles* anders!" Was sie damit meinte, sie habe immer schon „das Licht" gesucht, war mir nicht ganz verständlich. Ich war auf bloße Vermutungen angewiesen. Sie gingen dahin, daß Edith vielleicht Ähnliches ausdrücken wollte wie das, was im Buddhismus mit „Erleuchtung" gemeint ist. Dies blieb jedoch Spekulation. (Sie hat nicht noch einmal geschrieben und ich muß gestehen, daß ich nie dazu kam, ihren Brief zu beantworten. Die Post, die mich von ehemaligen AnalysandInnen erreichte während meiner ganzen Jahre im Analytikerberuf, war stets mehr als ich bewältigen konnte.)

Wie bei der jungen Belgierin, die fast von einer Nacht auf die nächste das „Liebe machen" (wie sie es nannte) lernte, war meine Rolle auch in Ediths Situation minimal. Späterhin widerfuhren mir solche Phänomene sehr häufig. Was wir Psychotherapeuten, jedenfalls nach meiner Überzeugung, öfter tun sollten als allgemein üblich ist dies: Warten lernen! Wir müssen, so behaupte ich, zuwarten können und uns darum bemühen, Menschen als unsere Mitmenschen voll anzunehmen, ohne irgendetwas zu verlangen oder zu erwarten außer diesem einen, daß auch sie als AnalysandInnen „das Licht" suchen werden. Unsere Arbeit scheint mir in mancher Hinsicht mit derjenigen vergleichbar, die von ausgebildeten Hebammen geleistet wird. Neues Leben kann aus den Tiefenschichten der Kreativität geboren werden, die im „Mutterleib" dessen verborgen sind, was wohl weiterhin das „Unbewußte" heißen wird, bis eine passendere Bezeichnung erfunden wird für die stets vorhandenen, spontanen und schöpferischen Selbstheilungstendenzen, die jedem Lebewesen innewohnen.

In einem gewissen Sinn ist nämlich das Unbewußte „bewußter", als die meisten Menschen zu glauben bereit sind, auch wenn sie Tiefenpsychologen schon sagen hörten, daß der weitaus größere Teil unseres psychischen Lebens sich im sogenannten Unbewußten abspielt. Schon vor unserer Geburt, nach der Geburt und während unseres ganzen Lebens ist dies der Fall – und zwar wahrscheinlich in relativ kaum abnehmendem Maße, wenn man nicht einem hirnbeschädigenden Unfall zum Opfer fällt oder irgendeiner Krankheit, die das Funktionieren unserer Hirnzellen hindert, verhindert oder sie allmählich zerstört, wie z.B. bei der Alzheimerschen Krankheit. Obwohl dies alles durch umfassende Forschungsergebnisse einwandfrei bewiesen ist, fällt es den meisten Menschen schwer, den Sachverhalt anzuerkennen, außer sie stellen sich gleichsam in das „Reagenzglas" für ein eigenes Experiment als Analysandin bzw. Analysand im Rahmen einer von Jung oder mit diesem Ansatz verwandten psychologischen Arbeit. Manche *können* dies für sich selber entdecken, wenn sie bereit sind, die Botschaften ihrer Träume aufmerksam und ernsthaft zu beachten. Doch sehr oft, wenn auch nicht immer, ist dabei solcher Beistand, wie ihn tiefenpsychologisch qualifizierte Psychotherapeuten bieten können, nötig oder zumindest nützlich. Andererseits kann solches gelegentlich, wie gesagt, ohne jegliche Hilfe anderer Menschen gelingen. *„Lente sed attente!"* „Langsam aber aufmerksam." Dies war der Rat vieler der philosophischen Alchemisten. Wir sollten ihrem Rat erneut Beachtung schenken, anstatt auf diese Alchemie genannte Vorläuferin der Psychologie als „überholt" und bloß „esoterisch" herabzuschauen ...

„Was man gerne tut, ist keine Arbeit!"
Aber: „Nach getaner Arbeit ist gut ruhn."

Als ich langsam in meinen neuen Beruf hineinwuchs und, wie ich meine, daran geistig selber weiter wuchs, mußte ich immer wieder feststellen, daß die Arbeit, so anstrengend sie auch oft sein konnte, mir nicht wie jedwede andere Arbeit zu sein schien. Sie machte mir sehr viel Freude. Und ich glaube, es wäre nicht übertrieben, wenn ich behaupten würde, daß die meisten der Menschen, die daran teilnahmen, ebenfalls Freude hatten. Aber sie war, wie gesagt, sehr anstrengend. *„Ars totum requirit hominem."* Mir drängt sich dieses Wort auf, das von den vorhin erwähnten philosophischen Alchemisten an vielen Stellen verwendet wird. Es enthält eine tiefe Erkenntnis und bedeutet etwa: „Die Kunst ruft den ganzen Menschen auf den Plan." Psychotherapie im Sinne von Jung ist sowohl Wissenschaft als auch (vielleicht sogar vor allem) eine Kunst. Doch, wie jede andere Kunst auch, kostet sie viel Kraft und braucht viel Erholung, nach Möglichkeit viel Spaß zur Abwechslung. Ich hatte mir einen Heidenspaß ausgedacht für die Zeit, nachdem Ursula und ich in New York die Lösung unserer in Zürich unlösbaren vorehelichen Schwierigkeiten erlebt hatten.
Als wir von unserer Stippvisite in New York City zwecks Vermählung und einem schönen, wenn auch kurzem, Zusammensein mit Tom Messer fünf Tage später in Zürich wieder eintrafen, war der Winter des Jahres 1969 dem Frühling noch lange nicht gewichen. Die Krokusse im Garten vor der Eingangstür unserer kleinen Wohnung waren noch unter einem dünnen Schneemantel versteckt. Unser Weihnachtsbaum war in Schnee eingehüllt, aber offenbar noch am Leben.

Wir blieben zuversichtlich, daß der Schnee, wie jedes Jahr, wieder verschmelzen und die Krokusse irgendwann in fast schon absehbarer Zeit sich wieder aus dem sich erwärmenden, feuchten Boden heraus emporwagen würden.

Die Gehwege, auf denen Ursula täglich zum Kantonsspital hinunterlief, waren von einer dünnen Eisschicht bedeckt. Eines frühen Morgens, als sie sich warm anzog, um ihrer Arbeit wieder nachzugehen, nahm auch ich meinen Wintermantel von der Garderobe in der kleinen Diele und packte mich ein. Erstaunt fragte Ursula, weshalb auch ich mich jetzt warm anzöge. „Willst du mich vielleicht zum Kanti begleiten? Es wäre das erste Mal, daß du eine so gute Idee gehabt hättest!" „Ja, vielleicht gehe ich mit dir zum Spital. Bist du nicht am ersten Tag, als wir wieder hier waren, auf dem Eis ausgerutscht? Du hättest dir ja einen Arm oder ein Bein brechen können!"

Ich ging mit ihr die paar Schritte durch den Garten und hielt sie am Arm, als wir die sechs oder sieben Steinstufen zur Straße hinuntergingen. Am Bordstein war ein offensichtlich noch neuer, dunkelgrüner Renault-14 für die Nacht geparkt worden. Ich hielt an, um mir das Auto anzuschauen. „Es ist ein neues Modell, glaube ich. Ganz schön! Und viertürig. Ich möchte mir 'mal das Innere angucken." Ursula blieb auf dem Gehweg stehen. Als ob bloß neugierig, ging ich um den Wagen herum und öffnete die Tür an der Fahrerseite. „Schau! Das Ding ist nicht einmal abgeschlossen! Der Eigentümer muß es vor lauter Aufregung vergessen haben. So ein Leichtsinn! Es hätte über Nacht gestohlen werden können!" Ich stieg ein, setzte mich ans Steuer. „Aber Field, das kannst du doch nicht machen. Wer immer das Auto besitzt, könnte jeden Augenblick auftauchen!" „Ach, komm doch!" sagte ich. „Steig du auch ein! Wenn der käme, würde ich ihm bloß sagen, er hätte vorsichtiger sein sollen." Ursula lehnte entrüstet ab. „Ich finde, es ist einfach nicht in Ordnung, im Auto eines anderen, den du nicht einmal kennst, mir nichts, dir nichts Platz zu nehmen." „Aber, Ursula, zufällig *kenne* ich den Mann, dem das Auto gehört."

Ich kannte ihn tatsächlich, wenigstens teilweise. Denn ich selber war der Eigentümer. Bevor wir nach New York geflogen waren, hatte ich den Renault bestellt. Er war just am Tag vor meiner für Ursula ausgeklügelten Überraschung geliefert worden, während sie noch im Krankenhaus war. Als wir in der Wohnung uns die Mäntel anzogen, hatte ich, ohne daß Ursula mich dabei gesehen hätte, außer dem Hausschlüssel auch den Autoschlüssel in die Tasche gesteckt. Sie konnte nicht sehen, wie ich dann die Autotür an der Fahrerseite öffnete. Ich sagte, „Ursula, das Auto gehört doch *uns*! Ich wollte dich überraschen. Es ist eine Art Hochzeitsgeschenk. Und jetzt hast du es." Ursula war fassungslos. Sie zögerte noch einen Augenblick, bis sie sich vom Schock erholt hatte. Fast konnte sie mir schon glauben. Eine Minute später war sie überzeugt. Sie stieg endlich ein und ich fuhr sie die paar Straßen hinunter zum Kantonsspital.

„Ist der Winter da, kommt bald auch der Frühling." Die Krokusse verblühten schon Ende Februar, bevor die letzten Schneeflocken im Garten verschmolzen waren. In der Nähe des Tannenbaums und überall sonst im kleinen Garten hatten wir eine Unmenge gelbe und weiße Osterglocken gepflanzt. Vor Ende April blühten auch sie und verwelkten. Mitte Mai fuhren wir in unserem noch neuen grünen Renault nach St. Gilgen, am Wolfgangsee unweit Salzburg, für unseren ersten gemeinsamen Urlaub. Anstatt eines Hotels, wenn es damals in St. Gilgen ein Hotel gab, nahmen wir ein großes Zimmer ohne Bad, aber mit fließendem Wasser fürs Waschbecken, in einer sauber aussehenden und tatsächlich gepflegten Pension. Dort wurden wir von der alten Dame, der die Pension gehörte, zunächst in vergleichbarer Weise aufgenommen wie Ruth und ich, achtzehn Jahre zuvor, in Frauenfelds „Christlichem Hospiz". Der Altersunterschied zwischen Ursula und mir ist, wie wir meinten, nicht übermäßig groß. Nur sechsundzwanzig Jahre! Sind denn die Jahre wichtig, hatten wir uns gesagt. Ich sage es auch heute und bleibe dabei. Was zählt, sind nach meiner Überzeugung nicht die Jahre, sondern vielmehr die Frage, ob zu den Jahren intensiveres Leben- und Erlebenkönnen hinzukommen oder einem langen Leben bloß weitere Jahre angehängt werden. Wie auch immer, Ursula und ich haben viele schöne Jahre zusammengelebt und viele schöne gemeinsame Erfahrungen gesammelt. Sie fingen beileibe nicht erst während unseres Urlaubs am Wolfgangsee an und sie waren dort noch lange nicht zu Ende.

Doch zurück zu unserem Empfang in der St. Gilgener Pension: „Sind sie verheiratet?" fragte die Dame, die zur Tür kam, als wir klingelten. Dieses Mal hatte ich keinen Grund, irgendetwas zu verheimlichen. Im Gegenteil! Stolz zeigte ich ihr unsere in New York ausgestellte Heiratsurkunde. Die alte Frau konnte leider kein Wort Englisch. Als ich übersetzte, gab sie sich halbwegs überzeugt und führte uns zu dem Doppelzimmer, das für die Dauer unseres Aufenthalts das unsrige sein sollte. Obwohl die Pension alt war und die hölzernen Fußböden quietschten, war das breite Bett nicht unbequem und die Laken wurden alle vier Tage gewechselt. Gut zwei Wochen hielten wir diese Situation aus. Wir genossen vieles auf dem Wolfgangsee sowie in und um den See. Er war ruhig. So konnten wir z.B. eine Jolle mieten und unsere keimenden Segelkünste auf die Probe stellen. Der Wind, wenn einer aufkam, war zum Glück eher eine sanfte Brise.

Im Sommer zuvor hatte ich, noch ohne Segelschein, bei einem plötzlich aufkommenden starken Wind auf dem Zürich-See ein größeres Segelboot (wegen sträflicher Unkenntnis) um Haaresbreite auf die Mole stoßen lassen. Das Boot, Ursula und ich waren nur dadurch gerettet worden, daß der Mann vom Bootsverleih uns auf die Mole hatte zurasen sehen und mittels einer langen Stange uns davon fernhielt, bis das Segel gestrichen war, was ich längst vorher hätte tun sollen. Diese Erfahrung war wertvoll, als Ursula und ich einige Jahre später eine wunderschöne kleine Jolle, mit einem Deck aus Mahagoni-Brettern, für den Bodensee kaufen konnten. Dort, wie jeder Segler weiß, sind die Winde sozusagen launisch. Mehr als einmal waren wir weit draußen, nahe Bodman, als plötzlich Flaute war und wir nach Konstanz zurückrudern mußten, wenn der kleine Außenbordmotor sich ebenso launisch verhielt wie der Wind und trotz mehrmaligem Versuch sich nicht ankurbeln ließ. Auf dem Wolfgangsee hatten wir offenbar Aeolus als Schutzpatron. Denn bei unseren paar Törnchen dort verlief alles zu unserer amateurhaften Zufriedenheit.

Während jener zwei Wochen in und um St. Gilgen fuhren wir nach Salzburg. Natürlich! Nicht nur, daß Mozart dort geboren wurde, wie wir Bildungsbürger ja alle wissen, sondern ein Besuch in Salzburg ist *de rigeur* auch wegen seiner architektonischen Wunderwerke. Diese können sich durchaus sehen lassen neben manchem, was Wien und diverse kulturelle Hochburgen Italiens zu bieten haben. Außerdem kann man dort aus einer gewissen Entfernung die betuchte *Hautevolee* der Welt beäugen, wenn man sie zu den Sehenswürdigkeiten rechnet, weil sie teure Karten für die alljährlich stattfindenden Musikfestspiele sich leisten können. Ultramodisch gekleidet lauschen sie (vermutlich) der Musik, während sie Ausschau halten, welcher Großherzog bzw. -herzogin oder welche geborene Gräfin von Wer-Weiß-Wo ebenfalls zugegen sein könnte. Jedenfalls haben wir beide *Salzburg* gesehen. Vor seiner majestätischen Kathedrale in Bann geschlagen beschlossen Ursula und ich auf der Stelle, daß wir bei der ersten sich uns bietenden Gelegenheit ein Wiedersehen mit Salzbug planen würden. Aber dieser Urlaub war bald zu Ende. Arbeit in Zürich erwartete uns zur Genüge. Ungern verließen wir St. Gilgen, um in die Gloriastraße zurückzufahren. In Zürich hatten wir nicht nur viel Arbeit, sondern manches andere, das purer Spaß war und herzliches Lachen mit sich brachte nebst einigen risikoreichen Abenteuern.

„Sanatorium Bellevue, Dr. Binswanger"

Wolfgang war Psychiater. Gänzlich verschieden von anderen, die ich vor ihm angetroffen hatte. Völlig anders als viele, die ich seither kennengelernt habe, war Wolfgang Binswanger ein Unicum. Er hatte z.B. eine sozusagen ritterlich-minnesängerische Zuneigung zu einer jungen Frau, die in Kreuzlingens Hauptpostamt (genannt PTT, wie in Frankreich) angestellt oder beamtet war. Alle paar Tage pflückte er eine der schönsten dunkelroten Rosen in den tadellos gepflegten Gartenanlagen der Klinik und überreichte sie der jungen Dame am PTT-Schalter. Im Garten des „Sanatorium Bellevue Dr. Binswanger" (der eingetragene Name jener weltweit bekannten psychiatrischen Privatklinik) ragten gigantische Eichen gen Himmel. Unter ihnen verstreut, von der Straße bis zur äußersten anderen Gartenecke, standen fünf oder sechs voneinander getrennte, teils dringend renovierungsbedürftige Gebäude. Einige waren mehr als hundert Jahre alt. Zusammengenommen bildete dieser Komplex das Sanatorium.

Zusätzlich zu seinen Pflichten in der Klinik hatte Wolfgang eine Privatpraxis im zweiten Stock eines mehr oder weniger modernen Kreuzlinger Geschäftsgebäudes. Umgeben von zahllosen Büchern, die sich in uralten, unklassizifierbaren Schränken aneinanderreihten, hatte er einen ultramodernen Anrufbeantworter auf seinem breiten, von Generation zu Generation der Familie Binswanger weitervererbten Schreibtisch. Wann immer man ihn in seiner Abwesenheit telefonisch zu erreichen versuchte, bekam man etwa folgendes zu hören: „Hier Wolfgang Binswanger. Zur Zeit bin ich nicht in meiner Praxis. Aber vielleicht werden Sie sich an etwas freuen, das ich heute gelesen habe ..." Daraufhin zitierte er einen Vers von Goethe, Rilke, T. S. Eliot oder irgendeinem anderen bekannten Dichter. „Rufen Sie bitte nachmittags gegen zwei Uhr nochmals an! Bis dahin bin ich wahrscheinlich wieder hier. Danke für Ihren Anruf!"

Irgendwann in den sechziger Jahren des 19. Jahrhunderts war das „Sanatorium Bellevue Dr. Binswanger" von Wolfgangs Urgroßvater gegründet worden. Psychiater der ganzen Welt kannten es. Die Klinik paßte jetzt in ihrer Art zu Wolfgang und umgekehrt. Ob es in den ihm vorausgegangen Generationen ähnlich gewesen war, kann ich nicht beurteilen. Aber Leute, die das Sanatorium unter der früheren Leitung von Wolfgangs Vater, Ludwig Binswanger, gekannt hatten, sagten, daß es damals nicht ganz so ungezwungen zugegangen sei wie zur Zeit nach Ludwigs Tod, als an dessen Stelle Wolfgang zum Chefpsychiater aufrückte. Ludwig hatte eine neue Methode, „Existenz-Analyse", für die Behandlung psychischer Störungen entwickelt. Mit Sigmund Freud verband ihn eine enge, aber keineswegs unkritische Freundschaft. (Er bezeichnete die Psychoanalyse von Freud als „monumental einseitig".) Ludwig kannte C. G. Jung, war auch mit ihm befreundet. Mit Ludwig zusammen hatten Freud und Jung sich in Kreuzlingen zu ihrem letzten persönlichen Gespräch getroffen, bevor der Bruch zwischen den beiden endgültig wurde. Ein Bruder Ludwig Binswangers war ein Psychiater, der vornehmlich im Sinne von Jungs „Analytischer Psychologie" arbeitete. Ihn lernte ich in Zürich kurz vor seinem Tod kennen. Einer der Brüder Wolfgangs war ein in München bekannter Psychiater. Ein anderer Bruder war Professor für Wirtschaftswissenschaft in St. Gallen. Wolfgangs ältester Sohn ist ebenfalls Psychiater geworden. Kurzum: Der Name Binswanger war fast allen gebildeten Schweizern bekannt. Tiefenpsychologisch interessierte Ärzte, wo immer sie waren, kannten zumindest den Namen, auch wenn sie Ludwigs (auch für Wolfgang) etwas schwer verständlichen chef-d'œuvre nicht gelesen hatten.

Meine Verbindung mit dem Sanatorium Bellevue hatte 1969 begonnen, als ich am Jung-Institut noch studierte. Jolande Jacobi, der ich sehr viel verdanke, hatte mich in einem Gespräch mit Wolfgang empfohlen. Ihr Glaube an meine Fähigkeiten war eine Art *idée fixe*. Vermutlich als Folge einer (allem Anschein nach selbst bei *ihr* möglichen) Animus-Projektion war ihre Einschätzung meiner Person zweifellos überhöht. Aber als Wolfgang und ich uns zu ersten Mal trafen, fragte er, ob ich bereit sein würde, mit drei oder vier der Bellevue-Patienten therapeutisch zu arbeiten auf der Basis eines Stundenhonorars. Diesem Vorschlag konnte ich nicht widerstehen, bedeutete er doch für mich wesentlich umfassendere Erfahrungen, als mir mit psychisch mehr oder weniger schwer gestörten Menschen bis dahin möglich gewesen war. Somit fing die zweite Phase meiner Einführung in die klinische Psychotherapie an.

Die Aussicht auf diese Form von Mitarbeit im Sanatorium Bellevue war einer der Hauptgründe, weshalb Ursula und ich uns dafür entschieden, uns in oder nahe Konstanz niederzulassen, das ja direkt an der Grenze zu Kreuzlingen liegt. Ein weiterer Grund für unsere Entscheidung war der Umstand, daß Ursula bei der international bekannten Sandspiel-Therapeutin, Dora Kalff, sich ausbilden ließ. Frau Kalff (die übrigens mit dem Dalai Lama befreundet war) hatte als erste Ursulas scheinbar angeborene Begabung auf dem Gebiet der psychologischen Arbeit erkannt. Irgendwie schaffte es Ursula, diese Ausbildung mit ihrer Arbeit im Kantonsspital zu vereinbaren und gleichzeitig einen Kurs in Maltherapie für Kinder zu absolvieren. Was ihr dafür die Kraft und nötige Ausdauer gab, war für mich ein Rätsel. Unsere Entscheidung für Konstanz, abgesehen von deren Vorteilen für mich, beruhte darauf, daß ohne eine akademische Ausbildung Ursula in der Schweiz weder Sandspiel- noch Maltherapie hätte ausüben dürfen. Dies, wie schon gesagt, holte sie einige Jahre später nach und fügte am Moreno-Institut in Überlingen eine Ausbildung als Psychodrama-Leiterin hinzu. (Seitdem hat sie noch verschiedenes mehr, so z.B. „Familienmediation", gelernt.)

Vom Wolfgangsee waren wir gegen Ende der zweiten Woche im Juni nach Zürich zurückgekehrt. Drei oder vier Tage später, als Ursula und ich uns an unsere tägliche Routine wieder gewöhnt hatten, machte ich mich in unserem Renault auf den Weg nach Kreuzlingen, rund fünfundvierzig Minuten entfernt, für das bereits erwähnte erste Treffen mit Wolfgang Binswanger. Es war jedoch nicht bloß ein Treffen, wie sich herausstellte, sondern vielmehr eine Begegnung im echten Sinn. Von Anbeginn an schien es so zu sein, daß wir uns verstünden. Und wir verstanden uns in der Tat fast immer während acht Jahre enger beruflicher Zusammenarbeit. Bald nach dem Anfang meiner Beschäftigung im Bellevue wurden wir sogar gute Freunde. Oft verbrachten wir ganze Abende zusammen in der einen oder der anderen der zahllosen Landgaststätten oder bekannten Gourmet-Restaurants der Ostschweiz, die Wolfgang (obwohl er nie Auto fuhr und ich ihn immer abholte) im Verlauf der Jahrzehnte irgendwie entdeckt hatte. Er genoß, nicht weniger als ich, die Spezialitäten einer jeden guten Cuisine und manchen edlen Tropfen, von denen es auch in der Schweiz viele gibt. Unsere abendfüllende Gespräche erstreckten sich über weitreichend unterschiedliche Themen: Musik, Religion, Politik, Literatur und Philosophie; Soziales, das Problem der Bevölkerungsexplosion und, natürlich, Freud und Jung als Kollegen. Deren tiefgreifende Differenzen in fundamentalen Fragen hatten ja zu Freuds verbittertem Zerwürfnis mit Jung und zu seiner hartnäckigen Ablehnung der Variante von Jungs Psychoanalyse, der „Analytischen Psychologie", geführt. Wenig bekannt ist übrigens die Tatsache, daß Freud darauf bestand, den Terminus „Psychoanalyse" ausschließlich für *seine* Methode verwenden zu lassen.

Aus bedauerlichen, eigentlich tragischen Gründen, die ich im Einzelnen hier nicht näher erläutern werde, ging die lange, ruhmreiche Geschichte des „Sanatorium Bellevue Dr. Binswanger" Mitte 1977 zu Ende. Wegen derselben Probleme, die dies herbeiführte, hatte ich meiner Arbeit dort sechs oder sieben Monate zuvor ein Ende gesetzt.

Das ganze Fiasko und die Schließung der Klinik war vor allem einem jungen Psychiater zuzuschreiben, der die Leitung übernommen hatte, nachdem Wolfgang in unschöner, m.E. verwerflicher, Weise hinausgeschmissen worden war. Unsere Freundschaft überdauerte diese Tragödie. Einige Jahre lang behielt er seine Privatpraxis. Dann erkrankte er an irgendeinem Rückenleiden, über dessen Ursachen er sonderbarerweise nie sprechen wollte, und war an einen Rollstuhl gebunden, bis er 1989 starb. Dies geschah zwei Jahre, nachdem ich selber mich in einen sehr aktiven Ruhestand versetzt hatte. Die letzten Jahre von Wolfgang lebte und erlitt er mit Humor und in Würde. Für mich war er als Freund und als Kollege sowohl Vorbild als auch, in mancher Hinsicht, bleibende Inspiration ...

Nach meiner ersten Begegnung mit Wolfgang Binswanger fuhr ich von Zürich nach Kreuzlingen zwei- oder dreimal wöchentlich, bis Ursula und ich nach Litzelstetten bei Konstanz umzogen, als ich am Institut mein Studium abgeschlossen hatte. Meine Arbeit mit AnalysandInnen und Analysanden im Bellevue ab 1969 kombinierte ich zunächst mit Analysen in einem Zimmer, das mir Jolande Jacobi, wie ich schon sagte, großzügig zur Verfügung stellte. Nachher hatte ich eigene Praxisräume. Das, was ich sowohl im Bellevue als auch in der Privatpraxis lernte, könnte unmöglich auf wenigen Seiten zusammengefaßt werden. Vorschriftsmäßig bewahrte ich sämtliche Sitzungsprotokolle noch zehn Jahre nach Abschluß der letzten Analysestunde auf, ausgenommen ein einziges, welches entsprechend einer eindringlichen Bitte der Eltern eines jungen Mannes dem Reißwolf übergeben wurde. In eine andere Klinik verlegt, die ich nicht kannte, hatte er drei Jahre nach unserer letzten Sitzung sich eines nachts die Pulsadern durchschnitten. Die näheren Umstände seines Todes sind mir bis heute nicht bekannt.

All diese Protokolle und die vielen Tausende von Träumen, die in den Mappen sämtlicher AnalysandInnen behalten wurden, könnte ich, auch wenn es statthaft wäre, nicht einmal in einer langen Reihe dicker Bände unterbringen. Was jetzt folgt, kann aus diesem Grund kaum mehr sein als eine teilweise willkürliche Auswahl, ein Versuch, einige der erlittenen Mißerfolge und andere Analysen, die für beide Teile – für Analysand bzw. Analysandin wie für mich – unsägliche

Bereicherung und unvergeßliche Freude mit sich brachten. Es handelt sich dabei um nie ganz gelingende Bemühungen darum, das in Worte zu fassen, was oft erreicht werden kann durch die gemeinsame Arbeit von Analysand und Psychotherapeut auf der Suche nach Wegen, die zur Heilung psychischer Störungen führen können. Sie sind nahezu unzählbar in ihrer jeweiligen Eigenart und nicht selten etwas, das nur scheinbar als Krankheit aufgetreten bzw. als Krankheit diagnostiziert worden war.

Seit seiner Gründung Mitte des 19. Jahrhunderts war das „Sanatorium Bellevue Dr. Binswanger" bekannt als fortschrittlich, innovativ und weitaus „menschlicher" in seiner Haltung den Patienten gegenüber als die große Mehrheit solcher Institutionen. Dies war durch die Jahrzehnte hindurch so geblieben. Unter Wolfgangs Leitung wurde es sogar in mancher Hinsicht noch stärker ausgeprägt. Frauen und Männer, unter ihnen zahlreiche weltberühmte Tänzerinnen oder Tänzer, Dichter und Schauspieler, waren dort in Therapie gewesen. Keiner der Menschen, die zu meinen AnalysandInnen im Bellevue zählten, war prominent, obwohl einige von ihnen es später wurden. Alle – ob Frauen oder Männer, ob jung oder alt – lernte ich kennen als Menschen, als Suchende. Was sie suchten, war nicht selten Befreiung aus den verschiedenartigsten „Käfigen", in die sie in frühen Jahren gleichsam eingesperrt worden waren. Viele von ihnen waren gerade dabei gewesen, ihre Suche endgültig aufzugeben, als sie in ihrer Not – „No future!" – sich aus irgendwelchen ihnen selber meist unbewußten Gründen entschieden, es mit der Psychotherapie doch noch zu probieren. „No future!" Worte wie diese waren tagein, tagaus ihre bittere Kost. Oft hatten sie versucht, sie herunterzuschlucken und hatten es nicht gekonnt. Andere, die noch suchten, waren krampfhaft herauszufinden bemüht, was aus ihnen werden sollte in einer von Kriegen zerrissenen Welt, die sie als feindlich und ablehnend empfanden. Nicht nur junge Menschen, sondern hin und wieder auch ältere, die Pfade eingeschlagen hatten, die sie zu wiederholten Malen bloß in Sackgassen führten, suchten Auswege. Fast alle, die ihr Suchen nicht ganz aufgegeben hatten, entdeckten „ihre" Wahrheit für sich und in sich selber, wobei meine Rolle als Therapeut manchmal lediglich darin zu bestehen schien, einen wie neugeborenen Menschen „aus der Taufe zu heben".

AnalysandInnen in der Klinik, die meist dreimal wöchentlich – gelegentlich öfter – entweder in mein Arbeitszimmer kamen oder die ich in ihren Zimmern besuchte, stammten aus vielen Ländern: Italien, Frankreich, Deutschland, Spanien, England, den USA und natürlich auch aus der Schweiz. Die Sprachen, die ich im Verlauf meiner damals schon vierundfünfzig Jahre gelernt hatte, waren nie nützlicher gewesen als ab 1969 im Bellevue. Der durchschnittliche Wechselkurs des US-Dollars, seinerzeit auf relativ hohem Niveau, scheinbar stabil gegenüber dem Schweizer Franken, bedeutete, daß Familien in den USA es sich leisten konnten, ihre vermeintlich oder tatsächlich psychisch gestörten Sprößlinge zur Therapie nach Kreuzlingen zu bringen auf Empfehlungen von Ärzten, denen der gute Ruf des Bellevue längst zu Ohren gekommen war. Das Sanatorium brachte also ein breites Spektrum an Nationalitäten zusammen. Das Personal war ebenfalls international. Es umfaßte Psychiater, Psychologen, nichtärztliche Tiefenpsychologen, psychiatrische Krankenschwestern, Mal- und Tanztherapeutinnen, Yoga-Lehrer und andere aus ebenso vielen Ländern wie diejenigen, die die Mehrheit meiner Kolleginnen und Kollegen (wie zur Gründungszeit des Bellevue) noch als „Patienten" bzw. „Fälle" zu bezeichnen pflegte. Davon sah ich ab ...

„Patienten?" Nein! „Fälle?" Nein!
Menschen sind Menschen!
Menschen brauchen Menschen!

Oft fühlte ich mich klein und zu helfen unfähig, wenn Monat nach Monat sich nichts zu „bewegen" schien in meiner Arbeit mit einigen der AnalysandInnen, die Wolfgang mir anvertraut hatte. Gelegentlich, obwohl dies weitaus weniger oft die Situation war, „bewegte" sich scheinbar gar nichts während einiger Jahre. Anspruchslose Geduld, Nachsicht und gegenseitige Achtung sowie ernsthafte Bemühungen bei AnalysandInnen und Analytiker, zunächst und notfalls über längere Zeiträume hinweg zu *warten*: Darin lag der Schlüssel

„Öffne dich, Sesam!" Konnte man warten, so wichen sehr oft Phasen der scheinbaren Stagnation und Raum wurde dann geschaffen für „Metamorphosen" auf dem Weg zu oft erstaunlich schnellem Fortschritt. Gar nicht selten traten verblüffende, höchst dramatische Änderungen buchstäblich über Nacht ein, wenn Träume – ähnlich dem „Großen Traum" von Edith in der Klinik am Zürichberg – den Weg beleuchteten, der nach vorne in eine bessere Zukunft führte. Solche durchaus mit Wundern vergleichbare urplötzliche Verwandlungen vollzogen sich immer wieder im Verlauf jener Jahre, seitdem unter Dora Bernhards wachsamer Aufsicht ich bereite 1965 meinen ersten „Probelauf" als Psychotherapeut bestanden hatte.

Wer bzw. welcher Art und Herkunft waren die Menschen, die Hilfe suchten und brauchten, die sie sich vom Durchhalten einer Psychotherapie erhofften? (Angemerkt sollte dies sein, daß nämlich *gegen* seinen Willen niemandem geholfen werden kann, was vor manchem Gerichtsurteil den Richtern klar gemacht werden müßte.) Wer waren sie also, die zu mir in die Therapie kamen? Sie gehörten allen Gesellschaftsschichten an. Sie waren z.B. Lehrer, Studierende, Professoren, arbeitende oder arbeitslose Handwerker, Rechtsanwälte, Hausfrauen, römisch-katholische Priester, evangelische Pfarrer sowie deren Frauen oder pubertierende Kinder, Ärzte, Psychiater, die sich selber besser kennenlernen wollten, ein Psychoanalytiker Freudscher Prägung, der die klassische Psychoanalyse für einäugig hielt, und andere mehr.

Die meisten der Analysandinnen und Analysanden, mit denen ich im Bellevue arbeitete, waren Studierende. Einige nahmen nach Beendigung der psychologischen Arbeit ihr Studium wieder auf. Andere, wiederum, wandten sich aufgrund vertiefter Selbsterkenntnis Tätigkeiten zu, für die sie sich mehr interessierten und besser geeignet zu sein schienen als für eine Akademikerlaufbahn oder für das, was sie nach Abschluß eines Studiums als Beruf ausgeübt hätten. Eine brillante und außergewöhnlich begabte junge Frau nahm sich das Leben, während sie im Bellevue war. Diese herzzerreißende Tragödie werde ich später annähernd umfassend zu schildern versuchen. Die allem Anschein nach vollauf bewußt gefaßte Entscheidung eines hochbegabten jungen Mannes in Kanada, sich selbst umzubringen, wurde schon erwähnt. Anderen, die der heimtückischen Versuchung des

Selbstmords immer wieder beinahe erlegen wären, gelang es im Verlauf ihrer Analyse, anstatt für den Tod sich für das Leben zu entscheiden. Viele, die oftmals Selbstmordgedanken nicht widerstehen konnten, ließen es im Endeffekt bei den Gedanken, die sie dann doch nicht in die Tat umsetzten. (Mir selber war 1947 Ähnliches widerfahren.)

Was waren die Probleme, die diese zahlreichen Menschen dazu brachten, die Hilfe eines Psychotherapeuten in Anspruch zu nehmen? Ihre Motivationen waren mannigfaltigster Art. Vor allem oder nahezu ohne Ausnahme rührten sie von früheren oder bestehenden neuen, oft lange existierenden Beziehungen zu anderen Menschen. Außerordentlich häufig waren es traumatisierende Erlebnisse während der Kindheit wegen Eltern, die unfähig gewesen waren, sich gegenseitig zu lieben und deshalb ihre Kinder erst recht nicht lieben konnten, was eine Quelle tief verwurzelter Gefühle eigener Minderwertigkeit war, als aus den Kindern Erwachsene wurden. Solche Komplexe, in späteren Jahren selten überwachsen und nie ganz ausgelöscht, können dennoch durch eine Analyse zumindest relativiert, mehr oder weniger der Herrschaft eines erstarkenden Ich-Bewußtseins unterworfen werden. Diese Aufgabe, wenngleich nie einfach, konnte die Mehrheit der AnalysandInnen bewältigen.

Weitaus schwerwiegender sind Probleme, die eingebläuten Gefühlen von Minderwertigkeit häufig entstammen und die zu Abhängigkeit von Drogen oder Alkohol verführen. Eine junge Mutter, die nach dreijähriger Ehe geschieden war, hatte sich angewöhnt, LSD, Marihuana und Amphetamine oder Methedrin, „Speed", (damals war „Ecstasy" noch unbekannt) in größeren Mengen einzunehmen. Diese Stimulanten, wie allgemein bekannt, sind bei weitem nicht so gefährlich wie Heroin, aber sie können auf Dauer echte Abhängigkeit zur Folge haben. Als diese Analysandin, der ich den Namen „Anne" als Tarnkappe verleihen werde, zu mir kam, hatte sie mit LSD schon mehrere „bad trips" gekannt. Sie hatten ihr, wie sie mir gleich zu Beginn unserer ersten Sitzung im Bellevue sagte, eine „Höllenangst" eingejagt. Dann, immer häufiger, rauchte sie einen „Joint" oder zwei, nicht selten sogar sechs bis sieben an einem einzigen Abend voller Langeweile. Außerdem schluckte sie jeden Morgen beim Aufstehen

eine Tablette „Speed", um – so drückte sie es aus – „den Tag aushalten zu können". Dies alles hatte sie in der Klinik geheimhalten können!
Aufgrund eines eher intuitiven als rationalen Eindrucks empfahl ich Wolfgang, es würde vielleicht vorteilhaft sein, wenn sie aus der Klinik entlassen und ich sie ambulant in Therapie nehmen würde, zumal ihr Kind, das sie aus den USA mitgebracht hatte, in der Klinik oder deren Umgebung wohl kaum Spielkameraden finden würde und zudem kein Deutsch konnte. „Gut", sagte Wolfgang, „wir können es so versuchen. Auch ich finde, daß das Mädchen hier nicht gut aufgehoben ist."
Mit ihrem dreijährigen Töchterchen mietete sie, wenn man ihren eingeengten inneren „Lebensraum" als „bewohnbar" hätte bezeichnen können, ein Zimmer, fünf Minuten zu Fuß von dem Haus in Litzelstetten, wo ich 1971-76 meine Praxis hatte. (Auch darüber wird später einiges zu berichten sein.) Schon nach wenigen Wochen, zunehmend emsig und gewissenhaft, brachte Anne zu jeder Sitzung sorgfältig notierte Traumprotokolle. Ihre schnellen Fortschritte auf dem Weg in Richtung Freiheit und Unabhängigkeit überraschten uns beide in ungefähr dem gleichen Maße. Seit zwei, drei Jahren hatte sie sich für einen „hoffnungslosen Fall" gehalten. Es vergingen etwa drei Monate. Weitere Fortschritte waren langsamer, ihre Träume wurden sowohl weniger intensiv als auch schwerer verständlich, ebenfalls für mich. Wir waren also eine Zeitlang entmutigt. Aber weder sie noch ich dachten daran, unsere Hoffnungen fahren zu lassen. Ich sagte eines Tages zu ihr, „Anne! Wir müssen zuwarten, keinesfalls aufgeben." Sie stimmte dem zu. Wir warteten.
Dann kam der große Tag! Zum ersten Mal brachte sie Mary, ihre Tochter, zu einer Sitzung mit. Ich wunderte mich, begrüßte sie, fragte sie nach ihrem Namen (den ich natürlich längst wußte) und sagte, sie sähe sehr glücklich aus. Ob sie in Litzelstetten eine Freundin hätte, usw. Ihre Antwort lautete: „Ja, ich bin glücklich. Und eine Freundin habe ich auch!" Dann verriet mir ihre Mutter, weshalb sie die Kleine mitgebracht und aus welchem Grund beide so strahlten, wie ich Anne bis dahin nie gesehen hatte. Sie schaute nicht mich, sondern Mary an, während sie stolz erzählte, daß sie seit ganzen drei Wochen

keinen einzigen „Joint" genommen und seit vier Wochen kein Amphetamin. „Ich wollte Sie überraschen", sagte sie. Und ob ich überrascht war! Andererseits fand ich, daß es verfrüht gewesen wäre, wenn wir jetzt in Siegesstimmung geraten würden. Ich sagte bloß, daß ich auch froh sei und fügte hinzu: „Anne, machen Sie nur weiter so! Wir werden sehen. Ich glaube beinahe, wir sind über das Schlimmste hinaus." Sie nickte, offenbar ein wenig enttäuscht. Dann, als wollte sie *mir* Mut einflößen, teilte sie mir eine Entscheidung mit, die sie erst ein paar Tage zuvor getroffen hatte. „Ich habe beschlossen, mein Studium am College wieder aufzunehmen. Und wissen Sie, was mein Hauptfach jetzt sein wird?" „Nein." „Ich werde Psychologie studieren!"
Diese Absicht ließ sie Wirklichkeit werden. Während sechs oder sieben Jahre, nachdem die Analyse beendet und sie in die USA zurückgekehrt war, schrieb sie mir alle paar Monate 'mal längere, 'mal kürzere Briefe. Sie schloß ihr Grundstudium ab, setzte es an einer Universität ihrer Heimatstadt fort und absolvierte ein Studium in experimenteller Psychologie, das ihr den „Master's Degree"[1] einbrachte. Nach dem Abschluß ihres Studiums heiratete sie noch einmal, einen Studienkollegen. Fotos, die sie einem ihrer Briefe beilegte, zeigten Mary, jetzt ein elfjähriges hübsches Mädchen, Anne selber und ihren neuen Mann. Offensichtlich lebensfroh schrieb sie in diesem letzten Brief, den ich von ihr erhielt, daß sie nie wieder auch nur eine „Spur von Verlangen" nach irgendwelchen Drogen gekannt habe. Ohne daß ein Brief dem Päckchen beigelegt gewesen wäre, erreichte mich eines Tages ein Exemplar ihrer Diplomarbeit, eine hervorragende Schilderung der komplizierten Reihe von Experimenten, die sie gemeinsam mit einer Kommilitonin durchgeführt hatte. Obwohl ich kurz antwortete, um dafür zu danken, muß ich gestehen, daß ich die Arbeit nie gelesen habe, da mich „experimentelle" Psychologie dieser Art nicht sonderlich interessiert.
Abschließend nur dies: Annes Entschlossenheit, ihr Suchtproblem zu überwinden und der Erfolg, mit dem ihre zähen Bemühungen darum gekrönt wurden, zählten zu den befriedigendsten Ergebnissen einer

---

[1] An deutschen Universitäten: „Magister".

etwa drei Jahre dauernden Analyse, die ich bis dahin gekannt hatte. Annes Vater, ein hochrangiger Bankangestellter, war wohlhabend. Seine Bereitschaft, ihren Aufenthalt in Litzelstetten nach einer zweimonatigen Anfangsphase ihrer Psychotherapie im Sanatorium Bellevue zu finanzieren und auch noch ihr Studium[1] zu bezahlen, war etwas, wozu keineswegs alle Eltern von AnalysandInnen, die zu mir in Therapie kamen, bereit gewesen wären. Ein Elternpaar, steinreiche Italiener, verweigerten solche Unterstützung ihres drogenabhängigen jungen Sohns. Er war deshalb gezwungen, die Klinik zu verlassen und nach Bologna zurückzukehren. Was aus ihm wurde, hat weder irgendjemand vom Personal im Bellevue noch ich jemals erfahren. Man kann es sich allerdings leicht vorstellen! Einige andere, zum Glück nur wenige, Vorfälle dieser Art gab es während meiner Jahre als freier Mitarbeiter im Bellevue. Unbeschreibliche Tragödien, die sich hin und wieder dort ereigneten, veranlaßten Kolleginnen oder Kollegen, anderswo Arbeit zu suchen. Wolfgang hatte mich oft gebeten, mich fest anstellen zu lassen. Ich lehnte es wiederholt ab, weil ich in vollem Umfang frei bleiben wollte, um mich auch der Privatpraxis widmen zu können ...

„Menschen brauchen Menschen!" In unserer schnellebigen Zeit und bei der Ellenbogenmentalität, die nicht nur die abendländische Gesellschaft zunehmend charakterisiert, ist dies – „Menschen brauchen Menschen!" – nach meiner Überzeugung mehr denn jemals zuvor der Fall. Heute, wesentlich mehr als vor der industriellen Revolution, wachsen Kinder in Familien auf, die im früheren Sinne keine Familien sind, Familien, in denen sowohl der Vater als auch die Mutter berufstätig sind. Immer zahlreichere Kinder kennen ihre Väter kaum, oft ebenso oder fast so wenig ihre Mütter. Kinder und Jugendliche brauchen Eltern, die sich ihnen aktiv zuwenden und zu verstehen bemüht sind, warum so viele junge Menschen mit einem Gefühl gähnender Leere auf den Straßen herumlungern, da sie wenig Aussicht auf Arbeit haben, warum sie dem Drogenkonsum zum Opfer fallen und der oft damit einhergehenden Beschaffungskriminalität oder warum sie in ihrer Suche nach Geltung und einer eigenen Identität

---

[1] Studiengebühren sind in den USA ja sehr hoch.

sich extrem rechten, gewaltbereiten Gruppierungen anschließen, usw. „Menschen brauchen Menschen!" Wir *alle* brauchen sie. Wir brauchen sie nicht nur, sondern wir selber müssen zu Menschen werden, die zu dem Geben und dem Nehmen echter Liebe fähig sind. Dies alles ist freilich nichts Neues. Ich erwähne es nur deshalb, weil in meiner Arbeit als Psychotherapeut diese und damit verwandte Probleme mir überdeutlich wurden.

Wieder: Behausung an einem Hügel und anstrengende Arbeit für beide Bewohner

Als Ursula und ich uns darin übereingekommen waren, daß wir entweder in Konstanz oder in dessen unmittelbarer Nähe wohnen würden, stellte sich für uns eine weitere Frage. Was für eine Wohnung sollten wir suchen? Eine Mietwohnung? Eine Eigentumswohnung? Ein Haus, das wir mieten könnten? Oder mit einem Bausparvertrag ein Haus kaufen? Würden wir eine Wohnung finden, die für Ursulas *und* meine Zwecke geeignet wäre? Dies erschien uns als sehr zweifelhaft. Ursula war entschlossen, das zu tun, was sie bei Dora Kalff gelernt hatte. Dafür würde sie Räume brauchen, in denen ein Atelier aufgebaut werden könnte. Ihre Absicht war, mit Kindern zu arbeiten im Sandspiel und im Malen von einer anderen Art und mit anderen Zielen als alles in den Schulen gelehrte Malen nach vorgegebenen Themen oder dergleichen. Eine Wohnung. in der sie mit „Problemkindern" therapeutisch würde arbeiten und ich „Problemerwachsene" (neben uns selber) täglich würde empfangen können, war unvorstellbar.
Die Folge unserer Überlegungen war, daß ich von Kreuzlingen aus, als meine Therapiestunden für jenen Tag dort zu Ende waren, nach Konstanz fuhr. Es war im Dezember 1970, ein paar Wochen, bevor drei anderen Studierenden und mir unsere Diplome feierlich überreicht wurden, die uns als Analytische PsychologInnen auswiesen. Keine der Immobilienagenturen, die ich ausfindig machte, konnte oder wollte mir ein Mietshaus verraten, das den Bedürfnissen entsprochen hätte, die ich im Einzelnen schilderte. Auch wenn irgendein

solches Haus verfügbar wäre, sagte man mir in zwei Agenturen, würden dessen Eigentümer mit völliger Gewißheit nicht dulden wollen, daß „laute Kinder kommen und gehen, die Fußböden mit Sand zerkratzen und die Wände bunt bemalen" würden. Vor diesem Hintergrund war es offensichtlich, daß wir keine andere Wahl hatten, als ein Haus zu kaufen. In meinem ganzen Leben hatte ich noch nie auch nur eine Scheune oder einen Schuppen mein eigen genannt, geschweige denn ein Haus besessen bis auf das Chalet bei Verbier, das jetzt Ruth gehörte. Ich bat zwei Agenturen, der Reihe nach, mir Häuser in oder um Konstanz zu zeigen, die entweder im Bau begriffen oder bereits schlüsselfertig waren. Ein Vertreter, der mir etwas weniger suspekt zu sein schien als die der anderen Agentur, fuhr mich in seinem Auto zu sieben oder acht Gegenden, wo neue oder ältere Häuser zu verkaufen waren. Im Vorort Litzelstetten, leicht erreichbar von Konstanz mit einer der städtischen Buslinien, sah ich mir ein Flachdach-Reihenhaus an. Die Lage an einem Hügel, von dem aus man einen Blick auf den Bodensee hatte, schien mir günstig zu sein. Obwohl alle sechs Häuser noch im Bau begriffen waren, versicherte mir der Bauleiter, daß die zwei ersten in der Reihe binnen weniger Wochen bezogen werden könnten. Er selber und seine Familie würden im ersten der sechs wohnen. Jedes Haus hatte zwei Stockwerke, von denen das untere auf einen kleinen Garten ging, und ein größeres sowie ein kleineres Zimmer plus Dusche mit WC. Oben waren ein größeres Wohnzimmer, eine geräumige Küche, zwei weitere Zimmer und eine Terrasse. Ich konnte mir vorstellen, daß das größere der beiden Zimmer im Untergeschoß als Ursulas Atelier geeignet wäre, während in einem der Zimmer des Obergeschosses meine Praxis eingerichtet werden könnte. Dafür würde zwar alles etwas eng, aber einigermaßen praktisch sein, bis ich es mir vielleicht würde leisten können, in Konstanz selbst größere Praxisräume zu mieten.
Blaupausen nahm ich also mit nach Zürich, fast schon überzeugt, daß das kleine Reihenhaus für uns beinahe ideal sein würde, falls die Finanzierung von dessen Kauf gelänge. Nachdem Ursula und ich am Abend eine Stunde oder mehr uns alles überlegt hatten, was ich ihr erzählte und was wir an den Plänen für die Häuser erkennen konnten, entschieden wir uns dafür in der Hoffnung, wir würden späte-

stens Anfang des Frühjahrs einziehen können. „Own your own home!"[1] war ein verfänglicher Werbeslogan, an den ich mich aus meiner Kindheit in Louisville erinnere. Er sollte natürlich auch „fangen". Diese wirkungsvolle Phrase wurde in den USA von „Savings and Loan Associations"[2] bis vor wenigen Jahren noch gebraucht, ist jedoch in Verruf geraten, weil zahlreiche „SLA" wegen zweifelhafter Geschäftspraktiken Bankrott machten und mit Milliarden Dollar der Steuerzahler aus der Klemme gezogen werden mußten. In Deutschland ist Ähnliches, so weit mir bekannt, bei irgendeiner der verschiedenen Bausparkassen nicht bzw. *noch* nicht geschehen. Ist es deshalb ausgeschlossen? Am Ende wirkte das Verfängliche auch bei uns, obwohl es im Wort von „Steinen, auf denen Sie bauen können" nicht ausdrücklich enthalten ist. Wir schlossen einen Bausparvertrag bei „Wüstenrot" ab. So konnten wir in das zweite der sechs Reihenhäuser am Holdersteig in Litzelstetten einziehen, bevor die Bauarbeiter das Gebäude verlassen hatten.

Das „Atelier Augustin-Sumser-Haus" entstand bald mit Sandkästen aus Holz, mit vielen Spielfiguren auf einem niedrigen Regal, mit vier großen papierbezogenen Malwänden, mit jeder Menge großformatigen Malpapiers und mit einer reichen Auswahl an kindersicheren Farben in Töpfen auf einem länglichen Stand in der Mitte des Erdgeschoß-Zimmers, das ich kurze Zeit zuvor im Rohbau besichtigt hatte. Mein Therapiezimmer mit Bibliothek und Schreibtisch richteten wir so ein, wie ich mir es vorgestellt hatte. Der schwarze Ledersessel mit Hocker stand am Fenster. Zwischen den beiden und zwei bequemen, stoffbezogenen Sesseln für AnalysandInnen gab es einen runden Tisch. Als behelfsmäßiges Wartezimmer verwendete ich eine Ecke in der Diele mit einem Stoffsessel. Davor konnte ein Vorhang zugezogen werden, wenn jemand warten mußte, was allerdings selten passierte, weil ich mit meinem Penchant zum Perfektionismus mich ziemlich genau an die Dreiviertelstunde hielt, die für jede Sitzung vorgesehen war.

---

[1] „Besitze dein eigenes Heim!"
[2] Diese entsprechen, mehr oder weniger, deutschen Bausparkassen.

Wie viele oder wie wenige hinter dem Vorhang in der Ecke warten mußten, weiß ich nicht. Etwas leichter würde es mir fallen, die Zahl der Menschen zu schätzen, die bereits innerhalb der ersten drei bis vier Monate hilfesuchend zu mir kamen. Daß meine Praxis wie Unkraut aus dem Boden schoß, war allerdings vor allem dem Umstand zuzuschreiben, daß ich, ohne es im voraus geahnt zu haben, der erste Analytische Psychologe bzw. der erste tiefenpsychologisch ausgebildete Psychotherapeut im gesamten Bodenseeraum war! Ob ich von mir gesagt hätte, ich sei „voll ausgebildet", bezweifle ich. Denn wer ist in diesem Beruf je wirklich in dem Umfang qualifiziert, wie er oder sie es sein müßte, um die letztlich unergründlichen Tiefen des Unbewußten vollends zu verstehen? Niemand ist es nach meiner Überzeugung. Aber als „voll ausgebildet" galt ich und von überall her kamen Menschen in Scharen nicht allein aus Konstanz, sondern auch aus Überlingen, Friedrichshafen, Heiligenberg, Uhldingen, Singen am Hohentwiel, Tuttlingen und sogar, einmal wöchentlich, eine Analysandin aus Stuttgart. Dies hatte schon eingesetzt, bevor die Teppichböden gelegt waren. Ein klügerer Mann als ich hätte sich vor einer Entscheidung von solcher Tragweite wie die meine, mich in Litzelstetten anzusiedeln, wenigstens ein ungefähres Bild davon gemacht, ob es in der Gegend nicht schon genug Psychotherapeuten gäbe. Meine Glückspilzartigkeit schien also eher zu- als abgenommen zu haben seit manch anderem Volltreffer und vielfach entronnener Lebensgefahr. Jetzt hing an der Eingangstür des zweiten Hauses in der Reihe neben der Kurve am Holdersteig ein bronzenes Schild: „E. Field Horine, BA., MPH. Analytischer Psychologe. Sprechstunden nach Vereinbarung." (Heute sammelt es nur Staub im Keller, da es vor vielen Jahren ausgedient hat. Sollte ich es nicht lieber wegwerfen? Einschmelzen lassen? Wer wartet mit einem guten Rat auf?) Die fast zwei Jahrzehnte, in denen es mir vergönnt war, den schönsten meiner drei Berufe auszuüben, waren mit wundersamen menschlichen Begegnungen erfüllt. Einige waren am Ende voll tiefster Trauer; die meisten bedeuteten für mich jedoch immerwährende geistig-seelische Inspiration und Anregung, was vermutlich für nicht wenige andere ebenso zutreffen dürfte ...

Innerhalb von vier bis fünf Wochen nach unserem Umzug von Zürich in den Bungalow am Hügel in Litzelstetten war Ursulas Atelier einsatzbereit. Neonleuchten an der Decke sorgten für ein freundlich warmes Ambiente. Die breite Tür, die sich beim Frühlingsbeginn zum Garten hin öffnen ließ, tat das ihre, um eine Atmosphäre der Naturnähe zu schaffen. Ein großes Waschbecken in der einen Ecke des Raums gab den farbenfroh beschmierten Händen der Kinder Gelegenheit, sich sauber zu waschen, um ein neues Bild zu malen oder, je nach Wunsch und Laune, im Sandspielkasten ihren Kummer und ihre Sorgen mit Figuren aus Holz, Metall oder Plastik darzustellen. Das Atelier war ansprechend, auch wenn keine Kinder dort spielten. Und erst recht war es so, wann immer kleinere und größere Kinder vor Freude am Therapiespiel raumfüllend jauchzten.

Bald nach der Eröffnung des „Atelier Augustin-Sumser-Haus" besuchten es auch Eltern, die aber diskret sich im Hintergrund aufhalten mußten, um nicht hemmend einzuwirken auf die dort im Spiel ihre Probleme darstellend durcharbeitenden Kinder im Alter von vier bis zehn oder elf Jahren. Inserate in Lokalblättern und im Konstanzer *Südkurier* sorgten für ständig neue Anmeldungen. Aus Konstanz brachten die Mütter kleinerer Kinder sie meistens im Auto nach Litzelstetten. Ältere kamen ein bis zweimal wöchentlich mit dem Bus, wenn sie nicht in unserer Nähe wohnten. Ursulas Honorarsätze waren, wie mir schien, zu bescheiden. Weil sie jedoch noch keine akademische Ausbildung hatte, die ihre therapeutische Begabung sozusagen attestiert hätte (wenn irgendein akademischer Grad natürliche Begabung oder solche Fähigkeiten überhaupt jemals widerspiegelte!), meinte sie, daß sie höhere Gebühren weder verlangen noch erwarten dürfe.

Was meine Honorare betrifft, entschied ich mich gegen irgendwelche festgesetzten Beträge. Aus verschiedenen Gründen hatte ich ja nie den Wunsch gehabt, den Fußstapfen meines Vaters zu folgen. Aber in seiner Kardiologie-Praxis war seine Einstellung so, daß sie mir immer als vorbildlich erschienen war und mir jetzt zum Vorbild wurde. Von einem für ihn bindenden Prinzip war er nie abgewichen. Seine PatientInnen zahlten je nach Höhe ihrer Einkünfte oder ihres Vermögens, wenn sie wohlhabend waren. Diejenigen, die wenig oder gar nichts bezahlen konnten, entrichteten kein Honorar. Andere, denen hohe Honorare keinerlei Kopfschmerzen bereiteten, erhielten von ihm monatliche Honorarrechnungen, die alles andere als niedrig waren. Dies war mir gegenwärtig, als Ursula und ich nach Litzelstetten umzogen. Die Handlungsweise meines Vaters in der Honorarfrage schien mir die einzige zu sein, die ich mit meinem Gewissen vereinbaren konnte, da ich zwar nach Kräften anderen Menschen beizustehen versuchte, aber andererseits von der Mehrheit derselben Menschen so viele Geschenke im Sinne eigener vertiefter Selbsterkenntnis durch meine Arbeit mit ihnen erhielt.

Was ich soeben gesagt habe, könnte den Eindruck erwecken, als seien meine Absichten „edel" gewesen. Ich bin zwar mäßig großzügig, aber in meinen eigenen Augen stehe ich lange nicht so gut da wie bei Menschen, die mich weniger gut kennen als Ursula mich kennenlernte und ich mich selbst heute kenne. *Wie* schuftig ich sein kann, fand ich erst im Sommer und im Herbst 1987 heraus. Dies war in der Anspielung enthalten, als ich schrieb, es gäbe ein Geständnis, das ich offen auszusprechen mich verpflichtet fühle. Worum es sich dabei handelte werde ich, so schwer es mir auch fällt, noch vor dem Ende dieser vielen Seiten schildern.

Um zur Honorarfrage zurückzukommen: Offensichtlich wohlhabenden AnalysandInnen, denen ihre finanzielle Lage z.B. an teueren Pelzmänteln oder BMW abgelesen werden konnte, erklärte ich schon zu Beginn unserer ersten Sitzung, daß ich darauf vertraute, sie würden verstehen, wenn sie wesentlich höhere Honorarrechnungen erhielten als andere, die viel weniger bezahlen könnten. Während meiner mehr als zwanzigjährigen psychotherapeutischen Tätigkeit hat *niemand* diesen Grundsatz nicht akzeptiert. Analysanden und AnalysandInnen, die entweder schlecht entlohnte Arbeitsplätze hatten oder arbeitslos waren und deshalb nicht in der Lage gewesen wären, Honorare in der bei Psychotherapeuten üblichen Höhe zu begleichen, schlug ich einen bloß nominellen Betrag vor, etwa DM 10-15 pro Stunde. Ein Minimum bezahlen zu müssen dient, wie Freud erkannt hatte, bei den meisten Menschen als zusätzliche Motivation, in der Analyse aktiv mitzuarbeiten und trotz nahezu immer auftretender „Durststrecken" nicht entmutigt aufzugeben. Nicht wenige Menschen meinen: „Was nichts kostet, kann nicht viel wert sein". Dies ist freilich nicht durchweg der Fall, aber eine derartige Auffassung ist ja weit verbreitet. Deshalb folgte ich bis zu einem gewissen Grad Freuds Vorgaben.

Doch „die Couch", die in der Vorstellung einer Mehrheit der Leute, wenn sie einmal von Freud gehört haben, unzertrennbar mit der klassischen Psychoanalyse in Verbindung gebracht wird, fehlte im Repertoire von Jung und natürlich auch in dem meinen. Analysandin bzw. Analysand und Therapeut sitzen einander Auge in Auge gegenüber. Dies ermöglicht oft eine echte Begegnung zwischen zwei Menschen, die sozusagen am gleichen Strang ziehen, wobei der Analytiker sich zurückhält, aber sein Gegenüber sich ungehemmt, ohne Einschränkungen oder Tabus irgendwelcher Art öffnen darf. Für alle Psychotherapeuten, die im Rahmen der von C. G. Jung praktizierten Arbeitsweisen ausgebildet sind, ist *Begegnung* gleichsam der Eckstein eines großen Bogens. Durch diesen Bogen müssen zwei Menschen gehen, wenn im Verlauf der Therapie einzigartige und gegenseitig beglückende Beziehungen entstehen sollen, wenn für das in dieser Art echter Arbeit angestrebte Ziel geistig-seelischen Wachstums erreicht werden soll und somit der Weg zur „Ganzwerdung", zur Heilung eingeschlagen werden kann. Oft, in kaum geringerem Maß für den Therapeuten als für seine Analysandinnen *kann* ihre Zusammenarbeit eine Quelle tiefer inwendiger Bereicherung sein, ein wahrhaftiger *fons aeternus aquae permanens*[1] werden. Dies ist nicht Theorie, sondern erfahrbare Tatsache.

Soziale Gerechtigkeit war für mich seit Jahrzehnten eine bedeutungsvolle Sache, für die sich nach meiner Überzeugung jeder Mensch mit Gewinn für sich selber wie für andere einsetzen kann und sollte. Es ist eine große Sache, die z.B. im Westside Council for Community Action auch große Anstrengungen und für einige seiner Mitglieder, darunter Arthur Loeb, auch finanzielle Einbußen bedeutete, obwohl von Jane wie von mir kein solches Opfer gefordert wurde. Was meine

---

[1] „Ewiger Quell des immerwährenden (Heil)Wassers." Ein Wort der philosophischen Alchemisten. Darin schwingt die Heilung spendende geistige Kraft der *aqua permanens* stets mit.

Arbeit als Psychotherapeut betrifft, war ich von Anfang an entschlossen, mit Krankenkassen und -Versicherungen möglichst wenig zu tun haben. Mit seltenen Ausnahmen verlangten diese die Ausfüllung umfangreicher Formulare bzw. Fragebogen. Zu den Bedingungen für die Genehmigung einer Kostenübernahme zählten: (1) eine detaillierte Diagnose der psychischen Störung oder Krankheit, um die es sich bei der betreffenden Person handelte; (2) eine Prognose und die vom Therapeuten als notwendig geschätzte Dauer der Behandlung. Hinzu kam meist eine Reihe zusätzlicher, mehr oder weniger belangloser Fragen.

Was dies alles zur Folge hatte, war nicht selten eine Art lebenslänglicher Stigmatisierung, wenn die erstellte Diagnose sich als nicht zutreffend erwies und den Betroffenen gewissermaßen wie ein Mühlstein um den Hals gehängt wurde. Denn, ohne daß sie es je erfahren hätten, wurden solche Angelegenheiten hin und wieder in die Unterlagen eines Arbeitgebers aufgenommen. Dies, so selten es auch vorgekommen sein mag, erschien mir als ein eklatanter Vertrauensbruch, wo undingte Vertraulichkeit hätte gewährleistet sein sollen. Nach meiner Ansicht war dies (ist es noch heute, wo immer es vorkommt) unverzeihliche soziale Ungerechtigkeit. Außerdem, wie Jung zu betonen pflegte, ist in der Psychotherapie eine gültige Diagnose oft nicht einmal möglich bis nach Abschluß der Analyse. Und in diesem Bereich ist eine Prognose, die des namens wert wäre, nahezu völlig ausgeschlossen, was ich selber bereits mehrere Male erlebt hatte. Eine zutreffende Diagnose und eine möglichst genaue Prognose werden im Bereich einer nicht psychotherapeutischen Arztpraxis selbstverständlich verlangt und erwartet. In der Psychotherapie? Nein! Selbst in der gängigen somatischen Medizin hängt sehr viel, wenn nicht entscheidendes, von psychischen Faktoren ab, welche Ärzte häufig nicht beachten. Ein prominenter Chirurg sagte mir einmal: „Sowohl die meisten anderen Ärzte als auch die Mehrheit meiner Kollegen in der Chirurgie sind sich darüber nicht im klaren, daß selbst ein Beinbruch wesentlich längere Zeit braucht, um auszuheilen, wenn nicht die psychische Verfassung des Betroffenen mehr oder weniger in Ordnung ist." War dies, frage ich mich, vielleicht mit ein Hauptgrund, weshalb der Abszeß nach einer Blinddarmoperation, der ich mich unterzogen hatte, sogar gegen Antibiotika tagelang resistent blieb, aber innerhalb von drei bis vier Tagen ausheilte, nachdem Ursula und ich uns 1965 im Rot-Kreuz-Spital getroffen hatten?

Ein Zuhause am Hügel:
In Phantasien weniger ideal als in der Wirklichkeit
Zwei Therapieformen:
Verwandt aber methodisch verschieden

Ursulas Arbeit im Atelier bewies Woche um Woche, wie erstaunlich kreativ sowohl junge als auch ältere Kinder sein können, wenn ihnen völlige Freiheit eingeräumt wird, allein und für sich selbst zu entscheiden, was sie malen, aus Ton modellieren oder im Sandkasten darstellen wollen. Meine Arbeit mit Erwachsenen, denen nie erlaubt worden war, genau das zu sein, was sie vielleicht geworden wären oder hätten werden können, zeigte den meisten von ihnen und mir, wie verblüffend schöpferisch unser Innenleben sich äußern kann, wenn wir unseren Träumen erlauben, zu uns zu sprechen, und dann zu verstehen bemüht sind, was sie in ihrer zumeist scheinbar oder oft tatsächlich verschlüsselten Sprache uns mitteilen wollen. Die Sprache, die unsere Träume sprechen, ist im Regelfall enorm verschieden von denen, die wir im alltäglichen Umgang miteinander gebrauchen. Gleich einem uralten Palimpsest ist die Sprache der meisten Träume unentzifferbar, bis wir sie genauer unter die Lupe nehmen. Dann kann es sein, daß wir zu erkennen beginnen, was unter der Oberfläche verborgen liegt.
Viele unserer Träume sprechen in Symbolen. Sehr oft sehen wir uns in unseren Träumen (wie die meisten Erwachsenen und fast alle Kinder wissen, wenn sie sich daran erinnern) an geheimnisvolle Orte transportiert und wir treffen auf sonderbare Tiere oder andere Lebewesen, Pflanzen, usw., die im wachen Zustand niemand je gesehen hat, obwohl dieses oder jenes Märchen uns vertraut sein mag, in dem davon oder ähnlichem erzählt wird. Die tieferliegende Bedeutung vieler unserer Träume ist unenträtselbar ohne gewisse Kenntnisse von Mythen und Legenden. Freilich ist es auch so, daß Personen, die uns

tatsächlich mehr oder weniger gut bekannt sind bzw. uns nahestehen, in unseren Träumen ebenfalls nicht selten auftreten. Aber wenn sie in Träumen irgendeine Rolle spielen, bedeutet dies keineswegs immer, daß sie die Personen sind, die sie zu sein scheinen. Oft stellen sie Aspekte oder Charakteristika unseres eigenen unbewußten Innenlebens dar. die wir im bewußten Tageserleben nicht erkennen oder uns und anderen nicht eingestehen.

Dabei scheint es „die Absicht des Traumregisseurs" zu sein, wenn man so sagen will, uns Verhaltensweisen oder Persönlichkeitsmerkmale vorführen zu lassen, die uns zwar eigen sind, aber die wir lieber nicht zugeben als etwas, das uns jetzt oder in Zukunft kennzeichnen könnte. Die Rollen, die vor unseren geschlossenen Augen auf der Traumbühne gespielt werden von uns bekannten oder unbekannten anderen Menschen, können uns andererseits zeigen, wozu wir fähig wären oder was aus uns werden könnte, was wir in den Augen von Verwandten, uns nahestehenden Freundinnen oder Freunden sind. Beginnen wir die Fremdsprache unserer Träume zu verstehen, so enthüllen sie uns nicht selten Potentiale, die wir verwirklichen könnten. Solche Träume halten uns sozusagen einen Spiegel vor. Dieser Spiegel, wenn wir in ihn zu schauen bereit sind, kann uns dazu verhelfen, uns *so* zu sehen, wie wir *sind*, nicht jedoch *so*, wie wir erscheinen oder sein möchten. Jedenfalls sind Träume nicht bloß „Schäume", wie es viele glauben und andere es uns glauben machen wollen.

Ein Beispiel: Ein junger Arzt aus Überlingen kam zu mir. Gleich zu Beginn unserer ersten Sitzung sagte er, daß er bei seiner seit vielen Jahren verwitweten Mutter wohne. Als einziger Sohn „bin ich ihr Ein und Alles". Ich fragte, aus welchen Gründen er mich aufgesucht habe. Von Überlingen bis nach Litzelstetten sei zwar keine Weltreise, aber immerhin auch nicht gerade ein Katzensprung. „Ja, ich nehme dies schon in Kauf, wenn Sie mir helfen können." Warum oder wozu ich ihm helfen sollte, sagte er nicht. Mir schien es auch ratsam, noch nicht zu fragen. Und es stellte sich recht bald heraus. Er klärte mich auf, ohne daß ich gefragt hätte. „Wissen Sie, ich liebe meine Mutter. Sie hilft in der Praxis, räumt auf, kocht auch gut. Alles, was ich will, macht sie gerne. Aber sie betet mich an, als wäre ich eine Art Adonis oder so 'was. Und das geht mir langsam auf den Wecker. Immer mehr! Andererseits möchte ich sie nicht verletzten. Also lasse ich sie so machen, wie sie es seit dem Tod meines Vaters vor fünfzehn Jahren getan hat." Dann fügte er hinzu, daß er wisse, daran sei irgendetwas „nicht ganz normal". Er fände, daß in seinem Alter (er war schon 32) diese Nähe und seine Abhängigkeit von der Mutter überwunden werden müßte. Meine Entgegnung war lediglich: „Ja!" Mit einem Vorschlag von mir ging unser erstes Gespräch (das hier natürlich stark gerafft wiedergegeben wird) zu Ende. „Können Sie beim Aufwachen sich ab und zu an Träume erinnern?" „O, ja! Und die sind ein Grund, weshalb ich Sie aufgesucht habe, als ich von einem Kollegen hörte, es gäbe jetzt einen Psychotherapeuten im Bodenseeraum." „Also würden Sie bitte alle Träume, an die Sie sich erinnern, möglichst detailliert aufschreiben, sobald Sie morgens wach werden?" Er versprach, daß er es tun würde.

Im Verlauf unserer zweiten Sitzung, eine Woche später, wurde das Grundproblem von ihm selber noch deutlicher dargelegt. Er schien mir so zu sein, daß das Bild, das er von sich selber machte, dem seiner Mutter weitgehend entspräche. Er äußerte sich zunächst vorsichtig, zurückhaltend. „Wissen Sie, ich bin nicht aggressiv, auch wenn ich manchmal eine Wut kriege, weil meine Mutter mich so hegt und pflegt." Ich erinnerte ihn an sein Versprechen, was Träume betrifft. Worauf er aus seinem Aktenkoffer einen ganzen Stoß ordentlich und sauber geschriebener Notizbuchblätter holte. „Wo soll ich anfangen? Es waren viele, aber immer wieder das Gleiche. Ziemlich langweilig! Aber ich habe getan, was Sie mir vorschlugen." Ich sagte nur, daß ich Träume eigentlich nie langweilig fände. „Ein bißchen lästig sind sie manchmal schon. Aber lesen Sie mir den einen oder den anderen vielleicht vor, wenn Sie wollen. Oder erzählen Sie ihn einfach so, wenn Sie sich gut daran erinnern."

Er las gleich drei oder vier Träume vor. Obwohl die Szenen wechselten, war ein einziges Motiv tatsächlich allen gemeinsam, „Variationen über ein Thema": Schlägereien, Faustkämpfe, extremste Brutalität und allerlei Formen von Aggressivität. Deren Opfer war in jedem dieser Träume der Träumer selbst. Die, die ihn angriffen, zu Boden schlugen oder sonst arg mißhandelten, waren Rowdies, Skinheads,

Gangster, Kidnapper, Bankräuber oder sonstige kriminelle Typen. In einem der Träume war die Bank, wo er sein Konto hatte, vollständig ausgeplündert worden, während in einem anderen er von maskierten Männern entführt wurde. Er konnte keinen dieser Leute identifizieren, sagte er mir; sie ähnelten niemandem, den er außer in Filmen oder TV-Krimis je gesehen habe. Ich fragte, was er von alledem halte. Er sagte, er habe keine Ahnung, was das alles bedeuten könnte. „Warum sollte *ich* in so etwas verwickelt sein? Ich bin nicht gerade arm, aber meine Bank ist natürlich voll versichert. Ein Bankraub würde mir nicht schaden, aber im Traum war es so, daß ein Kontoauszug, den ich mir holte, die Mitteilung enthielt, mein Konto sei überzogen."
Ich zögerte. Sollte ich ihm sagen, was ich vermutete? Mir schien es besser zu sein, wenn ich vorerst keine Deutungen anböte. Also wartete ich wieder einmal ab. In den darauffolgenden Wochen berichtete der junge Mann über mehrere weitere Träume, die im Grunde das gleiche Thema wiederholten. Jetzt fragte ich, ob er meinte, diese Kriminellen, Mafialeute oder was immer sie waren, vielleicht eine Darstellung von etwas sein könnten, das bei ihm selber latent vorhanden sei. Dieses Mal zögerte *er*. Nachdenklich saß er im braunen Cordsessel mir gegenüber. Er sagte kein Wort. Ich ließ ihn gewähren. Auch ich sagte nichts. So ging die Sitzung in beiderseitigem Schweigen zu Ende.
Im Verlauf unserer nächsten Stunde, zu deren Beginn ich den Eindruck hatte, daß er etwas bedrückt sei, wagte ich nach einer Weile, meine Frage noch ziemlich vorsichtig, aber etwas präziser zu wiederholen. Ob er sich vorstellen könnte, daß die zwielichtigen, brutalen Gestalten, die ihm in diesen zahlreichen Träumen erschienen waren, eigene Neigungen oder ein Bestreben seinerseits gewissermaßen verkörperten? Vielleicht eine Art Kontrapunkt zum Versuch seit seiner Kindheit unter allen Umständen der sanfte oder brave Junge zu sein, wie ihn seine Mutter wohl gewünscht haben dürfte? Wieder einmal folgte ein längeres Schweigen. Dann platzte es schlagartig aus ihm heraus. Zum ersten Mal war er jetzt offensichtlich böse. Er schrie: „Ja! Sie glaubt, daß ich absolut perfekt bin. Aber kein Mensch ist vollkommen! In den letzten paar Jahren hätte ich ihr gern ein paar Mal

einen Ziegelstein an den Kopf geschmissen. Ich denke mir, all die aggressiven Kerle in den Träumen sind das, was ich z.B. in der Schule ab und zu selber hätte tun *wollen*, wenn einer der anderen mich piesackte. Und ich hätte es bestimmt auch getan, wenn ich nicht gewußt hätte, daß meine Mutter sich deshalb wahnsinnig geschämt hätte. Also habe ich *nie* getan, was ich oft tun *wollte*. Das ist es wahrscheinlich, was diese schlimmen Träume bedeuten. Sie halten mir einen Spiegel vor Augen und zeigen, was ich hätte tun *können*."
Darauf sagte ich zunächst nichts. Er schien meine Gedanken erraten zu haben. „Unsere Träume", bemerkte ich, „drücken sehr häufig in übersteigerter Weise ihre Botschaft aus. Es ist manchmal so, als wollte irgendetwas in uns absolut sicher sein, daß wir früher oder später verstehen, was unsere Träume uns mitteilen möchten. Klar! *Sie* sind kein Verbrecher. Und ich kann mir nicht vorstellen, daß Sie es einmal sein würden. All die Schläger und Kriminellen in Ihren Träumen sind das, was C. G. Jung unseren 'Schatten' nannte, in Ihrer Situation den negativen Aspekt des 'Schattens', der jedem Menschen innewohnt als Teil des Unbewußten. Die meisten Leute kommen *nie* darauf, daß es so etwas in ihnen überhaupt *gibt* wie auch in jedem anderen, obwohl sie 'mal in gewissen Situationen vielleicht eine dunkle Ahnung davon haben."
Nach jener Sitzung wurden die Szenen und die Personen in den Träumen, die der Analysand gewissenhaft jedes Mal mitbrachte, abwechslungsreicher als in der ersten langen Reihe. Motive, die für ihn weitaus weniger beunruhigend waren, kamen allmählich auch in größerer Anzahl. Zwei oder drei Mal erzählte er mir allerdings, obwohl es ihm offenbar nicht leicht fiel, für ihn peinliche Träume, in denen seine Mutter – die zentrale Person – als eine gehässige alte Hexe erschienen war oder als eine beängstigende Zauberin mit zersausten langen schwarzen Haaren um die Schultern, eine Art verschlingende Medusa. Aber langsam, wenn seine Träume von der Mutter überhaupt noch handelten, spielte sie nur Nebenrollen, mehr oder weniger neutral, war sie jedenfalls nicht bedrohlich. Träume von Bankräubern, Gangstern und dergleichen kamen kaum oder sehr selten vor.

Kurze Zeit später lernte er bei einem seiner bis dahin wenigen Freunde eine junge Frau kennen, eine Künstlerin (die zufällig auch mir bekannt war) aus einer anderen Stadt. Zwei Jahre später, mehr als eineinhalb Jahre nach der Beendigung seiner Analyse, heirateten sie. Offenbar in eklatantem Gegensatz zu seiner Mutter war die junge Dame ein Mensch mit eher nonkonformistischen Verhaltensweisen und einem freien Lebensstil. Sie weigerte sich, mit der alten Mutter ihres Mannes unter einem Dach zu wohnen. Das Paar kaufte ein eigenes Haus. Das letzte Mal, das ich von ihm hörte, war in einem kurzen Brief, dem er die Geburtsanzeige ihres ersten Kindes beigelegt hatte. Lebten sie vielleicht, wie in manch einem Märchen, „glücklich bis ans Ende ihrer Tage"? Man darf es füglich bezweifeln! Wie dem auch sein mag, die Befreiung des jungen Arztes aus den Klauen seiner Mutter, mutete in meinen Augen wie eine märchenhafte Geschichte an ...

Alle paar Tage zeigte mir Ursula gemalte Bilder, Zeichnungen oder Sandspielszenen, die von Kindern im Atelier gestaltet worden waren. Viele davon waren echte kleine Kunstwerke. Sir Herbert Read, einer der bekanntesten englischen Kunsthistoriker und -kritiker, schrieb in einem seiner Bücher: „Alle Kinder sind Künstler, wenn ihnen die Freiheit eingeräumt wird, das zu werden, was sie aus sich heraus werden könnten." Daß dies den Tatsachen entspricht, schien nicht selten vollauf bestätigt zu sein in dem, was selbst ganz kleine Kinder malten oder zeichneten. Oft waren es allem Anschein nach, wahrscheinlich tatsächlich, Szenen oder phantastische bzw. phantasiereiche Motive aus Träumen oder Märchen, die die Kinder entweder gehört oder selbst erfunden hatten. Einige zeigten in aller Deutlichkeit Probleme, von denen sich die kleineren mit ihren älteren Geschwistern oder mit den Eltern, Kindergärterinnen oder Lehrern bzw. Lehrerinnen oder anderen Kindern geplagt fühlten. Die Möglichkeit, sich frei auszudrücken, ohne kritische Beurteilung von seiten eines Erwachsenen, sondern statt dessen mit stets wiederholter Ermunterung, ist erwiesenermaßen eine äußerst wirksame Art und Weise, Kindern dazu zu verhelfen, ihre Ängste in den Griff zu bekommen. Diese Methode trägt Wesentliches zur Fähigkeit von Kindern bei, alltägliche Nöte und Sorgen zu überwinden. Mehrere Male in jenen Jahren hat Ursula die Eltern von Kindern, die bei ihr im Atelier waren, zu informellen Diskussionsabenden eingeladen. Mit einem Dia-Projektor zeigte sie Fotos, die sie von Sandkastenszenen, Farbmalereien oder schwarzweißen Zeichnungen gemacht hatte. Dabei zeigte sie, wieso Kids (wie man heute zu sagen pflegt) in spielerischem Ernst und ernsthaftem Spiel das durcharbeiteten bzw. darstellten, was ihnen Angst machte, was ihnen früher einmal Angst bereitet hatte oder was sie gerade beschäftigte und interessierte.

Trotz ihrer erfolgreichen Arbeit in dieser Form von Therapie mit Kindern eröffnete sie mir, wohl irgandwann im Spätsommer 1975, eines Abends etwas, für das sie schon alles in die Wege geleitet hatte. Sie war entschlossen, es als ihr neues Unternehmen bald anzufangen. Was sie mir an jenem Abend enthüllte, kam für mich völlig überraschend, aber ich freute mich sehr darüber. Sie hatte sich für einen Fernkurs angemeldet, mit dem sie hoffte, das Abitur nachholen zu können. Von mir aus gesehen gab es keinen Grund, weshalb sie nicht versuchen sollte, das auszugleichen und letztlich aus der Welt zu schaffen, was sie seit so vielen Jahren als ein Manko und einen Makel empfunden hatte. Ich versicherte ihr deshalb, daß sie sich auf mich verlassen könne, daß ich in jeder mir möglichen Weise sie unterstützen und ihr gerne helfen würde, dieses neue Ziel zu erreichen.

Inzwischen hatten wir beschlossen, das Haus am Holdersteig zu verkaufen, das uns zunächst als ideal erschienen war, aber nach wenigen Wochen bitter enttäuscht hatte. Es wies architektonische Mängel auf, die zwar keineswegs belanglos waren, aber hier kaum erwähnenswert wären bis auf e i n wichtiges Detail. Die Wände des Gebäudes waren nämlich dünn, nicht schallgedämpft. Wir konnten bzw. wir mußten, wenn wir vor dem Kamin in unserem Wohnzimmer saßen, jedes Wort hören, das die Nachbarn zur einen und zur anderen Seite unseres Reihenhauses sagten. Sie hörten uns natürlich auch. Und die Nachbarn störte der Lärm, der selbstverständlich unvermeidbar war, wenn Kinder sich im Atelier aufhielten und das taten, wofür wir es mit viel Liebe und nicht wenig Geld eingerichtet hatten. Wir hofften also, etwas Besseres zu finden, etwas Geeigneteres für Ursulas neue Bedürfnisse, wenn sie in möglichst ruhiger Umgebung konzentriert ans Lernen gehen würde. Sie würde bald ein Zimmer für sich selber ge-

brauchen, das groß genug sein müßte, um einen Schreibtisch und ein größeres Bücherregal aufzunehmen. Ein solches Zimmer hatte sie am Holdersteig nicht, sondern bloß eine kleine Ecke in unserem ohnehin viel zu kleinen gemeinsamen Schlafzimmer.
Erst einige Monate, nachdem sie mit dem Fernkurs begonnen hatte, gelang es uns, das Haus zu verkaufen. Bis dahin quälte sie sich im Mini-Eck des Schlafzimmers ab. Wir mieteten ein wesentlich größeres dreistöckiges Haus, das noch höher über dem Bodensee gelegen war. Aber kaum zwei Jahre später sahen wir uns gezwungen, es für teures Geld (das wir nicht hatten) zu kaufen, da der Eigentümer uns mitteilte, er wolle und werde es nicht länger vermieten. Ursula war zu der Zeit mitten in den Vorbereitungen auf ihre ersten Prüfungen, für die sie einmal wöchentlich nach Stuttgart fahren mußte. Unter den Umständen war es für uns beide einfach unvorstellbar, schon noch einmal irgendwohin umzuziehen.
Einstweilen, abgesehen von meiner täglichen Arbeit mit AnalysandInnen, die ich jetzt in unserem großen Wohnzimmer empfangen konnte, gab es andere verwandte Interessen, die mich voll in Anspruch nahmen, wann immer ich dafür Muße finden konnte. Vieles, jedoch nicht alles, was Freud und Jung in ihrem sehr umfangreichen Briefwechsel ab 1906 (noch vor ihrem ersten Treffen) geschrieben hatten, wurde erst 1974 herausgegeben, fünfunddreißig Jahre nach Freuds Tod und dreizehn Jahre, nachdem Jung gestorben war. Diese Korrespondenz, rund siebenhundert gedruckte Seiten, faszinierte mich, zumal ich in meiner Diplomarbeit am Jung-Institut mich aus der Sicht von Jung mit einigen Träumen von Freud intensiv auseinandergesetzt hatte. Schon damals hatte ich mich immer wieder gefragt, welche die tatsächlichen Gründe gewesen sein konnten für den tragisehen Bruch zwischen den beiden großen Pionieren der Tiefenpsychologie. Die Antwort auf diese Frage entdeckte ich beim Studium ihres bis dahin zur Veröffentlichung freigegebenen Briefwechsels. Ein Buchkapitel, das ich als Ergebnis dieser Beschäftigung mit der Korrespondenz zwischen den beiden schrieb, wurde vorhin in einer Fußnote erwähnt. Ab 1912 hat Freud nie wieder etwas von Jungs umfangreichen, später geschriebenen Werken gelesen, was man in der Standardbiographie aus der Feder seines britischen Kollegen

Ernest Jones bestätigt finden wird.[1] Andererseits war Jung stets bemüht, die Verdienste von Freud zu würdigen. Er betonte sie immer wieder, auch wenn er wie Ludwig Binswanger sie „einseitig" fand und die dogmatische Art, mit der Freud seine Theorien verteidigte, für ein Zeichen eigener Unsicherheit hielt.

Es wäre kaum angebracht, wollte ich in einem Text. der keine wissenschaftliche Abhandlung ist, sondern vorwiegend aus Lebenserinnerungen besteht, auf diese Probleme weiter eingehen. Bloß einige Sätze aus dem bereits genannten Buch *C. G. Jung heute* werden vermutlich nicht uninteressant sein vor dem Hintergrund neuerer Entwicklungen sowohl in den Human- als auch in den Naturwissenschaften. Leicht gekürzt wiedergegeben heißt es dort:[2] „Das neue, offene und in mancherlei Weise verblüffend erweiterte Weltbild, das sich uns im Hinblick auf die heutige wissenschaftliche Gesamtlage aufdrängt, ist fast völlig anders als die Vorstellungen des materialistisch-positivistischen Zeitalters. Seit spätestens Descartes waren wir ja im Abendlande gewohnt, das Wissen als etwas letztlich immer verbal Ausdrückbares, eindeutig Rationales und Vernunftmäßiges zu betrachten. Aber neuere Erkenntnisse der naturwissenschaftlichen Forschung zwingen uns zur Einsicht, daß das Geheimnisvoll-Zweideutige, das Unbestimmte und Unbestimmbare, das Irrationale, sogar das Transmateriell-Metaphysische einen wichtigen, wenn nicht schon den zentralen Platz einnehmen neben dem rational Erfaßbaren. Dieses alles überragende, erschütternde Paradoxon und die daraus erfolgende Notwendigkeit einer *coincidentia oppositorum*, einer Vereinigung der Gegensätze, für den Bereich der Psyche erschlossen zu haben, ist das unvergängliche Verdienst von Carl Gustav Jung."

Im abschließenden Teil jenes Beitrags zur Entstehung und zeitgenössischen Bedeutung des Gegensatzes Freud-Jung schrieb ich: „Mit solchen immer weiter um sich greifenden Erkenntnissen ... in den gegenwärtigen Geistes- und Naturwissenschaften sind die schon gesi-

---

[1] Siehe: Jones, Ernest. Sigmund Freud: Life and Work. London: Hogarth Press, 1956. Vol. II, „Years of Maturity", pp. 393-397. Vgl. auch das Gesamtregister der Gesammelten Werke Freuds.

[2] Op. cit., Seiten 47-48.

cherten Grundlagen dafür geschaffen, daß der seit der europäischen Renaissance tobende Streit zwischen Religion und Wissenschaft endgültig beigelegt werden könnte. Damit wäre eine für die gesamte Menschheit außerordentlich gefährliche psychische Spaltung behoben. Allerdings (dies kann nicht oft genug betont werden) ist Religion nach C. G. Jung keinesfalls im Sinne eines wie immer gearteten Konfessionalismus oder einer Institution aufzufassen. Man muß Religion in diesem Zusammhang vielmehr als eine von allen Dogmen entlastete neue Freiheit verstehen, dank derer jedem Menschen echtes, eigenes, ursprüngliches Erleben des Numinos-Göttlichen in seiner unendlichen Vielfalt wieder zugänglich werden könnte. Dies wird jedoch ... nur dann entstehen, wenn gleichzeitig Einsicht gewonnen wird in die entscheidende Tatsache, daß ein bloßer Mensch bestenfalls jeweils für sich selber und vielleicht für seine Generation lediglich einen Teilausschnitt aus unseren eigenen inneren Wahrheit und der Wahrheit des Kosmos zu erkennen imstande ist."
Mein lange bestehendes Interesse am Werken und Wirken von Freud und Jung war einigen Kollegen in Frankreich wie in Deutschland nicht unbekannt. Das Thema meiner Diplomarbeit am Jung-Institut wurde also zum Gegenstand einer Reihe von Vorträgen und Vorlesungen über einige der m.E. wichtigsten Träume von Freud im Licht der späteren Erkenntnisse von Jung. Seit meinem ersten öffentlichen Vortrag, bei dem ich 1950 die versammelte Wiener Ärzteschaft eher anschrie, als daß ich zu jenem erlauchten Publikum sprach, hatte ich einiges dazu gelernt. Im Rahmen der Vortragsserie 1977-78 kam ich nach Stuttgart, Basel, Berlin, Paris und erneut nach Zürich. In einem überfüllten Hörsaal an der Sorbonne wurde das, was ich ausführte, im ganzen, wie mir schien, zwar wohlwollend, aber mit höflicher Skepsis aufgenommen. Obgleich die Mehrheit der Bevölkerung Frankreichs zumindest formal sich zum römisch-katholischen Glauben bekennt, aber in der Kirche bei weitem nicht alles von der Vernunft her verständlich ist, hatten Studierende in Frankreich nahezu ausnahmslos Schulen besucht, in denen praktisch alles nicht rational Erfaßbare verpönt war und als inakzeptabel galt. Die Herangehensweise von Jung an Probleme der Traumdeutung ist gewiß nicht durchweg allein mit dem Intellekt erklärbar. In seiner Arbeit vertrat er den Stand-

punkt, daß das Irrationale und das Rationale nicht so sehr Gegensätze seien, als daß sie sich gegenseitig bedingten, also im Sinne einer Komplementärität angesehen werden müßten. Auch wenn dies uneinsehbar sein mag für jemanden, dessen Grundhaltung einseitig rationalistisch ist, so ist es für die menschliche Psyche dennoch eine unleugbare Tatsache. Die Reaktion der Studierenden in Paris war vor diesem Hintergrund für mich weder befremdlich noch enttäuschend.

In Basel, wo Jung einige Jahre gelebt und an der Universität gelehrt hatte, war er weithin bekannt und geachtet. Das Publikum, das meinem Vortrag an der Universität Basel beiwohnte, setzte sich vor allem aus Medizinstudenten zusammen. Es war weniger zahlreich als an der Sorbonne, aber die Studierenden interessierten sich. Sie stellten viele Fragen, die ich anscheinend, wenigstens zum größeren Teil, zu ihrer Zufriedenheit beantworten konnte. Ich selber empfand meine Antworten als unzureichend. Denn um vieles in diesem Bereich ist völlige Klarheit nicht möglich. Auch der „C. G. Jung-Club" in Zürich hatte mich eingeladen, in dessen kleinem Kreis einen Vortrag zum selben Thema zu halten. Daß die Reaktionen dort in einem Maße positiv waren, wie man es sich nur hätte wünschen können, war nicht überraschend. Das gleiche war der Fall sowohl am Jung-Institut in Stuttgart als auch anläßlich einer Tagung der „Deutschen Gesellschaft für Analytische Psychologie" in Berlin. Dort wurde ich aufgrund einer erweiterten Zusammenfassung meiner Diplomarbeit als Mitglied in die Gesellschaft aufgenommen.

Während der Vortragstournee war ich also in fünf Städten dreier Länder aufgetreten. Im großen und ganzen war sie befriedigend. Umso mehr war dies der Fall, als der Aufenthalt in Paris mir die Gelegenheit geboten hatte, Anni und ihren Mann Jean-Marie Borzeix, Cristi und ihren Mann Albert Cohen und, ebenso selbstverständlich, auch Jane in ihrer Dachwohnung an der Rue de Jarente nochmals zu besuchen. Jane, obwohl sie oft krank gewesen war und mehrere Aufenthalte in Krankenhäusern hinter sich hatte, schien wieder wohlauf und guten Mutes zu sein. Annis und Jean-Maries kleiner Junge Nicolas, mein erstes Enkelkind (inzwischen sind es derer fünf und eine Urenkelin dazu) war offensichtlich ein außergewöhnlich begabtes Kind mit einem, zumindest in meinen Augen als Großvater, besonderen Charme. Cristi, deren Sohn Julien erst später zur Welt kam, liebte Nicolas, als wäre er ihr eigenes Kind. Anni hatte ihr Studium an der Sorbonne im Fachbereich Soziologie längst abgeschlossen und war (wenn ich mich recht entsinne) bereits dabei, in Zusammenarbeit mit einer Kollegin ihr erstes Buch zu schreiben. Auch Cristi hatte Soziologie studiert und lehrte an einem Pariser Lycée[1]. Vielleicht wird man es mir nachsehen, wenn ich mehr oder weniger sachlich behaupte, daß ich auf sie alle stolz war und es auch noch heute bin.

Ruth, Gillian und Corinne wohnten noch in Genf. Vorübergehend war Gillian nach Basel gekommen. Von dort aus fuhr sie unter der Woche mit der Straßenbahn täglich zum benachbarten französischen Städtchen St. Louis, um das dortige Lycée zu besuchen. Der Grund dafür war Ruths Überzeugung, daß Gillian mit einem Abschluß dort bessere Chancen haben würde, als wenn sie eine vergleichbare höherere Schule in der Schweiz besucht hätte. In Basel hatte Gillian ein kleines Zimmer in der Wohnung einer liebenswürdigen Witwe. Die vier oder fünf Stunden meines Besuchs, als ich zum Vortrag in Basel war, erwiesen sich als schwierig für Gillian und mich. Mir schien es durchaus verständlich zu sein, daß sie noch nicht das verkraftet hatte, was ich ihr antat, indem ich plötzlich von Rom „abhaute" (so hatte sie es erlebt) und sie verließ, um in Zürich zu studieren. Sie war damals erst dreizehn Jahre alt gewesen. Ich konnte nur hoffen, daß die seelischen Wunden, die mein Tun acht Jahre zuvor ihr geschlagen hatte, allmählich ausheilen würden. Mit Corinne hatte ich keinen weiteren Kontakt gehabt vor oder nach ihrer Übersiedlung in die USA, wo sie David Bowies tüchtige Konzertmanagerin wurde. Keineswegs ohne Bedeutung für sie oder für mich war der Verlust unserer früheren guten Beziehung. Dies empfand ich vielleicht noch schmerzlicher als sie. Ob dem tatsächlich so ist, kann ich nicht wissen, weil wir bis heute immer noch nicht miteinander darüber gesprochen haben...

---

[1] Lycée = staatliches Gymnasium.

Wieder im Sanatorium Bellevue:
Ein seltsamer Traum mit seltsamen Folgen

Was jetzt folgt, ist eine Darstellung von Ereignissen, die fast niemand nicht für unglaublich halten würde. Doch, so seltsam sie anmuten mag, diese Schilderung entspricht in allen Einzelheiten dem, was im Leben eines jungen Mannes geschah, bei dem zwei Psychiater die Diagnose „Schizophrenie" erstellt hatten. Er war seit drei Wochen im Bellevue, als Wolfgang Binswanger mich bat, ihn in Therapie zu nehmen. Ich versprach ihm, mein Bestes zu tun. Aber weder der junge Mann noch Wolfgang oder ich hätte voraussehen oder auch nur ahnen können, daß seine psychologische Arbeit von solch außergewöhnlich kurzer Dauer sein würde, wie sie war; oder daß sie die Folgen haben könnte, die sie tatsächlich hatte. (Wie bei allen anderen AnalysandInnen, von denen schon die Rede war, sind Name und Herkunftsort auch dieses Mannes aus berufsethischen Gründen geändert. Er soll „Jean-Claude" heißen. Der Ort, woher er kam, wird als Fort-de-France, Hauptstadt von Martinique, angegeben. Er war tatsächlich Franzose, stammte jedoch nicht aus Martinique.)

Jean-Claudes schon seit Jahren geschiedene Mutter hatte es für dringend notwendig erachtet, ihn von dem einzigen Psychiater in Fort-de-France untersuchen zu lassen. Warum? Weil er nach zwei oder drei Proben mit der Einnahme von LSD scheinbare oder wirkliche Halluzinationen erlebt hatte. Die Diagnose dieses Psychiaters lautete: „Schizophrenie". Danach entschied sich die wohlhabende Dame, mit Jean-Claude sofort nach Paris zu fliegen, um mittels einer zweiten ärztlichen Untersuchung die Diagnose bestätigen oder widerlegen zu lassen. Der Pariser Psychiater empfing Jean-Claude ein einziges Mal für etwa fünfzehn Minuten. Nach Einsicht in die Unterlagen aus Fort-de-France, meinte er kurzerhand die Diagnose seines Kollegen bestätigen zu müssen, obwohl weitere Halluzinationen nicht vermerkt worden waren. Jean-Claude hatte nach seinen eigenen Angaben auch keine mehr gehabt. Da seine Mutter vom guten Ruf des „Sanatorium Bellevue Dr. Binswanger" irgendwo gehört hatte, beschloß sie, ihren Sohn dorthin zu bringen.

Obwohl Wolfgang, der ein paar Mal ausführlich mit ihm sprach, an der Diagnose zweifelte, nahm er Jean-Claude „zur Beobachtung", wie es heißt, in die Klinik auf. Die Mutter blieb zwei, drei Tage noch in Kreuzlingen und flog nach Martinique zurück. Ich hatte sie ein einziges Mal während vielleicht fünf Minuten gesehen, als sie sich von Wolfgang verabschiedete im Beisein ihres Sohnes. Jean-Claude selber hatte sich von Anfang an gegen die Untersuchungen gesträubt, da er nicht zu Unrecht sagte, jeder Mensch, der mit LSD experimentiere, könnte 'mal „bad trips" erleben. Aber die Mutter hatte ihm mit „Schlimmerem" als einem Klinikaufenthalt gedroht. Was dies gewesen wäre, erfuhren wir nicht. Ich vermutete, sie könnte ihm gesagt haben, daß sie ihn enterben würde, wenn er sich ihren Entschlüssen widersetzen sollte. Er erzählte mir von der Drohung erst einige Tage nach Beginn unserer Arbeit, sagte aber, er habe nicht deshalb in den Beschluß seiner Mutter eingewilligt, sondern weil er neugierig zu erfahren gewesen sei, wie „man mit Patienten in einer solchen Institution umgeht."

Mit zweiundzwanzig Jahren hatte er an der Universität Grenoble ein Semester Philosophie studiert, interessierte sich aber mehr, wie er mir sagte, für Psychologie und Sprachen. In den Sommerferien war er nach Fort-de-France geflogen. Dort probierte er zum ersten Mal, jedenfalls nach seinen Angaben, LSD mit einigen Freunden. Als seine streng katholisch erzogene Mutter davon erfuhr und dazu noch von den sonderbaren „Bildern", über die Jean-Claude nach dem LSD bloß andeutungsweise gesprochen hatte, geriet sie offenbar in Panik. Was darauf folgte, ist in Umrissen bereits geschildert worden.

Nun, was meine Arbeit mit ihm betrifft, kann ich mich nicht sehr kurz fassen, obwohl sie relativ kurze Zeit dauerte. In den vielen Träumen, die er in unsere ersten drei oder vier Sitzungen brachte, konnte ich keine Anzeichen von Schizophrenie erkennen. Auch sonst erschien er mir nicht weniger „normal" als andere Menschen und dazu noch überdurchschnittlich intelligent. Im Bellevue hatte ich schon mit mehreren anderen jungen Menschen gearbeitet, die deutliche schizophrenähnliche Symptome aufwiesen oder das, was für solche gehalten worden waren. (Einer von ihnen, nicht ganz nebenbei bemerkt, ist keineswegs geistesgestört, sondern ein heute zuneh-

mend bekannter Professor für deutsche Literatur an einer Universität in diesem Land.)
Jean-Claude und ich hatten uns dreimal wöchentlich während vier oder fünf Wochen getroffen, als er einen Traum in die Stunde brachte, der ihm Angst gemacht hatte, obwohl er nach meinem Einruck kein Mensch war, der sonst große Ängste kannte. Den Inhalt dieses Traums und seine Reaktion darauf nahm ich zum Anlaß, ihm einen Vorschlag zu machen, auf den er zögernd einging. Sein schriftliches Traumprotokoll, aus dem Französischen übersetzt, lautete:
„In irgendeinem dichten Urwald war ich wandern gegangen, allein. Ich wußte nicht, wohin ich ging oder was ich im Wald eigentlich wollte. Ich wanderte nur. Mir schien es schon viele Stunden gedauert zu haben. Ich suchte nach einem Weg, um weiterzukommen. Dann im Dickicht sah ich etwas wie einen Pfad. Aber es war fast nicht erkennbar als Pfad. Jedenfalls ging ich weiter auf dem, was ein Pfad zu sein schien. Dabei mußte ich immer wieder unbekannte, riesige Pflanzen mir aus dem Weg räumen, zur Seite schieben. Es war nicht leicht. Ein paar Mal dachte ich, ob ich nicht lieber umkehren sollte. Andererseits wußte ich nicht, wie ich einen Rückweg finden sollte. Ich wußte nicht einmal, wo ich war oder warum ich überhaupt in diesen Wald gekommen war. Also ging ich weiter, immer weiter. Die Bäume waren überall so groß, daß kaum Licht durchkam. Es war fast wie Nacht, obwohl ich am frühen Morgen in den Wald gegangen war. Ich dachte, die Sonne sei schon untergegangen. Plötzlich war vor mir etwas, das wie der Eingang einer Höhle aussah. Es war in einem Felsen, ziemlich hoch. Der Felsen war da mitten im Wald, der sonst nicht hügelig war und schon gar nicht irgendwo in den Bergen. Was wie eine Höhle im Felsen aussah, schien auf einmal näher zu sein, als ich gedacht hatte. Ich wollte sehen, ob es wirklich eine Höhle war, und ging ein bißchen näher an den Felsen heran. Es war tatsächlich der Eingang einer Höhle, jetzt ziemlich niedrig. Ich konnte es ganz deutlich sehen. Drinnen schien ein kleines, flackerndes Licht wie von einer Kerze im Wind, der die Flamme jeden Augenblick ausblasen könnte. Das Ganze war irgendwie unheimlich. Etwas in mir wollte, daß ich da hineingehe. Es war, als würde mich etwas dazu zwingen. Also ging ich hin und zwei, drei Schritte in die Höhle hinein. Da saß

ein uralter Mann. Er hatte eine Kerze vor sich auf dem Boden aufgestellt. Aber als ich den Mann anschaute, bekam ich plötzlich Angst. Ich zog mich zurück und rannte weg, so schnell ich konnte. Dann bin ich aufgewacht."
Jean-Claude hatte mir den Traum vom Blatt vorgelesen, auf dem er ihn aufgeschrieben hatte. Ich fragte, was ihm denn solche Angst gemacht habe. „Waren Sie vielleicht schon in einer Höhle und konnten den Weg zum Eingang nicht wieder finden? Oder haben Sie keine Erfahrungen mit Höhlen gehabt?" „Nein, aber ich mag sie nicht sehr gern. Oder doch! Ich war einmal in Südfrankreich und habe dort die Wandmalereien aus der Steinzeit in einer Höhle gesehen. Der Wald im Traum war ungefähr so, wie ich mir die Urwälder von damals vorstelle. Ich fand die Malereien schön, aber ich war auch ganz froh, als wir wieder an die frische Luft herauskamen." Ich fragte weiter. „Was war es an dem alten Mann, das Ihnen Angst machte? Oder war es etwas anderes?" Jean-Claudes Antwort auf diese Frage war mir rätselhaft. Er sagte: „Ich weiß es nicht. Ich hatte nur ein Gefühl, als ob er mich hätte anschauen wollen. Das war es, was mir am meisten Angst machte." Meine Entgegnung darauf: „Vielleicht hätte er Ihnen etwas sagen wollen, das für Sie eventuell wichtig gewesen wäre. Wer weiß? In unseren Träumen sehen wir nicht selten Menschen, die uns irgendetwas mitteilen wollen, wenn wir bereit sind, ihnen zuzuhören. Vielleicht wäre es besser gewesen, wenn Sie nicht weggelaufen wären." „Aber dafür konnte ich nichts. Ich mußte weg. Genau so, wie ich mich gezwungen fühlte, in die Höhle hineinzugehen."
Während einiger Minuten sagten weder er noch ich irgendetwas. Wir dachten beide nach. Was seine Gedanken waren, konnte ich nicht erraten. Aber mir war eine Idee gekommen und mir schien es, als müßte ich ihm sagen, was diese Idee war. „Jean-Claude," fragte ich, „würden Sie bereit sein, etwas auszuprobieren, das ich oft selber gemacht habe? Es klappt nicht immer. Aber, wenn mir etwas träumt, das bei mir ein Gefühl hinterläßt, als wäre mein Traum beim Aufwachen nicht zu Ende geträumt, gehe ich irgendwohin, wo es ganz ruhig ist und ich sicher sein kann, daß niemand mich stören wird. Dann setze ich mich hin und versuche, in den Traum zurückzufinden. Manchmal dauert es eine halbe Stunde oder so. Aber dann, ganz

plöztlich, ist der Traum wieder da und beginnt dort, wo er scheinbar aufgehört hatte, als ich wach wurde. Ich versuche, ihn zum Ende kommen zu lassen. Und wenn das passiert, bin ich oft ganz schön überrascht. Möchten Sie dies vielleicht einmal probieren mit diesem Traum, der Ihnen solche Angst gemacht hat? Da oben, im Waldgebiet über Kreuzlingen, gibt es Bänke. Morgen oder übermorgen, wenn das Wetter gut ist, könnten Sie sich dort hinsetzen an einem der Waldpfade. Ich habe nämlich ein Gefühl, daß der alte Mann in der Höhle Ihnen vielleicht etwas Wichtiges hätte sagen wollen." Jean-Claude sagte wieder einmal zunächst nichts. Er wartete. Ich wartete. Bis der eine oder der andere von uns irgendetwas gesagt hatte, vergingen vielleicht fünf Minuten. Dann schaute er mir direkt in die Augen. „Also gut! Ich werde es versuchen Kommt mir ein bißchen blöde vor. Aber ich werde es versuchen, wie Sie mir sagten."
Drei Tage später kam er, atemlos vor Aufregung, in das Therapiezimmer hereingestürzt. „Ich habe getan, was Sie mir vorgeschlagen hatten. Und der Traum fing tatsächlich dort wieder an, wo ich aus der Höhle hinausgerannt war. Dieses Mal hatte ich überhaupt keine Angst vor dem alten Mann. Er saß da auf einer Holzbank und sprach mich echt freundlich an. Die Kerze brannte wieder, aber dieses Mal flackerte sie nicht, war ganz hell und ruhig. Dann sagte mir der Mann, ganz leise: 'Jean-Claude, du bräuchtest nicht in der Klinik zu sein. Pack' deinen Rucksack heute Nacht und mach' dich aus dem Staub, wenn niemand dich sehen kann!' Das war alles, was er sagte. Und was sagen *Sie* jetzt dazu?" Ich antwortete, daß ich fände, er müsse selber entscheiden. „Wenn Sie finden, daß das für Sie das Richtige wäre, tun Sie es! Ich verspreche Ihnen, daß ich niemandem etwas davon sagen werde. Niemandem!"
Am nächsten Morgen teilte man mir im Sanatorium mit, daß Jean-Claude vermißt sei. Er war nicht zum Frühstück heruntergekommen. Als einer der Krankenpfleger auf das Zimmer ging, habe er nur ein Paar alte Schuhe gefunden, sonst nichts. Wolfgang sagte ich, daß ich mir keine Sorgen mache. Aber er, alarmiert, rief bei der Polizei an, die einen Suchtrupp losschickte. Zwei Tage später meldete die Polizei, man habe vom vermißten Patienten keine Spur gefunden. Als nächstes hörten wir von einem Freund in Paris, daß Jean-Claude bei ihm

einmal übernachtet hätte und mit unbekanntem Ziel weitergereist sei. Natürlich waren Jean-Claudes Mutter, aber auch sein Vater telegraphisch unterrichtet worden. Ihre Reaktion auf die Nachricht ging dahin, daß sein Verhalten immer schon unvorhersehbar gewesen sei. Sie würden dem Sanatorium die Verantwortung nicht anlasten. Man könne nur abwarten. Er werde wohl irgendwo wieder auftauchen. Damit war für das Sanatorium die Sache erledigt. „Case closed." Ad acta gelegt. Einige Wochen später erhielt ich eine Postkarte, an meine Privatadresse geschickt, aus Kreta. Er schrieb, es ginge ihm sehr gut und er werde einige Zeit dort verbringen, bis er sich darüber klar würde, was er als nächstes tun wollte.
Ganze zwei Jahre nachher erreichte mich ein Brief von Jean-Claude. Er befand sich in Arizona und sagte, er habe nie wieder LSD genommen, habe keine Halluzinationen mehr gehabt und nehme zur Zeit Teil an einem Kurs für Überlebensstrategien bei Katastrophen welcher Art immer oder im Urwald. Dieses Mal, da er eine Adresse angegeben hatte, antwortete ich und wünschte ihm Erfolg beim Kurs in „survival training", wie er es in Kurzform bezeichnet hatte. Es vergingen wieder eineinhalb oder zwei Jahre. Dann kam ein weiterer Brief von ihm, dieses Mal aus New Mexico, wo er in irgendeiner Privatschule Französisch unterrichtete. Wo und wann er Englisch gelernt hatte, wußte ich nicht. Dann, als allerletztes Wort von ihm, kam ein kürzerer Brief, dem ein Foto von ihm, seiner japanisch-amerikanischen Frau und deren zwei Monate altem Baby beigelegt war. Dieser Brief, ohne Adresse, trug den Poststempel „Santa Fe". Damit endete unsere Korrespondenz. Von seiner Mutter hörte ich einmal, daß es ihm gut ginge und er glücklich sei.
Das Versprechen, das ich ihm gegeben hatte, hielt ich. Weder Wolfgang noch irgendjemand anderer hat von mir je erfahren, was zu seinem jähen Ausreißen aus dem Bellevue geführt hatte. Gegenüber Wolfgang hatte ich Schuldgefühle. Aber ich sagte mir: „Ende gut, alles gut!" Dies, glaube ich, ist tatsächlich das einzige, das dabei von Bedeutung war. Jean-Claudes Traum, was er tat, warum er es tat, warum ich mein Versprechen ihm gegenüber einlöste: Dies alles verlangt nach Erklärung. Ich werde sie versuchen, obwohl allein der Traum so unendlich viel Wichtiges enthält, daß mehrere Seiten nicht

ausreichen würden, um dessen Bedeutung im Einzelnen darzulegen. Was war der „Urwald"? In Märchen, wie wir wissen, trifft man (z. B den dunklen Wald, wo Hänsel und Gretl verloren waren) immer wieder auf dieses Motiv. Symbole sind für sehr viele unserer Träume, wie schon gesagt, ein wesentliches Merkmal. Wälder oder Dschungel stellen symbolisch dar, was das Unbewußte genannt wird. Dies, der weitaus größte Teil der menschlichen Psyche, ist ein Reich, das „Bilderreich der Seele", das wir im wachen Leben bei unserer Arbeit oder beim Spielen nicht wahrnehmen.

In Träumen erleben wir uns selber nicht selten als verloren. Wir wissen oft nicht, wo wir sind, wie wir dorthin gekommen sind oder was wir dort suchen, wo wir uns im Traum befinden. In einer solchen Situation sah sich Jean-Claude, während ihm träumte.[1] Es schien ihm, als sei er schon seit vielen Stunden im Urwald unterwegs. Dort wurde es zunehmend dunkel, obwohl er sich am frühen Morgen auf den Weg in den Wald gemacht hatte. Er hatte den Eindruck, als sei die Sonne untergegangen. Das „helle Licht" des Ich-Bewußtseins war also gleichsam schwächer geworden, je weiter er im Walde wanderte, auf dem als solchen kaum erkennbaren Pfad, der ihn dem Eingang der Höhle immer näher brachte. Er ahnte nicht, er hätte nicht erahnen können, daß er zur Höhle im Felsen geführt wurde. Er fühlte sich halbbewußt wie von einem unsichtbaren Fremdenführer dorthin gezwungen. Seine *ihm* scheinbar ziellose Wanderung führte ihn sozusagen in immer tiefere Schichten des Unbewußten, des „Waldes". Bäume, besonders uralte große Bäume, sind von außerordentlich großer symbolhafter Bedeutung. Davon war die Rede in meiner Erinnerung an einen Vorfall meiner frühen Kindheit, bei dem Billy Eagles behauptete, er sei in dem Baum geboren, unter dem mein Freund Albert Dick und ich gerade spielten. In prähistorischen Epochen verehrten die Menschen Bäume als heilige Lebewesen, Symbole von unser aller „Großer Mutter", aus der unser Ego geboren wird und

---

[1] Dies entspricht viel eher den Tatsachen, als wenn wir sagen, „ich träumte". Denn das Ich träumt nämlich nicht, sondern es *wird* geträumt. Noch unzutreffender ist das Französische, „j'ai fait un rêve" = „ich habe einen Traum gemacht".

allmählich stärker wird, während wir zur Jugend und zum Erwachsenenalter mehr oder weniger bewußtwerdend fortschreiten.
Und die Höhle? Hier haben wir es mit einem weiteren Symbol der Gebärmutter zu tun. Jean-Claude hatte ein sonderbares Gefühl, als würde ihn irgendetwas dorthin fast zwingen. Ohne daß es es gewußt hätte, war sein unsichtbarer Fremdenführer von Anbeginn an der „uralte Mann in der Höhle". Den flackernden Kerzenschein hatte er gesehen, bevor er die paar Schritte in die Höhle tat und dann angesichts des alten Mannes zurückschreckte und wegrannte. Als es ihm zwei Tage später gelang, sich in den unvollendeten Traum zurückzufinden, leuchtete die Kerze hell, ohne zu flackern. Sein Ego, das „Licht", war jetzt erstarkt. Wieso? Weil er den Mut aufgebracht hatte, eine Methode auszuprobieren, die Jung als „aktive Imagination" bezeichnete. Dies war eine seiner Entdeckungen. Es handelt sich dabei um ein Procedere, mit dessen Hilfe wir uns in Träume zurückversetzen können, von denen wir beim Wachwerden den Eindruck haben, sie seien nicht zu Ende geträumt worden. Wenn der Versuch gelingt (was ja nicht immer der Fall ist) und wir dem Traum erlauben, seinen Verlauf wieder aufzunehmen, kann eine „Lysis" bzw. die Lösung stattfinden, die nahe gewesen war, aber verhindert wurde, wenn wir aufgewacht wären aus Angst davor, der tiefen Mitte allen seelischen Lebens und Erlebens zu begegnen: dem Urquell.
Der „uralte Mann", freundlich statt beängstigend bei Jean-Claudes zweitem Betreten der Höhle, war das, was sowohl bei C. G. Jung als auch in den Upanischaden das „Selbst" heißt. Was ist dieses „Selbst"? Man kann es als eine Art inneren Piloten oder Steuermann (Griechisch: kybernetes[1]) umschreiben. Im Unbewußten von Frauen erscheint das Selbst, wie man es ja erwarten könnte, als weiblich. So erscheint das Selbst in den Träumen von Frauen oft z.B. als eine alte, am Spinnrad sitzende sehr weise Frau. In uralten Sanskrit-Texten

---

[1] Dieses Wort ist als „Kyberntik" zwar in die Fachsprache wissenschaftlicher Forschung übernommen worden, aber vielfach im Sinne der „Selbststeuerung" statt „Steuerung durch das Selbst", wie es, dem griechischen Original näher, in der Analytischen Psychologie verwendet wird.

wird das gleiche Phänomen, wie vorhin angedeutet, ebenfalls das Selbst genannt.
Diese intrapsychische bzw. innerseelische Instanz ist das, was uns zur Ganzheit bzw. Gesundheit im Sinne von „heil"[1] zu verhelfen trachtet. Sind wir allzu egozentrisch bzw. hält sich das Ich in selbstherrlich überheblicher Weise sozusagen für den „Boss" statt des bloßen „Filialleiters", der es ist, so kann ein solches Ego unsere „Firma bankrott machen" sowohl psychisch als auch häufig und zugleich körperlich. Vergleichbaren Schaden hat ein gewisser Mr. Leeson in Singapur bei einer altehrwürdigen Londoner Bank vor ein paar Jahren angerichtet. Wenn wir jedoch langsam lernen, auf die leise, kaum je aufdringliche Stimme des Selbst zu hören, die unsere Träume uns in tausenderlei Gestalt zeigen können, wachsen wir zu immer vollerer echt menschlicher Reife heran.
Wer hat nicht irgendwann einmal beim Anblick von Bäumen oder anderen Pflanzen gestaunt, die auf Straßen Asphalt durchbrechen oder auf windgefegten Plätzen an Felsen in den höchsten Berglagen hochwachsen? Sie trotzen Gewalten, von denen man meinen müßte, daß sie von ihnen längst zunichte gemacht worden wären, in ähnlicher Weise scheint das, was wir beim Menschen das Selbst nennen, uns dorthin helfen zu wollen, wo wir unser Maximum an geistig-seelischem Wachstumspotential erfüllen könnten.
Jean-Claude hörte auf den Rat des alten Mannes, brach aus einer Anstalt aus, wo er sonst vielleicht verkümmert wäre, und fand zu sich mit der Hilfe des Selbst in einem Ausmaß, das ihm eventuell nie vergönnt gewesen wäre, wenn er den Philosophen der ganzen Welt zu Füßen gesessen oder wenn er alle an den Universitäten erlernbare Psychologie gemeistert hätte. Dies war der Grund, weshalb ich seine Entscheidung, aus der Klinik auszubrechen, akzeptierte und respektierte; der Grund, weshalb ich niemanden je sagte, daß seine Entscheidung die Folge seiner Bereitschaft gewesen war, dem Rat eines uralten Mannes in einer kerzenbeleuchteten Traumhöhle zu folgen.

---

[1] „Heil" und das englische Wort „whole" haben dieselbe Wurzel; ebenso „health", das in Englisch „Gesundheit" bedeutet.

„Geh, Geh, Geh, sprach der Vogel: Die Menschen ertragen nicht sehr viel Wirklichkeit"

Wer weiß, für wie viele von uns diese Worte aus einem Gedicht[1] von T. S. Eliot zumindest bis zu einem ungewissen Grad nicht gültig wären? Was *ist* Wirklichkeit? „Wie wirklich ist die Wirklichkeit?" fragt Paul Watzlawick, ein Kollege von mir, in seinem Buch[2] mit diesem Titel. Seine Antwort lautet: „Nicht sehr!" Die Vedanta-Philosophie Indiens und die Upanischaden, vor mehr als zweieinhalb Jahrtausenden verfaßt, bieten uns Heutigen ebenfalls den Ansporn, die Frage zu stellen, ob die Wirklichkeit *so* ist, wie sie zu sein scheint. Moderne naturwissenschaftliche Forschungsergebnisse bestätigen dies: Die Wirklichkeit ist anders, als sie uns bloßen Menschen erscheint.

Was auch immer wirklich oder nicht wirklich sein mag, eine junge Frau, die ich im Bellevue kennenlernte, schien in der Tat ein Mensch zu sein, der nicht „sehr viel Wirklichkeit" ertragen konnte. Zusammen mit anderen, die in der Klinik arbeiteten oder wegen dieser oder jener psychischen Störung vorübergehend dort untergebracht waren, versuchten die junge Frau und ich, ihr zu einer erfolgreichen Konfrontation mit der Wirklichkeit zu verhelfen, die sowohl ihr selber als auch uns anderen als die Wirklichkeit dieser Welt erschien. Sie war eine hochintelligente, komplizierte und mit viel Feingefühl differenzierte, aber auch flatterhaft unbeständige Persönlichkeit. Dies alles war bei ihr schon seit Jahren allem Anschein nach die Hauptursache ernsthafter Probleme, als andere Mensehen normalerweise belastet hätten, wenn sie weniger begabt und weniger empfindsam wären, als sie es war. Unsere Zusammenarbeit als eine für uns beide schwierige Therapie begann Ende 1973 und kam Mitte 1975 zum Abschluß. Ich werde sie „June" nennen und angeben, daß sie aus England stammte. Englisch war tatsächlich ihre Muttersprache, auch wenn manches andere, das hier berichtet wird, notwendigerweise verschleiert ist.

---

[1] „Vier Quartette". In: Eliot, T.S. *Gesammelte Gedichte*. Frankfurt/M.: Suhrkamp-Verlag, 1988.

[2] Watzlawick, Paul. München: R. Piper & Co. Verlag, 1988.

Als unsere gemeinsamen Bemühungen ihren Anfang nahmen, war June noch nicht ganz zweiunddreißig Jahre alt und seit etwas mehr als fünf Monaten im Bellevue. Während dieser ersten Phase war ihre Therapeutin eine von mehreren PsychologInnen, die in der Klinik fest angestellt waren. Wolfgang bat mich, sie in Therapie zu nehmen, als ihrer ersten Therapeutin, Joannna Shepherd, eine Stelle in Australien angeboten wurde und sie sich entschied, Bellevue zu verlassen. Warum wird dieses scheinbar nebensächliche Detail erwähnt? Weil ein längerer Abschnitt aus dem abschließenden Bericht, den Dr. Shepherd u.a. über Junes Familiengeschichte und ihre vor der Einweisung bestehenden Probleme geschrieben hatte, für das Verständnis der Gesamtproblematik mir aufschlußreich zu sein scheint. Dort hieß es: „Die Familie von Junes Vater hatte unter großer Not zu leiden während seiner Jugend in einem der Armenviertel von Birmingham. Mit Gelegenheitsarbeit mußte er seine erste Ausbildung finanzieren auf einem Gebiet, von dem er sich später oft wünschte, er hätte es sich nicht ausgesucht. Als er dreißig war, wurde ihm ein Stipendium gewährt, das ihm ein zweijähriges, nicht abgeschlossenes Studium im Bereich der Volkswirtschaft möglich gemacht hatte. Danach leistete er harte Arbeit als Privatlehrer, verdiente jedoch dabei nur wenig. Es reichte nicht aus. Mit fünfunddreißig Jahren, seit kurzem verheiratet, entschied er sich für eine Karriere in der Geschäftswelt. June, das einzige Kind des Paares, war außergewöhnlich, weit überdurchschnittlich intelligent. Andererseits war sie nicht in der Lage, Freundschaften zu schließen mit Mädchen in ihrem Alter oder mit irgendjemandem vom anderen Geschlecht. Ihre späteren Verhältnisse zu Männern, obwohl sehr selten, waren immer oberflächlich, flüchtig und auschließlich 'platonisch'. Sie fühlte sich immer einsam, wandte sich Außenseitern, sozial Benachteiligten und Ausgestoßenen zu. Auf dem Weg durch ihr trostloses Leben empfand sie sich zunehmend als unfähig, sich selbst zu achten, und glaubte immer weniger an ihre angeborenen Begabungen. Andere Menschen hingegen, überbewertete sie und machte deren Neigungen und Geschmack scheinbar zu eigen, während sie die ihren nicht bejahen konnte. Während eines kurzen Aufenthalts auf Malta war sie einmal gleichzeitig mit zwei Männern vorübergehend liiert, von denen der eine homosexuell war und der andere eine körperlich behinderte Künstlerin geheiratet hatte. Zwei Tage, nachdem sie wieder in Birmingham war. verfiel sie in eine schwere Depression. In diesem Zustand fing sie an, sich zielstrebig und methodisch auf Suizid vorzubereiten. Von jedem Arzt, den sie ausfindig machen konnte und der bereit war, Schlafmittel zu verordnen, sammelte sie so viele als möglich. Anfang Mai schluckte sie achtzig Schlaftabletten. Ihre Mutter entdeckte sie gerade noch rechtzeitig, um einen Notarzt herbeirufen zu können, der ihr den Magen auspumpte. Sie hatte viele Stunden lang auf ihren unter sich gefalteten Händen gelegen. Deren dauerhafte Deformation wurde nur dank einer längeren physiotherapeutischen Behandlung verhindert. June sagt immer noch, sie bedaure, daß es ihr damals nicht gelungen sei, mit ihrem Leben Schluß zu machen..."

Der vertrauliche Abschlußbericht über Dr. Shepherds Arbeit mit June war Gegenstand einer der häufigen Besprechungen, die in Wolfgangs Sprechzimmer abgehalten wurden. Daran nahmen regelmäßig nur Psychiater und PsychologInnen teil, die im Bellevue fest angestellt waren. Aus diesem Grund (ich war ja freier Mitarbeiter) beteiligte ich mich nur an Konferenzen dieser Art, bei denen es sich um Analysanden oder AnalysandInnen handelte, die bei mir in Therapie waren. So kam es, weil Wolfgang mich als Nachfolger vorgesehen hatte, daß ich an der Besprechung auch von Joanna Shepherds Bericht teilnahm, dem der oben zitierte Ausschnitt entnommen ist. Bevor ich mich entscheiden konnte, ob ich zur Übernahme einer Arbeit bereit wäre, die offensichtlich besonders schwierig sein würde, wollte ich auf jeden Fall mich mit möglichst vielen Einzelheiten über die Hintergründe und die Problematik vertraut machen. Als mir diese Details bekannt wurden, zögerte ich. Aber mit June hatte ich in der Klinik einmal kurz gesprochen. Dabei hatte irgendetwas Undefinierbares einen Hoffnungsschimmer in mir aufleuchten lassen. Ich entschied mich, Wolfgangs Bitte nachzugeben.

Schon am nächsten Tag trafen June und ich uns in meinem Therapiezimmmer. Sie erzählte mir einiges, das mir schon bekannt war, aber ebenso ein paar Einzelheiten, die Joanna Shepherd in ihrem Bericht nicht erwähnt hatte. Dies war natürlich noch lange nicht alles, was

sie in zahlreichen nachfolgenden Sitzungen mir aus ihrer seit der frühen Kindheit schwermütigen Dauerverstimmung anvertraute. Zu ihrer Mutter, einer anscheinend schweigsamen und in sich zurückgezogenen Frau, die gleichsam unter der Knute ihres Mannes ein kümmerliches Dasein fristete, hatte June nie eine echte Beziehung gehabt. Immer und immer wieder brach sie in heiße Tränen aus, die sie nicht zurückhalten konnte, wenn sie von ihren Versuchen erzählte, mit anderen Mädchen und später mit mehr oder weniger gleichaltrigen Frauen Freundschaft zu schließen, oder von Männern, die sie ziemlich pauschal mißachtete, weil zwei oder drei ihrem Wunschbild nicht entsprochen und sie bitter enttäuscht hatten.
Eines Tages nach fünfzehn oder sechzehn Sitzungen von jeweils einer Dreiviertelstunde kam June auf etwas zu sprechen, wovon sie sagte, sie habe zuvor nicht davon sprechen *können*. Es handelte sich um etwas, das von überragend großer, offenbar entscheidender Bedeutung war. Auch in dieser Stunde dauerte es sehr lange, bis sie es ausdrücken konnte. Alle paar Minuten unterbrachen Tränen das, was sie zu sagen gerade begonnen hatte. Dann fuhr sie, schluchzend, unter großer Mühe fort. „In meinem ganzen Leben habe ich nur einen einzigen Menschen gekannt", sagte sie und mußte innehalten, um ihre Tränen wegzuwischen, bis sie weiter sprechen konnte. „Nur einen einzigen Menschen habe ich gekannt, der mich liebte und den ich über *alles* in der Welt geliebt habe. Über *alles!* Wissen Sie, über alles!" Ich wartete. „Es war meine Tante. Sie ist an Krebs gestorben, als ich auf Malta war. Im April 1973." Jetzt strömten ihr die Tränen an den Wangen so ergiebig herunter, daß ich kurze Zeit beinahe Angst hatte, sie würde daran ersticken. Als sie sich endlich wieder ein wenig gefaßt hatte, fügte sie hinzu: „Sie ist gestorben, während ich in Valetta auf Malta war. Ich hätte *nie, nie* dorthin fahren dürfen! Das ist der Grund, weshalb ich mich umzubringen versucht habe. Ich möchte *dort* sein, wo *sie* ist! Verstehen Sie? Verstehen Sie mich?"
Ich konnte sie sogar gut verstehen. Ich sagte es auch. June schien etwas erleichtert zu sein. „Endlich, endlich hat jemand mich wenigstens verstanden!" wimmerte sie. Sie war dankbar. Dann flossen wieder Tränen, auch jetzt unkontrollierbar, aber dieses Mal waren sie eine Mischung aus Trauer und Dankbarkeit. Ich hätte sie in meine

Arme schließen wollen. Vielleicht hätte ich es getan, wenn nicht bis dahin eine Phase in unserer Arbeit erreicht worden wäre, in der sie eine einfache Geste des Mitgefühls mißdeutet hätte als einen Versuch, ihr zu nahe zu kommen. Sie hätte vermutlich gemeint, daß ich in dieser Weise bemüht sei, ihrer tief sitzenden Abneigung gegen körperliche Berührungen, welcher Art immer, mit Männern entgegenzuwirken. Außerdem gilt es bekanntlich für Psychotherapeuten als ein eisernes Gebot: „Berühre niemals deine Patienten!" Warnungen vor Verstößen gegen diese Regel zeugen nach meiner Überzeugung von Nichtbeachtung der einfachen Tatsache, daß ein schlichtes Ergreifen der Hände eines anderen Menschen in Not oder eine sanfte Umarmung oft wirkungsvoller, tröstlicher sein kann, als irgendwelche bloßen Worte es zu sein vermöchten. „Was du tust, spricht so laut, daß ich nicht *hören* kann, was du *sagst*!" Was June betrifft, spürte ich oder ich meinte zu spüren, daß ein Verstoß gegen jenes seit Freud traditionelle Gebot wohl ohnehin zumindest voreilig gewesen wäre.

Dem wäre, glaube ich, tatsächlich so gewesen. Und es blieb noch während mehrerer Monate so. Bis dahin waren wir etwas weiter gekommen. Hin und wieder sagte June, sie möchte immer noch ihrem Leben ein Ende setzen. Dann fügte sie manchmal gleich hinzu, daß sie Bellevue wenigstens eine Chance einräumen wollte, ihr zu zeigen, ob man ihr helfen könne oder nicht. „Ich glaube es nicht, weil ich nicht glaube, daß das Leben überhaupt einen Sinn hat. Andererseits, wenn ich das glaubte, würde ich meine Therapie kaputt machen. Oder?" Diese Ambivalenz, die Widersprüche in ihren Aussagen schienen mir und Wolfgang auf noch nicht gesicherte, aber immerhin spürbare Fortschritte schließen zu lassen. Auch andere vom Personal, die mit ihr in verschiedenen Bereichen, z.B. in der Weberei, arbeiteten, teilten unseren Eindruck.

June und ich hatten von Anfang an viermal wöchentlich unsere Therapiestunden, was mir jetzt wesentlich leichter fiel als zu Beginn. Denn ich hatte Praxisräume in der Stadtmitte von Konstanz gemietet. Deren Lage in der Bodanstraße, etwa fünf Minuten zu Fuß vom Bellevue, jenseits der deutsch-schweizerischen Grenze, war optimal. Ich hatte ein großes Sprechzimmer, das sogar mit einer Couch versehen war für den unwahrscheinlichen Fall, daß jemand die Liegestellung von Freud vorziehen sollte. Nebenan war ein kleiner Warteraum mit einem Vorhang, hinter dem eine kleine Kochnische mit Kühlschrank versteckt war. AnalysandInnen, die nicht im Sanatorium untergebracht waren, hatten gute Busverbindungen. Für die, die ohne Auto von auswärts kamen, war der Konstanzer Hauptbahnhof so nahe, daß sie die Praxis auch von dort aus zu Fuß leicht erreichen konnten. Also schien mein Glückstern noch hell zu leuchten, was die Privatpraxis betraf. Im großen und ganzen war dies in der Klinik nicht anders.

Die Arbeit mit June entwickelte sich allem Anschein nach zum Positiven, aber für sie selber wie für mich und die anderen vom Personal blieb sie nicht gerade leicht. Obwohl ihre Sehnsucht nach dem Tod wegen ihrer verstorbenen Tante allmählich nachzulassen schien, begann nunmehr eine Phase, in der sie während fast jeder Sitzung mir längere Passagen vorlas aus einem umfangreichen, stilistisch herausragend guten, aber inhaltlich schwermütigen Essay, den sie 1971 geschrieben hatte. Dessen Titel lautete: „Geständnis aus der Tiefe – Selbstanzeige und Gerichtsverfahren". Dazu, auch wenn ich immer aufmerksam zuhörte, während sie las, sagte ich sehr wenig. Was sie schon zwei Jahre vor dem Tod ihrer Tante geschrieben hatte, schien auf dem Hintergrund ihrer ständig aktiver werdenden Teilnahme an Yoga- und Musikkursen sowie in der Weberei nicht mehr aktuell. Außerdem schrieb sie manchmal lyrische Gedichte, die größtenteils lebensbejahend waren, vom Frühlingserwachen und ähnlichem handelten. Oft, wenn sie zur Therapiestunde kam, trug sie um die Schultern einen breiten, schönen bunten Schal aus Schurwolle, den sie selbst gewebt hatte. Sie nannte ihn ihre „Sonnen-Stola". Nicht nur ich, sondern auch alle anderen im therapeutischen Team des Sanatoriums hatten den Eindruck, daß jenes ältere Schriftstück eigentlich überholt sein müßte. Aber warum, fragte ich mich immer wieder, besteht June denn so beharrlich darauf, mir längere Passagen aus ihrem trübseligen Essay vorzulesen?

An Träume hatte sie sich, so sagte sie jedenfalls, ihr Leben lang nur selten erinnern können und nie aufgeschrieben. Eine Ausnahme war folgendes: „Ich bin in meinem Zimmer hier im Bellevue. Aber ich schwebe in der Luft nahe an der Decke. Ich fühle mich dunkel, wie das schwarzhelle Negativ eines Films. Unter mir, auf meinem Bett, liegt eine junges Liebespaar. Sie sind beide hell, nicht dunkel. Er hält sie in seinen Armen. Dann fliegen drei Vögel durch das offene Fenster ins Zimmer. Sie sind hellrot. Sie lassen sich neben dem Paar auf dem Bett nieder. Die beiden scheinen zu verstehen, was die Vögel zu ihnen sagen. Ich kann es nicht hören, weil ich zu hoch über ihnen schwebe." Die Botschaft dieses Traums und das, was seine Symbole andeuten, sind nahezu offensichtlich. June sagte ich zunächst nur, daß ich ihren Traum im Grunde sehr schön fände. Was *sie* dazu meine? „Was soll *ich* sagen? Ich konnte nicht einmal hören, was die Vögel flüsterten." Ich ließ es dabei, zumal die Sitzung zu Ende war. Draußen wartete eine andere Analysandin.

Im Verlauf unserer nächsten Stunde las sie mir zum ersten Mal seit längerem nichts vor. Statt dessen wollte June von ihrem großen Traum sprechen, was mir natürlich nur recht war. Sie hatte den Traum, wie mir schien, zum größten Teil verstanden, obwohl sie einiges hinzufügte, an das ich nicht gedacht hatte. Was sie zunächst sagte, entsprach durchaus meinem Eindruck. „Ich glaube, daß ich da oben in der Luft schwebe, weil es mir so schwer fällt, die grausame Wirklichkeit des Lebens anzunehmen. Ich kann immer noch nicht akzeptieren, daß meine Tante sterben mußte und ich noch am Leben bin." Ihrer Deutung des Schwebens konnte ich nur zustimmen. Ich sagte: „June! Das verstehe ich schon. Zum Teil. Aber das Leben kann *auch* schön sein. Das zeigt Ihr Traum doch deutlich. Finden Sie nicht?" „Ja, die schönen roten Vögel und das Liebespaar. Die beiden waren das 'Heilige Paar'. Und ich wünschte mir, ich könnte auch lieben." „June, das lernen Sie doch schon jetzt. Sonst hätten Sie zum Beispiel Ihre wunderschöne Stola nicht gewebt. Sie hätten auch so schöne Gedichte nicht schreiben können wie die, die Sie mir neulich vorgelesen haben." Darauf entgegnete June, daß sie verstünde, was ich meinte. Aber ob sie je einen Mann finden könnte, der sie so zärtlich in seinen Armen halten würde wie der junge Mann auf ihrem Bett im Traum? „June, es war immerhin *Ihr* Bett! Ich denke, das ist fast so etwas wie ein Versprechen!" Sie verließ das Therapiezimmer in Schweigen, aber mit einem Gesichtsausdruck, den ich bei ihr zuvor noch nie gesehen hatte. Sie war glücklich. Und in den Wochen, die

dann folgten, atmeten wir alle allmählich auf. June war wie verwandelt Zum allerersten Mal nahm sie von nun an regelmäßig an der Tanztherapie teil. Dabei, so sagte mir die dafür zuständige junge Frau, konnte sie im freien Tanz ihrem neuen Lebensgefühl in wundervoll spontaner Weise Ausdruck verleihen.
Wenige Tage nach Junes Traum vom Liebespaar und den roten Vögeln erhielt sie einen Brief von ihrem Vater. Überschwemmt von einer Flut dicker Tränen kam sie in das Therapiezimmer hereingestürzt, während ich einen Analysanden bei mir hatte. Ich bat ihn um Verständnis, daß ich unsere Sitzung unterbrechen müsse. Er ging hinaus. June drückte mir den Brief in die Hand, ohne ein Wort zu sagen, und warf sich bäuchlings auf den Boden. Ich las den Brief. Ihr Vater schrieb, daß er in seinem Geschäft finanzielle Probleme habe. Sie machten es ihm unmöglich, Junes Aufenthalt im Bellevue weiterhin zu bezahlen. Er müsse sie bitten, sofort nach Birmingham zurückzukommen.
Jetzt kämpfte ich mit Tränen, die sich nicht unterdrücken ließen. Ich kniete mich neben June und legte einen Arm sanft über ihre Schulter. Sie schob mich von sich weg, stand auf, rannte die Treppe hinunter und in den Garten. Ich folgte. Sie warf sich an die Wurzeln einer der alten Eichen, umklammerte eine dicke Wurzel, die über der Erdoberfläche wuchs und weinte, weinte, weinte. Es war Mitte Mai. Die Narzissen waren längst verblüht. Nach vielleicht zehn Minuten ließ sie es zu, daß ich ihr auf die Beine half. Ich brachte sie, noch heftig weinend, in ihr Zimmer. Dort warf sie sich aufs Bett und vergrub ihr Gesicht in das Kissen. „Gehen Sie weg! Lassen Sie mich allein! Ich muß *allein* sein!" schrie sie mich an. Ich hielt es vorläufig für besser, ihrem Verlangen nachzugeben, und war im Begriff hinauszugehen. Dann drehte ich mich um und sagte, daß ich in einer Stunde wieder zu ihr kommen würde. „Nein! Ich will Sie nicht mehr sehen! Ich habe Ihnen doch gesagt, daß ich *allein* sein muß!"
Wolfgang fand ich in seinem Büro und erzählte ihm, was geschehen war. Natürlich empfanden wir beide, daß jetzt höchste Alarmstufe war. Er entschied sich, June in die geschlossene Abteilung verlegen zu lassen. „Bloß für ein paar Tage", sagte er. Rückblickend weiß ich, daß ich mich dieser Entscheidung hätte widersetzen müssen; daß ich ihm

hätte sagen sollen, weshalb ich ernsthafte Zweifel hatte, ob seine Entscheidung für sie sinnvoll sei. Ich sagte es nicht. Er ist, dachte ich mir, schließlich nicht nur der Chefpsychiater, sondern er hat auch weitaus größere Erfahrung als ich. Hätte ich ihm doch nur *gesagt*, was meine Befürchtung war! Noch am Nachmittag desselben Tages wurde June, laut schreiend und gegen heftigsten Widerstand, in die geschlossene Abteilung gebracht. Früh am nächsten Morgen wurde sie von einem der Pfleger, die dort arbeiteten, tot aufgefunden. Sie hatte sich an einer Heizungsröhre im alten Gebäude mit einem aus einem Bettlaken herausgerissenen Stoffstreifen erhängt.

Ihr Tod war für uns, dir wir sie gekannt hatten, eine Tragödie jenseits aller Worte, mit denen wir unsere Trauer und unsere Betroffenheit annähernd hätten ausdrücken können. „Halb verliebt in des Todes Frieden", waren Worte, die sie einmal als etwas zitiert hatte, das Shakespeare seinen Hamlet sagen ließ. Dies war June wohl schon immer gewesen, aber im Bellevue war sie an einem Punkt angelangt, an dem sie sich allem Anschein dem Entschluß näherte, dem Tod das Leben vorzuziehen. Jetzt hatte sie ihrem Sterben den Vorrang eingeräumt.

June hatte oft von „amor" und „mors" als einem Zwillingspaar gesprochen, einem Bruder und einer Schwester. Sie hatte immer schon der Vermutung nahegestanden, daß für sie der Tod Erlösung bedeuten würde aus der unerträglichen Qual ihres eingedunkelten Lebens. In einem längeren Essay, der nach ihrem Tod unter vielen Papieren in einer Mappe gefunden wurde, hatte June geschrieben: „Der Suizid ist ein Kind, das die eine seiner Hände in die andere nimmt als seine Begleiterin, und dann Seite an Seite weitergeht. Fest entschlossen, weder nach links noch nach rechts schauend, schreitet das Kind durch ein Tor, das Lebenstor zum Tode. Es empfindet weder Schmerz noch Trauer, weder Furcht noch das, was die Leute Todsünde nennen. Und es hört nicht länger das Geschrei nach Antworten oder nach einem Zuhause. So *muß* und *wird* das Kind durch jenes Tor schreiten. Der Suizid ist bloß ein Verwerfen des Lebens, das keine Lösungen bietet und keine Botschaft enthält. Er ist Mut, der Mut eines sich selbst gegenüber Unbekannten, sich dem sichereren Gewahrsam des Todes anzuvertrauen. Er bedeutet einfach: In deine

Hände überreiche ich meine Seele. Er ist der letzte Gipfel des letzten hohen Berges."

Was verbleibt, das ich dazu noch sagen könnte? Nur dies: Nie habe ich, sei es vor oder sei es nach Junes Tod, irgendetwas auch nur entfernt Vergleichbares gekannt, das mich gezwungen hätte, mir Fragen vorzulegen, die letztlich unbeantwortbar sind. Ich hatte gelernt, daß wir, die Lebenden, uns nicht anmaßen dürfen, über einen Menschen zu richten, wenn dieser unser Mitmensch dem Leben das Sterben vorzieht. In ihrer Not nach dem Brief ihres Vaters hatte June beschlossen, das zu suchen, was *sie* für *ihren* Weg hielt, in den Leib der „Großen Mutter" zurückzukehren, Geberin von Leben und Wächterin am Tor des Todes.

In den Jahren seit Junes Selbstmord bin ich allmählich zur Überzeugung gekommen, daß Suizid aus einem konkreten Mißverständnis von Tod und Wiedergeburt resultiert, daß es sich dabei um eine Fehldeutung dessen handelt, was Goethe mit „Stirb und Werde!" gemeint haben dürfte. Steht es uns, die wir doch *so* wenig wissen, überhaupt zu, einen Menschen, der einer solchen Mißdeutung zum Opfer fällt, als sündhaft oder verwerflich zu verurteilen? James Hillman, Studienleiter am Jung-Institut, als ich dort war, ist der Autor eines tief bewegenden und nach meiner Ansicht sehr wichtigen Buchs mit dem Titel *Suicide and the Soul*[1]. Zehn Jahre vor Junes Tod hatte ich es gelesen. Nach ihrem Tod las ich es noch einmal, da ich ein Bedürfnis empfand, besser zu verstehen, was sie dazu verführt hatte, ihrem Leben ein Ende zu setzen, als sie wichtige, aber auch sehr rasche Schritte getan hatte auf dem Weg zu einem erfüllteren Leben. Hillmans Buch, herausragend einfühlsam geschrieben und voller Einsichten von Bedeutung für alle, die dem Suizid eines ihnen nahestehenden Menschen gegenüberstehen, war für mich eine große Hilfe. Dennoch konnte es weder die Trauer mindern noch konnte es, vor allem, mir das Gefühl nehmen, daß ich meiner Verantwortung June gegenüber nicht in vollem Umfang gerecht geworden sei ...

---

[1] Hillman, James. London: Hodder & Stoughton Ltd., 1964.

Ein Urlaub, dringend nötig;
andere, weniger dringende neue Aufgaben
fallen uns zu

Noch vor der Tragödie im Bellevue hatten Ursula und ich beschlossen, uns einen dreiwöchigen Urlaub auf der Nordseeinsel Pellworm zu gönnen. Weder sie noch ich waren je zuvor in Deutschland so weit nach Norden gekommen. Ein guter Bekannter hatte Pellworm vorgeschlagen als ideal, wenn man seelisch-geistige und körperliche Erholung brauchte. Dies hatten sowohl Ursula als ich nötig; ich mehr als sie, seit dem, was im Bellevue geschehen war. Ich versuchte, es mich nicht unablässig beschäftigen zu lassen, aber während jener drei Wochen war es nie ganz aus meinen Gedanken verbannt.

Im kleineren, renovierten Teil eines alten Reetdachhauses auf Pellworm hatten wir drei Zimmer, von denen das eine als kombiniertes Wohn- Schlaf- und Eßzimmer diente. Die beiden anderen waren eine modern eingerichtete Küche und ein etwas weniger modernes Badezimmer mit Zementboden-Dusche. Das Haus, im Jahre 1860 gebaut, ungefähr zur gleichen Zeit wie das Sanatorium Bellevue, war im Besitz eines wohlhabenden älteren Ehepaars aus Hamburg. Haus und Garten, überragt und beschattet von hohen Laubbäumen, waren gepflegt, aber unsere Wohnung im Hause war eher altmodisch-billig möbliert. Auf einer unteren Ebene des Grundstücks gab es eine breite Grünfläche mit einer überdachten Laube. Wann immer die Sonne schien und Sturmwinde uns nicht daran hinderten, nahmen wir unsere Mahlzeiten fast immer dort ein. Eine ruhevollere Oase als das alte Häuschen und den Garten auf Pellworm hätten wir uns kaum vorstellen können.

Dennoch waren Gedanken bei mir fast nie ganz fernab von dem, was zu Junes Selbstmord geführt hatte. In sie verliebt war ich kein bißchen, aber ich schätzte sie als einen Menschen, der ehrlich bemüht gewesen war, ein schweres Schicksal zu meistern. Ich konnte nicht umhin, mir Vorwürfe zu machen, weil ich Wolfgangs Entscheidung für die geschlossene Abteilung nicht widersprochen hatte. Wenn ich nur gesagt hätte, was ich dachte, hätte sie sich vielleicht, *vielleicht* nicht erhängt! Wegen der Bellevue-Katastrophe war unser erster

Urlaub auf Pellworm also zeitweise getrübt. Andererseits wurde dies zum großen Teil ausgeglichen durch die Wunder auf und vor allem *um* die kleine deichgeschützte Insel. In den folgenden Jahren waren Ursula und ich mehrmals wieder dort für unseren Sommerurlaub.
Pellworm, was viele nicht wissen, ist völlig anders als alle sonstigen nordfriesischen Inseln, die in den Sommermonaten von Zehntausenden und auch im Winter von Tausenden frequentiert werden. Ohne die hohen Deiche, die sich rund um die ganze Insel auftürmen, wäre sie als eine sogenannte Marschinsel unter der Wasseroberfläche. Vom heutigen Pellworm durch die gewaltigen Wellen einer Sturmflut im Jahre 1362 getrennt und 1634 durch eine zweite noch schwerere Sturmflut völlig weggerissen, sind bei Ebbe wenige Überreste der früher viel größeren Insel heute noch feststellbar. Rungholt, bis die Sturmflut von 1362 es für immer vernichtete, war eine florierende Hafenstadt gewesen mit einer Einwohnerzahl, die niemand weiß wie viele Tausende umfaßte. Als die aufgepeitschten Meereswellen Rungholt überrollten, war die gesamte Bevölkerung in ihren Reetdachhäuschen und -hütten mitsamt all ihrem Hab und Gut binnen weniger Minuten für immer verschwunden. Und doch nicht ganz!
Denn wandert man, während die Wasser der Nordsee langsam zurückweichen, über die weiten Sand- und Schlammflächen hinaus, kann man gelegentlich die Überreste jahrhundertealter Brunnen entdecken, die die Bewohner längst untergegangener Dörfer und Städtchen einst benutzten. Ab und zu fanden Ursula und ich außer einigen Ziegelsteinen in einem Halbkreis, wo ein Brunnen gewesen sein mußte, auch kleine Scherben von Tonkrügen, die Töpfer von damals geformt hatten, aber von den urewigen Bewegungen des Wassers längst nur hin und hergeschoben werden, mal von Sand oder Schlamm zugedeckt, mal für neugierige Wattwanderer wieder auffindbar. Uns war dabei zumute, als wären wir Geistern vom sagenumwobenen Inselreich Atlantis begegnet. Zahllose zerbrochene Muscheln, Schneckenhäuschen und nicht mehr bewohnte Schalen von Einsiedlerkrebsen würden uns die Füße arg geschnitten haben, wenn wir nicht feste Gummisandalen getragen hätten. Hin und wieder krabbelten Krebse eilig um uns herum oder an uns vorbei. Unzählbare dicke Würmer lugten aus ihren winzigen Sandhüglein, oft ge-

schnappt im Vorbeiflug der Tausende und Abertausende von Seemöwen, die auf Nahrungssuche ihre Raststätten auf den salzigen Dünen zeitweilig verlassen hatten. Dies alles und noch viel mehr ist beredtes Zeugnis von des Meeres Geheimnissen, die in endlosen Zyklen des Nachts und bei Tag sich enthüllen und wieder verhüllen. Seit wie vielen Jahrmilliarden? Auf Pellworm waren wir jedenfalls immer wieder gerne. Mit seinem uralten „Friesendom", wo bei Kerzenschein herrliche Abendkonzerte stattfinden, wo man bei Flut in lauwarmem Wasser nach Herzenslust und je nach körperlichem Bedarf so viel schwimmen kann, wie man will, ist das nahezu autofreie Pellworm wahrhaftig ein Urlaubsort, der sich sehen lassen kann und dazu noch sich in Ruhe genießen läßt

Urlaub im Winter verbrachten wir jahrelang in den Schweizer Bergen. Ab und zu waren wir auch im Sommer dort. Fast immer, ob im Sommer oder im Winter, waren wir in Sils-Maria. wo Nietzsche *Also sprach Zarathustra* schrieb. Und immer waren wir in demselben bequemen, altmodischen, aber gepflegt-gediegenen Hotel, das seit Generationen ein Familienbetrieb gewesen war, wie auch das Sanatorium Bellevue. (Zu einem kleinen Teil waren Gäste jenes Hotels auch einmal eine etwas andere Art von Gast im Bellevue gewesen.) Charakteristisch für das aus dem 19. Jahrhundert stammende Hotel, aber heute sonst äußerst selten, war dies, daß der Eigentümer nie verfehlte, ankommende Gäste am Eingang persönlich willkommen zu heißen. Hinzu kam, daß es in der ganzen Schweiz für seine unübertroffene Cuisine und seinen ebenfalls exzellenten Weinkeller bekannt war. Im Speisesaal diente sogar ein uniformierter Mundschenk! Wo findet man noch heute solchen Luxus in Hotels, in denen die Zimmerpreise um das fünf- oder sechsfache höher sind als im alten Familienhotel von Sils-Maria im Engadin? Wenn Schnee reichlich gefallen war, die Nadelbaumwälder in einen weißen Mantel kleidete und die weiße Pracht das Eis auf dem Silser See bedeckte, frönte Ursula an den Berghängen ihrem geliebten Skifahren. Ich mühte mich zumeist auf dem zugefrorenen See im Langlauf ab, wenn ich dazu Lust hatte, was so oft nicht der Fall war. Lange laufen konnte ich schon, doch weniger oft auf Brettern als auf Schusters Rappen bzw. in festen Berg-

stiefeln, die ich heute noch besitze, aber wohl nicht mehr tragen werde.
Die Urlaube, die Ursula und ich während fast zwanzig Jahre unseres Experiments im ehelichen Zusammenleben verbrachten, waren im großen und ganzen sehr schön. Wohin wir immer gingen, begleitete uns Sasha, unser unverbesserlich frecher Cocker-Spaniel, der zwar ein paar Tricks lernte, aber sich sein Leben lang konsequent weigerte, am Straßenrand zu warten, bis Verkehrsampeln auf Grün schalteten. Dennoch bereitete er uns und wir auch ihm, denke ich, viel Freude. Sasha starb, für einen Cocker außergewöhnlich betagt, erst nachdem Ursulas und meine Wege sich unter Umständen getrennt hatten, von denen ich nachher werde berichten müssen. Was sowohl den gemeinsamen Alltag als auch unsere Urlaube ab und zu belastete, war etwas, für das nach meiner Ansicht weder dem einen noch dem anderen von uns „Schuld" zugeschrieben werden darf. Ursula hatte als kleines Kind, das in den Wirrnissen der letzten Kriegswochen verlorenging, und auch späterhin extrem traumatische Erlebnisse erlitten. Mutmaßlich waren sie in allererster Linie die tieferliegende Ursache ihrer gelegentlichen Zorn- und Wutausbrüche, die sie nicht oder kaum beherrschen konnte. Solche Vorfälle waren für uns beide natürlich ein Störfaktor in unserem Zusammenleben. Dafür brachte ich wohl zu wenig Verständnis auf, obwohl ich es versuchte, und meinte, ich könne ihr dazu verhelfen, ihre Wutanfällte allmählich zu überwachsen. Darin irrte ich. Aber es wäre ungerecht, wenn ich behaupten würde, daß dieses Problem der Grund gewesen sei, weshalb es zu unserer Trennung kam. Denn wir hatten, wie gesagt, viele gemeinsame Interessen und verstanden uns in fast allen Bereichen besser als viele Ehepaare, die ihr ganzes Leben zusammenbleiben. Hinzugefügt sollte werden, daß wir heute, länger schon, befreundet sind und uns nach wie vor überdurchschnittlich gut verstehen.
Unser tägliches Arbeitspensum war für den einen wie für den anderen manchmal eine Überforderung. Abgesehen von den Strapazen, denen Ursula in ihrem Studium ausgesetzt war, fiel ihr auch die gesamte Haushaltung zu, obwohl ich beim Abwasch und dergleichen ihr oft und gerne beistand. Meine Praxis, ob im Bellevue oder an der Bodanstraße, war nicht selten mehr, als ich gut verkraften konnte.

Ich hätte wahrscheinlich versuchen sollen, sie in engeren Grenzen zu halten. Doch dies zu wissen, war wesentlich leichter, als meine Arbeitszeit einzuschränken mir möglich war. Hin und wieder, als ich abends an der Blumeninsel Mainau auf dem Weg nach Litzelstetten vorbeifuhr, hatte ich ein sonderbares Unbehagen, ein fast besorgniserregendes Gefühl, daß man auch mich vielleicht bald dem sogenannten „Patientengut" zurechnen würde müssen, das in psychiatrischen Kliniken als unzurechnungsfähig untergebracht ist. Psychische Störungen, wie ich vor allem im Bellevue erfuhr, wirken sich auch nahezu „infektiös" bei einem Psychotherapeuten aus, wenn er ernsthaft bemüht ist, sich in das seelische Innenleben seiner AnalysandInnen einzufühlen. Aber innerhalb von einer oder höchstens zwei Stunden, nachdem ich wieder zu Hause war, verschwand dieser Verdacht, wenn Ursula und ich zusammensaßen und Musik lauschten, die wir beide liebten. Sie konnte nicht oft genug ihre geliebte Elisabeth Schwarzkopf hören. „Der Rosenkavalier" war ihre Lieblingsoper. Oft legten wir Schallplatten (CD gab es noch nicht) auf, die Teile dieser oder auch meiner Lieblingsoper „Carmen" wiedergaben. Wenn ich, was relativ sehr selten war, den Eindruck hatte, daß ich dem „Ende meiner Fahnenstange" tatsächlich nahe war, konnte mich Händels „Messias" immer wieder zurückholen. Ich konnte mich darauf verlassen, daß diese oder Kompositionen von Haydn, Bach, Telemann oder andere aus dem Frühbarock mich wieder auf die Bahn zurückbringen würden, aus der mich neun bis zehn Analysestunden am Tage im Hin und Her zwischen Bellevue und der Bodanstraße geworfen hatten.
Ursula und ich verbrachten 1982 drei herrliche Wochen auf Pellworm. Der Sommerurlaub jenes Jahres hätte weitaus weniger geruhsam und angenehm sein können als die früheren. Denn er hätte auch in einer kleineren oder größeren Katastrophe enden können. Das Haus umgeben von hohen, erhabenen Bäumen und einem grünenden Garten war wieder einmal unser Aufenthaltsort für eine viel zu kurz erscheinende Zeit gewesen.
June und die Umstände, die sie veranlaßten, sich das Leben zu nehmen, hatte ich keinesfalls vergessen. Die Erinnerung daran, die von den Erlebnissen 1982 zwar getrübt, aber nicht ausgelöscht wurde,

sind für mich noch heute, mehr als fünfundzwanzig Jahre nach ihrem Tod lebendig. Die herzzerreißenden Umstände, unter denen sie ihrem Leben ein Ende setzte, haben bei mir einen unauslöschlichen Eindruck hinterlassen. June war die einzige von vier oder fünf anderen extrem selbstmordgefährdeten Männern und Frauen, mit denen ich arbeitete. Der Tod stellte für diese eine fast nun unwiderstehliche Versuchung dar, es June gleichzutun. Während unseres Aufenthalts auf Pellworm 1982 ereignete sich etwas, was leicht *mein* Leben hätte kosten können. Dies wäre jedoch kein Selbstmord gewesen, sondern die Folge eines gefährlichen Abenteuers, auf das ich mich eingelassen hatte.
Eines Nachts wurde Pellworm von gewaltigen, orkanartigen Regenfällen heimgesucht. Der Sturm wütete über dem Haus und um uns herum. Der mörderische Wind beugte Büsche und Sträucher nieder. Ich war hinter das Haus gegangen, um unsere Fahrräder, die dort standen, in Sicherheit zu bringen. In dem Augenblick, als ich um die Ecke neben dem Hütteneingang bog, krachte ein gewaltiger Ast von einer großen, alten Eiche zu Boden und landete nur etwa einen Meter weit entfernt von der Stelle, wo ich dem Wind trotzend hingelangt war. Der Sturm war schon bald darauf weitergezogen. Zwei Tage lang lagen überall abgebrochene Zweige herum und blockierten den einzigen Ein- und Ausgang des Hauses. Das Küchenfenster war allerdings noch zugänglich. Ein junger Mann von einem nahegelegenen Bauernhof sägte den riesigen Eichenast in kleinere Scheite, die er dann auf seinen Schubkarren lud und als Brennholz für den nächsten Winter nach Hause transportierte.
Ich habe schon immer Mühe gehabt, an Schutzengel zu glauben. Doch wenn es sie gibt, muß ein solch gütiger Geist in jener finsteren Nacht über mich gewacht haben. Fast dreißig Jahre zuvor war ich auf einem schmalen Pfad im Himalayagebirge durch ein Pferd vor dem sicheren Tod gerettet worden, als eine Lawine sich löste. Ob das Pferd, auf dem ich ritt, ein verkleideter Schutzengel gewesen war?
„Lo más seguro es que: ¿Quien sabe?"
Ansonsten war unser Urlaub ereignislos. Ich faßte allerdings einen festen Entschluß, den ich nie bereut habe. Seit dem erstenmal, als Ursula und ich uns in jenes kleine Haus eingemietet hatten, war im

Wohn-Eß-Schlafzimmer von dem Eigentümer ein gebrauchtes Fernsehgerät installiert worden. Da wir keineswegs fernsehsüchtig waren, zumal wir kein Fernsehgerät besaßen, schalteten wir die Flimmerkiste nur selten ein. Während einer weiteren stürmischen Regennacht beschlossen wir, die Nachrichten eines der beiden großen Fernsehsender anzuschauen. Doch bevor ich erzähle, was sich nach jener Nachrichtensendung ereignete und Ursula und mich zu einem neuen Entschluß bewog, sollten einige Details, die für die damals noch nicht geborene Generation längst Geschichte sind, nicht unerwähnt bleiben.

Im Jahr 1981 stand Ronald Wilson Reagan, ein Presbyterianer, wie ich es gewesen war, der heute unter Altersschwachsinn leidet, aus seiner Asche als Cowboyheld auf, den er in zahlreichen Hollywoodfilmen dritter Klasse gespielt hatte, und nahm als zweitklasiger Schauspieler die Rolle des Präsidenten vom Weißen Haus an. Es ist ihm zu verdanken, daß der Kalte Krieg noch hitziger geführt wurde als zuvor und sich ganz augenscheinlich auf eine ausweglose Situation hinbewegte, die so mit Gefahren behaftet war, daß sie höchstens von der „Kubakrise" 1962 in den Schatten gestellt wurde. Einige Menschen jedoch, die glücklicherweise heute noch leben, haben nicht vergessen, wie es dazu kam. Exilkubaner, die von der CIA unterstützt wurden, auch in finanzieller Hinsicht, wurden bei ihrem Versuch gestoppt, in Kuba von der sogenannten Schweinebucht aus (welch treffender Ausdruck!) einzufallen. Daraufhin ordnete die Sowjetunion die Stationierung weiterer Langstreckenraketen und Abschußrampen auf Kuba an. Im Oktober 1962 verkündete Kennedy, daß das gegen Kuba verhängte Embargo in Kraft bliebe. Wie zuvor schon erwähnt und ja weitgehend bekannt, hegte unser erzkonservativer Kongreß die Hoffnung, diese Handelssperre bis zum Tag des jüngsten Gerichts aufrechtzuerhalten. Es ist nur schwer zu begreifen, daß die Vertreter der harten Linie mit etwas gesundem Menschenverstand nicht einfach erkennen würden, daß sich unser Land dabei letztendlich ins eigene Fleisch schneidet!

Nach den Nachrichten an jenem Abend wurde ein Interview mit zwei hohen Bundeswehroffizieren, einem zivilen „Sachverständigen" und dem ehemaligen Bundeswehrgeneral Gerd Bastian ausgestrahlt.

Die Meinungen der Anwesenden waren der Ansicht von Bastian diametral entgegengesetzt. Trotzdem verteidigte Bastian seine Überzeugung, daß der Antrag auf Stationierung von Pershing II-Atomraketen in Westdeutschland unausweichlich die Gefahr eines Atomkriegs mit sich bringen und diese noch größer als die Bedrohung durch die Kubakrise sein würde. Später erfuhren wir die Einzelheiten, weshalb Bastian gebeten hatte, von seinem Befehlsbereich entlassen und von der Dienstpflicht beim Militär befreit zu werden. Ein Antrag, wie Bastian ihn gestellt hatte, war in der deutschen Militärgeschichte bis dahin noch nie dagewesen. Er wurde vom Verteidigungsministerium bewilligt. Viele waren froh, Bastian los zu werden. Andere empfanden regelrecht Verachtung für ihn und taten alles ihnen Mögliche, um ihn als „Verräter" abzustempeln. Wieder andere fürchteten sich vor ihm, bewunderten ihn aber paradoxerweise insgeheim doch.
Als Zivilist hatte er nun die Freiheit dem nachzugehen, was er für unabdingbar wichtig und notwendig hielt: die Mobilisierung der Öffentlichkeit gegen die geplante Stationierung der Pershing II-Raketen in Deutschland. Die von ihm an jenem Abend vorgebrachten Argumente schienen Ursula und mir nicht nur logisch und stichhaltig, sondern auch unwiderlegbar. Außerdem waren wir tief angerührt worden von seiner Offenheit und Ehrlichkeit sowie seinem Mut, öffentlich Stellung zu beziehen und Dinge anzupacken, wie er es getan hatte, um seinen Standpunkt gegen jegliche nukleare Massenvernichtungswaffen öffentlich darzulegen. Genauso beeindruckend war seine ruhige, bescheidene Art. Nicht ein einziges Mal wurde er polemisch oder ausfallend in der Diskussion mit seinen früheren Offizierskollegen, dem Zivilisten und Moderator.
Wir beschlossen dann und dort, daß wir ihn so bald als möglich treffen wollten, wenn wir es irgendwie in die Wege leiten konnten. Ich weiß nicht mehr, wie wir herausfanden, wo er lebte und wie wir schließlich mit ihm in Verbindung traten. Irgendwie gelang es mir jedoch, seine Anschrift in Erfahrung zu bringen. Er wohnte damals in Augsburg. Gleich nachdem ich seine Adresse ausfindig gemacht hatte, schrieb ich ihm einen Brief und erklärte, daß meine Frau und ich ein Fernsehinterview mit ihm gesehen hatten. Ich legte die Gründe dar, weshalb wir ihn gern kennenlernen würden. Wir waren

wie er entschlossen, das wenige zu tun, was wir tun konnten, um die von ihm eingeschlagene Richtung zu unterstützen. Innerhalb von vier Tagen hatten wir eine Antwort von Bastian. Wir waren noch auf Pellworm und er lud uns ein, ihn und seine Frau auf unserer Rückfahrt nach Konstanz zu besuchen. So brauchten wir nicht einmal einen Umweg zu machen. Auf der Autobahn mußten wir ohnehin an Augsburg vorbeifahren. Ich schrieb umgehend zurück und nahm die Einladung an. Ich fügte hinzu, daß wir seine unverzügliche Antwort überaus schätzten.

Eine Woche später verbrachten Ursula und ich einen langen Nachmittag bei Tee mit Gerd und seiner Frau. Unser Besuch war der Beginn einer herzlichen Freundschaft. Sie bestand weiter, als er und Petra Kelly als Abgeordnete der Grünen in den Bundestag gewählt wurden, und dauerte an, bis die beiden vor einigen Jahren unter mysteriösen Umständen eines verfrühten Todes starben. Hatte er wirklich Selbstmord begangen, nachdem er Petra mit einem Kopfschuß im Schlaf getötet hatte, wie die Polizei behauptete? Oder war es Mord? Beide hatten viele erbitterte Feinde. Wenn sie ermordet worden waren, wäre es nicht das erstemal gewesen, daß ein Geheimdienst, der vielleicht sogar mit der CIA unter einer Decke steckte, die Dinge so erledigte und hindrehte, wie sie im Polizeibericht vermerkt sind. Soweit ich weiß, kann in diesem Fall bis heute niemand die Möglichkeit eines ausgeklügelten Doppelmords ausschließen, der nach außen hin ganz anders aussehen sollte.

Jedenfalls war unsere erste Begegnung mit Gerd nicht nur der Beginn einer Freundschaft. Sie war auch nicht der Anfang unser aktiven Beteiligung an der Friedensbewegung. Wir hatten zuvor schon an Demonstrationen gegen die „Erstangriffspläne" des Pentagon teilgenommen. Doch die Freundschaft war für Ursula und mich wichtiger Motivationsfaktor, uns vorbehaltlos für die Friedensbewegung in Deutschland und über die Grenzen hinaus einzusetzen. Trotz unserer Scheidung im Januar 1989 sind wir beide noch, auf zum Teil unterschiedliche Weise, aktiv für den Frieden engagiert und machen uns stark für die Durchsetzung dringlicher Maßnahmen, um zumindest die Zerstörung der für uns alle lebensnotwendigen Umwelt aufhalten zu versuchen.

Doppelbeschäftigung:
Psychotherapie plus Friedensbewegung
für den einen,
Kombination von Diplom mit Demos
für den anderen

Nach dem Nachmittagsgespräch mit Gerd Bastian und seiner Frau hatten Ursula und ich mehr denn je alle Hände voll zu tun. Unser Kopf war voller denn je. Während sie sich in den Endspurt ihres Universitätsstudiums begab, reduzierte ich meine Sprechzeiten auf vier Tage pro Woche: Dienstag und Mittwoch, Freitag und Samstag. Die übrigen drei Wochentage waren für eine Arbeit ganz anderer Art reserviert, die sich von allem unterschied, was ich bisher getan hatte, mit Ausnahme von meinem und Janes Engagement im *Westside Council for Community Action* fünfundvierzig Jahre zuvor. Seit 1937 hatte ich mehrere Jahrzehnte „Schule" in Öffentlichkeitsarbeit, Public Relations und Volksgesundheit hinter mir. Zuerst war ich beim CBS und dann bei Radio München; danach mit der WHO in sechs asiatischen Ländern; zehn Jahre später an der Yale-Universiät; dann wieder mit der WHO und FAO auf zwei weiteren Kontinenten; schließlich am Jung-Institut. Im Laufe der Jahre hatte ich langsam meinen kleinen Wissenshorizont auf dem Gebiet der Psychologie erweitert, das ich am Davidson-College, in Heidelberg und Bonn angefangen hatte zu studieren.

Ich fühlte mich nun ganz ordentlich für meine neue Tätigkeit gewappnet. Ich mußte dabei viele neue Lektionen so schnell als möglich lernen – ad nauseam – über Kriegsplanung, Militärstrategien, Atomwaffen und so weiter. Viel lernte ich von Gerd Bastian. Ich las auch ein Buch nach dem anderen, einen Artikel nach dem anderen, einen Bericht nach dem anderen – kurzum alles, aber auch alles, was sachdienlich war und ich in die Hände bekam. Was ich herausfand, war, gelinde ausgedrückt, alarmierend. In meiner Bibliothek finden sich heute fünf Regale voll mit relevanten Veröffentlichungen, obwohl die Auswahl, die ich heute noch besitze, nur noch die Hälfte von dem ist, was ich bis 1985 angesammelt hatte. Im folgenden einige wenige Titel[1]: *The Nuclear Delusion*[2] von George Kennan; *Headed toward the Iceberg*[3] von Joseph Weizenbaum; *With Enough Shovels*[4] von Robert Sheer; eine Anthologie mit dem Titel *Natural Scientists against Nuclear Armament*[5]; *So laßt uns denn ein Apfelbäumchen pflanzen* von Hoimar von Ditfurth; *Das Trauma einer Weltmacht* von Robert McNamara; *Peddlers of Crisis*[6] von Jerry Sanders; *In a Dark Time*[7] von Robert Lifton.

In den USA und anderen Ländern warnten Physiker, Philosophen, Psychiater, hochrangige Beamte der US-Regierung, Diplomaten, Journalisten, Admirale und Generäle, die ein Fachwissen vergleichbar mit dem von Gerd Bastian haben, auf nachdrückliche, schlüssige und logische Weise davor, daß der Wahnsinn eines in Atomkrieg resultierenden atomaren Wettrüstens nichts geringeres als die Auslöschung der menschlichen Rasse zur Folge hätte. Dies könnte sogar zufällig durch einen Computerfehler in der UdSSR oder den USA geschehen. Der Ausfall eines technischen Gerätes hat sich bereits mehr als einmal in US-amerikanischen Kontrollzentren ereignet, die im Untergrund über das ganze Land verteilt existieren. Mehrere Male blieben bloß Sekunden, bis eine Interkontinentalrakete abgeschossen worden wäre, wenn der Fehler nicht im letzten Augenblick entdeckt worden wäre. In dem *Bulletin of Atomic Scientists*, eine Publikation der Atomwissenschaft, hieß es, daß der Zeiger auf kurz vor zwölf stehe. Sollte dies etwa nicht bedeuten, daß jeder, der sich irgendwie des über unseren Häuptern an einem seidenen Faden hängenden Damoklesschwertes bewußt ist, sich nicht pflichtbewußt den Millionen von Menschen anschließt, von denen jeder einzelne bereits alles

---

[1] Wo offizielle deutsche Titel bestehen, werden diese in der Aufzählung gleich in Deutsch vermerkt; ansonsten wird durch eine Fußnote eine möglichst wörtliche Übersetzung des englischen Titels geboten.
[2] „Der atomare Wahn."
[3] „Wir steuern auf einen Eisberg zu."
[4] „Mit genügend Schaufeln."
[5] „Naturwissenschaftler gegen atomare Aufrüstung"
[6] „Krisenhändler".
[7] „In einer dunklen Zeit."

gibt, was ein einzelner Mensch zur Vermeidung eines atomaren Armaggedon beitragen kann?
Ursula und ich waren der Auffassung, daß in dieser Sache mehr gefordert war, als ein bloßes Lippenbekennntnis. Zu den Dingen, die mich an jedem freien Werktag und meistens auch sonntags seit Mitte 1982 in Beschlag nahmen, gehörten: die Teilnahme an Sitzstreiks und Massendemonstrationen vor US-amerikanischen Raketenbasen und Kasernen; Podiumsdiskussionen, Ansprachen und Vorträge an Universitäten; die Veröffentlichung von Aufsätzen und Artikeln in unterschiedlichen Zeitschriften; Briefe an viele Bundestagsabgeordnete, die US-Botschaft in Bonn, Kongreßmitglieder in Washington; Redakteure von Zeitungen in ganz Deutschland und beim *International Herald Tribune*. In der Zwischenzeit war ich Mitglied einer in den USA gegründeten Organisation geworden mit der Bezeichnung „Ärzte für soziale Verantwortung", die heute weltweit unter dem Namen „Ärzte international zur Vermeidung eines Atomkrieges" bekannt ist. Dieser Organisation lasse ich auch heute noch nach Vermögen Spenden zukommen, – Beträge, die viel zu klein sind, um viel Gewicht zu haben. Bei anderen nichtstaatlichen Einrichtungen, wie dem „Komitee für Grundrechte und Demokratie" tue ich das gleiche. Dies ist ein Teil dessen, was mir das mindeste scheint, das wir tun müssen angesichts des neuen Jahrhunderts, das mit riesigen, ungelösten Schwierigkeiten auf uns zukommt. Diese Problematiken sind verteufelt. Wir vermachen sie sonst unseren Kindern und den Kindern unserer Kinder, damit diese sie in Angriff nehmen und lösen, – wenn sie dazu in der Lage sind und dann noch leben.
Im Februar 1983 wurde ich gemeinsam mit Experten in Sachen Sozialfragen, Ökologie, Geschichte und Rechtsprechung eingeladen, einen Vortrag zu halten am „Internationalen Tribunal gegen Erstangriffs- und Massenvernichtungswaffen in Ost und West." Überrascht, aber erfreut nahm ich die Einladung an. Das Tribunal wurde von Petra Kelly und der Partei der Grünen organisiert und fand in Nürnberg statt. Ich war nicht mehr in Nürnberg gewesen, seit die Urteile vom Internationalen Kriegsverbrechertribunal im Herbst 1946 dort gesprochen worden waren. Bei dem neuen Tribunal traf ich Petra Kelly zum erstenmal.

Da ich freie Themenwahl hatte, beschloß ich, einen Vortrag vom psychologischen Standpunkt aus über die Gefährdung des Überlebens der Menschheit im Falle eines Atomkriegs zu verfassen. Wenn Atomwaffen in einem immer wahrscheinlicher werdenden Krieg zwischen der Sowjetunion und den USA eingesetzt würden, würde dann von neuen „Verbrechen gegen die Menschheit" die Rede sein müssen? Oder wäre es auf beiden Seiten Beweis für eine „kollektive psychische Erkrankung"? Mein Vortrag beschäftigte sich recht ausführlich mit diesen Fragen auf dem Hintergrund der archetypischen Psychologie. „Die Probleme, mit denen wir uns heute konfrontiert sehen", erklärte ich, „unterscheiden sich von den Kriegsverbrecherverfahren 1945 und 1946. Heute sind mit steigender Tendenz *noch nicht* begangene Taten unsere große Hauptsorge. Andererseits wissen wir, daß solche Taten – atomare, bakteriologische, chemische Kriegshandlungen – als „Lösungsmöglichkeiten" geplant und aktiv vorbereitet werden."

Diese Erinnerungen sind nicht geeignet, um mich an einer groben Gliederung der Dinge, die in dem Vortrag erklärt wurden, zu versuchen. Ich möchte jedoch noch ein weiteres Zitat, die Schlußfolgerung meiner Rede, einfügen, um weitere Aspekte der Bemühungen zu unterstreichen, die damals und zu späterem Zeitpunkt von Millionen von engagierten Menschen in der Friedensbewegung in Deutschland gemacht wurden. Meine abschließenden Worte lauteten: „Werden wir unserer kollektiven, psychischen Verhaltensstörung erliegen? Oder werden *wir* – als vielleicht letzte Generation der Menschheit – endlich zur Vernunft kommen, bevor alles verloren ist? Werden wir, die Menschen, in der Lage sein, das Verbrechen, als das moderner Krieg gelten muß, gegen uns selbst einzustellen? Oder werden wir wie Lemminge uns kopfüber in eine allumfassende Katastrophe stürzen, die uns in nichts als leblose, radioaktive Materie verwandeln wird und wir in den wogenden Wassern treiben werden, aus denen unsere Vorfahren, in Urzeiten als lebendige, empfindungsfähige Lebewesen auf der Erde entstanden waren. Diese Frage haben wir, die wir heute leben, zu entscheiden..." Die ungekürzte Version dieses Vortrags wurde in einem sozialwissenschaftlichen österreichischen Journal veröffentlicht. Eine Wiederholungsrede wurde an der Universität Konstanz gehalten.

Ich habe den Eindruck, auch wenn die Gefahr heutzutage weniger akut scheint, daß Fragen, wie die eben aufgezählten, für die Bereiche, die sie berühren, durchaus relevant sind. Nur drei Jahre nach dem neuen Nürnberger Tribunal lieferte der Welt eine Kernschmelze in Tschernobyl einen unriechbaren, unsichtbaren Vorgeschmack der Dinge, die uns eines Tages mit tödlicher Sicherheit erwarten. Sind wir denn blind? „Was geschehen *kann*, das *wird* auch eines Tages, früher oder später eintreten." Ist es sinnlos, dies zu wiederholen? Tschernobyl und Three Mile Island[1] sind überall.

Aus zahlreichen Unterlagen, mit denen wir 1983 vertraut waren, ging eindeutig hervor, daß Reagan und seine Mitarbeiter im Pentagon 1983 Pläne ausbrüteten, die das militärische Pendant zu tausend oder mehr Tschernobyls gewesen wären. Colin Gray, ein hoher Beamter in Washington, hatte öffentlich bekundet, daß es ein Krieg sein würde, in dem das Pentagon mittels Pershing II-Raketen und Cruise Missiles „den Kopf des sowjetischen Vogels abschlagen" wollte; ein Krieg, der in der Absicht geführt würde, „alle wichtigen Kommando-, Kontroll- und Kommunikationszentren der Sowjetunion" zu zerstören; ein Krieg, dessen Hauptziel „die Tötung jedes Mitglieds des Politbüros und Zentralkomitees sowie aller bürokratischen Schlüsselfiguren" und die Zerstörung der „militärisch-politischen Macht der Sowjetunion in dem Maße, daß ein Weiterbestehen des sowjetischen Nationalstaates ernsthaft in Frage" gestellt würde. Dixit Colin S. Gray.

Aller Wahrscheinlichkeit nach wurden „Lösungsmöglichkeiten" dieser Art etwa zur gleichen Zeit in Moskau ausgearbeitet, wie Gray die Absichten des Pentagon hatte verlauten lassen. Doch zwischen beiden gab es große, gewichtige Unterschiede. Als vorgeblicher Grund, um die Stationierung von Pershing II-Raketen in Westdeutschland zu rechtfertigen, wurde die unbestreitbare Tatsache angeführt, daß die Sowjetunion Atomraketen, SS-20 und SS-21 in Ostdeutschland stationiert hatte. Es wurde also behauptet, daß die Pershing II und

---

[1] Atomkraftwerk (TMI) in der Nähe von Middleton im Bundesstaat Pennsylvania, in dem sich 1979 ein größerer Atomunfall ereignete.

Cruise Missiles nur „zur Abschreckung" aufgestellt worden wären. Andererseits machten US-amerikanische Militärstrategen, darunter auch Admiral Eugene Carroll, der bis 1980 im Pentagon für konventionelle und atomare Kriegsführung in Europa zuständig war, kein Geheimnis aus dem Wissen, daß die Pershing II-Raketen als Erstangriffswaffen unter der von Colin Gray verkündeten „Enthauptungspolitik" eingesetzt werden sollten. Diese Art von Raketen könnten Moskau innerhalb von fünf bis zehn Minuten erreichen, wenn sie von Westdeutschland aus abgefeuert würden. Ein Gegenschlag der Sowjetunion, selbst wenn diese „einen Kopf kürzer" gemacht worden wäre, wäre so sicher wie das Amen in der Kirche und würde bedeuten, daß Westdeutschland innerhalb weniger Minuten in eine unbewohnbare, daher größtenteils unbewohnte, radioaktiv verseuchte Wüste verwandelt würde. Dies sind unwiderlegbare Fakten und waren Hauptauslöser der nur allzu vernünftigen Protestreaktionen, für welche die Anhänger der Friedens- und Umweltbewegung die Unterstützung der breiten Bevölkerung und Öffentlichkeit zu gewinnen suchten.

Die gewaltfreien Strategien, die zur Ausführung dieses Anliegens anvisiert und in die Tat umgesetzt wurden, waren vielfältig. Nur einige wenige Beispiele hierzu: Im Oktober 1983 bildeten Millionen beunruhigter Bürger zwischen Stuttgart und Ulm eine über einhundert Kilometer lang Menschenkette. Wieder Tausende setzten sich auf die schmale Straße, die zum US-amerikanischen Raktenstützpunkt nahe der Kleinstadt Mutlangen führte. Sie wurden von der deutschen Polizei festgenommen und, nicht immer gerade sanft, abtransportiert. Riesige Protestkundgebungen fanden vor den von US-Truppen besetzten Kasernen statt. Die traditionellen Ostermärsche – der erste fand 1960 statt – haben in Deutschland seit 1983 einige Millionen mobilisiert – mehr als je zuvor daran teilgenommen hatten. Im Juni 1984 versammelten sich anläßlich eines „Tag der offenen Tür" am Luftwaffenstützpunkt der USA und NATO bei Ramstein nicht nur Tausende neugierige Zuschauer, sondern auch Tausende außerhalb der Tore, die gekommen waren, um fundierten Widerstand gegen Reagan zu bekunden. Dieser steuerte mit seiner Politik geradewegs wie toll auf einen Atomkrieg zu, den er offensichtlich nur zu

gern zu riskieren bereit war, selbst wenn er dadurch den Tod der Menschheit eingeläutet hätte. Einer von Reagans engsten Beratern sagte einmal: „Grab ein Loch, mache ein paar Deckeltüren obendrauf und wirf einen Meter hoch Dreck darauf. Der Dreck macht's. Wenn nur genügend Schaufeln da sind, kann jeder überleben."
Ursula und ich nahmen an Dutzenden von Demonstrationen, einschließlich Sitzstreiks am Raketenstützpunkt für die Pershing II in Mutlangen teil, zusammen mit Tausenden von Deutschen und einer großen Anzahl, in Deutschland lebender US-Amerikaner. Im Februar 1984 traf sich eine kleine Gruppe von fünfundzwanzig Menschen an der Universität Stuttgart. Einstimmig beschlossen wir die Gründung und Einrichtung „US-amerikanischer Friedensausschüsse in Europa". US-Bürger in anderen europäischen Ländern wurden angeschrieben. Viele davon schlossen sich uns innerhalb von kurzer Zeit an, um das „US-amerikanische Friedensnetzwerk in Europa" zu gründen. Wir arbeiteten unabhängig von allen politischen Gruppierungen, um die Ideale von Freiheit und Demokratie aufrechtzuerhalten, und glaubten, daß unser Land diese Werte verteidigen und repräsentieren sollte. In einer Mitteilung, die wir an die Presse und Übertragungsdienste schickten, drückten wir unsere Sorge aus hinsichtlich des Zustands der ineinander verwebten Thematiken von Frieden, Gerechtigkeit, Menschenrechten und der Zukunft der Menschheit auf der Erde.
Natürlich hatte niemand von uns Illusionen oder glaubte gar, daß wir in der Lage wären, mehr als nur ein wenig dazu beizutragen, die die Menschheit bedrohende Flutwelle der atomaren Verwüstung und des Todes aufzuhalten, wenn, wie immer wahrscheinlicher wurde, die Deiche von denjenigen gebrochen wurden, die es als ihr erklärtes Ziel ansahen, „den Kopf des sowjetischen Vogels abzuschlagen". Mit den „sowjetischen Vögeln" sympathisierten wir genauso wenig, wie mit Colin Gray und Reagans anderen Jungs im Pentagon, die mit dem Höllenfeuer spielten. Doch wir taten, was wir tun konnten, und „legten mit Hand an den Deich". Wir konnten nur sehr wenig tun, doch waren wir auch nicht davon ausgegangen, viel erreichen zu können.

Ich habe nicht gezählt, wie viele Reden ich gehalten habe und an wie vielen Podiumsdiskussionen ich beteiligt war. Hier einige der Städte, wo ich gesprochen habe: Pirmasens, Filderstadt, Riedlingen, Lindau, Überlingen, Ravensburg, Singen, Pfullendorf, Radolfzell, Leutkirch, Minden in Westfalen. In Konstanz boten sich so viele Gelegenheiten vor unterschiedlichem Publikum, daß ich mich gar nicht an alle erinnern kann. Mehrmals sprach ich an der dortigen Universität, einmal an der Universität Freiburg im Breisgau.

In München war ich auch vier- oder fünfmal, um dort einen Vortrag zu halten. Auf dem riesigen, mit Gras überwachsenen Olympiaberg, unter dem Ziegel, Steine, Stahl und verschiedene Überbleibsel von Münchens Nachkriegsruinen begraben liegen, hielt ich an Ostern 1984 eine Rede. Entweder vor oder nach mir sprach Dieter Lattmann zu dem Publikum, in dem Tausende versammelt waren. Lattmann war zweimal als Abgeordneter der Sozialdemokraten in den Bundestag gewählt worden. Er ist außerdem Romanschriftsteller, Essayist und sprachgewandter Kritiker der *Lieblose Republik*, wie die BRD in dem Titel eines seiner vielen Bücher bezeichnet wird. Er und ich waren gute Freunde von dem Tag an, als wir uns kennenlernten. Ein weiterer Schriftsteller, den ich erst kennenlernte, als er sich mir nach meinem Vortrag vorstellte, war Friedrich Hitzer. Er fragte, ob er mich für eine von ihm herausgegebene Zeitschrift interviewen dürfte. Seit jener Begegnung sind seine Frau und er Freunde von mir geworden, mit denen ich mich in besonderer Weise verbunden fühlte. Einer seiner hervorragenden, 1995 erschienenen Romane habe ich Großteils in Englische übersetzt. Ich hoffe, diese Arbeit, die mir große Genugtuung bereitet, eines Tages fertigstellen zu können. Wenn sich in den USA ein Verlag zur Veröffentlichung findet, wird Hitzers Roman mit ziemlicher Sicherheit ein Bestseller werden.

Nun, um ein anderes Thema zu Ende zu bringen, kann ich eine weitere Begebenheit zu beschreiben nicht widerstehen, die aus der Zeit stammt, als Ursula und ich in der Friedens- und Umweltpolitik sehr aktiv waren. Eine kleine, in den Farben rot, weiß und blau gedruckte Broschüre, die ich verfaßt hatte, um die Gründe für meinen Widerstand gegenüber den atomaren Kriegsplänen der Regierung meines Landes darzulegen, fand in ganz Deutschland Verbreitung. Beim „Tag der offenen Tür" in Ramstein hatte ich ein paar Dutzend solcher Exemplare und ein ähnliches, in Englisch geschriebenes Traktat in den drei Taschen eines weiten Regenmantels, den ich trug, gesteckt. Ich war zwar entschlossen, sie so zu verteilen, wie es mir am sinnvollsten erscheinen würde, hatte aber keine vorgefaßten Pläne oder Ideen zur Verbreitung gefaßt.

Dann kam mir der Gedankenblitz: Ich befand mich gerade in der Menge, die zusah, wie Düsenjets der US-Luftwaffe Formationsflüge machten. Ich fand dies weitaus weniger interessant als die meisten anderen und ging zu einem Stand, den ich auf meinem Weg zum Stützpunkt entdeckt hatte. Dort kaufte ich eine Mütze mit groß aufgedrucktem Sternenbanner. Ich setzte sie auf und ging geradewegs zum Hauptgebäude des Stützpunkts. Wie ich richtig vermutet hatte, war das Gebäude zu jenem Zeitpunkt menschenleer. Doch bewaffnete Soldaten bewachten seinen Eingang. Ich eilte auf sie zu, und sie hielten mich natürlich an. „Hört, Jungs! Ich muß mal. Ich mach mir gleich in die Hosen. Die öffentlichen Toiletten sind doch beim Eingangstor. Ich brauche ja nur drei oder vier Minuten." – „Okay, machen Sie schon. Das Klo ist im ersten Stock. Aber beeilen Sie sich, um Himmels willen!" Überall ließ ich Broschüren in Englisch und in Deutsch liegen und pinnte auch eine an jede Anschlagtafel. In fünf Minuten – Auftrag erledigt – verließ ich das Gebäude und sagte zu den Wächtern: „Vielen Dank! Sie haben mir wirklich einen großen Gefallen getan!"

Hier endet die Geschichte von sieben Jahren meines Lebens, in denen ich eine Doppeltätigkeit ausgeübt hatte, ganz nach dem Motto: Doppelt hält besser. Ich tat das mir Erdenkliche zur Förderung des Friedens in der Welt und versuchte gleichzeitig Menschen zu helfen, inneren Frieden mit sich selbst zu finden. Ursulas Beschäftigung während dieser Jahre ähnelte der meinen. Wenn ich mich nicht im Abschlußdatum geirrt habe, erhielt sie 1985 von der Universität Konstanz den akademischen Grad der Diplom-Psychologin verliehen.

TEIL FÜNF

Vermeidbare Fehler trotzdem begangen

Dritte Scheidung – drei Opfer

„Ruhestand:" Die kürzesten Jahre eines langen Lebens

In neuer Umgebung
Weiterhin Doppelbeschäftigung
Eine Chinesische Mauer in Europa und ähnliche Merkwürdigkeiten

Unser Engagement in der Friedens- und Umweltbewegung endete natürlich nicht mit meinen Eskapaden auf dem Ramsteiner Stützpunkt. Jener Bericht bildete lediglich den Abschluß einer unvollständigen Zusammenfassung der Aktivitäten, die sowohl für Ursula als auch mich heute noch weitergehen. Was sich änderte, war der Rahmen, in dem sie sich abspielten. Nach der Kürzung meiner Sprechzeiten, verdiente ich spürbar weniger. Die monatliche Rückzahlung einer Hypothek, die den Erwerb eines großen Hauses mit Garten in den Hügeln über dem Bodensee möglich gemacht hatte, erwies sich als zu hoch. Dadurch wurden wir Anfang 1984 gezwungen, das Haus mit dem Garten und dazugehörigen Geräteschuppen zu verkaufen.
Wir zogen dann nach Liggeringen, einem Dorf, etwa achtzehn Kilometer von der Konstanzer Innenstadt entfernt. Dort mieteten wir ein zweistöckiges Reihenhaus mit kleinerem Garten und Garage am Ende einer Zeile ansonsten in gleicher Weise konstruierter Neubauten. Bis unsere Nachbarn nebenan einzogen, fanden wir es dort ganz idyllisch. Ursula hatte eine moderne, neue Nobelküche. In der einen Ecke des Wohnzimmers stand endlich wieder ein Flügel, der zwar weniger groß als der Bechstein war, den ich an der Viale Africa besessen hatte, aber mir dennoch ausreichte, um das Einstudieren der „Mondscheinsonate" in Angriff zu nehmen. Ich konnte noch so fleißig üben wie ich wollte und mich abmühen, als ich zwölf oder dreizehn war, es gelang mir nie über die ersten zwei Sätze hinauszukommen. Ich war immer noch dabei, den dritten Satz einzuüben.
Den kleinen Garten, in dem ein alter Apfelbaum stand, gestalteten wir ökologisch um: Wir legten einen Fußpfad aus Kork und einen Komposthaufen mit Holzverschalung an. Wir hatten auch ein Erdbeerbeet, ein paar Tomatenstöcke und überall Blumen. Das flache Garagendach bedeckten wir mit einem nährstoffreichen Lehmboden. Bald schon fingen Gräser und Rankenpflanzen an, dort zu grünen und zu sprießen. Gegenüber von uns lebte ein Landwirt mit seiner

Frau, deren Vorbild ich in dieser bukolischen Gegend folgte: Ich verwendete beispielsweise keinen Rasenmäher, um das Gras zu schneiden, sondern Sense und Sichel. Auf einer Weide neben unserer Garage sahen Sasha und ich voll ehrfürchtigen Staunens zu, wie ein Lämmlein zur Welt kam. Das Mutterschaf leckte es nach der Geburt sauber. Dann rappelte der neue Erdenbewohner sich auf und stand auf wackligen Beinen. Innerhalb von fünfzehn Minuten konnte er gehen, wenn auch noch sehr unsicher.

Während unseres dritten Sommers in Liggeringen hatten wir einmal gern gesehenen Besuch: Es war Gillian mit ihrem ersten Kind, Merlin, der damals gerade drei Jahre alt war. Als Merlin vier Monate alt war, hatten wir Gillian und Gregor in einem winzigen Dorf im Tessin, besucht, wo sie damals lebten. Nun gingen Ursula, Gillian und ich – mit Merlin auf meiner Schulter – oft nachmittags in Begleitung von Sasha an goldenen, sich wogenden Raps- und Getreidefeldern oder im höher gelegenen Wald spazieren. Merlin und ich schlossen schnell Freundschaft mit dem Landwirt. Ein Traktor in seiner großen, mit Heu gefüllten Scheune regte Merlins Phantasie an und er träumte davon, groß genug zu sein, um damit fahren zu können, ähnlich wie ich mir in seinem Alter ausgemalt hatte, daß ich eines Tages mit einem der hohen Traktoren von High Acres fahren könnte. Merlin war ganz aus dem Häuschen, wenn sich eine Gelegenheit bot, daß er auf den Traktorsitz gehoben wurde. Seine Begeisterung heute wird manchmal gedämpft, da er mit zwei Schwestern fertig werden muß. Mein Schicksal, das mir nicht nur zwei, sondern gleich drei solcher Gören bescherte, war in dieser Hinsicht noch härter als Merlins.

In der Zwischenzeit lief meine Praxis weiter wie gehabt, mit der Ausnahme, daß mein Sprechzimmer sich jetzt im zweiten Stock unseres Hauses in Liggeringen befand. Jeden Samstag fuhr ich nach Konstanz, wo ein befreundeter Psychiater mir seine Räume zur Verfügung stellte. Zu den Analysanden, die regelmäßig zu mir kamen, gehörte auch eine Dame mittleren Alters. Sie war gebürtige Französin und mit einem wohlhabenden Schweizer Unternehmer verheiratet. Sie hatte mit ihrer Ehe zu kämpfen. Ihr Mann war sehr patriarchalisch, wie mir die meisten Schweizer Ehemänner zu sein schienen, herrisch

und fordernd. Wöchentlich gab er seiner Frau einen kleinen Geldbetrag, der jedoch nicht einmal zur Deckung der Haushaltskosten ausreichte. Jahrelang hatte die Frau sich damit abgefunden. Gelegentlich bettelte sie um eine kleine Erhöhung, jedoch mit wenig oder gar keinem Erfolg. Er bestand hartnäckig darauf, daß sie zusammen in einem Doppelbett schliefen, obwohl sie sich stets dagegen gesträubt hatte. Um seinen Forderungen auf diesem Gebiet nachzukommen und selbst ein paar Stunden Schlaf zu erhaschen, während er schnarchte, hatte sie angefangen, jede Nacht mit Kissen eine „chinesische Mauer", diesen Ausdruck wählte sie, zwischen sich und ihrem Mann zu errichten. In dem Herrenhaus am Rande von Kreuzlingen hatte sie nie ein Zimmer für sich gehabt, obwohl für die seltenen Gelegenheiten, wenn die beiden erwachsenen Kinder auf Besuch nach Hause kamen, zwei vollständig möblierte Zimmer hergerichtet waren. Diese Räume waren, auf ausdrücklichen Befehl des Mannes, zum ausschließlichen Gebrauch der Kinder bestimmt. Nur die Haushaltsbediensteten hatten Schlüssel, um hineinzukommen, damit sie die Möbel abstauben, die Fenster putzen und den Balkon kehren und zu Beginn des Frühlings von heruntergefallenem Laub befreien konnten. Ich fand es schwer, das Verhalten der Frau zu verstehen. Eines Tages fragte ich: „Warum hauen Sie nie auf den Tisch? Warum erlauben Sie Ihrem Mann, daß er wie ein absolutistischer Monarch über Sie herrscht?" Ihre Antwort lautete: „Ich bin in Frankreich aufgewachsen. Meine Eltern und alle Verwandten waren fromme Katholiken. Als Kind wurde mir beigebracht, daß es Aufgabe der Frau sei, dem Manne zu gehorchen." Was konnte ich dazu sagen? Ihre Antwort erinnerte mich an die von meiner Mutter vertretenen Überzeugungen. Auch sie hatte sich stets sehr bemüht, wenn auch nicht immer erfolgreich, dem biblischen Gebot Folge zu leisten: „Ihr Frauen, ordnet euch euren Männern unter." Mir schien, daß die Frau, die zur Psychoanalyse zu mir kam, diesen Satz zu wörtlich genommen hatte.
In einer der darauffolgenden Sitzungen erzählte sie mir, daß ihr Mann einen bekannten Architekten, dessen Namen sie nannte, beauftragt hatte, Pläne für einen neuen, noch größeren „Palast" zu entwerfen. Entgegen allem, was ich in fast zwanzigjähriger Praxis getan hatte, veranlaßte mich die beiläufige Bemerkung, ihr einen ausdrücklichen,

expliziten, spezifischen Rat zu geben: „Es gibt für Sie nur eine Möglichkeit, den Ketten zu entfliehen, die sie an die Diktatur ihres Mannes fesseln, seit Sie verheiratet sind!" Verwirrt und erstaunt saß sie mir schweigend gegenüber. Mit großen Augen und einem Blick äußerster Verwirrung, der Besorgnis und sogar der Furcht starrte sie mich an. Was könnte ich gemeint haben? Nachdrücklich erklärte ich ihr: „Sie müssen den Architekten einfach anrufen, aber nicht im Beisein ihres Mannes, und ihn um Einsicht in die Pläne für das neue Haus bitten. Wenn Sie ein Zimmer eingezeichnet finden, das Sie sich vorstellen könnten zu bewohnen, bestehen sie darauf, daß der Architekt diesbezüglich Einfluß auf ihren Mann ausübt! Der Mann hat nämlich Einfluß und Macht! Ich kenne ihn zufällig und auch seinen Ruf. Ihr Mann wird auf ihn hören. Doch Sie würde er nicht einmal anhören! Erklären Sie, daß Sie ein Zimmer für sich haben wollen, für sich ganz alleine. Um Ihrer Gesundheit willen müssen Sie Ihren Mann irgendwie überreden, Ihnen ein eigenes Zimmer zu geben!"
Sie sagte immer noch nichts. Während unserer Sitzung sprachen wir einen ihrer vielen Träume durch, in denen ihr Mann wiederholt als riesiges Monster oder Menschenfresser auftauchte. Die archetypische Bedeutung war ihr klar. Doch bis dahin war sie wie gelähmt gewesen, unfähig die notwendigen Schlüsse daraus zu ziehen, um zu verhindern, daß ihre lang anhaltenden depressiven Phasen nicht früher oder später in einer schweren körperlichen Krankheit ausarteten. Als wir uns an jenem Mittag nach der Sitzung in dem leihweise zur Verfügung gestellten Beratungszimmer die Hand zum Abschied gaben, sah sie mich eine Minute lang an, ohne ein Wort zu sprechen. Dann, wie Jean-Claude einige Jahre zuvor, erklärte sie: „Ich werde es versuchen."
Danach ließ sie zwei Sitzungen ausfallen und gab mir telefonisch leicht zu durchschauende Ausreden, weshalb sie angeblich verhindert wäre. Doch am Ende wandte sie meine Strategie an, und die hatte Wirkung. Eines Abends verkündete ihr Mann, daß er selbst, nach einer Besprechung der Pläne für das neue Haus mit dem Architekten, zu dem Schluß gelangt sei, daß sie einen großen Raum haben sollte, der sich zum Garten hin öffnete und wo sie tun und lassen könnte, was sie wollte. Das Haus war noch im Bau befindlich, als sie und ich

darin übereinkamen, daß ihre psychologische Arbeit für beendet erklärt werden könnte. Weshalb? Sie hatte mir ein Geheimnis mitgeteilt, das sie bis wenige Sitzungen zuvor noch für sich behalten hatte: Sie hatte aufgehört, die „chinesische Wand" zu errichten, wenn es Zeit war, schlafen zu gehen und war entschlossen, ihr neues Zimmer in dem prunkvollen Palast als Studierzimmer und Bibliothek zu nutzen. Sie erklärte mir, daß sie seit ihrer Schulzeit immer gewünscht hatte, sich eines Tages dem Studium der französischen Literatur des sechzehnten Jahrhunderts hinzugeben, insbesondere der Lyrik der späten Renaissance und Montaignes kritischen Essays.
Jetzt war sie frei zu tun und lassen, was sie tun wollte. Ihre Beziehung zu dem herrischen Ehemann hatte eine Wendung zum Besseren genommen, berichtete sie während unserer letzten Sitzung. „Ich glaube, er hat sogar angefangen, mir seine Achtung zu bekunden. Das hat er früher nie getan!" Sie lachte herzlich und ging. Ich habe nie wieder von ihr gehört. Diesmal war ohne das Blasen von Trompeten vor den Stadtmauern von Jericho, eine chinesische Mauer eingestürzt. Letztendlich war die Frau frei geworden, ihre von Kindheit an in ihr schlummernden Talente zu verwirklichen.
Man hört gelegentlich den Ausspruch: „Was ich nicht weiß, macht mich nicht heiß." Man geht davon aus, daß dieser Satz so stimmt und Dinge, von denen man nichts weiß, einen nicht verletzen oder zu schaffen machen. Es ist jedoch falsch, irreführend und sogar gefährlich, wenn es in uns wichtige Dinge gibt, von denen wir selbst keine Ahnung haben. Ein markantes Beispiel hierfür ist die kürzeste Analyse, die ich in vierundzwanzig Jahren psychotherapeutischer Praxis erlebte. Ein junger, im nur zehn Minuten von Liggeringen entfernten Radolfzell lebender Architekt kam eines Tages zu mir. In unserer ersten Sitzung erzählte er mir, daß er unter Krebs leide, und deswegen wiederholt Ärzte in Radolfzell und Konstanz aufgesucht habe. Ich fragte ihn, welche Art von Krebs er hätte. „Es ist Magenkrebs. Ich kann nachts kaum schlafen. Dann sind die Schmerzen am größten. Ich war zu weiteren Untersuchungen in der Klinik von Sankt Gallen. Sie wissen vermutlich, daß man dort auf solche Geschichten spezialisiert ist." Das wußte ich. Soweit ich wußte, war es die beste Klinik ihrer Art in der Schweiz. Ihr Ruf war in jeder Hinsicht makellos. Eine

meiner weiblichen Analysanden, etwas jünger als die Dame mit der „chinesischen Mauer", war dort ebenfalls behandelt worden. „Was haben die Ärzte in Sankt Gallen herausgefunden?" – „Der Chefarzt für Onkologie hat mich untersucht. Ich war drei Tage lang dort. Er konnte aber keine Anzeichen von Krebs feststellen. Ich sollte ihm vermutlich glauben. Aber ich kann nicht! Er hat gemeint, ich solle in psychotherapeutische Behandlung gehen. Deswegen bin ich jetzt hier."
Wie immer erkundigte ich mich nach dem Familienhintergrund. Er war verheiratet, hatte zwei kleine Kinder. „Würden Sie Ihre Ehe als gut bezeichnen? Herrscht zwischen Ihnen und Ihrer Frau Verständnis?" – „Ja, und sie ist eine großartige Mutter." – „Wie steht's mit Ihrem Traumleben. Erinnern Sie sich daran, was Sie nachts träumen?" – „Nicht oft. Wenn ich genug Schlaf bekomme, habe ich allerdings schon den Eindruck, etwas geträumt zu haben. Aber richtig träumen, das kommt selten bei mir vor. Meine Magenschmerzen sind so gräßlich, daß ich fast nie genug Schlaf bekomme. Ich schleppe mich halt so durch den Tag. Die letzten Monate waren ziemlich schlimm. Auch für meine Frau." Ich bat ihn, mir Einzelheiten über seine Familiengeschichte, Kindheit, Eltern und über alles sonst, was ihm wichtig erschien, aufzuschreiben. „Wenn Sie sich morgens beim Aufwachen an einen Traum erinnern, schreiben Sie ihn bitte auf. Am besten ist es, wenn Sie sich noch vor dem Aufstehen Notizen machen. Ich tue das auch. Neben meinem Bett liegt stets Papier und Bleistift griffbereit. Wenn ich meine Träume nicht sofort nach dem Aufwachen aufschreibe, vergesse ich sie schnell." Er stimmte mir zu und versprach alles zu tun, was ich vorgeschlagen hatte.
Zu unserer zweiten Sitzung brachte er fünfundzwanzig bis dreißig Seiten mit, auf denen er seine Lebensgeschichte aufgeschrieben hatte. Er sagte jedoch, daß er sich an keinen einzigen Traum habe erinnern können. „Macht nichts! Ich werde mir durchlesen, was Sie geschrieben haben und wir sprechen dann nächstes Mal darüber. Was machen Ihre Magenschmerzen?" – „Diese Woche waren sie nicht so heftig wie vor dem erstenmal, als ich hier war. Sie sind aber immer noch schlimm genug!" Ich sagte hierzu nichts. Zwischen jener zweiten und der darauffolgenden Sitzung am Ende der Woche las ich mir

den Bericht von seinen Kindheits- und sonstigen Erfahrungen durch. Er war erst vier Monate alt gewesen, als sein Vater verstorben war. „Um Leib und Seele beieinander zu halten, mußte meine Mutter eine Arbeitsstelle als Sekretärin in einer Versicherungsgesellschaft annehmen. Die Krankheit meines Vaters hatte sich so lange hingezogen, daß nur wenig Geld für meine Mutter übriggeblieben war, als er schließlich starb."
Zwischen diesen Zeilen stand jedoch mehr, als er ausdrücklich erwähnte. Wir sprachen darüber, als er ein paar Tage später wieder nach Liggeringen kam. Ich fragte ihn, wie es geklappt hätte, daß seine Mutter berufstätig war und sich gleichzeitig um ihn kümmern konnte. „Ihre Tante hütete mich, bis ich etwa fünf Jahre alt war. Doch dann starb auch sie. In der Verwandtschaft war niemand mehr übriggeblieben, der auf mich hätte aufpassen können. Alle meine Großeltern waren schon gestorben. Meine Mutter konnte es sich nicht leisten, jemand für den Haushalt einzustellen. Sie ließ mich allein zu Hause. Manchmal war ich bei Nachbarn. Oft war ich sehr krank. Dann ging es nicht anders, sie mußte einfach zu Hause bleiben." Den letzten Satz betonte er besonders. Er sprach ihn mit so viel emotionalem Eifer, daß ich zu mutmaßen begann. Immer wenn starke Emotionen an die Oberfläche kommen, sei es durch etwas Gesagtes oder den Gesichtsausdruck des bzw. der Betreffenden, kann man davon ausgehen, daß ein affektgeladener Komplex berührt worden ist. Bei diesem damals vierunddreißigjährigen jungen Mann war es, als wäre eine eiternde Beule aufgeplatzt.
„In dem Bericht über ihre Kindheit erwähnen Sie keine Geschwister. Sie waren bestimmt ein Einzelkind, nicht wahr?" – „Ja, ich hätte mir einen Bruder gewünscht, doch meine Mutter heiratete nicht mehr." – „Wie kommen Sie heute mit ihr zurecht?" Er zögerte. Es widerstrebte ihm, diese Frage zu beantworten. Ich wartete. „Nun, es war halt so, daß sie schon versuchte, für mich eine Mutter zu sein, wie meine Frau es für unsere Kinder heute ist. Ich spürte jedoch nie, daß sie mich liebte. Meine Gefühle ihr gegenüber haben sich nicht verändert."
In unserer dritten Sitzung berichtete er über einen Traum. „Ich machte es genau, wie Sie gesagt haben und hatte ein Notizbuch auf

meinem Nachtisch parat. Letzte Nacht hatte ich einen Traum. Ich erinnerte mich so deutlich an alles, als hätte es sich tatsächlich zugetragen." Ich las mir durch, was er aufgeschrieben hatte, sah dann zu ihm auf, schwieg aber ein paar Minuten lang. „Was halten *Sie* denn davon?" Im Traum hatte er sich als Fünf- oder Sechsjähriger in seinem Bett liegen sehen und nach seiner Mutter laut rufen, ja schreien hören, daß sie nach Hause kommen sollte. Sie war aber nicht gekommen.
Wieder fragte ich ihn, was er denn dächte, das der Traum bedeutete. „Genau das ist ja passiert. Ziemlich oft! Sie mußte jeden Tag arbeiten gehen. Ich hatte keine Freunde, jedenfalls keine wirklichen. Unsere Nachbarn mochte ich nicht. Außerdem befahl mir meine Mutter stets, drinnen zu bleiben. Außer am Sonntag, war sie nur dann den ganzen Tag über zu Hause, wenn ich krank wurde." Wieder betonte er den Satz. Starke Emotionen und noch mehr als Ärger, fast schon Haß, kamen zum Ausdruck.
„Vielleicht waren Sie deshalb, ohne es gewußt zu haben, so oft krank. Meinen Sie, das könnte der Fall sein?" Er dachte eine Weile darüber nach. Ich natürlich auch. Ich überlegte, wie er mir wohl antworten würde und wartete ab. Bis er schließlich darauf einging, vergingen bestimmt fünf, sechs Minuten. Seine Antwort war verblüffend: „Ja, ich war stets darauf aus, die Aufmerksamkeit meiner Mutter zu erhaschen. Ich wollte, daß sie sich wirklich um mich kümmerte und sorgte. Doch das war nur möglich, wenn ich krank war." Er hielt inne. „Wahrscheinlich wurde ich gerade deshalb so oft krank. Ich trauere immer noch ihrer Liebe nach. Und wissen Sie, was ich glaube? Nun, deswegen habe ich auch monatelang geglaubt, ich hätte Krebs. Aber ich habe keinen Krebs. Das habe ich mir nur eingebildet."
Das hatte ich erwartet und sagte es jetzt. Tränen liefen ihm die Wangen hinunter. Er schüttelte den Kopf, immer wieder. „Was für ein verdammter Idiot ich doch war!" – „Das waren Sie nicht. Wie hätten Sie es auch wissen können? Unsere Tränen bringen oft die Art von Dingen hervor, die Sie gerade ausgedrückt haben. Wenn wir tapfer sein wollen, unterdrücken wir Tränen und weinen sie nach innen. Es kann sein, auch wenn man es wissenschaftlich noch nicht nachwei-

sen kann, daß Krebs entsteht, wenn man starke Emotionen oder Gefühle vor sich selbst nicht eingesteht, weil man sich ihrer schämt. Durch nicht gelebtes Leben sozusagen."
Er trocknete die Tränen mit seinem Taschentuch, zog seinen Mantel an und war im Begriff zu gehen. Dann drehte er sich um. „Danke! Vielen, vielen Dank!" – „Aber Sie haben doch selbst die Bedeutung des Traumes erfaßt." Wir gaben einander zum Abschied die Hand. Er ging. Wir hatten dann noch zwei weitere gemeinsame Sitzungen. Die Symptome, die Schmerzen während der Nacht, waren völlig weg. Über Nacht verschwunden. Damit war unsere psychotherapeutische Arbeit zusammen erledigt.
„Nichts ist so, doch durch unser Denken wird es so." Noch ein Satz – er stammt nicht von Shakespeare – kam mir in den Sinn, lange nach den therapeutischen Sitzungen mit dem jungen Architekten aus Radolfzell. Ich weiß nicht mehr, von wem der Satz stammt. Er lautet folgendermaßen: „Auch die dienen, die nur dabeistehen und warten." Diese Worte bedeuten natürlich nicht, daß man „die Hände in den Schoß legen" und passiv sein soll. Doch ich hatte gelernt, abzuwarten und zuzuhören, eine der wichtigsten Lektionen während der Jahre meiner psychotherapeutischen Praxis. Plötzliche Einsicht oder intuitives Verstehen seitens der Analysanden sind immer weitaus bedeutungsvoller und hilfreicher als Traumauslegungen, die anderen Menschen übergestülpt werden, auch wenn der Psychoanalytiker noch so gelehrt sein mag. Schon während eines etwa sechswöchigen sogenannten „didaktischen" Kurses über die Freudschen Analysemethoden in Genf fast vierzig Jahre zuvor, hatte ich diese Art von Besserwisserei nicht ausstehen können. Eines Tages beschloß ich den Kurs abzubrechen und teilte Monsieur le docteur Flurnoy mit, daß er mich nie wieder sehen würde. Hat er auch nicht.
Niemand kann ein anderes menschliches Wesen so gut kennen, wie manche Anhänger der Freudschen Psychoanalyse es überheblicherweise zu durchschauen meinen. Geduld! Geduld! Geduld! Tief versteckt in uns, weiß unser Selbst es besser. In allen Träumen stellt das Selbst Drehbuchautor, Regisseur, Direktor, Inspizient, Bühnenbildner und das gesamte Kamerateam dar! Wir Analytiker sollten bereit sein zu warten, bis unsere Analysanden die „sanfte, ruhige Stimme" selbst

vernehmen können. Der Architekt aus Radolfzell gehörte zu denen, die sie hören konnten, wie auch Edith, die ich in einer Züricher Klinik kennenlernte, als ich während einiger Monate dort arbeitete.
Wie bereits erwähnt, hatte eine weitere Person, eine Frau, sich häufigen Behandlungen in der Klinik von Sankt Gallen unterzogen, doch ohne Erfolg. Die Prognose der Onkologen war negativ. Man teilte ihr mit, daß sie wahrscheinlich noch zehn Monate, höchstens aber ein Jahr zu leben hätte und sie sich mit ihrem Schicksal abfinden müßte. Sie war mit einem herausragenden Forscher und Physiker verheiratet, dessen Haltungen und Verhalten ihr gegenüber in jeder Hinsicht mit jenem Krösus von Unternehmer aus Kreuzlingen vergleichbar waren. Sie hatte nie ihr eigenes Leben leben können, sondern stets alles geopfert, um nur ihrem Mann zu dienen und zu gefallen. Was sich zwar nicht während, doch nach ihrer psychologischen Arbeit entwickelte ist eines der Wunder oder eine der scheinbar wundersamen Erfahrungen, auf die ich bereits Bezug genommen habe. Den Erfolg dafür konnte ich mir, wenn überhaupt, nur teilweise zuschreiben. Jedes menschliche Wesen hat einen angeborenen Hang, den eigenen Heilungsprozeß zu fördern. Dank dieser Fähigkeit gelang es ihr, sich selbst ein Wunder zu bereiten.
Drei Jahre lang hatte ich sie weder gesehen noch von ihr gehört. Eines Tages begegneten wir einander zufällig auf der Leopoldstraße in München. Sie erzählte mir kurz, was sich zugetragen hatte. Die Einzelheiten sind nicht wichtig. Sie war jedoch entschlossen, über ihren niedrigen Status der Untergebenheit einem autokratischen Ehemann gegenüber hinwegzukommen und wagte, den Forderungen und Erwartungen zu trotzen, die sie bis dahin immer brav erfüllt hatte. Sie begann eine berufliche Laufbahn ihrer eigenen Wahl. Sie schien mir voller Leben und genauso gesund wie andere Menschen zu sein. Es war schwer zu fassen, daß es stimmen konnte, was ich an jenem Tag hörte und sah.
Jung betonte, daß es in der Psychotherapie unmöglich sei, Prognosen zu stellen. Selbst medizinische Prognosen, die berühmte Spezialisten auf ihrem Gebiet abgeben, sind fraglich und nicht selten falsch, wenn die Patienten erkennen, wer sie sind oder sein könnten und mit Fleiß und Ausdauer danach streben, so zu werden. Vielleicht spielt Hamlet

ja auf einen ähnlichen Sachverhalt an, wenn er sich etwa so ausdrückt: „Es gibt mehr in dieser Welt, als du, mein lieber Horatio, dir in deinen Philosophien je erträumen könntest." Die Onkologen aus Sankt Gallen hätten sich sicher nicht träumen lassen, daß diese Patientin ihre Segel in Richtung eines erfüllteren Lebens setzen würde und nicht einen von ihnen prophezeiten frühen Tod. Auch für mich wäre eine Auferstehung dieser Art außer Frage gewesen, als ich sie zu unserer letzten Sitzung in Liggeringen empfing.

Vorsicht! Gefahr durch Landminen!

„Eros ist ein mächtiger Gott", hatte Aniela Jaffé einmal gesagt. Wie recht sie meiner Meinung nach doch hatte! Ich war mir sicher, dies begriffen zu haben. Doch ich hatte meine Hausaufgaben weniger sorgfältig erledigt, als ich es dachte. Hierauf spielte ich an, als ich an früherer Stelle von einem Bekenntnis sprach, das noch abzulegen sein würde. Ich gestehe ein, eine Achillesferse zu haben. Ein gewisser Grad der Immunität gegenüber Bakterien- und Virusinfektionen hat mich vermutlich vor durch sie verursachten Krankheiten geschützt. Seit 1988 haben mich selbst gewöhnliche Erkältungen nur drei-, allerhöchstens viermal lahmgelegt. Von Krankheiten und Gebrechen, die älter werdende Menschen oft befallen, keine Spur. Vor Migräne bin ich seit Jahrzehnten verschont geblieben. Herzeleid gab es oft, wenn ich versuchte, das wenige zu tun, was ich zu tun vermochte, um den Qualen und Leiden meiner Analysanden zu wehren. Der Streß meiner Arbeit im Sanatorium Bellevue hatte gelegentlich das unheimliche Empfinden nach sich gezogen, daß psychische Erkrankungen und Störungen vielleicht ansteckend sein könnten. In gewisser Hinsicht sind sie es tatsächlich. Ich bin beispielsweise nie immun gegenüber dem Zustand gewesen, der manchmal als *folie à deux* bezeichnet wird.
Ich war davor nicht gefeit, trotz zwei gescheiterten Ehen und einem gewissen Maß an psychotherapeutischer Erfahrung. Da liegt der Hase im Pfeffer. Das ist meine Achillesferse. Um ein wenig Licht auf diese Schwachstellen zu werfen, werde ich einige Aussagen ausführlicher

beleuchten, die ich bereits an früherer Stelle gemacht habe. Es handelt sich hierbei um Fakten, nicht um Theorie. Freud prägte die Begriffe „Übertragung" (Projektion) und „Gegenübertragung", um ein besonderes Phänomen zu beschreiben, das in quasi jeder psychotherapeutischen Behandlung eine mehr oder minder bedeutende Rolle spielt. Die Bedeutung dieser Begriffe wird zum Teil klarer, wenn man zusätzlich Jungs Erkenntnisse über das Bestehen von *animus* und *anima* als wesentliche Komponenten unbewußter psychischer Schichten berücksichtigt. *Animus* und *anima* sind in allen weiblichen bzw. männlichen Wesen vorhanden. Wenn der Analytiker ein Mann ist, wird unweigerlich die *anima* projiziert, manchmal auf negative Weise, jedoch häufig im positiven Sinne auf die weiblichen Analysanden. Umgekehrt wird der *animus* einer Frau unweigerlich auf männliche Analysanden projiziert. Der *animus* haftet sozusagen den weiblichen Wesen an, während die *anima* des männlichen Analytikers auf sein weibliches Gegenüber anspricht. Diese Prozesse laufen, ob man sich ihrer bewußt ist oder nicht, jederzeit und bei allen zwischenmenschlichen Beziehungen ab, genauso wie in der psychotherapeutischen Praxis. Die Projektion ist genauso Teil unseres Alltagslebens, wie das Atmen, Essen, Trinken, Schlafen und in bestimmten Abständen ein gewisser „natürlicher Drang".

Psychologen und Psychotherapeuten tragen gewissermaßen eine innere Landschaft in sich, die von einer besonderen Art von „Landminen" übersät ist. Die Gefahr für Analysanden sowie für uns besteht darin, diese Gefahr erst zu erkennen, wenn es schon zu spät ist. Es kann dann sein, daß die Explosion Analytiker und Analysandin schon in Stücke gerissen hat, bevor wir auch nur Verdacht schöpfen, daß sich eine Landmine versteckt im Boden befinden könnte, den wir auf unserem Weg einschlagen. Wir sollten uns dieses Phänomens als Analytiker zumindest bewußt sein, um die Gefahren für beide Seiten abwenden zu können. Doch dies ist keineswegs immer der Fall. Trotz eines fünfjährigen Studiums zum Psychotherapeuten, als ich im Sommer 1976 auf meinen sechzigsten Geburtstag zuging, aber mich noch nicht gut genug selbst kannte, wie man vielleicht unschwer vermuten kann, trat ich unabsichtlich auf die erste Landmine dieser Art.

Mein *faux pas* war weder für die betroffene Frau noch für mich fatal. Dennoch hinterließ er tiefe Wunden, die nur schwer heilten. Erst vor kurzem schrieb sie mir, daß sie in ihren Träumen die Narben dieser Wunden immer noch erkennen könnte, diese aber nicht mehr schmerzten. Meine tun immer noch weh, obwohl dies mehr auf die Scham zurückzuführen ist, daß ich mich Hals über Kopf in eine Analysandin verliebt hatte, als auf die Tatsache, daß dabei verloren ging, was ich mit Liebe verwechselte. Von der Eigenwilligkeit der im Unbewußten ablaufenden Prozesse hörte Ursula nicht von anderen, sondern von mir selbst, als ich mir halb im klaren darüber war, welche Richtung das ganze annahm. Ursula rief aus: „Wenn das noch einmal vorkommt, lasse ich mich scheiden." Daß sie diesen Satz ernst meinte, war mir klar. Ursula sagt selten etwas, was sie nicht meint, außer im Zorn oder bei einem Wutanfall.

Es passierte dennoch wieder. Trotz all der Dinge, die ich aus Erfahrung zu lernen geglaubt hatte, ließ ich es unwissentlich zu, daß es wieder geschah, obwohl ich schon fortgeschrittenen Alters war und mich einem Lebensabschnitt näherte, in dem Selbsterkenntnis in Männern und Frauen, die reifer als ich sind, oft Weisheit bewirkt. Eine brillante, intelligente junge Frau, außergewöhnlich schlagfertig, ihren unverkennbaren Stil und einen guten Geschmack hatte, brachte mich erneut zu Fall. „Humpty-Dumpty had a big fall", heißt es in einem englischen Kinderreim. Elvira war eineinhalb Jahre lang bei mir in der Beratung gewesen. Wir hatten hart zusammen gearbeitet. Ich verwechselte fälschlicherweise den Fortschritt im psychoanalytischen Bereich mit einer Annäherung an eine engere, persönlicher werdende Beziehung. Aus diesen Gründen verleitete ich mich selbst, wie ich heute weiß, zu der Annahme, daß die Therapie abgeschlossen werden sollte. Dann trafen wir uns immer öfter außerhalb der durch den Beratungsrahmen gesetzten Grenzen. Die aufkeimende Beziehung war nicht so sehr sinnlich als geistig, wenn ich das Wort hier gebrauchen darf, ohne es mißverstanden zu wissen. Wir hatten nicht, wie man umgangssprachlich sagt, „miteinander geschlafen", als ich Ursula davon erzählte.

Ich wußte, daß Ursula zu ihrem Wort stehen würde. Ich hoffte, sie würde es nicht tun. Wie Ikarus, der noch zu sehr im Sternenhimmel

schwebte und dann auf dem Boden der Realität aufknallte, fiel ich eines frühen Morgens an einem steilen Berg in der Nähe von Liggeringen. Eine gebrochene Rippe war die Folge des plötzlichen Aufpralls. An jenem Tag war mir nur halb bewußt, daß ich ja hoch auf den Wolken schwebte. War es Feigheit oder eingebildete Rücksichtnahme auf Ursula, die mich zu meinem nächsten Schritt bewog? Ich schrieb einen Brief, der diese scheinbar unwichtige Neuigkeit bekundete, aber auch jenes gewichtige Zugeständnis einer sich entwickelnden Liebesbeziehung zwischen einer ehemaligen Analysandin und mir. Ich ließ mich selbst in dem Glauben, daß mein Brief an Ursula aus Rücksichtnahme auf sie geschrieben worden wäre. Hätte sie auf diesem Wege nicht mehr Zeit darüber nachzudenken, bevor wir einander wieder gegenübertreten würden? Sie erholte sich zu jenem Zeitpunkt gerade von Überarbeitung und war Gast in einem Kloster an der Donau in der Nähe von Regensburg. Der Grund, weshalb ich ihr schrieb, anstatt sie bei ihrer Rückkehr mit der Nachricht zu konfrontieren, lag teilweise in der Befürchtung, die nicht ganz unbegründet war, daß sie sehr heftig reagieren würde. Als sie den Brief erhielt, rief sie mich unverzüglich an und verkündete: „Jetzt werde ich aber die Scheidung einreichen! Das kannst du mit mir nicht machen!"
Sie beendete ihren Aufenthalt im Kloster und fuhr am nächsten Nachmittag nach Liggeringen zurück. Weitere Einzelheiten will ich hierzu nicht erwähnen. Die Auflösung unserer neuen Krise war schon bald in Sicht. Meine Untreue ihr gegenüber, die immer so treu war, wie man sich nur irgend denken kann, war der ausschlaggebende, wenn auch nicht einzige Grund für das Scheitern meiner dritten Ehe und für eine weitere Scheidung. Im September 1987 zog ich aus unserem Haus in Liggeringen aus, verbrachte eine Woche in einem nahegelegenen Hotel und zog dann in ein kleines Zimmer in Elviras Wohnung, die auf zwei Stockwerke verteilt war. Wir beschlossen, nach Norddeutschland zu ziehen. Bei den Vorbereitungen für den bevorstehenden Umzug praktizierte ich weiter. In einem Fernsehzimmer, das mir im Haus von alten Freunden zur Verfügung gestellt wurde, empfing ich meine Analysanden, bis sich für jeden von ihnen ein

neuer Therapeut fand, der in der Lage und willens war, sie von mir zu übernehmen.
So begann ein neuer Lebensabschnitt für ein neues Paar. Es stellte sich heraus, daß wir uns beide etwas vorgemacht harten, und das, was wir irrtümlicherweise für Liebe gehalten hatten, sich als unwiderstehliche, beiderseitig zwanghafte Projektion entpuppte. Wir lebten ein Jahr lang zusammen, acht oder neuen Monate davon in Freude und Harmonie. Diese Monate vergingen wie im Flug: Wir teilten viele Erkenntnisse und neue Ideen, wahrten einen spielerischen Ernst beim gegenseitigen Gedankenaustausch mit einer Vielzahl von Variationen der Spielregeln, liebten Barockmusik, lasen viel und schrieben viel. Unsere Trennung im Dezember 1987 war nicht ihr Verschulden. Sie war das zweite Opfer meines schier unglaublichen Mangels an Bewußtsein, daß der Schatten in mir tatsächlich so dunkel, destruktiv und bösartig sein konnte, wie sich damals herausstellte. Ursula war das erste Opfer gewesen. Ich selbst war das dritte. Als das Jahr seinem Ende entgegenging, beschloß Elvira, daß sie nichts weiter mit mir zu tun haben wollte. Ich war am Ende einer Strecke angelangt, an der letzten von drei Stationen, wo ich mich jahrelang aufgehalten, während ich bei anderen nur wenige Monate lang halt gemacht hatte.
Am zweiten Januar 1988 zog ich nach Oldenburg um. Dort fand ich eine Einzimmer-Junggesellenwohnung. Wo Elvira sich heute aufhält oder was mit ihr geschehen ist, habe ich vergeblich herauszufinden versucht. Sie hat anscheinend kein Telefon. Ihre Mutter hatte ich einmal getroffen. Als ich die Nummer wählte, die sie mir gegeben hatte, war kein Anschluß da. Durch Briefe an Freunde und Bekannte von Elvira konnte ich lediglich herausfinden, daß sie mit ihnen gebrochen hatte. Etwa ein halbes Dutzend Briefe, das ich an die Adresse geschickt hatte, die sie mir hinterlassen hatte, kam stets ungeöffnet wieder zurück mit dem Vermerk: „Empfänger unbekannt verzogen. Zurück an Absender." Ich habe die Hoffnung nicht aufgegeben, daß ich eines Tages von Elvira hören oder etwas über den weiteren Verlauf ihres Lebens herausfinden werde. Ich kann für mich sagen, daß ich mit ihr und aufgrund unserer kurzen Beziehung angefangen habe zu begreifen, was Lieben bedeutet, was Lieben bedeuten kann. Seit wir zusammen waren, habe ich dazugelernt. Liebe ist nicht

das gleiche wie Verliebtsein und sie lassen sich nicht einmal miteinander vergleichen. Das weiß ich nun gewiß. Jedenfalls ist dies eines der wenigen Dinge, die ich zu wissen glaube. Doch wieder stellt sich die gleiche Frage, mit der ich mich bereits konfrontiert sah, als Ruths und meine Ehe in die Brüche ging: Wer kann die ganze Wahrheit kennen?

„Ruhestand:" Keineswegs!
Vielmehr:
Neue Chancen und Möglichkeiten
Neue Freunde und Bekannte
Entdeckung neuer und Ausweitung alter
Interessen

In Deutschland hat es schon immer Dinge gegeben, die von meinem Standpunkt aus gesehen, alles andere als ideal sind. Das war natürlich besonders der Fall, als ich das erste Mal als Student nach Heidelberg kam, zweieinhalb Jahre, nachdem Hitlers Schreckensherrschaft begonnen hatte. In mancherlei Hinsicht sind die Zustände immer noch nicht ideal, obwohl es heutzutage viel in diesem Land gibt, worin mein eigenes Land gut daran täte, Deutschland nachzuahmen, beispielsweise was das soziale Wohl und Gesundheitswesen angeht.
Viele Freunde, Bekannte, sogar Fremde fragen mich oft, wie ich schließlich in Oldenburg gelandet bin. Diese Geschichte hat verschiedene Hintergründe. Zum einen verbrachte ich im Jahr 1935 unvergeßliche Weihnachtsferien bei Wilhelm Steinheider und seiner Familie in Westfalen. Die Weite der violett-rosafarbenen Heide, der Winterwind, der in einer kalten Nacht darüberbraust bei sternklarem Himmel mit ungehinderter Sicht auf das himmlische Panorama; die Herzlichkeit und Wärme, die ich in Wilhelms Familie erfahren hatte, diese Dinge hinterließen in mir ein nur schwer zu beschreibendes Gefühl der Nostalgie. Ein anderes Weihnachtsfest, das etwa dreißig Jahre vor den Ferien in Beckum lag, habe ich ebenfalls nie vergessen. In jenem Jahr, als ich fünf oder sechs Jahre alt war, erhielt ich von Verwandten als Geschenk ein aus Pappe gefertigtes, aufstellbares

Miniaturmodell eines strohgedeckten norddeutschen Bauernhauses mit Scheune. Dazu gehörten Pappfiguren: ein Mann, seine Frau und drei Kinder. Es gab auch zwei oder drei Kühe, ein Pferd und ein paar Hühner. Damit spielte ich unablässig und stellte mir vor, wie das Leben auf einem Bauernhof im „alten Deutschland" wohl sein würde.
Als Elvira und ich für ein Jahr nach Niedersachsen zogen, lebten wir in einem reizenden, ihr bekannten Städtchen, etwa zwei Autostunden von Oldenburg entfernt. Ich war nur einen halben Tag lang nach Oldenburg zurückgekehrt, doch ich kam, sah – und Oldenburg siegte. Als Elvira mir den Laufpaß gab, faßte ich sogleich einen Entschluß: Ich wollte nach Oldenburg ziehen. Innerhalb von vier oder fünf Tagen fand ich die oben erwähnte Junggesellenwohnung. In Oldenburg und Umgebung gibt es zahlreiche Bauernhäuser, wie ich als Fünf- oder Sechsjähriger eines in Miniatur aus Pappe geschenkt bekommen hatte. Die Weite der Landschaft erinnert mich an die Gegend um Beckum, durch die ich mit Wilhelm im Jahr 1935 eine Wanderung gemacht hatte.
Und um das Maß voll zu machen: Oldenburg ist wie die Kentuckys Blue Grass-Gegend für Pferdezucht und die vielen Pferdefarmen bekannt. Nicht weniger wichtig als diese wehmütigen Erinnerungen, ist die Tatsache oder Empfindung, daß die Lebensqualität in Oldenburg besser ist als die von allen anderen Städten der Welt, die ich kennengelernt hatte. Kann es in Anbetracht dieser Umstände – aus meiner Kindheit, Studentenzeit, dem Jahr mit Elvira in diesem Teil Deutschlands – noch verwunderlich sein, daß ich Oldenburg für den Rest meines Lebens, wie lange er auch noch sein mag, auserkoren habe? Der einzige Nachteil an Oldenburg ist, daß er zu weit von Anni, Cristi, Gillian und deren Kinder, meinen fünf Enkelkindern, entfernt ist. Der einst abwesende Vater von Anni und Cristi und der Vater, dessen Weggehen die Beziehung zu Gillian heute nur geringfügig belastet, aber weder von ihr noch mir vergessen werden kann, ist jetzt ein abwesender Großvater. Ansonsten bin ich ein alter Querdenker aus Kentucky, der genau weiß, wo seine Wurzeln sind. Aus freien Stücken und Überzeugung bin ich aber auch Oldenburger.
Es gibt viele gute Gründe für meine Wahl, die auf den folgenden Seiten ersichtlich werden. Noch bevor ich mich in Oldenburg nie-

derließ, hatte ich mir an der Universität dort ein Vorlesungsverzeichnis für Gasthörer geholt. Ich entschied mich, eine Reihe von Vorlesungen über die US-amerikanische Literatur des achtzehnten Jahrhunderts zu belegen, einen weiteren Kurs über vergleichende Religionswissenschaft und ein drittes Seminar über die Schriften von Jean Gebser, auf den ich bereits mehrere Male Bezug genommen habe.

Als das neue Semester im März anfing, stürzte ich mich begeistert auf das Studium, um mehr über die Themengebiete zu erfahren, die mich schon immer interessiert hatten. Am Davidson-College hatte ich einen Spezialkurs in englischer Literatur belegt, weil mich das Thema fasziniert hatte. Der Professor, der diesen Kurs leitete, wurde ein guter Bekannter von mir. Jean Gebsers monumentale dreibändige Analyse der sukzessiven Mutationen des menschlichen Bewußtseins hatte ich früher schon einmal in Angriff genommen, angefangen bei der prähistorischen Zeit, doch aus Zeitgründen wieder zur Seite legen müssen. In der Zeit in München nach dem Krieg, seit meiner inneren und äußeren Krise, die Verwirrung bescherte und sich doch bereichernd auswirkte, hatte ich beständig durchdringende Zweifel am steifen Dogma aller institutionalisierten Religionen. Diese Zweifel verstärkten sich noch, als ich während der viereinhalb Jahre in Südostasien mit der institutionalisierten Form des Buddhismus und Islam konfrontiert worden war. Diese Begegnung mit orientalischen Religionen hat ebenfalls meine langjährige Überzeugung bekräftigt, daß *echte* Religion verschiedene Arten religiöser Erfahrungen beinhaltet, die auch als „immerwährende Philosophie" bezeichnet werden. Diese Überzeugung bestätigte sich, als ich mich in dem Kurs über vergleichende Religionswissenschaft zum Beispiel mit dem islamischen Sufismus befaßte. Ein Seminar über Goethes extensive, doch leider viel zu wenig bekannte naturwissenschaftliche Studien, veranlaßte mich einen Aufsatz zu schreiben, der die Ähnlichkeiten zwischen seinem Werk und den neuen Theorien der heutigen Atomphysik, Physiologie, Biologie und transpersonellen Psychologie aufzeigt.

Wie schon im Münchner Presseclub nach meinem Rücktritt von der Militärregierung, von 1957 bis 1958 an der Yale-Universität und 1967 bis 1970 am Jung-Institut vertiefte ich mich in Bücher und las sehr viel. Während der fünfzig Jahre, als ich insgesamt drei verschiedenen Tätigkeiten nachgegangen war, war so vieles unweigerlich vernachlässigt worden, daß ich mich nun, wie geistig unterernährt, gierig auf neue Gelegenheiten stürzte, die sich aufgrund meines Eintritts in den „Ruhestand" eröffneten. Dies war teilweise unbewußte Kompensation wegen des qualvollen Ausgangs meiner und Elviras Beziehung, aber auch eine Art Flucht vor überwältigender Selbstanklage aufgrund dessen, was ich Ursula angetan hatte.

Um größere Klarheit darüber zu gewinnen, was mich dazu bewegt hatte, von dem zu Recht bestehenden Diktum abzukommen, daß die Pflicht des Psychotherapeuten in erster Linie darin bestehe, sich selbst zu kennen, schrieb ich eine zehnseitige Selbstanalyse. Beim Schreiben merkte ich allmählich, daß die aus meinem unbewußt existierenden Schatten resultierenden katastrophalen Auswirkungen unverzeihlich waren und daß Selbstbeschuldigung unter dem vorgeblichem Verweis auf unerkannte Projektionen als der eigentliche Grund für mein Verhalten nichts als pure Heuchelei gewesen waren. „Errare humanum est." Zu behaupten, daß jeder Fehler macht, ist natürlich eine Binsenweisheit. Wir wissen alle, daß Irren ein den Menschen eigentümliches Charakteristikum ist. Andererseits waren die Schnitzer und Fallen, in die ich tappte, einfach zu viele, um geflissentlich übersehen werden zu können.

Fast acht Jahre waren vergangen. Von Ursula hörte ich nur wenig. Wenn überhaupt, schrieb sie mir gelegentlich einen regelrechten Schmähbrief. Erst vor wenigen Monaten begann das Eis zwischen uns zu schmelzen. Zum erstenmal schlug sie einen anderen Ton an und drückte in einem Brief ihre Anerkennung aus für meine Hilfe bei der Erledigung eines Fernkurses und ihres Universitätsstudiums. Seither bewegen wir uns auf eine Freundschaft zu, ähnlich der ermutigenden Entwicklung in der Freundschaft zwischen Ruth und mir nach einer Verabredung zum Abendessen an einem heißen Sommerabend in Paris. Als kleinen Trost vergegenwärtige ich mir heute gern den Satz: „Ende gut, alles gut!" Es ist immer hilfreich, alles mit einem weitreichenden Blick zu sehen: „sub specie aeternitatis."

„Das Leben ist so voll von einer Vielzahl von Dingen." War es nicht Robert Louis Stevenson, der sich so oder ähnlich äußerte? Ich erinnere mich noch an einen ähnlichen Ausspruch: „ ... ich mir sicher bin, daß wir alle glücklich wie Könige sein sollen." Ob Könige glücklich sind oder nicht, vermag ich nicht zu sagen. Mit ziemlicher Wahrscheinlichkeit, und das ist jetzt reine Spekulation, sind die meisten Könige und Königinnen es nicht. Ich war nie bestrebt, ein König oder Prinz zu werden. Doch ich weiß, daß, seit ich nach Oldenburg kam und Oldenburg siegte, eine Lebensfreude – *joie de vivre* – in einem bis dahin nicht gekanntem Maß und in einer neuen Art und Weise über mich gekommen ist. Als ich gezwungen war zu erkennen, daß Elvira wie Ursula zu ihrem Wort stand und ich dies letztendlich als traurige Tatsache akzeptierte, entstand in Oldenburg und Umgebung eine neue Welle angenehmer Freundschaften, die in mein Leben strömten. Bei dieser Flut scheint es jedoch keine Ebbe zu geben. Sie ist sogar im Steigen begriffen. Eine endlose Quelle geistiger und seelischer Bereicherung ist sie, die den Horizont erweitert und tagtäglich zu einem tieferen Verständnis für andere und mich selbst führt. Sie gleicht dem, was in der Psychotherapie oft mit Menschen geschieht. Jetzt beginnt meine Therapie, nach ausgedehnten Erfahrungen und vielem Ausprobieren reifere Früchte hervorzubringen. Es wäre abgedroschen, banal und völlig daneben zu behaupten, daß ich mich nicht darüber wunderte oder es gar verdient hätte. Vorerst werde ich hierauf aber nicht weiter eingehen.

Seit Beginn meines Besuchs von Kursen an der Oldenburger Universität sind zahlreiche, neue Freundschaften entstanden. Ein Paar, welches an dem Seminar über Jean Gebser teilnahm, einer informellen Diskussionsreihe unter Leitung eines Psychologie- und Psychotherapieprofessors, zählt nun zu meinen besten Freunden. Auch der Professor ist ein Freund geworden. Er ist nicht nur Psychiater, sondern auch Musiker und Zen-Buddhist. Ein anderer guter Bekannter, den ich während eines Seminars kennenlernte, ist Lehrer für Pädagogik und Psychologie an einer Schule, die Erzieher und Erzieherinnen ausbildet. Eine besonders herzliche und beiderseitig bereichernde Freundschaft mit einer Ärztin, die auch schon im Ruhestand und zwei Jahre jünger als ich ist, entwickelte sich während des Kurses in vergleichender Religionswissenschaft. Wir treffen[1] uns jede Woche oder alle zehn Tage bei ihr zu Hause in einer kleinen Stadt, die so nahe bei Oldenburg liegt wie High Acres bei Louisville. Als ein Gastprofessor ein Jahr lang in Oldenburg dozierte, veranstaltete er ein Seminar über das Werk Hermann Hesses, über den er eine seiner beiden Dissertationen geschrieben hatte. Er und seine Frau sind wieder in die USA zurückgekehrt, doch wir sind seither in regelmäßigem Briefkontakt geblieben. In den achtzig Jahren meines Lebens habe ich noch nie so viele Freunde und Bekannte gehabt wie heute. Sie stammen aus ganz Deutschland, Dänemark, Spanien und natürlich den Vereinigten Staaten. Wenn ich allen so regelmäßig schreiben würde, wie ich es gern täte, hätte ich einen Vollzeitjob.

Die aus den zwei Münchner Jahren stammende, nun ein halbes Jahrhundert umspannende Freundschaft mit Hermia wurde in Litzelstetten erneuert, als Ursula und ich noch zusammen waren. Hermia kam 1992 zehn Tage zu mir zu Besuch. Eine Woche jener zehn Tage verbrachten wir auf der stillen und herausragend schönen Nordseeinsel Juist, die ganz anders als Pellworm ist. Als ich zweimal allein auf Juist war, habe ich die Insel mit ihren sauberen Stränden und den von Erikagewächsen überwucherten Dünen noch besser kennengelernt. Hermia und ich haben seither mehrere gemeinsame Reisen nach Frankreich unternommen. Wir waren im Rhône-Tal, in Toulouse und hoch oben in den Pyrenäen, wo wir Halt machten, um bei Niaux staunend die Höhlenmalereien aus der Steinzeit zu begutachten. Vergangenes Jahr haben wir uns zweimal getroffen: Das erstemal war, als ich vom Münchner Oberbürgermeister eingeladen wurde, vor einem Publikum von fünftausend vor dem Rathaus ein Interview über die Anfangstage von Radio München zu geben. Das zweite Mal trafen wir uns vor und nach meinem ersten und bis dahin einzigen Fernsehauftritt in einer Diskussionsreihe über die Zeit in Bayern unmittelbar nach dem Krieg. Hermia arbeitet sich schon seit Monaten durch Berge von Unterlagen, die Leonard Steckel aufbewahrt hatte, mit dem sie bis zu seinem Tod bei einem Bahnunglück

---

[1] Aktuell zum Zeitpunkt des Schreibens dieser Erinnerungen; inzwischen ist der Autor nicht mehr in Oldenburg wohnhaft.

vor mehreren Jahren verheiratet war. Steckel zählte zu Deutschlands herausragenden Schauspielern. Er war vor den Nazis geflohen und zusammen mit Berthold Brecht sowie anderen Schriftstellern und Schauspielern hauptverantwortlich als Regisseur und Schauspieler für den guten Ruf, den das Städtische Theater in Zürich heute noch genießt. So ist das eben! „Das Leben ist so voll von einer Vielzahl von Dingen."

„Altersruhesitz?" „Schicksal?" Wer weiß?

Im Jahr 1989 beschloß ich, daß ich nun bald alt genug und bereit sein würde, in ein Heim für betreutes Wohnen zu ziehen. In der Innenstadt von Oldenburg am Kanal, der diese Stadt mit Europa und dem Rest der Welt verbindet, hatte das Wohnstift seine Tore noch nicht wieder geöffnet, weil das alte Gebäude seinerzeit gerade renoviert wurde. Doch als die Sanierungsarbeiten 1992 fertiggestellt worden waren, gehörte ich zu den ersten, die dort einzogen. Ich suchte mir eine komfortable Zweizimmerwohnung mit großem Badezimmer, einer Kochnische und eingeglastem Wintergarten aus. Bei einer Mahlzeit, nicht lange, nachdem ich im Wohnstift eingezogen war, erlaubte sich eine zwei Jahre ältere, kultivierte Dame die schnippische Bemerkung, daß in ihren Augen Herr Horine „ein junger Spunt" wäre. Sie traf den Nagel voll auf den Kopf, doch der Schlag ging trotzdem an mir vorbei. Ihre Bemerkung entsprach voll und ganz meinem eigenen Empfinden.
Vier oder fünf Wochen vergingen, ohne daß sich etwas besonderes ereignet hätte. Ich gewöhnte mich allmählich an das Essen im Stift, auch wenn es nicht geeignet war, schon gar nicht für ältere Damen und Herren. Die paar Jahre, in denen ich bei der FAO in der Abteilung für Ernährungsfragen gearbeitet hatte, hatten meine Kenntnisse über gesunde Ernährung etwas, wenn auch nicht gewaltig vergrößert. Dennoch wußte ich genug, um sicher beurteilen zu können, daß diese Art der gutbürgerlichen deutschen Küche und diese Art von Mahlzeiten nicht besonders gut für uns waren. Dann stellte das Stift jedoch eine neue Kraft ein. Sie war eine der „All-Round"-Helfer, die

sich um alle Aspekte des Wohlbefindens der alten Menschen zu kümmern hatten. Dazu gehörte auch das Tischdecken im Speisesaal und das Auftischen der fettigen Mahlzeiten, die stets mit der gleichen braunen Soße gereicht wurden, um die erkaltenden Kartoffeln darin zu ertränken. Kartoffeln, die alle drei oder vier Tage mit Koteletts oder dicken Steaks mit Fettrand serviert wurden, waren die übliche Kost, abgesehen von einem gelegentlichen lauwarmen Milchreis mit Sauerkirschen.

Dies schien alles weniger wichtig, als die neue Angestellte mit Tellern an dem Tisch auftauchte, an dem ich mit einem ehemaligen Chirurg, dem einzigen anderen Mann in meiner Eßgruppe, und acht Frauen unterschiedlicher Herkunft saß. Diese junge Dame Anfang dreißig war vermutlich eine der sieben oder acht neu eingestellten Pflegerinnen und Pfleger, die dem Bereich des Wohnstifts zugeteilt worden waren, wo die alten Menschen noch alleine wohnen konnten, ohne ständig, rund um die Uhr, betreut und beaufsichtigt werden zu müssen. Die Neue war groß, schlank, hatte langes, dunkles Haar und stets ein Lächeln parat, das ihre strahlend weißen Zähne zeigte. Es war nur unschwer zu erkennen, daß sie nicht Deutsche war. Während sie geschickt einen Teller vor die Dame gegenüber von mir setzte, fragte ich sie, wo sie her stammte. „Afghanistan", lautete ihre Antwort. „Ich kenne das Land, zumindest Teile davon. Ich war schon in Kabul, Jalalabad und habe den Khyber- und Latabandpaß mit der Königlich Afghanischen Post überquert." Ihr angenehmes Lächeln war auf einmal noch graziöser, sie erwiderte aber nichts.

Von jenem Augenblick an wußte ich, daß ich diese Afghanin und ihre Familie gern kennenlernen wollte. Zehn Monate waren verstrichen. Neben langen Spaziergängen, die ich im nahegelegenen Schloßgarten unternahm, las ich viel, schrieb Ausarbeitungen, Aufsätze, Leserbriefe. Ich übersetzte eine Anzahl von Artikeln zu diesem oder jenem Thema, wenn ich dachte, daß Verwandte und Freunde, deren Deutschkenntnisse null oder nur minimal waren, sich dafür interessieren würden. Gelegentlich tauschte ich mit der jungen Afghanin Blicke aus, wenn wir uns im Korridor oder einem der drei langsamen Aufzüge im Wohnstift begegneten.

Dann rückte das erste Weihnachtsfest im Oldenburger Heim näher. Es war eine festliche Angelegenheit mit riesigem, geschmücktem Baum, wie ich ihn nicht mehr gesehen hatte seit den Tagen, als mein Vater im St. Anthonys Hospital Patienten betreute. Ich war damals ein Kind von gerade fünf oder sechs Jahren und hatte das Vorrecht, wenn ich ihn manchmal begleitete, mit großen Augen die Weihnachtsbäume bewundern zu können, welche die deutschen Nonnen dort jedes Jahr in der Eingangshalle neben einer kitschigen, beleuchteten Marienstatue mit Kind aufstellten. Fünfundsiebzig Jahre später saß ich mit drei oder vier anderen Stiftbewohnern an einem Tisch und erfreute mich an dem gemeinsamen Weihnachtsliedersingen.
Am Heiligabend gab es ein Büffet, das, verglichen mit den tagtäglich servierten Mahlzeiten, köstlich war. Dazu wurden recht gute Weine gereicht. Die „Maharani" kam an unseren Tisch und schenkte mir nach. Zum erstenmal vertraute ich ihr an, was mir immer wieder durch den Sinn geschossen war, seit unsere Blicke einander das erstemal im Februar im Speisesaal begegnet waren. Niemand sonst konnte hören, was ich sagte. Sie beugte sich über mein Weinglas. Ich flüsterte: „Verzeihen Sie, daß ich das sage, aber sie sind eine der hübschesten Frauen, denen ich, je begegnet bin." Lächelnd schickte sie sich an, das nächste leere Glas an unserem Tisch aufzufüllen. Auf mein Kompliment hin erwiderte sie nichts. Das überraschte mich nicht. Was mich allerdings nicht lange nach Weihnachten erwartete, überraschte mich mehr als alles, was mir bis dahin passiert war. Die Dinge nahmen einen Verlauf, den ich weder erwartet noch mir hätte vorstellen können. Es scheint mir, daß dadurch etwas Wundersames geschah, noch ein viel größeres Wunder, als die mit Analysanden gemachten Erfahrungen es waren.
Ich wurde schon bald daraufhin ihrer Familie vorgestellt: Fünf Familienmitglieder lebten in Oldenburg und Umgebung, drei in den Niederlanden. Neben der Familie lernte ich auch die Vorzüge des Islam kennen, über den ich davor wenig mehr als die meisten im Westen gewußt hatte. Die Männer und Frauen in Mutamedáhs Familie bestätigten und verstärkten nur den ersten unvergeßlichen Eindruck, den ich vierzig Jahre zuvor von Afghanistan gewonnen hatte. Weitaus wichtiger war, daß ich von der Familie lernte, was bedingungslose,

aber nicht unkritische Liebe, gegenseitiges Vertrauen und Familienzusammenhalt bedeuten können. Ich hatte bis dahin nichts Vergleichbares erlebt, auch wenn diese Werte während meiner Kindheit und Jugendzeit ebenfalls in gewissem Maße vorhanden waren. Dinge, die sich von meinen bisherigen Erfahrungen, außer von in Träumen gemachten, völlig unterschieden, wurden seit jenem Weihnachten im Oldenburger Wohnstift, über alles Träumen erhaben, greifbar und real.

Es wäre ganz schön schwer, den Ausdruck „Schöne Aussichten" mit allen seinen Nuancen ins Englische oder eine andere Sprache übersetzen zu müssen. „Schöne Aussichten" war jedenfalls der Name eines Restaurants am Ufer des Oldenburger Küstenkanals. Schiffe aus der ganzen Welt ziehen dort täglich auf dem Weg zum Oldenburger Hafen langsam vorbei. Seit April 1994 ist dieses Bistro mein Lieblingslokal in Oldenburg, auch wenn es verstreut in der Umgebung noch jede Menge chinesischer, italienischer, griechischer und indochinesischer Restaurants gibt. Es gibt auch eines, das die beste indische Küche vertritt und ein weiteres, das Delikatessen französischer Art anbietet. Die meisten Gaststätten bieten jedoch, wie überall in Deutschland, nur typisch deutsche Gerichte an. Die wenigsten davon können mit den Speisen mithalten, die ich in vielen anderen Ländern gekostet habe, auch und schon gar nicht mit denen von Janie Cox in Kentucky.

Im April des Jahres waren Agelá, Mutamedáhs Mutter, und fünf andere Mitglieder der Familie gute Freunde von mir geworden. An einem Abend, der so mild war, als wäre es schon Mitte Mai gewesen, lud ich Agelá und Mutamedáh zum Essen im „Schöne Aussichten"-Lokal ein. Agelá hatte bereits etwas Deutsch gelernt, wenn auch noch recht wenig. Doch störte dies eine aufgeklärte, lebhafte Unterhaltung? Keineswegs. Mutamedáh ist eine begabte Dolmetscherin und beherrscht ihre Kunst weitaus besser als ich damals in jenem New Yorker Verfahren zur Entlarvung von Nazispitzeln.

Unser Abend war wirklich schön. Das Essen war so gut, daß ich bisher nur selten besser gespeist habe – abgesehen von den unzähligen, sich seit damals bietenden Gelegenheiten, wenn mir köstliche, gesunde afghanische Leckerbissen serviert worden sind. Diese zaubern

Agelá und genauso oft Mutamedáh mit oder ohne Rezept und mit der ihnen eigentümlichen Phantasie auf den Tisch. Als ehemaliges Mitglied bei der Abteilung für Ernährungsfragen der FAO spreche ich der Küche Afghanistans ein Lob aus. Sie ist einfach hervorragend, doch außerhalb Afghanistans fast unbekannt und kann an Vielfalt und Schmackhaftigkeit mit der französischen Kochkunst auf alle Fälle gut mithalten. Außerdem ist sie weitaus nahrhafter als alle anderen, die ich kenne.

Im Jahr 1994, als der Sommer nahte, machten Agelá, Mutamedáh und ich fast jeden Tag einen Ausflug, wenn Mutamedáh nicht arbeiten gehen mußte. Einmal fuhren wir zu dem kleinen Fischerhafen Greetsiel, der für seinen Garnelenfang bekannt ist. Dort gibt es zwei im Stil des sechzehnten Jahrhunderts nachgebaute Windmühlen, die Touristen von überallher anziehen. Ein anderes Mal machten wir einen Tagesausflug in die Kleinstadt Jever, die bereits im vierzehnten Jahrhundert der wichtigste Hafen für die ostfriesischen Kapitäne aus dem Hause Jever geworden war. Jever war fast einhundert Jahre lang unter russischer Herrschaft gewesen und wurde damals von Moskau aus regiert. Ab dem Jahr 1818 war es in Besitz von Oldenburger Herrscherfamilien. Heute ist Jever hauptsächlich für sein Schloß und dessen hügligen Garten bekannt. Zum Schloß gehört auch ein Museum im Inneren und ein aufdringliches Pfauenpaar draußen, das in den umliegenden Gärten frei herumstreifen darf, jedoch nicht in der nahegelegenen Bierbrauerei. Das Städtchen liegt eine ganze Stunde Fahrt von Oldenburg entfernt und kann deshalb eigentlich kaum noch als Vorort bezeichnet werden, obwohl es offiziell zu Oldenburg gehört. An einem Wochenende, als Mutamedáh keinen Dienst hatte, fuhren wir nach Utrecht. Auf einem der von Menschen wimmelnden Freimärkte kauften wir ein Kilo Gouda für die Hälfte des Preises, den wir in Deutschland hätten bezahlen müssen. Wir schlenderten an den Kanälen entlang, die gemütlich hindurchfließen zwischen Reihen von Barockhäusern mit Cafés im Erdgeschoß, wo Marihuana geraucht und auf Wunsch verkauft wurde. Wir hatten kein Interesse an diesem Angebot. Wir machten etwa eine Viertelstunde Pause in der St. Martins Kathedrale. An dieser Kirche konnte ich mich erfreuen, während ich gleichzeitig immer mehr über den Islam erfuhr, wie er wirklich ist, im Gegensatz zu dem weitverbreiteten Vorurteil, wie er angeblich sei. „Atome zu spalten ist einfacher, als Vorurteile zu zerschlagen", meinte Albert Einstein.

Nichts gegen die Alten! Ich gehöre ja selbst dazu. Ich habe eine liebe Bekannte, die jetzt bereits über neunzig ist und im Oldenburger Wohnstift lebt. Alle zehn Tage bis zwei Wochen treffen wir uns, um gemeinsam den Nachmittagstee einzunehmen. Unsere Gespräche sind fesselnd und gewürzt von herzlichem Gelächter. Sie reichen von aktuellen Geschehnissen bis hin zur Literatur, Philosophie, Politik, Religion, Geschichte, dem Haß der Neonazis und der Furcht vor „ausländischen Mitbürgern", wie letzte von Helmut Kohl gerne bezeichnet werden.

Anita ist eine Frau, die ihr Leben bewältigt hat. Harte körperliche Arbeit seit der frühesten Kindheit; eine Ehe mit einem beziehungsunfähigen leitenden Bankangestellten; ein schwieriger, behinderter Sohn; eine Stieftochter, die gelegentlich ungewollte Geschenke ablädt und wieder aufbricht, kaum daß sie gekommen ist; ein Schlaganfall, von dem sie sich kraft ihrer Willenskraft und unbändigen Entschlossenheit zu überleben vollständig erholt hat; eine ernsthafte Augenoperation im vergangen Jahr – all dies und vieles mehr hat meine Bekannte im Wohnstift bewältigt. Zwei fürsorgliche Enkelinnen, eine davon Neurologin, sind ihr beständiger Trost. Sie ist eine belesene, kultivierte Dame von Welt mit einem wohltuenden Sinn für Humor und einem erstaunlichen Gedächtnis für alles, was sich gestern oder vorgestern, während und nach den beiden Weltkriegen zugetragen hat. Anita ist ein Phänomen. Unsere Treffen zum Nachmittagstee sind stets unterhaltsam und abwechslungsreich.

Fast zwei Jahre lang saßen sie und ich nebeneinander am einen Ende eines Tisches für zehn Personen im hochwandigen Speisesaal während der obligatorischen Mittagsmahlzeiten, bei denen abgezählt wurde, ob niemand zwischenzeitlich tot umgefallen oder krank geworden war. Als Notlösung, um mir etwas Abwechslung von der Eintönigkeit fetter Koteletts, in brauner Bratensoße versenkten Kartoffeln und Milchreis zu verschaffen, meldete ich mich freiwillig als Hauptwasserträger und Teller-und-Besteck-Stapler für unseren Tisch. Nach dem Dessert, das frei nach Belieben eingenommen werden

konnte, führte ich meine Stapelaufgabe in wahrhaft professioneller Manier aus. Keiner hätte erraten können, daß diese Spielchen nicht nur dazu dienten, mir Abwechslung zu verschaffen, sondern auch um Mutamedáh und ihren Kolleginnen unter die Arme zu greifen, wenn sie Dienst im Speisesaal hatten.
Für Mutamedáh und mich war klar, daß es am besten war, eine Beziehung zu ihr und ihrer Familie vor den Bewohnern und dem Personal im Wohnstift geheimzuhalten. Die Hausordnung enthielt zwar keinerlei Bestimmungen, die den Kontakt von den Bewohnern zum Personal sowie deren Familien untersagten. Doch wenn jemand im Wohnstift von meinen sich ausweitenden Familienbanden erfahren hätte, wäre die Gerüchteküche so richtig zum Brodeln gekommen. Nachmittagsschwätzchen im Café oder im Aufenthaltsraum bei einer Tasse Kaffee waren für ältere Damen, die an Krücken gehen mußten oder an den Rollstuhl gebunden waren, ein kleiner Trost. Das Reden hilft ihnen ihre Gedanken an den nahenden Tod zeitweilig auszublenden. Diese Gedanken werden zwar selten ausgesprochen, sind aber eine ständige bzw. wiederkehrende Beschäftigungsmethode. Weder Mutamedáh noch ich, auch wenn wir noch so viel Mitleid zeigten und halfen, wo wir nur konnten, waren geneigt, Stoff für Klatsch und Tratsch zu liefern. Bis heute hat, soweit wir wissen, niemand im Wohnstift Verdacht geschöpft, daß ich Teil ihrer Familie geworden bin und ihre Familie auch meine Familie im weiteren Sinne geworden ist.
Lange vor Mitte des Sommers 1993 hatte ich beschlossen, daß ich in der mir nachgesagten Eigenschaft als „junger Spunt" gerne eine andere Wohnung als die im Wohnstift haben würde. Dieser Entschluß beruhte schlicht und ergreifend auf der Tatsache, daß ich mich in Gesellschaft dieser alten Leute, von denen ich mit den meisten so gut wie nichts gemeinsam hatte, im Verlauf der Monate zunehmend fehl am Platze fühlte. Ohne Mühe fand ich eine neue Bleibe in einer mir bekannten Gegend Oldenburgs. Dort kenne ich einige, mir sympathische Ladenbesitzer, mit denen ich ab und zu einen freundlichen Plausch halte und Nachrichten und Ansichten zu bestimmten Themen austausche.

Unweit meiner ersten Einzimmerwohnung erregte eines Tages ein noch nicht fertiggestellter Neubau meine Aufmerksamkeit. Ich inspizierte das Gebäude, sprach mit dem zuständigen Architekten und fand im dritten Stock, was mir gefiel. Diese Wohnung ist mit allem ausgestattet, was ich brauche, um zu tun, was ich eines Tages zu tun hoffe und beabsichtige – einem Schlafzimmer, das groß genug ist, um zum Schlafen und als Schreib- bzw. Arbeitszimmer zu dienen, einem Wohnzimmer mit genügend Platz für meine Bibliothek und einem ausziehbaren Sofa, wenn ich Gäste über Nacht habe, einer modernen Eßküche und einer großen Terrasse draußen, die vor den immer Sommer wie Winter hier häufig starken Winden geschützt ist. Ich unterschrieb den Mietvertrag und zog Ende Oktober 1993 aus dem Wohnstift aus.

Der lange Flur meiner Wohnung dient als kleine Kunstgalerie, in der ich die Gemälde von meinen früheren Analysanden aufgehängt habe, von meinem Schwiegersohn, der Künstler ist, und von Zobaïr, einer von Mutamedáhs beiden Halbbrüdern. Zobaïr ist ein sehr talentierter Maler, der seine Werke bereits mehrere Male sehr erfolgreich ausgestellt hat, einmal davon im Bürgermeisteramt des nahegelegenen Hatten. Die Ausstellung wurde vom Bürgermeister höchstpersönlich mit einer Rede eröffnet. Gibt es Gründe, weshalb ich meinen Auszug aus dem Wohnstift bereuen könnte? Nicht im geringsten! Ich habe noch nirgendwo gelebt, wo ich mich so in Einklang mit dem gefühlt habe, was ich mir für die kurzen verbleibenden Jahre meines langen Lebens vorgestellt hatte. Ich habe alles, was ich zum täglichen Leben bei guter Gesundheit und uneingeschränkter Mobilität brauche. Eine Zweigstelle meiner Bank befindet sich nur zwei Häuser weiter von meiner Wohnung, neben der Bank gibt es einen Supermarkt und hundert Meter weiter eine Apotheke. Einen guten Zahnarzt habe ich in meinem Nachbarn nebenan gefunden. Und damit noch nicht genug all der guten Dinge – ein junges Paar, dessen Wohnungstür sich direkt gegenüber von meiner im gleichen Haus befindet, zählt inzwischen zu meinen guten Freunden. Was könnte ein alter Junggeselle noch mehr wollen?

Kurze Jahre werden noch kürzer

Nie zuvor habe ich Menschen gekannt, die sich mit Mutamedáh und ihrer Familie vergleichen ließen. Genauso wenig hatte ich während meines ganzen Lebens herzliche Freundschaften mit Männern und Frauen erlebt. Als „*joie de vivre*" – Lebensfreude – habe ich es bezeichnet. Beim Schreiben dieser Worte habe ich die ganze Familie von Mutamedáh im Hinterkopf mehr als jemand oder etwas sonst. Wir besuchen einander sehr oft. Agelá und Zobaïr wohnen jetzt in einer Zweizimmerwohnung in Sandkrug, etwa zwanzig Autominuten von Oldenburg entfernt. Ich habe Mutamedáhs Mutter, ihren Halbbruder, die jüngere Schwester Mutasemáh und die zwei absolut süßen kleinen Mädchen dieser Schwester kennen- und lieben gelernt. Nilofár und Maria wohnen bei ihrer Mutter in Veenendaal, einer Stadt in der Nähe von Utrecht. Sie waren der eigentliche Grund, weshalb wir einen Ausflug dorthin gemacht hatten. Wir verbringen jeden Monat zwei bis drei Tage dort, und dies erweist sich stets als freudiger Anlaß.

Eines Nachmittags vor nicht allzu langer Zeit, nachdem Mutamedáh und ich das Eisenhauerzentrum besucht hatten, wo wir zweimal pro Woche zum Fitneßtraining hingingen, sagte Mutamedáh zu mir: „Weißt du, wir lieben dich alle!" Diese afghanische Familie hat mich „adoptiert" und ich habe sie „adoptiert". Es ist gerade so, als wären alle schon immer Teil meiner Familie gewesen wie meine eigenen Kinder und Enkelkinder. Es ist, als hätte ich sie schon in Louisville gekannt, als ich Kind und Jugendlicher war und anschließend ein halbes Jahrhundert verschiedenster Abenteuer und Fehlschläge in drei Ehen und bei drei verschiedenen Tätigkeiten erlebt hatte. Ich kann es nicht in Worte fassen – in keiner der fünf Sprachen, die ich mir angeeignet habe, seit ich Deutsch in der Highschool gelernt und „Spanisch für Anfänger" zusammen mit Ute Wäntig an der Heidelberger Universität belegt hatte –, was das Leben mir heute bedeutet. Jetzt sind zu meinen Sprachkenntnissen noch einige Ausdrücke in Farsi hinzugekommen, seit dem ersten Satz, den ich in Kabul aufschnappte: „Khuda Hafiz!" Außerdem verstehe ich inzwischen ein paar Brocken Niederländisch, was mir beim Austausch mit Maria und

Nilofár sehr nützlich ist. Sie empfinden große Freude daran, mit meiner Armbanduhr zu spielen, wie ich es in ihrem Alter mit der großen Taschenuhr meines Großvaters getan hatte.

Mutamedáh kam elf Jahre, bevor ihre Mutter und Zobaïr aus Afghanistan fliehen konnten, nach Oldenburg. Ihr zweiter Halbbruder Mustafa und Mutasemáh mit ihren beiden Kindern wurden schließlich auch in Europa aufgenommen. Alle sieben verließen ihr vom Krieg heimgesuchtes Land auf gefährlichen Schleichwegen, wie sie Mutamedáh vor ihnen benutzt hatte. Auf der Flucht war Mutamedáh zusammen mit zwei Schulfreundinnen und unter der Führung und in Begleitung eines der Familie bekannten Lehrers ständig in Gefahr gewesen, Leib und Leben zu verlieren. Ständig der Bedrohung ausgesetzt, von sowjetischen Hubschraubern entdeckt und beschossen zu werden, waren die vier über steile, rauhe Gebirgspässe und durch dunkle Täler gekraxelt, bis sie schließlich Pakistan erreichten.

Nach ihrer Ankunft in Deutschland konnte Mutamedáh sich zuerst notdürftig mit Arbeiten in einem Kosmetiksalon und bei gelegentlichen Modeschauen durchschlagen, während sie eine neue Sprache zu erlernen versuchte, die nur entfernt mit ihrer Muttersprache Dahrí verwandt ist. Dahrí ist die afghanische Variante von Farsi, wie es im Iran verwendet wird. Heute spricht Mutamedáh fließend Deutsch, fast so gut wie ich. Sie hat die deutsche Staatsbürgerschaft erworben, auch wenn ihr vieles in Deutschland genauso wenig gefällt wie mir. Alle anderen Familienmitglieder haben noch Flüchtlingsstatus und können nicht ausschließen, daß sie nicht kurzfristig oder ohne vorherige Benachrichtigung abgeschoben werden. Wir kennen sowohl hier als auch in den Niederlanden erfahrene und an dem Schicksal von Flüchtlingen ernsthaft interessierte Rechtsanwälte. Die drohende Gefahr einer möglichen Zwangsabschiebung nach Afghanistan lastet stets auf der Familie. Doch pessimistisch sind wir nicht. Was bringt Pessimismus schon? Unsere Rechtsanwälte äußern sich zunehmend optimistisch. Die Gerichte in Oldenburg sind sich der chaotischen Bürgerkriege sehr wohl bewußt, von denen das Land unablässig gebeutelt wird. Das heutige Afghanistan liegt von den Sowjets und den rivalisierenden Mudschaheddin genauso verwüstet da wie zu Zeiten

Dschingis Khans und Tamerlans, als diese das Land bereits in Schutt und Asche gelegt hatten.
Darüber hinaus ist die Familie von Mutamedáh in Afghanistan so bekannt, daß sie „ganz oben" auf der Abschußliste aller mudschaheddinischen Faktionen stehen und sogar auf denen der extremistischen Talebankrieger, die Berichten zufolge von Pakistan mit Waffen und Finanzen versorgt werden. Mutamedáhs Vater war während der Regierungszeit des Königs Zahir Shah hoher Beamter im Landwirtschaftsministerium gewesen. Der Stiefvater war Präsident der größten Bank in Kabul, bis er verhaftet, gequält und schließlich im Gefängnis ermordet worden war. Agelá, die verwitwete Mutter von Mutamedáh, war Abteilungsleiterin in der zweitgrößten Bank der Hauptstadt. Ein Vorfahre väterlicherseits war Sufimeister in Nordindien gewesen, ein anderer ein Münzexperte, der von Indien zum damaligen König von Afghanistan eingeladen wurde, um ihn bei der Einführung eines neuen Münzgeldsystems zu beraten.
Die Familie gehört schon seit vielen Generationen zu den liberalen, freidenkenden Moslems. Keine der Frauen hat je Schleier tragen müssen. Während der sowjetischen Besatzung hatte Mutamedáh eine Massenprotestkundgebung in Kabul auf die Beine gestellt und angeführt. Ein Schulkamerad war im Kugelhager gestorben, den die Sowjets abgefeuert hatten. Dadurch wurde die Demonstration zerschlagen. Ob ich stolz bin auf meine afghanischen Verwandten? Na klar! Wer wäre nicht stolz darauf, eine aus solch wundervollen Menschen bestehende Familie zu kennen und lieben zu dürfen, und von der Familie akzeptiert zu werden. Mustafa hat seine Ausbildung als Automechaniker beendet und besucht jetzt die Abendschule, um später einmal Wirtschaftswissenschaften studieren zu können. Zobaïr macht neben der Ausübung seiner künstlerischen Fähigkeiten eine handwerkliche Ausbildung als Installateur und Rohrschlosser – ein Beruf, der stets gefragt ist. Er hat dann einen festen Beruf, selbst wenn er von den vielen Gemälden und Zeichnungen keine weiteren auf Ausstellungen mehr verkaufen könnte als die, welche er bereits verkauft hat.
Die ganze Familie weiß natürlich, daß ich Mutamedáh liebe. Doch alle wissen natürlich auch, daß Mutamedáh nur „prima inter pares",

die erste unter Gleichen, ist. Sie ist in keiner Weise eine Primadonna, wenn sie auch die führende Dame der Familie ist. Sie geht zum Zeitpunkt meines Schreibens dieser Erinnerungen auf die dreiunddreißig zu und beginnt sich selbst kennenzulernen, so wie ich oft auf langsame und schmerzliche Weise erfahren habe, was in mir ist. Sie ist, und ich sage es ihr immer wieder, die geborene Psychologin. Sie hätte in Kabul Medizin studiert, wenn sie, ihre Verwandten und Gleichgesinnten nicht durch die Umstände bedingt gezwungenermaßen aus Afghanistan hätten fliehen müssen. Einige ihrer Verwandten und Bekannten sind schon seit zwanzig Jahren in Deutschland. Mutamedáh hat die Fähigkeit, Menschen ohne böse Absicht und Mißgunst „durchschauen" zu können, geradezu als wäre sie mit einem übernatürlichen Röntgengerät ausgestattet. Ich bilde da keine Ausnahme. Anderen erzählt sie selten alles, was sie sieht, mit mir spricht sie offen darüber. Gelegentlich, aber wirklich nur ab und zu, irrt sie dabei. Wir klären die Fehlinterpretation höchstens einen halben Tag später. Meistens bedarf es dazu nur weniger Minuten. Dann lachen wir darüber, aber nicht auf Kosten des anderen. Ihr Sinn für Humor, ihr Scharfsinn, ihre intuitive Auffassungsgabe, ihr guter Geschmack in der Kunst und bei Blumenarrangements, nicht zuletzt auch der gute Geschmack, den sie beim Kochen hat, ob es ein afghanisches Gericht oder ein französisches „Fünf-Sterne"-Menü ist, all diese Eigenschaften in ihr sind einfach unübertrefflich. Übertreibe ich etwa? Keineswegs. Diese Fakten sind allen bekannt, die Mutamedáh gut kennen. In Dahrí bedeutet ihr Name: „Der man vertrauen kann." Diesen Namen hatte ihr Vater für sein und Agelás erstes Kind ausgesucht. Er starb, als sie erst drei oder vier Jahre alt war. Dieser Mann war stets bereit, beim Einkaufen und im Haushalt mitzuhelfen oder sogar die Windeln eines Babys zu waschen, und war ganz offensichtlich kein islamischer Patriarch. Auch sind die übrigen Männer der Familie nicht so patriarchalisch wie viele Männer in unseren westlichen Gefilden und wie mein eigener Vater es war.
Berichte über meinen ersten Besuch in Afghanistan 1953, als ich auf die Größe eines Grashüpfers schrumpfte, da der königliche Postdienst mir an der Grenze meine Pläne und Termine durcheinander zu bringen drohte und ich ungeduldig wurde, gaben mir einen Vorge-

schmack auf das herzliche, gutmütige, nie bösartige Lachen, das für Afghanen, die sich frei fühlen zu lachen, charakteristisch ist. Dieser erste Eindruck bestätigt sich, wenn ich mit Mutamedáh allein bin, was alle paar Tage der Fall ist, oder wenn wir im Kreis der Familie sind. Alle Familienmitglieder lachen gern und leicht. Es ist arglose Freude, wenn etwas Ernstes oder bloß Banales herzerwärmendes schallendes Gelächter freisetzt, das alle mitreißt, bis das Ernste wieder ernsthaft diskutiert werden kann oder Banales verschwindet. Dabei bin ich dankbar, daß ich in dieser Hinsicht auch „ein halber Afghane" geworden bin und an der Freude teilhaben kann.

Jalil, der jüngere Bruder von Mutamedáhs Mutter, heiratete letzten Sommer in Neuss bei Düsseldorf eine gutaussehende Deutsche, eine Lehrerin von Beruf. Ich wurde zur Hochzeit eingeladen und nahm an einem herrlichen „Happening" teil, einem Erlebnis der Art, wie wir es in Oldenburg oft genießen können. Auf der Hochzeit wurde viel gelacht. Abends gab es ein wunderbares, köstliches afghanisches Büffet. Wir tanzten stundenlang zu Harmonium- und Tablamusik und Liedern, die jeden wie einen Profi-Improvisator dieser feinen Kunst erscheinen ließen. Alle Anwesenden – mindestens einhundert Gäste – fühlten sich frei, beim Tanz auszuleben, was ihnen die Phantasie gerade eingab. Männer, Frauen und Kinder tanzten zusammen. Die meisten, auch die Kinder, ob groß oder klein, tanzten auch mal solo. An jenem langen Abend tanzte auch ich solo, wie ich seit der Couscous-Benefizveranstaltung mit der Frau eines senegalesischen Friedensrichters zweiunddreißig Jahre zuvor nicht mehr getanzt hatte. Mutamedáh nahm das Ganze auf Video auf und filmte auch den drei Meter langen Tisch, auf dem eine Vielzahl verschiedener Köstlichkeiten von zwei, eigens für das Fest engagierten afghanischen Köchen elegant angeordnet worden war.

Was ich bereits über die acht Jahre meines „Ruhestands" erzählt habe, wäre sehr lückenhaft und unzulänglich, wenn ich nicht auch über andere neue Interessen und Gebiete berichten würde, auf denen mein Horizont ständig erweitert wird. Das in den Kursen an der Universität und bei Begegnungen mit neuen Freunden Erlernte ist nur ein Teil, wenn auch ein wichtiger, der neuen Dimensionen, die sich mir seit Beginn 1988 aufgeschlossen haben. Die Geschichte des

Islam, seine edlen Traditionen und Literatur waren noch weites, großes Neuland für mich, bis ich von Mutamedáhs Familie adoptiert wurde. Ich hatte auf früheren Reisen zwar zwei islamische Länder besucht, jedoch nie mehr als bloß ein Minimum von deren kulturellen Errungenschaften entdeckt. Wie die große Mehrheit halbgebildeter Menschen aus dem Westen, hatte ich nur einen winzigen Einblick in diesen Bereich gehabt. Es war mir klar, daß Ayatollah Khomeini und seine Schergen den Islam nicht repräsentieren konnten. In den letzten sieben, acht Jahren habe ich jedoch auch erkannt, wie weit islamistische Fundamentalisten vom „typischen" Islam entfernt sind. Sie sind genauso atypisch für den Islam wie fundamentalistische Christen für das Christentum, wenn sie die Botschaft von Jesus Christus degradieren und korrumpieren. Können wir es rechtfertigen, eine dieser beiden bedauerlichen Verirrungen zu verdammen, weil sie von den Grundsätzen beider Religionen abweichen? Jesus sagte: „Vater vergib ihnen, denn sie wissen nicht, was sie tun!" Ich meine, wir sollten zumindest anfangen, dem Beispiel von Jesus zu folgen.

Die Lehre Jesu, von allen echten Moslems als „Issah" verehrt, widerspiegelt sich in der herausragend schönen Lyrik zahlreicher Sufi-Mystiker, deren Einfluß auf den Mystiker Johannes vom Kreuz heute selten erkannt wird. Ich wußte früher wenig über den Sufismus. Ich weiß noch immer nicht genug darüber, um viel schreiben zu können, möchte aber mehr darüber erfahren, wie lange mein Leben im Hier und Jetzt auch noch dauern mag. Soviel ist mir aber bekannt: Rabi'a, die Heilige Theresa der Muslime, lebte und lehrte in Afghanistan vor dem Jahr 800 nach unserem Kalender die Liebe; Al Hallaj, lebte und lehrte ein Jahrhundert später die Liebe; Jalalu'din, Hafiz und Jámí sprachen von der Liebe und lebten sie, wie Râmakrishna und Swâmi Râmdâs in Indien. Im Verlauf der Jahrhunderte lebten und liebten diese und andere Mystiker nach Jesu Vorbild, ob es nun Muslime, Hindus oder Christen waren. Dies ist eine Lektion, die von den meisten Menschen überall erst noch gelernt und in die Tat umgesetzt werden muß!

Wenn wir eines Tages bereit wären, zuzuhören und zu leben wie die Mystiker nach dem Vorbild Jesu, würden wir ungemein bereichert werden. Das Licht, das sie verbreiteten, könnte diejenigen von uns lehren zu lieben, die wir unser Leben als christlich bezeichnen. Können wir den Anspruch erheben, ihnen gefolgt zu sein? Sind wir so christlich, wie wir vorgeben es zu sein – angesichts all dessen, was wir im Laufe der Jahrhunderte anderen Kulturen und Völkern auf der ganzen Welt angetan haben? Die meisten von uns sind doch nicht christlicher als die Moslems moslemisch sind, wenn sie den wertesten Traditionen des Islams untreu sind, in dem Sinne, den der Sufismus lehrt.

„All we need is love", sang John Lennon. Doch was ist Liebe? In achtzig Jahren habe ich ein paar Lektionen in der Schule des Liebens gelernt, in der man nicht besteht, wenn man seine Hausaufgaben nicht ordentlich und so gut man kann erledigt, mit ganzem Verstand, von ganzem Herzen und von ganzer Seele.

„Alles nur vergebliche Liebesmüh?"

Im Jahr 1981 erschien die Erstauflage eines kleinen Buchs mit nur etwas über zweihundert Seiten in Großbritannien. Der Originaltitel heißt *A New Science of Life*[1], der Autor Rupert Sheldrake. Sheldrake, ein Biologe und Biochemiker, war noch nicht ganz vierzig, als er die Physiologie von Pflanzen und Philosophie in Cambridge und an der Harvard-Universiät studierte. Er war an der Forschung der „Royal Society" beteiligt und war Gastprofessor an verschiedenen Universitäten in den USA, in Deutschland und Malaysien. Kaum war sein erstes Buch erschienen, als es auch schon einen Sturm an Gegenstimmen vom naturwissenschaftlichen Establishment in einer Reihe naturwissenschaftlicher Publikationen und führenden britischen Zeitungen auf sich zog. Das reputierliche Journal *Nature* schrieb: „Diese Schrift kann einem rasend machen ... seit Jahren der geeignetste Anwärter fürs Feuer." Waren solche und ähnliche polemische Äußerungen bloß ein Sturm im Wasserglas?

---

[1] Im Deutschen 1985 unter dem Titel „Das schöpferische Universum" erschienen.

Heute wird Sheldrake zunehmend anerkannt und gewürdigt als Pionier, dessen Hypothesen in ihrer Bedeutung von vielen mit der Evolutionstheorie Darwins auf eine Stufe gestellt werden. In vielen Teilen der Welt scheint eine Vielzahl, bis in alle Einzelheiten geplanter und akribisch genau ausgeführter Experimente Sheldrakes Theorie zu untermauern. Ich besitze zu einigen dieser Experimente eine Kopie der genauen Mitschrift. Jedes Jahr werden neue Beweise gefunden, welche die Wahrscheinlichkeit anzeigen, daß Sheldrakes Theorien, alles andere als bloße hirnrissige Spinnereien waren und auf Tatsachen beruhen. In vielerlei Hinsicht ähnlich den neueren Theorien und Entdeckungen der Atomphysik, Gehirnphysiologie und transpersonellen Psychologie, stellt Sheldrake die Behauptung auf, daß das Universum *in* und *um* uns ein Hologramm ist. Jedes kleinste Teilchen ist in allen anderen Teilen enthalten, gleichgültig, wie unglaublich dies erscheinen muß und wie wenig wir darauf hoffen können, dies mit unserem Verstand nachvollziehen zu können. Wahrscheinlich kann ein Mensch dies nie richtig verstehen, obwohl die Forschung in vielen Bereichen Tatsachen ans Licht befördert, für die es sonst keine zufriedenstellende Erklärung gibt.

Sheldrakes These, die auf dem Schutzumschlag seines ersten Buches mit wenigen Worten stark vereinfacht zusammengefaßt wird, besagt, daß die Form, Entwicklung und das Verhalten aller lebenden Organismen, sogar das von Kristallen, von sogenannten „morphogenetischen" Feldern gebildet werden. Diese werden in der westlichen Wissenschaft von vielen noch nicht anerkannt oder gar erkannt. Die Felder scheinen sich von den Formen und dem Verhalten früherer Organismen der gleichen Spezies abzuleiten oder von diesen geformt worden zu sein über Raum und Zeit hinweg. Sheldrake bezeichnet diesen unsichtbaren Vorgang als „morphische Resonanz."

Sheldrakes zweites, umfangreicheres Buch erschien 1988 im Original mit dem Titel *The Presence of the Past*. Der Autor führt darin seine revolutionären Ideen in einer eingehenden Übersicht weiter aus, mit der er den historischen und philosophischen Hintergrund sowie die für die Naturwissenschaft sich unweigerlich daraus ergebenden Folgen abdeckt. Der für die deutsche Übersetzung dieses Buches gewählte Titel lautet: *Das Gedächtnis der Natur*. Dieses Gedächtnis der

Natur ist das „Sesam öffne dich" bei der Suche nach einer Antwort auf die Frage: „Alles nur verlorene Liebesmüh?"
Heutzutage ist auf der Grundlage von Sheldrakes Theorie und der wiederholten Ausführung seiner Experimente über jeden Zweifel erhaben sicher, daß die Antwort auf diese Schlüsselfrage wie folgt lauten muß: „Liebesmüh ist und *kann nie* verlorene Müh sein!" Wenn Sheldrakes Hypothesen letztendlich voll verifiziert sind, wie immer wahrscheinlicher zu werden scheint, wird eine der weitreichenden Konsequenzen sein, daß jedes Individuum und jede Menschengruppe, welche die Kunst des Liebens erlernen, unwissentlich allen anderen Menschen dazu verhelfen, sie ebenfalls erlernen zu können. Was wir auch tun, sagen, oder denken wird offenbar im „Gedächtnis der Natur" gespeichert. Die geheimnisvollen Prozesse der morphischen Resonanz gewährleisten, daß alles, was wir lernen, für jede nachfolgende Generation leichter zu erlernen sein wird. Der berühmte britische Forscher Nicholas Humphrey schreibt: „Nur wenige von uns erkennen Revolutionen, wenn sie in der Anfangsphase stecken. Wer jedoch in Zukunft sagen können möchte: ‚Ich war dabei, als es passierte', sollte *Das Gedächtnis der Natur* lesen. Es ist gut möglich, daß die Revolution gerade hier und jetzt im Gange ist."
Wird die Menschheit überleben? Keiner weiß es. Doch eine immer größere Anzahl von Wissenschaftlern erkennt die Wahrscheinlichkeit, daß Sheldrakes Entdeckungen nichts weniger als ein neues Paradigma für alle Wissenschaftsdisziplinen bedeuten könnten. Hier liegt die Hoffnung verborgen. Als Schlußfolgerung ergibt sich, daß die bei weitem wichtigste Aufgabe, der wir alle gegenüberstehen, darin besteht, unablässig unsere tagtäglichen Hausaufgaben in der Lebensschule des Liebens und beim Erlernen des Liebens zu machen. Wenn ich auf die über achtzig Jahre meines Lebens zurückblicke, habe ich den Mut zu glauben, daß meine afghanische Familie und die Beziehung zu den Mitgliedern dieser Familie mich viel gelehrt hat und daß diese Lektionen mir geholfen haben, wenigstens von der vierten in die fünfte Klasse aufzurücken. Es scheint mir jedoch, als lägen die Highschool, das College und die Uni noch vor mir ...

„In meinem Ende ist mein Anfang."

Anhang
Revolution in Bandlaguda

Man schrieb nach dem hinduistischen Kalender den dreizehnten Tag des Monats *Vaishakha*. Die zweite Reisernte war schon nahezu eingebracht. Die Sonne stieg plötzlich über die gewaltigen, roten Felsblöcke am Rande des Plateaus auf und schien fast gleich so hoch wie die höchsten Palmyrabäume zu stehen. In dem Dorf Bandlaguda fielen an jenem Morgen sogar diese frühen Sonnenstrahlen schon heiß auf die sich unablässig drehende Töpferscheibe.
Der Töpfer Yengayya formte gerade ein schlanke Rolle aus dunkelbraunem Ton. In kürzester Zeit würde daraus ein weiteres Paar Ziegel für das neue Dach des Nachbarhauses entstehen. Als Yengayya von der Sonne berührt wurde, richtete er sich von seiner Arbeit auf. Vorsichtig stieg er über eine Reihe fertig geformter Ziegel, die nun in den Ofen geschoben werden konnten. Yengayya lief an die Seite der Veranda und ließ eine Strohmatte herab, die dort angebracht war, um zu verhindern, daß der Ton während der Bearbeitung auf der Töpferscheibe austrocknete. Wenn der Tag schon weiter vorangeschritten war, würde die kleine aus Stein gebaute Hütte im Schatten der vorn und hinten, wo der Brennofen sich befand, hoch über ihr thronenden Tamarindenbäume stehen.
Yengayyas Ehefrau Gandamma hatte sich schon früh mit ihrer Sichel zu den grünen Reisfeldern aufgemacht, die auf der anderen Seite des Dorfes lagen. Sie würde noch mehrere Stunden lang von zu Hause weg sein. Der sechsjährige Bichapati und seine jüngere Schwester, die einen strahlenden Blick hatte, jagten vergnügt einer Henne und deren Küken im Hof nach. Eine ältere Tochter, die erst vor wenigen Monaten geheiratet hatte, lebte nun zusammen mit ihrem Mann im Nachbardorf. Deshalb war Yengayya, der mit unbekleidetem Oberkörper über die Töpferscheibe gebeugt arbeitete, mit den beiden Kindern allein zu Hause. Es war ein Morgen so wie alle Spätsommermorgen in Yengayyas Leben, an die er sich mit seinen vierzig-plus Jahren erinnern konnte.
Er packt kräftig an, dieser Yengayya, und Gandamma ist stolz auf ihn, wie man es von einer Ehefrau annehmen kann. Er kann an einem

einzigen Tag über einhundert Ziegel und etwa ein Dutzend *neelukundala* formen. Letztere sind riesige Krüge, die von den Frauen in Bandlaguda und der umliegenden Dörfer jeden Tag zum Schöpfen von Wasser aus dem Dorfbrunnen verwendet werden. Mit zwei kleinen Kindern, die mit Kleidung und Nahrung versorgt werden müssen, hat Yengayya keine andere Wahl, er muß hart arbeiten. In der Erntezeit arbeitet auch Gandamma in den Feldern. Sie verdient so sieben oder acht *anna*, um das bescheidene Einkommen der Familie etwas aufzubessern. Wenn die Erntezeit sich dem Ende zuneigt, bekommt sie zusätzlich ein paar *seer* Reis. Verglichen mit den meisten anderen Nachbarn sind Yengayya und Gandamma nicht arm. Die beiden und ihre Kinder müssen nie hungrig von einer Mahlzeit aufstehen. Mit ihrer Mauer aus rauhen Steinen und einem Blechdach, das sorgfältig in Schuß gehalten wird, ist ihre Hütte weitaus robuster als die Unterkünfte der meisten Nachbarn.
Yengayya und Gandamma erwarten in Kürze ein weiteres Kind. Gandamma findet es heute schwerer sich niederzubücken und ihre Sichel im Reisfeld zu schwingen, als noch wenige Wochen zuvor. Alle Nachbarinnen sind sich sicher und auch sie selbst weiß, daß es wieder ein Junge werden wird. Yengayya hingegen sagt nicht viel dazu. Er redet nie viel. Doch Gandamma weiß, daß auch er sich einen Jungen wünscht. Nicht, daß sie keine Mädchen haben wollten. Die ältere Tochter Satyamma und die erst dreijährige Yadamma haben ihnen viel Freude gebracht. Doch Töchter kosten so viel. Yengayya muß immer noch zweihundertachtzehn Rupie von der Summe zurückzahlen, die er letzten Herbst vom Geldverleiher erhalten hatte, um Satyamma eine Aussteuer mitzugeben. Also hoffen alle, daß es ein kleiner Junge werden wird.

Yengayya legte gerade einen neuen, feuchten Klumpen Ton zur Bearbeitung auf die Töpferscheibe. Er wollte sie gerade mit seinem Stock in Bewegung setzen, als er auf der staubigen Straße eine Frauengestalt den beschwerlichen Weg von den weiter entfernt gelegenen Reisfeldern zum Dorf zurücklegen sah. Yengayya hielt sich die Hand zum Schutz vor der Sonne über die Augen und erkannte, daß es Gandamma war. Sie war allein. Es würde bestimmt noch eine gute

Stunde dauern, bis auch die anderen zum Mittagessen aus den Feldern heimkehrten.
Als Gandamma in den Schatten des mit Palmblättern bedeckten Daches trat, richtete sich Yengayya wieder von seiner Arbeit auf. Beide sprachen kein Wort. Sie sahen einander an. Die Frage, die Yengayya sich in Gedanken gestellt hatte, war dennoch beantwortet worden. Er wußte, daß sie früher nach Hause zurückgekehrt war, weill das Baby noch am gleichen Tag zur Welt kommen würde.
Einen Augenblick lang blieb Gandamma unschlüssig auf der Veranda stehen und wußte nicht, ob sie noch mehr sagen sollte, als bereits gesagt war. Ihr erster Impuls war, ihm zu bestätigen, daß sie diesmal kein bißchen Angst hatte. Doch dann merkte sie, daß dies nicht ganz der Wahrheit entsprechen würde. Also blieb sie still und ging stattdessen in die Hütte. Sie mußte sich etwas ducken, um nicht an die Girlande aus vertrockneten Mangoblättern und Neemzweigen zu stoßen, die noch vom Ugadi-Fest vor einem Monat über der Eingangstür hingen.
Yengayya drehte sich um und sah ihr eine Minute lang nach. Dann zwang er sich, in Gedanken zu seiner Arbeit vor ihm zurückzukehren. Er nahm den langen Stab und steckte ein Ende in ein rundes Loch am äußeren Rand der Töpferscheibe, um die Scheibe damit wieder in Bewegung zu setzen. Zuerst drehte sie sich nur langsam, wabbelte auf und ab und berührte den Boden. Doch dann drehte Yengayya immer schneller, bis das schwere Rad sich gleichmäßig waagrecht und fast geräuschlos um seine in Stein eingelassene Achse drehte. Yengayyas Herz schlug schneller als sonst, als er ein weiteres Mal sich nach unten beugte und seine Hände in das schlammige Wasser tauchte, die dadurch glitschig und glatt wurden und der sich drehenden Tonmasse Form verliehen.
Der heutige Tag würde für ihn und Gandamma nicht leicht sein. Es war nicht der Tag, den er sich für die Ankunft des Neulings ausgesucht hätte. Er hatte versprochen, acht kleinere Krüge und einen Satz *neelukundala* rechtzeitig für eine Hochzeit anzufertigen, die Anfang der kommenden Woche in dem nahegelegenen Nagool gefeiert werden sollte. Darüber hinaus hatte er noch einen Auftrag über eintausend Dachziegel, den der Dorfchef Rajah Reddy ihm vor zehn

Tagen erteilt hatte, bevor der Brennofen rissig geworden war und repariert werden mußte. So stand bereits viel zu viel Arbeit an. Und jetzt würde wie bei jeder Niederkunft noch das geschäftige Gewusel der Nachbarsfrauen hinzukommen. Yengayya war etwas besorgt und wünschte sich im geheimen, daß der Tag schon zu Ende wäre.

Es galt, keine Zeit zu verlieren. Er arbeitete zügig und machte nur ab und zu eine kurze Pause, um etwas kühles Wasser zu trinken, bis Gandamma um die Mittagszeit nach ihm rief. Schnell wusch er sich die Hände und eilte nach drinnen. Gandamma hatte ihre Näharbeit beiseite getan und sich auf ein altes, aber frisch gewaschenes, auf dem Erdfußboden ausgebreitetes Laken gelegt.
Sie erklärte, daß schon auf dem Weg zu den Reisfeldern bei Sonnenaufgang sie die ersten Anzeichen der einsetzenden Wehen gespürt hatte. Inzwischen kamen sie in immer kürzeren Zeitabständen. Pullamma, die Dai, welche auf dem gleichen Feld wie sie arbeitete, hatte sie nach Hause geschickt. Sie sollten nach ihr schicken, sobald sie gebraucht würde. „Ich glaube, es geht jetzt nicht mehr lange", meinte Gandamma und sah zu den kleinen Abbildungen von Ram und Lakshma auf, die, eine blau, die andere rot, direkt über ihrem Lager niedrig an der weiß getünchten Wand angebracht waren.
Es war nicht nötig, noch viel mehr Worte zu verlieren. Sie beschlossen, die Dai holen zu lassen. Er fragte, ob die alte Tante Chandramma kommen und beim Kochen aushelfen sollte. Sie bejahte. Die Kinder hätten sowieso bald Hunger und er solle seiner Arbeit ungestört nachgehen können, fügte sie hinzu. Yengayya nickte in stillschweigendem Einvernehmen. Er fand die kleine Narsamma, die Tochter des Nachbarn nebenan, und schickte sie los, die Dai zu holen. Er befahl ihr, unterwegs bei Chandramma vorbeizugehen und sie zu bitten zu kommen, so schnell es ihr möglich wäre. Es würde gut sein, daß Tante Chandramma heute käme, obwohl sie sehr alterte und manchmal versuchte, Gandamma herumzukommandieren. Er wußte nicht, wie er ohne Chandramma die Arbeit erledigen könnte, die er sich für diesen Tag vorgenommen hatte. Und sogar, wenn sie da war – nun, er würde sein Bestes geben und den Rest den Göttern überlassen. Mehr konnte man nicht tun.

Nur einige Minuten, nachdem Chandramma angekommen war, zweifellos in bester Stimmung bei der Aussicht auf einen Nachmittag, der anders sein würde als andere Nachmittage, kam auch Pullamma schon hinter den abgebröckelten Lehmmauern einer leerstehenden Behausung den Weg entlanggeeilt. Sie ging direkt zur Veranda, wo Yengayya am Arbeiten war. Als sie ihn grüßte, wirkte sie befangen und möglicherweise sogar leicht verlegen. Dennoch ging sie, nachdem sie sich die Hände gewaschen hatte, selbstbewußt in die Hütte hinein.

Pullamma war im Gegensatz zu Chandramma nicht aufgeregt. Sie war es gewöhnt, bei Entbindungen dabeizusein wie ihre Mutter und Großmutter vor ihr. Sie gehörte der mangali-Kaste an, das heißt der Kaste der Bart- und Haarpfleger. Die Frauen in ihrer Familie und der ihres Mannes waren schon Hebammen, solange sich jemand zurückerinnern konnte. Für Pullamma hätte es schon seit Menschengedenken so sein können. Doch Pullamma war anders als die Frauen, die vor ihr gelebt und als Hebammen tätig gewesen waren.

Sie war selbverständlich eine Dai. Trotzdem war den Dorfbewohnern in den letzten Monaten aufgefallen, daß sie anfing, gewisse Dinge, nicht alle, aber manche, anders zu handhaben, als die Alten es von Generation zu Generation getan hatten. Nicht allen gefiel das. Es schien irgendwie nicht richtig. „Was für unsere Eltern und Vorfahren gut genug war, ist auch gut genug für uns!" hörte man oft. Man fand das Ganze ziemlich beunruhigend. Pullamma wußte nur zu gut, daß man im Dorf hinter ihrem Rücken über sie redete. Pandhari Nath, der alte Palmwein-Zapfer, war sogar so weit gegangen zu behaupten, daß er es sich nicht gefallen lassen würde, wenn sie „diese großartigen Ideen" bei der Niederkunft der Frau seines Sohnes nächsten oder übernächsten Monat ausprobieren würde.

Daher war Pullamma heute etwas zurückhaltend. Sie merkte, daß sie so etwas wie eine Revolutionärin war. Auch wenn sie sich nicht so ausgedrückt hätte, hatte sie doch angefangen zu spüren, daß man nie sicher ist, wenn man für etwas Neues Bahn bricht.

Pullamma war bald nach Hause gegangen, nachdem sie Gandamma von der Hitze der Reisfelder weggeschickt hatte. Zuerst hatte sie ihr

Haar in Ordnung gebracht, dann ihre Fingernägel gesäubert und geschnitten. Dann zog sie den rot-grünen Sari aus, den sie zur Arbeit auf dem Reisfeld getragen hatte, und zog einen frischen, blau-weißen an. Sie nahm ein sauberes Stück Stoff, in das eine neue, noch glänzende Schere eingewickelt war, als sie zu Gandamma ging. Die Schere packte sie zusammen mit mehreren Längen kräftigem, weißen Faden und einem Stück Seife ein. Diese Dinge waren sowohl für sie als auch die anderen Zeichen und Symbol für die ihr widerfahrende Veränderung.

Ihre „neumodischen Ideen", wie sie von vielen Dorfbewohnern genannt wurden, waren in der Tat recht neu. Erst neun Wochen zuvor, hatte sie angefangen, Kurse im Child Welfare Center im fünfeinhalb Meilen entfernt gelegenen Gaddianaram zu besuchen, wo auch andere junge Dai aus Nachbardörfern zum Unterricht hingingen. Da Pullamma etwas jünger und aufmerksamer als die meisten war, begriff sie schnell. Sie gebrauchte ihre rostige Sichel zum Durchtrennen der Nabelschnur schon längst nicht mehr. Auch rieb sie ihre Hände vor der Geburt eines Babys nicht in Kuhmist oder nasser Spelze, wie es ihre Vorfahren getan hatten und sie bis vor kurzem auch noch. Jetzt wusch sie stets Füße, Hände und Armreifen mit Seife und abgekochtem Wasser. Erst dann ging sie hinein und kümmerte sich um ihre Patientin.

Schließlich betrat Pullamma den verdunkelten Raum, wo Gandamma sich niedergelegt hatte. Alle paar Minuten setzten starke Wehen ein. „Ich glaube, es geht jetzt nicht mehr lange", flüsterte Gandamma ruhig und gebrauchte dieselben Worte wie eine Stunde zuvor ihrem Mann gegenüber. Pullamma gab keine Antwort. Sie kniete sich nieder und hielt ihren Kopf dicht an Gandammas Seite. Lauschend wartete sie auf den nächsten Schub der Wehen, während Tante Chandramma daneben stand und beiden unerwünschte Ratschläge erteilte.

Nach weiteren zehn, fünfzehn Minuten stand Pullamma auf und ging nach draußen. Sie trat über die hohe Türschwelle, an deren einem Ende Yengayya seine irdenen Gefäße aufbewahrte, bis er sie im Ofen brennen konnte. Yengayya saß im Schneidersitz auf dem Boden, neben ihm lag eine getrocknete Ziegenhaut, auf der ein großer Wassertopf stand, die er mit einem hölzernen Hammer ganz vorsichtig in ihre endgültige Form zu bringen im Begriff war. Er blickte nach oben, als Pullamma auf ihn zukam, doch er hörte nicht auf mit dem Hammer zu klopfen. Die kleine Yadamma stand in einer Ecke der Veranda und beobachtete beide. Ihre großen, dunklen Augen blickten voller Verwunderung angesichts der ungewöhnlichen Dinge, die sie heute zu sehen und hören bekam. „Es kann jetzt schnell gehen", sagte Pullamma zu Yengayya, „doch die Wehen folgen nicht dicht genug aufeinander."

Mehr als eine Stunde verstrich. Tante Chandramma hatte auf der Veranda das Mittagessen, bestehend aus gekochtem Reis, Curry-Linsen und saurer Soße, zubereitet. Pullamma hatte indessen alle Böden sauber gekehrt und dabei ihren blau-weißen Sari fein säuberlich in die Taille gesteckt, um ihn nicht zu beschmutzen. Nach dem Fegen wusch sie sich im Hof ein weiteres Mal mit Hilfe der Nachbarin, die ihr sauberes Wasser aus einem großen Blechkrug auf die Hände und Füße schüttete. Danach nahm sie eine weitere Untersuchung vor, genau wie Dr. Jubay in Gaddianaram es ihnen wenige Tage zuvor gezeigt hatte. Danach sterilisierte sie sorgfältig die Schere und den Faden in einem kleinen Wassertopf über dem Holzkohleofen. Nun war nur noch Warten angesagt.

Die Nachbarsfrauen waren neugierig, wie Nachbarsfrauen es halt sind. Inzwischen hatten sie sich alle versammelt – es waren mindestens ein halbes Dutzend. Die meisten hatten ihre Babys auf den Rücken gebunden und diese waren still und zufrieden, da so nahe bei der Mutter in deren Obhut und Fürsorge. Sogar Pullammas verhutzelte Schwiegermutter Rukamma erschien und ließ alle an ihrem Verhalten erkennen, daß sie sich aus beruflichen Gründen berechtigt sah, mitmischen zu dürfen. Der Lärm und Umtrieb waren beträchtlich. Yengayya ärgerte sich darüber, zeigte es aber nicht. Pullamma war drinnen und kümmerte sich um Gandamma.

Hin und wieder kam Rukamma heraus, der es gelungen war, sich in die Hütte hineinzustehlen, und machte direkte Anspielungen, daß Pullamma – vorausgesetzt, es wäre ein Junge – mehr als einen Rupie Lohn erhalten und zusätzlich in Waren vergütet werden sollte. Es

dauere so lange, bemerkte Rukamma, und, abgesehen davon, stimme es etwa nicht, daß Yengayya einen großen Auftrag über Dachziegel vom Dorfchef erhalten habe? Er könne es sich doch bestimmt leisten, diesmal etwas mehr zu geben. „Außerdem", prahlte sie, „hat meine Schwiegertochter eine Ausbildung, auch wenn sie zu schüchtern ist, davon zu sprechen. Ich sage euch, ihr müßt – nun, ihr müßt ihr etwas mehr Respekt entgegenbringen!"
Einige der Nachbarsfrauen, vor allem die älteren, protestierten. Jüngere Mütter, von denen einige nun auch zur Schulung nach Gaddianaram gingen, neigten eher zu der Ansicht, daß Rukamma gar nicht so Unrecht hatte. Sie waren auch mutig genug, dies auszusprechen. Yengayya gab schließlich nach, weil die Frauen so hartnäckig bei ihrer Meinung blieben. Er würde eine Kokosnuß und ein Huhn zur Bezahlung hinzufügen, die Pullamma für ihre Dienste bekommen sollte – wenn alles gut verliefe.

Plötzlich verstummte der Lärm und alles schwieg. Aus der Hütte war ein unterdrücktes Stöhnen zu hören. Yengayya stand von seinen Wassertöpfen auf und ging zur Tür, aber nicht in die Hütte hinein. Er stand einfach da und trat von einem Bein auf das andere. Ab und zu drehte er sich um und nahm Augenmaß, wie lang der vom Verandadach geworfene Schatten war. Er ging jedoch nicht hinein und sagte auch nichts. Er wartete. Aus der hinteren Ecke des Zimmers hörte er Gandammas schweren Atem und die schnellen Bewegungen der Frauen um sie herum.
Draußen nahmen die Nachbarinnen ihre Unterhaltungen wieder auf. Diesmal jedoch im Flüsterton. Doch sogar das Flüstern ließ allmählich nach. Eine Weile lang schien es in der Hütte so still zu sein wie sonst am Nachmittag eines gewöhnlichen Spätsommertages. Irgendwo im Dorf bellte ein Hund. Die Blätter der Tamariskenbäume bewegten sich sanft. Pullamma trat nach draußen, wusch sich schnell die Hände, sprach aber nicht. Eines der Nachbarkinder fing zu weinen an, wurde jedoch sofort beruhigt. Von drinnen hörte man die gedämpften Stimmen der Frauen, mal lauter, mal leiser. Man hörte Gandamma aber nicht mehr laut stöhnen.

Dann wurden die Steinwände der Hütte, so plötzlich wie von einem Donner, durch das laute Schlagen auf Blechgeschirr erschüttert. Erwartungsvolles Raunen ging durch die versammelte Menge. Yengayya stand still am Eingang und sein Herz schlug so laut, daß er sich sicher war, die Nachbarsfrauen würden es hören können. Jetzt war jedem klar, daß Gandamma ein Kind zur Welt gebracht hatte. Alle wußten, daß Chandramma oder eine der anderen Frauen auf die Töpfe und Pfannen schlug, um das Neugeborene zu bewegen, seine ersten Schreie auszustoßen. „Peng! Peng! Peng!" Dann, zunächst ganz leise, dann immer kräftiger: „Wäh, wäh, ... WÄH ... WÄH ... WÄH!" Chandramma kam zum Eingang, flüsterte Yengayya etwas zu und verschwand dann wieder im Halbdunkel der Hütte.

Yengayya drehte sich nun um und strahlte von einem Ohr zum andern. Die Nachbarinnen schubsten und drängelten, um möglichst nahe an ihn heranzukommen. Einen Augenblick lang ließ er sie warten. Er strahlte noch immer übers ganze Gesicht. Dann sagte er: Es ist ein Junge!" Er wußte jedoch nicht, was er sonst noch sagen sollte oder gar wollte und sagte nichts weiter. Er wiederholte nur: „Es ist ein Junge!" und bahnte sich einen Weg durch die versammelten Frauen, um sich wieder auf dem Ziegenleder hinzusetzen und seine Arbeit aufzunehmen. Die Frauen hätten gern noch mehr erfahren, wagten aber nicht ihn zu fragen. Und was könne er schon mehr wissen? dachten sie bei sich. Glücklicherweise war es gar nicht nötig, Yengayya zu fragen. Rukamma trat hinaus auf die Veranda. Jetzt könnten sie alles erfahren, was sie wissen wollten.

Rukamma wußte immer alles und zögerte auch nicht, es jedem zu erzählen, der zuzuhören willig war. „Es ist ein gesunder und prächtiger Junge", hörte Yengayya sie sagen, „und für so einen ist nichts zu schade. Außerdem habt ihr doch von dem Zimmermann gehört, dem letzten Monat in Kothapet ein Sohn geboren wurde. Soll ich euch mal sagen, was er meiner Tochter zum Lohn gab?" Jemand unterbrach Rukamma, um zu fragen, ob das Neugeborene Yengayya ähnlich sähe. Eine andere Frau drängte sich durch die Menge zur Tür und versuchte einen Blick zu erhaschen, von dem, was sich im Inneren der Hütte zutrug, jedoch vergeblich.

Die Frauen fingen wieder zu reden an. Eine Weile lang drohte das Stimmengewirr auf der Veranda von Yengayya lauter zu werden als zuvor. Dann allmählich, da ihre Neugierde befriedigt worden war, gingen die Nachbarinnen, eine nach der anderen nach Hause. Der kleine Bichapati hörte auf, mit seinen Freunden auf dem staubigen Weg *golis* zu spielen und kam gerade lange genug nach Hause, um mitzubekommen, daß er ein kleines Brüderchen bekommen hatte. Yadamma fühlte sich von dem Geschehen überwältigt und saß über eine halbe Stunde lang in Gedanken verloren in einer Ecke beim Eingang, nachdem sich die Aufregung gelegt hatte. Gandamma ruhte indessen mit dem Neugeborenen an der Brust, nachdem Pullamma es zuvor gebadet und beide gewaschen und zurecht gemacht hatte. Tante Chandramma sprudelte geradezu über vor unnötigen Bemerkungen und unerwünschten Ratschlägen, während sie noch eine ganze Weile energisch im Haus herumfuhrwerkte. Doch auch sie stellte ihre Beratungstätigkeit endlich ein und verließ die Hütte.

Pullamma und Yengayya hatten ihr Tagewerk jedoch lange noch nicht verrichtet. Zuerst mußten Veranda und Hütte wieder in Schuß gebracht werden. Als die Arbeit drinnen schließlich erledigt war, schickte Pullamma sich an, still und unbehelligt die Aufgaben zu erledigen, welche ihr oblagen am Tag der Geburt des Neuankömmlings in der großen, grellen Welt außerhalb des Mutterleibs.
Einige der Rituale, die von Sitte, Brauch und Tradition vorgeschrieben wurden, wenn ein Baby geboren wird, hatte Pullamma schon früher erledigt beim Durchtrennen der Nabelschnur und bei der Ausstoßung der Nachgeburt. Jetzt mußten andere Kulthandlungen außerhalb der Hütte ausgeführt werden, durch die Mutter und Kind vor Unheil beschützt werden sollten, das sonst möglicherweise auf sie fallen könnte. Der seit Jahrhunderten überlieferte Glaube verfügte, daß gewisse Gegenstände zunächst am Eingang des Zimmers plaziert werden sollten, wo das Neugeborene bei seiner Mutter lag. Daher tauchte Pullamma nun aus einer mit Spinnweben verhangenen Ecke des Lagerhauses hinter der Hütte mit einem Besen auf, einem abgenutzten *chappal* aus Leder und einem Eisenstab. Sie legte diese zusammen an den Rand der Veranda und stellte ein Kohlenbecken mit

einem Haufen glühender Holzkohle dazu. Dann ordnete sie die Gegenstände fein säuberlich vor der Türschwelle unter der verdorrten Festgirlande an, um so böse Geister fernzuhalten.
Als nächstes mußte die Nachgeburt begraben werden. Auch dies würde Zeit in Anspruch nehmen. Als Pullamma endlich dazu kam, neigte sich der Tag bereits dem Abend zu. Sie schickte sich an, in dem größer werdenden Schatten der Tamariskenbäume mit einer Brechstange ein Loch zu graben. Dann nahm sie einen Nagel, eine kleine Kupfermünze und eine Schraubenmutter, die Yengayya ihr gegeben hatte. Diese legte sie auf einen kleinen, flachen Teller, mit dem sie den die Nachgeburt enthaltenden Tonkrug verschlossen hatte. Als sie mit dem Graben fertig war, hielt sie den Teller leicht schräg, so daß Nagel, Münze und Schraubenmutter langsam in den Tonkrug rutschten. Während einige Nachbarskinder und Yandamma mit großen Augen zusahen, setzte Pullamma die kleine Urne in das Erdloch. Als sie das Grab zugeschüttet hatte, schmückte sie es mit frischen Neemzweigen, die kombiniert mit Safran, Zinnober, Reis und Thymian ein hübsches Muster auf der Erhebung bildeten. Dann richtete sie sich wieder auf und trat einen Schritt zurück, um das Ganze zu begutachten. Sie sah, daß alles so war, wie es sein sollte.
Nun hatte sie zu guter Letzt doch ihr Tagewerk vollendet. Um ganz sicher zu sein, würde sie auch in den nächsten Tagen jeden Morgen ein oder zwei Stunden lang bei Yengayya vorbeischauen, um das Neugeborene zu baden und sich um die Mutter zu kümmern. Doch für heute hatte sie ihre Arbeit erledigt. Pullamma hatte allen Grund, sich müde zu fühlen. Hinter dem aus Lehmziegeln errichteten Lagerhaus wechselte sie ihre Kleidung. Sie zog wieder ihren rot-grünen Sari an und wickelte Schere und Seife in das Tuch, das sie zum Tragen verwendete.
Wenige Minuten später war sie nicht wenig verdutzt und sogar leicht verlegen, als sie zum Eingang der Hütte kam und Yengayya sich von seiner Arbeit erhob, um ihr ihren Lohn zu überreichen. Sie fragte sich, was wohl geschehen sei, daß sie so großzügig entlohnt wurde: mit einer kleinen roten Henne, einer frischen Kokosnuß und einem ganzen Rupie bar auf die Hand. Sie wunderte sich immer noch, als sie sich schon verabschiedet hatte und im Begriff war, nach Hause zu

gehen. In dem Moment unterbrach Yengayya seine Arbeit noch einmal und trat an die Seite der Hütte, um sie aufzuhalten. Mit einem warmen, freundlichen Lächeln sprach er mit ruhiger Stimme: „Ich hätte es fast vergessen, wollte aber doch sagen, daß mir deine neumodischen Ideen ganz in Ordnung zu sein scheinen!"
Pullamas Herz hüpfte vor Freude. Dieses Kompliment war so viel mehr wert, als der zusätzliche Lohn, den sie erhalten hatte. Die Meinung von Yengayya, der als Angehöriger der Töpfer-Kaste in seinem und den umliegenden Dörfern großes Ansehen genoß, galt viel bei den Menschen im Dorf und in der Umgebung. Seine Billigung der neuen Methode würde bedeuten, daß auch die anderen früher oder später ihre neue Arbeitsweise bereitwillig akzeptieren würden und sie nicht länger fürchteten oder gar verachteten, weil sie so anders war, als alle Dai vor ihr. Nun wurmten sie nicht einmal mehr die Worte des alten Panhari Nath von neulich. Zum ersten Mal in ihrem Leben merkte Pullamma plötzlich, daß sie anfing, auf ihre Arbeit richtig stolz zu sein. Als sie sich auf den staubigen Nachhauseweg machte, wurde ihr bewußt, daß sie sich nicht daran erinnern konnte, am Ende eines Tages sich jemals schon so gut gefühlt zu haben.

Die Palmwein-Zapfer hatten ihre Töpfe bereits in die Wipfel der höchsten Palmyrabäume gehängt. Die Sonne war an jenem Abend schon längst hinter der steinwandigen Hütte in Bandlaguda untergegangen, als Yengayya den letzten der *neelukundula* in seine endgültige anmutige, runde Form klopfte und vorsichtig alle Gefäße zusammen mit den acht kleineren Krügen zum Brennofen trug. Das Tagewerk war vollbracht.
Das Feuer im Ofen würde jedoch alle paar Stunden die Nacht über bis zum Morgengrauen geschürt werden müssen. „Keiner, der mir bei der Arbeit helfen könnte", dachte Yengayya, als er sich lange nach Anbruch der Dunkelheit endlich hinsetzte, um seine Abendmahlzeit bestehend aus kalten Chappatis und Reis auf der verlassenen Veranda einzunehmen. Wenig später hörte er, wie Gandamma aus der Hütte nach ihm rief. Er ging hinein und kniete sich neben der Matte nieder, wo sie und das Neugeborene lagen. Yadamma und Bichapati lagen ganz in der Nähe zusammengekauert auf einer Matte und

schliefen tief und fest. Gandamma richtete sich leicht auf, wandte sich ihrem Mann zu und meinte: „Die Götter sind so gut zu uns gewesen. Ich bin ja so froh! Jetzt hast du zwei Söhne. Wenn sie genauso geschickt im Töpfern werden wie ihr Vater, weiß ich, daß dich dies sehr glücklich machen wird."
„Ja", antwortete er, „ja, das wird es ... macht es ja schon." Zärtlich blickte er auf seine Frau und das schlafende Baby in der schwülen Stille jener Sommernacht.

DAS ENDE

E. *Field Horine*, geboren 1915 in Kentucky/USA, empfindet sich in einer Rückblende auf sein langes Leben als Querdenker, zumal er seit Jahrzehnten der Politik seiner Heimat sehr kritisch gegenübersteht. Seine Studienzeit verbrachte er in den USA und in Deutschland, wo er den Beginn des Terrorregimes der NSDAP miterlebte. Unmittelbar nach Kriegsende arbeitete er zwei Jahre als Offizier der US-Militärregierung, war der erste Nachkriegsintendant von »Radio München« (später Bayerischer Rundfunk) und, daran anschließend, als Journalist tätig. Es folgten fast zwei Jahrzehnte bei UNO-Spezialorganisationen, die ihn in zweiundzwanzig Länder auf vier Kontinenten führten. Nach weiteren Studien war er als Psychotherapeut, nebst einer Privatpraxis am Bodensee, in psychiatrischen Kliniken der Schweiz und Deutschlands tätig.

Die Begegnung mit zahlreichen Menschen unterschiedlicher Kulturen und die daraus gewonnenen Einsichten überzeugten ihn, daß im Sinne Gandhis und Martin Luther Kings nur gewaltfreier Widerstand gegen soziale Ungerechtigkeit, Tyrannei und Krieg wirksam sein kann. Er ist folgerichtig zum Schluß gekommen, daß im Gegensatz zu dem, was bis vor wenigen Jahren fälschlicherweise ›Sozialismus‹ genannt wurde, ein echt demokratischer, basisorientierter und partizipatorischer Sozialismus entsprechend den Werten und Idealen, die in den USA tiefe Wurzeln bei ihm schlugen, die Menschheit vor dem uns sonst drohenden Untergang erretten könnte.

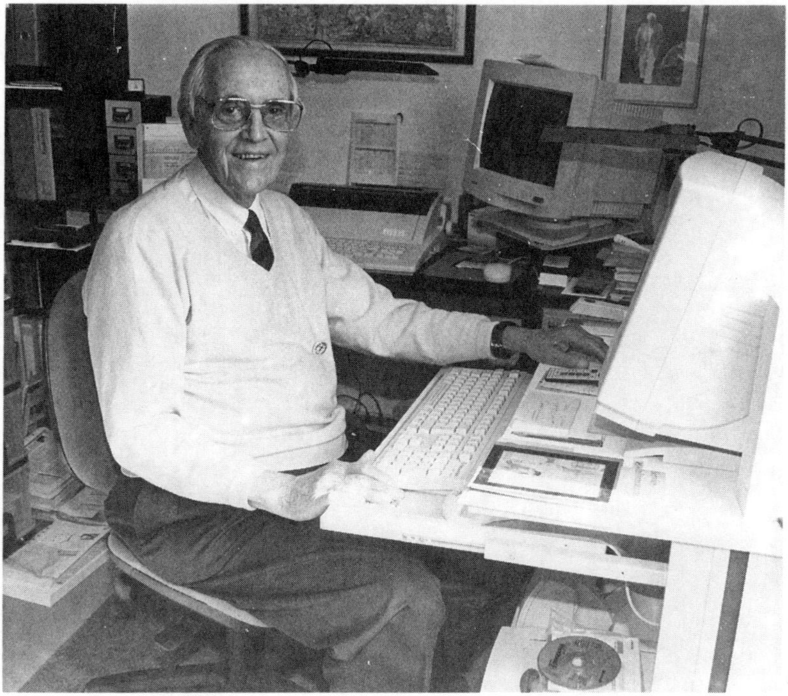